威尼斯
海洋共和国

Venice
A Maritime Republic
Frederic C. Lane

[美] 弗雷德里克·C·莱恩 著
谢汉卿 何爱民 苏才隽 译

民主与建设出版社
·北京·

献给

哈丽雅特·米里克·莱恩

我们的子女

和

子女的孩子们

前　言

我写作本书，旨在让人们了解组成威尼斯共和国的那个群体的形成过程和命运。与之前所有的威尼斯通史相比，本书为海洋事务、金融、制造业，还有一般的经济活动留出了位置。我试着用适当的篇幅来处理威尼斯生活的其他方面——艺术创作、政治事件、有影响力的人物、环境和人口状况——但是这本篇幅有限的史书必然在题材上有所挑选。任何一个作者都希望能因为写得最多的内容也是自己最了解的内容而得到宽恕。我之所以把航海当作故事的中心，不仅是因为我最了解它，还是因为我相信，航海对于决定威尼斯的社会结构，对于城市的命运，都很重要。

神话围绕着威尼斯，诗人和政客皆会为之欣喜。有的神话是个人的、颇为生动的；有的则在内容上是社会的，体现了威尼斯那完美的自由、智慧和美德，或是其他时期里完美的苛政、背信弃义和罪恶。我没有试图明确地处理威尼斯的所有神话，因为它们实在太多了。我发现自己甚至忽略了阿提拉的匈人难民建立这座城市的传说，却也没有试图让我的笔下完全不出现神话。历史研究不能完全摧毁神话，否则就是一种自杀。这就是想象的力量，历史在很大程度上是因为有神话的构建和揭露，才拥有活力。

对一些读者来说，更全面地叙述传统的神话有助于提高他们对威尼斯人的兴趣。另一些读者可能会更多地关注涉及宗教运动、军事活动和外交策略的细节。我并没有完全忽视这些问题，但我希望读者同时能关注威尼斯人赖以谋生的手工业技术和手工艺品，关注商业和金融技巧，关注政治中较为单调的一面——这至少会有助于引导读者辨别共和国的公民和从属者。

如果我的一些解释足够新颖，还牢固地扎根于原始史料，足以引起威尼斯历史爱好者的兴趣的话，我请求他们原谅那些他们眼里明显很啰唆的段落。在写作中，我心中记着我的美国同胞们，我希望他们能和我一样，能对潟湖之城感到关切，而不只是心带羡慕地观看而已。为了读者，我还准备了地图，因为我注意到康奈尔大学的 George Lincoln Burr 的话，他是我在历史研究生涯中的第一位硕士，他认为事件必须在定位之后才能被理解：历史有两只眼睛——年代学和地理学。如果我对经济史的处理在技术、统计视角和人际关系方面达到了平衡，那要感谢我在康奈尔大学和哈佛大学的老师 Abbott Payson Usher。书中的插图是为了说明，为了引起读者的好奇心。对那些想进一步探究的读者，我还准备了参考文献部分，来指向我引用的文献，指向最近的学术出版物。

很多年以来，各个档案馆和博物馆的员工一直为我在威尼斯提供帮助，我一般在图注和参考文献中用缩写来表示这些机构。我想在这里表达更衷心的感谢、更诚挚的感激之情。这些机构是：the Archivio di Stato di Venezia, the Civico Museo Correr, the Biblioteca Nazionale Marciana, the Biblioteca Querini Stampalia, the Gallerie dell' Academia 以及隶属于 Sopraintendenza ai Monumenti 的其他博物馆，以及位于 Isola San Giorgio Maggiore 的 Centro di Cultura of the Fondazione Giorgio Cini 的诸多机构。

我也要感谢许多个人，感谢他们在研究、塑造和完成这本书方面给予的帮助，他们慷慨地付出了时间和技巧，并分享了他们的知识，我尤其要感谢 Richard Altobelli, G. Benzoni, W. J. Bouwsma, Fernand Braudel, A. Carile, Stanley Chojnacki, Gaetano Cozzi, Eugenio and Gilian Cucchini, James Davis, G. E. Ferrari, Lina Frizziero, Enno Gallo, Jean Georgelin, A. Giordani-Soika, P. F. Grendler, Hermann Kellenbenz, Ben Kohl, Luigi and Bianca Lanfranchi, Lilly and Angela Lavarello, Francois-Xavier Leduc, Robert Lopez, R. Morozzo della Rocca, Reinhold and Laura Mueller, T. Pignatti, G. Pillinini, Brian Pullan, Richard Rapp, Louise Buenger Robbert, Ruggiero Romano, G. B. Rubin de Cervin, Dana and Harriet Rouillard, G. Ruggiero, P. Selmi, G. Tamba, Alberto Tenenti, Maria Francesca Tiepolo,

Ugo Tucci。我非常感谢约翰·霍普金斯出版社的 Linda Vlasak 和 Victoria Dudley Hirsch，她们运用技巧和想象力，让本书成书；感谢 Heberton Evans 和 Elinor Evans，感谢他们在本书成书的关键时刻所给予的亲切又持续的款待。

弗雷德里克·C. 莱恩
威斯敏斯特，马萨诸塞州
1973 年 3 月

年　表

537	卡西奥多鲁斯的信件提及潟湖的居民。
568	伦巴第人入侵意大利。
697	第一任威尼斯总督就职。
751	伦巴第人攻破拉文那。
1000	彼得罗一世·奥尔赛奥洛就任总督；在达尔马提亚进行得胜巡游。
1082	拜占庭皇帝为回报威尼斯人在海上协助对抗诺曼人，向其颁发金玺诏书，赐予贸易特权并豁免通行费。
1118—1130	多梅尼科·米希尔就任总督；在亚实基伦和爱琴海上获得海战的胜利。
1172—1178	塞巴斯蒂亚诺·齐亚尼就任总督；调解教皇和皇帝的矛盾；召开最高公社会议。
1204	在总督恩里科·丹多洛的带领下，分割了拜占庭帝国。
1253—1268	拉涅里·泽诺就任总督；第一次热那亚战争；在波河上修筑马尔卡莫要塞。
1268—1275	洛伦佐·蒂耶波洛就任总督；规范、协调各行会的工作；波罗兄弟带着年幼的马可返回中国。
1289—1311	彼得罗·格拉代尼戈就任总督；第二次热那亚战争；大议会扩大（1297）；费拉拉战争；蒂耶波洛-奎里尼阴谋（1310）。
1323	宣布大议会成员资格世袭。
1343—1354	安德烈亚·丹多洛就任总督；扩建总督府；第三次热那亚战争；失去达尔马提亚。

1347—1349	疾病流行，首次受到黑死病的袭击。
1355	总督马里诺·法利尔遭到斩首。
1378—1381	基奥贾战争。
1404—1406	维琴察、维罗纳、帕多瓦臣服于威尼斯。
1414—1423	托马索·莫琴尼戈就任总督；巩固了对威尼托、弗留利和达尔马提亚的控制。
1423—1457	弗朗切斯科·福斯卡里就任总督；获得布雷西亚、贝尔格蒙；奥斯曼土耳其人攻破君士坦丁堡（1453）；与意大利诸国于洛迪签署和约（1454）。
1468	贝萨里翁将藏书交给威尼斯。
1470	土耳其人攻陷内格罗蓬特。
1474—1516	詹蒂莱·贝里尼和乔瓦尼·贝里尼成为总督府的官方画家。
1490—1500	卡尔帕乔绘制《圣厄休拉传说》。
1486—1501	阿戈斯蒂诺·巴尔巴里戈就任总督；科杜齐设计建筑；法国入侵意大利（1494、1499）；土耳其人攻占莫顿（1500）。
1501—1521	列奥纳多·洛莱丹就任总督；康布雷同盟战争；阿尼亚德洛战役（1509）；提香完成《圣母升天》（1518）。
1521—1523	安东尼奥·格里马尼就任总督。
1523—1538	安德烈亚·格里蒂就任总督；1529年以后在意大利实行中立政策；彼得罗·本博成为官方历史学家（1530）；普雷韦扎海战（1538）。
1537	桑索维诺开始修建圣马可图书馆，它将在钟楼、圣马可广场、圣马可小广场之间创造一种新关系。
1564	丁托列托赢得了为圣罗科兄弟会装饰的合同。
1570	帕拉迪奥出版《建筑四书》。
1571	勒班陀战役。
1575—1577	疾病流行。

1582	十人议会的权力受到限制。
1602	重申了对外国航运的限制。
1606—1612	列奥纳多·多纳就任总督；违抗教皇的禁行圣事令。
1615—1617	格拉迪斯卡战争；驱逐乌斯科克人。
1618	"西班牙阴谋"；捍卫对亚得里亚海的统治权。
1628	十人议会的权力在攻击中幸存下来。
1630—1631	尼科洛·孔塔里尼就任总督；曼托瓦继承战争；疾病流行。
1637	公共歌剧院落成，蒙特威尔第为它创作了《波佩阿的加冕》。
1645—1669	克里特岛战争。
1687	圣母安康教堂落成；轰击帕特农神庙。
1684—1699	第一次摩里亚战争。
1714—1718	第二次摩里亚战争。
1762	哥尔多尼离开威尼斯前往巴黎，蒂耶波洛前往西班牙国王的宫廷。
1763	与巴巴里诸国签订条约，推动商贸发展。
1797	5月：大议会根据拿破仑的命令解散。 10月：拿破仑根据《坎波福尔米奥条约》将威尼斯割让给奥地利。

目　录

序　篇

第一章　开　端 ·· 3
　　第一代威尼斯人　4
　　河流上的贸易与航行　8
　　转向海洋　10

第二章　港口城市和人口 ······································ 13
　　社区的联合　13
　　安全的海港　20
　　人口数据和流行病　22

第一部分　海权的征服

第三章　亚得里亚海的治安与劫掠 ························· 29
第四章　在"海外"及罗马尼亚的胜利 ····················· 38
　　第一次十字军东征　38
　　第四次十字军东征　44
　　帝国海军基地　51

第二部分　海权的组织

第五章　船舶、海员和全体船员 ····························· 57
　　船舶和航海　57

  海员和行商　61

第六章　对威尼斯湾的统治…………………………………… 68
  盐、小麦和腹地　69
  过境贸易　72
  贸易中心及其局限性　75
  费拉拉战争　77

第七章　黎凡特的贸易…………………………………………… 80
  遍及海陆的商队　81
  热那亚人的竞争　87
  蒙古人和新贸易路线　94
  第二次热那亚战争　99

第三部分　贵族政体

第八章　从公国到公社………………………………………… 105
  公国时期的神话与现实　105
  公社中的总督　110
  宪政框架　115

第九章　公社结构的发展……………………………………… 123
  行会与小人物　124
  抑制派系　130
  大议会的扩大　133
  阴谋活动与十人议会　137

第四部分　重组海权

第十章　对中世纪航海革命的回应…………………………… 143
  新技术　143
  商船队及保护措施　149
  自由航行　158

第十一章 坐商的商业革命 ··· 162
    商业组织 162
    卡特尔和公共承租人 169
    高利贷与财政 172
    格罗索和杜卡特 174
    公共债务 177
    财富和地位 178

第十二章 工匠和海员 ··· 181
    手工业组织 181
    化工、纺织和建筑 183
    行会的功能 192
    海员中的无产阶级 194

第五部分 团结的胜利

第十三章 崩溃的征兆 ··· 203
    第三次热那亚战争 205
    安德烈亚·丹多洛 211
    马里诺·法利尔 213
    充满怀疑的二十年 216

第十四章 与热那亚竞争的顶点 ··· 221
    基奥贾战争 221
    收复失地 229

第六部分 转向西方

第十五章 艺术、科学和文学 ··· 239
    拜占庭式和哥特式 239
    画　家 245
    科学家和人文主义者 250
    文艺复兴早期的建筑 259

第十六章　权力的争夺：15世纪 ········· 262
在大陆的扩张　262
雇佣兵首领与意大利的力量平衡　269
力量平衡中的奥斯曼土耳其人　273
最成功的城市　276

第十七章　权力的争夺：16世纪 ········· 279
转折点　279
康布雷同盟　281
二流的海洋国家　285
转折点的再思考　288

第十八章　政治制度的腐坏与完善 ········· 291
贵族、绅士、统治者与平等　292
政府机构和理念　294
切实可行的政治主张　299
政府管理与总督　308
被统治者的赞许　313

第七部分　海洋的挑战

第十九章　航海大发现的参与者 ········· 319
制图师　319
探险家和他们的故事　323

第二十章　香料贸易 ········· 329
开拓红海航线　329
葡萄牙的竞争　335
1570年之后的竞争对手　337

第二十一章　其他贸易转变 ········· 341
殖民地的产品与金银　341
黎凡特商人、犹太人和盖托区　344
新的市场　350
食物和谷物贸易　352

第二十二章　手工业的扩张·····················356
　　旧工业和新工业　356
　　工匠和资本家　359
　　行会的角色　368

第二十三章　财政和来自权力的收入·············371
　　政府职位　371
　　公共财政　372
　　转账划拨银行，公与私　376
　　富人和穷人：总账或资产负债表　381

第八部分　舰队和船坞的改变

第二十四章　商船队的顶峰和消逝···············389
　　扩　张　389
　　管理与规章　392
　　船员和乘客　396
　　他们最后的航行　403

第二十五章　海军舰队·························409
　　新的敌人和新的武器　409
　　海军管理与威尼斯兵工厂　416
　　船员和指挥官　421
　　勒班陀战役以及之后　427

第二十六章　船帆鼓胀的商船队·················435
　　木材短缺、运费下降与补贴　436
　　卡拉克帆船的优势　440
　　崩　溃　444

第九部分　顽强的防御

第二十七章　主权与体制·······················453
　　维持和平的外交政策　453

政党的萌芽　455
　　遭到违抗的禁行圣事令　458
　　哈布斯堡王朝的钳制　462
　　经济的衰退　465
　　政治上的停滞　468

第二十八章　海权的新时代……………………………473
　　新模式　473
　　最后一场土耳其战争　475
　　船只、指挥官和船员　479
　　亚得里亚海领主地位的丢失　484
　　商船运输的复兴　487

第二十九章　共和国之死………………………………492
　　未衰退的经济　492
　　寡头政治的顶峰　497
　　大游历的一站　502
　　最后的日子　506

第三十章　城邦的覆亡和城市的遗存…………………509
　　文艺复兴全盛期　510
　　文艺复兴晚期及以后　515
　　引领绘画界　520
　　潟　湖　525
　　如今的危险　528

参考书目　532
出版后记　569

图片目录

地 图

地图 1-1	海湾与潟湖（里沃阿尔托时期）	5
地图 3-1	亚得里亚海与伊奥尼亚海	31
地图 4-1	十字军东征时的黎凡特	40
地图 4-2	13世纪威尼斯的基地和商船航线	48
地图 7-1	途经黎凡特的贸易路线	85
地图 7-2	波罗兄弟和马可·波罗的路线	96
地图 13-1	威尼斯在爱琴海	206
地图 16-1	大陆上和经过阿尔卑斯山的道路	265
地图 24-1	15世纪的加莱船商队	394
地图 25-1	16世纪末的诸帝国	430
地图 30-1	现代威尼斯	527

插 图

图 2-1	社区中心，卡纳莱托绘	15
图 2-2	1500年的威尼斯，瓦瓦索雷的木版画	18
图 5-1	《1255年海事法》中用于装饰的首字母	59
图 7-1	来自阿卡的方柱	89
图 7-2	《马可·波罗行纪》插图	99
图 8-1	政制金字塔	116
图 9-1	造船厂的工人	125
图 10-1	1367年的皮兹伽尼航海图	145
图 10-2	加莱桨帆船	146

图 10-3	圆船的船帆配置	147
图 11-1	商品记录	168
图 11-2	威尼斯钱币	176
图 12-1	圣马可教堂正门的手工业者浮雕	184
图 15-1	拜占庭式及哥特式的贵族府邸	243
图 15-2	雇佣兵首领像	261
图 17-1	奥斯曼帝国首都君士坦丁堡	287
图 18-1	大议会会场	295
图 18-2	在大议会抽签	302
图 19-1	弗拉·毛罗的世界地图	322
图 20-1	1382—1510 年威尼斯的胡椒价格	333
图 22-1	玻璃吹制工及其熔炉	357
图 22-2	工作中的工匠	363
图 22-3	威尼斯兵工厂的大门	367
图 24-1	大型加莱船接近罗得岛	400
图 24-2	朝圣者在圣地登陆	401
图 25-1	轻型加莱船与卡拉克帆船	411
图 25-2	勒班陀战役中的双方舰队	433
图 26-1	卡拉克帆船起航	443
图 27-1	一所医院	458
图 28-1	一艘战列舰	480
图 29-1	政府的结构	499
图 29-2	戴面具的行进者	505
图 30-1	科纳尔大府邸	513
图 30-2	拿破仑占领之前的圣马可广场	514
图 30-3	安康圣母教堂前的节庆	521

彩　图

彩图 1	托尔切洛大教堂西墙的马赛克装饰
彩图 2	圣马可广场，詹蒂莱·贝里尼绘
彩图 3	里阿尔托木桥，卡尔帕乔绘

彩图 4	总督府的庭院，瓜尔迪绘
彩图 5	第四次十字军东征，丁托列托绘
彩图 6	处决马里诺·法利尔总督，德拉克洛瓦绘
彩图 7	威尼斯人肖像
彩图 8	莱奥纳尔多·洛莱丹总督，贝里尼绘
彩图 9	安德烈亚·格里蒂总督，提香绘
彩图 10	渔夫与总督，博尔多内绘
彩图 11	与马穆鲁克人谈判
彩图 12	《圣方济各遭受圣伤》，贝里尼绘
彩图 13	《神圣寓言》，贝里尼绘
彩图 14	《三位哲学家》，乔尔乔内绘
彩图 15	《暴风雨》，乔尔乔内绘
彩图 16	《圣克里斯多弗》，提香绘
彩图 17	《圣母升天》，提香绘
彩图 18	《圣母的神殿奉献》，提香绘
彩图 19	《圣马可遗体的发现》，丁托列托绘
彩图 20	《圣马可的奇迹》，丁托列托绘
彩图 21	《迦拿的婚宴》，委罗内塞绘
彩图 22	《利未家的宴会》，委罗内塞绘
彩图 23	圣乔治马焦雷教堂，瓜尔迪绘
彩图 24	圣若望与保禄教堂，卡纳莱托绘
彩图 25	黄金船，卡纳莱托绘
彩图 26	圣贾科莫教堂，卡纳莱托绘
彩图 27	里阿尔托桥
彩图 28	被水淹没的圣马可广场
彩图 29	黄金祭坛屏
彩图 30	圣马可教堂上的四匹铜马

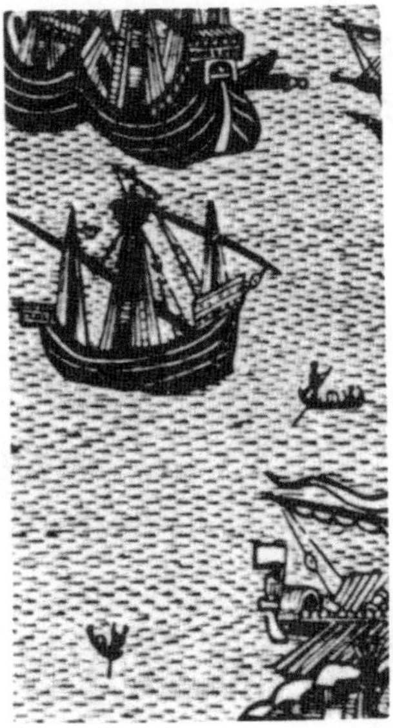

序 篇

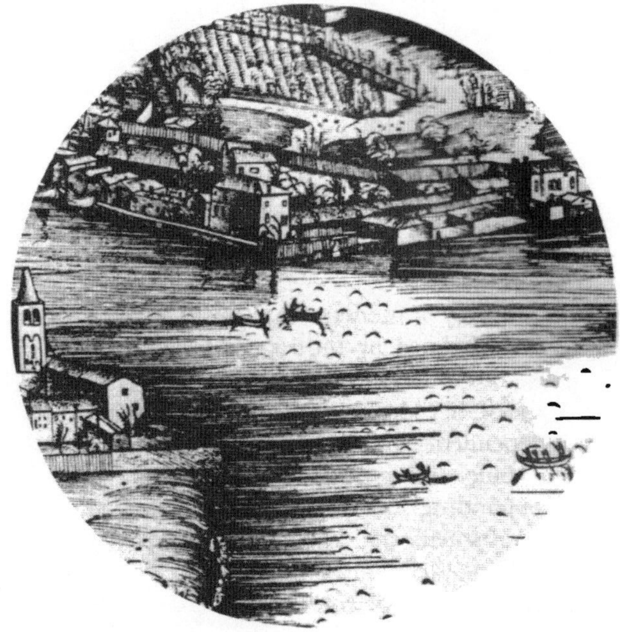

第一章

开 端

在众多人类创造的城市中，威尼斯以倾国之姿、贤人政治和集体控制的资本主义傲立于世。威尼斯人所创造的环境的特殊性，给这座城市增添了独一无二的魅力。它的水城环境也有利于贵族的自由传统。一位中世纪的威尼斯编年史家夸耀自己的母邦是众多意大利自由城市中最自由的那个。威尼斯仅有潟湖，并无城墙环绕；只有造船工匠，并无禁军护卫；除碧海之外，再无军队练兵之所。正如威尼斯独特的城市干道与结构那样，城址的优势也培育了自由与监管相融合的经济。

使威尼斯举世闻名的制度是在数百年的努力中演变而成的。从6世纪至18世纪末，威尼斯人是一个独立的民族。从他们谋生之道的角度来看，这12个世纪可分为三个时期，三个时期之间有相当大的重叠，每个时期的长度约为400年。直到公元1000年左右，威尼斯人主要还是船夫或者驳船工人，他们驾着小船穿过潟湖，来回穿梭于意大利北部陆地的江河和运河之间。公元1000年之后，威尼斯人变成了航海民族，他们在地中海的许多地方以及自俄罗斯南部的河流到英吉利海峡之间的海域，四处航行、贸易和战斗。最终，威尼斯变成了一个由工匠、官员和一小部分贵族组成的城市，它的手工业、金融业和政体享誉世界。

威尼斯人在公元1000年前的生活情况一直比较模糊。但在公元1000年之后，威尼斯海军取得了一系列胜利，并在1204年凭借参与西方十字军对君士坦丁堡的征服而达到高潮。这次征服让威尼斯成为一个帝国，从那时起，它的历史将与地中海所有的权力转移交织在一起。在接下来的几个世纪里，面对航海、军事、商业技术和贸易路线上的革命，威尼斯人作为海员保持着共和国的财富和声誉。伴随着周边帝国的起起落落，威尼斯人惨淡经营着一个共和政府，其形式令其他意大利城邦艳羡不已。

在近代初期，像威尼斯这样规模的中世纪共同体被庞大而有组织的君主国的崛起所淹没。新兴的大洋贸易路线破坏了传统上繁荣的经济来源。然而，威尼斯作为一个城邦不断完善自己独特的共和体制，凭借外交手段维护自己的独立，通过调整贸易维持城市的繁荣，特别是持续扩张的欧洲为威尼斯的手工业提供了新的历史机遇。到1600年，与其说威尼斯是一个海员的国家，还不如说她是一个工匠的国家，她作为一个艺术创作的中心，影响力已达到了顶峰。

数个世纪以来，威尼斯在社会和政治制度方面保持了非凡的连续性，这种连续性体现了威尼斯人对使他们成为一个独立民族的独特习俗的依恋之情。

第一代威尼斯人

威尼斯人形成一个独立的民族有个渐进的过程。在罗马帝国境内，亚得里亚海北部沿岸的土地叫作威尼提亚（Venetia）。当帝国逐渐瓦解，大部分意大利领土像罗马帝国西部其余省份一样被日耳曼部落统治之时，威尼提亚的沿海地区依然听命于君士坦丁堡委任的罗马官员。这个大部分已被希腊化却依然自称"罗马"，而我们称之为拜占庭的帝国，它的皇权在当地的权力中心是位于波河（Po）入海口以南数英里处的拉文那（Ravenna）。当时，潟湖的范围比现在环绕威尼斯的潟湖更大，一直延伸到拉文那以北。潟湖并未延伸到亚得里亚海的顶部——现代在东海岸的主要港口的里雅斯特（Trieste）即坐落在此处——但是一直延伸到后来的港口城市阿奎莱亚（Aquileia），后者是从德意志翻越阿尔卑斯山的道路的终点（见地图1-1）。在罗马时代，被称为"lidi"的一系列河口沙洲使潟湖免遭亚得里亚海风暴的侵袭。沙洲中有一块的特定区域现在叫作利多（Lido），是夏季的避暑胜地。古罗马时期，保护潟湖的沙洲和小岛也曾经是罗马附近的大陆城镇中有钱人的消暑之地，这些城镇有帕多瓦

地图 1-1　海湾与潟湖
（里沃阿尔托时期）

600 年左右的沙洲与大陆
600 年以后填出的陆地

* 书中插图地图系原文插图

（Padua）和阿奎莱亚。潟湖和沙洲也有属于自己的"当地人"，就像纽约人嘴上的常年居住在缅因州海港的居民。这些"当地人"能够熟练地驾船穿梭在潟湖中，其中一些潟湖由于河流带来的淤泥正在逐渐形成陆地，与此同时，自古罗马时期以来的几个世纪中，极地冰盖融化导致海平面上升，使人们航行在潟湖其他地区变得更加容易。我们需要注意，这些船夫作为第一代威尼斯人，在混杂着淤泥、水和独特沙子的潟湖之中找到了一种谋生之道。

6 世纪，也就是第一代威尼斯人受到日耳曼部落入侵的深刻影响之前，罗马高官卡西奥多鲁斯（Cassiodorus）对当地人的生活有过记载。根据卡西奥多鲁斯的记述，这些威尼斯人奉命向拉文那的城堡提供物资，卡西奥多鲁斯对他们简单生活的记载很理想化，就像一名精干的纽约经理从洛克菲勒大厦顶端俯视贫民窟，在写信的时候随意地记述了几句过去新英格兰农村的朴素民风。卡西奥多鲁斯盛赞威尼斯人的航海技术，说他们的房屋"像水鸟，时而在海上，时而在陆地上"，他们的船只"像动物一样拴在墙上"。"他们只有鱼类资源是丰富的，"他写道，"穷人和富人平等地生活在一起。大家吃着一样的食物，居住在相同的房子里。因此，也就没有谁会去嫉妒别人，统治世界的罪恶无法影响他们。晒盐是这些威尼斯人工作的重心，他们用滚柱（耕作盐田的工具）替代耕犁和镰刀。其他所有人的生产都依赖他们的行业，因为就算有人可以不喜欢黄金，却不能不要为食物增味的盐。"

尽管卡西奥多鲁斯有可能夸大了他们慷慨的平等精神，但是我们无法否认他笔下的盐、鱼和船对于威尼斯人的重要性。当时淤泥的沉积物还没有形成波河和阿迪杰河（Adige）的三角洲，而在我们今天，该三角洲把威尼斯潟湖和南方科马基奥（Comacchio）的潟湖分隔开了。在古罗马时期，这片区域就是被普林尼（Pliny）称为"七海"（the seven seas）的开阔水域。"航行七海"的说法反映了古典时代发达的航海技术。在威尼斯人出海很久之前，这种说法就适用于他们。

568年伦巴第入侵意大利开启了大陆城镇难民移民到威尼斯的进程，并且开始改变威尼斯的社会结构。富人带着尽可能多的财产和自己的依附农迁居到潟湖。此后，编年史家和系谱学家们夸大这些移民中的贵族，将功成名就的威尼斯人的祖先追溯到那些遭遇浩劫的罗马城市中的世家大族，就像一些美国人号称自己是"五月花"号、"方舟"号或"鸽子"号乘客的后代。事实上，许多迁居到潟湖的移民在大陆并没有财产。少数契据、遗嘱或其他保留下来的公元1000年前的文件表明，在潟湖范围内存在富裕的地主以及用鸡和鸡蛋交租的依附农。一些财产所有者不仅拥有相当多的牛群、马群或猪群，还有葡萄园、花园和果园。盐田和渔场都为私人所有。考古学家还发现了早期的玻璃厂和昂贵的石砌建筑物的遗址。卡西奥多鲁斯所描绘的原始平等主义画面已经远去。

难民广泛分布在整个潟湖区。来自帕多瓦的难民主要居住在基奥贾（Chioggia）和卡瓦尔泽雷（Cavarzere），当波河和阿迪杰河将"七海"的部分水域冲积成三角洲之后，上述两地变成了威尼斯潟湖区的最南端（见地图1-1）。另一个重要的中心是靠近沙洲中心的马拉莫科（Malamocco）。后来称为威尼斯的地方，那时只是空旷水域中的一串小岛，其中最大的岛被叫作里沃阿尔托（Rivoalto，高岸），也就是未来的里阿尔托（Rialto）。主要的商业中心最早在托尔切洛（Torcello）更北的地方。东北方更远处，来自阿奎莱亚的难民让格拉多（Grado）变得重要起来，在他们中间的是管辖整个意大利东北部教省的格拉多宗主教，他试图维护教会的运转。阿奎莱亚城复苏后，出现了伦巴第人支持的反对派，但是格拉多的宗主教仍然在潟湖保留了管区。

从卡瓦尔泽雷到格拉多的全部地区都在伦巴第王国的统治之外，它们依然是罗马帝国的领土，尚未被蛮族征服。罗马-拜占庭任命的最高行政官员派驻在拉文那城，或者在隔亚得里亚海相望的伊斯特里亚（Istria）的波拉城（Pola，今克罗地亚普拉）。名为护民官的下级军官作为代表，驻扎在威尼斯潟湖，直到697年，潟湖才有在总督（Doge，拉丁语Dux）之下设置的独立军事指挥官。第一任总督可能确实是由潟湖居民选举产生的，此后的威尼斯编年史家记述说威尼斯从最开始就是自由和独立的，但是威尼斯总督却要对拜占庭皇帝听命领赏。即使在751年伦巴第人占领拉文那城之后，威尼斯都毫无疑问地是拜占庭帝国的一部分。与拜占庭长久紧密的联系主要反映在威尼斯共和国的艺术和制度上。

当伦巴第王国被法兰克帝国吞并后，查理曼遣子丕平于810年去征伐威尼斯之时，威尼斯独立于大陆并依附拜占庭的状态得到了强化。丕平洗劫了当时威尼斯的首府马拉莫科，却在威尼斯总督撤退到里沃阿尔托之后就不再追击了。法兰克人从潟湖撤退之后，拜占庭皇帝调遣一支海军前往威尼斯，重申对她的主权。此后查理曼与拜占庭皇帝暂时达成了一般性的和平协议，协议中明确宣布威尼斯公国——这一领土此后被称为dogado——属于拜占庭帝国。

不久之后，威尼斯获得了事实上的独立。拜占庭帝国的宗主权日渐消失。威尼斯人断然拒绝承认他们隶属于任何一个在西方使用"神圣罗马帝国皇帝"的头衔来神圣化、扩张自己权力的日耳曼部落的国王。

河流上的贸易与航行

当威尼斯人是一群住在潟湖和附近水域的船夫时,他们与拜占庭皇帝不存在利益冲突。托尔切洛作为拜占庭的物资供应地和货物出口集散地,其市场与拜占庭的经济体系融为一体。阿拉伯人占领了叙利亚、北非和西班牙之后,穆斯林建立的贸易网络横向贯穿地中海,贸易网络的中心在北非,与拜占庭帝国相争。作为帝国通往西欧市场的要地,拜占庭与阿拉伯商人之间的竞争加强了威尼斯的地位,尤其是在9世纪撒拉逊人征服了西西里岛和意大利半岛的"脚尖"和"脚跟"之后。威尼斯前所未有地成为欧洲通向黎凡特的大门。

威尼斯处在两个世界——拜占庭-穆斯林的东方和拉丁-日耳曼的西方——的边缘,它有时候看起来像东方,有时候在利益、权力和艺术风格方面又像极了西方。在保持独立的许多个世纪里,威尼斯人成为东西方交流中非常活跃的中间人,但是在公元1000年之前,他们的这一角色显得相对被动。尽管威尼斯人之中有些航海者可以穿越地中海,但是希腊人、叙利亚人和其他东方人控制着绝大多数威尼斯和黎凡特之间的海上贸易。而威尼斯人的专长则是把来自东方的货物或产自潟湖的物品运输至意大利北部的河流。

经过努力拼搏,威尼斯才确立了它的领头地位,成为亚得里亚海的主要港口,成为意大利北部的东方和西方之间的主要连接点。在卡西奥多鲁斯的时代,亚得里亚海北部的主要港口是拉文那和阿奎莱亚。在伦巴第战争期间,拉文那和阿奎莱亚丧失了自己的地位,被位于二者之间潟湖中的城市所取代。与威尼斯相比,科马基奥离拉文那更近,也处于波河的河口附近。科马基奥似乎会成为拉文那最主要的商业继承者。与威尼斯不同,科马基奥接受伦巴第王国和加洛林王朝的统治,并且受到它们的支持。但是威尼斯人在886年洗劫了这座城市,并控制了通往意大利北部的河口。如果科马基奥能击败威尼斯人，并确立对阿迪杰河口与波河口的控制，它就有可能代替威尼斯成为亚得里亚海的女王，威尼斯现在很可能只是一座在荒凉的潟湖中默默无闻的小村庄，就像现今科马基奥的潟湖那般寂静无闻，后者现在只因鳗鱼而出名。

在波河流域中，威尼斯的驳船工人远至帕维亚去寻找谷物，后者在米兰之前曾是伦巴第人的首都。在那里，威尼斯人把东方的奢侈品卖给伦巴第人的宫廷和加洛林王朝的国王们。在伦巴第中部拥有大地产的各个修道院，也通过派驻在帕维亚的分支机构购买物资和出售余粮。南北商路通过阿尔卑斯山通往罗马，在帕维亚与东西商路交会。在众多聚集在十字路口的商人中，威尼斯人由于能提供上好的东方焚香、丝绸和香料而闻名遐迩。他们甚至能够提供制作拜占庭皇帝的御用紫衣的布料。威尼斯人既不耕作，也无收获，只得向其他人购买粮食，因此它作为一个奇特的民族而为世人所知。为了交换，他们不仅提供东方的货物，也交易盐和鱼。在最近的邻居——主要包括伊斯特里亚和阿迪杰河、布伦塔河（Brenta）、皮亚韦河（Piave）与塔利亚门托河（Tagliamento）的流域——中，威尼斯人几乎垄断了这些商品。

威尼斯人穿梭在这些河流中所遇到的危险、苦恼和利益，反映在总督为保护他们而制定的条约中。神圣罗马帝国皇帝作为查理曼的继承者，一直把持着大陆的霸权，他们首先是查理曼的法兰克后代，其后是萨克森王朝的奥托诸帝以及由德意志诸侯选出的其他皇帝。这些西方统治者授予威尼斯人贸易权和相关的国民待遇，制定规则，课以薄税，并答应威尼斯人如果遭遇抢劫将会得到补偿。对于航行在这些河流中的威尼斯人而言，特别重要的一点就是免受一条中世纪习俗的约束，也就是船难中的无主货物不归事发地的地主或发现者所有。由于河道变迁和经常性的洪水泛滥导致驳船经常搁浅，所以对这些船难的法律保护就显得非常有必要。但是，一项好的法定权利在危急关头可能就没有实力来得重要了，因为皇权正在地方封建贵族和新兴公社中逐渐消失。为了防御，内河船只航行在大的护航编队之中。在稍后的时期，我们听说有很大的舰队在内河航行，一位编年史家无意间记录了它们曾经遭遇一次大风暴，并且损失惨重。9—11世纪，出于安全的考虑，船只躲在护航编队之中航行甚至更有必要，驳船工人跟海员一样需要战斗用的武器装备。

所有威尼斯的船只，甚至是内河驳船，都统一由政府管理。当驳船通过潟湖前往大陆的内河时，它们必须停靠在指定地点。如果船夫被发现携带违禁物品，则将被捕并面临罚款。如果船舶超载，他们也将面临罚款。每艘驳船都由一个充作船舶载重线、被称为"钥匙"的长钉作为标记，它的位置随驳船的吃水深度而变化，一旦"钥匙"浸没在水中，船夫就要被罚款，罚款的数额依据长钉没入水中的深度而调整。

因此，根据规定，小型的个人企业支配着这些水道。每只驳船都属于一位承包货物且自己驾驶船只的船夫。船夫被要求搬运指定的手工业品，而非其他物品；船夫必须亲自去，不能找人代替；每只驳船必须适当地配备一只副船。尽管我们不能推断一人驾驶一艘船是普遍性的规定，但是有一点很清楚，法律要求必须由一个人来负责，并将他称为"水手"（nauta），而不是船长、大副或者船东。这个人很可能同时身兼四职。在乘客中，可能有一些携带货物去销售的商人比他稍微富裕，但是他也替有钱人运送货物，后者把大规模占有的土地与广泛的商业冒险结合了起来，就像一些早期的威尼斯总督所做的那样。

转向海洋

随着波河流域政治条件更趋稳定，人口增长和城镇扩张扩大了对东方奢侈品的需求，越来越多的商品需要出口，威尼斯人越来越从内河转向海洋。在更早的世纪里，远至帕维亚、皮亚琴察（Piacenza）、克雷莫纳（Cremona）和维罗纳（Verona）的商船队都是由威尼斯人把持的；在此后的世纪中，商船队主要被上述内陆城市中那些组成市镇、接管贸易并与威尼斯有生意往来的商人所控制。威尼斯欢迎这些人，并与新的公社当局订立协议，规定了合理的过路费和抢劫赔偿金。作为回报，伦巴第人获准在威尼斯进行贸易和居住，但是不得参与威尼斯的海外贸易。伦巴第司（Visdomini Lombardorum）属于威尼斯最早的一批海关官员，专门管理大陆意大利人的保护、居住和课税等事务。

随着威尼斯人的贸易事业向海外扩张,他们发现奴隶贸易和木材出口是能带来可靠收益的商机。

奴隶和农奴都不是威尼斯人口的主体,但是在 9 世纪,奴隶贸易几乎与盐业、渔业一样是威尼斯商业的支柱。基督教并未废除奴隶制,教会也允许奴役异教徒和无信仰者的行为,他们在人间受到身体的奴役,以获得灵魂的救赎。被教会称作"异教徒"(infidels)的人不仅包括穆斯林,也包括那些被当作异端的基督徒。在数个世纪中,信奉东正教的希腊人被天主教徒视为异端——威尼斯人和天主教徒一样,追随罗马。奴隶掠夺者和奴隶贩子并不怎么尊重这些区别和道德争议,他们只是在延续一种比基督教传入更久远的、依然存在的赚钱方式而已。当然,奴隶的来源也随着基督教世界的扩张而变化。6 世纪,异教徒盎格鲁人和撒克逊人已经出现在意大利的奴隶市场中了,从这个语义双关的说法(不是 Angles,而是 Angels)中可以明显看出,教皇决心使异教徒成为基督徒。9—10 世纪,东方的那些尚未皈依的斯拉夫人依然是主要的奴隶来源。奴隶可以卖到意大利,卖给北非的穆斯林则获利更丰。亚得里亚海是天然的运输通道,威尼斯成为亚得里亚海女王的同时也成了奴隶贸易的中心。在某一时期,威尼斯向东方的宫廷和穆斯林女性的闺房提供阉人,撒拉逊人也购买斯拉夫奴隶来补充兵员。教皇和皇帝以宗教和军事理由谴责向异教徒出售奴隶的行为。10 世纪时,一些威尼斯总督还为此发布过严厉的法令。虽然没有什么人遵守法令,但是随着斯拉夫人的基督化和更强大的政权得以建立,从中欧到巴尔干的奴隶出口在公元 1000 年后下降了。

除了奴隶贸易,在威尼斯人从内河转向海洋之际,填满他们货舱的货物当属木材。总体而言,地中海已经受到了数个世纪的森林开发所带来的影响。地处亚得里亚海顶部的威尼斯人能利用一处木材资源丰富的地区。近处的平原星星点点地散落着橡树林,河流上游分布着榉树和山毛榉,在山上还长着数不尽的落叶松、松树和冷杉。因为木材是撒拉逊人急需的战略资源,教皇和皇帝多次申明禁止对穆斯林进行木材贸易,和奴隶贸易同理。但是,在威尼斯人的眼里,做生意比服从教会或皇帝的命令更重要。木材就像奴隶一样，是获得"外汇"至关重要的手段。所谓"外汇"，指的是来自穆斯林的金银，用"外汇"可以从君士坦丁堡买到在西方非常受欢迎的奢侈品。

可以随时获得的木材供应刺激了威尼斯的造船业。由于铁和大麻也相对便宜，以致威尼斯人不仅给自己造船，也把船卖给别人。那么威尼斯人拥有船舶，又通过向穆斯林贩卖奴隶获取大量贵金属充作资本后，就逐渐把从潟湖到帝国首都君士坦丁堡之间的贸易控制在自己的手中。

因此，在威尼斯经济发展的起始关头，周围环境的自然资源至关重要。食盐和鱼可以让他们在内河贸易中交换食物。当威尼斯人从内河转向海洋时，他们的木材供应不仅给自己提供了造船的材料，而且是一项重要的出口物资。而在地中海地区的其他部分，农业和矿产更为丰富。遥远的地中海人民更多生产的是葡萄酒、油和小麦，正是威尼斯优越的木材供应，最初形成了潟湖和这些地区的人民之间劳动分工的基础。

公元1000年后不久，首先是在亚得里亚海地区的政治成功，以及后来与十字军有关的政治胜利，扩大了威尼斯商人的商机，他们利用良好的木材供应使自己变成了整个东地中海领先的船运商。

第二章

港口城市和人口

威尼斯款款落座，百岛来朝！

——拜伦《恰尔德·哈罗德游记》，第四章第一节

在叙述威尼斯人开辟伟大海洋贸易的军事行动之前，让我们首先探讨一下威尼斯人兴建的独特港口城市，探讨一下一直影响历史进程的人口问题。

社区的联合

今天我们所说的威尼斯城，由许多较小的、最初作为独立的单元而存在的社区联合而成。900—1100年，威尼斯人从内河走向开放的海洋，他们在里阿尔托市场周围以及统治全部潟湖的总督的住所周边建立了一系列新堂区。一般来说每个堂区都位于一个单独的岛屿。堂区中央广场的一头是教堂，正对教堂的是码头或者数个船坞和作坊。广场的另外两边是一两座捐资修建教堂的世家大族府邸或宅院，它们比一般的居民住宅高出许多。威尼斯城中，穷人和富人的房子从来不会截然隔离开来，而现代城市部分是贫民窟，部分是富裕的园林郊区。在威尼斯，许多大贵族的府邸拥有地窖以及夹在两层楼之间、类似于贫民窟住房的隔间，如此一来，富人和穷人比邻而居。每个堂区都是既多元又互相协调的社区。到1200年，总共有了约60个堂区，每个堂区都有自己的圣徒、庆祝活动、钟楼、市场中心、地方税关和一等公民。

堂区不仅可以使用联系相邻水域的渡船（traghetti）连接到一起，也可以通过堂区间的小路相联系，路上的行人凭借木桥跨越水道。到1300年，尽管由于运河的缘故，我们所认为是威尼斯的地方比现在更像蜂巢，但是它已初具规模，形成了一个密集的人口中心。威尼斯是西欧的三四个最大的城市之一，当地的邻里关系和睦融洽。

这些堂区之间互相融合，这是威尼斯社会稳定的基石。在威尼斯人口增多之后，维护社区精神成为考虑威尼斯城市规划的一个因素，甚至最近还成为刘易斯·芒福德（Lewis Mumford）的一个梦想。刘易斯提出，城市规划应该向每个社区提供"一种复制于大城市的规模更小的基本机构，在最大程度上保证每个居民的会见和联系的需求"。关于威尼斯堂区如何满足这些需求，一个鲜明的案例就是圣尼科洛曼狄克里教堂（San Nicolò dei Mendicoli）所在的堂区。这个堂区的名字恰如其分，因为该地区的居民主要是渔民，而圣尼古拉斯（Saint Nicholas）是所有出海者的主保圣人。居民在堂区教堂集会选举出自己的总督，然后总督身着朱红色的盛装前往总督府，并得到真正的威尼斯总督的一个拥抱。这些堂区中强烈的邻里感情反映在威尼斯为了举办一年一度的节日而划分的小派别当中，该节日是一种有组织的狂欢活动，所有人都可以在那时用拳头和竹条相互攻击。因为圣尼科洛曼狄克里堂区地处城市西部的边缘，因此这一边的首领被称为"尼科莱蒂"（Nicoletti）。与他们相对的一方则被称为"卡斯泰拉尼"（Castellani），来自"卡斯泰洛"（Castello），它占据城市东边尽头四分之一的土地，大部分居民则是水手和附近造船厂的工人（见图2-2）。

众所周知，现代城市比起宜居之所，更像是谋生之地，而威尼斯在这两个方面都很出色。堂区社区由提供城市统一生活的专门区域来补充，后者为城市整体提供了一种统一化的生活。主要水道把这些专门区域和堂区社区紧密地联系了起来。以大运河（Grand Canal）为例，在分化的区域与社区之间的边缘，大运河的交通十分繁忙，但每个区域又各自具有安静的运行中心。威尼斯通过特别的环境而创造的美丽是名不虚传的。在威尼斯的城市布局中，一个同样显著的特征就是她的效率。

在总督府（Ducal Palace）附近形成了最重要的整合中心。越来越多的贵族在这里建造房子，为的就是离市中心和城市里最重要的教堂能近一些。这座教堂不是主教座堂，而是总督的私人礼拜堂。9世纪时，两个威尼斯人向当时的总督报告称，他们从亚历山大里亚带回了福音书作者圣马可的遗体。为了保存这个最珍贵的圣遗物，总督紧挨着他的官邸建造了现在大家所熟知的圣马可教堂。数个世纪之后，总督府和教堂得到大规模的扩建，与之相邻的钟楼（Campanile）也越造越高，到1150年，圣马可钟楼已经高达60米。圣马可钟楼不仅为威尼斯报时，而且是往来船只的灯塔。在夜晚，可以在钟楼上点火照明；在白天，在很远的地方也能看到钟楼镀金的尖顶。圣马可教堂前面的空地被腾出来铺砌成了圣马可广场（Piazza San Marco），同时总督府边上的护城河与鱼池被填埋，铺砌成了圣马可小广场（Piazzetta San Marco）。在重大庆典的时候，圣马可广场和圣马可小广场就变成了节庆的中心；平日里，圣马可广场则是手工业者的露天市场，也是官方颁发许可和收税的地方。

图 2-1 社区中心——圣天使广场，卡纳莱托绘（莱特斯曼夫妇收藏，纽约）
早期，威尼斯堂区的日常生活就集中于一个个小广场上。钟楼上敲响的钟声报告着每天的时间，周围的住户从广场上的水井里汲水。随着人口的增长，广场被商店和各种建筑风格的府邸牢牢地包围了起来。威尼斯只有一个大广场（见彩图2），但有许多个小广场。

在圣马可小广场的另一头则是威尼斯内港最忙碌的中心——圣马可港（Bacino di San Marco）。该水域从总督府前的莫洛（Molo）码头，一直延伸到圣乔治马焦雷教堂（San Giorgio Maggiore）所在的岛以及现在的海关大楼尖塔。今天，大型船舶在航行途中通过这一水域，到靠近威尼斯铁路、面朝陆地的一边停泊。在帆船时代，大型船只会在莫洛码头或现在的斯拉夫人堤岸（Riva degli Schiavoni）停靠，或者在总督府的对面抛锚并把货物卸载到驳船上。数个世纪以来，这里没有中心的海关大楼。在卸货之前，船长必须从相关官员那里获得许可证，然后食盐之类的货物会被搬到官营货栈，而许多货物就直接运到商人府邸的库房里。有段时期，一些船只为了维修及装卸压舱物而停靠在圣马可港，但是到1303年，为了圣马可港水域的交通通畅，当局就禁止了这种做法。

穿过城市前面水域的主水道是威尼斯大运河。14世纪之前，船坞和石料工场就建在大运河岸边，但是不断积聚的碎石和木屑有堵塞大运河的隐患，而且对圣马可广场和里阿尔托之间日益增长的交通有所干扰。1333年，造船工和石匠获令迁往别处，产业集中到其他区域，这就给大运河留出了一条足够通行200吨排水量船只的大水道。它的河岸变成了一个住宅区，宫殿林立，至今仍美轮美奂。在里阿尔托木桥周围的这一段运河，交通是最为繁忙的，这里也是来自大陆的驳船和海上来的小帆船接驳的地方。桥下的空地原本是威尼斯人购买食物的当地集市，后来成了来自不同国家的批发商的聚集地，其中有贩卖东方香料和丝绸的威尼斯人，有提供金属器具或布料的伦巴第人和佛罗伦萨人，有在桥的旁边拥有专属的德意志商馆（Fondaco dei Tedeschi）的德意志人，以及来自阿尔卑斯山以北和意大利其他地区的人。为了做生意，他们离不开货币兑换商（即未来的银行家）的帮助，这些货币兑换商的桌子就安放在桥头西侧的小教堂圣贾科莫教堂（San Giacomo）的柱廊下。在同一边，沿着大运河顺流而下的不远处，就是一座由政府用来提供城市日常供给的大粮仓。13世纪，海鲜市场、肉店以及其他小商铺都被排挤出去，这样就给更高级的金融、往来于遥远港口的货物运输腾出了空间。

随着威尼斯成为一个世界性的市场，就像几乎所有的欧洲城市一样，商人也把工匠从里阿尔托赶了出来。服装制造业的中心在大运河西边尽头的附近。中世纪时期威尼斯最大的手工业——造船业和船舶修理业，一直在城市的另一头，即圣马可港和利多之间。直到14世纪，一些最重要的建造船舶框架的工场还设在圣马可港本地，也就是现在皇家花园（Giardinetto Reale）所在的地方。此后，手工业迁出此地，人们在造船台原来的位置建起了一座粮仓。威尼斯的造船厂开始集中到城市的东头正对着利多的地方。早在1104年，威尼斯就开始兴建有围墙环绕的兵工厂——威尼斯兵工厂（Arsenal）。威尼斯兵工厂更像一个超大型的造船厂，尽管它也是一个武器制造中心。最初，兵工厂主要用于保存船只和武器，以便随时应敌。1303—1325年，为了提供造船台和船坞给加莱桨帆船（galley）的建造和舾装工作，兵工厂扩大到之前的两倍多。

位于兵工厂旁边的是政府所有的塔那（Tana），它既是存放麻的仓库，也是制绳场。当塔那于1579—1580年在原址重建的时候，人们还修建了一座长达316米的庭院，以作为绞合绳索的场地。最富有的商人建立的私人船坞都挤在总督府和兵工厂之间的岸边。

其他的大型船坞坐落在离这里不远的潟湖上。潟湖中附近的岛屿给专门化的手工业区提供了机会。一个绝妙的例子就是穆拉诺岛（Murano）。1292年，玻璃业被命令搬迁至该岛后，威尼斯的火灾危险就下降了许多。另一个例子是基奥贾，它是专门的盐场。驳船运输要远比马车运输便宜，这也减轻了郊区与中心城镇之间运输食盐、燃料以及建材等货物的压力。

运河和开阔的潟湖缓解了水流循环和环境卫生问题，这些问题是海水的潮汐带来的，自潟湖产生以来就存在。威尼斯的潮汐一直有两种。潮汐涨落在3英尺左右的是小规模潮汐，见于地中海大部分地区。另一种涨落在3英尺左右的潮汐频繁但不规律，它是亚得里亚海北部的风、海流、江河以及雨水的相互作用产生的。当威尼斯人在里沃阿尔托建立自己的首府时，这些在潮汐线以上很高的岛屿比之后要安全得多，因为随着数个世纪缓慢的地质作用，附近的土地都在下沉，与此同时海平面逐渐上升。（近期的地表下沉明显加速，我们会在之后的章节中讨论。）然而，在中世

图 2-2 1500 年的威尼斯，雅科波·德·巴尔巴里的木版画（藏于威尼斯科雷尔博物馆）①圣尼科洛曼狄科里教堂；②马宁河（Rio Marin），制衣业中心；③弗拉里的圣母荣耀教堂，方济各会教堂；④里阿尔托；⑤盖托－铸造厂，后为犹太人区；⑥德意志商馆；⑦麦西利亚街（Mercerie），连接里阿尔托和圣马可区的商业街；⑧圣马可港；⑨圣若米迦勒教堂，墓地；⑩圣保禄教堂，多明我会教堂与保禄教堂，背后灵威尼斯堂；⑪塔那，背后灵泰洛堂的圣彼得教堂；⑫卡斯泰洛的圣主教座堂，1451年后为宗主教座堂。

纪，就像现在一样，有些潟湖在退潮时可以看到泥滩。在这两者之间是深水区，在那里可以捕到鱼，甚至在低潮时吃水深的船只也可以利用这里的水道通行。

刘易斯·芒福德发现，如果威尼斯是在陆地上建城的，这些体现于威尼斯的城市规划原则也同样适用，但是由于威尼斯人是在水上建立这座城市的，所以他们在很早的时候就意识到了某种形式的城市规划需求。从关于压舱物和堆石场的规定可以看出，如果个人的便利不服从某些一般性规则，水道就会堵塞。许多单独的堂区融合成一个城市群体，会产生许多与分区有关的问题。有人倾倒压舱物或灌木，或绑起柴火筏，或者让废弃的船只腐烂，都会导致淤泥积聚。这样形成的泥坝，加上自然沉积而成的泥坝，都可以通过打桩变成"建设用地"（building land）。那么，这些土地或水域归谁所有呢？当然，政府宣称对此拥有所有权。总督和他的高级议事会做出基本决议，意在保持运河及河道的畅通。早在1224年，就有一位行政官员负责管理运河。后来形成了一个被称为"分区委员会"（Magistrato del Piovego）的机构，它不仅负责公共产业，而且也负责批准或否决在滩涂上建设房屋的申请。此后在1501年当局设立了一个名叫"水务委员会"（Magistrato all'Acqua）的机构，负责处理所有水利方面的问题。

对共和国而言，比管理城市运河的利用更为复杂的是管理流入潟湖的众多河流。河流带来淤泥与淡水，大量的淡水注入潟湖东北角，破坏了那里的盐田。威尼斯人相信海水里混合了淡水后会带来污浊的空气，引发疟疾流行。事实上，河流带来的淡水和淤泥养育了甘蔗田，而甘蔗田正是疟蚊滋生的地方。托尔切洛（见地图1-1）周围的疫病流行过于严重，导致它在12世纪成为最重要的商业中心之后，又衰退到地位无足轻重的地步了。为了防止里阿尔托附近的定居点遭遇相似的命运，政府试图让注入潟湖的河流改道，并且修建了堤坝和运河，以阻止淡水流入咸水之中。但是，这样一个雄心勃勃的计划充斥着技术和政治上的困难，而且直到威尼斯真正征服了附近陆地的很久之后，这项工程才在大体上完成。

安全的海港

当威尼斯人采取措施来避免潟湖受淡水、淤泥以及近陆一侧甘蔗田的侵袭之时，还必须当心海洋一侧威胁到港口功能的危险。一旦船只驶入隔开潟湖与亚得里亚海的沙洲，那么它就能避免惊涛骇浪的侵袭，但驶入沙洲也会面临特殊的危险。在沙洲中，有三处被称为"嘴"或"港"的主要缺口：南边的基奥贾港、中间的马拉莫科港和最靠近圣马可广场的圣尼科洛港（即现在的利多港）。圣尼科洛港有时也会被简单称为威尼斯港（见地图1-1）。保持港口通道的畅通以及清理城市的运河都主要依赖潮汐作用，特别是涨潮与退潮之时的大量流水，它们会把许多碎片和沉积物卷走。在潟湖比今天的更广阔的时候，有更多的水流冲洗水道，但水流也会冲走更多的淤泥。在亚得里亚海，水流缓慢，泥沙淤积，形成了可被风暴推着移动的浅滩。

泛滥的河流、极端的潮汐以及风浪在海滩上的作用，将沙子和淤泥堆在水下的浅滩上，并将使沙子与淤泥径直穿过利多的缺口，导致其中一个或两个"港口"完全封闭，或者至少迫使大船不能穿过这些通道。早在13世纪，从圣马可港经圣尼科洛港出海的主要水道就开始面临淤泥充塞的问题。1305年，两艘大型三层甲板船的船东发现他们的船太大，无法停靠威尼斯港，于是他们得到了出售这些船的许可。大型船只不可能在港口内装载到所设计的最大载货量，尤其是处于低潮位时。尽管大多数商船都在圣马可港上接受港口官员的检查和放行，但大型船只获准在通过圣尼科洛港后再载货并接受检查。马拉莫科和基奥贾的"嘴"相对而言并不重要，而且威尼斯人采取了保护圣尼科洛港的措施：修建了一座防波堤，从利多装载砂石作为压舱物的行为被限制在特定区域，禁止砍伐或焚烧松树的行为以便树木更牢固地固定土壤。直到16世纪，圣尼科洛的"嘴"一直是威尼斯的主要港口。

为了落实保护港口的规定，当局在13世纪设置了"沙洲守卫"（Guardians of the Lidi）的职位，负责修缮防浪堤和维护灯塔。威尼斯一共有两座灯塔，一个在圣尼科洛（就在现在的利多的东北端），另一个在圣埃伦娜（Santa Elena）。1407年，港口事务统一于一位"港口将军"（Admiral of the Port）之下。为了帮助有困难的船只，28个人划着一艘长舟待命，他们至少在冬天备有缆绳和锚，没有像现代威尼斯人那样装备惹眼的拖船。港口将军居住在"城堡"里或者利多的圣尼科洛灯塔中，并且在城堡中插上叫作"篮子"（basket）的旗帜，根据水位的高低调整旗帜的高度，以表示水位的情况并提醒船员。港口将军设置标志物来标示水道。1526年还出现了一次大丑闻，一艘从亚历山大里亚返航的商船因为领航员无视水道标志物而几乎失事。港口将军也负责检查所有进出港口的船只，以确保它们已经缴纳了相应的税款。此后马拉莫科港也同样由一位类似的"将军"负责。

不断移动的航道和沙洲使得领航员的工作至关重要。他们被一个有特殊待遇的行会严密地组织起来。在长舟的船夫之外，所有港口将军的下属——守灯塔者和检察员都是退休的领航员。为了在困难的冬季提供服务，现役领航员被要求在每年的9月1日至来年的3月31日之间赶往伊斯特里亚的帕伦佐（Parenzo，今克罗地亚波雷奇，见地图1-1），并在那里等待船只来接他们。那些所谓的"大领航员"（pedotti grandi）是贵族，在1458年只有13个，可以选择在所有大型船只上工作。还有一些"小领航员"替更小的船只工作。尽管这些领航员有半年的时间住在伊斯特里亚，但是他们全都是威尼斯人。没有任何伊斯特里亚人会被允许加入威尼斯人的行会，或者去替威尼斯征收费用。

虽然只有熟手才可以引导大型船舶通过利多的沙洲，但其余的威尼斯人都多多少少习惯在水上生活。其他意大利人会开威尼斯贵族骑马的玩笑，说他们拽着缰绳就像握着船桨，还责怪马迎着风"颠簸"。与现在相比，中世纪时期的威尼斯人更多地利用帆船、贡多拉以及一种更小的形似现代尚多拉（sandola）的船往来于城中或周围的小岛之间。因此，甚至当威尼斯的经济依赖在里阿尔托聚集的批发商，权力集中于圣马可广场的政府以及大型船只从遥远的地方运来的货物之后，从某种意义上来说，威尼斯人依然是一个摇船桨的民族。

港口的另一项会让16世纪的访客难忘的显著进步特征是它的传染

病院（Lazzaretto），这是当局在1423年指定用于收容病患的一个岛屿。1485年，威尼斯开始实行检疫制度，把所有可能传染致命的黑死病的船只留置40天。

人口数据和流行病

在威尼斯的人口统计史中，黑死病统治了数个世纪。我们只能估计早期的人口规模，而且大部分依据来自军队的登记簿。这些登记簿显示，1200年的威尼斯人口至少有8万。一个世纪之后，包括全部潟湖区在内的人口约为16万，其中威尼斯城区人口近12万。在中世纪西欧，任何人口超过2万或者甚至只有1万人口的城市都被当作大城市，威尼斯无疑是欧洲最大的城市之一。记载军事人口普查数据的编年史家们可能在四舍五入时略微增加了人口总数，但行政机构在1338年对成年男性进行的挨家挨户的统计是无可置疑的。

而且这些总人口数据是在一个欧洲城市的大发展期之后统计的，所以它的可信度就更高了。由于这次普遍的发展，1330年前后米兰、佛罗伦萨、那不勒斯和巴勒莫的规模可能跟威尼斯一样。在意大利以西，只有巴黎的人口达到10万。1348年，在威尼斯和中世纪其他欧洲大城市的人口超过10万之后不久，它们的人口便由于黑死病而很快地缩减了回去。

这次流行病有两种形态，人们直到很久之后才发现二者的差异。一种是肺鼠疫，特征是病人会患严重的肺炎，而且能人对人直接传播。另一种是腺鼠疫，特征是病人腹股沟的淋巴结会肿胀，最终会转变成黑色，所以黑死病也得名于此。威尼斯人并不了解这种区别，他们尝试通过检疫及类似的方法来隔离传染病人，这虽然可以阻止肺鼠疫的直接传播，但是他们没有意识到这对腺鼠疫是无效的，因为腺鼠疫不是由人与人的接触传播的，而是通过黑家鼠携带的跳蚤叮咬人类而传播的。这两种形态的鼠疫通常一起出现，但是第一例肺鼠疫的传染通常源于腺鼠疫，因此流行病的传播依赖在城市之间移动的带菌跳蚤，这些跳蚤有时候会通过货物移动，但更多的是通过船上的老鼠移动的。

意大利的腺鼠疫来自东方。蒙古军队包围热那亚人和威尼斯人在克里米亚的商站卡法（Kaffa）时，腺鼠疫正在导致蒙古人大量死亡。在这场早期的生物战中，蒙古人把病人的尸体抛入城中，用鼠疫削弱守军。但老鼠在传播疾病方面更有效。1347年的秋天，一艘威尼斯的加莱桨帆船从卡法返航时把老鼠和流行病带到了意大利。

在接下来的18个月中，有六成威尼斯人死于流行病。虽然所有中世纪的数据的确有问题，但是威尼斯政府是第一个严谨地统计数据的。尽管保存下来最早的人口普查的残卷是1509年的，但是此后卫生委员会（Board of Health）谨慎统计了1575—1577年和1630—1631年严重传染病的统计数据，并且使1347—1349年的惊人数据变得颇为可信。

在1348年之后流行病肆虐的三个世纪里，每次新的流行病暴发导致人口锐减后，总会伴随着人口的快速复苏，尽管往往在时间上很短暂。1500年，威尼斯的人口规模与大约两百年前相当，有约12万。在此后相对健康的70年间，城市人口增长到约19万，同一地区的人口再也没能超过这个数。此后在1575—1577年和1630—1631年出现的两次严重流行病各导致三分之一人口死亡，随后威尼斯的人口迅速恢复，但是恢复得不完全。此后，威尼斯逃过一劫，腺鼠疫也逐渐从欧洲消失了，这可能是因为褐家鼠的传播使黑家鼠失去了食物来源。然而，黑死病长期以来一直威胁着海港，携带带菌跳蚤的黑家鼠善于攀爬，它们在船上存活了下来。西欧最后一次大规模暴发黑死病是在1720—1721年的马赛，但它仍在巴尔干半岛和黎凡特地区肆虐。威尼斯共和国一直处在警戒黑死病的第一线。

由于移民的出入境，威尼斯人口的上下浮动特别明显。当一座城市将要暴发流行病的传言流传开来，其他可能遭此厄运的人就会逃之夭夭。流行病减轻的时候，就会有一股人口回流，不仅那些之前逃跑的人会回来，那些从其他疫区逃离以寻求避难的人也会来。政府为了重振商业与恢复税收，会鼓励移民前来。

从农村到城市的移民浪潮对于维持城市人口而言是必要的。由于城市人口无法自我恢复，没有这种人口迁入，城市就会衰退。数个世纪以来，没有一个城市不是如此。城市人口的死亡率极高，特别是婴儿死亡率，城市的死亡率甚至超过了出生率。相反地，在威尼斯周围的农村，出生率几乎一直高于死亡率。在威尼斯，只有大约三分之一的人口低于20岁；而在农村，大约一半的人口小于20岁。农村成了威尼斯人口的储备库。

迁入人口主要来自意大利本土。当然，部分人口来自利多或者潟湖中的岛屿，但是它们的人口大约只有5万，数量太少，不能完全满足超过10万人口的大城市的需求。许多希腊和达尔马提亚的水手在时机成熟并且没有流行病的时候移居到威尼斯，一部分人成了彻彻底底的威尼斯人。但从长期来看，意大利本土移民占主导地位。威尼斯人为招募熟练工人提供特别的奖励，因此这些移民很容易获得公民权。他们一旦成为忠诚的威尼斯人，他们及其子孙就不会觉得当个海员比当工匠、经商和做公务员更有吸引力了。因此，由于流行病的缘故，迁入人口将威尼斯从一个海员之国转变成一个工匠之国。为什么威尼斯如此之强的海洋传统在13世纪就消散了？正如我们接下来要说的，这当然还有其他的原因，但人们可能会认为，在黑死病出现后，任何城市中较贫困阶层的特定传统能否在这样的人口状态下存活下来都是问题。

威尼斯的贵族阶层，在黑死病暴发的世纪里自始至终都能自我恢复人口，并且能保持自己的传统。甚至在公元1000年之前，一些显赫家族可以把自己的祖先追溯到古典时代的罗马城市，人们为了潟湖的安全而遗弃了这些城市。此后，他们强调自己源于威尼斯总督诞生之前的罗马护民官。像这种自称拥有远祖的家族被称为"世家"（longhi），其他家族则被称为"新贵"（curti）。事实上，社会流动在11世纪和12世纪是迅速的，甚至在13世纪，一些最富有和最有权势的家族也仅仅是在近期才获得这样的社会地位。然而，在1300年后不久，通过一个占据威尼斯历史重要篇章的过程，贵族的家族变得明显不同。在当时，贵族来自大约150个家族，共有约1200人。到16世纪，这些家族中至少有50个已经消失，但新增加的家族只有约40个，贵族阶层的人数却有所增加。到16世纪中叶，贵族的数量达到最高的2500人，其家族人口占总人口的6%。此后，贵族人口不论是绝对值还是所占人口比重都有所下降。

回头看整个威尼斯的人口史，总体上有两个现象：一是短暂的上下波动，特别是在 1347—1349 年、1575—1577 年和 1630—1631 年暴发流行病期间的人口陡降；另一个是 1300 年以后人口长期趋稳。17 和 18 世纪，威尼斯的城市人口在 10 万到 16 万之间波动。到 1969 年，相同区域的城市居民人口数在 12 万左右。

从 12 世纪到 18 世纪，威尼斯本质上是一个城邦，或者说一个城市国家（类似于古代的雅典和中世纪的佛罗伦萨），它的人口规模与其卓尔不群的、有创造性的社会实体相适应。作为城邦，它在中世纪时期拥有的强大海权延伸到各处，将这个松散的帝国联系到一起。它还形成了具有凝聚力的社会和政治结构，形成了高效、独特的经济制度。然后直到国家中央集权的现代，它还顽强地保持着自己的一部分权力，尽管这部分权力在缩小，但足以维持其社会组织的特殊形式，亦足以为其戴上城市规划方面的皇冠。

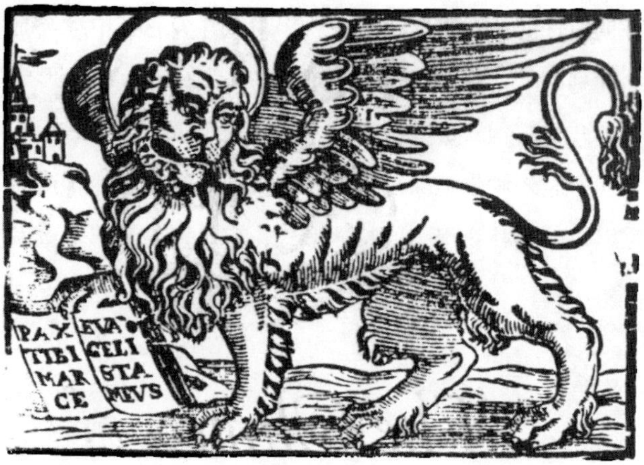
PAX TIBI MARCE
EVA GELI STA MEVS

第一部分

海权的征服

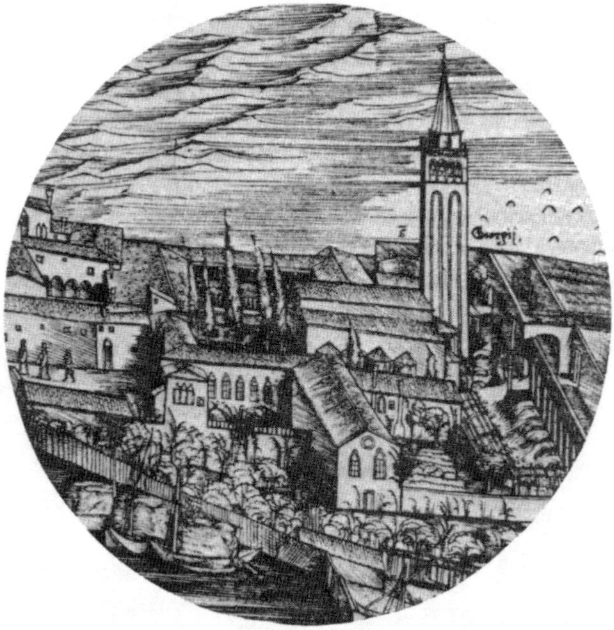

第三章

亚得里亚海的治安与劫掠

从航海获得财富有两种途径，一种是贸易，另一种则是劫掠。像19世纪时的英国这样的老牌海上强国通常依赖并捍卫和平贸易，但是在人类海洋活动的早期，海盗行为是十分显眼的。当维多利亚时代的人们回顾弗朗西斯·德雷克爵士（Sir Francis Drake）等人创建大英帝国海上霸权的事迹时，海盗行为不仅是光荣的，甚至是备受敬仰的。不得不说，甚至在德雷克的时代，英国的船只穿过亚得里亚海或者进入地中海主要是为了抢劫，而在北海，英国人却严格遵守法律，通过运输服务来赚钱。因此，一个国家可以在某一海域利用自己的舰队袭击外国海岸，掠夺他国的船只和货物，而在另一个海域却利用船舰保护贸易，进行和平贸易。从整体上看，新兴的海上强国开始倾向于海盗行为或掳获商船，并在后来更注重维持运输以及在和平贸易中取得收益。

将12—13世纪的威尼斯与16—17世纪的威尼斯进行比较，在基本规则上是一以贯之的，但在其早期历史上，它处于一个矛盾的境地。威尼斯从属于旧的海洋霸权——东罗马帝国或者说拜占庭帝国。它最早显著的海军发展是为了保护货物贸易以及拜占庭庇护下的商业安全。与此同时，威尼斯毫不迟疑地凭借武力维持并扩大贸易中的份额，同时缴获了数量可观的战利品。

两种基本要素的相对重要性因水域的不同而有所变化。威尼斯的治安监管第一个也是最后一个在亚得里亚海占据主导。威尼斯在控制上亚得里亚海之后开始逐步扩张，然后控制了整个达尔马提亚和中亚得里亚海，最后——不那么牢固地——控制了下亚得里亚海，把这三个地区变成了拜占庭帝国的一部分，或者变成了威尼斯自身独立的盟友。

对威尼斯至关重要的上亚得里亚海及其水域，我们可以从伊斯特里亚南部顶端的波拉到拉文那连成一条线以示区分（见地图3-1）。这条线以北是威尼斯湾（Gulf of Venice），在其范围内，没有更多的空间给另一支海军力量。随着以拉文那为主要基地的拜占庭海军的衰落，威尼斯成为拜占庭在此地的代表，并且负责保护通过亚得里亚海顶端的贸易路线。确保对威尼斯湾的控制是坎迪亚诺（Candiano）家族的总督们的主要成就，他们在10世纪的大部分时间里统治威尼斯。科马基奥人开始会打劫威尼斯的贸易，当威尼斯从上个世纪的劫掠中恢复过来之后，彼得罗二世·坎迪亚诺（Pietro II Candiano，932—939年在任）就把科马基奥化为了废墟。在海湾的另一边，他也占领了卡波迪斯特里亚（Capodistria，今斯洛文尼亚的科佩尔）。当其他伊斯特里亚的城市在地方王公的带领下率领海盗袭击威尼斯商船的时候，总督通过禁止与那些城市做贸易、切断它们食盐及其他必需品的供给来迫使它们屈服。他的儿子彼得罗三世·坎迪亚诺（Pietro III Candiano，942—959年在任）在与阿奎莱亚的纷争中也成功使用了经济制裁。对经济制裁和军事行动的使用表明威尼斯人已经是这一片区域具有统治地位的贸易商和运输商。不仅威尼斯湾的全部土地都处于威尼斯的控制之下，而且在拉文那衰落之后，海湾范围内没有哪个城市的海军或商船队能够匹敌威尼斯舰队。

在中亚得里亚海，威尼斯增加海权来对抗海盗，因为拜占庭帝国在此处正在失去保护威尼斯贸易的能力。中亚得里亚海的北部界线是从拉文那到波拉一线，南部界线是从达尔马提亚南端的卡塔罗湾（Bocche di Cattaro/Kotor，也作"科托尔湾"）至意大利地形中的"马刺"的加尔加诺角（Cape Gargano）的一线。在西边只有一个重要港口——安科纳（Ancona）。但是在对岸的达尔马提亚，迷宫般的岛屿和港湾早在罗马时代之前就是海上活动的中心。7—8世纪侵扰巴尔干的斯拉夫人推进到达尔马提亚沿岸，洗劫了一些罗马城市，还与其他趁着拜占庭式微而加入海盗劫掠的人结成了同盟。9世纪，斯拉夫海盗的主要基地在纳伦塔河（Narenta/Neretva）河口。他们在此处的藏匿点既方便撤退又难以被攻陷，

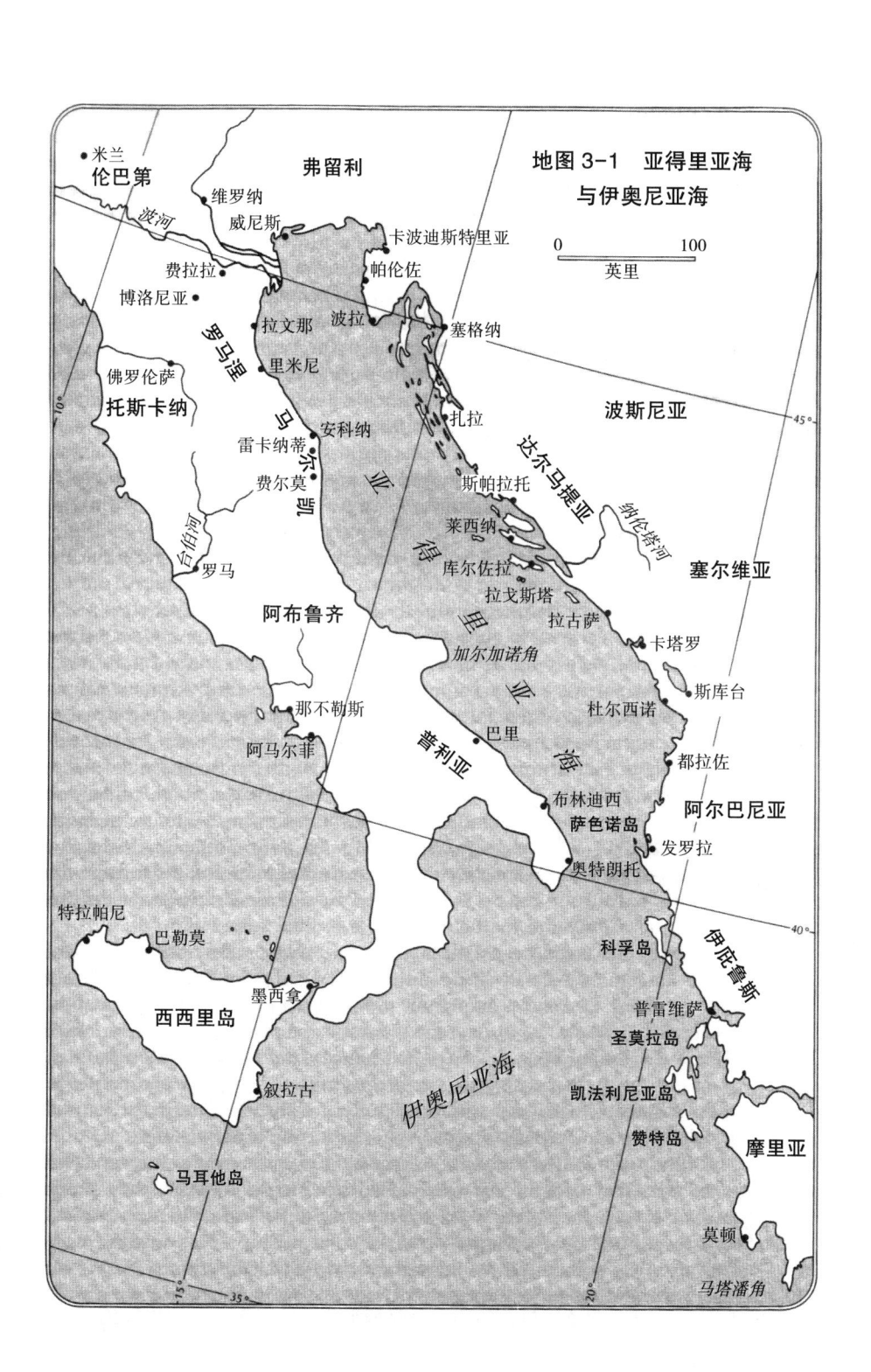

地图 3-1 亚得里亚海与伊奥尼亚海

在上游15千米处就是罗马城市纳罗那（Narona）的遗址。其他基地在库尔佐拉（Curzola）和拉各斯塔（Lagosta）等岛屿的附近。越来越多的达尔马提亚北部城市，例如扎拉（Zara，今克罗地亚的扎达尔），有时候加入斯拉夫海盗，有时候又欢迎威尼斯人的帮助和领导。第一任坎迪亚诺家族的总督为对抗纳伦塔人而在扎拉爆发的海战中阵亡。他的孙子彼得罗三世·坎迪亚诺两次率军远征去讨伐他们，但都没有获得决定性的胜利。之后的半个世纪里，威尼斯人似乎向纳伦塔人赠送了礼物，以维持达尔马提亚沿岸的贸易和达尔马提亚城市中的商业据点。接下来内陆的奴隶出口贸易到达顶峰，纳伦塔人就像海盗那样成了奴隶贩子。当威尼斯人不再在战争的劫掠中抓奴隶后，他们成了纳伦塔人最好的客户。达尔马提亚人也逐渐发现某些贸易比做海盗更有利可图。

在公元1000年前，达尔马提亚人似乎已经能够调遣同威尼斯舰队规模相当的舰队了。随着地区的经济增长，达尔马提亚人的财富和权力也在增加，他们可能会形成一个国家，与亚得里亚海地区的威尼斯海军力量相抗衡。这种危险形势被天赋异禀的总督彼得罗二世·奥尔赛奥洛（Pietro II Orseolo，991—1009年在任）逆转了。公元1000年，在他的亲自指挥下，船队沿着达尔马提亚海岸巡航，这极大地提高了威尼斯的军事声誉，但巡航的功绩没有总督积极筹办的外交活动那么具有决定性，而外交活动决定了远征队的政治意义。彼得罗二世高瞻远瞩，对正在欧洲和地中海世界发挥作用的政治和经济力量表现出深刻的认识。

威尼斯的核心问题是如何同时维持与拜占庭和德意志皇帝的友谊，二者都宣称自己继承了罗马帝国的普世权力，然而他们又都无法对威尼斯施加任何有效的权威。彼得罗二世·奥尔赛奥洛在东西方之间成功地施展巧妙的平衡策略，他让自己的一个儿子迎娶了拜占庭皇帝的侄女，另一个儿子迎娶了神圣罗马帝国皇帝的嫂子。他与这两个帝国签订了有利可图的商业条约，并与北非伊斯兰国家签订了其他商业条约。这些安排促进了亚得里亚海的国际贸易之后，他动员力量镇压那些从达尔马提亚基地不断骚扰贸易的斯拉夫海盗。为维护威尼斯对中亚得里亚海的制海权，彼得罗二世把自己打造成两位帝国皇帝的朋友以及和平贸易的保护者。他也应更北部和更彻底地意大利化的达尔马提亚城市（比如扎拉）的邀请而来，使它们免受来自内陆的纳伦塔舰队和斯拉夫王公的袭击。

一场精心安排的谈判使斯拉夫统治者彼此对立。总督彼得罗二世·奥尔赛奥洛从来没有把势力渗透到纳伦塔河流域，但是他很快抓捕了40个从普利亚（Apulia）带着商品返回的纳伦塔贵族商人，利用这些人作为筹码强迫纳伦塔王公做出让步。总督孤立了盘踞在库尔佐拉和拉各斯塔（正对着纳伦塔河口的岛屿）的海盗后，便集中全力进攻他们的大本营，或者断绝食物以迫使他们投降。凯旋之时，他率舰队在主要城市停靠，向新老盟友展示威尼斯人的力量。

在接下来的几个世纪里，威尼斯需要频繁向这些同盟城市提醒自己的力量。奥尔赛奥洛的远征并没有建立起威尼斯人的控制机制，尽管他获得了"威尼斯公爵"和"达尔马提亚公爵"的头衔，但是达尔马提亚的城市仅模糊地承认威尼斯的统治权。内陆的王公接受了基督教之后，这种统治权面临着威胁。匈牙利国王斯特凡（Stephen）征服了克罗地亚后，扎拉和它的邻邦便可能倒向斯特凡，以此获得保护者的帮助来对抗威尼斯。然而在另一方面，彼得罗二世·奥尔赛奥洛对达尔马提亚的巡航起到了举足轻重的作用。因此，不管是纳伦塔海盗，还是在中亚得里亚海招募的任何其他舰队，都无法挑战威尼斯军舰的霸权。接下来的几个世纪中，威尼斯为了维持或重新获得达尔马提亚的控制权，打了许许多多场战争。其中的大多数战争都是城市得到匈牙利这种陆上强国的支持，与威尼斯的海权进行竞争。还有少数情况是威尼斯对这些水域的控制权受到挑战，威胁主要来自亚得里亚海以外的海上强国，例如热那亚共和国、奥斯曼帝国。

在下亚得里亚海，即普利亚与阿尔巴尼亚之间的海域，彼得罗二世·奥尔赛奥洛也成功地发挥了威尼斯的海权。1002 年，他指挥一支舰队从穆斯林的攻击中拯救了普利亚首府巴里（Bari）。下亚得里亚海更早期的威尼斯远征也是直接对抗撒拉逊人的，远征舰队通常作为拜占庭海军的附属武装，与阿拉伯人争夺西西里岛、卡拉布里亚（Calabria）和普利亚，但是从来没有取得显著的战绩。至于撒拉逊人，他们的反击已经推进到亚得里亚海，甚至进入了威尼斯湾。第一次提及威尼斯人专门为军事目的而建造大型船舶是在9世纪，当时他们建造了名叫切兰迪战舰（chelandie）的重型船舶用于保卫潟湖入口，对抗撒拉逊人。

在下亚得里亚海，威尼斯决定性的介入发生在11世纪80年代。此后，威尼斯再次捍卫拜占庭帝国，同时保护自己与君士坦丁堡的贸易，但是对抗的是新的敌人——统治南意大利的诺曼王公。诺曼人在那里形成了一个人数较少的上层阶级，就像他们在同一时代占领英格兰时所做的那样。而且诺曼统治者在为了军事目的组织臣民的资源这一方面使用了非凡的技巧。罗贝尔（Robert，被称为"吉斯卡尔"[Guiscard，即狡诈者]）是一位诺曼小贵族的儿子，他在意大利南部的战争中逐渐成为诺曼雇佣兵的领导者。他把他的兄弟和其他准备冒险的诺曼人送回家，开始独自发动征服战争。他的弟弟占领西西里时，他自己在1071年占领了巴里和阿马尔菲（Amalfi），并在1076年占领了萨莱诺（Salerno）。罗贝尔以勇敢和狡诈闻名，他想要通过征服希腊来扩大自己的权势，甚至可能还想获得拜占庭的皇位。

大约在诺曼人占领希腊皇帝在西方的主要港口城市之时，拜占庭帝国在亚洲的滨海省份又被塞尔柱突厥人的袭击搅得天翻地覆。这些从东到西几乎同时发生的打击，破坏了数个世纪以来拜占庭拥有的地中海霸主的地位。面对这场危机，皇帝阿莱克修斯一世（Alexius I）向威尼斯人寻求海军支持。

现在已经没有相关的私人日记、机密备忘录留存下来，甚至公开声明也没有，我们也无法得知威尼斯人在回应皇帝请求时的想法。但是他们几个世纪以来的行为暗示了一种明显一致的政策。威尼斯人寻求的是海权，而不是占领领地、征收贡物。他们开战是为了影响政治安排，以遏制竞争对手的海权，从而确保威尼斯能在黎凡特海域安全地进行贸易，并且让他们在贸易扩张进入新的区域时能获得商业特权。

11世纪，意大利北部内陆地区经济得到普遍增长，威尼斯的人口和财富得以持续增加。威尼斯逐渐从河流转向海洋，他们既有能力，也有意愿挑战试图在下亚得里亚海扩张的诺曼人。当阿莱克修斯向威尼斯请求之时，不是以统治者的身份要求臣民尽义务，而是以王公的身份来寻求盟友，威尼斯人的答复显得十分积极。威尼斯人自己的核心利益也危若累卵。他们已经享有在拜占庭帝国内贸易的权力，也希望（并非徒劳）降低关税。而且，如果罗贝尔能在东岸的科孚岛（Corfu）、都拉佐（Durazzo，今克罗地亚都拉斯）和发罗拉（Valona）获得坚固领地，就像在西海岸获得巴里、布林迪西（Brindisi）和奥特朗托（Otranto）那样的话，那么他可以很容易俘获威尼斯船只，威尼斯与君士坦丁堡的贸易就任由罗贝尔摆布了。这样他也可以在亚得里亚海把威尼斯封锁住。罗贝尔显然认为达尔马提亚应当成为他统治下的帝国的一部分，他还把许多达尔马提亚舰船编入自己的舰队之中。如果威尼斯忽略这些发展，如果这位诺曼英雄能把那些曾经支撑拜占庭实现海洋霸权的西方资源整合起来，如果罗贝尔继续扮演拜占庭帝国的继承者或者在拜占庭开创一个诺曼王朝，那么威尼斯的前景将大有不同。为了对抗罗贝尔的这些夸张却有实现可能的野心，在涉及世界强权的这一次竞争中，威尼斯人扮演了重要角色，这也是威尼斯第一次扮演这样的角色。

1081年，罗贝尔和他的儿子博希蒙德（Bohemond）在阿尔巴尼亚袭击了都拉佐，这座城市位于从巴尔干到君士坦丁堡的古罗马大道的顶端。一支由总督亲自指挥的威尼斯舰队抵达都拉佐。随后的战役是第一场有细节描写的威尼斯海战，阿莱克修斯皇帝那位才华横溢的公主安娜·科穆宁娜（Anna Comnena）有所记载。值得在这里大段引述这段记载，因为它提到了很多个世纪里几乎没有改变的战术问题，即使像一些评论家声称的那样，她混淆了两场不同的战斗：

> 夜幕降临，由于他们［威尼斯人］无法靠近岸边［而且避免被包抄？］，四下寂静，他们用绳索把大船绑在一起，形成了一个所谓的"海港"，并且在船的桅杆顶部造了木塔，用绳索把通常放在船尾的小船拉上来。在这些船里，威尼斯人安置了全副武装的士兵，并且把重梁切成一个半英尺长的棍棒，并在上面打上铁钉，以等待［敌人］的靠近……黎明时分，博希蒙德……他亲率军队攻击敌方最大的船只，很快其他船舶也加入进来，一场激烈的战斗开始了。博希

蒙德正凶猛地同他们搏斗，他们从上面扔下了一根前文提到的棍棒，在博希蒙德所在的船上打破了一个洞。由于水不断涌入船舱，船只有沉没的危险，一些人跳进水里淹死了，而其余的人还在继续与威尼斯人战斗，并在战斗中被杀死。博希蒙德在即将遇险之际，跳上了己方的一艘船而获救。接着威尼斯人又鼓起勇气继续战斗，直到最终战胜敌人，他们一直追击到罗贝尔的营地。船刚到岸威尼斯人就跳到岸上，又开始了另一场战斗……

对中世纪地中海战舰的指挥官来说，有两个永恒的基本问题，一是如何阻止自己的舰队被冲散后各个击破，二是如何在战斗中最大限度地使用两种不同类型的船只。大部分舰队包含一些低矮、迅捷的长船，这些船只靠桨手操纵，并装有撞击用的船首；还有一些又高又宽的帆船，这些船只船腹似弓，却有高耸的艏楼和艉楼。这些靠帆行驶的圆船很难用于进攻，但是如果船只足够庞大，驾驶与装备都得当，特别是装备有远程武器的话，那么它们就能有效地自我防御。长船是每支战斗舰队的主力，因为只有划桨的船能够靠上敌舰，或赖以配合作战。但是，如果它能袭击敌人的慢船，并且将其纳入投射武器的射程内的话，在划桨船只组成的主力舰队交战之前，敌人就会被削弱且陷入混乱。

这一基本策略的成功，使威尼斯人在都拉佐战役和勒班陀战役之间的 500 年内取得了许多胜利。尽管装备、结构和武器不断发生变化，但总是有一些速度相对快的船只，也有一些速度相对慢但是可以防御的船只，后者在投射武器的威力之下变得很危险。在 11 世纪与 16 世纪，最快的船只都是轻型加莱桨帆船，它每侧有 20 至 30 条长凳，每条长凳有一名以上的桨手。12 世纪，由拜占庭造船工发展起来的两种重型划桨战舰依旧在使用：一种是德罗蒙战舰（dromon），有双排桨，一排在上，一排在下；一种是切兰迪战舰，这个名字适用于多种类型的帆船，有些有桨，有些没有桨。因为"切兰迪"这个名字表示船与乌龟很相似，所以它可能有双层甲板，或者在甲板上面有某种保护结构。

尽管战斗的最终结果依赖短兵相接的肉搏战，但是海战通常开始于投掷石块和挑衅辱骂，或把一堆石灰袋投向敌方的眼睛，或用软肥皂让对方站不稳，自然还有射箭和棍棒恫吓，这些都被安娜·科穆宁娜记载了下来。在其他地方，她也记载了希腊火的使用，但是除非用特殊的技术来操纵这种火焰喷射装置，否则对敌我双方都很危险。石弩是最有效的大型投射武器，而且在大船上装备它们的话，用起来特别有效率。安娜·科穆宁娜没有区分长船和圆船，但是她强调了"大型"船只在海湾的用处，海湾的形状可能类似于半个月亮。圆船用于尽可能地保护侧翼的桨帆船。这些更重的船只有时会装备特殊的投石装置，能抵挡博希蒙德的袭击。当投石装置效果不佳时，必须用聚集在半月形中心的更轻的船舶去追击。

威尼斯海军的胜利没能阻止罗贝尔夺取都拉佐，因为他打败了阿莱克修斯派来解围的军队。威尼斯海军仅仅是推迟了罗贝尔的征服而已。1083年、1084年和1085年从科孚岛派来的新舰队取得的主要战果也是拖延，毕竟罗贝尔赢得了主要的战役。然而教皇格里高利七世（Gregory Ⅶ）呼吁抵抗德意志帝国皇帝侵犯的请求和其他的一些拖延因素已经足够了，罗贝尔于1085年去世，享年70岁。拜占庭皇帝阿莱克修斯对威尼斯人的表现大加赞赏，1082年，皇帝用金玺诏书下旨，赐予威尼斯人一项贸易特权并豁免通行费。在战斗的胜败之中，威尼斯人令人印象深刻地显示了海军的资源、技术和决心。尽管希腊船只与威尼斯人在1081—1085年的一系列交战中协同作战，但是这些年的战斗表明，拜占庭帝国的海上防御依赖威尼斯舰队。

第四章

在"海外"及罗马尼亚的胜利

11世纪结束之际,威尼斯的海权开始了双重转型。到此时为止,威尼斯人用他们的舰队保卫了拜占庭帝国,保护了亚得里亚海的贸易。1100年之后,威尼斯人的舰队驶出亚得里亚海,进入伊奥尼亚海,让东地中海各地都能感受到它的力量。与此同时,威尼斯人也用掳获商船的做法来补充贸易。威尼斯的双重转型因十字军东征而得以加速。

第一次十字军东征

在响应1095年的教皇号召而参加十字军东征的人中,很少有人是被宗教所感动、为了从异教徒手中夺回圣地而放弃一切世俗的野心的。第一次十字军东征中,那些费尽力气试图从陆路推进到耶路撒冷的法国和意大利贵族,希望成功后能从朝圣活动中取得利益,也希望在现有领地之外开拓新的领地。这种世俗野心在狡诈者罗贝尔的儿子、诺曼人的首领博希蒙德身上表现得淋漓尽致。他既愿意从拜占庭皇帝手中夺取土地,也愿意从穆斯林手中夺取土地。博希蒙德获得叙利亚的重要商业中心安条克(Antioch)之后,让别人去攻打耶路撒冷,而自己则去攻占附近希腊人的城市,来为他的新国家开疆拓土。在十字军袭击安条克的战斗中,以及之后袭击其他沿海城市的战斗中,都有热那亚舰队协同博希蒙德等十字军作战。热那亚和比萨已在西地中海进行了几十年的十字军活动,并通过掠夺撒拉逊人在北非的基地获得了大量财富。现在他们在东地中海进行相同的活动,不仅靠劫掠获取财富,还在十字军国家中获得了商业特权。在叙利亚和巴勒斯坦的港口里，出现在这一重要时刻的许多意大利船东中很可能有威尼斯人，他们以非官方身份把补给卖给十字军。如果没有这种适时而有企业家精神的支援，十字军根本无法获取用来制作云梯、塔楼、石弩和其他攻城器械所必需的木材。但是威尼斯成规模的官方参与滞后了。与占领巴勒斯坦相比，威尼斯更关心自己作为拜占庭帝国捍卫者的传统角色。

1098年，一支大规模"十字军"舰队驶离比萨前往东方，他们占领了拜占庭帝国的科孚岛，并在当地过冬。1099年，另一支"十字军"舰队从威尼斯驶离，但是在罗得岛过冬。他们这样做的一个可能的原因是此时已经接近年底，而威尼斯人一直恪守避开冬季暴风的传统，还有可能是因为他们主要关心的是爱琴海，不想把爱琴海留给比萨人。欧洲人当时称呼十字军在叙利亚和巴勒斯坦建立国家的地区为"海外"（Beyond-the-Sea），罗得岛正是从爱琴海通往"海外"的门户。没过多久，至少有一部分比萨舰队也到了罗得岛，他们有一部分在之前被恢复力气的拜占庭海军打败了。当比萨人希望在罗得岛过冬的时候，他们与威尼斯人大打出手，最终威尼斯人获得了胜利。在比萨人发誓今后不在罗马尼亚[1]——也就是希腊（拜占庭）皇帝的统治区域——的港口进行贸易之后，威尼斯人释放了他们。（他们把这片土地叫作"罗马尼亚"，是因为他们认为拜占庭是罗马帝国的延续。见地图4-1。）比萨人此后加入了袭击叙利亚北部拜占庭城镇的博希蒙德的军队。

甚至在比萨人驶向"海外"后，威尼斯人也没有马上离开罗马尼亚，他们推迟行动是为了获得水手的主保圣人圣尼古拉斯的遗骸。他们最近还在利多为后者兴建了一座教堂。凭借武力获得圣尼古拉斯等圣人的遗骸之后，威尼斯舰队才驶向巴勒斯坦，并在一个重要的时刻抵达雅法（Jaffa，今特拉维夫）。此时热那亚或者比萨在巴勒斯坦的海域都没有舰队，毫不夸张地说，一些十字军将领几乎到了山穷水尽的地步，他们有名无实的领导者——布永的戈弗雷（Godfrey de Bouillon）只能指挥一小部分骑士，并且只占据了一个港口——雅法。他尽力提高对沿海地区的控制，目的

---

[1] 此处的"罗马尼亚"（Romania）和表示巴尔干北部地区、后来又成为国家名字的"罗马尼亚"在词形上一致，但是所指地区有所不同。如无特别注明，本书脚注均为译者注。

地图 4-1 十字军东征时的黎凡特

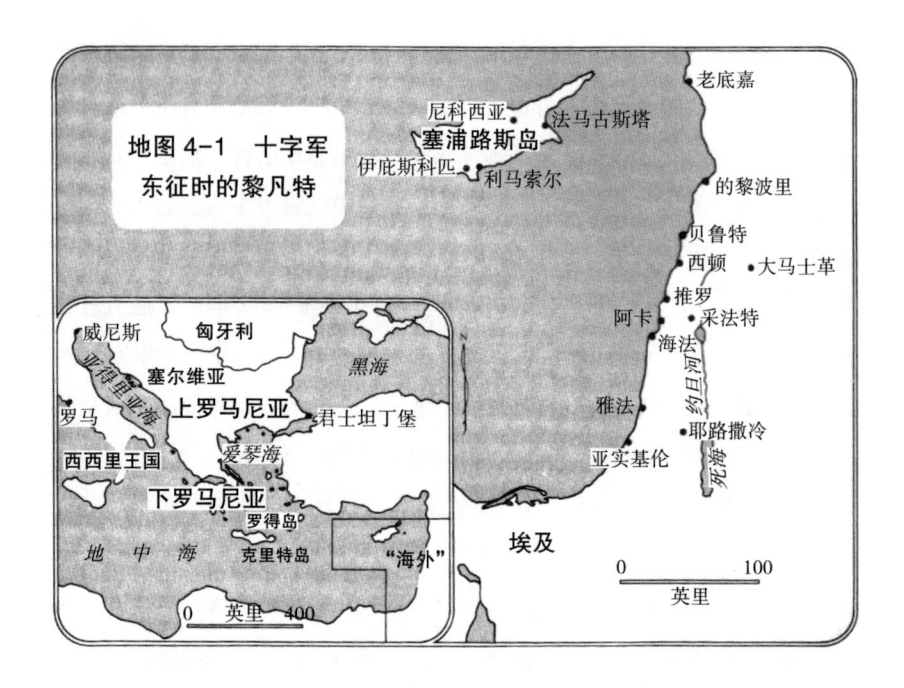

就是获得威尼斯人的援助。戈弗雷承诺在统治期间全力照顾威尼斯人的商业利益。此后，威尼斯人成功帮助戈弗雷占领了海法（Haifa，见地图 4-1）。出发整整一年半之后，威尼斯舰队恰巧于 1100 年 12 月 6 日的圣尼古拉斯节当天满载着战利品回到家乡。

威尼斯商人立即行使他们在雅法、海法等地区的权利。但是在接下来的 20 年间，威尼斯人全神贯注但徒劳无功地试图阻止匈牙利国王将权力扩张到达尔马提亚的城镇，还与诺曼人在下亚得里亚海再次爆发战争。此时主要由其他地方的海军支持十字军：例如热那亚人利用公私舰船进行远征，帮助十字军占领了叙利亚和巴勒斯坦沿海的许多城镇；来自挪威的舰队也在攻取西顿（Sidon）时提供了主要帮助，尽管威尼斯舰队也参与其中。撒拉逊舰队还没有完全从海上被驱离，他们牢牢掌控着两个重要的巴勒斯坦港口：一个是亚实基伦（Ascalon），它是埃及人在南巴勒斯坦的主要基地；另一个是推罗（Tyre），它靠近巴勒斯坦与叙利亚的边界。

1123 年的夏天，一支装备颇为精良的威尼斯舰队在多梅尼科·米希尔（Domenico Michiel）总督的率领下抵达正在被埃及人海陆围攻的雅法。

当威尼斯舰队到达的时候，雅法城之围已经解除，但是威尼斯人继续追赶埃及舰队。为了引诱埃及人交战，总督从他最大的舰船中分出一支先进的小分队，由四艘装满补给的大商船和一些大型加莱桨帆船组成——这种船由于携带类似攻城器械的特殊装备而被称作"猫船"（cat）。这支由更高、更大的船所组成的小分队，被穆斯林误当成一支载有货物和朝圣者的船队。拂晓时分，穆斯林看到这支船队由西向东靠近亚实基伦时，迅速前去进攻，在太阳升起、海雾散去之后，他们赫然发现 40 艘加莱桨帆船组成的威尼斯海军主力舰队正尾随其后。米希尔总督的船冲翻了埃及海军司令的船舰——至少十字军编年史家提尔的威廉（William of Tyre）是这么说的，他觉得一场海军的胜仗里应该有这样的场景。根据威廉的记载，这场杀戮让方圆两英里的海水染成了红色。随后，得胜的威尼斯舰队继续向南航行至埃及，幸运地俘获了一些正要前往亚实基伦的，装满金银、胡椒、肉桂和其他香料的商船。

尽管威尼斯人已经获得了丰厚的战利品，但是在围攻推罗城之时他们已同意加入耶路撒冷王国的军队，直到 1124 年 7 月攻陷推罗城后才离开。推罗城的陷落使得穆斯林在亚实基伦以北再也没有海军基地。威尼斯人帮助十字军在一代人的时间里牢牢地控制着海洋。耶路撒冷王国的港口成为获得西方援助的可靠地点，也成为亚欧贸易的中心。

亚实基伦战役开启了威尼斯海军统治东地中海的新时期，但是在这种统治下，事实证明劫掠比保护和平贸易更有效率，威尼斯人将首先获得的控制力用于掠夺之前受他们保护的拜占庭帝国。威尼斯人从保护转向掠夺是因为阿莱克修斯一世的继任者试图取消阿莱克修斯当初作为抵抗诺曼人的报酬而授予威尼斯的商业特权。阿莱克修斯在位时就已经向比萨人提供方便，当他的继承人在 1118 年拒绝重申阿莱克修斯给予威尼斯人的特权时，威尼斯人怀疑拜占庭皇帝想让他们与比萨人平起平坐，让意大利的两支海军力量互相争斗。但是，比萨人正在与热那亚人争夺科西嘉岛（Corsica），难以抽出力量，从而无法成功阻止威尼斯控制伊奥尼亚海和爱琴海。在亚实基伦帮助十字军获得胜利的威尼斯舰队在出发和返航时都洗劫了希腊岛屿，他们深入爱琴海，以寻找圣人伊西多尔（Isidore）的遗体。多梅尼科·米希尔总督的舰队带回的战利品中有一些是从巴勒斯坦缴获的，但得自罗马尼亚的战利品更多。在这种肆无忌惮的劫掠下，拜占庭皇帝被迫再次承认了给予威尼斯人的特权。

抢劫拜占庭帝国对威尼斯人而言是次要的选择，至少威尼斯政府是这么认为的。威尼斯政策的基石是通过特殊的商业特权来剥削罗马尼亚。因此，他们准备与诺曼人等敌人作战，以保证拜占庭帝国的完整。与此同时威尼斯人也做好了与希腊人打仗的准备，这不仅是出于对战利品的渴求，也是为了迫使希腊人一直维持威尼斯的特权。整个12世纪，威尼斯海军首要目的是前者，其次才是后者，偶尔也会想要同时达成这两个目的。希腊人十分憎恨威尼斯人，但同时威尼斯人更看不起希腊人。1148年，当威尼斯人再次与希腊人结盟对抗诺曼人，他们的联合舰队试图夺回科孚岛时，希腊和威尼斯的海员们打了起来。威尼斯人辱骂皇帝曼努埃尔·科穆宁（Manuel Comnenus），他们把皇帝长袍穿在奴隶身上，然后把这个奴隶绑在一艘俘获的船的船尾，在希腊舰队前面展览、戏弄，并对希腊人视作神圣礼仪的帝国宫廷仪式肆意嘲弄。

尽管面对这种侮辱，皇帝曼努埃尔依然与威尼斯人结盟了数年，因为他需要威尼斯人的帮助以抵抗诺曼人。但是，他开始破坏威尼斯人在亚得里亚海的势力。1171年，皇帝准备采取激烈的措施。在声明了双方坚实的友谊之后，他突然拘捕了帝国内的所有威尼斯人，抄没他们的全部财产。威尼斯试图直接复制半个世纪前就行之有效的策略，派遣一支舰队洗劫爱琴海上的城市，以逼迫皇帝投降。这支舰队的指挥官是米希尔家族的另一位成员——维塔莱二世·米希尔（Vitale II Michiel）总督。尽管没有任何希腊舰队可以挑战他，但是维塔莱二世总督的袭击较为节制，他不得不考虑被曼努埃尔扣为人质的数千名威尼斯人的安危。与此同时，流行病在舰队中暴发。1172年舰队返航的时候，带回来的不是战利品而是流行病，总督面临一场暴乱，他本人也被谋杀而死。

他的继任者是威尼斯首富塞巴斯蒂亚诺·齐亚尼（Sebastiano Ziani），齐亚尼把抢劫罗马尼亚的事情放手交给民间，自己集中官方的海军来强化威尼斯在亚得里亚海的力量。与此同时，这位首个齐亚尼家族的总督处理威尼斯外交关系的技巧颇为高超，让曼努埃尔的继任者们延续了威尼斯人的特权。但是，希腊人也把特权给予同威尼斯人有矛盾的其他意大利人。君士坦丁堡的意大利人聚居区经常遭到民众的攻击，攻击行为表露了民众对拥有特权的意大利人的不满。

君士坦丁堡大街上时不时的斗殴反映了海上的情况。12世纪末，海盗行为变得十分普遍。伊奥尼亚海和爱琴海被热那亚人、西西里人、比萨人、安科纳人、撒拉逊人、希腊人以及威尼斯人瓜分，他们寻找容易被捕获的船只或突袭沿海地区，以夺取财富或抓捕奴隶。大多数战争只不过是由同一批船长和船员进行的规模更大的类似行动，他们总是更喜欢有利可图的劫掠，而不是与另一支武装舰队进行没有收益的战斗。

爱琴海上迅速增长的海盗行为逐渐改变着地中海的奴隶贸易。海盗不仅在海上劫掠，而且会突然袭击不设防的海岸来将众多希腊人掳为奴隶，特别是妇女和儿童。

也许把这些奴隶掠夺者和盗窃者称为海盗有误导之嫌。与彻头彻尾的海盗不同，他们在一定程度上根据政治仇恨和忠诚来限制自己的掠夺行为，就像之后的弗朗西斯·德雷克爵士一样。与私掠船不一样，他们并没有在战争期间由政府颁发的正式掠夺许可，也没有必要对他国采取有敌意的行动——抓获某位公民并将他当成海盗绞死。但是没有一个政府会采取严厉的措施去对抗做海盗的本国臣民，因为每个国家都认为如果自己的国民遭受了不公正的待遇，他们有权对此进行报复。任何为自己的信誉采取英勇行为的船长都会获得人们的赞赏和同情。

12世纪最后的几十年间，最为重要的海上军事行动发生在巴勒斯坦沿海地区。在哈丁之战（1187年）后，耶路撒冷王国几乎被此战得胜的萨拉丁完全消灭。仅有几座沿海的城镇还掌握在基督徒的手中，只有控制海域才能保住这些城镇，但海洋一度被萨拉丁的埃及海军所控制。然而，海洋被法国国王腓力二世·奥古斯都（Philippe II Auguste）和英国国王狮心王理查（Richard the Lion-hearted）带来的舰队重新夺回。这次国王的远征被称为"第三次十字军东征"，帮助基督徒控制了阿卡（Acre）附近的部分巴勒斯坦土地。包括威尼斯船在内的意大利船只运输十字军的生意又兴隆起来。但是在第三次十字军东征期间，威尼斯人没有到巴勒斯坦附近进行大规模的远征，因为威尼斯需要加强本国附近的军事力量。他们专注于对付进行商业竞争的比萨-安科纳联盟、贪婪的西西里的诺曼人、野心勃勃的霍亨施陶芬家族（Hohenstaufens）和诡计多端的希腊人。

第四次十字军东征

威尼斯的成功主要依赖于目标的一致性与手段的灵活性。她的目标就是把强化海上霸权作为商业扩张的根基。由于威尼斯人口总数少于10万，他们并不会像强大的势力一样依照制定好的计划行事并动用武力迫使他人服从。而且，时间和军事政治环境会迅速变化，这超出了威尼斯的控制力。成功依赖良好的适应性。威尼斯人适应环境的灵活性从未像第四次十字军东征那样成功，而此事也是威尼斯历史的转折点。

在法兰西骑士制度的心脏地区——香槟（Champagne）举办的一场比赛上，香槟伯爵和其他许多法兰西贵族宣布参加十字军东征。他们随后向威尼斯派遣使团。杰弗里·德·维尔阿杜安（Geoffrey de Villehardouin）作为使团的发言人，跟随使团与威尼斯协商去往圣地的运输事宜。威尼斯、热那亚等城市的船长习惯于签订用少量船只运输十字军骑士的合同。比起第一次十字军东征中使用的陆上长途行军，此时的人更喜欢走海路，但是热情的香槟使团希望签订一个比之前更大的合同。他们希望1202年在威尼斯就集合一支有33500人的军队。使团承诺支付85000银马克作为回报，威尼斯人同意提供必要的运输和一年的食物，这些资源要供给4500名骑士及其马匹、9000名侍从和2万名步兵，以上承诺需要200艘船只。如此巨大的订单几乎让威尼斯倾尽全部资源，并且由总督代表威尼斯来进行谈判。与此同时，总督做出了一项更加明确的政治交易。为了能够平等地分享战利品和占领的岛屿或海域，威尼斯人答应提供50艘全副武装的加莱桨帆船，供他们使用一年。装备50艘战船需要6000名男丁。尽管水手和桨手可以从伊斯特里亚和达尔马提亚得到补充，但是这些条约会让至少一半的威尼斯人在整整一年的时间里在加莱桨帆船或运输船舶上工作，与十字军并肩作战。

1202年夏，威尼斯人造好船只准备启航。威尼斯人为马匹设置了一个特殊的装置：他们在船首修建了巨大的舱口以方便马匹进出。维尔阿杜安对威尼斯人能够履行合同很激动："威尼斯准备的舰队是如此漂亮、如此杰出，以至于没有任何基督徒能看到比这更好的；运输船和加莱桨帆船一样，足够装载三倍于原定的人数。"威尼斯的准备这么妥当，维尔阿杜安对无法兑现支付85000银马克的承诺更加感到不好意思。香槟伯爵已经去世，一些答应在威尼斯集结的人依然待在家中，还有一些人则设法去了其他港口。最终，33500人中只有不到10000人在利多集结，等待上船。当他们支付了所有现金，贵族们还用金银碟盘做了抵押后，他们还欠威尼斯人34000银马克。

从一些比较中可以看到，维尔阿杜安和他的使团过于乐观与热情，缺乏掌控全局的现实精神。第三次十字军东征期间，法国国王腓力二世仅召集了650名骑士和1300名侍从。在他规模最大的战斗——布汶（Bouvines）战役中，他为保卫自己的国土而在法国集结的兵力估计在7000到12000人之间。然而维尔阿杜安却签订了一份超过30000人的合同！高达85000银马克的总价也不符合现实，因为所需要的白银（20吨）足以铸造6万英镑的钱币，而对英国国王或法国国王来说这笔钱的价值是他年收入的两倍。

签订这一庞大而冒险的船舶合同和监督舰队准备工作的总督是恩里克·丹多洛（Enrico Dandolo），他是个年过八十的盲老人，但仍然不失为一个有说服力的领导人、精明的谈判者，甚至在与最高封建领主开会时也是一个有支配力的人物。他很可能已经预见到维尔阿杜安和使团高估了自己的能力，知道他们会先欠着威尼斯的钱，再慢慢偿还。当然，总督毫不费力地找到了一种办法，使骑士们能够偿还债务，或者至少可以推迟偿还。扎拉臣服于匈牙利，并在匈牙利的帮助下，在经过无数的努力后宣布从威尼斯独立，成为亚得里亚海的一股强劲的竞争力量。有一点很值得怀疑：威尼斯的领导人在用某种方式利用十字军雇主保障了威尼斯对亚得里亚海的控制之前，是否真的计划把全部海军力量投入"海外"呢？丹多洛总督此时提议把十字军的债务延期，让远征军用战利品偿还，并建议十字军从帮助他征服扎拉开始。用十字军去袭击一个基督徒城市的想法遭到很多人的反对，但是十字军的领导者们认为这样做很有必要，否则他们就没有办法前往东方。他们说服了大部分十字军。数以千计的威尼斯人参加了十字军，也包括总督本人。"为了驶离港口，威尼斯人开始向男爵们交付船只、加莱桨帆船和运输工具……噢，天哪！多么好的战马，"维尔阿杜安热情洋溢地记载道，"舰队载满了辎重与将士，盾牌围成一座堡垒，而船舶就像城池，无数旗幡高高挂起，迎风招展。"

维尔阿杜安用相同的热情来描写登陆扎拉时的战争装备："你可以看到许多将士冲下船，带着运输来的优良战马和豪华的帐篷。"扎拉很快就投降了，但是这时已是1202年11月中旬，他们只得推迟航行，直到春季到来。

威尼斯舰队和十字军在1202—1203年的冬天在扎拉过冬之际，十字军从东征的既定目标中分出一条符合威尼斯利益的进军路线，它的影响远比围困扎拉更深远。十字军决定向君士坦丁堡进发，并向拜占庭皇帝"小阿莱克修斯"（the young Alexius）勒索。为了获得西方骑士的支持，小阿莱克修斯答应让拜占庭帝国向教皇称臣，并愿意支付20万银马克和维持舰队一年的费用，还宣布自己将在第二年加入十字军或者至少提供1万名希腊人。

为什么十字军将目标从圣地转向君士坦丁堡？因为他们怀疑希腊皇帝像他们曾做过的一样，秘密与萨拉丁结盟，尽管他的确是这么做的。还有一些战略上的考虑，即为了在全力进攻地中海东南部时先保证东北部的安全。但是，个人和王朝的野心对此影响更大。香槟伯爵去世之后，十字军选举蒙费拉的博尼法斯（Boniface of Montferrat）作为他们的首领。博尼法斯的兄弟们在拜占庭帝国很活跃，通过他们，博尼法斯觉得自己对帝国的一部分——萨洛尼卡（Salonica）周围的地区——拥有所有权。博尼法斯是神圣罗马帝国皇帝士瓦本的腓力（Philip of Swabia）的朋友，腓力是博尼法斯的封建领主，与小阿莱克修斯有姻亲关系。小阿莱克修斯向十字军提出建议之前，可能在前一年就已经与博尼法斯和腓力达成了谅解，这两人的利益确实在这次军队的转向中起到了作用。

如果正如反对者所说有"阴谋"，威尼斯总督可能是不知道的，并且他肯定不会支持。虽然在三年之前，拜占庭皇帝刚重申授予威尼斯扩大后的特权，但是他也把这种特权授予比萨人和热那亚人，更何况皇帝在有协议的情况下仍然向威尼斯人征税。自1171年曼努埃尔逮捕所有威尼斯人，查封他们的财产，以及数年后对拉丁人进行大屠杀以来，威尼斯人认为君士坦丁堡是靠不住的。恩里克·丹多洛总督对近几十年来希腊人和拉丁人之间日益恶化的关系有着切身的体会。尽管编年史家将丹多洛总督眼睛失明归因于希腊人燃烧玻璃戏弄的记录是错误的，总督确实在君士坦丁堡参与了许多艰难的谈判，因此他失明的故事也是希腊人与威尼斯人之间仇恨和不信任日益增加的证据。

当分兵君士坦丁堡的事情被渴望十字军帮助的耶路撒冷王国的法兰克人知道后，就有谣言说威尼斯人因为被埃及苏丹贿赂了而转移了十字军。一个巴勒斯坦编年史家记载了这件事，但是没有其他证据表明威尼斯与埃及达成了协议。然而，根据威尼斯此前一百多年的政策，我们可以想想，威尼斯是否真的计划率领它的全部海军力量离开罗马尼亚，并且用全部能作战的人口去征服埃及或者夺回巴勒斯坦。在整整一个世纪里，威尼斯做的所有事情都从属于维持与拜占庭的特殊地位这件事。在1202年那种不确定的情况下，威尼斯为新领地而放弃罗马尼亚去征服"海外"的准备已经做好了吗？在博尼法斯被选为领导者，小阿莱克修斯做出承诺这两件事发生之前，丹多洛总督就已经与维尔阿杜安及其使团签订了协议。准备作战的地区没有在协议中进行规定，丹多洛可能期待发生些什么事，能够让威尼斯舰队在地中海东南角采取行动，以积极维护本国在罗马尼亚的利益，就像1099—1100年和1122—1124年间威尼斯加入十字军东征时所做的那样。凭着勇气、决心和灵活性，丹多洛把威尼斯的有利条件变成了现实。

许多十字军将士很反感向君士坦丁堡前进再径直驶向巴勒斯坦的决定，但是在1203年春天，同意的将士依然组成一支舰队从亚得里亚海出发，在6月到达君士坦丁堡，此时它已经是一支令人畏惧的队伍了。这样

地图 4-2　13 世纪威尼斯的基地和商船航线

威尼斯的基地名字下加有下划线

的一支军队到来后，希腊人立刻表示，除非迫不得已，他们不接受小阿莱克修斯成为皇帝。从君士坦丁堡建城之日起，还没有哪支外国军队能够成功攻破它。君士坦丁堡在西边受到两层城墙的保护，其他三面又有海水保护。然而，在许多危险的世纪里保卫这座城市的拜占庭海军，如今只剩下 20 艘虫蛀朽坏的帆船，完全无法挑战威尼斯的制海权。为了获得一个进攻的基地，十字军夺取了君士坦丁堡以北郊区的加拉太（Galata），这是一块由一条小河的入海口分离出来的土地。这个河口形成了君士坦丁堡的内港，因为它的地理形状和庞大的货物吞吐量，被称为金角湾（Golden Horn，见地图 4-2）。希腊人用大铁链封锁了内港，但是铁链在十字军猛攻加拉太城堡后就被突破了。当十字军沿北岸前进的时候，威尼斯人的加莱桨帆船控制了内港。

确保加拉太为基地后，十字军在进攻城市的方法上面临一个选择：要么穿过金角湾进攻，要么绕到西边发动进攻。事实上，他们要两次面对这个问题，一次是在 1203 年 7 月，另一次是在 1204 年 4 月。第一次攻城威胁到希腊人，以致他们不得不承认小阿莱克修斯，但即位后的小阿莱克修斯发现自己无法兑现承诺。十字军要么丢脸地离开，带着耗费殆尽的装备前往圣地，要么为他们自己攻占这座城池。

在1203年7月迫使希腊人接受小阿莱克修斯的第一次攻城中，法兰西骑士坚持绕过金角湾，以便他们使用符合身份且能展现战无不胜气概的战斗方式，骑马在陆地上发动进攻。相反，恩里克·丹多洛催促舰队穿过金角湾发动一次攻击，因为威尼斯人精通于把自己的战船变成攻城器械的做法。骑士的陆上进攻被盎格鲁-撒克逊和丹麦雇佣兵构成的著名的拜占庭瓦良格卫队（Varangian Guards）打败，而与此同时，从水上进攻的威尼斯人占领了一些塔楼，因此总督的意见被十字军采纳了。香槟的编年史家对威尼斯人的技术和勇气印象深刻，尤其是对恩里克·丹多洛。尽管年老眼盲，总督"一直全副武装地站立在主舰的船头，在他面前飘扬着圣马可之旗。他要求船员快速把他送抵岸边，否则军法处置。所以他的主舰直接抵达岸边，船员带着他的旗帜登陆。所有威尼斯人都紧随其后：运马船卸下马匹，大船上的人登上小船后也以最快的速度迅速登岸"。天空中到处都是飞石箭矢。其他威尼斯人踏过架在桅杆与城墙之间的舷梯，爬上城墙。在威尼斯人占领了25座塔楼，希腊人全力进行反击之际，丹多洛开始焚烧房子。北风卷起一道火墙，保护他免受攻击。他调遣援军前去救援被包围的法兰西骑士，讽刺的是援军还带着一些缴获的希腊战马。

1204年4月的第二次攻城中，当全部希腊人团结一致、更坚决地抵抗十字军时，威尼斯人在攻城中展露了他们的全部技巧。正常情况下，威尼斯人在海上远征中也会攻击工事精良的城池，比如1000年的库尔佐拉或者1124年的推罗。事实上，舰队攻击城池比在海上与其他舰队作战更为常见。

骑士在近身肉搏的战斗中能够独领风骚，但是攻城器械的建造更多地依靠木匠，而每艘船上都有木匠。而且至少在攀登云梯上，水手像骑士一样熟练。为了攻占君士坦丁堡，威尼斯人不仅建造了常规的云梯、攻城槌、投石器和石弩，还在船的桅顶上建造了战斗平台。他们做成绳梯以便从上方降下来攻击城墙上的敌人，还建造了叫作"飞桥"的圆杆，威尼斯人从前甲板或者战斗桅楼将它向舷外转去，以攻击城墙上的塔楼。为了抵挡著名的"希腊火"，威尼斯人用浸湿的布料和兽皮包裹木质船体。

尽管守军事实上没有装备精良的希腊火，但是攻守双方在这场攻城战中也广泛使用了其他火，例如丹多洛在1203年7月的攻击中就使用大火烧毁了城市的一部分。希腊人也想方设法地焚烧威尼斯的舰队。一天晚上，希腊人点燃了一些装满沥青、破麻布等易燃物的旧船只。借助顺风与水流，它们冲进了正在睡梦中的威尼斯舰队。警报响起，威尼斯人便立即采取行动，用船钩抓住着火的船只，顺着水流把它们拖到无法威胁威尼斯舰队的地方，他们还把面临危险的船只从抛锚地挪开避险，或将少数被点燃的船只隔离起来。希腊人两次试图烧毁威尼斯舰队的企图都没能造成严重损失。然而在另一边，大火却烧毁了半座城池。

1204年4月，十字军第二次攻城，在总督的建议下，十字军集中全部主力穿过金角湾从水路发动进攻。希腊人也做好了特殊的准备，在城墙上建起了木塔和高台，让船只不会高过城墙。战船发动的多次进攻在防守严密的城墙面前都无法奏效，船上的人不得不涉水上岸用云梯发动攻击。经过数个小时的猛攻，十字军暂停进攻，撤回加拉太。一部分十字军打算从墙垛不高的东面发动进攻，但是威尼斯人指出从博斯普鲁斯海峡往南的水流太湍急，他们的战船无法到达指定位置。十字军只好花费两天时间休整，修缮攻城器械，并制定了一个更好的、有序的进攻方案。最大的战船两两一组，攻击塔楼时互相援助。攻城的效果开始并不好，直到当天中午北风劲吹，船舶的颠簸让船桅或前甲板的两个人——一个是威尼斯人，另一个是法兰西骑士——从"飞桥"跳到了敌人的一座塔楼上，他们插好旗帜，把绳子捆在垛口上以让其他人也快速登墙，十字军从底下顺云梯而上，完全占领了塔楼。一旦一个塔楼被攻克，其他塔楼便纷纷陷落。进攻者打开城门，侍从们带着战马穿过特别设计的舱口，将马牵出运输船，十字军骑上战马，在街道上击败了所有敌人。

紧随其后的是持续了三天的屠杀、劫掠、强奸和亵渎。教堂和房屋被洗劫一空。当蒙费拉的博尼法斯要求军队上交所有战利品以进行瓜分的时候，共计有40万银马克的财物（不包括私藏的部分）和1万副盔甲。分给威尼斯人一半战利品后，十字军轻松地支付了欠款。曾经站立在罗马凯旋门顶上，之后又安放在君士坦丁堡赛马场的四匹铜战马，在当时见证了威尼斯的分赃活动，在今天伫立在圣马可广场前面。

他们也拿走了一部分圣遗物。坚信这些圣遗物的拯救价值是十字军宗教热情的重要组成部分，威尼斯人也抱有同样的观点。在威尼斯人参与第一次东征的时候，他们获得了圣尼古拉斯的遗体，这几乎是那次东征中最重要的事情（第二重要的是他们处置了商业竞争对手比萨）。占领推罗时，威尼斯人带走了一块传说中耶稣曾站在上面布道的圣石。1204 年之后，希腊皇帝在数个世纪里搜集到君士坦丁堡的圣遗物被征服它的人瓜分了，其中有许多被带去为威尼斯的圣马可教堂增添荣耀，包括真十字架的碎片和施洗者圣约翰的部分头骨。

帝国海军基地

锦绣东方曾一度归她主宰，
西方也靠她卫护，受她庇荫。

——华兹华斯，《为威尼斯共和国覆亡而作》

颠覆希腊帝国不是十字军和威尼斯人此行的目的，但是当发现小阿莱克修斯不情愿也无力兑现自己承诺的时候，他们要么选择空手而还，要么选择占领拜占庭帝国，他们毫不犹豫地为第二种选择签订了协议——这时候不是签订一项海运合同，而是构建一个新的帝国政府的协议。它规定，新的东罗马帝国皇帝必须由 6 名威尼斯人和 6 名十字军成员组成的委员会选举产生。博尼法斯希望被选上，但是由于他一直是热那亚人的盟友，因此威尼斯人全部投给了佛兰德（Flanders）伯爵鲍德温（Baldwin），最终将鲍德温选为皇帝。对新皇帝来说，帝国只剩下原来四分之一的土地，其余的都让威尼斯人和十字军瓜分了。威尼斯人获得了帝国的八分之三的土地，或者正如总督头衔所表示的那样，他成了"四分之一兼［四分之一的］二分之一的全罗马尼亚帝国之主"（Lord of One Quarter and One half [of a quarter] of All the Empire of Romania）。

包括皇帝的那份在内，所有被瓜分的土地再次被细分为封邑赏赐给军队。除了威尼斯总督，所有领有封邑的人都有义务宣誓效忠皇帝。因为皇帝选自男爵之中，威尼斯人被允许在新建立的帝国中选出一位宗主教作为拉丁礼教会的领袖。在皇帝选举委员会中，作为大封邑的持有者，君士坦丁堡的威尼斯侨民领袖拥有相当大的代表权。君士坦丁堡的拉丁帝国就是这样建立起来的，所以它没有足够的力量长久存在下去，但是只要帝国存在，帝国的政府就会保护威尼斯人的利益。

之前拜占庭皇帝给予威尼斯的全部特权和财产再次被确认，并且这一次威尼斯人保证这种承诺会兑现。此外，它还规定，拉丁帝国不得接受任何威尼斯的交战国的公民入境。因此完全可以说"威尼斯人已经'在制度上'排除了竞争对手"（沃尔夫）。

在领土的分配上，威尼斯政府集中精力获取实施海上控制所必需的地盘。皇帝、十字军男爵和威尼斯人之间制定的详细划分方案，事实上相当不切实际，因为1204年君士坦丁堡遭到洗劫后，旧拜占庭帝国实质上处于任人抢夺的状态。大片土地落到了希腊皇帝或专制君主（despot）的手中，特别是特拉布宗（Trebizond）、尼西亚（Nicaea）和伊庇鲁斯（Epirus）等地。蒙费拉的博尼法斯成功地掌控了萨洛尼卡和附近的一大片地区。维尔阿杜安的侄子找到了同盟者，和他一起征服了伯罗奔尼撒半岛（此后被称为摩里亚［Morea］）。恩里克·丹多洛的一个外甥，即马可·萨努托（Marco Sanuto），夺取了爱琴海中央的岛屿，并建立了纳克索斯公国（Duchy of Naxos），这块封邑隶属于帝国，而不是威尼斯。试想，如果恩里克·丹多洛没有死于1205年，他会为自己、为儿子或为威尼斯征服什么地方呢？丹多洛的继任者彼得罗·齐亚尼（Pietro Ziani）专注于在帝国其他有重要战略意义的、可作为海军基地的地区建立威尼斯共和国的势力。比起能获得贡物收益的土地，齐亚尼更重视控制威尼斯能进行商业贸易的海洋，这与数个世纪以来的政策一致。

最重要的基地是君士坦丁堡本身，威尼斯人在这个城市拥有八分之三的土地，包括兵工厂和码头所在的区域。威尼斯的殖民地吸引了能说数门语言的当地人，数量多以万计。在这个殖民地保持着一支作战舰队，有时候这支舰队（由10—25艘加莱桨帆船组成）为保卫这座城市会与敌对的尼西亚帝国希腊皇帝的舰队作战。

克里特岛（Crete）是几乎同等重要的战略要地，它紧邻爱琴海的西南和东南入口，位于从伊奥尼亚海到埃及或叙利亚的直达路线上。为了获得克里特岛，威尼斯人支付了大量现金，并大面积割让其他地方。为了占有这座岛，威尼斯人不得不与热那亚的海盗——马耳他（Malta）伯爵渔夫亨利（Henry the Fisherman）进行战斗，后者一度获得热那亚城和希腊人的可观却断断续续的支持。威尼斯人专注于克里特岛，甚至容忍他人染指划分给自己的八分之三帝国领地。为了推动征服，他们把克里特岛的封邑分给数百名移民至此成为士兵和地主的骑士，其他人则在克里特岛首府干地亚（Candia，今伊拉克利翁）作为商人定居下来。

在爱琴海更北方，威尼斯在内格罗蓬特（Negroponte）——连接优卑亚岛（Euboea）与欧洲大陆的"黑色桥梁"——站稳了脚跟，并逐渐在岛上扩大威尼斯的影响力，把内格罗蓬特作为爱琴海上位于克里特岛和君士坦丁堡之间的主要据点（见地图4-2）。在伊奥尼亚海中，威尼斯人在摩里亚半岛南端获得了莫顿（Modon，希腊的迈索尼［Methoni］）和附近的科伦（Coron，希腊的科罗尼［Koroni］），并在两地修筑防御工事，让它们成为"共和国的双眼"。所有从黎凡特返回的船只都被要求在此停泊，以获取海盗和护航队的消息。在伊奥尼亚海的最北端，威尼斯人在1206年攻占了科孚岛，但是不久之后又放弃了。13世纪的大部分时间里，威尼斯人不得不仰赖忠诚的属地——拉古萨（Ragusa，今杜布罗夫尼克），将它作为舰队在亚得里亚海尽头的基地。

尽管在海军基地的链条上存在薄弱环节，但是威尼斯人已在第四次十字军东征中建立了殖民帝国，他们在贸易中拥有特权，在拉丁帝国政府中处于控制地位，还在恩里克·丹多洛迫使扎拉城投降后牢牢控制了达尔马提亚，这些都让威尼斯在东地中海获得了无可置疑的海上优势。

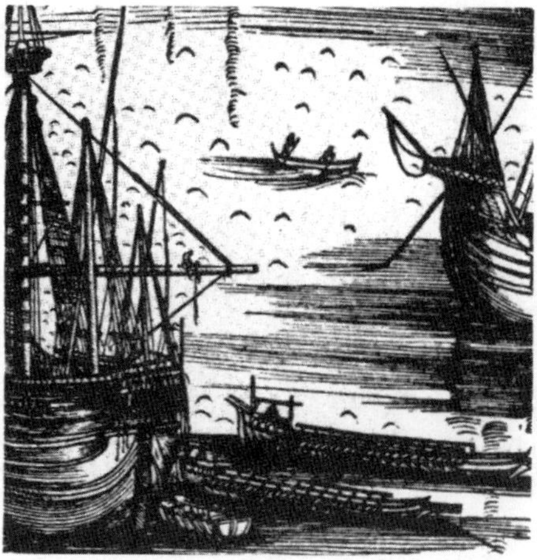

第二部分

海权的组织

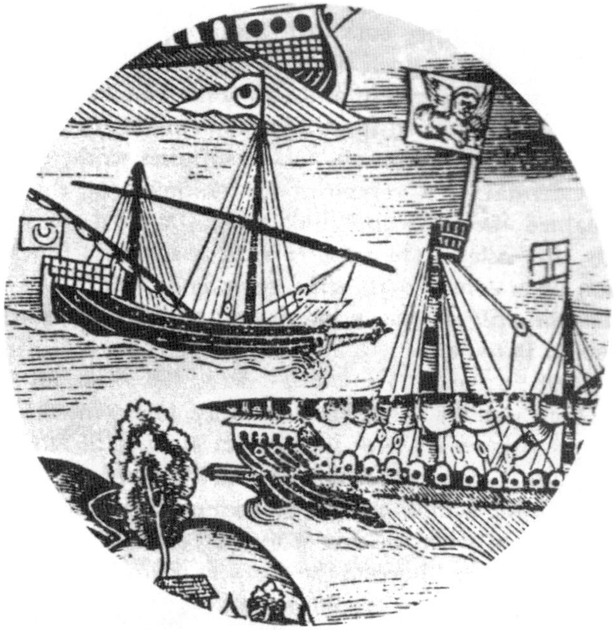

第五章

船舶、海员和全体船员

在恩里克·丹多洛总督谨慎却又精明地利用了第四次十字军东征之后，威尼斯在东地中海地区的统治地位牢固地建立在威尼斯在造船、战舰与商船运作方面的效率之上。正是这些产业的高度发展，才使得恩里克·丹多洛总督能够与法国骑士签订雄心勃勃的合同，然后履行他的那份契约，完成交易，并把这次冒险变成威尼斯的巨大优势。威尼斯人清晰地意识到船只是他们力量的基础，因此政府禁止国民把船只卖给外国人，旧船或者劣质船除外。威尼斯人不仅在威尼斯造船，也在别的地方造船，只要那里有充足的材料和熟练的工人。

驾驶船舶跟建造船舶一样依赖自由劳动力。必须强调，"中世纪船奴"的说法完全是误导人的。中世纪共和国——威尼斯、热那亚和比萨——的舰队并不用奴隶来划桨。划船和打仗是拥有公民身份而必须服兵役的公民或为工资而自由受雇的男子的任务。当然，中世纪海盗有时会把俘虏当作船奴，但是桨手戴着手铐脚链的悲惨描述主要来自17世纪。其中描写的这种有表现力的惩罚方式与中世纪没有关系。接下来我们会考察船舶的种类、船舶上的人员配置、船舶的装载方式，上面提到的问题也会就此得到解答，这些话题也会使我们更接近威尼斯人在日常的谋生事务中所思考的问题。

船舶和航海

12世纪或13世纪，典型的商船是不用桨的。这是一种"圆船"，它的长约是船宽的三倍。它有两根桅杆,每一根上面都挂着一面三角帆。为了配得上"船"(navis / buzus / banzonus)的称号,这些双桅船必须至少有两层甲板、一座艉楼、一座艏楼和一个作战平台。为了满足十字军、朝圣者和商人不断增长的需求,有些双桅船被造得非常大,正如有些编年史家说的那样,是名副其实的海上移动城堡。其中最大的一艘船是载重500吨的威尼斯船,名叫堡垒船(Roccaforte)。它比我们现代的船要小得多,毕竟现代普通的货船载重1万吨,一艘大油轮至少有10万吨,但是在19世纪之前,500吨的船只绝对称得上是庞然大物。18世纪英国东印度公司的船也只比这稍微大一点而已。美国的"五月花"号的载重量是180吨,哥伦布的"圣玛利亚"号估计有100吨。在中世纪,只有少数最繁忙的港口,例如威尼斯和热那亚,才有200吨这么大的船。在整个地中海,像堡垒船这样的大船同时最多只有五六艘。13世纪60年代,威尼斯人有两艘这样的巨舰,而热那亚拥有的大船也是两艘,却是普通的"船"(navis)——双甲板大货船,载重量约是200吨。

这些船,甚至最大的船,都是由舷侧舵操纵的,其操作原理和独木舟上的桨是一样的,由一个进入统舱的船柄来控制。每艘船只都携带许多配有相应缆绳的锚,数量从10到20副不等。一些大的商船有三根桅杆,有些是两根,桅杆全部前倾,帆桁的长度几乎与船宽一样(见图5-1)。每根桅杆都配有几张帆,却不会在同一根桅杆上同时挂两张帆,而是交替使用。一种称为artimon的大型棉制三角帆在微风的时候会被放在前桅杆。如果遇到大风,船员会降低帆桁,把artimon撤下,然后把一张同样是三角形的结实小帆绑到帆桁上,升起来挂到原来的位置。

在古代,悬挂三角帆的船比使用寻常的四角帆的船更能够顶风航行,但是船舶航行的方向与风的方向不能小于60°,角度在70°内的效果最好。像堡垒船这样的大型圆船可能更容易偏离航向,因为风会对它的高船舷和船楼产生压力。更能抵抗风力的船是更低、更长,也更窄的单甲板帆船,这种船只叫作塔莱特帆船(tarette),一般排水量是100吨左右。尽管塔莱特帆船是更好的帆船,且因在舰队中能够更容易地同加莱桨帆船一同操控而被大量用作补给船,但是塔莱特帆船在远海更难得到保护,而且不像

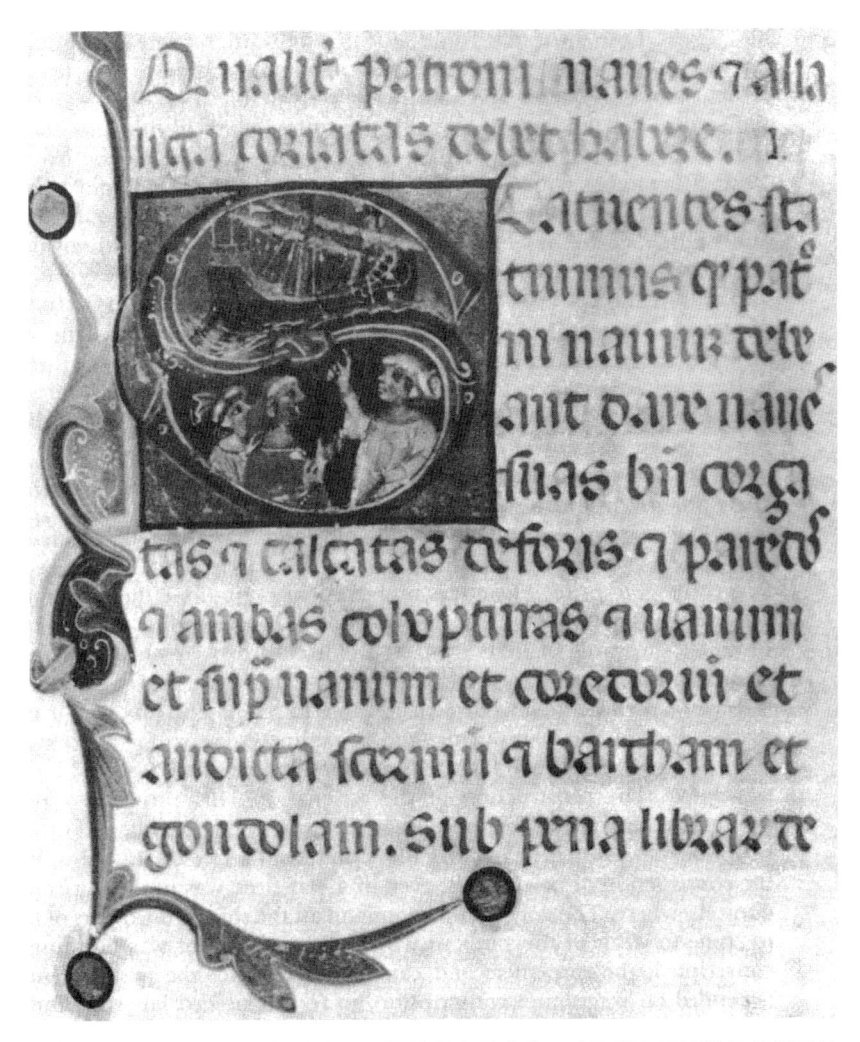

图 5-1 《1255 年海事法》中用于装饰的首字母（藏于威尼斯奎里尼斯坦帕利亚基金会）
此法典由总督拉涅里·泽诺主持编纂，三角帆商船的帆装与图中的船相似。

双甲板的船舶（navis 或者 buzo-navis）那样，而是在实战中没有什么用处。有种运马船有点类似于塔莱特帆船，但在结构上更重，它有特殊的舱口设计，使骑士的马可以走上走下。

　　与最精锐的堡垒船形成对照的就是加莱桨帆船。这是一种"长船"的极端类型，它的长度大约是船宽的 8 倍。13 世纪，大多数的加莱桨帆船是双桨座战船（bireme），即船内的每张长凳上有两位桨手并肩而坐，各划一根桨。为了充分利用杠杆原理，船桨穿过舷外的支架从狭长的船体中伸出来。这类桨帆船的优点是速度和机动性。这类船在作战时，除了面对同类型的船，都可以自由选择迎战或是撤退。它只能携带少量的货物。因为它只有一层甲板，龙骨到甲板约有2码[1]高，但是在打胜仗后，船上空余的地方会被绑牢的俘虏填满。如果用于装载货物，这类船也比较安全，但运输费用十分昂贵。

在利用顺风优势航行的时候，加莱桨帆船会悬挂一两张三角帆。

还有一种特殊的桨帆船叫黄金船（bucentoro），它船体宽阔，船上装饰精致华美，只在仪式性场合使用。

即使有些船——比如加莱桨帆船和塔莱特帆船——能逆风航行，也在逆风航行时相当慢，因此船东宁愿选择待在港口里等待顺风，至少在贸易航行时是如此。威尼斯人航行的水域没有可依赖的盛行风，例如季风和信风，但是他们也不用在港口之间航行许多天。在顺风时，船速甚至可以达到4节（可能的航速，但船速常比这要快）。从威尼斯到伊斯特里亚的帕伦佐，船只一昼夜可以走90英里。船只从帕伦佐或者波拉出航，如有良好的北风相助，三天之内便能到达加尔加诺角，在出亚得里亚海的路程上已走了一半以上。一艘快船从威尼斯跑到科孚岛还用不到九天。亚得里亚海、伊奥尼亚海和爱琴海——威尼斯人航行最多的海域——的风一直都极为多变，但是熟练的领航员能识别天气的征兆，在顺风到来的那几天择期出航。威尼斯人并不是因为害怕开阔的海面而紧贴海岸行驶，而是因为航线的性质使他们能够频繁地看到海岬，况且加莱桨帆船需要经常进港以获取补给。

无论是圆船、长船，还是商船、加莱桨帆船，政府只是偶尔才建造，它们更多是由私人建造的。对于政府成为造船方，人们并没有支持或反对的偏好，但是绝大部分的造船工和敛缝工在他们自己的小船坞工作，或者受雇于商人，替商人造船。政府鲜少对造船厂的产品进行监管，顶多有时

---

[1] 1码约合0.91米。

规定具体的尺寸——如果之后政府决定采购这些船的话，得到的船便是它想要的规格。1104年，威尼斯兵工厂建成，它成为总督监督下的存储武器、船桨、绳索等物资的场所。它原本是用于修缮帆船、整修少许船只的地方，而13世纪的大部分新船，甚至战舰都是在其他地方修建的。当政府需要的时候，总督能够命令潟湖内所有船坞的工人都到政府的船坞工作。得到征召的木匠和敛缝工都会得到报酬。政府需要劳动力时，通常是靠发工资，而不是靠征徭役。只有在非常特殊的时期，他们中的大多数才会为政府工作。正常情况下，造船工和敛缝工都为私人工作，有时在船坞中工作，有时在船上做工——在适航季节尤多。

海员和行商

商船上的船员和海军士兵没什么区别，但是如果准备打仗的话，船员的规模就会比平时更大。加农炮诞生之前，无论是圆船还是长船，全体船员就是船只的首要武器。事实上，威尼斯人区别"武装船"还是"非武装船"的依据就是船员的规模。如果一艘船造得像加莱桨帆船，除非全体船员超过60名，否则不会被当作"武装船"。当船只"武装"的时候，通常情况下每艘加莱桨帆船有140—180名船员。除了桨手，一艘全副武装的加莱桨帆船会把战斗人员安置在艏楼和艉楼里、桨手之间、船梯中央、战斗平台或桅杆的瞭望台上。像堡垒船这样巨大的500吨船舶，通常情况下在进行贸易时就有100名船员，但是如果为战斗进行了"武装"，它就能装载好几百名船员。

根据对中世纪海战的叙述，两舰撞击显然不重要，投射武器很重要，但只是次要的，有决定性的是肉搏战。商船和战船一样，会要求每一位船员都全副武装，装备上剑、匕首、标枪或长矛、盾牌、头盔或帽子、战斗衫——与此同时会要求大副配备额外的武器和上等甲胄。十字军东征期间，军队里的骑士当然有更好的装备。骑士会穿戴锁子甲，并且在负重的前提下训练使用重武器。但是海员只需要根据自己作战的需要进行训练即可。在主教和军人属于上层阶级的年代，海员也可以宣称自己是战士阶层的一部分。

我们很难相信桨手的社会地位高于或等于水手，但是没有证据和理由认为在12—13世纪加莱桨帆船上的桨手所在的阶层在当时地位明显低下。只有装备大型武装舰队的时候才需要大量桨手，而在这种情况下，当局就会诉诸一种"选择性服役"的办法。威尼斯六十多个堂区的领导者把20—60岁的全部男丁每12人编成一组，每组用抽签决定谁先去服役。1350年之前，被抽中的人会从其他组员那里共获得每月1里拉的报酬，政府也相应地付给他5里拉。如果他支付6里拉雇佣代役者，就可以免除劳役。每个公民都被要求在自己的房子里配备必要的武器。只要威尼斯的老百姓习惯海上的艰苦生活，并且知道如何在船上用绳索、武器或桨做该做的事，这种制度就能发挥作用。

因为舰队中的船只和船员与商船队的一样，政府进行管理以及偶尔将两者互相转化就更为容易。总督和他的议事会常常命令所有船只在接受新的命令之前不得离港。的确，为了减少船只失事，在冬天关闭港口是很正常的做法。春季何时重开港口一半由天气决定，另一半则由政治现状决定。政府有时会要求所有大船参与军事远征，例如恩里克·丹多洛组织的十字军东征。更多的时候，船长根据对商业前景的预估而在港口待命，以等待和托运人签订合同。但是特定的港口可能在规定时期内封闭。通常情况下，航行在最繁忙航线上的船只会得到官方的护航，护航由总督任命的海军将领指挥。发展总趋势是路线、货物以及出航时间的选择更自由，但是数个世纪以来，海外航行被当作社会性事业，需要经过政府的批准。

甚至在路线、货物和航行日期的选择都留给私人决定后，船舶运营者也得遵从精细的规定。政府不仅规定船舶尺寸，还规定船舶的帆装、必须携带的武器、各个规模船只的船员数量等很多细节。所有海船都会被官方根据载重量分级，官方会在船帮用一个十字标记来标定吃水线，以防超载。船只离开港口前必须在圣马可港通过武装和船员的检查，而且必须支付担保金，以保证它们不会袭击友方，保证会前往向托运人承诺过的目的地。

早期法律中的一些规定可能只是表达了良好的愿望，但其中大部分可能反映了威尼斯人遵守的习俗，因为威尼斯人把这些行为规范当作是否是一个好威尼斯人的标准。这种习惯有可能在10—11世纪得到了自我强化。尽管它依然很重要，但是在13世纪已经不能满足当时的需要了。13世纪，风俗习惯在海事法里面正式成为条文，同时增加了新的规范。为了让所有船员都受到约束，政府还要求从业人员宣誓。誓词强迫所有在海上的人员，包括海员、船东和商人，都要向政府的处罚部门汇报彼此的违法乱纪情况。

在这些一般规则之下，船上的组织至少在法律上出人意料地民主，特别是在贸易的航程中。现代通常认为船长作为海船上的权威必须不容挑战，但是中世纪的习惯做法不会把权力集中给某一个人。甚至在战斗舰队中，被叫作 capitani 的海军将领以及称为 comiti 或者 sopracomiti 的舰船长官也是这样，他们的权力都受到限制。他们可以对不服从命令的人予以重罚，但是必须到返回后得到威尼斯的议事会批准才能执行。法律规定拒绝攻击敌舰的人应该被砍头。而且舰船长官的誓词特别规定，若舰船长官赞成且有意愿拒绝攻击，应将其处死，但是这种事情很少发生，因为在一艘威尼斯商船上没有人有权去执行这样的惩罚。

12世纪最重要的商船高层职员是航海官（nauclerus）和船上的抄写员（scribanus）。前者负责通常的指挥工作，后者负责对工资和船货进行记录。船舶的所有权被分成几份分给几个人。航海官和抄写员不完全对船东负责，他们本身也不总是由船东选定的，他们的地位相当于公职人员，需要对全体船员和威尼斯政府负责。迟至13世纪，全体船员作为一个整体有权决定商船是否需要更改目的地，是否需要在海外过冬，是否允许个别船员登岸，以及许多其他事务。有关压舱物的决议由委员会决定，该委员会由航海官、一位船东代表、两位由其他船上的商人选出的代表组成。

产生这种相对民主的一个原因是，人们希望每一名船员都拿上武器，成为优秀的战士。另一个原因是船上载着大量商人。在12世纪的欧洲，商人会和自己的货物一起航行，也会委托其他商人押运货物，并在他乘同一艘船回程后分享利润，这些做法在当时都是十分常见的。只要托运了相当量的货物，托运人都有权携带适量的私人物品。他们也跟船员一样会被要求进行适当的武装。一些行商是来自世家大族的年轻人，负责照看年长或更富裕的亲朋好友的货物；一些行商的社会地位很低，却经验丰富。因为存在这些名望、影响力和学识都不逊于航海官的人，他们与航海官一同出海时，许多重要决定留给全体船员决定便毫不奇怪了，待决事项有是否运输额外的货物、是否帮助遭遇海难的船只这样的事务。

可以确定，在船上有一些地位低下的人，即更富有者的仆人。有些仆人可能是奴隶，因为在中世纪的意大利城市里，买奴隶是获得仆人的一种常用方法。然而，仆人不被当作船员的一分子，海事法特别禁止水手、商人和官员用仆人来替代自己的工作。商船乘客和水手之间几乎没有阶级差别。水手也可以被当成贸易者，起码是规模不大的小商人，他们有权携带规定数量的免运费商品。像商人一样，水手在航海中也拥有自己的船箱和床褥，拥有木材和酒水的供应，还能携带面粉或者饼干。一些船东把自己也作为水手进行登记，尽管法律为了保证船只有足够的雇工而对这种行为有所限制。

松散的纪律，合作、平等的精神是中世纪西欧海事法的普遍特征，根本不是威尼斯独有的。但它在地中海地区更为引人注目，因为它与拜占庭从罗马继承下来的传统形成了鲜明的对比。罗马法有关保护私有财产的法律条文在海上同样适用，所以船舶完全由船东或其代理人控制，船东出租空间或租借船只给托运人，并且管理所有船员，而船员有奴隶和支取常规工资的水手。相比之下，中世纪的海上习俗则在法律上体现了全体船员实际上的相互依存关系，并让他们成为一定程度上的合作伙伴。当罗马-拜占庭帝国在地中海上的军事霸权弱化而海上的危险与不确定性不断增加之时，这种观念得以逐渐发展。约900年在罗得岛编纂的海事法，提出了"共同海损分摊"的观念，即由船上所有的人分担更多的费用和损失。与此同时，工资和船只收益变化挂钩的做法更加普遍。不同地区也有自己当地的风俗习惯，保存最久的是阿马尔菲人的做法，他们的风俗习惯比早期的罗得岛成文法或较晚的威尼斯法律走得更远，他们的法律规定船主、托运人和运营船舶的人成为共同基金的合伙人。与这种三方利润分成相比，威尼斯的商业机构显得更加个人主义和资本主义。

威尼斯航运的资金涉及一张合作关系和贷款的网络。船东之间共同负担船舶建造的费用,但与货物价值、雇人的费用、舾装费用相比,这艘船的价值相对较小。富裕贵族家庭的兄弟们以家族合伙的形式共同行动,货物用他们独占或部分拥有的船只运送,他们与许多行商也有共同的投资,这使他们可以同时进行多次不同的航行,充分利用多样化的优势。一艘典型的货船可能代表着约100名投资者的利益,这些投资者向十几名行商托付了不同数额的资金,其中一些行商也是船员的一分子。

这些行商,或称海员商人,有几种不同的方式为他们从事的活动筹集资金。11世纪和12世纪,教会的高利贷禁令没有在世俗的立法中确认,而且威尼斯人还认为在支付利息的情况下向别人借钱并没有错。威尼斯传统的利率是20%。对于危险的海上航运,已知的罗马法中有关海洋贷款的合同里,借款可以获得更高的利率,因为放款人要面对船难、海盗或者敌对行动的风险。

当威尼斯的财富积累得越来越多,心急的投资人可能被引导去冒更多的商业风险。12世纪下半叶,威尼斯的大部分投资方式是一种叫作collegenza的半合伙关系(在其他地方被称作commenda)。在这种投资关系中,行商不向委托人许诺任何固定的回报率,他只许诺四分之三的利润。如果没有利润,待在家里的投资人或者放款人就没有任何回报。做了所有工作的行商只能获得四分之一的利润,这看起来是一种剥削,但是海员或者行商可以频繁地从亲朋好友和生意伙伴处以collegenza得到资金,以致即使自己一分钱也没出,却能在这次航行中获利颇丰。

有关这些行商-海员的机会和经营方式的情况,可以拿罗马诺·马伊拉诺(Romano Mairano)来举例说明。他出身低微,靠妻子的嫁妆发家。1155年,他航行到君士坦丁堡,贩卖了带去的木材。他用赚来的钱偿还了为购买和运输木材而筹措的航海贷款和collegenza的资金。第二年,马伊拉诺接受了航海官的职位,航行前往士麦那(Smyrna)和亚历山大里亚。他没有这艘船的任何股份,但是通过新的collegenza和航海贷款,他在航行中随船装载了不少货物,将货物卖掉后获得了可观的收益。不出10年,他成为一艘船的主要船东,并在船上担任航海官,往来于威尼斯和君士坦丁堡之间，他同时还是另一艘船的股东。马伊拉诺的借款越来越多，或者我们可以说委托他管理的投资数额越来越大。当1171年皇帝曼努埃尔诱捕并拘留所有在君士坦丁堡的威尼斯人时，他牵涉甚深。马伊拉诺的一艘停在港湾的新商船成为躲避皇帝煽动的希腊暴徒冲击的威尼斯人的避难中心。为了抵抗希腊人，威尼斯人焚烧船只后用湿衣服结成绳逃下船，牺牲货物而挽救了自己的生命。这场大难之后，为了支付自己于1170年订约的欠款，马伊拉诺足足花费了12年的时间。

马伊拉诺的企业家式的进取心并未被这场变故浇灭。就像他的许多同胞一样，马伊拉诺也向富可敌国的塞巴斯蒂亚诺·齐亚尼——威尼斯人说"l'haver de chà Ziani"，就像美国人说的"像洛克菲勒一样富有"——借钱。1171—1172年威尼斯和拜占庭之间的关系缓和之后，塞巴斯蒂亚诺·齐亚尼成为总督，并且显著地恢复了威尼斯的财富和声望。与此同时，他的儿子彼得罗（之后也成为威尼斯总督）接管了家族生意。马伊拉诺是个拥有自己商船的经验丰富的航海官，是值得投资的人。马伊拉诺前往亚历山大里亚贩卖木材的航行得到了彼得罗·齐亚尼的投资，他把胡椒作为对齐亚尼的回报，交付给了齐亚尼在亚历山大里亚的代理人。受到鼓舞之后，马伊拉诺规划了一项全新的事业——开拓从北非到西欧的航线。为了这条航线，他造了一艘新船，并让一个船长驾驶着出航，船长却将船在休达（Ceuta）或布日伊（Bougie，今阿尔及利亚的贝贾亚）将船卖掉了。马伊拉诺自己重新开始了前往叙利亚、巴勒斯坦和埃及的航线。1190年之后，他大概快到70岁时才不再当自己商船的船长。1192年和1193年，他在普利亚和亚历山大里亚的事业由他的儿子接手。

完全投入政府官职与军事活动的世家豪族们，大量收入都得自colleganza上面的多种投资。比如总督拉涅里·泽诺（Ranieri Zeno），他死于1268年后，一份财产清单显示了他真实的财产。colleganza占很高的比例。即使他的财富已经经过了估值，以小里拉格罗索为单位，却很难换算成美元。款项总计如下：不动产，1万里拉；货币，3388里拉；杂项，6025里拉；公债，6500里拉；132个colleganza，22935里拉。

1255年由总督拉涅里·泽诺颁布的海事法汇编主要反映了对罗马

诺·马伊拉诺这样的水手和行商的有利条件，但是一些条款也显示了全体船员希望改变内部关系的倾向。有条款规定，如果一个船东承担相应的责任，就会成为实际上的船长。航海官仅仅是助手（nocchiero），完全从属于由船东选举出来随船照看货物的这位船东。这位船东就是船长（patrono），是航海活动的领袖。船舶抄写员依旧是一名高级职员，他需要服从于上级即商人委员会（Consoli dei Mercanti）的批准与规章，但是抄写员由船长任命并执行船长的命令。

总体而言，与全体船员的权力相比，泽诺的法典显得更少关注船东的权力。每名船员都需要自备武器装备。他们作为战斗人员的重要性提高了水手和桨手的地位，因此他们在全体船员的许多决策中都有发言权。

另一个船员地位提高的表现是法律强调他们有责任报告船长的任何违反规章的行为。在法律上，海员对船长负责，同时船长也对全体船员负责。船长的职责包括保证每一个受雇的船员遵守法律所规定的誓词，但是誓词并未说船员要服从船长，誓词只要求船员服从法律。在船上，海员保有的公民身份高于他们的雇员身份。

法律显示的这种民主在实践中能达到什么程度，因船而异。这大部分依赖于海员是否能够自备足够的武器装备，是否能在贸易的时候购买商品进行贸易，是否能在返航的时候给家族提供足够的物品——而所有这些在没有欠债的情况下才能办到。有时海员可以自己筹措资金，但在其他时候，他们不得不根据苛刻的条款借钱，以准备航海活动。而且，控制威尼斯政治的大家族也通过经营贸易活动控制海洋。历史记载频繁地提及"丹多洛的加莱桨帆船"（la galea de Ca Dandolo）或者"孔塔里尼（Contarini）的船"。在这种船上工作的海员，在为一个大家族服务：在船上，有权威的大家族代表说话算数，法律条文不算数。

第六章

对威尼斯湾的统治

> 噢，主啊，在狂风暴雨中保佑我们吧，保佑你的每个忠诚的水手，保佑我们远离海难、罪恶和邪恶敌人的不可预料的阴谋诡计。

这一祷告仪式是在利多的圣尼科洛教堂于耶稣升天节（Ascension）举行的仪式的一部分，在这一天，总督将与大海"成婚"。总督乘坐一艘专为庄重的场合而设计的镀金船——黄金船，穿过圣尼科洛港。在共和国的领导人和外国使节的注视下，总督将一枚金戒指当作象征抛入大海，他说，他前来统治大海，正如丈夫统治自己的妻子。根据一则声称确有此事的传说，1177年，教皇把戒指和统治亚得里亚海的领主头衔授予威尼斯总督。在传说中，威尼斯战胜了帝国海军，而腓特烈一世·巴巴罗萨（Frederick Barbarossa）皇帝来到威尼斯亲吻教皇的脚。当然，历史上从来没有这样的胜利，也没有这场所谓的海战。根据最早的记录，上述祷文类似于海员的祷文，而非政治家的祷文。有人怀疑，在这个仪式变得更加隆重和政治化之前，它可能是古代多神教徒给海神尼普顿（Nepture）的献祭仪式的基督教版本。

然而，在1177年帝国之辱和教皇报恩传说之后的一个半世纪里，这两个传说变得具体起来。1177年，总督塞巴斯蒂亚诺·齐亚尼作为东道主邀请教皇和皇帝，在他的主持下通过了一项和平协定，此协定标志皇帝这一阶段对北意大利施加控制的意图失败了。威尼斯把这种权力运用到其他的独立城市。通过让这些城市相互竞争，威尼斯得以利用她的海权，以自己的方式组织贸易区域。在这种意义上，把1177年的和平协定作为威尼斯拥有亚得里亚海统治权的重要一步的观念是可信的。威尼斯还逐渐将正式签订的条约通过与当时的婚礼仪式相结合而适当地加以象征化,这便是传说和仪式透露出来的第二个真实要素。

当其他城市利用十字军开疆拓土的时候,正如我们前面讲的,威尼斯利用十字军获得海权。威尼斯人在出于自己贸易的考虑而牢牢地控制海域之后,就会利用自己的海权使自己和自己的城市变得更加富有。威尼斯人控制了贸易流动,这不仅能增加政府的收入,还能把自己的生意做大做强——因为这能带来更多的就业机会和更有利的贸易条件。

盐、小麦和腹地

威尼斯的海军力量,在阿卡或君士坦丁堡用于检查或者疏导丝绸和香料的流通,在亚得里亚海则用于管理食盐和谷物。平淡无奇的食盐和谷物对商业财富的快速积累所起的作用,或许不及东方舶来品那么大,但它们受到控制的方式对这座城市的总体财富和福祉同样至关重要。

政府财政收入的很大一部分来自销售食盐。政府要求所有威尼斯食盐生产商都要把食盐交由盐务管理处(Camera del Sal)管理,由该部门向出口商颁发营业执照,并规定售盐的地点、数量和售价。从威尼斯人那里购买食盐的远至米兰的大陆城市,也垄断本城的食盐销售,以利润颇高的价格把食盐卖给自己的公民或臣民。他们的需求量比威尼斯所能提供的量要多得多。威尼斯的许多盐田停止了生产,因为潟湖北部和中部的含盐量被河流降低了。威尼斯的制盐业集中在基奥贾附近,它的食盐产出还可以从远至塞浦路斯(Cyprus)和巴利阿里群岛(Balearic Islands)的地方生产的进口食盐得到补充。盐务管理处设定了特别的价格来吸引这些遥远产盐地的供应。

可以确定,威尼斯在拉文那和切尔维亚(Cervia,见地图 1-1)附近也有一些竞争对手,但是它们彼此之间也互相竞争,威尼斯不仅可以利用其海军实力来对抗它们,还可以对它们的最好的潜在客户施加影响力。1238 年,拉文那同意只向威尼斯出口谷物和食盐,以换取直接从普利亚和马尔凯（Marches）进口所需的食物。在1250年签订的几份条约中，威尼斯同意向费拉拉（Ferrara）和曼托瓦（Mantua）供应食盐，而两地不得向其他地区买盐。这就让威尼斯最大的竞争对手切尔维亚处于如不把盐售予威尼斯则无处可卖的窘境。威尼斯人很愿意购买，并与切尔维亚签订了购买所有食盐的合同，部分指定销往博洛尼亚的食盐除外。因此威尼斯通过同时约束生产者和消费者，彻底完成了食盐的卡特尔化。

此外在谷物贸易方面，威尼斯获得了对邻国的优势地位。威尼斯对谷物没有垄断，价格由竞争和供需决定。威尼斯的日常供应，部分来自附近的大陆城市，例如帕多瓦；部分通过海运进口，来自罗马涅（Romagna）、马尔凯等亚得里亚海沿岸地区（见地图3-1）。跟其他意大利城市的富豪一样，在大陆拥有庄园的威尼斯富人会直接把小麦带到威尼斯的自家中。商人会在价格低廉的时候从当地市场中购买谷物，甚至到上游远至帕维亚和皮亚琴察的地方去购买，通常情况下这些地方的粮食都会有富余。但是在不同的年份，收成可能有很大的变化：一个地区某年出口谷物，次年可能就需要进口；而在一个收成很糟的年份，整个意大利北部都需要进口谷物。

尽管威尼斯主要考虑的是喂饱自己的人口，她却使自己成了整个意大利东北部小麦贸易的中心。在收成不好的年份，威尼斯商船走遍整个地中海去寻找还有谷物剩余的地方，从西西里、巴巴里（Barbary）、埃及、希腊和巴尔干，以及更远的地方进口粮食。1268年，威尼斯商船从黑海的许多港口购买了大量小麦。认为长距离贸易在中世纪仅限于奢侈品的观点，对那些水路通畅的地方根本不成立。

当食物短缺迫在眉睫时，威尼斯就会向外国船只提供特别的优惠，让它们把小麦运到威尼斯，威尼斯也敦促和命令本国人这样做。粮食专员（Grain Commissioner）对在任何规定时间从特定地区运来粮食的人公布有吸引力的保障价格，并允许这些人在市场上自由销售。在所有威尼斯在罗马尼亚的众多殖民地港口，任何装载小麦的人如果不把小麦运往威尼斯的话，都会受到重罚。在亚得里亚海范围内，威尼斯人要求所有的粮食货物，不管是否用威尼斯的船运送，都要运往威尼斯。在实际情况下，每个城市遇到饥荒的时候都会征用它能弄到手的所有粮食货物。有时候，拉古萨人会把运往威尼斯的粮食货物运到他们的城市。但是威尼斯人凭借更强大的海军力量让自己的需求最为优先。

威尼斯不仅积极地从远方进口谷物，也同样积极地把附近地区的农产品运到威尼斯。当然，正如威尼斯做的那样，每一个大陆城市都需要考虑养活自己的人口，但是一些农村生产者很乐意把谷物贩往远方的市场以获得更高的利润。不同城市之间、城市内消费者和生产者之间的利益冲突不断，而在这些冲突中，威尼斯一般都能获胜。1270年的普遍缺粮期间，博洛尼亚试图将自己的粮食供应独立于威尼斯，并无视威尼斯的规定——所有往北亚得里亚海运送粮食的商船必须在威尼斯卸货——而试图通过拉文那进口谷物。饥饿帮了威尼斯人的大忙，在没有发生任何决定性的军事行动的情况下，博洛尼亚于1273年被迫与威尼斯缔结条约。作为交换，博洛尼亚人同意自己在拉文那的购买量不超过规定的数量，这使他们仍然依赖威尼斯的供应。

就像食盐的例子一样，威尼斯人在谷物市场上的主导地位，部分依赖威尼斯船舶为自己的市场带来所需物资的能力，以及海军巡逻队支配下的亚得里亚海北部的交通。13世纪，潟湖附近有13个控制点，在每一个控制点都有五六名人员和两三条船，他们检查所有过路者，以确保其货物前往的目的地符合规定。1180年，威尼斯人在伊斯特里亚的卡波迪斯特里亚——此城是当时威尼斯在伊斯特里亚的主要据点——武装了一艘加莱桨帆船，派它在格拉多和伊斯特里亚之间的沿海进行巡逻。

不仅是因为这些巡逻队，威尼斯的人口规模和经营活动也使它成为附近地区之间许多产品的交流中心。威尼斯把洋葱、大蒜和食盐贩卖给阿奎莱亚，从阿奎莱亚进口猪和小麦。伊斯特里亚向威尼斯出口木材、木炭和石材。的里雅斯特，13世纪时在重要性上与卡波迪斯特里亚不相上下，向威尼斯出口生皮、熟皮和肉。马尔凯出售葡萄酒。反过来，威尼斯这座大都市满足了农村和小城镇对木材、皮革、陶器或玻璃、铁质工具的需求。威尼斯一旦成为大城市，它就自然成了广大区域的市场，也成为手工业产品的主要输出地。几个世纪以来，这种区域内的贸易一直是威尼斯经济的支柱。

过境贸易

变化更大的是区域之间的贸易，特别是从北欧或西欧经由威尼斯到亚洲、非洲或罗马尼亚的贸易。威尼斯海权的一个重要的用途就是引导这种贸易穿过威尼斯，以排除潜在的竞争对手，特别是附近的费拉拉、安科纳和扎拉。

由于西欧的经济增长，这种东西方的过境贸易在12世纪和13世纪得到了极大的发展。十字军东征刺激了西方对东方商品的需求，例如糖、香料和丝绸衣料，但是本质上的改变是西欧生产的货物也能够在东方销售，其中最重要的就是纺织品和金属。奴隶和木材不再是威尼斯出口海外的主要货物了。奴隶供应的中心正在转移到黑海。1250年之前，木材的出口就已经没有毛织品出口那么重要了。

古代与中世纪的经济生活之间有一个鲜明的区别：在古典时代，除了家庭妇女，我们很少知道还有谁生产衣料；但是到了中世纪，有专门的工匠生产衣料用于出售，生产的规模还不小。结果就是出现了更上等的衣料，衣料的材质也变得更丰富。毛纺业首先在尼德兰地区发展起来，这里的毛纺业也最先进。主要用英格兰羊毛制作的佛兰德布，成为向西北穿越阿尔卑斯山贩卖丝绸和香料的意大利商人最欢迎的商品。这些货在法兰西的香槟集市相遇。香槟集市在佛兰德和意大利的中间，已然成为西欧贸易的中心。威尼斯是香槟集市所认可的十二个意大利商团之一，然而意大利西北部的商团在香槟集市上最为突出，特别是在13世纪，那时翻越阿尔卑斯山的最常用路线是：先坐船往波河上游行驶，在帕维亚上岸，再前往西北方的大圣伯纳德山口（Great Saint Bernard Pass）（见地图16-1和地图24-1）。

费拉拉是波河商品往上下游运输的传统驳运点，它位于波河两条支流之间，波河至此往下游分成数条河道。费拉拉在波河下游派军队驻守，这就使费拉拉成为东西方过境贸易中危险的潜在竞争对手。12—13世纪，费拉拉一年两次的集市是一个重要的场所，例如，威尼斯人为从君士坦丁堡进口的丝绸寻找客户的主要场所。西欧的商业和手工业快速发展之际，费拉拉就从西方获得更多的货物，从香槟集市吸引更多的商人。

德意志人也带着亚麻布和金属到费拉拉的集市来交换东方的产品。在康斯坦茨（Constance）和位于现代瑞士联邦北部的城镇，手工业的发展有一大特点：制麻工人已经相当熟练，足够为自己的产品在出口市场中赢得一席之地。13 世纪，德意志和意大利的城市也生产一种名叫"粗斜纹布"（fustian）的柔软布料，它的经纱为亚麻线，纬纱完全或部分由产自黎凡特的棉花制成。

为了交换棉花、香料、焚香等进口产品，德意志人不仅提供亚麻，也提供白银。12 世纪，在德意志中部发现了重要的银矿，采矿技术也得到发展，德意志矿工把他们的技术推广到其他地区。在纽伦堡（Nuremberg）、奥格斯堡（Augsburg）等德意志城市的商人的资金支持下，德意志矿工提高了铜、铁、金、银等金属的产量，并培养了许多掌握金属加工技术的熟练工人。金属不仅在意大利非常受欢迎，在黎凡特地区也是如此，特别是白银和铜。

在与费拉拉就吸引阿尔卑斯山以北商人而竞争的时候，威尼斯有许多优势，特别是对德意志商人。威尼斯更靠近在阿尔卑斯山东部地区的海拔较低的线路。德意志人最重要的路线是从布伦纳山口（Brenner pass）前往维罗纳，之后行进至阿迪杰河在亚得里亚海的河口，那里距离潟湖的南边不远，再经由运河去威尼斯（见地图 16-1）。就像对待所有的外商那样，对于德意志人，威尼斯也试图提供诱人的住宿条件和监管严密的仓库设施。1228 年，他们开始为德意志人在里阿尔托桥旁边修建德意志商馆。威尼斯禁止德意志商人把商品从威尼斯运往海外，但是大多数德意志商人不在意这一点，他们想把东西卖给威尼斯，并且想要获得多种多样的商品，以运回阿尔卑斯山以北。这一点威尼斯能够做到，因为她的海军和海洋贸易相当繁荣。作为市场的威尼斯对德意志人的吸引力增加了。威尼斯要求本国的船，如果是在巴勒斯坦、希腊或其他亚得里亚海以外的地区装载的货船，就要开回威尼斯，而不是费拉拉。第四次十字军东征时期建立的殖民帝国使得东西方贸易激增，新增的贸易活动由威尼斯船只运载，而且掌握在威尼斯商人手中。威尼斯船舶禁止在亚得里亚海除威尼斯以外的港口卸货，这是使威尼斯成为该地区与其他地区间联系的唯一中心所迈出的最重要一步。

第二个重要步骤是皇帝与教皇之争所带来的意外收获。双方都宣称对意大利拥有政治和宗教方面的权力，在他们的竞争中，费拉拉的商业利益受到了冲击，她甚至无法维护在自己城墙范围内把所有通过波河的货物卸下来出售的权利。相反地，威尼斯人成功地维护了加洛林王朝的皇帝们在协议中首次赋予他们的这项权利，当时威尼斯还是一个以船夫或驳船工为主的民族，这项权利让威尼斯人能载着在更远的上游地区购买的小麦等货物畅通无阻地穿过费拉拉。1230年签订的一项协议免除了威尼斯船在费拉拉的通行费，在费拉拉停泊的时候除外。其他大陆城市也反对费拉拉的任何主要产品的权利。在意大利的内河，威尼斯捍卫把地区紧密联结起来的贸易自由。

当然，这种自由在河流注入威尼斯湾之后戛然而止，威尼斯宣称自己在那里具有垄断之权。1240年，费拉拉的统治者选择站在腓特烈二世皇帝一方，这给威尼斯提供了一个将其意志强加于波河口的机会。教皇宣称费拉拉是教皇国的一部分，征服这座城市需要借助威尼斯人的力量，后者便热情地派遣了一支擅长围城的舰队助战。虽然威尼斯人在占领君士坦丁堡的时候就已展露了攻城的技术，但是这场胜利主要依靠城市内部埃斯特（Este）家族支持的起义。此后，埃斯特家族接受了一项条约，条约允许威尼斯人控制费拉拉与亚得里亚海地区之间的贸易。

条约第一条明确规定，所有从海上运往费拉拉的货物必须来自威尼斯。为执行这一规定，威尼斯人一度依赖波河口附近的一个巡逻队。1258年，他们在波河口最南端建造了一座坚固的堡垒，这座堡垒后来为波迪普里马罗河（Po di Primaro）的导航起到了重要作用，并加强了威尼斯对这一地区的控制。人们把这座堡垒叫作马尔卡莫（Marcamò，意为"海的呼唤"），因为它离大海近得能够听见风暴的怒吼。这里的人员可以让任何一艘船只停航，并要求它们提供在威尼斯清关的证明，它也成为威尼斯力量的象征。

威尼斯舰队也在波河上游进行警戒。一位将军带着60名士兵和6条船巡逻，一直到曼托瓦下游的波河与明乔河（Mincio）的汇合处。另一支巡逻队沿阿迪杰河而上，一直到莱尼亚戈（Legnago）——威尼斯人在这里也有一座要塞（见地图 1-1 和地图 16-1）。这些河上的巡逻队不仅保护威尼斯人，也保护往来于威尼斯的费拉拉、曼托瓦和维罗纳的商人。

贸易中心及其局限性

每一座中世纪城市都力争成为贸易中心（staple）。这意味着，它在尽可能大的领域行使贸易中心的权利，即要求商人将不同地区的货物在作为贸易中心的城市进行交换，在那里卸货并交税，并在当地出售。来自外地的商品同样也只能运到这一地区的贸易中心交易，而不是别的地方。威尼斯被称为"海湾之主"（lordship of the gulf），正是因为它在宣称自己贸易中心的权利方面做得特别成功。

这并不意味着威尼斯人通过排斥外国人垄断了贸易。相反，他们欢迎外国的商人和船舶，并向外国人广泛提供住房及保护，这些外国人成为里阿尔托一个重要的特色。除了战时，他们欢迎商业对手的船只在圣尼科洛港停泊，即使是比萨和热那亚的船也一样。如果这些竞争对手进入亚得里亚海北部，威尼斯人甚至要他们必须使用威尼斯的港口。这并不意味着威尼斯会禁止来自附属城市（例如扎拉）的商人，除非该城正在叛乱。而且他们在威尼斯支付跟当地人一样的关税。但是在巡逻队的监督下，商品不能在威尼斯之外的城镇进行交易，必要的时候甚至有军舰介入。如果佛罗伦萨人把布料径直运到扎拉，用布料交换扎拉从黎凡特地区直接买来的香料，那么威尼斯的贸易中心就可能会被完全摧毁。威尼斯是贸易中心，就意味着所有的商品交换应该在当地的批发市场——里阿尔托进行，威尼斯人在此处做中间商，并可以同时从布料和香料的贸易中牟利。为确保中间商的地位，海事法要求商品进口到该地区时，必须由威尼斯船或货物出口国的船只运输。

虽然威尼斯人贸易中心的权利往往与他们对亚得里亚海的支配权一致，但中亚得里亚海和下亚得里亚海的商业规定与北亚得里亚海的不同。

达尔马提亚与普利亚、马尔凯之间的直接贸易是被允许的。尽管费尽心力，但是威尼斯从来没有成功地把安科纳囊括进自己的贸易中心范围之内。经过一系列远征、贸易战和封锁，1264年，威尼斯强迫安科纳在向北方贸易时承认威尼斯的贸易中心体系。一份条约规定了安科纳直接向费拉拉和博洛尼亚出口葡萄酒和橄榄油的特定配额，但是让它与达尔马提亚和普利亚之间的贸易相对自由。正如拉文那在30年前承诺的那样，安科纳承诺在颇能获利的巴勒斯坦朝圣旅游业上不与威尼斯竞争，还答应把在安科纳上船的朝圣者带到威尼斯。为了进一步限制安科纳与黎凡特的直接贸易，威尼斯禁止安科纳人在亚得里亚海地区运输黎凡特的一种主要产品——棉花。安科纳人从亚得里亚海以外进口的货物，都要缴纳20%的进口关税，但这种关税在实际中很难征收。作为向威尼斯出口小麦、羔羊皮和葡萄酒的回报，安科纳、雷卡纳蒂（Recanati）、费尔莫（Fermo）等马尔凯的城市在威尼斯获得了非常优厚的关税待遇。因为这些货物是这些城市的主要出口产品，特别是葡萄酒，所以它们在商业上部分依赖于威尼斯——威尼斯是它们的主要市场。但是，这些城市都可以独立地与达尔马提亚开展贸易。通过与黎凡特保持关系，安科纳依然是一个危险的潜在对手。

第四次十字军东征重新确立了威尼斯在达尔马提亚的权威，以致后者也服从于威尼斯的海事法。达尔马提亚最重要的城市，扎拉和拉古萨是重要的货物供应来源：扎拉提供食材；拉古萨提供兽皮和蜡，以及在巴尔干内陆开采的白银等金属。两地拥有自己的重要商船队，并且威尼斯不反对它们的船只把货物运送到亚得里亚海以外，也不反对运输谷物和油料的船只穿过亚得里亚海南部。但是，威尼斯要求，如果两地的商船队向北或向西运输到波河流域，则必须在威尼斯装卸。13世纪时，拉古萨与威尼斯之间几乎没有摩擦，因为拉古萨还没有在东西方贸易的承运者方面开始去跟威尼斯竞争。拉古萨人从附近的巴尔干半岛出口到威尼斯的货物是免关税的。威尼斯向拉古萨提供对抗邻近的斯拉夫王公所需要的保护，还把拉古萨作为威尼斯在下亚得里亚海的主要海军基地。扎拉则更难控制，因为它的一个活跃的政治派别更愿意接受匈牙利国王的统治。在匈牙利国王统治下，扎拉可能成为威尼斯的一个竞争对手，成为货物发往北意大利的分发地，而运来货物的不只有扎拉人，还有比萨人、热那亚人等等。这一派别领导了1243年扎拉的第五次起义。威尼斯镇压了扎拉之后，便更加严密地控制扎拉。

与遍布岩石的达尔马提亚相比，土壤更为肥沃的普利亚在经济上显得更加重要。普利亚不仅是达尔马提亚的粮仓，也是为威尼斯提供小麦、橄榄油、奶酪、食盐、肉以及羊毛的主要地区。威尼斯则报以铁、铜、布和东方的商品，以及大量的金银——通常用于购买小麦。普利亚的统治者授予威尼斯人广泛的出口自由，希望从威尼斯那里获得政治支持。1257年，它们接受威尼斯对亚得里亚海的统治，规定普利亚人把本国产品运送到安科纳和扎拉两城以北的地方时，只能运往威尼斯。巴里等普利亚的城市曾活跃于东西方的贸易中，威尼斯通过禁止它们将外国货物输入亚得里亚海北部地区，限制了这些竞争对手。这项措施与别的手段相配套，即所有进口到威尼斯的货物都要用威尼斯船只运输，或由产品原产地的船只运输。

因此，威尼斯的海事法和条约没有直接限制安科纳人、达尔马提亚人和普利亚人之间或者他们与海外的贸易，但是威尼斯通过引导他们与最好的潜在市场——亚得里亚海岸最富庶的部分和西北方的波河流域——之间的贸易，间接地限制了他们。与此同时，这些条约赋予了威尼斯对伦巴第大部分进口商品的控制权，这种控制权从来源上并不依赖战略地位重要的马尔卡莫要塞。

费拉拉战争

在威尼斯海事法的体系有效运行了两代人的时间之后，它所引发的厌恶与嫉妒在费拉拉战争中彻底爆发了。马尔卡莫要塞位于罗马涅地区的食品出口中心（如拉文那、切尔维亚和里米尼[Rimini]）与大城市（费拉拉、博洛尼亚）的贸易通道上，这些大城市的食品供应在很大程度上依赖罗马涅地区。马尔卡莫要塞不仅被用来迫使区域间的贸易通过威尼斯，而且被用来执行威尼斯关于盐和小麦的法规和条约。特别是威尼斯人在粮食短缺时期能优先获得粮食供应的主张引起了仇恨。伦巴第人抱怨说，威尼斯凭借马尔卡莫要塞奴役了整个伦巴第。

1308年，威尼斯自身过度扩张，在让费拉拉在商业上顺从了之后，还试图让费拉拉在政治上屈服。威尼斯抓住了一个不可错过的绝佳机会。费拉拉城市统治者的死亡引发了他的弟兄和他的亲生儿子弗雷斯科（Fresco）之间的内战。弗雷斯科向威尼斯人求援，后者派遣军队进入弗雷斯科移交的提达尔多城堡（Castel Tedaldo），控制了横跨波河的大桥。教皇作为费拉拉法律上的领主，派遣教廷使节要求威尼斯人投降。威尼斯人提出谈判，承认教皇作为领主的权利，但是拒绝放弃这座城堡。教皇宣布威尼斯禁行圣事，并发布了一份牵涉广泛的教令，要对威尼斯实行绝罚。教皇除了下令停止威尼斯的全部宗教仪式，还宣布总督属下的所有臣民做出的效忠誓言都已失效，禁止与威尼斯人进行任何贸易，宣布没收所有威尼斯人的财产，并将他们的人身奴役。教皇是一位居住在阿维尼翁（Avignon）的法国人，没有可指挥的军队，不能把威尼斯人赶出费拉拉，但是他的强硬态度鼓励了大陆上邻近威尼斯的国家。它们抢劫威尼斯的商人，并派遣军队成功地攻破了提达尔多城堡。

尽管军队在费拉拉受到重挫，但是威尼斯没有轻易地满足教皇的要求。她在波河口维持巡逻。1311年，扎拉掀起（第六次）叛乱，叛乱被镇压后，威尼斯人对海洋的控制岿然不动。威尼斯依旧能够贸易，与费拉拉的贸易被切断时，她还能利用与伊斯兰地区的协议。此外，她还有维罗纳这位盟友，后者由于自身的原因也把教皇当作敌人，不仅如此，维罗纳在阿迪杰河上所处的位置让威尼斯得以绕开费拉拉和教皇国。威尼斯与维罗纳达成一项协议：在阿迪杰河与波河之间修建一条运河，运河的宽度足够让两艘船相向而行。原先前往伦巴第的船要通过波河口，这条运河建成后，便可以从阿迪杰河口出发，绕过费拉拉到达上游地区。这条新的竞争路线可能会摧毁费拉拉，这是促使教皇在1313年解除禁行圣事令、取消绝罚的一个原因。另一个原因是威尼斯愿意立即供应费拉拉急需的小麦。

费拉拉战争对威尼斯来说是数个世纪以来最糟糕的一次挫败，因为威尼斯人没有获得费拉拉，还损失了大量的物质财富，并且被迫同意向教皇支付10万杜卡特（约占威尼斯公共债务的十分之一）的赔偿款。威尼斯在和平协议中承诺放弃运河计划，但和平协议还重申，所有从亚得里亚海进入费拉拉的商品必须来自威尼斯。

14世纪，威尼斯人对亚得里亚海的统治权事实上已得到普遍的承认，它得到的评价却褒贬不一。一些评论家颇为赞赏和羡慕，他们称赞威尼斯人的精明强干和为了威尼斯的光荣与权力而时刻准备牺牲个人的精神。其他人则妒中带恨，指控威尼斯人毫无信念，贪得无厌，统治欲过于强烈。通过威尼斯的编年史家，可以得知威尼斯人相信自己自古以来就行使对亚得里亚海的正当统治权，这项权利是通过清除亚得里亚海的海盗，让人们能够在这片海域安全航行而获得的。

事实上，威尼斯人的统治权比他们承认的范围要更小，时间上也更晚近。整个亚得里亚海的确可以被叫作威尼斯湾，因为威尼斯人对整片海域进行监管，要求外国战舰未经允许不得进入，在水域范围之内对所有商人进行盘查，检查后者的贸易是否符合威尼斯的海事法和条约。然而，这并不意味着威尼斯坚持想成为整个地区的贸易中心。13世纪中叶之后，威尼斯能把全部贸易引导去自己市场的，仅有我们称作的威尼斯湾的周边地区和波河口地区。威尼斯能增强对安科纳和扎拉一线以北地区的贸易路线的严格控制，是因为对整个亚得里亚海放松了限制。

第七章

黎凡特的贸易

在亚得里亚海之外，威尼斯在利用海权时面临着不一样的问题。"制海权"在不同时代的含义不一样。从拿破仑战争到第一次世界大战期间，英国拥有一种被称为"绝对的"制海权。在帆船时代，它是由巡逻队执行的，巡逻队能够在任何季节都保持海上航行，并可以驻扎在主要由盛行风决定的贸易路线上的战略要地。随着蒸汽机时代的到来，英国控制战略位置重要的加煤站，让其不对敌人开放，使英国海军得以在打败敌军主力舰队并使其无法出港之后横扫敌军舰队和商船队，或得以对中立船进行搜查或扣押。相比之下，有一种叫作"相对的"制海权，德国于第一次世界大战期间通过使用潜艇而实行过它。这种相对的制海权完全是消极的，它不能保护己方的航运。但是如果从阻碍对手使用不可或缺的贸易航线而言，它是成功的。

在中世纪的欧洲，没有海军能对任何开阔水域执行绝对的制海权，但威尼斯人在亚得里亚海非常接近于做到了。根据需要，威尼斯人在河流和河口的巡逻得以强化，威尼斯的舰队足够强大，足够迅速，能镇压一切反对势力。征服君士坦丁堡之后，威尼斯海军的力量增强了，这让威尼斯人觉得自身更有责任镇压海盗，特别是在亚得里亚海。威尼斯人每年都用一支全副武装的舰队来维持海洋的安全，不仅是在战争期间如此，而且是作为常规任务进行的。自然，它护卫商船前往普利亚和罗马尼亚，还把达尔马提亚城市用作隶属的基地，特别是拉古萨。1330年，威尼斯认为有必要单独成立一支舰队来保护威尼斯湾地区的商业。从那以后，当主力舰队远征爱琴海或"海外"，就会有一位海湾舰队长（Captain of the Gulf）

率领这支舰队频繁地在威尼斯湾巡逻。

对整个地中海实行绝对的制海权,即禁止敌对方使用这些水域并且能在任何时候保证自己的公民和盟友的航行安全,是完全不可能的。无论威尼斯还是她的任何一个对手,都不能清除海上的所有敌人。它们缺乏建立有效封锁的技术手段。贸易可以变换地点,可以通过许多可替代的路线溜过封锁。船只的性能和装备也不允许它们像18世纪末的英国那样,在多变的天气下无限期地在港口外巡逻。战舰甚至更不容易发现一心避战的敌人,比不上两次穿越亚得里亚海去寻找拿破仑的舰队的纳尔逊勋爵（Lord Nelson）。并且在一场压倒性胜利之后,获胜者仍然不能有效封锁敌方城市。他无法阻止战败一方派出一支新的舰队。如果敌方只是派出一支非常小的舰队去突袭某个暴露的点或袭击商船,获胜者也无可奈何。

在这些条件下,威尼斯的"制海权"的目标主要是保护自己的商船队,向殖民地提供支援,同时给敌人的贸易造成损失或袭击其海岸或殖民地。攻占君士坦丁堡之后,威尼斯在东地中海形成了这种海上控制。因为商船是主要的关注点,大多数战略基地就变成了那些可以安排船队的港口,或是让船队休整、避战的港口。

遍及海陆的商队

对于这些商船队而言,最重要的港口在两条贸易路线上,这两条路线一条前往罗马尼亚,另一条前往"海外"。"罗马尼亚"不仅包括希腊半岛和爱琴海岛屿,也包括附近所有属于拜占庭帝国领土的地方。"海外"地区指地中海的东岸和东南岸,具体地说,是指塞浦路斯、叙利亚和巴勒斯坦（见地图4-1和地图4-2）。

在罗马尼亚从事贸易的船只和商人要更多一些。威尼斯人通过帮助拜占庭皇帝对抗诺曼人,获得了关税优惠的待遇。事实上,1082年的金玺诏书使威尼斯人在大部分城市都获得了关税豁免。希腊本地人需要缴纳10%的税,而威尼斯人一分钱也不用交。因为在市场经营的本地商人需要缴纳通行费,而威尼斯人却不用交费,这项竞争优势就确保了威尼斯能获利。热那亚和比萨也暂时获得了特惠关税，但不是像威尼斯那样完全免税。当1204年君士坦丁堡的拉丁帝国建立之际，威尼斯人的免税权得到了重申，而且范围扩大到整个帝国。威尼斯人向热那亚和比萨施惠，确认了两者之前的待遇，但在拉丁帝国和威尼斯的协议下，如果两者与威尼斯开战，那么它们就会被驱逐出罗马尼亚。在这些条件之下，很容易理解为何威尼斯人不仅想要在罗马尼亚寻找货物以满足威尼斯和西方世界，还想参与罗马尼亚地区内的贸易。例如，他们在科林斯定居，把伯罗奔尼撒（威尼斯人称为摩里亚）的产品卖到希腊的其他地方。他们从希腊群岛向埃及出口葡萄酒、油、水果和坚果，带回小麦、豆类、糖等货物。他们把当时著名的斯巴达和忒拜（Thebes）的丝绸出口到许多地方。但在罗马尼亚的内部贸易中，规模最大的是对君士坦丁堡城的供应以及该城产品的销售。即使在1204年被洗劫之后，按照中世纪欧洲的标准，它仍然是一座巨大的城市，有许多成规模的手工业和大量需要粮食的人口。它通常的粮食供应部分来自色雷斯和萨洛尼卡，但主要来自位于现代保加利亚、罗马尼亚和苏联部分地区的黑海港口。威尼斯人以前被拜占庭皇帝排除在黑海之外，1204年以后，威尼斯人开始在那里活动。他们有一些人定居在克里米亚东海岸的索尔代亚（Soldaia），从那里向君士坦丁堡出口谷物、盐、鱼、毛皮和奴隶。

为了保护所有这些贸易，最好的据点当然是君士坦丁堡。它的地理位置一度使它看起来像是威尼斯权力的中心，和威尼斯城本身一样。13世纪，君士坦丁堡的威尼斯殖民地相当庞大，其面积堪与里阿尔托周围的定居点相媲美。在很久之后出现了一则传说，谈到在1204年征服君士坦丁堡后不久，威尼斯的议会举行了一场正式辩论，讨论向君士坦丁堡进行大规模移民、迁移威尼斯政府的可能性。这个传说背后唯一的事实是，在几年的时间里，由选出的市政官（podesta）率领的君士坦丁堡的威尼斯侨民会不与威尼斯当局商量就擅自行动，像恩里克·丹多洛曾做过的一样。而且在前拜占庭帝国的君士坦丁堡等地居住的威尼斯人，可能也和里阿尔托周围的人一样多，一样富有。

当许多威尼斯人在罗马尼亚境内定居，并通过罗马尼亚境内的贸易或跟黑海与埃及的贸易而致富时，西方世界和黎凡特之间的贸易变得越来越重要。西欧生产了越来越多的羊毛和金属，这些产品在黎凡特是有需求的，卖掉它们让西欧人能够购买更多的东方产品。从罗马尼亚输送到威尼斯的商品有：丝绸，尤其是丝绸织物；君士坦丁堡的熟练工匠生产的其他产品；明矾；虫胭脂（kermes，产自摩里亚的红色染料）；蜡；蜂蜜；棉花；来自产量不同的各个港口的小麦；产自黑海的毛皮和奴隶；产自希腊岛屿的甜葡萄酒。

威尼斯和罗马尼亚之间的航行是按季节组织的，在同一季节航行的船只或多或少地会一起出航，形成了所谓的商船队。13世纪，这样的商船队通常由10—20艘塔莱特帆船或其他小帆船（naves）组成，有一两艘真正的大圆船或几艘加莱桨帆船提供保护。商船队在春天出发，秋天返回；或者在8月出发，在海外过冬，春天返回。它们的航行时间由法律规定：1255年法律规定，船长必须在7月的最后两天之前与海员签订秋季"muda"的合同，muda既指商船队中的船只，也指装货期。它们将于8月15日之前在尼科洛港启程。出港的这些船只有到下一个复活节，甚至到5月才会返回，这并不是因为去君士坦丁堡的航行要花这么长的时间（每一程都可以在两三个月内轻松完成），而是因为要躲避冬季的暴风雨，或者在目的地待很长一段时间以买卖货物。船队还需要花时间在沿途的停靠港做生意。船队的终点站是君士坦丁堡，这里也是黑海货物的集散地。船队在爱琴海主要会固定停靠在内格罗蓬特，从君士坦丁堡回程的船队在此处与到希腊的次要港口做贸易的船舶会合。这些船只经过摩里亚半岛南端的马莱亚角（Cape Malea）和马塔潘角（Cape Matapan）后，停靠在莫顿或科伦，装载该地区的产品，摩里亚的当地商人会加入进来，然后向北前往拉古萨和威尼斯（见地图4-2和地图13-1）。

威尼斯人的第二大贸易地区是"海外"，去那里的航行也在春季或秋季出发。去"海外"和去罗马尼亚的船起初一同行动，在绕过希腊半岛最南端马塔潘角和马莱亚角之后才分道而行，因为逆风，这些海角往往很难通过。前往"海外"的船队接下来去克里特岛的首府干地亚，有时会有去罗马尼亚的商船队陪同，但通常不会。因此，克里特岛作为航行的中转站,对前往君士坦丁堡航行的重要性不如前往"海外"航行的重要性。不仅如此,克里特岛不仅仅是一个海上的基地,还是谷物、葡萄酒、橄榄油和水果的重要产地。威尼斯贵族在那里拥有的地产久而久之为他们带来了丰厚的收入。威尼斯人如果想要统治当地人民,就要先镇压不少起义。但是当威尼斯借以统治的克里特公爵不需镇压起义时,就能派遣4—10艘加莱桨帆船加入威尼斯舰队。

从克里特岛向东航行,商船队可能会停靠在罗得岛和塞浦路斯,但终点站是阿卡,这里位于海法以北不远处,现代公路从这里的海岸直达萨法德(Safed)和大马士革(Damascus)。在十字军征服的所有港口中,阿卡的商业最为蓬勃,耶路撒冷王国在失去耶路撒冷之后将阿卡作为王国剩余部分的首都。在各方停战时,一些运载着朝圣者的船舶会在南边的雅法停靠,因为那里更靠近耶路撒冷。但阿卡是十字军所有活动的中心,是商船队的集合点,也是收集亚洲、香料群岛财富的商路的交会点。

欧洲对胡椒、肉桂、丁香、肉豆蔻、生姜的需求量比现在对调味品的需求量更大,特别是因为在没有冷藏技术的年代,人们需要更多香料来对肉调味。德意志、佛兰德和英国的欧洲人可以购买更多的香料以满足他们对高度调味的食物的口味,因为他们生产了更多东方需求的商品,如银、铜和呢绒。意大利人是交易的中间人,他们从13世纪的"手工业增长"中获利。

西方需求的一些产品产自黎凡特本身,其他的产自远东。印度商人将成捆的东方草药和香料运到红海,几乎所有印度洋和地中海之间的水路都要经过红海。但是,对于单位价值这么高的商品来说,决定路线的因素先是税费,再是运费;先是保护安全的花销,再是交通的花销;更多受到社会条件的影响,再是物质条件的影响。从各方面考虑,从印度进入红海的运香料船舶在麦加的港口吉达(Jiddah)停靠是有充分理由的。这些商人都是穆斯林,他们的宗教要求他们到麦加朝圣。在吉达以北红海海域航行更加困难,特别是在某些季节。由于这些原因,运送香料的路线在吉达分开(见地图7-1)。一部分货物会用骆驼运往麦加,这些"沙漠之舟"经由麦地那,沿着旧的商路向北穿过约旦河以东的沙漠、干谷和草原,到

地图 7-1 途经黎凡特的贸易路线

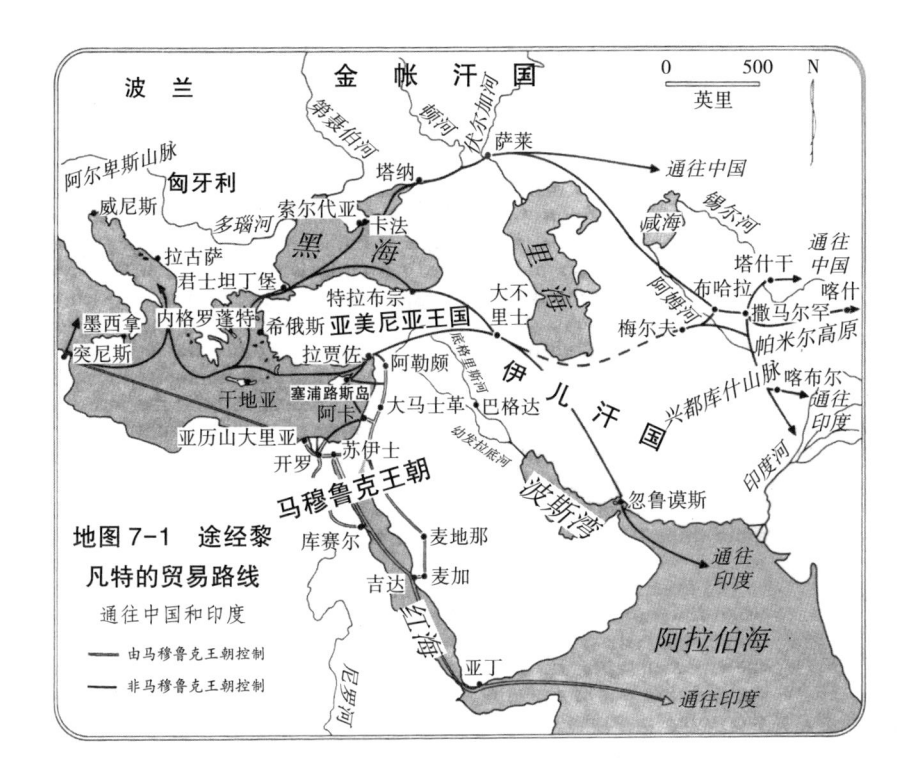

通往中国和印度
—— 由马穆鲁克王朝控制
—— 非马穆鲁克王朝控制

达大马士革。大马士革本身是沙漠边缘的一片肥沃的绿洲,是一个重要的手工业中心,以钢铁和织锦而闻名,也是骆驼队的出发地。从大马士革到地中海几个港口中的任何一个都只需花费三四天。只要阿卡在基督徒的手中,它便是这些港口中最重要的。

另一条香料路线起自埃及,从相反的方向到达阿卡。从吉达出发,穿过红海到苏伊士港,然后渡过尼罗河到达开罗,这条路线看上去最好走。但是因为埃及苏丹的控制更为严格,所以通常使用的是另一条路线,即从库赛尔(Quseir)附近上岸,到达尼罗河岸边,然后在第一瀑布下游不远处顺流而下。不管是哪种情况,这些埃及的路线都经过开罗,然后到达尼罗河三角洲的港口,其中最主要的港口是亚历山大里亚。

除了香料,埃及还有很多吸引威尼斯人和其他欧洲人的东西。12 世纪,它是明矾、糖和小麦的主要产地,也是木材、金属和奴隶的主要市场。亚历山大里亚几乎自建城以来就是世界上最繁忙的港口城市之一,但从意大利船长的角度来说,它有两个缺点。一个是政治上的:亚历山大里亚是一座坚固的港口，这里的商人、船员和船只都受到苏丹的支配。为了确保没有船未经他的许可就离开，港口的穆斯林指挥官命令船只在到达后要将船帆和舵上交。另一个是技术性的，和当地盛行风的风向有关。在整个夏天，这里盛行西北风，因此对从西方来亚历山大里亚的航行有利，却让圆船不可能径直向西离开，对于加莱桨帆船也很困难——除非时间是晚秋或早春。但在这两个季节，暴风雨和雾气使航行更加危险。夏季离开亚历山大里亚前往西方的商船，应开始向东北或东北偏北方向航行，像古罗马的运粮船做的一样。船舶在塞浦路斯或叙利亚的港口停泊，等风向西吹，便可启程返航。在当时的航海技术条件下，当一个要从亚历山大里亚到威尼斯的威尼斯商人前往阿卡加入一支商船队时，他并没有真正地偏离航路。

在阿卡，威尼斯人感到非常自在。作为亚实基伦海战胜利后十字军的回报，威尼斯人完全控制了阿卡和附近推罗城的整个地区。这里应有尽有，足以让威尼斯人作为独立的社群而生活，他们有自己的教堂、领事馆或政府中心、仓库、面包坊、公共澡堂和屠宰场，或许还有磨坊。此外，这里还有许多威尼斯宫殿或私人住宅，其空间不仅足以容纳一个威尼斯家族及其随船往来的威尼斯客人，还能容纳巴勒斯坦或叙利亚的当地人——威尼斯人向他们收取租金。有不少"宫殿"中有工场，威尼斯人在那里雇用本地熟练工人从事纺织和玻璃制作。在阿卡，尤其是在推罗周围，威尼斯人拥有许多地产，这些地产被十字军当作战利品授予威尼斯，依据是总督多梅尼科·米希尔帮助十字军夺取这座城市后与其达成的战利品分配协议。这处海岸以出产柠檬、柑橘、扁桃和无花果而闻名。叙利亚和巴勒斯坦也生产棉花、丝绸和糖，以补充商队从大马士革带来的出口商品。

大部分集中在阿卡的贸易都掌握在黎凡特人手中，因为很少有威尼斯人前往内陆的大马士革。除了穆斯林商人，还有许多信奉基督教的阿拉伯人和亚美尼亚人，以及犹太人和希腊人——他们习惯于在地中海东岸做贸易，尽管那里有军队交战。这里的十字军稍微增加了商队被抢劫的风险，但没有阻止商队照例穿越叙利亚和巴勒斯坦，或者从埃及前来。只要十字军不直接进攻埃及,威尼斯人就会向埃及人出售木材和金属,这让新来的十字军感到震惊,但这种行为得到了耶路撒冷国王的许可,因为他们需要税收。向敌人出售武器当然是非法的,但粗制金属和木板并不总被认为是军需品。军需品的定义从古至今都很模糊。

威尼斯的这两条路线,一条经由罗马尼亚到达君士坦丁堡,另一条到达阿卡和"海外"(见地图 4-2),不仅给威尼斯带来了东地中海的产品,也带来了最抢手的印度商品。能不能保护它们是对威尼斯海权的考验。1250 年后,威尼斯为了控制这些航线,为了保住海上霸主的地位,和热那亚展开了激烈的竞争。

热那亚人的竞争

热那亚人开始扩张的时间比威尼斯人晚,他们首先在西地中海地区劫掠和获取利润,这在他们的贸易中仍然是至关重要的,但是他们也利用十字军东征带来的到"海外"的机会,而且比威尼斯人更积极,后者因为关注罗马尼亚而有所顾虑。尽管热那亚的人口从未超过威尼斯的一半,但它在 1100—1250 年迅速发展,至少在名义上控制了利古里亚(Liguria)的所有地区。它力求成为罗讷河和托斯卡纳之间所有沿海地区的贸易中心,就像威尼斯之于北亚得里亚海地区一样。

威尼斯被它的潟湖与大陆隔开,而热那亚海滨却被紧贴海岸的陡峭山脉与内陆隔绝开来。热那亚也不像威尼斯那样是一个统一的城邦,因为利古里亚沿海地区的人并没有完全融入热那亚人的公社。热那亚的贵族一旦失去权力,往往能够在沿海山区的一些避难处反抗市政府。不同派系之间的竞争在热那亚比在威尼斯更加难以平息,城市的统治权频繁易手,胜利者会把失败者流放。这些派系斗争并不妨碍商业扩张,事实上,流亡者经常到黎凡特谋取财富。13 世纪中叶,热那亚人和威尼斯人一样,在阿卡和推罗站稳了脚跟,而且在整个叙利亚更加活跃,因为他们主动帮助了十字军,这为他们在更靠北的城市中赢得了广泛的权利。

1250 年以前,威尼斯和热那亚之间的竞争由于他们对比萨人的共同恐惧而有所缓和，因为比萨人对在罗马尼亚的威尼斯人更加危险，对在西地中海的热那亚人也是一样。基伯林派（Ghibelline）在比萨占绝对多数，该派支持德意志皇帝，反对教皇。热那亚主要是圭尔夫派（Guelf），它支持教皇，就像这个世纪中叶的威尼斯。1250年腓特烈二世的战败和死亡削弱了整个意大利的基伯林派之后，比萨成了威尼斯人的次要威胁，而热那亚人作为商业竞争对手变得越来越有活力。在随后的战争中，威尼斯的利益岌岌可危，但让战争继续下去的因素更多的是憎恶和自负，而不是经济上的考虑。

第一次威尼斯-热那亚战争是发生在阿卡的一系列事件引发的。一个威尼斯人谋杀了一个热那亚人，然后热那亚人袭击并掠夺了威尼斯人的居住区，双方在居住区边界上的一座修道院大打出手。在欧洲，教皇等人试图调停；在阿卡，所有的派系都选边站队。圣殿骑士团、比萨人和普罗旺斯商人站在威尼斯人一边，许多当地贵族站在热那亚人一边。当商船队在1257年夏天离开威尼斯时，总督派出一支舰队随行，他认为这支舰队足以应付当时的局势。舰队的指挥官是洛伦佐·蒂耶波洛（Lorenzo Tiepolo），他是一位总督的儿子，也是一名战士，因参与1243年重新征服扎拉城而声名在外。他冲破了热那亚人企图把他拦在港外的锁链，烧毁了他们的船只，重新占领了有争议的修道院。第二年，一大批热那亚船到达了，但同时蒂耶波洛也得到了增援——部分来自克里特岛，主要来自威尼斯。1258年6月，当热那亚人出现在阿卡港外的时候，蒂耶波洛出海迎战。奇怪的是，热那亚人很长时间处于防守状态，让威尼斯人得以迎风前进并形成战阵。热那亚舰队的规模略大一些，有50艘加莱桨帆船和4艘大圆船，而威尼斯人则有39艘加莱桨帆船、4艘大圆船和10艘塔莱特帆船。威尼斯人还从人口组成特别复杂的阿卡当地居民中雇用了大量人手，以加强武装，这些人被威尼斯人的高额报酬以及对热那亚人的仇恨所吸引。威尼斯人取得了压倒性的胜利：热那亚人失去了一半的加莱船，约1700人战死或被俘，其余的人逃到了推罗城。在阿卡拥有一座坚固塔楼的热那亚人看见本国的舰队被打败，便也逃跑了。威尼斯人把阿卡的热那亚高塔上的立柱带回家，并把它们立在圣马可教堂的旁边（图7-1），以

图 7-1　来自阿卡的方柱，后面是圣马可教堂
这些战利品由叙利亚艺术家精心雕琢而成，是洛伦佐·蒂耶波洛攻破热那亚据点时带回的。

纪念这次胜利。

热那亚囚犯也被戴上脚镣带到威尼斯。威尼斯人认为这些囚犯在和平谈判中是有用的，但不想奴役他们。对异教徒、穆斯林和异端的战争补充了奴隶市场的供应。事实上，似乎在某些情况下无法把战争和奴隶掠夺行为区分开来。但意大利各城市并不会将彼此的公民贩卖为奴。关押俘虏是为了赎金，一旦条约签订，俘虏就会被根据条款释放。在教皇的恳求下，威尼斯人释放了在阿卡被捕的热那亚人，阿卡的威尼斯商人对幸存的热那亚竞争对手都颐指气使，并拒绝任何悬挂热那亚旗帜的船只进入港口。

这场"海外"战争胜利三年后，威尼斯在罗马尼亚遇到了严重的挫折。于1204年建立的拉丁帝国一直比较孱弱，无力战胜它的希腊对手。一些希腊政治势力在前拜占庭帝国的部分地区站稳了脚跟，自称罗马-拜占庭皇帝的真正继承者。1261年7月，希腊皇帝米哈伊尔八世·帕列奥列格（Micheal VIII Paleologue），其领地靠近君士坦丁堡，他凭借背信弃义和一次秘密的突袭攻占了君士坦丁堡，当时作为城防支柱的威尼斯舰队正在海上航行。舰队回城时，它能做的事只有营救同胞和最后一位拉丁皇帝，把他们带到内格罗蓬特。

米哈伊尔八世占领君士坦丁堡让他朝着目标迈出了一大步，他的目标是恢复拜占庭帝国，恢复到第四次十字军东征之前的状况。这次占领威胁到威尼斯在罗马尼亚的全部殖民地。威尼斯人本来有可能会为收复君士坦丁堡和恢复拉丁帝国做出巨大的努力，但两种状况阻止他们采取明确的行动。其一是君士坦丁堡的拉丁皇帝一直表现得软弱，而且逃亡的皇帝缺乏家族资源。其二是热那亚战争，它开始于阿卡，现在已转移到罗马尼亚。如果不是当年早些时候热那亚与米哈伊尔八世签订了条约，他可能无法保住君士坦丁堡。根据《尼法厄姆条约》（Treaty of Nymphaeum，威尼斯人将Nymphaeum称作Ninfeo），他承诺驱逐威尼斯人，并让热那亚人在罗马尼亚境内享有之前威尼斯人享有的特权地位。作为回报，热那亚人承诺让他们的海军为他效劳，听从他的调遣，与威尼斯开战，并帮助他重建拜占庭帝国。事实上，米哈伊尔八世在没有热那亚援助的情况下就占领了君士坦丁堡，他在几年内认为热那亚舰队不值得他付出如此高昂的价格。不过，《尼法厄姆条约》至少将足够强大的热那亚舰队带进了爱琴海，从而排除了威尼斯人直接进攻君士坦丁堡的可能性。

热那亚人派出的军事舰队在战斗中确实不是很成功。1262年，热那亚人在萨洛尼卡港避难,威尼斯人发现他们在那里筑起了坚固的防御工事,不敢进攻。他们向热那亚人发出挑战,让其出来在公海上战斗,但遭到拒绝,威尼斯人就离开了。1263年,由38艘加莱船组成的热那亚舰队护送补给到摩里亚半岛的希腊要塞莫奈姆瓦夏(Monemvasia,意大利语称为Malvasia),中途遭遇了前往内格罗蓬特的32艘威尼斯加莱船。由此引发的塞特波齐战役(Battle of Settepozzi,地点在今希腊斯佩察岛)中,威尼斯人大获全胜,因为在指挥热那亚舰队的四名海军将领中,两名从未完全投入战斗,两名失去了他们的座舰。显然,热那亚舰队的部分装备是由承包商提供的,部分是由对回报投资者感兴趣的海军将领指挥的。1264年,热那亚人故意误导和躲避威尼斯的舰队以避免战争,他们在1265年也避开了战斗。1266年,他们的舰队在西西里岛的特拉帕尼(Trapani)附近的海域遭到威尼斯人袭击。当威尼斯人奋力划船攻来时,热那亚的船员惊慌失措,他们试图游到附近海岸,好几千人在这一尝试中丧生。热那亚人指责他们的海军将领懦弱无能,或者指责说船员不是真正的热那亚人,而是来自各地的乌合之众,都是被雇来领钱的。1267年,一支热那亚舰队封锁了阿卡,当威尼斯舰队出现时,他们不战而走。威尼斯人显然在所有主力舰队之间的战斗中都占了上风:1258年的阿卡战役,1263年的塞特波齐战役,1266年的特拉帕尼战役。

尽管威尼斯人在海上取得了胜利,但事实证明,这场战争让威尼斯人付出了巨大的代价。他们在君士坦丁堡和拉丁帝国其他地区享有特权的商业地位已经丧失。米哈伊尔八世把金角湾对面的一块地授予热那亚人,热那亚人便大量在此定居,形成了一个属于他们自己的郊区,名为佩拉(Pera)。然而,他没有授予热那亚人以威尼斯人曾拥有的所有特权,他在1268年重新接纳了威尼斯人,而当时热那亚战争还在继续。威尼斯商人重新开始在君士坦丁堡做贸易,但他们再也没有像1261年以前那样的很高的特权地位了。

威尼斯船也在遭受热那亚船的劫掠。即使在和平时期,也有船只互相结伴来躲避海盗的趋势。在战争期间,它们被要求结伴而行,尽管从实际情况来看这一定很困难,因为加莱桨帆船、塔莱特帆船和两到三层甲板的大型三角帆船的航海性能不同。为了集中力量,威尼斯每年会派遣一支有护航的商船队前往阿卡,前往罗马尼亚的商船队最远只会航行到内格罗蓬特,如果它在这里受到威胁,可以毫不费力地从克里特岛获得增援。威尼斯仔细规定了出发时间和路线,并提供15—30艘加莱船用于护卫。这个系统运行良好,因此同时代的威尼斯编年史家马蒂诺·达·卡纳尔(Martino da Canal)夸口说威尼斯人像往常一样派出商船队,而热那亚人只能像海盗一样偷偷摸摸地出海。但这一吹嘘掩盖了一个事实,即热那亚人在没有护航的情况下也确实做得很好。洛伦佐·蒂耶波洛在阿卡袭击热那亚以后,威尼斯人与热那亚人见面就开战,热那亚的一些单独或结成小队航行的船只被威尼斯人劫持,但还有许多船只得以安全地航行。威尼斯人没有专门用来袭击商船的加莱船,因为它们都忙于护送任务。与此同时许多热那亚人的船只也在私人冒险家的武装下出去寻找战利品。有一次,三艘热那亚战舰和一艘侦察船在爱琴海上一起巡航,猛扑向一艘威尼斯大船,该船与它的护航队失散,防守很差。热那亚人带走了贵重的船货,捕获了108名囚犯,其中42人是威尼斯贵族——包括吟游诗人巴尔托洛梅奥·佐尔齐(Bartolomeo Zorzi)。

威尼斯人使用的护航系统有缺点,它不仅限制了加莱船战舰的自由行动,而且使商船队成为集中的目标。如果敌人能击败或引走护航的战舰,从而俘获受到护航的船队,那么敌人造成的物质损失将比军事舰队被打败更加惨重。热那亚海军将领格里洛(Grillo)在1264年就如此行动,实现了这则妙计。一位威尼斯海军将领率军出海去保护商船队,他希望找到热那亚舰队并将其摧毁,从而为威尼斯的商船队扫清道路,但他落入了圈套。格里洛在意大利南部的港口停留,他在那里散布了热那亚人要去阿卡的消息,然后出海,去马耳他。当威尼斯的舰船前来寻找时,便相信了这些误导性的消息,于是向东航行,只留下防守空虚的亚得里亚海和伊奥尼亚海。格里洛带着16艘战舰从马耳他向北返回,在都拉佐和萨赞诺(Saseno,今阿尔巴尼亚的萨赞岛)附近的海上遇见了无保护的威尼斯船队,船队包括1艘非常大的圆船——堡垒船、12艘塔莱特帆船,还有6艘其他船只。威尼斯人在保护了他们的塔莱特船和其他较小的船只几个小时后，带着最值钱的商品乘坐堡垒船撤离了，让热那亚人的意图落空。这次作战提供了一个很好的例子，说明了13世纪护航舰队的组成，以及堡垒船这样拥有高耸舰楼的船舶的军事价值。它使威尼斯人得以避免灭顶之灾，但他们的损失是非常沉重的，损失的不仅是那些较小的船只和船上的大部分货物，还有整整一年的与"海外"的贸易。

除了格里洛的这次，再没有其他如此成功的袭击船队的案例，但格里洛的成功使其他威尼斯海军将领过于谨慎，不愿离开他们所护送的商船。多年的战争之后，事实证明，护航船队的利润远不如私掠活动。威尼斯人为和平做好了准备，因为他们的荣誉感得到了满足，贸易却受到了损害。但是热那亚人不愿讲和，因为他们因战败而感到痛苦，他们在"相对的"制海权上获得了更大的好处，而威尼斯完成"绝对的"制海权的尝试就更加逊色。双方在1270年议和，仅仅是因为法国国王路易九世（Louis Ⅸ）坚持要为他计划的十字军东征建立一支舰队。他威胁说，如果热那亚人不停止捕捉和掠夺威尼斯人，他将在法国逮捕热那亚人，没收他们的财物。与此同时，如果热那亚人愿意把船供他使用，他就会给出诱人的价格。由此达成的条约实际上只是互相仇恨的敌人之间的休战条约。

在接下来的25年里，热那亚人继续他们惊人的经济扩张和海军扩张。在地中海西部，他们决定性地击溃了比萨，后者再也没有从1284年海军在梅洛里亚（Meloria）的失败中恢复过来。当时热那亚在第勒尼安海的海军力量和商业航运方面都成为无可争议的领先者。热那亚的商船经过直布罗陀海峡，将黎凡特的香料和丝绸运到布鲁日（Bruges）和英国，并带回布料和羊毛。在东方，热那亚在黑海和小亚细亚扩张得特别快。虽然《尼法厄姆条约》中将威尼斯人逐出罗马尼亚的条款在几年内被推翻，但希腊帝国的恢复终结了威尼斯人在整个罗马尼亚占据支配地位的时期。威尼斯人在内格罗蓬特、克里特、科伦、莫顿拥有殖民地，还与在希腊半岛南部拥有领地的拉丁王公结盟，使威尼斯人在罗马尼亚的南部和西部占据了优势地位。但热那亚人在北部和东部超过了威尼斯人，他们在君士坦丁堡港口中的佩拉殖民地繁荣昌盛，还在黑海北岸建立了另一个航运中心。他们选择了卡法，因为它拥有优良的港口，能够用来很好地抵御该地区盛行的北风，它成为热那亚人渗透到克里米亚和俄罗斯南部河流的基地。热那亚的其他商业中心有以乳香闻名的希俄斯岛（Chios），以及位于现代伊兹密尔附近拥有非常有价值的明矾矿的福开亚（Phocaea，意大利语称为Focea）。这些殖民地使热那亚的海上力量远远超过热那亚城所对应的规模。

威尼斯在1270—1290年也在发展。威尼斯的航运业趁着机遇获利颇丰：当热那亚和比萨这两个主要的海军强国处于战争状态时，威尼斯保持中立；这些年欧洲的财富和人口都得到了普遍的增长。佛兰德的纺织业和德意志的采矿业的产量持续增加，它们的产品可用于购买丝绸和香料等东方商品——而欧洲对这些商品的胃口似乎是填不满的。与此同时，威尼斯手工业的产出也在增长，当时威尼斯正在充分利用自己作为亚得里亚海北部的贸易中心的地位。

黎凡特贸易的性质也在发生变化。与以前相比，为君士坦丁堡和亚历山大里亚等其他大都市供货的威尼斯船只的数量有所减少，它们更专注于经过威尼斯本城的贸易。这并不是威尼斯唯一关心的问题。虽然黎凡特的地区内贸易依然有不少钱可赚，但威尼斯正逐渐取代君士坦丁堡，成为罗马尼亚许多地区的原材料的主要市场，例如葡萄酒、蜡、橄榄油、蜂蜜、棉花、羊毛、兽皮。威尼斯同时也成为这些产品的加工中心。

蒙古人和新贸易路线

> 在这本书中，我愿意向您讲述关于世界上奇妙之物和壮丽之物的知识，尤其是关于亚美尼亚、波斯、印度、鞑靼人之地和许多其他省份与国度的事情。我将在书中娓娓道来，它们乃本人亲眼所见。吾乃马可·波罗，来自伟大之城威尼斯。
>
> ——《马可·波罗行纪》伊丽莎白时代的英译本序言

威尼斯和热那亚在寻找东方商品以满足西方顾客的同时，也在黑海沿岸找到了不错的商业机会。在蒙古人的统治下，南俄地区跟中国统一在一起后，前者在商业上的重要性有所提高。蒙古人在征服的第一阶段具有惊人的破坏力，他们于1241年在波兰西部战胜了波兰人和德意志人，并于1258年洗劫巴格达（Bagdad）。但是他们一旦建立了统治，蒙古皇帝就能非常有效地组织军队、道路、邮驿、贡品征收和贸易，他的统治范围从匈牙利边境延伸到日本海沿岸，这是到当时为止出现过的最庞大的帝国。大汗的首都最初在蒙古，后来迁到长城以内。大汗统治着更小的可汗。蒙古帝国最西端是金帐汗国（钦察汗国），它统治着俄罗斯南部的河流，威尼斯人、希腊人、亚美尼亚人、犹太人等为君士坦丁堡寻求供给的人都曾到过那里。在现在的伊朗和伊拉克形成了波斯汗国（伊儿汗国）。1260年，埃及的新统治者马穆鲁克人（Mamluks）打败了波斯可汗，终止了蒙古人在阿拉伯世界的扩张。马穆鲁克王朝仍然是叙利亚、巴勒斯坦和穿越红海的贸易路线的主人，但是伊儿汗国发展了一条波斯湾和西方世界之间的陆上贸易路线。这条路线的第一个终点站是叙利亚北部的拉贾佐（Lajazzo，今土耳其尤穆尔塔勒克），第二个终点站是黑海东岸的特拉布宗。伊儿汗国首都大不里士（Tabriz）成了拉贾佐和特拉布宗到波斯湾顶端的忽鲁谟斯（Ormuz）的贸易链的繁荣一环（见地图7-1）。

尼科洛·波罗（Nicolò Polo）和马泰奥·波罗（Matteo Polo）的故事说明了蒙古人打开的机遇。威尼斯人在君士坦丁堡建立了事业之后，将贸易穿过黑海延伸到克里米亚半岛南端的索尔代亚，这两人也在其中。1260年，他们决定进一步去内陆寻找商业机会。他们带着珠宝等物品，从索尔代亚骑马到伏尔加河上的萨莱（Sarai，今萨拉托夫附近），即金帐汗国的首都。事实证明，这确实是离开君士坦丁堡、离开黑海的好时机，因为正好到1261年7月，希腊人重新占领了君士坦丁堡，并鼓励热切的热那亚人抓住每一个威尼斯人。大约50名威尼斯人在试图逃离黑海时被抓获，希腊皇帝将他们作为海盗对待，他们被施以刺瞎眼睛和割掉鼻子的惩罚。这些事件在传播过程中或许有所夸大，波罗兄弟听到的消息是什么样子已经无人知晓了，但是足以让他们断了原路返回的念头，尽管尼科洛的儿子马可·波罗（Marco Polo）在游记中给出的原因不一样。如果波罗兄弟清楚时势，那么即使是萨莱似乎也不安全，因为希腊帝国几年来一直是金帐

地图 7-2　波罗兄弟和马可·波罗的路线

汗国和马穆鲁克王朝结盟的纽带，这个联盟部分是针对伊儿汗国的，部分是针对威尼斯的。1261 年的君士坦丁堡之变对威尼斯来说是一次商业上的灾难，却迫使威尼斯人寻找一条新的贸易线路，并促成了威尼斯人的旅行中最著名的一次——这显得有些讽刺，但在那个时代的贸易状况下很典型。

尼科洛和马泰奥似乎对贸易情况略有耳闻，他们可能知道通过伊儿汗国的路线。至少他们听说过富庶的大不里士城，以及那些通过特拉布宗或拉贾佐来到萨莱的商人。从他们待的萨莱到达大不里士要沿着里海西岸向南走，在他们之前曾有一个西方旅行者走过这条路线，但由于伊儿汗国和金帐汗国正因争夺高加索而开战，波罗兄弟便不能走这条路。因此，他们从萨莱向东前往布哈拉（Bukhara），这里处在第三个蒙古汗国察合台汗国的统治下。他们希望能从布哈拉找到一条西方人还不知道的路线，从布哈拉走到大不里士，然后回到地中海。如果他们能成功到达大不里士，会遇到一位居住在那里的威尼斯人——彼得罗·维廖尼（Pietro Viglioni）。如果他们能及时到达，他们可能会被叫去见证他的遗嘱。维廖尼最后只好让非威尼斯人见证了遗嘱，因为在大不里士并无第二位威尼斯人，尽管这里还有其他的意大利人。只要波罗兄弟能找到布哈拉到大不里士的"未知路线"，他们就可以通过维廖尼来时的路线顺路返回，便有希望回到威尼斯。

相反，他们发现汗国之间的战争还在继续，阻塞了通往西方的道路。但是他们随时准备抓住一切机会，在布哈拉待了三年，并学习了蒙古语和波斯语，然后遇到了一位蒙古官员。这位官员率领一支庞大的商队，从伊儿汗国向东去中国见大汗。因为大汗从未见过拉丁基督徒，所以他可能对波罗兄弟很感兴趣，蒙古官员便邀请波罗兄弟随行。马泰奥和尼科洛的旅途有 3000 多英里，他们穿越或绕过了高耸的帕米尔高原，穿过中亚人口稠密的绿洲，绕过了一些地球上最大的沙漠，最后到达蒙古帝国的首都大都。蒙古帝国的首都还在蒙古的时候，有西方人曾到过那里，但是新的大汗忽必烈将都城向南迁移了。波罗兄弟是第一批从地中海出发穿过中国长城的人。

大汗知道穆斯林是难以对付的敌人（败于马穆鲁克而耿耿于怀），但他对基督徒知之甚少。波罗兄弟在大都待了一段时间后，被大汗派往西方，作为他的使节去见教皇，请求教皇派传教士去将基督教的知识教导给他的人民。在归途中，波罗兄弟终于找到了一条路线，他们从伊儿汗国走到地中海的拉贾佐，并顺利回家。

1271 年，当他们再次启程前往中国时，只召集到了两个传教士，这两人几乎刚出发就害怕地返回了，但一起出发的人还有尼科洛的儿子马可·波罗——一个 21 岁的年轻人。马可得到了蒙古皇帝的青睐，他为皇帝效劳，并在接下来 20 年的大部分时间里在中国旅行，逐渐熟悉了一种完全不同的、在许多方面让他更钦佩的文明。这里的城市更为庞大，国家组织更大、更有序，这里的高雅艺术、科学和宫廷礼仪都和西方世界的颇为不同。波罗一行返回西方时，先从中国乘船到波斯湾，然后穿过波斯到达特拉布宗（见地图7-2）。回到威尼斯后，马可·波罗讲述了他的旅途和所看到的胜景，他成为一个传奇人物。在当时，许多其他的西方商人也找到了去中国的路。13世纪60年代，马可的父亲和叔叔是从萨莱向东推进到布哈拉的先驱者。13世纪90年代，其他威尼斯人和许多热那亚人已在利用蒙古可汗开放的相对安全的道路。其他有旅行经历的威尼斯人可能对马可·波罗的游记故事不太感兴趣。据说，他的书被那些认为他夸大其词的人称为"马可的万两黄金"（Marco's Millions）。

另一个传说是，他在40岁回到他年轻时离开的威尼斯家乡时，没有人认出他，包括他的父亲和叔叔。没有人相信他的故事，直到他们扯开衣服的缝隙，让成堆的珠宝掉出来。事实上，他的叔叔和父亲开始旅行时的身份就是珠宝商人，这样他们在到达一个新国度时可以向统治者献上厚礼，离开时又能得到统治者赏赐的丰厚奖赏。贩卖珠宝比讨价还价的买卖赚得更多。珠宝是这条漫长而艰难的道路上的理想商品。

马可·波罗叙述过的、蒙古人开辟的一条最重要的贸易路线便是穿越波斯到达印度洋的路线。有了这条路线，就可以在红海的路线被关闭的情况下，将产自印度和东印度群岛的紧俏香料运往地中海。虽然这条路线经过特拉布宗一事有助于提高黑海在商业上的重要性，但通过拉贾佐的支线有许多优点。它经过了信基督教的小亚美尼亚王国，使商人得以避开希腊人的地盘和穆斯林马穆鲁克控制的土地。

当埃及马穆鲁克王朝的苏丹消灭了耶路撒冷王国最后的残余部分时，绕过伊斯兰领土就变得至关重要了。1291年阿卡陷落，推罗和的黎波里也被攻陷。教皇颁布了一项禁令，禁止与苏丹统治下的地方进行任何贸易，甚至禁止买卖属于非违禁品的商品。塞浦路斯可能是秘密贸易的进行地点，但拉贾佐是大陆上唯一合法对基督徒开放的港口，它立即成为威尼斯船队前往"海外"的目的地。当威尼斯和热那亚之间爆发战争时，马可·波罗正在那里进行贸易旅行，他被送回热那亚的监狱。他依然牢记着他在中国时的那些故事。在监狱里，他找到了一个愿意倾听的人——来自比萨的囚犯鲁斯蒂切洛（Rustichello），他将马可的故事用当时流行的文学风格写了下来，这保证故事会广泛流传。

图 7-2 《马可·波罗行纪》插图（藏于巴黎国立图书馆）

几个世纪以来，马可的叙述塑造了欧洲对亚洲的印象，这些图取自 1400 年左右勃艮第公爵向法国王室的另一成员介绍马可波罗旅行的微缩画。（a）波罗兄弟骑马去布哈拉；（b）大汗接见波罗兄弟；（c）波罗兄弟在第二次旅行中进入亚美尼亚的一个手工业城市；（d）他们在忽鲁谟斯遇到的商人；（e）印度南部的居民收获胡椒；（f）人们从山中毒蛇守卫的河床上收集钻石。

第二次热那亚战争

阿卡的陷落使拉贾佐自然而然地成为新一次热那亚战争中的冲突中心。1270 年的停战协定曾多次被续订，但频繁的海盗行为以及商业竞争使仇恨的情绪愈演愈烈。威尼斯和热那亚都准备把一场偶然的事件变成一场战争，因为他们都想把对方从黑海驱逐出去，这一点在阿卡陷落之后比以往任何时候都更加重要。威尼斯人在第一次热那亚战争后重新获准在黑海进行贸易，并在1291年与金帐汗国签订了商业协定。

在一场意外的冲突中，热那亚人掠夺了几艘威尼斯加莱桨帆船，威尼斯人派出大批护航的战舰随商船队于1294年启程前往塞浦路斯和亚美尼亚，他们显然希望复制1258年在阿卡的成功。在路上，威尼斯人夺取或摧毁了热那亚人在塞浦路斯的财产。佩拉的热那亚人得到消息后，便将船舶武装起来，把所有能在罗马尼亚集合的人都召集起来，向"海外"进发。当他们遇见威尼斯人的时候，后者已经离开了拉贾佐。由于威尼斯人拥有更多的船只，基本不怕会遭到攻击，便扬起船帆，这让操纵船只变得更加困难，尤其是因为他们还没有卸下船上的货物。热那亚人拦截了威尼斯的船队，并从舷侧对敌方船首发射炮弹。热那亚人获得了彻底的胜利，夺取了几乎所有的船只和许多商品。

受到这次胜利的鼓舞，热那亚人进行第二次战争的方式与上一次大不相同，他们像13世纪60年代的威尼斯人一样，想要打更多胜仗。1295年，他们武装了迄今为止最大的舰队，舰队共有165艘加莱船，船员总数高达35000人！威尼斯人也征召士兵和船只来进行大规模的武装，但不会主动寻找敌人。热那亚舰队向威尼斯发出挑战，最远航行到墨西拿，然后又返回热那亚。多次挑战并不见效，在失望的情绪下，热那亚出现了内讧，在1296年没有派出任何舰队。威尼斯人派出了一支舰队，在佩拉、福开亚和卡法掠夺了一些战利品。双方都没有集中精力保护商船队，而是利用舰队袭击对方的殖民地。作为海盗，威尼斯人这次也像热那亚人一样造成了巨大的破坏，而威尼斯政府更关心的事是让军备支出得到回报。

经过几次尝试，热那亚人在1298年再次成功引诱威尼斯人在海上开战。热那亚舰队的指挥官是兰帕·多利亚（Lampa Doria），他在达尔马提亚海岸大肆破坏，迫使威尼斯人接受他的挑战，双方的舰队在库尔佐拉岛相遇。这是双方进行的规模最大的战役，威尼斯一方约有90艘船，热那亚一方则有80艘，双方的加莱船战舰均全副武装。时人对于战斗进程的描述有很大的分歧，但是他们一致认为这是一场非常艰苦的战斗，双方都损失惨重。热那亚人在航海技术、机动和战斗方面更胜一筹，他们俘虏了大部分威尼斯的加莱船，抓获了数千名俘虏。

比起在之前的战役中获得的胜利，热那亚人在这次胜利中并没有捞到更多好处。多利亚也损失巨大，所以并未进一步攻击潟湖。威尼斯没有遭到封锁，并在次年装备了一支新的舰队。事实上，威尼斯海盗多梅尼科·斯基亚沃（Domenico Schiavo）指挥一些在库尔佐拉幸存下来的船只突然袭击了热那亚。他吹嘘说自己在热那亚的防波堤上铸造了带有圣马可徽记的硬币，从而恢复了威尼斯人的精神。次年，威尼斯和热那亚在相对平等的条件下讲和了。

如果说多梅尼科·斯基亚沃真的能在热那亚的防波堤上铸造杜卡特，那是因为他可以用附近的摩纳哥（Monaco）作为基地。摩纳哥在1297年由热那亚圭尔夫派的领袖弗朗切斯科·格里马尔迪（Francesco Grimaldi）占据。多利亚家族和斯皮诺拉（Spinola）家族是基伯林派的领导者，他们在此之前获得了热那亚的权力，没收和卖掉了圭尔夫派贵族的财产，后者只好公开反叛。威尼斯在库尔佐拉战败后，在摩纳哥与热那亚的圭尔夫派结盟。正是对其内部敌人圭尔夫派的恐惧，以及对威尼斯坚不可摧的力量的尊重，促使热那亚统治者接受了1299年达成的条约。

根据条约，威尼斯承认热那亚在里维埃拉（Riviera）的统治地位，热那亚人也承认威尼斯人对其"海湾"的统治权，他们同意，如果在亚得里亚海发生任何战争，热那亚的船只都不得进入亚得里亚海，除非驶往威尼斯。威尼斯放弃了对摩纳哥圭尔夫派的所有支持，这一举动让格里马尔迪可以自由地掠夺威尼斯的贸易以及热那亚的基伯林派的贸易。该条约没有提到西方的比萨和东方的拜占庭皇帝。威尼斯可以自由地继续与希腊统治者作战，双方之间的战事实际上也是作为热那亚战争的一部分而开始的。至于谁将在黑海不断扩大的贸易中获得最大份额的问题，一直悬而未决。双方在"海外"的竞争也是如此。从这些条款来判断，我们几乎可以说赢得战役的一方却输掉了战争。1270年，热那亚人不愿意休战，因为他们的"荣誉"没有得到满足，他们当时正在赚钱。1299年，他们因胜利而满足了自豪感，而利润却在遭受损失。

和平条约留下了这么多未解决的问题，一切都取决于竞争的双方如何利用条约提供的机会。热那亚内部政治组织的弱点妨碍了她从海军胜利中获得任何真正的利益，这种弱点在下个世纪以更明显的形式出现。从长远来看，威尼斯人和热那亚人之间竞争的结果并不取决于谁的船员和海军指挥官更优秀，毕竟威尼斯在 1270 年以后就没有这些优势了。它是由另一种相似的关于秩序的技艺决定的，那就是社会组织的技艺，热那亚人和威尼斯人在这方面的天赋完全不同。

第三部分

贵族政体

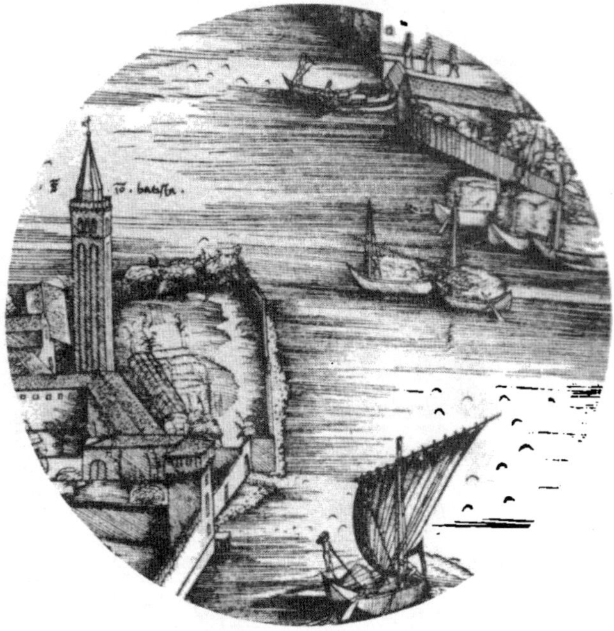

第八章

从公国到公社

威尼斯的神话具有经久不衰的生命力。正如爱默生所夸耀的那样,"时间会让真实事件坚固的棱角渐而消散,消失在明亮的苍穹",但神话却能勾起人的想象,不受文献的考验。一些神话甚至是现实的制造者,塑造了威尼斯的历史。

公国时期的神话与现实

最古老而有力的神话宣称威尼斯诞生时是独立自主的。威尼斯国家完整性的意识,以及它对所有个人和群体拥有无上权威的意识,使威尼斯与其他意大利的城邦,如热那亚、佛罗伦萨截然不同。毫无疑问,这很大程度上源于威尼斯还是拜占庭帝国一部分时所形成的政治行为习惯,因为它从未与拜占庭传统进行突然性的决裂。但自相矛盾的是,这种国家统治权的意识却被一种始于独立和自治的神话所加强。中世纪晚期的其他意大利城邦在名义上承认皇帝或教皇的统治权,但威尼斯人并没有寻求这样的最高权威去使自己的统治合法化。威尼斯人认为他们独立于外部控制,一直是自由的,而威尼斯国家根据威尼斯人的意愿而形成,因此是合法的,并拥有最高的权威。14世纪的权威编年史家安德烈亚·丹多洛(Andrea Dandolo)总督忽视了以下事实:威尼斯的第一任总督是一位拜占庭的官员,在其当任时威尼斯还是拜占庭帝国的一部分。安德烈亚描绘了697年在潟湖上分散居住的威尼斯人从各个定居点自发地去集会的情景,他们议决由贵族和平民共同选出一位领导人,即总督,以取代被称为护民官的官员——他们的定居点迄今为止一直由这些护民官分别管理。（见目录之前的年表。）

对圣马可的崇拜加强了统治权独立的意识。意大利的城市通常会崇拜某个被选中的圣徒，将其作为它们的主保圣人，来确认它们的自治权和权力，例如圣乔治之于热那亚。威尼斯则选定了福音书作者圣马可。丹多洛所著编年史的开头就是讲述圣马可被暴风雨带到威尼斯的潟湖，并在阿奎莱亚建立了教堂，这就是威尼斯宗主教区的起源。传说详细地叙述说，圣马可在一个晚上在后来建立圣马可教堂的地方避难，他还梦见当地建立了一座纪念他的教堂。后来，两名从亚历山大里亚做贸易回来的威尼斯人向总督报告，称他们带回了圣马可的遗体。威尼斯人拥有了这具遗体后，威尼斯人心中圣马可是他们的保护者和庇护者的信念也得以强化，对圣马可的崇拜成了他们对彼此、对共同体的忠诚的象征。

值得注意的是，当圣徒的遗体到达威尼斯时，它被送到总督手中，而不是交给主教或宗主教。和其他中世纪的基督徒一样，威尼斯人认为自己是一个宗教社群，根据圣马可的传说，这是由使徒本人在罗马帝国内建立的基督徒社群。但是，威尼斯人认为该社群的首领是总督，而不是任何神职人员。放置圣物的圣马可教堂是由总督建造的私人礼拜堂，它不是当地主教的座堂。当地的主教座堂位于卡斯泰洛，是奥利沃洛（Olivolo）的圣彼得教堂（San Pietro）。卡斯泰洛区在早期定居点的中心中很重要，但后来成了一个偏远的海员居住区，而圣马可区和里阿尔托则成了威尼斯人生活的中心（见图 2-2）。即使在教会事务中，卡斯泰洛的主教也是次要的，其重要性远不如宗主教。如第一章所述，宗主教的教座根本不在威尼斯，而是在潟湖尽头的格拉多，因为他在那里可以声称自己是旧的阿奎莱亚宗主教的延续。在中世纪的大多数城市中，在公共机构发展之前，主教是政府管理的中心。在威尼斯却不一样，这不仅是因为神职人员服从于政府的拜占庭传统，而且是因为宗主教不是威尼斯的主教，圣马可教堂也不是他的教堂。总督和城市官员管理那些为圣遗物吸引来的财富，而圣马可之狮象征了威尼斯国家的权力和荣耀。

另一个神话在完全形成后促进了国家的团结，那就是相信威尼斯没有派系，大家为了城市的荣耀而共同努力的神话。这一神话盛行在 16 世纪，当时威尼斯人的团结和当时在其他地方发生的内乱之间的反差非常明显，足以使其可信，使其盖过了威尼斯政治史开始的五六个世纪中公开暴力的记录。9—10 世纪，当坎迪塔诺家族的总督们为威尼斯人争夺亚得里亚海北部的控制权时，他们也在为家族谋求权力，并试图使威尼斯潟湖成为世袭的公爵领地。彼得罗四世·坎迪亚诺（Pietro Ⅳ Candiano）为了迎娶意大利最富有的公主——托斯卡纳侯爵的妹妹而抛弃了他的第一任妻子。为置办彩礼，他派威尼斯人当兵，在意大利各地作战，还把外国士兵招至威尼斯来加强自己的权威，并指望德意志皇帝奥托支持自己。他受到亲拜占庭的强大家族的反对，其对手在 976 年煽动暴徒攻打总督府。当他们被坎迪亚诺的卫兵打退后，他们在邻近的建筑里放了一把火。大火蔓延到城市的所有岛屿，烧毁了圣马可教堂以及总督府。当总督冒着大火和浓烟逃生时，他遭到敌人的伏击，被杀身亡。他的幼子，一个襁褓中的婴儿，也难逃厄运。这是总督家族之间的争斗中最野蛮的一次。在最初的几个世纪中，许多总督遭到暗杀或废黜。彼得罗四世·坎迪亚诺的继任者是重建圣马可教堂的奥尔赛奥洛家族的第一位总督。公元 1000 年，第二位奥尔赛奥洛，即彼得罗二世领导了对达尔马提亚的辉煌远征，他通过与皇族联姻而巩固了自己的地位。但在儿子担任总督期间，他的王朝也被暴力推翻了。

同时，世仇凶杀盛行。卡洛普里尼（Caloprini）家族的一位成员谋杀了莫罗西尼（Morosini）家族的一个人。卡洛普里尼家族一度从德意志皇帝奥托二世（Otto Ⅱ）那里获得了某种程度的保护，但是在皇帝死后，莫罗西尼家族杀死了卡洛普里尼家族的兄弟三人。这些插曲表明，在 10—11 世纪，威尼斯经历了各大家族之间的世仇和野心，这与当时和后来几个世纪里困扰意大利其他城邦的情况一样。这种对个人野心的有序服从，虽然在后来备受推崇，却是后天形成的，并非继承而来的、开始就有的优点。并不能说威尼斯从未经历过派系之间的血腥冲突。但是她的确找到了控制冲突的方法。

另一个关于威尼斯政府的神话形成得很晚，它在共和国存在的最后几个世纪里才出现，它的历史影响不是巩固共和国，而是加速了共和国的毁灭。这则神话把威尼斯政府描绘成一个专制的寡头政府，使用恐怖的间谍、酷刑和毒药方得以维持统治。这种反神话由威尼斯的敌人西班牙在反宗教改革期间制造出来，但它成熟于18世纪——在当时，神话中的一些内容的确是事实。在雅各宾派和拿破仑当政时，这则神话在法国为摧毁共和国而正当化自己行为的宣传中达到全盛。虽然人们抛弃了它的极端形式，但是它的温和版本仍然在许多方面占据主导。事实上，在后来的几个世纪里，威尼斯确实被不到100个家族所统治，这些家族在社会等级上相近，并坚信自己生来就有权进行统治。但是把18—19世纪的贵族气质和民主信仰归因于前几个世纪，也是一种现代的神话创造。

我们所说的民主原则是由人民的大会选出总督，并将基本法律提交人民批准。但是，当早期的编年史或法令提到"人民"（populus）时，它指的是整个共同体，或者至少是共同体的所有俗人（如提及由"教民"［clero et populo］选举主教时）。这不一定代表"人民"和"贵族"在观念中有了区分。有些家族会因为财富、军职、与教会的联系、谋生方式而被认为是贵族，虽然没有明确界定的法律或政治待遇将他们与平民分开，但他们是政治生活的领导人，最初被认为代表人民，即代表共同体。

在中世纪，有两种思想和情感的体系，可以通过它们将权力变得正确合法。一个是下放理论，它认为一切合法的权力都由上帝传给教皇和皇帝，然后由他们传给下面的人。另一种是上升理论，它认为立法和类似的政治权力存在于共同体中，可以由共同体传递给它指定的人，在这个意义上，合法的统治者是共同体的代表，并对共同体负责。在这两种截然不同的理论中，威尼斯人全心全意地接受了上升理论，他们利用它来证明他们对主权独立的坚定信念是正确的。他们强调自由是为了保护自己不受任何皇帝的侵犯，同时也利用这一点来对他们的总督施加限制，甚至将他罢免。

另一方面，他们相信《圣经》的教导：所有的权力来自上帝。总督在就职宣誓中说，他之所以当选，不是由于他自己的力量和智慧，而是"全靠万物仰赖的造物主的仁慈"。他从圣马可那里得到象征他官职的杖或旗，这在威尼斯的钱币上有清晰的展示（见图11-2），在圣马可教堂圣坛上总督接受旗的就职仪式上也有体现。因此，下放理论和上升理论的要素被结合在一起。只有人民和共同体才能指定谁是总督，并确定他的权力，但是他所行使的政府权力不仅被认为是一种人类的手段，而且被认为是一种神圣的制度。

9—10世纪，甚至在11世纪，总督是权力无限的最高统治者。后来，在他身边围绕了咨询性委员会之后，他仍然是政府统一和权威的象征。他在指挥军队、处理外交事务、执行司法和监督行政官员等实际问题方面也是中心人物。在这种情况下，他作为共同体和圣马可这两者的代表而拥有的道德权威，增强了政府部门的强制力和效率。

总督被顾问包围的情况开始于1032年推翻奥尔赛奥洛王朝的革命中。当时除了新总督，还选出了两位顾问官，以防止任何像坎迪亚诺和奥尔赛奥洛那样的君主统治的企图。然而，这些保障措施并不是当务之急，因为新任总督多梅尼科·弗拉比亚尼科（Domenico Flabianico）是另一个类型的人。他是一个"新人"，出身于一个以前没有担任过要职的家族，不过他作为丝绸商人曾获得了巨大的财富。在和平的任期内，他十分精明强干。

在接下来的两个世纪里，多梅尼科·弗拉比亚尼科这样的人在威尼斯变得越来越多。一方面是波河流域的农业增长和经济的全面扩张，另一方面是在拜占庭帝国之内威尼斯海军力量的增强和商业特权的增加，这些都使得许多新人得以跻身贵族之列。尽管贸易（或者海盗行为）是财富的主要来源，但那些在里阿尔托附近投资不动产的人也赚了大钱。那些自称源自护民官的富裕家族称其他贵族为"新贵"，但实际上不管是真正的老家族、假装的老家族，还是真正的新家族，它们财富的来源都大同小异。它们都积极参加海上贸易和战争，都在力所能及的时候购买土地，都有兴趣去竞争总督职位和总督的顾问中有影响力的职位。

根据政府管理的上升理论，威尼斯早期的最高权力机构在理论上是全体大会（Concio或Arengo）。大会选举产生总督，通过新法律，但它的议程明显是由有权势的家族主导的。在同时代人描述的早期的总督选举中，领头贵族发起提议，并强调神的启示，这后来成为选举过程的一个基本的部分。1071 年，总督去世的消息一传出，无数船只载着威尼斯人从潟湖各地赶来，聚集在卡斯泰洛的主教座堂和利多的圣尼科洛修道院之间。教堂和修道院里响起了虔诚的祈祷，希望上帝赐给威尼斯人一个能干的、能为人们普遍接受的总督。突然，人群中响起高呼："我们希望选举多梅尼科·塞尔沃（Domenico Selvo）。"一大群贵族立刻把塞尔沃拉了上来，他立于划向圣马可教堂的船队的船头，水面被他们的桨拍得白茫茫的。人们高声欢呼的同时，神职人员吟唱"赞美上帝"，钟楼的钟喜悦地作响。新当选的总督谦恭地走进圣马可教堂，从教堂的祭坛上取走了他的权杖，然后前往总督府，在那里接受聚集的人服从宣誓。

总督上任后，聚集在他周围的贵族们都习惯于担任法官和顾问。由于人口和交通条件的发展，每一个总督都需要这样的一个小组在政府中协助他。在总督顾问团定型下来，成员组成有具体人数和明确的任期之前，他们以杰出的和有经验的人士的面貌出现，总督会向他们咨询一些重要的问题。他们有时并不多，但总督会在事关紧要之时咨询很多人。然后，在 12 世纪中叶，这些人充当了所谓的"公社"（Commune）的代表。他们与总督争夺共同体的领导权，特别是作为快速发展的里沃阿尔托城（我们所知的威尼斯）的发言人，并宣称它处于凌驾于潟湖其他定居点的统治地位。一些早期的总督试图把他们的职位看作个人或家族的所有物，就像国王之于王冠一样。从 12 世纪后半叶起，总督被要求把职位当作一种公众的信赖，还要认为自己的地位与其顾问没有本质上的不同，也就是说，他是公社的一名官员，尽管他是领袖。

公社中的总督

在成为公社的过程中，威尼斯正在做着其他意大利北部的城市在同一时期也在做的事情，但威尼斯能让居民更加坚定地效忠于公社。在帕多瓦、米兰和佛罗伦萨，当新的组织从主教或封建领主手中夺取权利时，公社就形成了。威尼斯公社是公爵领地的延续，它换了个名字，结构也逐渐改变。在正式采用了公社的称呼很久之后，总督继续作为国家的化身，主持正义，缔结条约。群体忠诚和国家统治权的意识集中在总督和圣马可身上，公社由此获得了坚定的忠诚。

忠诚的坚定度以1172年为转折点而发生了改变，当时总督维塔莱二世·米希尔率领一支对抗拜占庭帝国的舰队返回，这支舰队并非如人们希望的那样载满战利品回返，而是被流行病重挫。

当时，总督的职位或宝座在一个世纪的大部分时间里都是由米希尔家族的成员占据的——如果算上女婿的话，最后的76年中有62年是由他们家族的人占据的。维塔莱二世·米希尔曾与他的顾问们就他努力提拔自己儿子和侄子的事而争吵。他的海军远征造成了灾难性的后果，民众对他产生了反感，他面对全体大会时缺乏顾问们的支持，因为他在与拜占庭皇帝打交道时没有听从顾问们的建议。全体大会充满敌意，总督逃到圣撒迦利亚教堂（San Zaccaria）避难，却在教堂门口被暗杀了。

是什么让1172年的事件具有决定性的意义？首先是后来掌权的总督顾问团（Ducal Council）在当时采取的行动，更重要的是在接下来两对父子，即塞巴斯蒂亚诺·齐亚尼和他的儿子彼得罗、恩里克·丹多洛和他的儿子拉涅里的掌权时间里政治要人的态度。他们接受了总督决不应违背总督顾问的建议行事的原则。维塔莱二世·米希尔曾试图以传统方式对待总督之位，将它作为一种个人的君主政治，纵然是通过选举产生的。他的继任者将这一职位视为共和的行政长官，即使有总督被要求退位，并让竞争对手当选，他们也会齐心协力。在将总督转变为行政长官的过程中，1172年的制度变迁不如下个世纪的主要人物的成功和他们表现出的克制那么具有决定性。

如果说有哪一项体制改革是至关重要的，那就是在1172年创制的由一个正规的提名委员会来提名新总督的办法。早在1143年，就有一群智者（sapientes）担任过总督顾问的职务，据推测，他们事先进行了协商或谋划，以便人民被招来选择一位新总督时，领头人物已经准备好了提名的人选。但在1172年之后，只有一个官方提名委员会，它只会提名一个人，这相当于让它投票选总督。在米希尔的溃败后，公社的领导者们通过这个委员会可以确保选出来的总督是他们的自己人，是一个会作为团队的一员而行事的人，是一个遵从他顾问团决定的人。

由这个正式的提名委员会选出的前两任总督属于威尼斯最富有的一群人，很有可能是其中最富有的两位——塞巴斯蒂亚诺·齐亚尼和奥里奥·马斯特洛皮耶罗（Orio Mastropiero）。几年前，当公社抵押了里阿尔托的税收以从12名领头的公民那里筹集一笔巨款时，塞巴斯蒂亚诺·齐亚尼和奥里奥·马斯特洛皮耶罗各贡献了总数的六分之一。大部分出资人都属于古老的贵族，但齐亚尼和马斯特洛皮耶罗是相对较新的姓氏。齐亚尼家族的巨额财富是通过塞巴斯蒂亚诺在东方多年的贸易和对colleganza的投资（就像罗马诺·马伊拉诺的投资）建立起来的。对房地产放贷更是让家族的财富成倍增长，其中一些贷款在之后的时期肯定会被认为是高利贷。可以认为他是辉煌的圣马可广场的创建者，因为他将自己零零碎碎地获得的一组建筑遗赠给了这座城市，这些建筑后来被拆除，才在教堂前形成了一个开放的场地。1172年，他已经70多岁了，曾进行过许多重要的出使活动，而他的儿子彼得罗忙于增加家族财富。

在巩固新政权的过程中，塞巴斯蒂亚诺·齐亚尼证明他能在政界做得像在商界一样成功。他通过处决暗杀前任的凶手来维护自己职位的威望。他的前任被编年史作家写得像个疯子，此举模糊了他的事情所标示的政治转变。尽管齐亚尼是第一位由正式的提名委员会提名而就任的总督，他也是第一位在就职仪式上增加民众角色的总督，当他被威尼斯兵工厂的工人扛着在圣马可广场游行时，他朝人群抛撒钱币。他还通过处理复杂的外交事务提高了威尼斯总督和威尼斯公社的国际声望：教皇和皇帝已经打了好几年的仗，他却能同时和双方友好相处，并安排双方在威尼斯商议停战事宜。1177年，德意志皇帝腓特烈·巴巴罗萨和教皇亚历山大三世（Alexander III）举行了著名的会晤，威尼斯总督作为一个独立势力的元首在旁陪同，扮演着和平缔造者的角色，这是塞巴斯蒂亚诺·齐亚尼事业的顶峰。次年春天，他在退休之后不久，在一所修道院里去世。

他的继任者奥里奥·马斯特洛皮耶罗也在去世前辞去了总督之位，可能是因为身体不好，可能如编年史所说是因为"威尼斯人希望如此"。尽管他的工作没有塞巴斯蒂亚诺·齐亚尼那样出色，但在总体上是成功的。

接下来，提名委员会选择了最稳固的古老家族之一的成员恩里克·丹多洛。他在任上领导了第四次十字军东征，为自己和继任者赢得了"四分之一兼二分之一的罗马尼亚帝国之主"的头衔。他控制事件的方式表明，尽管威尼斯总督不能违背顾问的意见，但他可以像任何国王一样成为强大的统治者，尤其是在亲自指挥舰队并取得胜利的情况下。恩里克·丹多洛的领导既是军事上的，也是经济上的。他利用十字军支付的银条，铸造了第一种著名的威尼斯钱币——大银币或说格罗索（grosso）。因此，他创造了一种为补给或东方进口物品付款的方式。由于格罗索的重量和成色都保持不变，因此它提升了威尼斯的声望，并带来了生意。

1204年十字军征服了君士坦丁堡，极大地增加了威尼斯贵族的财富和权力。因为拜占庭帝国处于"唾手可得"的状态下，威尼斯贵族可以攫取利润丰厚的土地，并成为威尼斯或君士坦丁堡的拉丁皇帝的封臣。在克里特岛划分的200块骑士封地被分配给威尼斯贵族以及从僚属到平民的人。威尼斯人征服了爱琴海诸岛之后，获得了更大的封地，他们付费给拉丁皇帝并从他那里得到了这些岛屿的所有权。其中的领导人是马可·萨努托（Marco Sanuto），他是恩里克·丹多洛的女婿。另外还有十几个威尼斯家族持有爱琴海群岛的领地，其中大多是萨努托的封臣。恩里克·丹多洛的辉煌战绩提高了总督的声望，却又被威尼斯贵族家族声望的提高所平衡。

在这个威尼斯历史的关键时刻，恩里克·丹多洛的儿子拉涅里（Ranieri）扮演的角色也是很重要的。总督跟随十字军和威尼斯舰队离开时，他说服威尼斯人接受他的儿子在其不在的时候担任代总督。作为代总督，拉涅里绝不是一个无足轻重的人。他负责了一项威尼斯法典的改进工作。但是，在他父亲去世之后，他却选择让位并主持选举，选出彼得罗·齐亚尼为总督。拉涅里准备在新总督上任后自己位居第二的位置，他被派去指挥征服克里特岛的舰队，在随后的战役中阵亡。拉涅里在他父亲面前显得黯然失色，也一般不被人们认为是威尼斯历史上的英雄。他的名字不在总督的名单上，但他为威尼斯的政治体系注入了活力，开创了这种行为的传统,在能做到这些事的人里,那些没有当上总督的人,那些优雅地屈居第二的人,与那些成功担任最高职位的人同样重要。

彼得罗·齐亚尼从父亲塞巴斯蒂亚诺那里继承了一大笔财产,他因此可以向许多教堂和修道院捐赠。他的慷慨之举增加了他的声望。从1178年他父亲去世到1205年他自己当选总督之间的时间里,他曾担任许多高级的官职。在长达24年的总督生涯中,他巩固了共和国在罗马尼亚的领土:调节君士坦丁堡的巨大殖民地和威尼斯母邦之间的关系,使两者都满意;在内格罗蓬特站稳脚跟;征服和殖民克里特岛;在科孚岛屈服,却保住了科伦和莫顿,并在达尔马提亚维持了威尼斯的势力。他的诸多成就使他在同时代人当中声名卓著,许多大使前来寻求他的斡旋调停或与威尼斯联盟。他有闭着眼睛听许多长篇报告然后清晰地总结所讲的一切的本领。像他的父亲一样,他也没有在执政期间死去。在生命的最后几年,齐亚尼退休了,回到了他家族的府邸中。

彼得罗·齐亚尼几乎是全票当选的,但在1229年选举他的继任者时,候选人的得票数持平了。提名委员会有40张票,其中20张投给恩里克的侄子马里诺·丹多洛(Marino Dandolo),他曾与叔叔一起征服了君士坦丁堡,并成为爱琴海上一座岛屿的统治者。还有20票投给了贾科莫·蒂耶波洛(Giacomo Tiepolo),他曾征服克里特岛,然后成为君士坦丁堡殖民地的监事官(bailo)。这场争议以抽签结束,蒂耶波洛当选,马里诺·丹多洛接受了这个结果。但是,当新总督去拜访老总督彼得罗·齐亚尼时,却被拒见了。这一事件,或者说家族编年史中对流传下来的这件事的叙述,加剧了威尼斯贵族内部的分裂,分裂的一方以蒂耶波洛为首,另一方则主要由以丹多洛家族为中心的旧家族组成。

贾科莫·蒂耶波洛因将威尼斯的法律编纂成五卷"规章集"(Statuti)而闻名。他还颁布了一套单独的海事法,其中最清楚地显示了当时商船船员享有的崇高地位。

彼得罗·齐亚尼和贾科莫·蒂耶波洛都利用自己作为威尼斯总督的威望,与邻近的王室,比如西西里国王或拉西亚(Rascia,今塞尔维亚的一部分)国王联姻。贾科莫·蒂耶波洛的继任者来自莫罗西尼家族,后者同匈牙利国王联姻。这类婚姻引发了担忧，因此总督的就职誓言中添加了相应语句，禁止了此类行为。

总督若能达成引人注目的成就，就没有办法阻止他借此提升自己家族的地位。但是威尼斯人试图通过在总督就任时的誓词中添加限制性语句，来限制他利用权位为个人或家族谋取利益。这些誓词（promissioni）记录了对总督权力和行动自由的不断限制。每一位总督去世时，都会有一个委员会在新总督当选之前补充誓词。之后，另有一个委员会被指派去调查已故总督的执政记录，如果总督不当地收受过礼金，他的继承人就要支付补偿。如果他曾犯过誓词所禁止的玩忽职守的问题，继承人就要支付罚金。

因为存在这样的调查程序，说明总督已经失去了类似国王的特点。总督仅仅是几个行政官员中最特别的一个。逐渐地，新添加的总督誓词过分削弱了这个职位的权力。1172年后的一个世纪里，威尼斯人选出了几位极有作为的总督，他们一方面忠诚地接受了对总督职权的限制，另一方面又能充分调动精力和智慧行使自己的权力——这个世纪里总督作为威尼斯公社的领袖，其权力依然很可观。

宪政框架

《美利坚合众国宪法》包含了其他法律都必须与之保持一致的基本法律，而威尼斯没有这样的单一书面文件。在早期，最接近宪法的是总督的誓词。稍后，基本法律也可以在其他的官员的誓词中找到，如总督顾问的誓词。然而，我们提到威尼斯宪法的时候，可以想想英国的宪法：虽然没有单一的文件体现它，却能在零散的成文法中发现它，它还部分存在于人们长期遵守的习惯法中。在界定威尼斯各政府机关的权力和程序方面，习俗也同样重要。尽管这些权力和程序有所变化，但在大约六个世纪的时间里，这些变化是很小的。除了几处添加和一处删除，在13世纪已经清晰可见的主要体制结构一直保持到了1797年。

政府的中央机关组成了一个金字塔（见图8-1），最底部是全体大会，

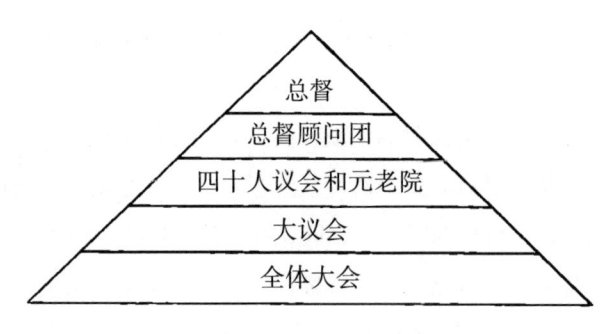

```
         总督
      总督顾问团
   四十人议会和元老院
        大议会
       全体大会
```

图 8-1　政制金字塔
详细描述和改进见图 29-1。

顶端是总督，中间有大议会、四十人议会与元老院、总督顾问团。对个人权力的不信任使威尼斯人依赖于委员会和议会。即使在司法体系中，判决也不是由一位法官做出的，而是由几位法官共同做出的。为了确保法治，即使会牺牲一些执行效率，每个委员会或议会都要被其他委员会或议会审查。因此，威尼斯人坚持在议会机构金字塔的不同组成部分之间划分权力，但他们并没有试图将行政、立法和司法职能分开。

全体大会通常不是像1071年多梅尼科·塞尔沃当选总督时所描述的那样在船上开会，而是在圣马可区之内开会。只有在批准基本的法律以及拥护提名委员会决定的总督人选之时才会召开全体大会。大议会会上的提案和制定则更为谨慎，它在13世纪是威尼斯的权力中心。大议会负责选举所有行政官员和其他所有委员会的成员，负责处理委员会之间的分歧。它还负责通过法律、颁布惩罚措施，并可实行赦免。一些重要的官员，例如总督顾问，都是大议会的当然成员。加上一般的成员，大议会成员总共有三四百人。粗略地说，大议会包含了所有威尼斯最重要的人物，还有一些人因为被认为是潜在的重要人物，故也会受邀入会。

由于大议会的规模太大了，不能经常审议和辩论，所以它的职能是由中等规模的议会执行的，其中最重要的是四十人议会（Quarantia Criminale）。四十人议会在司法系统的最高层充当上诉法院，同时负责为大议会关于货币和财政的立法活动做准备。后来，元老院（Consilium Rogatorum 或 Consiglio dei Pregadi）盖过了四十人议会。元老院最初是一个由 60 人组成的委员会，负责起草商业、外交官的派遣、舰队行动方面的法令。四十人议会与元老院在开始共同行动，相处融洽。但四十人议会在 13 世纪则更有权威，主持会议的是三位主席（Capi），他们的重要性堪比总督顾问。

在最顶端的是总督顾问团，它负责所有发起其他议会的大部分工作，同时保证其他议会遵守自己的决定。1178 年之后，总督顾问的人数为 6 人。威尼斯城划分为相应的塞斯蒂耶尔区[1]（sestiere），每名顾问对应一个区域。他们的任期通常是一年，但有时只有半年。任期结束后，他们直到两年后才有资格再次当选。他们在总督在场的情况下举行会议。四十人议会的三位主席也会出席，他们对许多问题都有表决权，如果哪位总督顾问缺席会议，主席可以代行职权。

总督、总督顾问和四十人议会的主席共十人，他们组成了执政团（Signoria），在狭义上讲，它就是政府。执政团以总督为首，负责在危机发生时应对危机，负责拟订建议，并召开适当的会议审议这些建议，负责确保各下级官员得到适当的选举并履行其职责。他们还负责司法。根据总督的就职宣誓，他必须在总督顾问的陪同下定期到法院视察，并听取任何质疑司法公正的控诉。

13 世纪初，执政团任命海军的指挥官，还能在大议会中提名委员会和行政部门的成员。后来，后一项职能被分配给专门的提名委员会，而舰队指挥官由大议会选出。随着待处理事务的增加，曾经由总督顾问团执行的许多职能被分配给其他机构，但它仍然是中央统一的执行机构。总督去世后，六名总督顾问发起选出新总督的议程，并可提出任何他们认为可取的改革建议。在过渡期间，首席总督顾问是共和国的元首，正是由他把总督之位的最后象征——代替王冠的总督帽戴在当选总督的头上。

总督顾问团的一个作用是迫使总督按照其顾问团或大议会的多数成员做出的决定行事。总督顾问的誓词明确要求，只要他们发现总督没有执

---

[1] 来自意大利语的 "sesto"（六），指的是将城市划分为六块区域后中间的一块，复数为 "Sestieri"。其他意大利城市热那亚、米兰也有这种划分。另外威尼斯控制的内格罗蓬特、克里特岛也有。威尼斯的塞斯蒂耶尔区是：卡斯泰洛、坎纳雷乔（Cannaregio）、圣十字（San Croce）、圣保罗、圣马可、多尔索杜罗（Dorsoduro）。

行议会的决定，就必须告知总督，让他必须按此执行。如果某个总督表现出任何凌驾于他的议会之上的意图，顾问团可能认为自己必须经常反对总督，以免总督变得太强势。但是只要总督在出现分歧时能接受多数人的意见，不反对多数人，执政团的结构就有可能使总督成为执政团中最具影响力的成员。其他成员变动频繁，有些人能待两个月，有些人能待一年，而总督却是终身制。1172—1354 年，总督平均在任时间为 11 至 12 年。总督有权在执政团、元老院和大议会担任主持者，并在许多活动和仪式上代表共和国。

如果我们把威尼斯的体制与中世纪的其他意大利公社的体制相比较，我们会发现，最显著的差别在于其首席执政官的性质。12 世纪，像热那亚、米兰、佛罗伦萨这样的公社，通常由一小群"执政官"形成的机构统治，该机构在许多方面类似威尼斯的总督顾问团。为了使政令更加统一和公正，几乎所有的意大利公社都在 13 世纪初设立了一个叫作"市政官"（podesta）的职位，由他一人担任行政和司法的首长。就像威尼斯的总督，其他城市的市政官也受到精心制定的誓言的约束，并在任期结束时要受到审查，但他在权力方面比威尼斯总督弱得多。市政官的任期只有一年到几年，而总督终身任职。此外，市政官往往是外国人，从来都不是他所任职城市的政治领袖。其他意大利公社认为，市政官既然要是最高的审判者，又要是公正的执行者，那么必须雇用一名外国人来担任。威尼斯人则对彼此更有信心。由于从未臣服于西方皇帝，他们有一种独立自主的意识，这种意识使得任何一个外国人都不能成为首席执政官。总督对威尼斯特有的管理政府的方式有丰富经验，城市的政要对总督知根知底，他们选出总督并与他共事。威尼斯和其他意大利城邦的基本区别在于，威尼斯更加团结、更加忠诚，而威尼斯总督则是这种统一忠诚的体现。

有了这种团结，一位干练的执行官办起事来就更有效率，更值得赞赏，毕竟行政管理的组织十分松散。威尼斯几乎没有官僚机构，也没有上级任命的有过专门训练的官员去执行专门的任务。对威尼斯兵工厂、造币厂、粮仓的管理，税金征收，船只检查——所有这些职能最初由总督负责，并由总督委派的加斯答第（gastaldi）等下级官员执行。后来这些任务被分配给3—6名贵族组成的委员会，委员会成员由选举选出，且不得连任。委员会成员由大议会选举产生，至少形式上是这样。实际操作中，他们经常由提名委员会选出。虽然总督和总督顾问团在通常意义上负责监管这些官员的工作——总督也会有时亲自检查一些紧要事务，如威尼斯兵工厂的舰船和武器事务——但是总督不能直接惩罚这些委员会的成员，也不能将他们撤职。负责执行法规的人员对征收罚款特别勤勉，因为常常有两到三位执法者可以就某项行为处罚，所以他们就会在罚款时互相竞争。如果他们处罚过重或行事不公，受罚者就可以上诉，并向一个更高的委员会请求豁免或赦免。

圣马可教堂拥有一种特殊的行政长官，即圣马可法务官（Procurators of San Marco）。他们最初的职责是管理圣马可教堂收到的捐赠，其中包括威尼斯在黎凡特殖民地的大量收入、教堂建筑的维护和装饰，还负责监督教堂的神职人员。他们的职责显示，圣马可教堂更多地属于公社，而不是主教。此外，他们在管理遗嘱、保护未成年人和心智不健全的人方面获得了非常广泛的职能。起初他们有丰厚的报酬，后来却被告知，付出这种虔诚的劳动只能期望获得"神圣的奖赏"。然而，这个职位带来了更多确定的世俗荣誉，让任职者有很多机会去为友人谋利，因此，圣马可法务官的职位和头衔是许多政治家梦寐以求的。圣马可法务官一旦当选，他就可以终身任职。除了总督，这是唯一一个贵族可以终身任职的公社的职位。一个被选为圣马可法务官的人，只要在世，就可以在所有的礼仪场合获得荣誉，这也是有野心的人渴望获得这一荣誉的原因之一。圣马可法务官的数量从12世纪的1个增加到13世纪的4个。他们停止支取任何工资后，其人数增加到9人。

地方政府比中央政府稍微官僚化一些。威尼斯有60—70个堂区（contrade），每个堂区作为一个小社区都有其自身的凝聚力。每个堂区都有自己的神父，由堂区里的户主选出，然后由主教任命。每个堂区也都有一个堂区长（Capo di Contrada）。堂区长由总督和总督顾问团任命并受其监督，就此可以说他们的职位是官僚的。但是，总督能任命的人选仅限于堂区的居民，实际上只能在居住于该堂区的大家族中选择。堂区长负责对需要强制贷款的人进行财产评估，还要为堂区内的所有成年男人进行登记，并监督堂区居民就海上军事活动而服役的选拔活动。他们还负责留意当地旅店中的住宿人员和外国人。

一开始，治安完全是这些堂区长的责任，他们拥有治安管理的权力，可以就轻微的犯罪行为做出宣判。后来，威尼斯政府设立了专门负责管理治安的官员——巡夜官（Signori di Notte），负责里阿尔托的市场区域，负责执行法院和总督顾问团的命令。虽然他们的权威从堂区扩大到整个城市，但法律规定他们雇用的100—120名充当警察的人必须是受管理的那个塞斯蒂耶尔区的居民，这显示受到管理的人员很容易认出管治安的人员。几个世纪之中，堂区长和巡夜官会在执行诸如检查旅店或携带武器等事务时相互竞争。

威尼斯之外，在其他位于潟湖的居民点，如基奥贾和穆拉诺岛，都有自己的法规和议会，但在当地主政的市政官由总督或威尼斯公社任命。威尼斯也会派遣市政官或rettore去往伊斯特里亚的主要城市，他们在那里经常要为维护威尼斯的势力而斗争。当威尼斯扩大其对达尔马提亚的权力时，它允许当地的机构继续运行，但威尼斯坚持认为作为主要官员的伯爵应当是威尼斯人，或者是当地家族中具有强烈亲威尼斯倾向的人。在任何情况下，伯爵必须得到威尼斯公社的认可，并宣誓效忠于它。

在亚得里亚海之外，威尼斯的殖民地有两种截然不同的起源。有些是由商人组成的，商人享有当地统治者授予的自治权，比如那些在十字军东征期间在推罗和阿卡获得的自治权。这些定居者的自治最初是非正式的，就像海事法中全体船员的自治。它们有一个明显的区别：在陆地上，自治组织的中心是教堂及其神父。后来的殖民地完全是商业性质的，由威尼斯选出的领事统治。瓜分拜占庭帝国时获得的殖民地在起源上也是完全不同的。它们立即被置于来自威尼斯的总督察[1]的管辖之下。其中最重要的一位是克里特公爵（Duke of Crete），在岛上获得封地的威尼斯人与保

---

1 此处的"总督察"（governor）用来泛指殖民地的最高管理者，在具体到某地时往往有更加具体的头衔，和威尼斯公社的"总督"（doge）并不相同。本书将殖民地的"governor"酌情译为"总督察"以示区分。

留土地的少数希腊地主在他的统领下保卫该岛。威尼斯也在希腊的其他地方委派总督察或建立封建关系,如在科伦和莫顿。所有这些殖民地的总督察都由大议会选举产生,任期比较短,通常是两年。每位总督察都有他必须去咨询的顾问团,就像威尼斯总督一样。

君士坦丁堡则较为特殊。1204年,这里以前就有的商人侨民团体暂时与十字军的威尼斯舰队联合在一起,成为帝国的联合统治者。恩里克·丹多洛死在君士坦丁堡后,威尼斯人失去了领袖,他们自己选出了统治者——马里诺·泽诺(Marino Zeno)。在威尼斯,恩里克·丹多洛的继任者彼得罗·齐亚尼接受这一举动,承认了泽诺的地位。但泽诺之后的继任者皆由威尼斯派遣,其头衔是监事官。监事官具有巨大的权力和责任,因为他集地方总督察、商务领事和驻君士坦丁堡的大使于一身。

所有的威尼斯官员,无论是城市内部的,还是在潟湖定居点和遥远的殖民地的,都有可能被人以滥用职权的名义检举。检举他们的是一个明确由威尼斯人担任的群体——国家检事官(Avvogadori di Comun)。国家检事官的通常职责是检举涉及公社利益的所有案件,包括收回所有权和实施处罚。他们专门负责检举那些没有及时归还资金给国家财务官(Camerlenghi di Comun)的官员,对船员或托运人向他们报告的违反海事法规的行为进行控告,并对法庭受贿的指控进行调查。有的官员被要求在钟楼的钟声敲响时待在自己预先分配好的岗位上,如果不在岗,就可能被国家检事官处罚。国家检事官对下级官员的很多种惩罚都与此类似。

国家检事官最显著的作用是执行我们所说的宪法。如果议会或行政官员违反了为其制定的规则(例如采取了法律并未授权的行动),国家检事官可以进行干预,可以中止这项行动,并要求召开大议会以听取他们的指控。如果他们认为某位总督顾问没有履行职责,就可以对他提起指控,然后交给四十人议会审判。反过来,他们自己也可能被四十人议会的主席们以玩忽职守而控诉,最后这类案件将交由大议会审理。威尼斯没有单一的文件可以作为宪法,也没有现代的最高法院这样的机构来执行它。为了执行基本的法律,威尼斯将政治权力分配给不同的官员和议会,这种做法的基础就是从堂区长到总督的每一位官员都可能被其他官员控告或罚款,尤其是被国家检事官处罚。

议会、舰队和行政部门中由选举而就任的官员的数量增加是威尼斯从公国向公社转变，即从君主制向最好称为贵族制的政体的转变过程中的一个必要变化。它使大约500名男子有机会出任行政职务，或在各种议会中（为大约10万人的城市居民）投票。那些积极参加政府的人属于几百个不同的家族，其中有20至50个家族可被视为名门望族，它们既拥有商业财富，又拥有土地财富，能夸耀自己的先祖曾捐建教堂，夸耀祖辈中有人曾身居高位，担任过总督顾问、克里特公爵、君士坦丁堡监事官、海军统帅，甚至是威尼斯总督。虽然总督职位之外的职位都不能由同一个人长时间担任，但某个人可以先担任甲职位，再担任乙职位，就这样在特定职位、外交人员、国内专门的委员会等职位上做事，这样一来，这批政治要员就可以轮流任职。总督不能有效地反对这个团体的意志，但许多总督自己就是这个团体中最具影响力的人，自己就同意这个团体的意见。这些领导人之所以能拥有这样的地位，要归功于他们能够赢得大议会的数百名成员的信任。

将13世纪中叶的威尼斯政府视为贵族政体，是因为它是由少数人统治的，它既不是多数人统治的政府，也不是一个人统治的政府。在这个意义上，它也可以被称为寡头政体。但是，在提到威尼斯时，"寡头政治"通常用来指贵族内部一个较小群体所施加的控制，一般的言外之意是这一小群人的统治是压迫性的。贵族政体指的是整个贵族群体的统治，同时也传达了一种有利的暗示：他们是最有能力治理国家的那批人。他们究竟能在多大程度上为整个共同体的利益而统治？他们会不会只考虑贵族自己的利益？共和国自身的历史将解答这些问题。

第九章

公社结构的发展

> 在其他地方，最先成为贵族的人保护自己阶级的利益，结果遭到了失败。在威尼斯，贵族把自己当作国家来捍卫，最终完全获得了胜利。
>
> ——G. 马拉里尼，《威尼斯政制》

威尼斯体制的发展不同于中世纪后期的其他意大利城邦。它的起点不一样，即与拜占庭帝国的联系和她的总督。但是在 1000—1250 年，威尼斯和意大利北部其他城市的政治发展方向是一致的。在这些地方，都形成了由贵族或商业大亨组成的上层阶级所控制的公社。

1250 年后，此时仍被排除在政治以外的男性要求分享公职的荣誉和福利，并参与制定公社的政策。这种广泛的运动通常被称为"人民的崛起"（il popolo），但最底层的人、没有手艺的劳动者、在城市里当佣工的奴隶、乡下的佃农，在政治上根本不算数，也不可能参与"人民的崛起"。参与其中的人有一部分是所谓的"小人物"（popolo minuto），他们实际上是由店主和工匠构成的中产阶级。另一部分是"富人"（popolo grasso），他们是在经济利益上与贵族和商业大亨非常相似的商人和地主。

尽管"富人"在某种程度上更加商业化，但是他们与"贵族"有决定性的区别——前者是在最近才获得财富。在 13 世纪初的大多数公社中，旧贵族、商业巨头（即垄断势力）和新贵，与"小人物"结盟以推动夺权的进程。几代人之后，前者自己也变成了旧贵族，并且要与新的一群新贵和他们的前盟友——小人物——对抗。

每一个统治群体获得权力时，个人和家族的争斗就会使其分裂，而城市之间还时常爆发旷日持久的战争，冲突因此而变得更加复杂和血腥。这些冲突严重削弱了公社的团结感和对公社自由的自豪感，因此，到14世纪初，大多数公社都服从了一个人的统治，这个人自命为城市的主人，即领主（il Signore）。在威尼斯，有一些运动包含类似其他地方"人民的崛起"的元素，但威尼斯人仍然保持了公社的忠诚统一。

行会与小人物

行会的形成是"人民的崛起"的一个重要因素，或与之齐头并进，因为行会是那些"小人物"施加影响的工具。在许多城市，如佛罗伦萨，行会也是"富人"选择的工具，他们利用行会以取代商业大亨的地位。富商组建自己的行会，最初是为了照顾他们在对外贸易中的特殊利益，后来则利用行会在城市内部争夺权力。12世纪的威尼斯比内陆的佛罗伦萨要商业化得更加完全。从事国际贸易的威尼斯商人认为没有必要用任何特殊组织，例如行会，来照顾他们的商业利益，因为他们的公社已将其作为主要关切的事项。在这一领域，他们不需要竞争者，也不会容忍任何竞争者的存在。同时，在对外贸易中发财致富的人即使不属于旧贵族，也会被接受并成为统治贵族的一部分，12世纪末的塞巴斯蒂亚诺·齐亚尼和奥里奥·马斯特罗皮埃罗当选总督就证明了这一点。除了这些富有的商人，到1200年，威尼斯的繁荣也培养了许多工匠和店主，为了满足自身的群体利益，他们在威尼斯也成立了行会，就像在其他地方一样。

工匠大量从事与船运有关的职业，如木匠、敛缝工、箍桶匠、制帆工和制绳工。在中世纪早期，许多技术得到了进一步的发展，威尼斯与东方的联系促进了玻璃工人、药剂师、珠宝匠和风琴制作师这些对技术要求高的行当，最开始这些专业人员可能只会为出口而进行小规模的生产。其他工匠，例如制呢工人，虽然当时只为当地的市场生产，但当威尼斯的人口接近十万时，就足够养活成千上万的工匠了。规模如此大的市场促使许多店主去迎合不同的穿衣喜好和饮食口味。一些满足这些当地需求的工匠和店主变得富有起来，但他们中的大多数属于"小人物"。

从早些时候开始，威尼斯为一些独特的手工业部门制定了相关的特定规则，以规范其工作和售卖的行为。这些规章由塞巴斯蒂亚诺·齐亚尼在 1173 年设立的三名市场执法官（Giustizieri）负责执行。他们负责执行标准的度量衡，负责维持市场的治安。这很可能模仿自他所熟悉的君士坦丁堡官员的做法。另一种官员是总督任命的加斯答第，他们最初的职责是监督为总督做工的一些工人，特别是造船工和铁匠。

店主和工匠的增多不仅使政府制定了新的规章，而且使他们自发形成了新的组织。最早的这些组织并不是严格按照职业划分的，而是奉献和互助的宗教性组织，向从事各种职业的人开放。每一个这样的兄弟会（fraternity）都有自己专门的礼拜场所，通常是礼拜堂或祭坛，它有一个聚会的场所，由某个堂区的教堂或修道院根据合同来维持。提供这些宗教赞助的人既有富人也有穷人，他们还会向遭遇不幸的成员提供援助。在 12 世纪结束之前，至少有 14 个这样的宗教性兄弟会，它们被称为"斯库

图 9-1 造船厂的工人。敛缝工与锯木工塑像，位于圣马可教堂中央入口处第三个拱门的拱腹

勒"（scuole）。

那时，有些兄弟会完全由从事同一行业的人组成。当兄弟会着手规范其成员的贸易或专门的活动时，它就成了我们所说的行会。只要行会表现为自愿加入的组织，目的是宗教活动以及为不幸的成员提供互助，行会就不会招致反感。即使它们开始制定专门的规章，并选举官员来代表它们行事时，行会仍然是相当合法的，而且行会规章可能与市场执法官的规章相当一致，因为后者最关心的事是消除某些"不公平竞争"的做法，即做工粗糙、工时过长（天黑后工作）、使用劣质材料等等。但有些行会，例如裁缝行会，认为自身很强大，便像卡特尔一样行事，自己制定价格，联合抵制不符合条件的买家。市场执法官则保护买家的利益，禁止裁缝行会单边定价和抵制的行为。1219年，市场执法官修订了相关条例，由此制定了一系列所有行业都必须遵守的基本规章。

重要的是，这些行会存在的早期证据没有涵盖一些最重要的职业和行当。威尼斯没有外贸商人的行会，没有能与佛罗伦萨的卡利马拉行会（Arte di Calimala）相媲美的组织；它也没有任何行会代表法官、律师和书记员（尽管这样的法律工作者行会在帕多瓦附近起到了主导作用）；它也没有各类船员的行会，无论是船长或大副的行会，还是普通水手的行会，而是直到很晚的时候才出现（见第二十八章）。海员缺乏行会的原因和普通商人一样：他们的人数太多，何况公社的功能运转良好，没有留下行会发挥作用的空间。诚然，许多宗教性兄弟会尊崇海员的主保圣人圣尼古拉斯，参加这些兄弟会的人主要是渔民、领航员和水手，但海员宣誓的要求是由1255年的海事法规定的，而不是由任何行会规章规定的。13—14世纪，海员没有自己的组织来促进他们的职业利益。最早被记录和正式管理的行当有裁缝、夹克制造工、金匠和珠宝匠、染工、箍桶匠、制绳工，以及包括医生在内的理发师。总的来说，他们代表了一群新近致富的人，至少代表了那些在航海活动以外的活动中获得了适量财富的人。13世纪后期，更多的行会得到了批准，它们可以被分为两种类型：一种是为雇工发声的行会，它在这种意义上类似于工会，敛缝工、石匠、木匠的行会皆如此行事；另一种则是类似于行业协会的行会，它们代表了作为雇主的商人，尽管雇主雇用的人数可能很少。后一种行会的人数更多，权力更大，它的成员可能是一种新型的商人，他们主要是坐店的店主，跟野心勃勃的从事海上贸易的商人不一样。

13世纪60年代，行会成员进行了某种威胁现有秩序的活动，这一点可以从大议会通过的一项法律看出来，每一个行会的章程中都加入了这一条文：任何同业组成的需要宣誓的组织，都不得损害威尼斯总督、议会、公社以及任何人的荣誉，否则可能被判处流放或死刑。法条含糊又宽泛的规定表明有人正在酝酿某种颠覆活动，至少立法的人畏惧这种活动。市场执法官的人数和活动次数也增加了。那是一个充满政治危险的时期。第一次热那亚战争造成了商业上的损失，尽管威尼斯人取得了胜利。1265年发生了一场抗税起义，总督拉涅里·泽诺——威尼斯湾统治权战争的领导者、1255年海事法的颁布者——假装向起义者妥协，后来却把起义者的领袖搜寻出来，全部绞死。大约在同一时间，两个最显赫的家族之间的争吵达到了公开暴力对抗的地步，洛伦佐·蒂耶波洛在圣马可广场上被乔瓦尼·丹多洛（Giovanni Dandolo）或他的支持者打伤。普通百姓开始拿起武器排成人墙，来对自己中意的派别表示支持。为了防止任何一般的党派结盟，威尼斯通过了一项法律，禁止平民在贵族的居所展示任何武器。

这些危险在洛伦佐·蒂耶波洛的领导下消失了。热那亚战争中，他率领舰队摧毁了热那亚人在阿卡设置的锁链，焚烧了热那亚的船只，被威尼斯人视为民族英雄，并在1268年当选为总督。蒂耶波洛立即听从了贵族的恳求，与乔瓦尼·丹多洛和解。后者恰巧是主持选举程序的总督顾问之一，而蒂耶波洛就是从那次选举程序中产生的总督。此外，洛伦佐立即向各行会表明，在他前任任期最后几年通过的法律将不会被用来破坏他们的组织。就职典礼一结束，新总督检阅完舰队，就按礼仪逐个接见前来道贺的行会代表。

几年之内，许多重要的行会都重新修订了章程，得到批准后，他们就能进行相当程度的自治。作为各行会领导者的加斯答第并不由总督任命，而是由行会成员在市场执法官同意后投票选出。以市场执法官名义发布的章程通常由行会的官员起草，然后在行会的全体大会上表决。虽然加斯答第的职位和一年的任期都是一样的，但其他官员的人数和职能因行会而异。这些官员通常有十几人，由提名委员会选出，而提名委员会则由即将离任的官员指定或抽签产生。这些官员有的负责在批准学徒晋升等技术问题上与加斯答第合作，有的负责收取会费等事务。市场执法官很少过问行会有关宗教奉献和疾病互助的事务，但他会管理和批准与之相关的某些费用和罚款的分配，还会确认从业者是否确实缴纳了相关款项。行业事务中的小纠纷由行会自己的官员裁决。有些行会，如石匠行会和理发师-外科医生行会，甚至被允许去抵制拖欠酬金的雇主。

另一方面，市场执法官和更高级的议会在为手工业立法的问题上毫不多虑，还会毫不犹豫地取消任何由行会制定却有违公众利益的措施。行会并不是封闭的垄断组织，只要合格的移民缴纳会费并遵守规章制度，就可以在威尼斯开店经营。此外，许多行会成员在经济上服从于主要从对外贸易中赚取利润的商人，这与行会的政治从属地位相匹配。例如，造船工受雇于为建造和装备船只提供资金的商人。制绳工主要依赖进口大麻的商人雇主。简而言之，资本提供者控制了手工业的许多部门，而主要的资本提供者控制了商人的贵族政治。威尼斯对行会所采取的政策使工匠和店主在组织上享有很大的自由，以致行会的数量达到一百多个，但毫无疑问，行会必须服从国家。行会成员在威尼斯社会中享有光荣但附属的地位。这种附属地位和有限自治的结合将持续五百年。

如果某些行会成员不满意这样的地位，那么他可能属于比较富有的行会，如珠宝匠行会。可以注意到，1280年，在帕多瓦，行会在公社议会中获得了一些正式代表的席位，但由普通店主和工匠组成的行会并不向共和国提供领导者，而是愿意将这些职位留给其他帕多瓦人，特别是律师。在佛罗伦萨，在其行会成为政治选区之后，小行会的师傅在重大事务上对统治阶级的威胁要比新崛起的富商造成的威胁小得多。威尼斯的"小人物"被排除在政治权力之外却没有什么不满，其原因很可能是行会让他们担任了某些荣誉职务，让他们在与日常工作有关的问题上享有了一定的发言权。

"小人物"也在威尼斯的节庆中有自己的位置，这些节庆在威尼斯也是政府统治的工具。几近完整地记录了洛伦佐·蒂耶波洛总督生涯的编年史家马蒂诺·达·卡纳尔,虽未提到行会的规章,但是用了大段篇幅来描述总督夫妇在节庆中接见行会师傅的事。他对题材的选择可能反映了不少同时代人眼中什么事很重要。盛大的节庆是一种重要的交流手段,它本身对消息的传播没那么重要。消息传播的时候,比如说,下任总督的当选者是谁在结果出炉之前就已经通过儿童的口耳相传在街巷中像野火延烧一样传播。而节庆不一样,它是一种传递态度和感觉的方式。在中世纪的城市里,游行和盛会比现代的电视节目更能吸引那些被统治者的情感参与。公共仪式中的共同体验加强了社会团结。

在每年的许多节日中,耶稣升天节的"海洋婚礼"和威尼斯总督对"尼科莱蒂总督"的接待在前文都已提及。在特殊场合也会举行丰富多彩的游行,达·卡纳尔描述了总督洛伦佐·蒂耶波洛主持的部分对行会成员的接待活动:

> 鞣皮师傅穿上用貂、松鼠等名贵毛皮制成的华丽长袍,给他们的学徒和雇员穿上华美的衣服。他们的上方飘扬着一面美丽的旗帜,他们两人一组,跟在旗子后面。前面则有人吹小号等乐器。于是他们来到总督府,登上楼梯,拜见新领主洛伦佐·蒂耶波洛阁下,他们彬彬有礼地向他道贺。每一位师傅都祝愿上帝赐予他长寿和常胜,我们的总督也礼貌地回礼。他们都喊:"万岁!万岁!我们的领主洛伦佐·蒂耶波洛总督阁下!"他们听从司仪的命令回返,更换衣装后去见总督夫人马多娜(在蒂耶波洛府),向她致敬……
>
> 理发业的师傅,衣着华贵,戴着珍珠指环……陪伴他的还有两位穿着像流浪骑士的骑手。还有四位侍从,两位骑马,两位步行,穿着都很奇怪……
>
> 制梳匠……各拿一个装着各种鸟儿的笼子,一打开笼子的门,鸟儿就争先恐后地往外挤,他们以此取悦总督。我的读者,如果你也在场,你可以看到每个人都在开怀大笑,也能看到鸟儿啼鸣着到处飞……

这些欢快的节庆与没有政治力量的自治行会有助于保持"小人物"对贵族统治的默许态度。另一个让他们满足的原因是充足的食品供应，威尼斯人自己也强调这点，它对真正的穷人来说十分重要。威尼斯发达的船运以及对亚得里亚海的控制使它能够比其他城市更有效地避免饥荒，还能平抑面包价格的波动。贵族还会夸耀这类活动的公平正义。当然，无论大小，平等正义的理想一再得到宣扬，并且有精心设计的保障措施去维护它，尽管实践中存在多少违例行为只能依靠猜测。所有这些因素，加上城市的地形——运河将城市分为60—70个不大的堂区社区，说明了为什么贵族可以在没有使用武力镇压下层阶级的情况下统治威尼斯，却不会引发真正的民众起义。

抑制派系

贵族内部的团结对维持城市的安宁同样重要。在被中下阶级起义所撼动的公社里，统治阶级成员之间的争斗让民众可以趁机起事。威尼斯可以更容易地遏制家族争斗，因为它从拜占庭帝国那里继承了一个传统：大家统一向至高无上的国家效忠。许多制度上的安排加强了这种团结，其中一些已经提过：政府官员和议会数目众多；官员任期短，而且不得连任。这些做法使得权力和荣誉能够分散得较为广泛。在任何一个总督顾问团、重要的提名委员会或行政委员会中，任何家族都不得在其中有一名以上的成员。无论何时，只要某个候选人参与竞选，他的亲属就要退出竞选。

竞选宣传活动的禁止也减少了竞争。从理论上讲，如果某职位需要当选者就任，他就必须任职。如果他拒绝，将被处以高额罚款，并且无资格担任其他职务，除非得到总督顾问团的赦免。如果他合法离开城市，或启程参加有合同约定的贸易航程，他也会被赦免。一些职位是肥缺，所以很受欢迎，因此对提名委员会成员在多大程度上可以相互提名担任这些职务必须有所限制。其他一些职务，如外交使节，任职者要付出高昂的开支，即使是有钱人也会尽量避开它们——除非他有政治野心，想让地位与自己的财富相匹配，或者想获得名声。但是一个人不应该选择他想竞选的职位，而是有义务接受对他的任命。当选者必须任职的要求反映了统治阶级要对公社绝对忠诚的观念，使统治阶级习惯于将个人利益服从于国家利益。

今天的美国人认为，政党是任何反映社会意愿的政府的基本组成部分，但乔治·华盛顿等美国的缔造者都赞同威尼斯人和早期共和主义者的观点：党派竞争是邪恶的，会破坏自由。像威尼斯人一样，美国的开国元勋试图用各种手段来避免这种情况，例如选举人团制度，事实证明他们并未成功。

除了强制任职，美国国父并没有采用但威尼斯人却能非常有效地运用的手段是抽签任命：把合格公民的名字放在一个袋子或瓮中，然后在无法挑选的情况下把它们取出来。这在中世纪晚期的意大利城邦中是相当普遍的做法。以各种方式使用抽签的做法，在挑选官员时引进了运气和轮换的因素。抽签阻止了少数因成就和家族而声名卓著的人一直把持官职而独得荣耀与权力的状况，还阻止了会加剧竞争、引发仇恨和组织党派的竞选运动。当然它也有缺点：用抽签分配职务时，没有将热情不同和能力不同的人加以区分。

威尼斯人找到了一个折中方案，即温和的派系主义，在保留主要优势的同时减少了缺点。威尼斯议会和行政官员的选择由两部分组成：提名（他们称为 electio）和批准（我们称为选举）。起初，提名似乎都是由总督和总督顾问团做出的，但在 13 世纪末之前，重要的提名由委员会提出，提名委员会成员则由抽签决定。1272 年之后规定，至少要有两个提名委员会，每个委员会成员都由抽签选出，他们必须立刻开会，并报告候选人或候选人的名单，如有可能，应在当天立即进行投票。以抽签方式选出提名委员会的做法，以及提名和投票的即时性，都是为了防止候选人通过煽动派系来竞选公职。另一方面，任命还需要获得大议会的批准，这是为了防止选出不称职的人。

尽管有这些法律，依然会有人谋求特定的职位，这有时是为了获得个人利益，这一点在 13 世纪晚期威尼斯的一则关于个人政治实践的逸事中得到了证明。尼科洛·奎里尼（Nicolò Querini）的家族最富有、最有权势，他曾试图让自己当选内格罗蓬特的总督察，希望当选后可以此来支持自己对附近的一座爱琴海岛屿的继承权。在他付出巨大努力（当时有人称为gran practica）却依然失败之后，他的儿子马泰奥·奎里尼（Matteo Querini）被提名委员会提名为两位候选人之一。中午，总督正在吃饭的时候，有人把这事告诉了他，他嚷道："这样儿子就可以爬上他爹坐不到的位置了！"但是大议会批准了另一位候选人，而不是马泰奥·奎里尼。

最抢手的职位是威尼斯总督。如果有政党，那么总督之位肯定会成为竞争的焦点。在1229年竞争激烈的选举中，贾科莫·蒂耶波洛和马里诺·丹多洛在提名委员会中获得了同等的票数，前者通过抽签获得了职位，这显示激烈的竞争很危险。尽管总督职位在提供强有力的执行者方面有许多优点，但它也有集中了家族间的野心和对抗的缺点。为了尽可能地减轻这些竞争，消除互相倾轧的危害，威尼斯人通过提名委员会和抽签，制定了一系列提名委员会成员的提名方案。在1268年制定的规则中，有关程序如下：

> 从大议会中通过抽签选出30人，
> 在这30人中通过抽签减少到9人，
> 由这9人任命40人；
> 在这40人中通过抽签减少到12人，
> 由这12人任命25人；
> 在这25人中通过抽签减少到9人，
> 由这9人任命45人；
> 在这45人中通过抽签减少到11人，
> 由这11人任命为41人；
> **由这41人提名总督，
> 并交全体大会批准。**

这种选出最高执政官的方法类似归谬法（reductio ad absurdum），但它确实奏效了。其结果也并不荒谬，而且达到了它的目的：让抽签插入选举，缓和了派系斗争。

尽管威尼斯人为缓和派系活动的影响力做出了种种努力，但派系仍然存在。对派系活动的谴责和保障措施本身就是存在家族竞争的证据。在克服这些障碍时，最重要的措施是改革大议会的构成。

大议会的扩大

尽管大议会负责选举所有的行政官员，并对事务有最终的决定权，但在 13 世纪结束以前，选择大议会成员的方法却相当不正式，很容易发生变化，而且在某种程度上是随机的。大议会的大多数成员之所以能位列其中，是因为他们正担任或曾经担任一些职务，例如法官、四十人议会成员、元老院议员。每年都有一个提名委员会，其成员通过抽签或轮换制度而产生，通常只有 4 个人，他们会为下一年提名 100 名新成员，这些成员不会因出席会议而分散担任其他职务的注意力。由于每位议员只有一名候选人，被提名实际上等同于当选。如果提名委员会不像古罗马的监察官在任命元老时那样受到某些惯例的约束，让几乎是随机选出的 4 名成员获得每年提名最高立法机构成员的权力，那将极其令人不安。事实上，成员名单显示城市的所有地区和几十个家族一般都有代表。

但在 13 世纪后半叶，不确定因素的范围有所扩大。大议会成员大多数是贵族，但一些平民也进入了大议会。对贵族来说可能有一个问题，那就是究竟谁是真正的威尼斯人，尤其是对那些在东方生活了一段时间的贵族，以及一些达尔马提亚的伯爵来说。有两种危险促进了变革的意愿。一方面，提名委员会的成员可以提名他个人崇拜的人或对他个人有恩的人，但被提名的人可能不属于传统上在大议会有代表的家族，而是属于最近移民的家族和最近赚得财富的家族，同时又没有任何杰出的公共服务记录。另一方面，因为威尼斯的人口在 13 世纪有显著的增长，对于那些曾出任大议会议员的人，以及认为家族的地位和公共贡献可以让自己继续保有议员之位的人，提名委员会可能发现难以为这些人留出一席之地。

1286年和1296年都有人提案改变每年选举大议会议员的程序，但都被否决了。这些提案旨在解决上述的前一个问题，即选出不受欢迎的人的问题。按照这些提案，所有得到提名委员会提名的人必须再由总督顾问团、四十人议会或大议会，或这些议会的某种组合逐个进行全部或部分的投票批准。在1286年的提案，也就是记录最完整的这份提案中，如果某人父系的祖先曾是统治威尼斯的议会的成员之一，那么他就不用经过这项批准程序。当时的总督乔瓦尼·丹多洛反对这项提案，他赞成维持现行制度。他属于最为顽固的旧家族。最后以多数票否决这一提案和另外两个提案的大多数人也来自相对古老的家族。或许比起反对对祖先的强调，他们反对的原因更多是这样会降低通过抽签选出的提名委员会的重要性，会让有多数票的派别在大议会中有机会清除异己，最终将异己清除出威尼斯的公共生活。

改革在1297年得到了通过。这次的提案可以同时处理两种危险——将不受欢迎的人接纳入大议会的危险，将大议会的老成员排除在外的危险。为了消除第二项危险，改革取消了对议会规模的所有限制，并且规定，如果大议会议员或在4年内做过大议会议员的人能在四十人议会中得到12人支持的话，就能成为大议会议员。这项规定保证那些已加入大议会的人会继续成为议员，因此毫无疑问地获得了足够的支持票。同时，新的法律规定，如果由总督和总督顾问团提议，可由3人组成提名委员会提名其他人为大议会成员。这些被提名人还须经四十人议会的批准，起初他们也是获得40票中的至少12票才能通过。在这一程序和总督的支持下，许多威尼斯旧家族的平民成为大议会永久的议员。1291年阿卡陷落之后，大约十几个来自"海外"的难民家庭被接纳进了大议会。大议会成员的数量几近翻番，达到1100多人。

大议会的扩大是由比较年轻的彼得罗·格拉代尼戈（Pietro Gradenigo）完成的，他接替乔瓦尼·丹多洛担任总督。他对大议会的成员构成所做出的改变，很可能是故意为了增加其权威，使之能够超越全体大会。乔瓦尼·丹多洛去世后，民众要求选举前总督洛伦佐的儿子贾科莫·蒂耶波洛——他本人也是一位战绩辉煌的海军将领。由于贾科莫的父亲和祖父都曾担任总督，若他当选，似乎相当于承认一种世袭的权利，似乎会回到维塔莱二世·米希尔去世后便不再有的命途多舛的王朝政治。大众对贾科莫·蒂耶波洛的支持使其他贵族更不愿意支持他，贵族不希望将选举的权利交给难以操控的民众集会，正如人们模糊的记忆中1172年的情况一样。贵族的目的是要把选总督的权利留给在贵族中精挑细选而产生的提名委员会。如果蒂耶波洛试图利用民众对自己的欢迎来赢得总督之位的话，鉴于丹多洛家族和蒂耶波洛家族间的对立，威尼斯有可能在1289年爆发内战。相反，为了避免冲突，他离开了这座城市，这是又一位为威尼斯的政治稳定做出重大贡献而选择退让的人。经过20天的例行休会和确定于1268年的一系列筛选程序，由41名成员组成的提名委员会任命彼得罗·格拉代尼戈为总督。新总督来自最古老的贵族家族中的一个，在38岁时就已经担任过许多职务，并担任过卡波迪斯特里亚的市政官。这不是一个受人欢迎的人选。据说总督格拉代尼戈对那些大声疾呼要选择蒂耶波洛的民众心怀不满，这也是对他为何要领导大议会改革的一种解释。改革导致全体大会的重要性更低了。

改革还重新划分了贵族和平民之间的界线，新的家族进入统治集团在将来变得更加困难。诚然，格拉代尼戈的改革让大议会在1300年左右接受了许多新成员，其中有很多都来自新贵家族。如果认为这个举动直接反对作为一个阶级的平民，并因此会招致平民的憎恨，那就错了。可以确定，一些平民认为自己应该成为大议会的成员，却未被接纳，因此而憎恨格拉代尼戈，并密谋杀害他。因为这样的阴谋，1300年，一位叫作马里诺·博科诺（Marino Boccono）的人被绞死在两根柱子之间。但是，平民中没有出现普遍的叛乱活动。改革在第二次热那亚战争中开始实施。1298年，前总督乔瓦尼·丹多洛之子指挥的舰队在库尔佐拉遭受最惨重的失败后不久，改革开始生效了。相比之下，战争中的海军英雄多梅尼科·塞尔沃出身卑微，在战败之后却敢大胆突袭热那亚的港口。在那场战争的最后几年里，威尼斯向平民授予高级的海军指挥权，以此来消除贵族和平民之间的普遍敌意。一些平民有理由感到愤愤不平，而另一些却有理由为总督扩大统治阶级的方式感到高兴。

接受新人的慷慨时期是短暂的。几年之内，平民就被限制进入大议会。首先，他们要在四十人议会中获得不止12票，而是多数票，接着又涨到25票，然后是30票。1323年的一项明确声明使这种额外的限制达到了顶峰：一个人如果要成为大议会的议员，他就必须证明自己有一位曾在公社中担任要职的祖先。到此为止，大议会的成员资格已成为永久的和世袭的，也成为当选任何其他议会的成员或行政官员的先决条件。

从此，贵族和平民之间的旧界线消失了。是否有资格成为大议会的议员成为这种区别的基础。大议会的所有成员都被认为是贵族。贵族并不是个人生活方式的问题，而是世袭的身份。

在扩大和赋予威尼斯统治阶级以世袭地位的过程中，格拉代尼戈缓和了派系斗争的影响。在一些城市，比如佛罗伦萨，派系竞争导致权力突然从一个派别转移到另一个派别，实现这一转移的通常手段是利用全体大会，因为全体大会更容易被情绪的变化或恐吓而裹挟或左右摇摆。完全取代全体大会成为最高机构的威尼斯大议会不会被如此操纵。大议会成员的资格是世袭的，确保了统治阶级的任何成员都不会突然被排斥在外。他们被"锁"在威尼斯政治生活中一个有保障的地方。因此，1297年的改革完全可以被称为"塞拉塔"（serrata），即合乎习惯的。但是，改革的主要调节作用来自让如此多不同的家族来分享权力，它们差不多有两百个。有些家族之间可能有嫌隙，但是嫌隙被其他家族的其他议题给盖过了。要找到公正行事的贵族就变得更加容易了。

总之，格拉代尼戈通过增加成员来加强贵族阶层的控制力。几乎同时代的律师和政治思想家巴托路斯（Bartolus）称赞说威尼斯的贵族政治相当成功，他认为这极为重要。他说，威尼斯是那种少数人统治下的政府，但是，"虽然与全市人口相比，他们人数不多，但与其他城市的统治者相比，他们却是很多的，人民并不因受他们统治而愤愤不平。此外，由于他们人数众多，所以不容易分成几派，更何况他们中的许多人都颇为富有，而富人总是城市中的一股带来稳定的力量。"

阴谋活动与十人议会

尽管威尼斯采取各种措施来遏制派系斗争，在总督彼得罗·格拉代尼戈任期内还是发生了一起激烈的事件。就像大多数城市的危机摧毁了共和政府并建立了专制统治一样，威尼斯的这场危机也是在外交政策失败之后发生的。1310年，在与罗马教皇就费拉拉问题的战争中，事件爆发了。前文在描述威尼斯宣称对威尼斯湾的统治权时已提及过该事。总督格拉代尼戈是这一好战政策的领导者，他试图利用费拉拉内部的政局，使其处于威尼斯人的绝对统治之下，而不顾该城的领主——教皇的反对。即使威尼斯被罗马教皇逐出教会并受到禁行圣事令，威尼斯军队在费拉拉被击败，威尼斯商人在国外遭受了巨大的物质损失——这些商人的货物和人员根据教皇的禁令而遭到没收和扣押，总督仍旧拒绝让步。

格拉代尼戈公然违抗教皇的意愿一直遭到政敌首领的反对，尤其是奎里尼家族的一个分支的反对。个人恩怨加剧了奎里尼家族与总督的主要支持者朱斯蒂尼亚尼（Giustiniani）家族和莫罗西尼家族之间的紧张关系。一个莫罗西尼家族的成员担任巡夜官，试图在里阿尔托搜捕一名奎里尼家族的人，想看后者是否违反了禁止私藏武器的法律。这位心急的官员跌了一跤，感到太过丢脸，而将犯错的奎里尼处以罚金，所以这两人都很气愤。而奎里尼家族的分支"大宅的奎里尼"（Querini of the Big House）想要报复丹多洛家族的一位成员，因为后者在国家检事官任上时积极处理了一起在内格罗蓬特施加在一位犹太人身上的暴行。其中怨恨最深的要数前面提到的尼科洛·奎里尼的儿子马可·奎里尼（Marco Querini）了，因为他觉得自己在费拉拉指挥时没有得到足够的支持，还不公平地承担了战败的责任。马可·奎里尼策划了一场刺杀总督并夺取政权的阴谋。他让女婿巴贾蒙特·蒂耶波洛（Bajamonte Tiepolo）领导叛乱。巴贾蒙特是贾科莫·蒂耶波洛的儿子，贾科莫在格拉代尼戈竞选总督时选择让位。与父亲相反，巴贾蒙特是那种害怕某个家族有太多威望会威胁统治阶层的人。他在莫顿管理城堡时，曾以王公的派头寻欢作乐并以此为荣，还声称在任职期间挪用公款是正当的，因此被罚以巨款。他感到自己的荣誉受到了侵犯，于是离开了这座城市，直到马可·奎里尼来让他领导一场叛乱。马可承诺，一旦事成，就让他做威尼斯的统治者。在意大利的其他城市，支持教皇、反对皇帝的派别被称为圭尔夫派，而蒂耶波洛-奎里尼派因为阴谋反对跟教皇对战的威尼斯政府，被看作威尼斯的圭尔夫派。但是这场阴谋的动机更多是个人野心和仇恨，而不是依附于教皇或认同教皇的主张。

奎里尼和蒂耶波洛的宅院位于里阿尔托桥的对面，在里阿尔托市场商铺的背后。他们计划在夜间召集党羽，次日清晨穿过大运河，分两路前往圣马可广场，一路沿着麦西利亚街（Merceria）到达广场的东端，另一路穿过法布里街（Fabbri）到达广场的西端，然后联合起来攻打总督府。巴德罗·巴德尔（Badoero Badoer）会率领一支小分队渡过潟湖，在广场上与之会合，此人是一名同帕多瓦的圭尔夫派有联系的贵族，在大陆上拥有大量财产。但他们在招募人手时，至少有一位平民心怀异志，向总督一方告密了。格拉代尼戈便速下决断，这是他的行事风格。当天夜晚，他在总督府召见了总督顾问，还召见了他能依靠的大家族的首领，后者能为他带来支持者。他还令威尼斯兵工厂警戒，并指示基奥贾的市政官拦截巴德尔的队伍。阴谋者未能协同作战。蒂耶波洛的队伍因在里阿尔托抢劫国库而延迟出发，而巴德尔因一场猛烈的雷暴也有所延迟。奎里尼的队伍首先到达圣马可广场，开战之后，他当场阵亡。蒂耶波洛的队伍在到达广场之前，在麦西利亚街的狭窄区域内遭到了攻击。在冲突最激烈的时候，一个妇女从楼上探出身子，把一个沉重的锅或研钵砸到蒂耶波洛的军旗手身上，军旗因此倒地。由于缺乏集结点，他的部队撤退了。总督就此获胜：马可·奎里尼身亡；巴德罗·巴德尔在武装叛乱中被抓获，并被立即处决；巴贾蒙特·蒂耶波洛和其他安全撤回宅院的贵族接受了流亡的条件。

由于蒂耶波洛家族在许多代人中享有相当高的声望，后世一些历史学家把巴贾蒙特·蒂耶波洛描绘成反对寡头政治的斗士。至于1310年的叛乱，则被视为对总督格拉代尼戈改革大议会的普遍不满的一种表现。这是雅各宾派创造的关于威尼斯的神话的一部分。雅各宾派竟提议为"民主拥护者"巴贾蒙特·蒂耶波洛竖立一座纪念碑！事实上，他似乎只是一个愤愤不平的贵族，若起事成功，他会让自己的贵族集团掌权，并可能让他们成为威尼斯的执政团,创造当时米兰的维斯孔蒂(Visconti)家族、帕多瓦的卡拉拉(Carrara)家族、维罗纳的斯卡利杰尔(Scaliger)家族等一人统治的局面。诚然,巴贾蒙特在平民中得到了不少支持,他们被蒂耶波洛这个姓氏所吸引,对格拉代尼戈没有好感,对战争所造成的苦难感到愤慨。许多堂区的神父也参与了他的阴谋。但是并没有出现大范围的起义。"小人物"发生了分裂。奎里尼-蒂耶波洛一伙和行会也没有任何联系。与叛乱有关的唯一的行会是画家行会,他们在圣路加(San Luca)的总部附近英勇战斗,击溃了奎里尼的军队。出于表彰,他们可以在曾战斗过的广场上升起自己的旗帜。那名扔下研钵砸中蒂耶波洛军旗手的女人所提的要求也得到了确认:当局准许她在假期里把圣马可的旗帜从窗户上挂出来;保证她的房租永不涨价——她的房东是圣马可法务官。(1436年,当她的曾孙在舰队服役时,法务官提高了租金,但租客在1468年请愿成功,恢复了旧的费率。)奎里尼家族和蒂耶波洛家族的宅院被拆毁,取而代之的是一块纪念碑,此碑让巴贾蒙特在历史上保持卑鄙叛徒的恶名。

马上摆在政府眼前的难题是如何惩罚那些参与者,特别是那些被批准流亡的人。在意大利其他城市,派系斗争产生了大批流亡者(fuorusciti),他们有时几代人都持续策划掀起革命,想让自己返回故里。差不多就在同时,热那亚的基伯林派创建了一个流亡政府,该政府为自己的利益发动战争,并控制了一些热那亚殖民地。大众也熟知许多被流放的佛罗伦萨人希望推翻本国政府以让自己返回家乡,因为但丁就是其中的一员。1310年,威尼斯的统治者似乎也会受到策划回国的流亡者的威胁。允许巴贾蒙特·蒂耶波洛一行离开威尼斯的条款限制了他们能待的地方,但这些领导人立即违反了限制,并开始联络附近的帕多瓦和特雷维索的圭尔夫派、达尔马提亚和巴尔干地区的亲朋好友以取得支持。为应对这些新的阴谋活动,威尼斯在1310年成立了一个由10人组成的特别议会。事实证明,这个十人议会非常有用,它将成为威尼斯一系列议会的体系中一个永久且显眼的部分。

十人议会有三名主席(Capi),其中每位主席只任职一个月,然后再由某位同僚继任。十人议会成员的任期仅有一年,会内不能同时存在两名来自同一家族的成员。起初，它的职责是监督对流亡者的判决。它会对投降者减轻惩罚，但对其他人穷追不舍，并悬赏他们的脑袋。一二十年后，它开始向得手的杀手支付酬金。用高效的手段，辅之以仁慈，十人议会清除了威尼斯的流亡者。

在巴贾蒙特·蒂耶波洛及其追随者带来的危险被消除之后，十人议会的权力几乎失效，但它逐渐在一种双重的角色中为自己确立了永久性的地位。首先，它的规模足够小，因此总督和总督顾问可以在十人议会中商议紧急问题或机要问题，而这些问题不适合在规模更大的会议上讨论。其次，它在内部治安问题上有主动权。它不仅能抑制潜在的武装叛乱，而且能监督任何逾越法律的贵族或结成朋党的行为，甚至是拉选票和选票交易。他们不允许出现任何有组织的反对活动。事实上，任何有组织的政党的出现，即使是由当权者发起的，也会被视为公共精神的堕落。

大议会的扩大和十人议会的出现使贵族政体的结构更加完善。这些调整带来了稳定，让当局在紧急情况下能迅速采取行动，涉及重要决定时还能让整个贵族阶层参与讨论。与大多数城市的情况相比，威尼斯贵族中有一种普遍的团结感和忠诚感，甚至在统治阶层和其他人民的关系中也有。但这种凝聚力只是相对的，它后来在14世纪受到了严峻的考验。

第四部分

重组海权

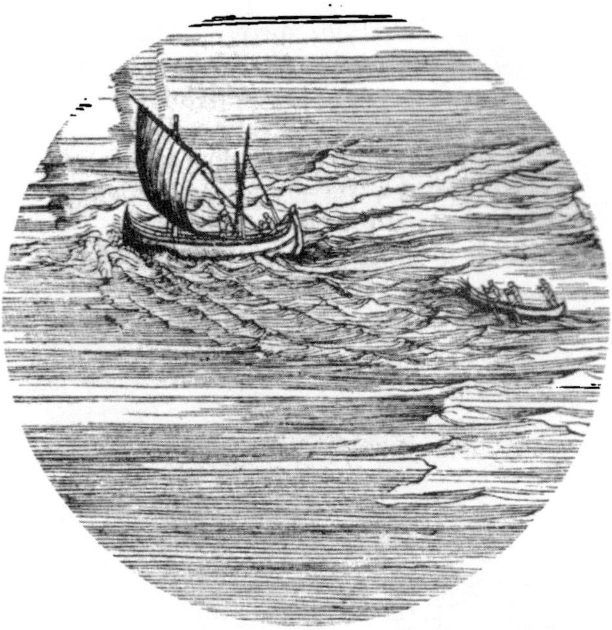

第十章

对中世纪航海革命的回应

威尼斯贵族在内巩固自己的地位，在外重申威尼斯对威尼斯湾的主宰，还从第二次热那亚战争的失败中恢复元气。与此同时，威尼斯不得不调整海事和商业制度，使之适应航海技术和贸易手段的深刻变化。如果"革命"这个术语适用于一百年以上的变化过程，则可以将1300年左右的导航方式、船舶建造、船上的索具与武器方面的变化恰当地称为"中世纪航海革命"。这是更为著名的文艺复兴时期航海革命的必要开端，而文艺复兴时期的航海革命与1500年左右的航海大发现相伴而生。

新技术

在中世纪航海革命中，新的导航方法以罗盘为标志。罗盘是13世纪中叶出现的进港航法的一个新元素，这种方法被称为"航迹推算"（dead reckoning）。这是数学的思考方式的一次胜利。几个世纪以来，领航员一直使用基本的算术和几何来估计港口之间的相对距离和方向。随着这类信息越来越精确，人们的要求也逐渐提高，便出现了收集此类信息的"港口手册"，手册会列出在港口间航行时所利用的标志物之间的距离。一本关于整个地中海的港口手册在大约1250年编写完成。

后来，有人想出了一种新方法，将所有关于里程和方向的信息汇集起来，绘制了第一张海图。他首先在一张全尺寸的羊皮纸（一张羊皮大约有3英尺宽）上打上格子，便能根据港口手册在格子上标出方向。他然后选择与羊皮纸大小相称的比例尺，根据标志物之间的距离和方向确定位置,再画出海岸线。制图师或许曾手绘小段海岸线的草图,但他将这些草图用严格的数学方法组合在一起,制作了最早的海图。这是最早的按比例绘制的地图,实际上也是最早的以精确的地形画出的大范围地图。因为它源于港口手册(port book),所以一直被称为"波多拉诺图"(portolano)或"波特兰型海图"(portolan chart)。

现存最早的一幅波特兰型海图可以追溯到 1270 年左右,它被称为"比萨海图"(Carta Pisana),因为它可能来自比萨,而比萨也可能是第一本港口手册的编写地。尽管波特兰型海图没有其他 13 世纪的实物保留下来,但在 13 世纪末之前已经被广泛地投入使用了。14 世纪最好的航海图绘制师中有两位威尼斯水手——马可·皮兹伽尼(Marco Pizzigani)和弗朗切斯科·皮兹伽尼(Francesco Pizzigani)。

大约在波特兰型海图出现的同时,人们发现了一种方法:把磁化的针绑在罗盘上,再把罗盘放在固定在龙骨上的盒子里,这样根据龙骨和磁针的夹角,就能算出船舶航行的方向。通过这种罗盘,可以把航向精确在 5°以内,也就是罗盘上可供区分的 64 个点以内。航海员还使用一种方位表(tavola di marteloio),这样他就能把一条弯弯曲曲的航线简化为一条笔直的航线,也能知道如何操舵才能沿着理想的航线前进。方位表、罗盘和海图提供了航位推算的基本方法,它对地中海的航行依然适用,也是哥伦布所使用的方法。值得注意的是,航位推算的基本概念大约跟另一个实用数学思想的杰出发明——复式簿记在同一时间和同一地点发展起来。

新的导航方法对地中海航海活动的主要实际意义是让船可以在冬天航行。在古代,从 10 月到来年 4 月,船只要被拖回岸上或停在码头,不能出港。13 世纪初,海洋在冬天仍然是关闭的,船只由于恐惧而停泊在港中,人们恐惧的不是冬天的风,更多的是怕阴雨、大雾等天气让领航员看不见太阳、星辰,最后迷失方向。罗盘改变了这一情况。航海家用性能优良的罗盘来计算航位,无论天气是晴是雨,都能确定自己的位置。这种影响在 13 世纪末的威尼斯是显而易见的,尤其是在 13 世纪 90 年代。大议会没有像往常一样在 3 月底宣布港口开放,而是在 2 月,甚至 1 月。将航行时间延长到冬季的做法改变了前往罗马尼亚和"海外"的航行节奏。

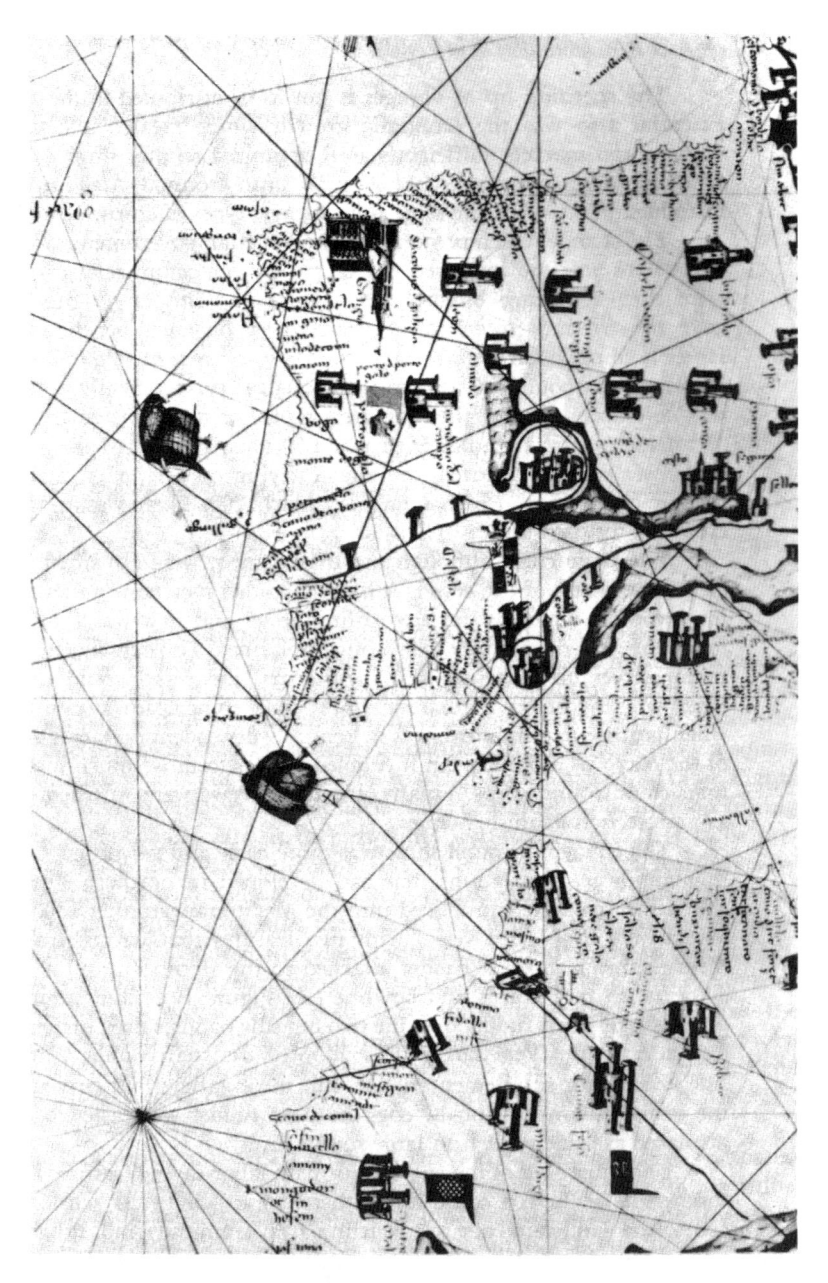

图10-1　1367年的皮兹伽尼航海图。转引自约瑟夫·卡玛尔王子（Prince Youssouf Kamal）的《非洲和埃及制图纪念碑》（*Monumenta Cartographica Africae et Aegypti*）

这一部分海图中有32条用于标明航向的罗经方位线，还画有不少双桅的柯克船。图中位于西班牙西北部的是著名的朝圣中心——孔波斯特拉的圣雅各教堂。

春季的商船队可能在冬季晚些时候出发，在 5 月或初夏返回。然后，秋季的商船队可以在仲夏离开，在当年的秋季或初冬返回，而不是像以前那样在海外过冬。因此，对冬季月份的利用使每年往返两次成为可能。

航海活动的加速不能只归功于罗盘，经济增长也至关重要。经济增长带来更多航行的需求，而且市场组织得足够完善，船舶就能迅速找到需要装载的货物，就能迅速"周转"。与此同时，新型船舶在同一时间的引入也很重要。

威尼斯政府在 1290—1310 年最关注的变化是将加莱桨帆船用作商船的情况越来越多。三桨座的加莱船在当时取代了双桨座的加莱船（见图 10-2）。三桨座的加莱船船体更大，足以在每条长凳上容纳三名桨手，也能装载更多货物。第一批三桨座的加莱船大约只能运载 50 吨，但在大约 1320 年，出现了一种专门为贸易设计的、更为宽敞的船，即"大型加莱船"或"商用加莱船"。它可以装载大约 150 吨的货物，即使增加 50 吨，以算上甲板上海员们的箱子的重量，总运载能力与船员的规模相比还是很小的——船员有接近 200 人，差不多每吨的重量对应一名船员。

虽然大部分船员都是桨手，但雇用这么多船员并不是为了提高船的速度。载满货物的商用加莱船也要像其他船一样在港口等待顺风，如果它比大多数船只要快，那主要是因为它那长而光滑的轮廓。桨充当它的辅助

图 10-2 加莱桨帆船，15 世纪早期
因为它是三桨座帆船，所以桨是三个一组，三位桨手坐在同一条长凳上，每人单独划一支桨。（另见图 26-1）被称为"轻型加莱船"的三桨座战船是为巡逻和作战而设计的，它有一张三角帆。当大型加莱船被用于贸易时，它有两三张三角帆，最大的帆在最前面。年代稍晚的弗拉·毛罗的图（图 19-1）中的船舶似乎也在拙劣地模仿类似的帆装。关于 15 世纪末加莱船用的帆，见图 17-1 和图 24-1。

动力，有了桨，就能在进出港时更好地操纵船，即使在风平浪静的情况下也能行进一些里程，而且在逆风行驶时也不完全依赖帆来抢风航行。桨的作用是辅助性的，但它使加莱桨帆船能够比圆船更能按照时间安排航行。最后，事实证明大量的船员是合理的，因为可以防止敌人袭击。

圆船的变化更为基本，并显著地节省了人力。1300年以后，在北欧以"柯克船"（cog）的形式发展起来的创新被引入到地中海。柯克船的船舷较高，它的两个特征带来了地中海船只的革命：一个是连在船尾柱上的舵，另一个是带有收帆索和帆脚索的横帆（见图10-3）。事实证明一只船尾舵的性能比之前使用的两只巨大的侧舵的性能要更加优越。威尼斯的加莱船采用船尾舵后，还配备了侧舵作为辅助。在柯克船笔直的船尾柱上使用船尾舵更为容易。但与柯克船不同，加莱船有弯曲的船尾柱，它完全取代了大型圆船上的侧舵。

柯克船的横帆是其主要的省力特色部件。柯克船上的单个大横帆可

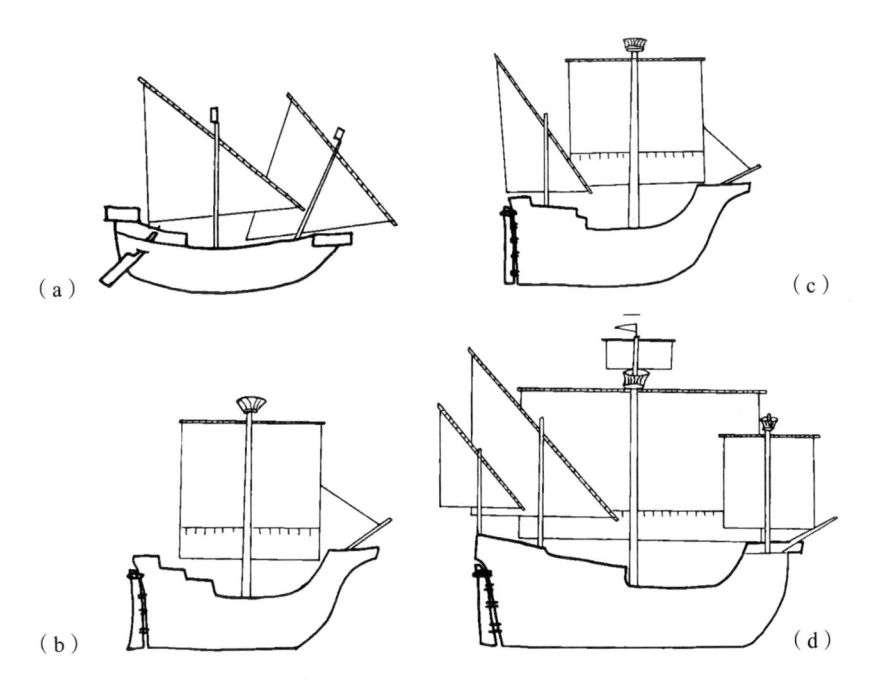

图 10-3 圆船的船帆配置
（a）双桅三角帆船（对照图 5-1）；（b）单桅柯克船（对照图 19-1）；（c）双桅柯克船（对照图 10-1）；（d）四桅卡拉克船（对照图 2-2、彩图 3 和图 26-1）。

以把任何一边的边缘转向迎风,而帆脚索则让帆在迎风时不会被风吹歪。它还带有收帆索,水手可以用收帆索收起船帆。水手还可以用辅助帆来扩大帆的面积。和横帆比起来,三角帆系单面受风,在调换方向时则要让帆桁绕着桅杆旋转,操作如此长的一根帆桁既费人力又很危险。在风速变化时,改变三角帆也很费人力。正因如此,操作柯克船的横帆比操纵两个大型三角帆需要更少的人手,这足以让地中海的船舶换用横帆。

然而,从双桅三角帆船到单桅柯克船的转变花了几十年的时间。在威尼斯第一次提到柯克船是在1315年,而直到14世纪中叶"柯查船"(cocha)才成为大圆船的通用名称。当然,也不能肯定所有被称为"柯查"的船只都是单桅的。画在皮兹伽尼海图上当装饰的船,在主桅上有一面横帆,在船尾的副桅上还挂着一面三角帆(见图10-1)。没有理由怀疑渔船等小船还在继续使用三角帆,毕竟加莱桨帆船还在使用三角帆。因此可以推测,威尼斯人和其他地中海水手很快就尝试在用横帆的柯克船上加装一些三角帆。因为他们的船舶较大,所以至少要使用两根桅杆。14世纪末,热那亚人建造了许多吨位达1000吨的圆船。威尼斯人有港湾水深的限制,但他们建造的有些船甚至比13世纪的庞然大物——堡垒船还要大。1422—1425年,威尼斯政府为军事用途建造了一艘长92英尺、排水量有720吨的柯克船,它当时被誉为有史以来最大的船——至少对威尼斯来说是这样。这么大的一艘船应该至少有两根桅杆。

至少以现代的标准来看,船员的规模是极为庞大的,即使在不用桨的船上也是如此,但相对而言,船员的人数正在减少。13世纪,每5吨需要有1个人,当时法律规定,每一艘240吨的三角帆船至少要有50名海员。士兵或朝圣者,以及18岁以下的人,都不能被算作海员。14世纪开始使用的柯克船上,有法律规定大约每10吨要有1名水手,或要求240吨的船要有20名成年水手和8名学徒。可以肯定,这些柯克船被命令携带额外的船员以保护航行安全,这些船员是弓箭手,根据航行的危险程度不同,数量在4—8人不等。作为对比,可以注意到17世纪第一批在地中海进行贸易竞争的英格兰船,像老式三角帆船一样,每4.5—5吨就要配备1名船员。17世纪的英国船舶不需要如此多的船员来操纵风帆,而是需要大量船员来击退海盗，或者方便它们自己去进行一些海盗活动。在引进了具有省劳力特征的柯克船之后，大型商船的船员规模便取决于需要为作战安排多少人了。

商船队及保护措施

某个城市在发明航海技术和造船技术方面所做出的贡献不能由任何细节确定。这些技术的使用情况也不相同，因而更难区分，毕竟使用情况因政治经济状况的不同而不同。对威尼斯来说，她受人尊敬的政府专注于在精心设计的路线上提供定期的和安全有保障的交通运输方式。政府还会为某些类型的船舶选择停靠港。威尼斯每年都更新航海计划，以巩固威尼斯贸易中心的地位，以及东西方贸易中的枢纽地位。

在这项管理计划中，大型加莱船和柯克船的待遇有所不同。柯克船等圆船占了威尼斯商船中的大部分，在运输谷物和食盐等商品时可以自由选择航行时间，而大型加莱船则在时间表确定的航线上运行，载运最珍贵的货物。在14世纪的头几十年里，元老院制定了航行模式和管理方法，这些模式和方法虽有时中止，却最终持续了差不多两百年。

这些航行为何能获得成功？其关键因素一是保护商船不受各种有组织的暴力侵害，或者说，让这些暴力行为实施起来更困难；二是向威尼斯托运人提供更严格的保护，保护费用却比他们的竞争对手更低。航海技术的改进从长远来看当然有成效，因为它降低了海上运输应对风浪等自然障碍所需要的人力物力的成本。这些优势在长期积累后会显现出来，而它们对经济增长如此重要的原因也就在于此。不过，航海图此类"发明"在商人和船长的账本上表现出的直接影响，远不如关税的调整、外国王公或对手城市的船搞破坏的风险，或雇用保护船只的雇佣兵的费用。这些保护贸易的花销在商业成功的因素中至关重要。

在某种程度上，从单个商人的角度来看，这些成本是易变的，他选择用于运货的船的种类、船上的军备程度、运货目的地不一样的话，成本也会有所不同。一般来说，如果要降低保护成本，或让保护成本比竞争对手更低，则需要某种形式的合作行动，例如东印度公司等特许合股商业和殖民公司在海洋贸易中采取的行动。威尼斯公社完全由从事国际贸易的商人控制，因此他们不需要单独的组织来达到这一目的。政府组织商船队，并尽可能地采取必要措施来保护国外的威尼斯商人。值得注意的是，规划海外航运的机构成为负责对外事务的理事会，即元老院。它公开承认自己的目的是帮助威尼斯商人获利。它主要通过组织船队、谋求商业待遇来降低威尼斯商人的保护成本。由此经过威尼斯的贸易得到发展，威尼斯公社征收的税金也得到可喜的增长。

在为威尼斯的国际贸易组织保护的过程中，元老院利用了新型船舶和新的航海技术。用于保护的金额必须与被保护商品的价值相称，也就是说，最值钱的货物适合用大型加莱桨帆船或巨型柯克船来运送。威尼斯元老院决定使用大型加莱桨帆船，其原因之一可能是加莱船的航行特性让它比柯克船更适合在威尼斯航行，而后者由热那亚使用得更多。加莱桨帆船吃水较浅，而因为配备船桨，灵活性也更好，更适合在潟湖和达尔马提亚沿岸的航道航行，而在威尼斯的大多数航线上，需要经常进港补给的问题是很容易解决的。在战斗中，加莱船有更多优势。最重要的是船上的桨手很多，有更多人能投入战斗。不仅如此，因为加莱船是桨帆船，一个船队的加莱船能够作为一个战斗单位共同行动，如果其中一艘受到攻击，其他船可以前来援助。为了利用这项优势，在同一季节前往同一港口的加莱船总被要求结伴而行。而只有在特殊情况下，圆船才会被要求一起行动，而圆船的船队也没有那么成功。每支加莱船船队一般会配备一名船队队长（capitanio），由他指挥整支船队。如有必要，大型加莱船船队可以由一支轻型加莱船船队护航。轻型加莱船和大型加莱船组成的船队，比轻型加莱船和柯克船组成的船队操作起来更有效率。因为这些原因，大型加莱桨帆船用作商船最为安全，威尼斯元老院鼓励或要求使用这种船来运送贵重货物，并以有规律、每年重复航行的模式进行。

这种模式是固定的，使威尼斯商人的货物周转更加快速。尽管加莱船在长距离航行时基本上依靠顺风，但它们能比柯克船更好地遵守时间。元老院制定了加莱船商队应该努力遵循的时间表，它在确定航程的时间表时，不仅要考虑政治风险，也要考虑协调几个船队的行动。它的目标是在可预见的时期将交易集中在一起，在这段时期内，商人可以将商品迅速出手，然后就有资金去买入新的货物。为达到这个目的，元老院规定特定货物只能在特定时间运送，而且只能用加莱船商队运送。

加莱船商队最引人注目的航行是从地中海驶入大西洋，再经过英吉利海峡进入北海。即使在中世纪航海革命之前，偶尔也有舰队绕过西欧航行，比如在1110年帮助十字军占领西顿的挪威人西格尔德（Sigurd），但商人更喜欢穿越法国的陆上路线和香槟集市。威尼斯向西贸易的基本活动是接近佛兰德的市场和羊毛制品。由于历任法国国王的行动损害了香槟集市，通往布鲁日的水路得到了越来越多的利用，而布鲁日是欧洲西北部许多贸易路线的交会点。在布鲁日，威尼斯人可以卖出香料等东方商品，还能买到佛兰德的布料，这些布料部分产自布鲁日，部分产自附近的城镇。这里还有其他来自欧洲西北部的产品，如英格兰的羊毛和锡。

从地中海到布鲁日的海运始于13世纪70年代的热那亚人，威尼斯人在14世纪初也开始驶往布鲁日。船只先在里斯本停靠，然后向东北偏北航行，经过西班牙的加利西亚（Galicia）的顶端，再到布列塔尼（Brittany）的顶端。若测水深时带上来灰色的沙，下面还有淤泥，则说明船已航行得更为靠北，此时要向东北偏东航行，以穿过英吉利海峡。有的船会停靠在南安普敦（Southampton）进行部分贸易，不过最好的市场在多佛尔海峡的另一边。如果政治因素使它们不便前往布鲁日，它们就去安特卫普（Antwerp）。佛兰德的产品和贸易中心在最初占据主导地位，以致这些去那里的船队被称作"佛兰德的加莱船船队"（galleys of Flanders），即使这些船有时不会造访佛兰德的港口。

当时柯克船和大型加莱船都有人使用，但威尼斯政府在1314年认为前往布鲁日开拓市场的私人船舶不够多，于是签订了建造大型加莱船的合同。加莱船的经营者希望能造得大一点，这样就能装更多货。政府希望船不要造得太大，否则就让人难以操纵，安全性也会降低，和其他在地中海航行的加莱船一起行动也不太适合。经营者的领头人达尔迪·本博（Dardi Bembo）建造了比政府的指定规模更大的加莱船，然后从元老院获得了对这次违法行为的赦免。他在1317年和1318年分别率领3艘和5艘加莱船在春季和秋季之间航行到布鲁日。一支由5艘加莱船组成的船队上约有1000人能参与战斗，这些战力足以保证商人和他们的货物的安全，即使在不熟悉当地的力量，后者起着决定性作用的情况下也是如此。达尔迪·本博的航行并不是完全和平的：在马略卡岛（Majorca），他"解放"了一些被加泰罗尼亚人奴役的希腊人（加泰罗尼亚人说他偷走了他们的奴隶）；在南安普敦，他的船员卷入一场斗殴，使威尼斯和英国之间的贸易中断了数年之久。但是在布鲁日和安特卫普，威尼斯人与两城的关系更加友好，不仅获得了贸易权，还建立了领事馆。

大约20年后，威尼斯官方规定的前往佛兰德的加莱船船队贸易暂停了几十年。原因之一是英法百年战争的爆发。原因之二是地中海的战争，一方是热那亚的圭尔夫派和那不勒斯国王，另一方是热那亚的基伯林派和西西里国王。1336年，一场暴风雨让两艘从佛兰德回程的威尼斯加莱船与船队走散，它们驶入一个西西里的港口。这两艘船在港中被一个格里马尔迪家族的人捕获，此人属圭尔夫派，被同时代的人称为"修士"，因为他曾用修士的蒙头斗篷作为伪装，占领了一座摩纳哥的城堡，这座城堡便一直是他家族的大本营。事实上，无论是热那亚舰队，还是圭尔夫派或基伯林派，都不能保证不会掠夺威尼斯人，尤其是在战利品很丰厚的情况下。一支商用加莱船船队确实是诱人的目标。尽管船队中有5—10艘船，聚集在一起时构成的战斗力量令人畏惧，却不能与15—30艘战舰组成的舰队相匹敌。此外，威尼斯人在西地中海没有安全的基地，船队在有需要时无法重新集结和整修。另一方面，翻越阿尔卑斯山脉穿越德意志的路线正得到改善，威尼斯推翻了斯卡利杰尔家族在维罗纳的统治，又在1339年确保了特雷维索的安全，此后威尼斯人前往德意志的道路变得更加安全。此后的40年里，威尼斯人前往欧洲西北部的贸易主要经过德意志和瑞士。

在东方，政治对贸易路线的影响更有决定性。在威尼斯曾经作为共同征服拜占庭帝国的一方而统治的罗马尼亚，威尼斯不准备仅仅因为面临敌舰的威胁就放弃加莱船的航行活动。希腊人重新建立拜占庭帝国后，威尼斯再也没有恢复拉丁帝国时那样的垄断地位，但几十年来，她一直抱着重建拉丁帝国的希望。位居那不勒斯国王的法兰西贵族一直宣称拥有君士坦丁堡的王位，他们有时似乎足够强大，可以认真考虑夺回君士坦丁堡的事宜，正因如此，威尼斯总督也保持着"四分之一兼二分之一的全罗马尼亚帝国之主"的头衔。1299年第二次热那亚战争以和谈结束之后，热那亚人抛弃了作为盟友的希腊皇帝。威尼斯人可以自由地掠夺希腊皇帝的臣民，因此获利颇丰，但是不能在君士坦丁堡开展赚钱的生意。

威尼斯人的劫掠活动最终促使皇帝与其达成了停战协议，并对威尼斯人声称遭受的损失进行赔偿。但在威尼斯人与皇帝商讨停战事宜的时候，热那亚人已经在君士坦丁堡和黑海占据了主导地位。热那亚有一块自治的殖民地位于佩拉，就在君士坦丁堡的金角湾的对面。佩拉发展得越来越大，自己制定贸易和关税的规章制度。热那亚在黑海地区的大部分贸易都经过佩拉，不久佩拉的商业活动就超过了君士坦丁堡。热那亚人在克里米亚半岛的殖民地卡法修筑要塞，并在要塞的周围建立岗哨。凭借这些据点和爱琴海上的希俄斯岛，热那亚人控制了上罗马尼亚，即罗马尼亚北部。而威尼斯人占据了克里特岛，还在摩里亚和内格罗蓬特拥有基地，继续在经济和政治上统治下罗马尼亚。

拜占庭帝国在内部被削弱的同时，突厥军队在博斯普鲁斯海峡的东岸站稳了脚跟，从外部威胁着它。为了击退突厥人，希腊皇帝召来了一群加泰罗尼亚雇佣兵，但这伙人却发动叛乱，以掠夺为生。最后他们把掠夺系统化，建立起他们自己的地方政府。拜占庭帝国的陆地和海洋都缺乏可靠的保护。

在这种情况下，威尼斯通常会把派往罗马尼亚去运货的大型加莱船船队当作军事舰队来组织。不仅船队队长由国家任命并支取薪水，而且每艘加莱船的船长也是如此。船长管理一艘国有的船只，为国家挣取利润。根据他的誓词，他必须确保所有货物都已收取运费，装货时他必须在现场；他还要检查船上的干草，确认没有船货藏匿在其中；还要在他与抄写员都不在场时保证货舱闩紧。当然，他还负责指挥战斗。舰队的进出港都由船队队长根据威尼斯总督和各类委员会的指示决定。

如此组织起来的舰队很容易分散开进行贸易，也很容易集中起来进行进攻或防守，或与轻型加莱船混编以强化战力。此外，爱琴海上也有许多私人船舶从事船运，包括一些加莱船、柯克船、小型长船和小型圆船，这些船只不仅运载粮食、食盐等较低级的货物，还把高价货物集中在加莱船船队停靠的主要港口——君士坦丁堡、内格罗蓬特、科伦和莫顿。较小的船只在主航线上充当补给船，为国家拥有的大型加莱船提供补给。

上罗马尼亚的经济衰落使得君士坦丁堡不如以前那样风光，但它作为通往黑海港口的中转站仍然是至关重要的。在拜占庭皇帝为了牵制热那亚人而开始支持威尼斯人之后，威尼斯人增加了在黑海的活动。黑海港口不仅活跃于供应君士坦丁堡，也是进行与东方的贸易和奴隶贸易的通道。特拉布宗有自己独立的希腊皇帝，与波斯交界。波斯的蒙古可汗虽然辜负了基督教传教士的努力，改信了伊斯兰教，却和统治埃及和叙利亚的马穆鲁克保持敌对。作为红海航线的竞争对手，这条贸易路线保持开放，从特拉布宗通往波斯首都大不里士，然后穿过伊朗高原到达忽鲁谟斯（即马可·波罗回程时的路线，见地图 7-2）。此外，波斯本身也出产许多西方需求的物品：丝绸、药材、珍珠、靛蓝和织锦。特拉布宗毗邻的内陆地区蕴藏着丰富的矿产。1319 年，威尼斯与特拉布宗皇帝签订了商业条约，并下令罗马尼亚的船队延长航线到特拉布宗。显然，他们发现沿着小亚细亚半岛的北岸航行比较危险。如果有船只搁浅——有两三艘船确实搁浅过——它就会遭到锡诺普（Sinope）周边地区的突厥统治者的掠夺，船员会被掳作奴隶。但是威尼斯人像曾经的热那亚人一样，在特拉布宗建立了一座大型要塞。14 世纪二三十年代，几乎每年都有 8—10 艘大型加莱船驶入黑海。

1322 年，罗马尼亚舰队的海军将领奉命让两艘加莱船从君士坦丁堡调往塔纳（Tana），而他与舰队的其他舰只一起前往特拉布宗。塔纳位于顿河口，要到达那里，需要穿过几乎整个亚速海。当波罗兄弟从克里米亚的索尔代亚前往顿河和伏尔加河流域时，他们和 13 世纪的其他西方旅行者一样走陆路。1320 年，威尼斯商人在黑海北岸的主要活动基地仍然是索尔代亚（见地图 7-1 和地图 7-2）。位于卡法的热那亚基地离亚速海更近，而热那亚人可能是第一批学会如何让大船在亚速海航行的意大利人。至少亚速海的海岸和港口最先出现在热那亚人绘制的波特兰型海图上。1322年，热那亚人已经出现在塔纳。但是，如果说就像在大西洋一样，热那亚人是亚速海航行的先驱，威尼斯人却不想让热那亚人保持垄断，甚至不甘屈居次席。塔纳的位置优于索尔代亚，甚至比热那亚在卡法的据点更有优势。贸易路线先从顿河流域到伏尔加河流域，再顺着里海沿岸通往波斯的丝绸主产区。塔纳离这条路线要近上500英里，它也成为14世纪许多远道去中国的意大利商人的主要出发地。塔纳也供应了数量最多、种类最丰富的奴隶，奴隶会被送到威尼斯和佛罗伦萨当仆人，或在克里特岛和塞浦路斯当种植园劳工，或在埃及充当士兵。

随着罗马尼亚与黑海之间的航行的军事色彩越变越淡，越来越商业化，元老院投票决定将这一经营活动交给私人经营，但它决定继续控制加莱桨帆船，因为如果政治状况恶化，元老院就可以重新将它变为国家的经营活动。威尼斯兵工厂正在扩张得更大，让它在和平时期保持运作似乎是明智的做法。1329年，元老院确立了拍卖国有加莱桨帆船的做法，将其租给出价最高的人。租船者要在特定的条件下，在特定的航线上用租来的船进行航海活动。如果租船者或租船组织的领导年龄适合，经过元老院的批准，他就可以成为该船的船长。然后，他就能招募船员，再去运送货物。但船队队长仍然是由大议会选出来、支取薪水的政府官员。薪水、主要货物的运费率、航行时间和停靠港都由元老院决定，船长在竞拍时要加以考虑。

拍卖国有加莱船而交给私人运营的制度在罗马尼亚航线上非常成功，不久就被应用于第三条主要贸易航线，即通往埃及和"海外"的航线。尽管教皇下令禁止与埃及贸易，但阿卡陷落后不久威尼斯与埃及的贸易就恢复了。1302年，威尼斯与马穆鲁克王朝的统治者苏丹签订了一项条约，恢复了她进行贸易的权利。在接下来的10年中，由威尼斯公社直接经营的一些船队停靠在亚历山大里亚，以及塞浦路斯或叙利亚。在这些海域被认为是安全的的年代里，贸易都留给了私人船东。但教皇坚持禁绝一切与埃及的贸易，不只是违禁品贸易，而是所有的商业贸易。1322年，一位教皇特使来到威尼斯，将包括圣马可法务官在内的许多要人处以绝罚，试图从许多违反教皇禁令的人那里收取相应的罚款。执政团强烈抗议绝罚之举，但最终做出让步，禁止了这种贸易，因此在此后的23年里没有威尼斯船只驶往埃及。

替代与埃及和叙利亚的直接贸易的，是通过信基督教的小亚美尼亚王国及它的拉贾佐港的间接贸易。前面讲到马可·波罗旅行时曾提到过，拉贾佐是从印度经过波斯湾的贸易到地中海的一个出口，也是波斯和亚美尼亚自身出产的丝绸等产品的出口中心。被信伊斯兰教的突厥人、蒙古人和马穆鲁克人包围的亚美尼亚王国的基督徒统治者，对西方的基督徒非常友好，很乐意与威尼斯人续订写有优惠商业条款的条约。14世纪的最初几十年，拉贾佐是前往"海外"的威尼斯舰队的主要目的地。

尽管教皇禁止基督徒与埃及进行贸易，但威尼斯人在拉贾佐装载的大部分商品都来自南方马穆鲁克控制的地区，包括马穆鲁克统治的叙利亚出产的棉花等产品，以及产地遥远，经由红海和叙利亚运来的亚洲的药材和香料。马穆鲁克苏丹允许这些货运到拉贾佐贸易，因为他直接或间接地收取了这些货物在越过边境时支付的大部分通行费。亚美尼亚国王将通行费当作给埃及苏丹的贡金，以避免后者入侵。

在想象中对埃及的封锁里，另一个巨大的缺口是突尼斯（Tunis）。14世纪早期，威尼斯人在突尼斯非常活跃。威尼斯政府与突尼斯统治者商订条约，以换取后者的保护，却将突尼斯水域的航运完全留给了私人业主，甚至没有安排有护航的船队。

塞浦路斯是与埃及贸易的第三个中间人，有时是定期的加莱船船队的终点站。更多的时候，这里是商船队前往亚美尼亚的中转站。塞浦路斯国王继承了已经灭国的耶路撒冷王国的虚衔，也继承了后者的外国商人殖民地。在塞浦路斯，这些殖民地继续实行难管理的自治，就像他们曾在巴勒斯坦所做的那样。他们同样有义务参与保卫所在的王国，而商人之间同样有竞争。

威尼斯人在14世纪20年代派往塞浦路斯和拉贾佐的船只都为私人所有，并由私人运营。在大多数季节，公社甚至没有限制有多少船可以去，也不提供任何特殊的奖励。每个拥有加莱船的私人合伙企业可以自行决定参与哪一次航行。如果加莱船确实要前往"海外"，则必须事先登记，由政府任命的海军将领指挥，服从他的航行命令，并遵守与货物运输有关的诸多规定。从这个意义上说，它们是"规范化的航行"，但在经营上还基本上是私营业主的主动活动。

14世纪30年代，这些私有的船只被拍卖给私人经营的国有船只所取代。此后，加莱船的数量和路线不再由合作的私人决定，而是由元老院投票决定。关于货物装卸和船员待遇的一般规则，以及货运费率保持不变。和船东的私营公司一样，元老院在确定船队的船舶数量和停靠港时以他们对政治形势的判断和托运人的需求为指导。

14世纪40年代，东方的贸易路线发生了显著的变化。随着十字军的精力从圣地转移到在爱琴海形成威胁的土耳其人，与埃及的直接贸易得到恢复。这些土耳其人显得越来越危险，人们认识到，若想重新进攻埃及，则必须先控制爱琴海。有鉴于此，圣约翰医院骑士团在战略位置优越的罗得岛上建立了统治，并于1344年征服了士麦那。基督徒控制士麦那一事在一定程度上遏制了土耳其人的海盗行为，威尼斯人至少因为在十字军舰队中提供了5—10艘加莱桨帆船而有所获益。此外，威尼斯人与教皇合作，在爱琴海组织十字军，为获取教皇的许可而支付了大量费用，这促使教皇于1344年批准威尼斯再次向亚历山大里亚派遣船只。

14世纪40年代，亚历山大里亚的开放变得更加重要，因为伊儿汗国已在内战中分裂，经过波斯的路线不再安全。小亚美尼亚失去了作为中间人的重要作用，屈服于马穆鲁克的攻击。在同一个十年中，塔纳发生了一场骚乱，起因是一名威尼斯人杀死了一名当地人。骚乱招来了金帐汗国的进攻，让塔纳港在1343年之后关闭了好些年，并使卡法也陷于危险的境地。14世纪40年代的政治事件凸显了红海航线作为通往印度和远东的主要通道的天然优势。

为了适应亚洲那千变万化的政治变化和偶尔出现的十字军狂热，威尼斯元老们会在必要时迅速就新的协定进行商谈，并指示租下国有加莱船的船队前往一个又一个港口，也就是他们判断贸易的保护费用最低的地方。小亚美尼亚的拉贾佐当然遭到遗弃了。几乎每年都有一支船队前往塞浦路斯，有时会继续驶往巴勒斯坦的港口或叙利亚的港口，如贝鲁特（见地图24-1）。还有一支舰队定期前往亚历山大，尽管如后来的两次热那亚战争这类事可以造成中断。这些冲突结束之后，前往佛兰德的航行得以恢复。因此，在14世纪末，尽管有各种变化和中断，这种商用加莱船贸易的持久模式有四条主要航线：到罗马尼亚的，到塞浦路斯或叙利亚的，到亚历山大里亚的，到佛兰德的。

自由航行

这些加莱船船队只占威尼斯商船总数量的一小部分。大多数商船并不结伴航行。即使是在14世纪很多都为私人所有的商用加莱船，也经常单独航行，因为法律规定，商船只有在前往同一港口时才需要结伴而行。许多商船没有武装，也就是说船员少于60人，因此他们比其他船更加依赖自己的船帆。不到100吨的小船很少结伴出行。大型圆船，即200—500吨的柯克船，虽然经常载运高价值货物而常被要求结伴出航，但这种要求不是一般性的法规。

由于这些"非武装船舶"的航行路线和时间是由经营者和托运人之间的合同决定的，因此它们的活动可被称为"自由航行"（navigazzione libera），与国有的商用加莱船受到严密控制的航行不一样。在许多航线上，自由航行补充了官方的定期航行，甚至能长期代替后者。前文提到的对突尼斯的贸易就是一个例子。西地中海的另一个例子是伊维萨岛（Iviza）的食盐贸易。这个巴利阿里群岛中最小的岛屿吸引了不少国家的船只，因为它的盐在组成船货方面非常有用。几代人以来，威尼斯的科科（Cocco）家族一直经营着圆船和加莱船的贸易，往来于巴利阿里群岛、地中海西部的港口和英吉利海峡之间。葡萄酒是许多驶出直布罗陀海峡的柯克船上的另一种重要货物。在运输羊毛等商品时，这些船只无法与翻越阿尔卑斯山的车马相竞争，但酒桶经受不起山路运输的颠簸。北方人对希腊甜酒日益增长的口舌之欲只能通过水路运输来满足。当然，装着一吨吨酒的柯克船也能运送其他商品。

　　柯克船也是整个地中海地区主要的粮食运输船。威尼斯的大部分食物都是从亚得里亚海或伊奥尼亚海的港口经海路运来的，但在13世纪60年代以后，越来越多的食物来自更远的地方，特别是上罗马尼亚和黑海地区。君士坦丁堡在它的全盛时期吸收了黑海周边生产的余粮，但随着它在经济和政治上的衰落，这些余粮越来越多地被威尼斯人和热那亚人买去满足意大利的需求。许多小麦和腌鱼也从远至塔纳的地方运往威尼斯。

　　塔纳也是繁荣的奴隶贸易的主要供应地。中世纪地中海的奴隶制与美国历史上的奴隶制明显不同，前者与任何特定的种族或肤色都没有关系。在塔纳出售的奴隶中，黄种人的特征最为突出，因为他们有许多是中亚的鞑靼人，但也有许多是俄罗斯人或高加索地区的白人。奴隶也不总是干粗活的劳工。在突厥人和马穆鲁克人的国家里，精锐军团由统治者的合法奴隶组成，他们即使在升任高级指挥官后，依然保持奴隶的身份。在爱琴海上，袭击者会将人掳走当作奴隶出售，无论贫富，无论受教育程度的高低。而这些奴隶的亲朋好友会想方设法把他们赎回。但是，奴隶们最多的去处是在低下的职位上工作：在克里特岛和塞浦路斯岛上的种植园工作；在埃及当下级军人（他们也是用钱招募来的）的仆从；在意大利、佛罗伦萨等意大利城市充当家仆。

　　从黑海出口的奴隶，主要是用柯克船运送的。用加莱船运送奴隶触犯法律，而对这项规定的异议有不少，违法行为则更多，正如元老院在1412年抱怨的那样。允许圆船装载的奴隶人数是有限的，这可能不完全是因为害怕叛乱，因为大多数奴隶都是年轻女子和儿童。1381年，允许装载的奴隶数量从每名船员对3名奴隶增加到4名，因此一艘排水量达400吨、有50名船员的船就能运载200名奴隶。这个规模的柯克船在塔纳主要装载粮食或奴隶。

　　因为中欧和巴尔干半岛的奴隶供应十分充足，威尼斯逐渐不再是奴隶贸易的中心。14世纪初，威尼斯人买卖的奴隶大多是希腊人。加泰罗尼亚佣兵团（Catalan Company）的袭击增加了希腊奴隶的数量，但在14世纪后期，一股反对奴役希腊基督徒的情绪在西方发展起来，黑海成为奴隶贩子获得供应的主要来源。克里特岛的奴隶贸易繁荣了起来，因为它是非洲和西欧市场之间的货物转运中心，但威尼斯本身在1366年已禁止在里阿尔托拍卖奴隶。此后大约一个世纪，许多奴隶从黑海出口到威尼斯，多为鞑靼人和俄罗斯人，但奴隶买卖是通过私下的合同进行的。出口奴隶到其他意大利城市需要许可证。在奴隶买卖的记录中，男孩和年轻女子所占的比例很高，加上别的迹象，说明他们被买去主要用作用人或妾。

在下罗马尼亚和"海外"，柯克船不仅装载谷物、食盐、兽皮、明矾、苏打或说碱粉等重货，还装载棉花等许多被归类为"轻货"的商品。对于这样的"轻货"，政府试图制定一个粗略的装货时间表，叫作"mude"，它有点类似于商用加莱船要严格遵守的时间表。它规定，柯克船如果在威尼斯要在同一季节里清关，则必须在规定时间内从黎凡特的港口装载"轻货"。装载期因地区而异，并根据情况的变化而调整。以下是在1328年为罗马尼亚船只所制定的一般计划：

从君士坦丁堡、上罗马尼亚启程：
3月15日—4月15日、9月15日—10月31日
从下罗马尼亚（包括克里特岛和内格罗蓬特）启程：
4月15日—30日、9月15日—10月31日

设定装载期的目的之一是让柯克船根据同一张时间表航行，这样更有效率；而且在政治形势不佳时，它们可以结伴出航。不仅如此，东方的港口可以根据时间表得知威尼斯船只到达和离开的时间，商人就可以在这些时间里聚集起来，商船也花不了多少时间就能装满回程时装的货物。在威尼斯，为了促进贸易、加快流通，商船的到达和离开集中在两个时间段，大约是圣诞节前后和7月。因此，威尼斯人对加莱船和柯克船的航行节奏都进行了调整，以利用新的航海技术，满足威尼斯市场的需求，特别是威尼斯商人想要迅速周转资金的愿望。

几个世纪前，一大群行商乘威尼斯的船来到黎凡特，他们会在这里待两三个月，贩卖带来的商品，寻找可以买进的货物。在当时，威尼斯人

利用他们的军事实力、政治特权和廉价的航运,切入拜占庭的首都和伊斯兰世界的贸易交换体系。14世纪和后来的几个世纪里,威尼斯人的贸易以威尼斯城为中心,他们盈利的基础是合理安排航行时间以及保护航海活动的体系。

第十一章

坐商的商业革命

与此后的几个世纪里发生在大洋和大陆层面的商业变化相比，发生在1300年左右的变化可能看起来微不足道，却可以被称为一场"商业革命"。尤其引人注目的是西欧的变化：前往布鲁日的新路线取代了那些通过香槟集市联结欧洲南北的旧路线。但是，1300年左右的商业革命最重要的方面并不在于地理上的变化，而在于贸易实践的改变。14世纪流行起来的贸易模式一直持续到欧洲人扩张到美洲之后。

商业组织

坐商取代了西欧和地中海的大部分地区的行商。当航海变得更有规律，殖民地在遥远的中心建立起来时，商人就不再需要带着货物旅行了。由于贸易集中在熟悉的港口，商人就不再需要派出专门的代理人四处寻找买主和货源。在东方终点站——塔纳、特拉布宗或塞浦路斯，有许多威尼斯人常年居住在那里，他们接受运给自己的货物，又送装满货物的船只回返。在西方，成群的威尼斯人居住在布鲁日，这里是西边的加莱船贸易的终点。不只有威尼斯，欧洲其他主要的商业城市也在国外建立了这样的殖民地。只要每一次船舶运输都相互独立，参与在香槟地区的城镇间移动的集市贸易就有实际意义。但是，当商人开始不随着货物出行时，这种移动的集市贸易就衰落了，因为商人发现用船一次次地将货物运到同一个城市更加实际。

坐商的一个主要问题是如何在远方市场上找到值得信任的人。一个解决办法是建立家族内的合伙关系,即兄弟中有一个住在威尼斯,另一个住在海外。这种合伙关系在威尼斯很常见,特别是在富有的家族里——一旦父亲去世,他的儿子就自动成为这种合伙关系的成员,除非他们采取专门的法律措施来分割遗产。例如,14世纪中叶的威尼斯首富费德里科·科纳尔(Federico Corner)与他的两个兄弟保持着合伙关系,他的一个兄弟在塞浦路斯将香料、棉花等黎凡特的商品发往威尼斯,另一个兄弟则在威尼斯将其出售,然后寄回用于进货的现金,或者寄送一些制成品,如一个1600磅的铜壶,用于科纳尔在塞浦路斯购得的食糖种植园。在这种合伙关系中,每个人都对兄弟的债务负有全部责任。

到1300年,属于不同家族的人之间负有全部责任的合伙关系在威尼斯也相当普遍。这些"到期合伙关系"不如家族合伙关系那样持久,却可根据合同中的特定条款持续好几年,通常为三年或五年。但威尼斯人并没有像当时著名的佛罗伦萨商行,如巴尔迪(Bardi)和佩鲁齐(Peruzzi)那样,长期结成包括许多不同家族的庞大的合伙关系。如果一个威尼斯家族认为自己的企业需要更多的资本或更多的人员,它很可能雇用一些领取工资或佣金的代理人,或者组成一种临时的、有限的合伙关系,最好把这种合伙关系称为合资企业。

最普通的合资企业是包税企业,举个例子,几个人投资一笔钱,把这笔钱用于预先支付酒类营业税的收取权。他们还经常集资进行大量采购,比如从埃及苏丹手中购买胡椒。在这种情况下,共同拥有的东西可以而且经常在企业参与者之间进行实际分配。当然,共同拥有的船舶不能被这样分配,而是将共同所有人约束在一起,在船舶使用期间共同承担债务,分享利润。

威尼斯特有的一种合资企业,是在政府开始为特定的航行拍卖加莱桨帆船时发展起来的,这种公司被称为加莱船公司,成立的目的是支付航行费用、收取运费。有时船队中所有船只的所有股东组成一个资金池,威尼斯人称之为"maona",这笔资金将用于采购,以确保他们能购买到足够的或合适的货物,或能从整体买卖中获得额外利润。国际贸易和航运的迅速变化使威尼斯人有理由选择这种临时的、有限的合资企业。

另一种临时合伙关系是 colleganza，前文在论述 12 世纪的航运业时已有所描述。在这种合同中，一方提供资本，另一方提供劳动力，因为这些经营活动面临的情况类似于早些时候的行商面临的情况，所以此类合同在 14 世纪继续用于这些贸易部门。有一个关于 colleganza 与合资企业联合的突出例子：1338 年，乔瓦尼·洛莱丹（Giovanni Loredan）和另外五名贵族一起乘着罗马尼亚的加莱船前往塔纳，开始了一次前往德里的旅行。在波罗兄弟之后，已有许多威尼斯人穿过中亚到达中国。但从塔纳开始向东挺进，然后南行，沿着帕米尔高原的边缘走，越过兴都库什山脉到达印度，这还是一件新鲜事（见地图 7-1）。乔瓦尼·洛莱丹刚从中国旅行回来，他的妻子和自己的一个兄弟劝阻他不要进行新的冒险，但他相信，自己拜访某位印度王公后就能获得一笔财富——这位王公以残忍闻名，但对外国商人慷慨大方。威尼斯的另外五位贵族也加入了这场冒险：他们集资购买了有望取悦印度王公的礼物——两件机械奇物，即一个时钟和一个喷泉。他们每个人也带了一些自己的物品，乔瓦尼带了一些佛罗伦萨的布，他在路上卖了一些以支付开销。为了增加自己在筹集资金里所占的份额，乔瓦尼·洛莱丹从岳父那里以 colleganza 弄了一笔钱。印度王公一定很喜欢这些礼物，因为他给威尼斯人的馈赠十分丰厚。他们用这笔钱合资购买珍珠。然而，这次冒险的结果很糟糕，因为乔瓦尼·洛莱丹和另外两名威尼斯人在旅途中丧生。回程时，珍珠被同伴瓜分，乔瓦尼无法利用这次的机遇实现梦想了。他的岳父起诉乔瓦尼的幼子的监护人，他不仅要求收回对 colleganza 的投资，而且想拿回平时四分之三的利润，即本案中乔瓦尼参与投资珍珠的份额里的四分之三的利润，剩下四分之一的利润留给他的继承人——这对风险如此高的活动来说是一个极低的补偿。

从投资者的角度来看，在不太了解的地区旅行时，colleganza 仍然是最好的投资形式，因为这保证了待在家里的投资者会得到赔偿，却让行商负责经营事务，以他自己的名义进行谈判，他的回报取决于实现的利润。不过在相对安全的旅行，比如前往君士坦丁堡、拉贾佐这类著名市场的旅行中，早在 13 世纪就有许多投资亟需投资对象，在这种情况下机敏的经营者就可以占那些大意投资者的便宜。这些经营者可以接受多方的投资，投资一部分来自亲朋好友，另一部分来自小投资者。然后他可以虚报花销，向某个投资者收取比例不合理的费用，将本应由自己处理的货物交给别的经营者处理，甚至是在回到威尼斯后拖延做账目报告和核算的时间。13世纪晚期，威尼斯通过一系列法律来防止以上做法，一是因为金融市场中的粗心投资者需要得到保护（就像后来证券交易委员会保护证券市场一样），二是仅仅因为待在家的投资者比行商在议会中的影响力更大。

14世纪，威尼斯坐商投资海外贸易的手段越来越多地从colleganza转变为使用佣金代理人。佣金代理人并不从利润中抽成，而是从经手的交易额中抽成。不论雇他来买卖货物的雇主是否能赚钱，他能赚取佣金。事实上，他也不必知道自己的雇主是否能获利。他卖掉雇主托付的货物，按雇主的指示进货；他必须按照雇主的吩咐办事。

显然，乔瓦尼·洛莱丹不可能是以佣金代理人的身份穿越亚洲内陆到印度的，因为向他提供资金的岳父根本不可能就他将面对的机会或困难向他发出指示。但是在14世纪，威尼斯跟君士坦丁堡和塞浦路斯之间有频繁的信件往来，威尼斯的商人就可以充分了解商品价格，这样就可以向他的代理人发出指示，也能确认代理人的办事效率如何。因为佣金代理人的收入取决于经手的业务量，他努力满足客户的需求，积累声誉，这样就会涌来更多的委托和订单。在colleganza模式中，代理人的报酬是按利润的一定比例（1/4）支付的；在佣金代理人模式中，代理人的报酬是按经手的交易额的一定比例（3%—5%）支付的。如果每项投资实际上的平均利润率为12%—20%，那么两种投资模式中代理人得到的回报大致相同。不过对佣金代理人来说行动自由比较小。

colleganza和各种合伙关系的模式继续有人使用，但由于一些限制colleganza的措施，特别是一项主要旨在排除外国资本的法律，加快了向佣金代理人模式的过渡。大议会在1300年左右扩大之后，威尼斯的统治者加强了有关取得公民身份以及公民进入大议会的规定。他们通过了许多旨在为土生土长或合法入籍的威尼斯人保护威尼斯与黎凡特之间贸易的利润的法案。威尼斯人被禁止充当外国人的"替身"，或以任何方式把他们的名字借给外国人，以防后者逃税或参与为威尼斯人保留的生意。不过既然colleganza被广泛用于筹集资金，这些资金又被用于在东方购买商品并进口到威尼斯，人们怎么能确定进口商是不是真正在为那些给他们钱的外国资本家工作呢？为了阻止外国资本的参与，威尼斯贵族中的一个可以被称作"贸易保护主义者"的派别通过了一项法律，禁止任何人从黎凡特进口价值超过个人财产价值的商品。为了执行这项法律，政府还设立了专门的机构，即航海事务局（Officium de Navigantibus），但这个机构只是暂时在几年时间里起作用。显然，只有当贸易路线的变化导致威尼斯的黎凡特商品过剩时，这个机构才会得到普遍的支持。即使在起作用时，它也不会影响到佣金代理人，因为他们不是以自己的名义，而是以委托者的名义运货的。但它肯定激怒了许多野心勃勃的商人，对那些更加依靠威尼斯人的colleganza关系而不是外国人的商人也是如此。

许多商业技术的改进促进了使用代理人的坐商而不是行商的发展。一个改进是复式簿记系统，这种方法对每笔交易记录进行分组和核对，使坐商更容易准确地知晓他的合伙人或代理人在做什么。人们传统上把它的发明归于威尼斯，但证据显示并非如此。在热那亚和托斯卡纳都有较早的例子。不过一些整理的特点和样式都源自威尼斯人，这些做法后来被广泛采用，例如，把所有借项记在左侧一栏，把贷项记在右侧一栏。在威尼斯，被称作"算盘师"的教师向人传授簿记和算术知识，使用阿拉伯数字而不是罗马数字。他们传播的规则中，有一条是用同样的方式设置各个会计科目，还有一条是在流水账和底账之间、不同底账之间交叉引用（见图11-1）。与商业管理的联系更紧密的是以各种"企业"为名设置会计科目的做法，以及将企业活动和商品买卖用"损益账户"记录的做法。这种簿记方式让同时在许多市场经营的商人能了解自己的负债程度，以及资产的规模和种类。

对于坐商来说，最重要的是保证委托给船只的货物可以被他的代理人识别与认领。这种保证的基础是13世纪威尼斯海事法典中关于船舶抄写员的规定，它要求抄写员仔细记录所有的货物，形成一种船货清单。它还要求抄写员向官员提供一份清单的副本。这种做法逐渐发展为提货单，寄送货物的商人从船舶抄写员那里收到提货单，然后将提货单寄给他在海外的代理人，代理人便可以用提货单提取货物。

另一种在 14 世纪变得普遍的重要商业技术就是海上保险。承保人提前收取了保费之后，便会承诺赔偿海难或海盗行为造成的损失。许多商人认为为加莱船运载的货物投保是一种浪费，因为这些船很安全。但他们会为圆船及其船货投保。

更重要的是汇票，它使坐商能够向代理人汇款，或者能够迅速收到买卖的收益，而不必承担在商品上进行新投资或运输金银实物的风险。汇票不仅让进出口商人的活动更加灵活，还方便了各种远途的政治性付款，例如舰队和大使馆的花销。

这些技术使各种不同类型的商业组织能够同时存在。一个极端是那些拥有巨额财富，有着强大合伙关系的人。他们通常活动于政商两界，就像前面提到的费德里科·科纳尔，他的例子说明了威尼斯人怎样在那些可以被称为殖民地的领土上赚钱，即使这些领土在政治上不受威尼斯的支配。塞浦路斯由法国贵族统治，他们也继承了耶路撒冷国王的头衔——这是个虚衔，只剩下激励他们以某种形式继续十字军活动的作用。1361 年，塞浦路斯国王往西方旅行，寻求对抗穆斯林的盟友，他住在大运河与圣路加河相接处费德里科家的大宅中，从费德里科那里得到了数千杜卡特的贷款，用于战争。科纳尔所得到的最丰厚的报偿是伊皮斯科匹村（Episcopi Village）及其周围的种植园，灌溉这些种植园的河流是塞浦路斯岛上少数几条常令河之一。这条河被科纳尔家族控制，并用于灌溉，这令邻居们深受其害，尤其是医院骑士团——他们在科洛西（Kolossi，离利马索尔［Limossol］约 10 千米）附近的城堡和糖厂至今对游客开放，附近郁郁葱葱的种植园仍然能证明给科纳尔的回报有多优良。科纳尔种植园的产品大多在当地精制，也使费德里科·科纳尔成为 14 世纪的食糖大王。

费德里科·科纳尔拥有庞大的种植园，向塞浦路斯国王提供了巨额贷款。乔瓦尼·洛莱丹用借来的资金去探索所知甚少的土地。但后来的商人安德烈亚·巴尔巴里戈（Andrea Barbarigo）比他们在使用商业方法方面更加典型。安德烈亚·巴尔巴里戈是第一个以流水账和底账的形式组织账目的人。他在 1449 年去世时留下了不少财富，都是通过运用上世纪发展

图 11-1　商品记录。一份货物清单和复式的账目（a. 威尼斯国家档案馆藏；b. 威尼斯科雷尔博物馆藏）

（a）这是 1418 年到达亚历山大里亚的一艘加莱船的部分货物清单，如单据所示，每个商人的货物各有独特的标记来表示，在标记后是承销人的名字、商品名（例如布［pani］、水银［arzento vivo］、蜂蜜［mieli］、铜线［fil di rame］、铅［piombo］），之后是数量。
（b）威尼斯样式的复式簿记通过将流水账中的每个账目划两道来实现。此图出自洛伦佐·普留利（Lorenzo Priuli）在 1505—1535 年的流水账，他是日志作家兼银行家吉罗拉莫·普留利（Girolamo Priuli）的父亲。在一个世纪前安德烈亚·巴尔巴里戈的流水账和底账上，这种样式有更全面的说明，但其笔迹更难识读。1494 年，曾在威尼斯教授会计学的卢卡·帕乔利（Luca Pacioli）出版了一本关于数学的专著，书中描述了这种方法，该方法在后几个世纪中被人们沿用。

每笔交易都被切分为借方和贷方，逐日记在流水账上，借方姓名之前记"P"（意为"每"），借方姓名后写类似"//"的两条斜线，再在贷方姓名前记"A"。例如在 1510 年 7 月的第二条账目（b 图）中，借方账户是"Hier°"，即吉罗拉莫·普留利的账户；贷方是阿尔维塞·德·佛朗哥（Alvise de Franco）的账户，他把自己账户的资金转移到洛伦佐的户头上，为购买羊毛（lane）而付款。

在按时间顺序对每笔交易进行分析和记录之后，借方和贷方也被记录在一个更大的账簿，即底账（Quaderno）上，以便对涉及同一人或同一企业的交易进行分析。因此，把借方记入底账时，两笔中的第一个笔画（/）是横贯记账分录的，借方记在分类账上的页数写在左边的空白处。第二个笔画（/）表明，贷方已做了类似的过账，并在左边的空白处注明了相应的页数。

尽管在交叉引用时使用阿拉伯数字，就像条目中记录杜卡特的总额一样，但支付和接收的总金额在右边以较为传统的罗马数字记录。货币的单位是里拉格罗索——相当于 10 杜卡特。

（a）

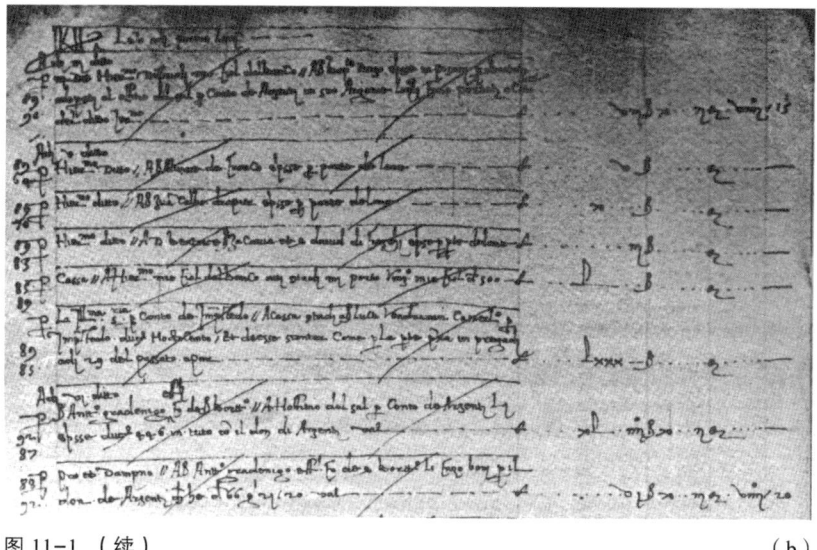

图 11-1（续） (b)

起来的有利于坐商的制度而积累起来的。他购买标准商品，如棉花、羊毛、香料、铜、布，主要交给规范化的加莱船船队运送。他还雇用了几十个不同的佣金代理人，其中有一些是他的亲戚。他把账目仔细地记在复式账簿上，并进行了最大限度的投资，还买卖汇票，以最大限度利用自己的钱财。他年轻时曾出过国，但在几十年里，他从未去过比里阿尔托更远的地方。他必须去里阿尔托收账、付账，最重要的是收集消息。他能否盈利在很大程度上取决于他给这么多代理人下达了什么指示。由于没有提供行情的报纸，一个坐商只能依赖跟他合作的商人寄来的信笺和他用耳朵听到的消息。如果他不去里阿尔托，就相当于切断了他赖以决策的信息流。如果法院判处某个商人不得前往里阿尔托，相当于让他与他的事业相隔绝。

卡特尔和公共承租人

14 和 15 世纪，威尼斯政府显然是有效率的资本主义政府，其决策旨在使威尼斯人通过商业投资而获利。与此同时，商业界中不同类型的商人之间产生了利益冲突。富裕、有名望的商人有时能够利用对外国竞争的敌对情绪来限制有前途的威尼斯人，特别是那些准备利用外国资本扩大活动的人。另一方面，一些政策似乎是为中产阶级或小商人制定的，只要他们出生在威尼斯或者在威尼斯纳税居住25年并入籍。

这些政策的一个表现是政府对垄断卡特尔的态度。它试图区分对所有威尼斯人开放的联合企业和为了某些威尼斯人的利益而排斥其他威尼斯人的联合企业。政府鼓励威尼斯人加入购买黎凡特商品的卡特尔，甚至强迫他们参与其中。1283年，如果80%的商人投赞成票，所有想在阿卡港买棉花的人都必须将资金集中到这样一个卡特尔中。如果这个卡特尔成立了，那么所有在阿卡的威尼斯人都有权向其投资，并从买来的棉花中获得属于自己的一份。人们通常会为在埃及的马穆鲁克苏丹处买进大量香料而成立一个卡特尔，这些苏丹利用海关垄断了另一端的香料销售。

与这些不排斥他人、面向全体威尼斯人的卡特尔组织不同，某些威尼斯人为了向其他威尼斯人高价出售商品而组成卡特尔。当两个生产商成功地控制了水泥、瓦片等建筑材料的生产时，威尼斯政府采取了彻底的行动——美国反托拉斯局可能会就此表示赞赏。政府没收了所有的窑炉，然后将它们拍卖，让经营者购买，但买家每次只能买一个窑炉。每一位经营者都必须保证自己会遵守规定，即只能拥有一个窑炉，还必须按照规定的价格向所有顾客出售商品。

有些联合企业不那么容易分类。例如，由费德里科·科纳尔牵头的一群威尼斯人组成了一个财团，控制了从塞浦路斯出口到威尼斯的糖、食盐和棉花。1358年，政府任命了一个三人组成的元老院委员会调查此事，并负责制定补救措施。委员会甚至没有想破坏科纳尔的企业就食盐和糖从塞浦路斯国王那里得到的合同或特许权，却建议限制这个卡特尔从塞浦路斯进口的棉花。显然，科纳尔的联合企业拒绝让那些不遵守其规定的人运送食盐或糖，从而迫使船舶接受其分配的棉花配额。但是一项只想要废除棉花卡特尔的议案被否决了。反垄断一方能得到的最多是一项常见的禁令：科纳尔的联合企业必须向任何想要购买货物的人提供食盐和糖，而且不得利用卡特尔在威尼斯提高价格。显然，只要卡特尔在塞浦路斯以更低的价格进货，就不会招致惩罚了，或许实际上还颇受人赞赏。

逐利的商人很难不去想垄断进货或出货渠道，或在这些渠道中安插自己的代表。实现这一目标的一个办法是控制商品供应地与需求地之间的所有航运。显然，在塞浦路斯棉花的问题上，科纳尔联合企业至少在1358年已经很接近这一地位了。科纳尔从塞浦路斯国王那里得到的特权使他控制了食盐，而食盐对于想要平衡船货重量的船长来说是必不可少的，因此科纳尔试图规定船舶能装载的棉花的重量。这种卡特尔有可能抬高威尼斯棉花的价格。1358年，费德里科·科纳尔参与拍卖三艘去塞浦路斯的加莱船，他可能希望控制加莱船贸易，然后组成一个类似的糖业卡特尔。在某些年里，威尼斯人垄断了一个季节中的英格兰羊毛贸易，而垄断的基础便是他们控制了前往佛兰德的加莱船。马里诺·卡佩罗（Marino Cappello）可能也是想到了这一点，他作为一个联合企业的领导者，在1333—1334年登记了8艘开往佛兰德的加莱船中的7艘。这些加莱船归私人所有，拍卖国有加莱桨帆船的制度直到后来才适用于这条航线。如果卡佩罗有意垄断，那么组织一个卡特尔对他来说更加不是问题，毕竟政府将他任命为整个船队的队长。

乍一看，元老院组织加莱船船队的方式似乎增加了垄断的机会。由于元老院的决议限制了在规定期限内能够进行特定航行的船只的数量，等于限制了竞争者的数量。诚然，在14世纪，垄断者一定有很多机会可以利用这些限制，但如果将航运完全留给私营企业，运输工具的垄断可能会更严重。这样的话，足够富有的家族合伙企业就会拥有自己的加莱船船队，年复一年地经营航运事业。有些人可能偶尔会因为试图垄断太多而破产，或错误地估计商机或航行的政治危险而破产，但在其他情况下，他们完全有能力只通过运输自己或合作伙伴的货物来赚取高额利润。

事实上，政府拍卖加莱船的规定中有许多阻碍垄断的条款，这些条款反映了威尼斯贵族内部广泛的平等主义倾向。这些条款的公开目的是为所有威尼斯公民提供平等的、安全的运输方式。因为这些航行的时间是有规律的、安排好的，像安德烈亚·巴尔巴里戈这样的个体商人便可以获得可预测的服务，他无须采取任何主动行动，也无须为组织航行投入私人资本。拍卖的条款要求船长公平地履行公共承运人的职责。有的特定商品优先于其他商品，香料通常具有最高的优先级，船长奉命按给定的顺序装载货物。返回威尼斯时的运费收取工作由海关官员负责,当然,运费最后会交给经营者。在海外(如布鲁日)收集的运费,则交给公社任命管理整个船队的队长。这些做法是目的是保证收取运费时公平公正。

在实践中,这些规定没有阻止船长以某些形式提供折扣,也没能阻止他们以对某些托运人更为有利的方式安排货物装载。如果待运货物多于法律规定中能装载的货物,船队队长应负责确保所有托运人的货物在船队中的比例都是公平的,并按规定将没装完的货物(被称为"拉塔"[rata])用其他船装载。这些货通常装在一艘圆船上,这艘船能否与这支船队一起出航则不确定。船队队长真的能将这些规则和其他规则强加给船长吗?这是值得怀疑的,尤其是在船长像费德里科·科纳尔一样富有、强势的时候。有些船队队长确实这样做过,他们可以对不服从命令的船长处以约1000杜卡特的高额罚款。但船长可以上诉,有可能从国家检事官、四十人议会或大议会获得赦免。很明显,经常有人违反规定,但是这些规定的存在显示,威尼斯公社试图保证威尼斯的商人在主要贸易航线上运货时都有平等的机会。这与许多行会在制定规则时所遵循的精神是一致的——这些规则旨在让每位行会成员都拥有相等的机会。

高利贷与财政

12世纪时,威尼斯人并不关心高利贷,他们从担保良好的贷款中收取20%的利息,并称其为"威尼斯老习惯"。后来,由于教会让原本约束神职人员的高利贷禁令也适用于俗人,威尼斯人也部分遵照教会的做法,通过了反高利贷的法律。与此同时,他们还自己制定判断标准以区分合法利息与高利贷,此标准与教会的官方定义明显不一样。威尼斯人的标准可以说是商人的标准,与我们今天普遍接受的标准并无多大不同。在此标准下,市场状况决定的回报率高于贷款利率的话,贷款就算不上是高利贷。

按照这种精神,威尼斯人发展出一种贷款合同,其他地方没有这种形式的合同,它叫作"本地colleganza"。当colleganza在海外贸易中变得很少见之后,类似的合同就被用于投资威尼斯当地的商店、手工业和银行。这些合同不再规定投资者要承担海难和遭遇海盗的风险，也没有具体规定投资者应得的利润率。合同一般只会说，费用要由某家声名卓著的商店或银行支付。对更严格的教会律师来说，这些合同都是高利贷，但是只要利率在5%—8%，威尼斯的法院就不会强制采取行动。由于回报率是不确定的，因此它是一种公平的合作形式还是直接的贷款仍有商讨的余地，而且只有在后一种情况下它才会被认为是高利贷。无论在这个法律问题上有什么托词，威尼斯人都不认为这种贷款是真正的高利贷，除非借方被收取超乎寻常的、预先设定好的利率，或者被要求提供抵押品——借方遭受重大损失时贷方可用抵押品取得收入。

另一种不受高利贷影响的借款方式是出售汇票。本质上，汇票是在某个地方用某种货币收款，再到另一个地方用另一种货币支付。收款行为和付款行为之间总是有时间差（例如，在威尼斯和布鲁日之间的汇票上有60天的时间差），因此在这期间，开出汇票的一方正是在向另一方提供贷款。如果威尼斯的商人与布鲁日的代理人关系良好（比如双方有亲戚关系），如果威尼斯的商人手头缺少现金，可能会向他在布鲁日的代理人开出汇票。他会把这张汇票卖给威尼斯的某个人以得到现金，让后者把汇票送到布鲁日去取钱。当汇票到达布鲁日后，合伙人为了筹到钱来支付这张汇票，可以在布鲁日出售一张在威尼斯取款的新汇票。当新汇票到达威尼斯后，威尼斯的合伙人则不得不支付比他卖出第一张汇票多得多的费用，但他又可以同时在120天的时间里使用这笔钱。

当时整个西欧都用汇票借钱，而热那亚、佛罗伦萨等商业中心也开发了其他信贷手段，虽然其形式不同，但功能却与威尼斯的"本地colleganza"非常相似。例如，著名的佛罗伦萨银行家会接受存款，然后给储户"礼物"。

在威尼斯，银行业形成了一种独特的风格，这种风格可以说与"转账划拨银行"（giro-bank）有关。威尼斯银行家的主要功能不是发放贷款，而是代表客户付款。如果某位商人的钱柜里有很多现钱，但每次他购货时，就要把钱拿出来清点，以确保每枚钱币都是真钱并且保存状况完好。这件事既麻烦又危险，他也不想每笔生意都经历类似的过程，因此乐于在某位信誉良好的银行家的账册上获得信贷而完成收款，他可以用这笔信贷来进行下次的支付。这些信贷不是像今天这样通过有签名的支票转移的。如果有人要结款，他就要自己本人出现在银行家面前。银行家坐在里阿尔托的一个教堂门廊下的长椅上，将他的一大本账册在面前摊开。付款人通过口头指示银行家将款项转入收款人的账户。银行家在他的账册上如约写明转账情况，因为这是正式的公证记录，所以不需要收据。通常有四五位这样的银行家，他们待在里阿尔托桥旁边搭起的摊位里。任何在商业上有影响的人都有账户，这样他就可以通过银行收付款。这类银行家被称为"记账银行"或"转账银行"，因为他们的主要职责是书写转账信息，从而在商人的指令下将信贷从一个账户转到另一个账户。

在通常的法律原则上，银行家不应允许任何人透支账户，即使是对朋友或合伙人也是如此，但这种诱惑是难以抗拒的。许多把钱存入银行的人都甘愿年复一年地让钱留在银行家那里，而他们的账户规模则会因为收付款而有所增减。无法保证银行家不会同时使用这些现金来支付某种需要现钱的款项，例如为政府支付一艘加莱船的船员的薪金。这实际上是对政府放贷，许多这类贷款是由银行家放出的。另外还有一些贷款，银行只需把借款人没有真正存入的存款记为赊账即可。借款人一般不会提取现金。他的信贷记在银行家的账册上，可以通过转账给其他商人来支付货款。只要所有的业务都是在聚集于里阿尔托的一小群批发商中进行的，银行家就可以通过银行信贷创造存款。可以肯定，如果银行家以这种方式发放了过多的贷款，若某些不利的事件动摇了人们的信心，导致存款人希望提取现金时，银行家才会发现自己过度放贷了。当然，他也可能在其他方面过度扩张，比如购买汇票并用银行的信贷支付。

格罗索和杜卡特

有一种情况可能会引发不少银行的危机，也可能让银行大赚一笔，那就是造币情况、金银价格的频繁变化。恩里克·丹多洛在为第四次十字军东征提供资金时广泛铸造的大银币，重量保持在2.18克，成色保持在 96.5%。政府债务和国际交易都被记录在以格罗索（grosso）为基础的"钱币账户"中。一个里拉格罗索（lira di grossi）指的是 240 枚格罗索。由于威尼斯保持了格罗索的重量和成色，它便在整个东地中海得到了广泛流通。威尼斯人制造成色一致的格罗索和银条，上面打上造币厂的印记，再装进袋子里去支付从东部进口的商品。

为方便城市内的零售交易，威尼斯铸造了较小的银币——皮科利（piccoli），它成色较低（见图 11-2）。次要的记账货币有：里拉皮科利（lira di piccoli），相当于 240 枚皮科利；索里多皮科利（soldo di picoli），相当于 12 枚皮科利。由于连续发行的皮科利的含银量越来越低，原本 1 格罗索可以兑换 26 枚皮科利，后来可以兑换 32 枚。

黄金跟白银一样从德意志、匈牙利和巴尔干的矿山流入威尼斯，东征的十字军也获得了大量的黄金战利品，但黄金主要是通过热那亚、比萨和佛罗伦萨对北非的贸易流入西欧的。热那亚和佛罗伦萨是西方最早制造金币的城市，在 1252 年发行的弗罗林（florin）金币作为标准金币获得了广泛的接受，威尼斯在 1284 年铸造的杜卡特金币的重量和成色与弗罗林相同。在此之前，威尼斯在贸易中使用拜占庭制造的金币。后来拜占庭金币的品质有所恶化，金币的重量和成色发生了变化。但威尼斯的杜卡特或说泽西诺（zecchino），从 1284 年发行第一版到 1797 年共和国灭亡，一直保持重量为 3.55 克，近乎纯金（99.7%）。逐渐地，它比其他钱币更广为人知，更受信任。但是在 14 世纪的头几十年里，许多威尼斯的保守人物不信任黄金。杜卡特只是一种辅助的、补充性的支付方式，批发价格、国家的所有债务以及银行家账簿上的款项都是以记账货币格罗索为基础的。[1]

银行业的发展与货币兑换有关，而银行家的作用之一就是拥有大量用于支付诸如雇用加莱船船员等业务的钱币。虽然银行家没有保险箱，但他们把现金存放在国家财务官的府邸中，府邸就在里阿尔托桥旁，紧挨着银行家的摊位。黄金和白银的相对价值的突然变化，可能会让银行家获得太多种类错误的钱币，不过他们利用价值变化成功牟利的情况更为常见。

---

[1] 为了补充里拉格罗索，还有另一种以格罗索为基础的记账货币，即小里拉格罗索（lira a grossi）。1 里拉格罗索 =26 小里拉格罗索。——原注

正面

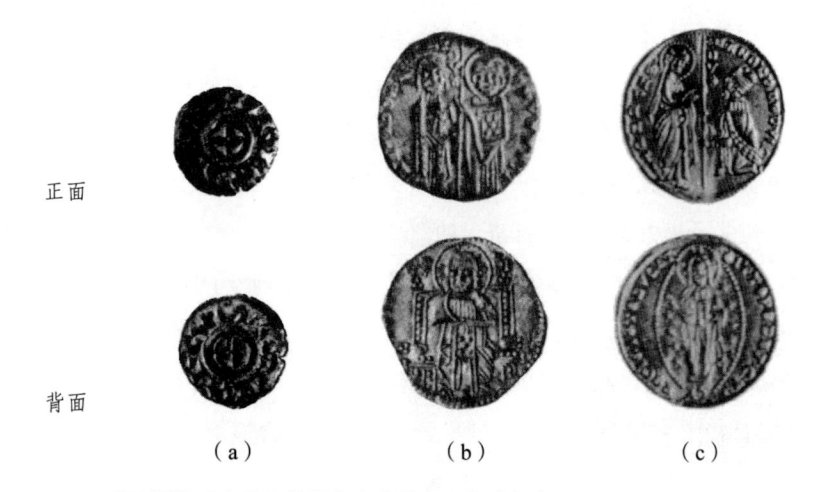

背面

（a）　　　　　　（b）　　　　　　（c）

图 11-2　威尼斯钱币（藏于美国史密森学会，华盛顿）

（a）恩里克·丹多洛任总督时期发行的皮科利银币的实际大小。它的设计与查理曼时期的硬币相似，由此获得了拉丁名字"德纳里乌斯"（denarius）。但它要小得多，只有 0.362 克（约 1 盎司的 1%），成色仅为 25%。后来皮科利银币的含银量就更少了。

（b）这枚磨损严重的格罗索银币是在巴尔托洛梅奥·格拉代尼戈（Bartolommeo Gradenigo）在任时（1338—1342 年）发行的。它是最后一批重量（2.18 克）、尺寸（大小如图）、成色（96%）与恩里克·丹多洛总督在 1200 年左右设计并发行的格罗索一样的格罗索钱币。这款硬币的设计与威尼斯早期用于大额付款的拜占庭硬币类似，硬币上有人物的形象，正面有两个，背面有一个。威尼斯硬币正面的形象不是皇帝和大天使，却描绘了圣马可授予总督职权的象征性画面。反面是宝座上的基督。

在 1379 年铸造的钱币在重量和成色上变得更差，可通过基督左边的一颗星星将它和旧钱区分开来。

（c）杜卡特金币，后来被称为泽西诺，通常是 3.55 克的纯金币。它和格罗索的大小一样，并且更细致地描绘了同样的主题。正面是总督跪着从圣马可手中接过旗帜。总督的背后是他的名字，图例中的总督是安德烈亚·丹多洛。圣马可的背后写的是"S.M（arcus）Veneti"。钱币反面是救世主基督，他手持福音书站立，正在赐福。

只要黄金对白银的相对价值上升（从 1252 年的 1∶10，到 1305 年或 1310 年的近 1∶14），银行家就可以接受杜卡特金币的存款，用格罗索银币付款，从中获取利润，毕竟他们有权这样做。有时他们也用更小的银币和铜币付款，这些钱被广泛用于零售和支付工资。

1326年左右，在威尼斯发生了一次突然的黄金贬值。金币价格下降，直到金银的兑换比跌至1∶10左右。在大约20年（1305—1325年）的时间里，市场上1枚杜卡特金币价值24枚格罗索银币，银行家也按照这个比率进行兑换。突然间，似乎黄金供应丰富了，银价也因此而高昂，因此，提供杜卡特的商人可能只会得到20或22枚格罗索。由于债务是以格罗索为单位记录的，杜卡特的贬值和格罗索的短缺使债务人更难向债权人还款，银行更难以让存款人提款，而政府则难以向公债持有人还款。毫不奇怪，政府出面宣布杜卡特对格罗索的兑换比是1∶24。此后，所有以格罗索记录的债务均可按1∶24的兑换比用杜卡特支付。格罗索的价值立马上升，造币厂停止制造格罗索——至少不制造旧样式的格罗索了。因此，威尼斯公社在14世纪中期从银本位制转向金本位制。

公共债务

1262年，威尼斯设立了一项长期债务，它此后成为国家财政的一个重要要素。威尼斯和当时的其他政府一样，通过借款来支持战争，并依靠间接税来支付和平时期的开支和公债利息。征收所得税或对财产征收直接税的做法是难以忍受的，除非公社假装会有所回报。一项重要的间接税是在里阿尔托和德意志商馆征收的，每笔批发交易都要缴税。尽管税率还不到1%，但由于经过威尼斯的货物很多，征得的税款也不低。更重要的是对葡萄酒、食盐、肉类、油等货物所征的税。由于这些税是对消费品征收的，穷人最难以承担，而富人在这样的税收体系下则处之泰然——尤其是他们为战争提供贷款的话，就能获得12%—20%的利息，而这是在短期贷款中很常见的利率。

以20%或更高的利率（如许多中世纪城市所支付的利率）广泛借款，不仅肥了富人，也削弱了公社的力量。威尼斯在1262年将所有未偿还的公债整合到一起，该公债后来被称为"蒙特韦基奥"（Monte Vecchio），这样威尼斯便加强了国家的力量，因为国家只需支付5%的利息。然而，这5%的利息却在一百多年的时间里没有间断过。所有拥有一定财产的威尼斯人都要按比例认购相应的公债，亦可超额认购。相似地，每当过境税和消费税产生盈余时，政府也按比例偿还贷款。政府时常通过银行和诸如造币厂、粮食管理处和盐务管理处等政府机构获得短期贷款，但这些贷款后来都是通过税收收入或利用蒙特韦基奥公债增加新的强制贷款来清偿的。威尼斯是第一个发行公债持有者能定期地从投资中获得利息的公债的欧洲国家。

第二次热那亚战争之前，公债很少拖欠偿还，或是偿还得比较快。但在战争结束时，蒙特韦基奥公债总额超过50万杜卡特。1313年费拉拉战争结束时，债务总额远远超过100万杜卡特，这显然不可能在几十年内全部还清。但它的半年利息是2.5%，这使它成为一项有吸引力的投资，而且持有的公债可以随时买卖。投资蒙特韦基奥公债能让坐商的收入稳定增长，并为供养寡妇或捐助慈善机构提供了理想的手段。锯工行会从会员手中收取金钱用来向因意外事故而失业的人发放补偿，它用好几道锁把这笔钱锁在金库里；但木匠行会为了给会员的女儿提供嫁妆而积攒更多资金，则购买了公债。政府允许，甚至鼓励银行家购买公债。邻近城市的统治者也购买威尼斯的公债，因为他们想把钱存起来，他们有可能被赶下台，可以在下台后使用这笔钱。但是蒙特韦基奥公债的大部分都属于威尼斯的上层阶级和他们捐赠的慈善机构。

财富和地位

到14世纪末，威尼斯社会的等级比几个世纪以前更加复杂、更泾渭分明。大议会的人员构成的改革、船舶和航海技术的变化、坐商获得的支配地位，都倾向于削弱社会等级之间的流动性，特别是在14世纪中叶经济萎缩，并因黑死病而加剧的情况下。

最顶端有二三十个大家族，它们拥有传统的威望、政治权力和巨额财富，基本上都是几个世纪以来的显赫家族。另有一百个家族，因为它们的家庭成员被接纳为大议会的成员，这些家族算作贵族家族。以上家族垄断了所有政府的委员会，包括行政官员、司法官员的委员会，还有海军的

← 彩图1　托尔切洛大教堂西墙的马赛克装饰

托尔切洛大教堂比总督的礼拜堂——圣马可教堂还要古老，墙上的一些马赛克画是复制的拉文那的马赛克画；但大门上面的墙壁上的"基督神化和最后的审判"是一个独特的作品，它与圣马可教堂里的许多著名的马赛克画创作于同一时代，即12—13世纪。

↓ 彩图2　圣马可广场，詹蒂莱·贝里尼绘

贝里尼为福音书作者圣约翰大兄弟会画《举真十字架的游行队伍》（The Procession of the True Cross）时，一丝不苟地描绘了圣马可教堂正面的马赛克画、角落里的总督府以及毗邻医院的钟楼，医院位于广场以南。在此画前景的中心，是兄弟会的成员们，他们托举着圣物柜，柜中装着真十字架的碎片。

↑ 彩图3　里阿尔托木桥，卡尔帕乔绘

当里阿尔托作为金融中心而极为重要时，这座桥还不是今天的那座让人印象深刻的石结构桥梁，而是一座木制吊桥。福音书作者圣约翰大兄弟会委托画家创作此画时，是为了纪念他们拥有的圣遗物的治愈作用。卡尔帕乔用人们带着真十字架碎片过桥的场景，来表现威尼斯大运河。

↑ 彩图4　总督府的庭院，瓜尔迪绘

尽管创作时间较晚，弗朗切斯科·瓜尔迪的《总督加冕》(Crowning of a Doge)还是展示了1500年左右总督府东侧的庭院中奢华、精致的古典式装饰。

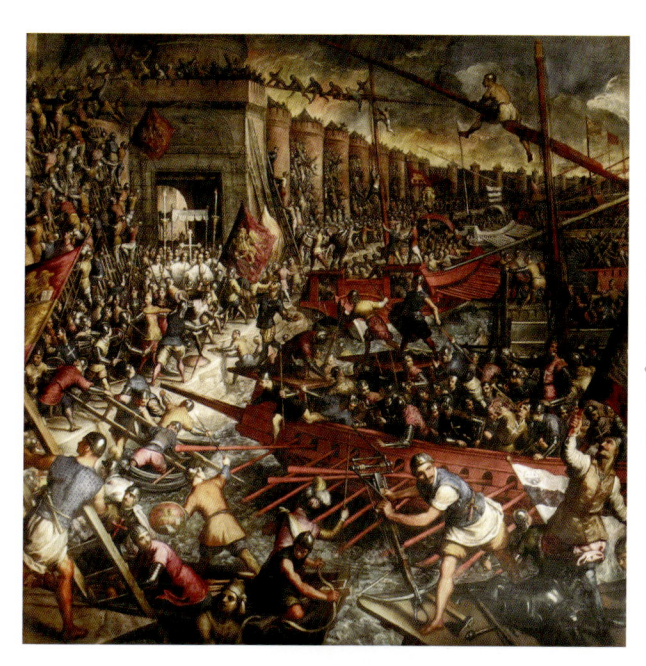

← 彩图 5　第四次十字军东征，丁托列托绘

1204 年，威尼斯总督恩里克·丹多洛与十字军一同攻破了拜占庭帝国的首都君士坦丁堡。此事对威尼斯和拜占庭帝国而言都具有转折点的意义。丁托列托的《1204 年占领君士坦丁堡》(The Capture of Constantinople in 1204) 展现了当时的场景。

→ 彩图 6　处决马里诺·法利尔总督，德拉克洛瓦绘

19 世纪的法国画家欧仁·德拉克洛瓦的《处决马里诺·法利尔总督》(The Execution of the Doge Marino Faliero) 展现了威尼斯史上戏剧性的一幕。1355 年，时任总督马里诺·法利尔因为参与阴谋而遭到处决。他参与此事可能是因为不甘心与热那亚和平相处。

彩图7 威尼斯人肖像

（a）野心勃勃的政治家弗朗切斯科·福斯卡里，被称为威尼斯之"鹰"，在总督任上待了34年之久。拉扎罗·巴斯蒂亚尼绘。

（b）神圣的宗主教洛伦佐·朱斯蒂尼亚尼，1451年，他将宗主教座从格拉多搬到威尼斯的卡斯泰洛区的圣彼得教堂。他也是外交家、历史学家贝尔纳多·朱斯蒂尼亚尼的伯父。詹蒂莱·贝里尼绘。

（c）优雅的人文主义者彼得罗·本博，他做过诗人、廷臣，最终成为历史学家和枢机主教。提香绘。

← 彩图 8　莱奥纳尔多·洛莱丹总督，贝里尼绘

他是一名和蔼的领袖和出色的演说家，在康布雷同盟战争的黑暗岁月里担任威尼斯总督。

→ 彩图 9　安德烈亚·格里蒂总督，提香绘

他经商多年，之后成为军队的领袖。在他年老时，他是一位强有力却又受到阻挠的总督。

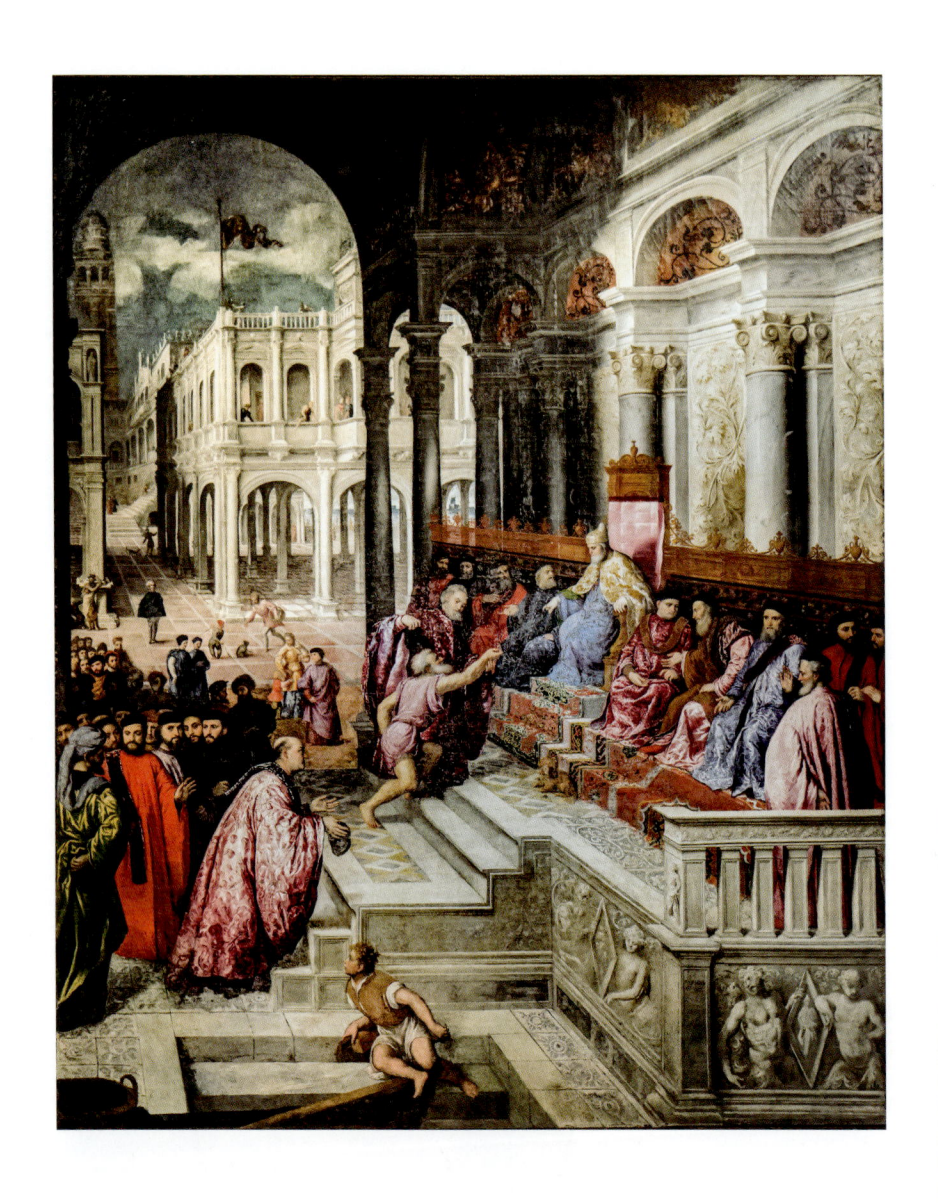

→ 彩图 11 与马穆鲁克人谈判

《多梅尼科·特雷维萨诺大使在开罗接受接见》(*The Reception of Ambassador Domenico Trevisano at Cairo*),本画属于詹蒂莱·贝里尼流派,展示于巴黎卢浮宫。近一个世纪以来,人们一直相信这幅画表现的是使团于1512年去商谈重启贸易事宜的场景,此前葡萄牙人入侵印度洋造成香料价格高昂,导致贸易中断。但是画中的建筑与大马士革的建筑相似,而不是开罗的。这一场景可能代表了詹蒂莱于1507年去世之前发生的一件事情。无论如何,它所描绘的东方宫廷,要么是由詹蒂莱·贝里尼亲手绘制,要么如美国最顶尖的艺术评论家伯恩哈德·贝伦森所说,是由他"关系密切的追随者"绘制的。

← 彩图 10 渔夫与总督，博尔多内绘

总督和大海成婚之时，金戒指象征威尼斯人在亚得里亚海的统治地位，但在帕里斯·博尔多内创作的《赠戒》(The Presentation of the Ring) 背后的故事中，戒指象征威尼斯的主保圣人保护威尼斯免受大海的侵害。

1340 年 2 月 15 日晚上，咆哮的西罗科风推动潮水奔涌，欲将城市淹没、摧毁。一个穷渔夫遇到了三个风采优雅的老人，他们不顾风浪，坚持要这个渔夫把他们送去利多。一行人接近开阔海面时，他们遇到了一艘由恶魔推动的庞大加莱船，"冒着火的恶魔挥舞着炽红的桨，桨在水里划动，发出嘶嘶的声响"。这三名乘客庄严地挺直腰身，用手画着十字，魔鬼之船就沉入波涛之中，海水也平静了下来。(在 1966 年 11 月洪水的高峰期，骤然变化的风让水面变得平静，这在我看来也是奇迹。)

三位圣人要求渔夫带他们去各自的居所，按照一些编年史家讲述的故事，即圣尼科洛修道院、圣乔治修道院、圣马可教堂。艰难的旅途结束时，渔夫向他们索要报酬，圣马可从自己的手指上取下一枚戒指，并让渔夫把戒指交给总督，他便可以从总督那里领到报酬。

博尔多内描绘的场景，传达了威尼斯贵族统治的那种亲密的庄严感。

↑ 彩图 12 《圣方济各遭受圣伤》，贝里尼绘

↑ 彩图 13 《神圣寓言》，贝里尼绘

最高指挥部门。他们还占据了所有管理部门的最高职位。有些贵族在成年后几乎一生都从事法律和政治活动，但大多数贵族都是熟悉遥远市场的商人和船长，他们只有在人过中年、为家族财富做出了经济上的贡献之后，才会成为官员。

不是每位贵族都富有，也不是每个富有的威尼斯人都是贵族。我们关于财富分配的最佳信息来自对强制贷款征税而做出的评估。1379 年的评估清单保存了下来。只有相对富裕的人才有义务购买贷款，即拥有大约 120 杜卡特金币或更多钱的人，这显示，根据所使用的评估制度，有些人的已知财产超过了 300 杜卡特。和真正的熟练工匠的收入比较，可以粗略得知 300 杜卡特的价值：一个造船工的工头一年能挣 100 杜卡特就已经很高了。然而有 2128 名富人够得上 300 杜卡特的标准。由于这几十年流行病肆虐，城市总人口肯定低于 10 万，可能略多于 6 万，因此，富人的数量约为户主数量的八分之一。在这 2128 人里，有 1211 人是贵族，917 人是平民。其中特别富有的是 91 位贵族和 26 位平民，评估清单显示他们每人的实际财富在 1 万—15 万杜卡特之间，拥有 15 万杜卡特的人是最富有的费德里科·科纳尔。显然，"富人"和"贵族"之间不能画等号，尽管它们之间有相当大的重叠。在 300—3000 杜卡特之间的中等富裕者中，817 人为贵族，755 人为非贵族。这些数字显示，许多贵族实际上并不是真正的富人，他们占了贵族的大多数。此外，还有一些贵族穷得根本无须评估。还有一些富有的贵族因为未定居在威尼斯而住在海外，因此没有被评估。

14 世纪，在富裕的非贵族威尼斯人中产生了更大的差异。中产阶级从一般民众中脱颖而出，获得了"公民"（cittadini）的地位。他们认为体力劳动过于"机械"，因此认为自己凌驾于体力劳动者之上。在这个中产阶级中，地位最高的是所谓的"出生公民"（cittadini originari，即土生土长的公民），尽管他们不是最富有的。他们中有不少人担任了公证人、总督书记处（Ducal Chancery）的书记员，还在法庭中担任从业律师。虽然威尼斯没有帕多瓦、佛罗伦萨等城市里那样的律师行会，但是出生于当地的律师作为公民的精英，在贵族阶层之下取得了一定的地位。

其他本国出生的公民从事国际贸易并与贵族享有相同的权利，或在当地经营玻璃熔炉之类的活动。公民当中同样富裕但不那么受人尊敬的人是移民。如果一位移民同威尼斯人结婚，并定居在威尼斯，他从事的还不是体力劳动的工作，10年后就能获得半公民（de intus）的身份。半公民在城内交易时与威尼斯人享有同等的权利。成为完全公民（de extra）则需要居住25年。完全公民在国际贸易中运输商品、支付关税时和威尼斯人享有一样的权利。

公民阶层以下的普通老百姓，根据所属的行会及其在行会里的等级，享有相应的经济权利。这些行会（或兄弟会）的一个功能是向会员提供宗教团契和一定程度的社会保障。公民无论是否属于行会，都能在遭遇不幸时得到类似的援助，还能通过不少对职业和行当没有要求的兄弟会展现宗教热情，满足社交的需求。

一些非行业性的兄弟会在社会上地位突出，最初有4个，后来增加到6个，称作"大兄弟会"（Scuole Grandi），"大"是因为官方认定它们有资格接纳500—600名成员。大兄弟会也被称为"鞭笞兄弟会"（Scuole dei Battuti），因为在出现伊始，大兄弟会的成员会在仪式中鞭打自己。自我鞭笞在13世纪广泛流传，但这种表达宗教热情的方式不久后就被别的方式所取代。后来的几个世纪里，这些兄弟会参加游行活动时，成员们不会背着鞭子，而是背着镶满珠宝、装有圣遗物的箱子。除了宗教仪式，他们还广泛参与慈善活动，并建造了宏伟的会议大厅。大兄弟会接纳贵族，也接纳平民。一些成员是慈善活动的捐赠者，另一些则是慈善活动的接受者。大兄弟会完全由俗人管理，既不从属于主教，也不归负责手工业行会的官员管理，而是由十人议会直接管辖。十人议会规定，未经其许可，不得成立新的兄弟会。贵族虽可获准入会，但不允许在大兄弟会担任公职，因为这些荣誉职位是为公民保留的。公民在大兄弟会和总督书记处任职的权利是一种特权，它使得"生来即有的公民权"（citizenship-by-birth）似乎是对贵族制的一种补充。

贵族和公民关心的主要问题——政治、行政、财政和远途国际贸易路线——将会占据许多章节，但让我们先看看底层民众的日常生活。在他们中间，由于航海革命和商业革命，阶级划分也变得更加细致、更加明显。

第十二章

工匠和海员

海权使威尼斯成为主要的贸易中心之后,贸易刺激手工业进一步发展。工匠发现许多顾客不仅购买商品自用,而且愿意购入商品用于出口。船舶为工匠的产品打开了销路,同时也为工匠带来了所需的货源。和商业组织上坐商取代行商的变化一样,当生产发展到不仅能满足当地的需求,还能满足远方的市场时,手工业的组织中也出现了变革。

手工业组织

随着生产的增加,劳动分工也随之扩大,资本持有者便能够集中精力去管理,把只是"机械"的体力劳动留给组织起来的工匠去做。这通常不仅会带来职能上的差异,而且会带来权力和地位上的差异,简言之,会导致阶级分化。此过程在威尼斯的情况和许多别的城市有所不同,这是因为威尼斯在手工业发展早期的性质不一样。

几乎所有的制造活动,最开始要么是工匠在家里进行的,要么是农家为补充农业活动而进行的,要么是在某些领主的大宅里进行的。在家或家附近的店里工作有许多好处,所以这种模式能持续很久。在这种模式下,一个人便能按照自己的步调工作,便能让家人一同做工,便能雇用年轻的学徒或熟练工扩大家族规模,他不只是一位雇主,还是一家之长。这样还能方便他自己和家人从事各种业余工作,如做家务和园艺,做纺纱、织布等手工活。由于工人离开家去别处干活会给劳动带来很大的损失,所以即使在投资者兼管理者跟体力劳动者相分离的情况下,手工业仍然主要以家庭为单位来运行。

在中世纪最重要的手工业——纺织业中，这种分离以包买制（putting-out system）的形式出现。在包买制中，投资者兼管理者是一种雇工商人（merchant-employers），拥有在整个生产过程里需要加工的材料，他把这些材料"外包"给一个个工人，诸如纺纱工、裁缝、染工。由于这些工人可以在家做活，因此包买制也被称为"家庭包工制"（domestic system），强调与后来的工厂制度的差异——后者把工人集合起来，让他们在离家远的地方做工。在包买制下，工匠依赖于商人，商人拥有进口材料、判断哪种布料好卖、寻找工人并付酬、随后（或许是很久以后）在远方的市场上卖货这些活动所需的知识、资本和人际关系。诚然，有些布料用当地材料制成，在当地销售，但若供应地或市场中有一处很遥远，工匠则会或多或少地依赖于雇工商人。在许多政府和纺织业的行会都由雇工商人控制的城市中，受雇工人（craftsmen-employees）受到了单方面的控制。

在威尼斯，趋势也与之相似，但有别的因素减轻了这种控制。威尼斯最富有的商人并没有转变为雇工商人，因为他们把才能和资金都投入到威尼斯那非常广泛的对外贸易中，投入到与之相关的船运或殖民事业中了。此外，几个世纪以来，威尼斯的其他手工业比纺织业更重要。在威尼斯最初的专业行当中，技术工序不利于外包给工人加工的做法。比起买卖上的经验，管理者需要在工艺上有更多经验，他们还要使用相对更贵的设备。他们还需要大量工人，对工人的熟练度却没有那么高的要求。管理者和家人一起工作，再加上几个学徒和熟练工，总共有十几个人。师傅知道如何用手做工，但如果说"劳动者"让人想起筋疲力尽的活计，那么比起"劳动者"，称呼师傅为"管理者"更为恰当。虽然他们也雇人工作，但对他们特征的最好概括不是雇工商人，而是工匠管理人（craftsmen-managers）。

若某个行业中既有工匠管理人，又有雇工商人，两者之间很可能会起冲突，比如丝绸业的情况。威尼斯的贵族商人致力于国际贸易和政府管理，在上述双方起冲突时，他们倾向于站在工匠管理人那边。

化工、纺织和建筑

在威尼斯早期,比纺织业更重要、对确立手工业组织形式更有影响的是化学工业。玻璃、肥皂、染料、砖瓦、硝石和许多金属制品的制造者是"把一种化学物质转换成另一种化学物质"的专家。这些行当的师傅对化学工业的实践有相当丰富的知识储备,其中有些人甚至还不识字。当然,这些工匠并不会用我们现在的化学概念来看待所使用的材料。第一位专门描述威尼斯玻璃业的作者这样谈玻璃:"它是由易熔的石头和凝固的液体制成的。"接着他又描述了这些"易熔石头"和"凝固液体"的原材料的样子。中世纪的工匠已熟知将这些原材料用多种方式混合、加热后会得到什么产物,尽管他连一个化学公式也不认识。写出这些公式之后,一位现代的专家接着说:"……这仍然是现代玻璃瓶和窗户玻璃的标准成分,实际上与中世纪威尼斯人使用的玻璃成分相同,几个世纪以来一直保持不变。"他写道:"科学研究揭示了古代通过经验总结的方案的基础,却不能改进原料的配比,因为在长时间的实践和试错过程中得出的配比已经是最佳配比了。"

化学工业有几条重要的共同特点。它们需要特殊的设备,如熔炉、浸出池或加热釜,因此不能在家中完成,这与织布、纺纱(见图 22-1 和图 22-2)不同。化工工艺的"奥秘"和操作的熟练度之间的关系有限,而更多地跟混合与加热的方案有关,与通过看、尝、闻、触摸感受材料状态的技巧有关。由于化学工业中有许多繁重的体力劳动,例如照料火堆和搬运材料,因此与切割石材或织布这样的工作相比,不熟练的工人从事化学工业更加容易。另一个特点是横向专业化(horizontal specialization)没什么优势。横向专业化就是把制作过程分成完全不一样的步骤,例如纺纱、织布,这些步骤之后在不同地方变成相互独立的行当。即使工人负责的工作完全不一样,将他们集合在一起工作也会更有效率。因为这些原因,包买制并未在化学工业中像在纺织业中一样发展起来。化学工业的主要组织者是工匠管理人,而不是雇工商人。

在玻璃制造中,比如说,需要多达三种不同类型的熔炉,尽管这些

图 12-1　圣马可教堂正门的手工业者浮雕
(a) 充当牙医的理发师；(b) 需要极少资金的箍桶匠；(c) 需要更昂贵工具的铁匠；(d) 石匠就像敛缝工和造船工，必须外出工作，但是大部分工匠都在室内工作。

熔炉可以组合成一个结构。一种熔炉用于在低温下对原材料进行加热，让"熔块"中的一些杂质变成气体排出，否则这些杂质会在玻璃中形成气泡，使其不那么透明。然后是主炉，这是一种圆炉，炉内的温度可以变得很高，足以熔化硅、石灰石和苏打。它的侧面有一些开口，工匠可以通过这些开口取出玻璃液，以便将玻璃吹制、压制或铸造成所需的形状（见图 22-1）。用管子把熔化的玻璃吹成各种形状的技艺是从罗马时代流传下来的。这些熔炉有三四个嘴（bocche），每个嘴都由叫作"皮亚扎"（piazza）的小组负责，该小组由一名主要的玻璃吹制工和三到五名技能较生疏的助手组成。第三种熔炉是方形的，用来逐渐冷却玻璃，它通常连在主炉上，以便继续利用主炉的热量。在主炉中熔炼材料需要极高的温度，所以玻璃业是很大的火灾隐患，1291 年，政府要求玻璃业搬出威

(c) (d)

图 12-1（续）

尼斯城。次年，政府规定小型熔炉可以留在城里，但它们与任何房子的距离不得低于 5 步。但这些例外并不重要，因为玻璃制造业甘愿迁移到穆拉诺，并使穆拉诺闻名于世。从穆拉诺乘船去里阿尔托也不太远。

有些熔炉的所有者本身就是玻璃师傅，有的只是把熔炉租给玻璃师傅。熔炉的所有者与玻璃师傅都属于玻璃业行会，该行会规定了熔炉所有者与师傅之间、师傅与师傅之间的合同规则。熔炉所有者要向行会缴纳的会费最高，却被禁止在行会的某些职位上任职。行会的规定限制了合同的期限、师傅或工人应收到的预付款的数额，还限制了师傅从别的师傅那里挖走工人的程度。这些规定表明，行会想要确保师傅对工人的权威，又想维护师傅跟熔炉所有者打交道时的独立性。

玻璃业的领导者拥有自己的熔炉，还雇用了几名别的师傅，加上一些学徒和不熟练的工人，一共有十几个人。对想要修建熔炉的领导者来说，专业知识比资金更重要。一个雄心勃勃的玻璃制造商的故事就说明了这一点：他叫乔治奥（Giorgio），最初是一个来自斯帕拉托（Spalato，今斯普利特）的贫穷移民，他的绰号是"巴拉林"（Ballarin，即舞者），显然是因为他是个瘸子。他受雇于一个历史悠久的玻璃制造商家族——巴洛维耶（Barovier）家族。有一天，当家族成员都暂时离开时，乔治奥闯进他们藏秘方的地方，并把秘方偷走，送给了一位与这个家族竞争的玻璃制造商。然后他娶了这个制造商的女儿，这样他就拥有了自己的熔炉。"舞者"乔治奥的成功故事发生在15世纪，但它说明了在一两个世纪前同样重要的两个成功因素：商业机密和资本。

14世纪，穆拉诺的工人有几项技能令人惊叹，其一是仿制珍珠等珍贵的材料，其二是用优质珐琅将五颜六色的玻璃拼接在一起。画工在碗、瓶子和杯子上用釉料绘出精美的图案，有时画上人物肖像，有时为特殊场合如婚礼或国事访问而设计产品。

威尼斯的一种不怎么用于装饰且更实用的特产是眼镜镜片。眼镜可能是威尼斯人发明的，而且关于眼镜制作过程的最早证据就在威尼斯玻璃业行会的规章中。最早的眼镜由石英水晶（quartz crystal）制成。水晶工人组成了一个独立的行会。根据防止假冒伪劣商品的一般原则，他们最初被禁止用玻璃做镜片。不过玻璃工人的工作太过出色，他们制造的玻璃像石英水晶一样纯净，因此在1302年，水晶工人获准使用"适合眼睛阅读的玻璃"。塑造和打磨玻璃的技巧后来成为玻璃业行会的商业机密之一。

威尼斯的另一种特产是大而透明的窗玻璃。不少地方都能制造带有牛眼的冠状小圆玻璃，但威尼斯人能使用完全不同的技术来制作大的方形玻璃片，例如在1285年和1305年为安科纳的灯塔提供的那种。

除了珐琅碗和眼镜这样昂贵的产品，穆拉诺还生产了大量普通的碗、杯子和瓶子。当然，人们谈论最多的是它的高级产品。由于使用了更好的材料，这些日常使用的产品也比其他城市的同类产品质量更好。玻璃工人的基本技能是挑选和混合优质原材料。几个很好的原材料供应来源是威尼斯人的优势。他们可能会使用潟湖里的沙子，但是含有最适合的硅的材料产自河流，取自从阿尔卑斯山冲下来的卵石和沙砾，其成分比例最为适宜。最适合制造透明玻璃的材料产自维罗纳附近的阿迪杰河。维琴察附近出产适于建造熔炉的优质黏土。弗留利（Friuli）地区和伊斯特里亚有丰富的木材资源，可充作燃料。与北方生产的玻璃相比，威尼斯玻璃最重要的优势在于使用了苏打碱粉（碳酸钠）。北方的玻璃业使用燃烧硬木获得的钾碱（碳酸钾），其产品被称作"森林玻璃"，而更加透明的威尼斯玻璃则被称为"海洋玻璃"。威尼斯从叙利亚进口大量的碱粉，这种材料是通过燃烧海藻制成的。因为碱粉相对较重，因此可以被用作压舱物，让主要装载棉花的圆船保持平衡。数百年来，威尼斯玻璃业的蓬勃发展主要得益于工匠将专业技能代代相传，但在很大程度上也要归功于所需原料很容易获得——不是因为它们近在眼前，而是因为威尼斯拥有相对便宜的运输条件。

原料的充足供应对威尼斯制皂业的繁荣更为重要。14世纪的某个时间，威尼斯的制皂业借鉴了西班牙人制造闻名遐迩的"卡斯蒂利亚皂"的经验。卡斯蒂利亚皂又白又硬，气味芬芳，可被当作奢侈品售卖，几乎是一种药用的产品；而英国等北方国家生产的肥皂则手感柔软，颜色暗沉，气味难闻，因为是用动物油脂制成的。威尼斯人不用动物油脂制皂，而是使用橄榄油，他们用船从普利亚运来大量橄榄油。北方国家使用的碱是草碱，而威尼斯人使用从叙利亚进口的碱粉，这种碱粉和制造玻璃用的碱粉不一样，是经过特殊的提纯工艺制成的，含有比例合适的苏打，适合用来制造结实的肥皂。可以在这样制成的肥皂中加入香料来迎合顾客的口味。

冶金业也有充足的原料供应。威尼斯法律规定，金银铜在出口以支付从东方进口的香料前，必须经过精炼。许多铁匠经营中等规模的作坊，完成贵族商人的订单。例如，1304年，一份为公社提供2万支钢制弩箭的合同被分发给3个人，他们再转包给相关的铁匠师傅，铁匠师傅各雇用6—17名工人。铜匠精于制造大锅，例如制皂或制糖用的大锅。金匠、银匠为造币厂做工，或者为富人的餐桌提供服务——比起现在，当时的富人更爱把金银首饰和银制餐具当作一种投资，有急用时，又可以把这些器物熔铸成钱币。

在威尼斯兵工厂于13世纪扩建之前，造币厂是和平时期里围起来从事同一行当的场所中集中了最多工人的那一个。在扩大的家庭作坊中，工匠管理人管理着一二十名工人，而造币厂雇用的工人肯定在100名以上。如果大作坊和工厂之间的区别仅仅是人数，那么威尼斯造币厂或许可被当作工厂。但它与工厂的不同之处不仅在于它没有使用动力传动的机械，还在于造币厂内部的工匠的工作方式与在家里工作没有太多不同。将工匠集中在同一个作坊工作，目的不是改变生产的过程，而是保护所用的材料，并使钱币这一产品标准化。造币厂不是由私人出于私人利益而运行，而是由官方运行的，是根据议会制定的规则运行的。

尽管与工业革命时期的工厂明显不一样，中世纪的威尼斯造币厂等公社的中心作坊也体现了一些相似的问题。造币厂的主管必须协调一系列的工作：对收到的所有金银进行检验，按照规定的标准进行提炼，铸造并切割坯料，然后把这些坯料压制成钱币。各个不同的部门都有辅助人员和检验员，为造币厂注入了官僚主义的元素。一组师傅只处理纯银，另一组师傅处理用于较小面值硬币的合金。1279年春，后一组师傅包括8名铸钱工（他们有强健的二头肌，用模具打制硬币）和8名熟练银匠，银匠负责为铸钱工提供待加工的毛坯钱。每个部门都有自己的称重员和检验员。其他专门的雇员还有制作钱模的铁匠和记账的会计。

纺织业中，雇工商人通过包买制控制了部分部门，但没有控制所有部门。毛纺业行会和粗斜绒布业行会都由男人控制，他们购入羊毛或棉花，将它们拿给住在潟湖各处的妇女，让她们在家中纺线，再把得到的线卖给织布工，诸如此类。毛纺业行会禁止任何以工资为生的人入会。粗斜绒布业或棉布业行会就没有这样的禁止事项，它们没有在雇工商人和工匠之间划清界限，这些行业的工匠有时为他人做工，有时自己制作产品出售。丝绸业的组织方式很不一样。14世纪的头几十年里，卢卡（Lucca）的丝织专家因政治纷争外出避难，威尼斯欢迎这些专家，丝绸业在此后便变得重要起来。在威尼斯，丝织工拥有自己的织机，他们成立了自己的行会，将商人排除在外，他们要求雇工商人只能向行会里的师傅委托工作，而不能直接向学徒等丝织工师傅的雇员委托工作。

自己拥有设备的另一批工匠管理人是染工。他们部分为当地的雇工商人工作，部分为一般的商人冒险家（merchant-adventure）工作，后者从英国或佛兰德进口未染色的布料,并让染工根据商品的出口地——黎凡特城市的喜好进行染色。

大麻纤维的相关工作催生出另一种不一样的包买制。麻纺业行会的师傅购买大麻,然后梳麻,再制成麻线,最后将麻线结成绳索。他们雇用工人做工,但行会早期的规章明确禁止工人在自己家里或作坊这两种地点以外的地方工作。工艺上的技术问题显然要求师傅密切关注纺纱和捻线工作的质量,还要注意不同等级的大麻纤维适合制作不同的产品,而不能一起使用。或者,更确切地说,政府关注用于威尼斯船舶的绳索的性能,这迫使麻纺业专注于生产的过程。每名师傅都必须用一条颜色鲜明的线来标记其产品。13世纪,政府任命了三名监督员来视察工坊。工坊在不通知这些监督员的情况下不得捻制沉重的缆绳,以便监督员能在作业开始时到场检查。如果监督员认为缆绳中的某一股绳不合格,就必须更换。

麻纺师傅对生产过程的关注,使他们无法解决与供应有关的问题。有时政府插手干预,根据规定选出官员,让这些官员购买所需数量的大麻以及沥青。1282年,政府只向这些官员授予采购的权利,将这些工匠急需的材料卖给他们,为政府赚取适量的利润。在第二次热那亚战争期间,这些官员获得了获取大量供应的特别借款权。战争结束时,这种垄断性购买由于人们抱怨价格过高而中止。任何人都可以进口大麻,但必须按规定缴税,其中包括将大麻存放在一座政府货仓的费用。按照规定,大麻必须卸货到这座货仓里。货仓开始设在坎纳雷乔区,后来城市另一端的威尼斯兵工厂扩建了,大部分造船业都集中到兵工厂附近,因此政府在兵工厂旁边修建了名为"塔那"的货仓,兼作甩麻场。

塔那变成了一个集中化的工场,甚至比造币厂更像没有机器的工厂。1328年以后,所有大麻的梳理工作、大麻纤维的分选和分级工作都是在塔那进行的,最好的产品都保存在这里,以便为船舶制造绳索。次等产品则被制成细绳,用于包装或敛缝。原材料的进口工作被交回给私人业主。结果,进口商成了雇工商人,原材料在塔那或在生产低档产品的私营作坊得到加工时继续归进口商所有。他们更容易形成垄断的联合组织,因为在14世纪末,所有的优质大麻都来自博洛尼亚。有一次威尼斯政府抱怨说,所有威尼斯人都任由一个佛罗伦萨进口商摆布。政府进行了干预，但它为想要拥有自己材料的麻纺师傅提供的努力是不彻底的，它主要关心的是满足船东对优良绳索的需求。只要联合组织不涨价，当局就会满足于让麻纺师傅用包买来的纤维做工，而不论用的是进口商人运来的大麻纤维，还是造船厂从进口商处买来在塔那经过梳理和分级的大麻纤维。船东为了得到最好的缆绳，会把麻绳包买给在塔那做工的工人。威尼斯制绳业的这种组织当然不该被称为家庭包工制，毕竟工匠并没有在自家工作。它可以被称为一种特殊的包买制，因为工匠做工用的材料不归工匠所有。然而，它最显著的特点是塔那，即一个公社所有的中央工坊。

毗邻塔那但被分开管理的是威尼斯最大的手工业机构——威尼斯兵工厂，因但丁在地狱里为它赋予位置而闻名。当维吉尔把但丁领下深坑时，但丁发现地狱越来越拥挤，为了表达这种感觉，他将所见过的世界上最密集的人群进行了比较：1300年在罗马列队游行的朝圣者、他曾指挥过的军队、聚集在威尼斯兵工厂内的工人。也许兵工厂显示了但丁所见过的，或应该见过的，当时规模最大、最繁忙的手工业活动场面。他把它比作《神曲·地狱篇》第21章著名的7—15行中拥挤的地狱深处的黑暗：

> 犹如威尼斯兵工厂里
> 在冬天熬黏稠的沥青
> 用于涂抹已损坏的船舶，
> 因为他们已不能出航——来代替航海这件事
> 有的在造新船，有的在给船敛缝
> 修补那已出航多次的船的船身；
> 有的在船首挥锤，有的在船尾，
> 这位制船桨，那位做绳索
> 还有一位在修补主帆和次帆。

在老的威尼斯兵工厂里，工人最为集中。那里有能容纳十几艘加莱船的船坞，有储藏甲胄、桅杆、长凳等装备的储藏室，有修帆、造桨的作坊，也有熬沥青的地方——但丁用沸腾的沥青象征对受贿的严厉惩罚。

在但丁在世时，威尼斯又扩建了兵工厂，兵工厂的占地面积扩大到之前的四倍。以前兵工厂的主要功能是储存和维修，大型加莱船和大型圆船在其他地方建造。扩建后的兵工厂足够大，所有的商用加莱船都可以在它的院墙内建造。不过大型的柯克船，就算是为公社建造的，也要在私人造船厂里修建，这些私人造船厂坐落在兵工厂附近的水滨，或者坐落在潟湖的其他岛屿上。

在 14 世纪的威尼斯兵工厂中，如同威尼斯所有大型国有工坊一样，生产的集中没有改变生产的过程，因为它是由工匠发展起来的，体现了工匠的手工作业传统。事实上，与造币厂和塔那相比，兵工厂在严格执行标准方面没有那么多官僚化的规定。政府规定了弩的标准，以确保弓弦和箭矢能与所有弩相匹配。至于加莱桨帆船，政府规定了一些基本的尺寸，以控制它们的大小和比例，但它们的航海性能，甚至在某种程度上的大小，都取决于造船工工头在建造过程中做出的决定。

工头是否优秀主要在于他们的设计技能，此技能在造船工的眼中颇为重要，因此造船只能部分地缩减为可以由其他人执行的计划。敛缝工的工头，还有重要性低一些的制桨工、铁匠等工匠的工头，则主要负责执行行会的技术标准。有一次，一艘商用加莱船因为不完善的敛缝而差点沉没，元老院要求行会的加斯答第和兵工厂的敛缝工工头对此事负责，并将他们撤职。如果有人雇 12 个造船工、6 个锯木工、16 个敛缝工，加上他们的学徒，再雇几个人手搬运木材，每年就可以造出 6 艘商用的大型加莱船。以同样谨慎的速度建造同样数量的轻型加莱船，所需的人手要少一些。一组工人约有 30 人，每种工人各有一名工头。人们认为这个团体的规模不算大，不需要像私人造船厂一样用工头监督施工过程。

兵工厂中最接近总经理的专业官员有海军将领（armiraio）的头衔。他主要关心的是舾装和最后将船舶移交给指挥官时的准备工作。他所关心的与其说是船体的修造，不如说是船舶离开兵工厂时的部件组装。与造币厂和塔那收到的集中化指示一样，兵工厂的工作重点是密切注意原材料和测试成品的质量。

兵工厂外的造船业分为两种。一种是建造贡多拉、尚多拉和小型驳船的小型造船厂的经营者，另一种是建造和修理大型船舶的造船工和敛缝工。后者的情况与建筑行业的其他工匠大致相同。该行业的工匠从未享受到在家里工作的好处，他们在客户提供的各种建筑工地工作，材料也由客户提供。他们的工作由一名工头负责，工头雇用其他师傅，师傅和工头的工资都由船东或雇主按周支付。即使在我们今天，比起其他行当，建筑行业也较少地被官僚化，而更多地受到手工业规则的规范。

化工、纺织、建筑等行业虽然因其产品的知名度而占有重要地位，但不能用它们说明其他行业典型的产业组织形式。许多手工业采取的形式是独立的零售手工业，手工业者在开放的市场上购买材料，然后在自己家里的作坊里加工，并卖给最终消费者。造船厂的经营者和那些专门制造家具的木匠一样，都符合中世纪手工艺人的传统形象。许多类似的独立工匠既为普通商人服务，也为最终消费者服务。皮匠使用比如说安德烈亚·巴尔巴里戈从塔纳、布鲁日或不那么遥远的山区进口的黑貂皮、貂皮、狐狸皮和松鼠皮。在威尼斯，技艺精湛的工匠吸引了这样的进口货。这些独立的工匠中有些是富人，有些则不是。工匠大多数是鞋匠、裁缝、面包师、理发师等等中等地位的人，他们主要用顾客提供的材料来工作，因为当时的衣服和家具都是定制的——这在当时比在我们今天要普遍。

行会的功能

成员性质的显著差异使威尼斯各行会的经济功能高度多样化。在建筑行业，行会的行为和现代工会的行为一样。但在大多数手工业和许多专门化的零售业中，他们更像是被政府赋予监管权力的行业协会。在需要保护粗心的消费者的行业中，行会的规定包含了详尽的技术规则。有些规定是行会成员主动提出的，以防止"不公平竞争"或在出口市场保持良好声誉；另一些则是由选出来监督手工业和零售业的市场执法官提出的。在某些情况下，市场执法官确定工资和价格，或准许提价；而在其他时候，则可自由讨价还价。

一般来说，行会规范了接受学徒的行为，限制了学徒的年龄和人数。这样一来，便为工匠师傅的儿子打开了方便之门。另一方面，在元老院的支持下，市场执法官阻止行会的这一行为，因为这会让新人入会过于困难，或过于昂贵。政府鼓励有技能的外国人在威尼斯定居谋生。行会对移民能提的要求顶多是：展示自己的能力，遵守行会章程，在他们有资格担任行会职务之前有一段试用期，支付会费。当流行病肆虐使移民特别受欢迎时，行会甚至不能要求新入会者交纳入会费。

行会的收入部分来自其官员收取的罚款，部分来自入会费，部分来自为社会目的特别是宗教目的而征收的会费。在选定的祭坛上保持蜡烛燃烧是收取"照明费"（luminaria）的初衷，而船木工确认了"代扣"的早期应用，他们的雇主会在待付的酬金中将照明费扣除。每个行会都与堂区教堂或修道院签订了协议，承诺维护一座小礼拜堂，或者至少一座祭坛。更富裕、更庞大的行会会在节日游行中安排令人印象深刻的表演或花车。由处于贫困边缘的师傅组成的行会，例如锯木工行会中，一些意外事故的条款或健康保险是很重要的。几乎所有的行会都要求所有会员出席每一位会员的葬礼，从而为会员的体面安葬而组织捐款。船木工和敛缝工提供了一种特别可取的老年津贴形式，他们要求每6个或人数更多的工人群体要聘用一名55岁以上的"老手"。

行会成员在行会事务上的民主程度各不相同。当然，只有师傅才能参与，学徒和非熟练工人无法参与其中。因此在某些行业中，被排除在外的工人肯定为数众多，如玻璃业；而在敛缝工和造船工中，几乎每个成年人都是师傅。在某些情况下，行会官员可能掌管一切事务，还规定正式成员要每年开会两次，用于宣读规章——这便是开会的目的。但在其他情况下，这些集会在学徒或宗教服务的问题上投票时相当民主。行会会议的所有决定都必须得到市场执法官或某些高级委员会的批准，市场执法官也会主动限制奢侈宴会的开支。市场执法官或威尼斯的某个管理委员会对经济政策有最终决定权，但行会却给师傅们一个发表意见的机会。行会还为工匠和作坊主提供了机会，让他们能在同行中获得荣誉。最重要的是，行会为他们在城市社会生活中提供了占有一席之地的感觉，提供了一种归属感。

海员中的无产阶级

　　威尼斯最大的行业，即航运业，是没有行会组织的。海员人数太多，地位也各不相同。当他们没有"签约"出海时，他们是敛缝工、渔夫、箍桶匠或从事其他职业的人。在海上，他们既是水手或桨手，也是商人，所以在12世纪，甚至在13世纪，要在行商和商人-海员之间划清界限一定很困难。在中世纪的商业革命和航海革命期间，水手变得更加专门化，但他们的地位却降低了不少。

　　当行商转变为坐商时，海员和商人之间的差异变大了。即使最不愿挪步的威尼斯商人，也绝不是不愿出海的人，可以确定，同一个阶层里有不少朝圣者想在一生中至少到圣地一次，在这个陌生的世界里，他们感觉在颠簸的船上所受的一切苦难都是值得的。12世纪的行商随船队出海，也随同一支船队回返。之后的几个世纪里身在海外的代理人则不同，他们每三四年才往来一次，频率甚至可能更低。早期的海事法规是以全体船员与行商的共同利益为依托的。因为全体船员和行商在自身安全和船货安全上有共同利益，便可以阻止船东雇用过少的人手、使船舶超载航行、使用劣质索具，或用其他危险的方式削减开支。14世纪，情况变得相当不同。商人和船东由于共同的经验和类似的投资而联系在一起，有时会达成长期的合作关系。海事法赋予船长以更大的权威。商人乘客如果在船上足够多，就会在解决纠纷、保持船员福利、维持船员纪律方面有一些权力，但他们会站在船长那边，位居海员之上。

　　普通海员也因为武器和甲胄的改变而失去地位。行商转型为坐商的时代，也是弩手和弓箭手动摇骑士统治的时代。与长弓相比，弩逐渐被当作一种更次等的武器。在克雷西战役和阿金库尔战役中，娴熟的弓箭手证明了长弓的优势。但只有英国才需求娴熟的长弓手，而且长弓手只存在了数代人的时间。此外，长弓在船上失去了它在陆地上拥有的许多优势，让弓箭手一排排射击的安排在船上就没那么重要了。弩手不用面对冲锋的骑兵的话，它缓慢的火力就不是什么严重的弱点。而且弩可以被安放在护栏上，这就减轻了弩手的负重。不仅如此，弩手可以在蹲伏状态下瞄准射击，而弓箭手为了拉弓必须站直身子，这会暴露自己。以上所有特点使弩手成为船上颇为有用的兵种。

防御这些弩箭需要比以前使用的皮甲和皮盔更重的装备，需要铁盔和钢胸甲。如果海员要想在战斗中像以前一样重要，就必须成为弩手，或者自备一副重甲。人们希望高薪的大副两者兼具。13世纪后半叶，威尼斯政府为了改善威尼斯船舶的军备，规定薪水较高的船员必须自备额外的武器和更重的甲胄。这项努力不怎么成功。一些高级船员或许为自己置办了装备，但他们很快就发现有必要将武装的主要责任转移给船东。船东被要求雇用一些专门的弩手，并为其余的不少船员配备武器和盔甲。

在地中海使用的新型船舶也导致海运业的劳动力水平降低了。柯克船和大型加莱船的引入减少了各种类型的船舶每个吨位对应的船员人数，但这些变化并不代表船员的总需求量下降了。至少在14世纪的头几十年里，技术变革的影响是让船上的岗位变多了，因为从双桅三角帆船到柯克船的转变过程非常缓慢，而且由于使用大型加莱船进行贸易的情况越来越多（无论是用在与海盗式的附带贸易中，还是用在与纯粹的和平商贸航行中），这种变化的影响被大大抵消了。然而，至关重要的是对劳工种类的需求发生了变化。14世纪上半叶，对熟练操帆和掌舵的人的需求减少，对桨手的需求相对增加了。许多习惯于在大型三角帆船上工作的海员发现，这些船不是留在港中就是正在被改装，代替它们航行的是船员较少的柯克船，只有大型加莱船才有给桨手的岗位。比起和贸易、作战有关的其他船员，桨手并不会被认为是低人一等的。但是此时，日益扩大的劳动分工将桨手、商人、弩手、专门的领航员分开了，甚至熟练地操作绳索、帆、舵的水手之间也出现了分工。作为一种一般谋生手段的桨手（galeotto）成了一种低等的标志，但最受需要的正是这种低等的劳动。当国家租出的商用加莱船去佛兰德、黑海和塞浦路斯-亚美尼亚航行时，每次需要五六艘甚至更多的船，共需要近3000名桨手，而任何规模与此相当的舰队都需要同等数量的桨手。随着城市中手工业机会的增加，在船里长椅上工作的报酬和工作条件不能吸引那么多的威尼斯人了。在达尔马提亚招募三分之一的桨手已成为威尼斯船长的常规做法，即使如此，他们还是在抱怨劳动力供应不足。

招募船员的困难与让他们在受雇后报到的困难相匹配。为了招募船员，船长与政府的军需官会在总督府前的莫洛码头或总督府临水的拱廊下摆上一张桌子，并向选择好的受雇人提供预付款。虽然在法律上握手就已经足够了，但按照通常的做法，海员要事先收到三四个月的薪水。船长之间的竞争十分激烈，因此一些雇主会把海员请到自己家里去继续协商。为了防止这种情况发生，政府规定，如果在常规招聘地点以外的其他地方支付预付款，就无法收回预付款。当船即将出海时，会由一名传令员在里阿尔托和圣马可口头通告三天。听到通告之后，受雇人就可以去船上领取食物。可是如果他们在第三次通告时没有报到，就会被巡夜官的警察找到，要么被强行带上船，要么被关进监狱——起码在雇主是政府时会这样。威尼斯从来没有像大英帝国统治海洋时的英国那样依赖强制劳役，但在1322年的紧急情况下，警察每找到一个桨手就能得到2枚格罗索。

像包括船长的全体船员一样，桨手在收到预支的工资时，必须提供担保。通常情况下，由亲朋好友为他做担保。从这些担保人申请减轻惩罚的记录来看，海员未能报到经常是由于上一次航行中的不幸，比如从帆索上跌落或被热那亚人俘虏。也有迹象表明，担保人有时是某种提供桨手并收取工资的劳工老板。尽管有担保人和警察的帮助，要想让船员上船还是有许多困难。

原因之一是加莱船上的人不像以前圆船上的那样是按航程来付工资的，而是从起航日到返航日按日计薪的。有时，船舶会在圣马可港卸货和检查，再前往利多的圣尼科洛港，在此处停泊数日以等待适合的风况与潮位。众所周知，船长总是拖到最后一刻才会上船。船员产生不满的一个更严重的原因可能是航行的状况可能会发生意外的变化。日薪不是海员在航行中期望能得到的全部收入，在商业航行中，所有人都有权携带一些可以拿来贸易的免运费货物。在军事航行中，获取战利品的希望可能会激发他们上船报到的意愿，尤其是在指挥官有良好声誉的情况下。如果舰队的任务根据元老院的命令有所变动，而先前商定的期限并未变动的话，海员不来报到就很容易理解了。

无论是因为上述不满，还是仅仅因为人手太少，桨手觉得自己可以用装病来逃脱，有很多人在接受预付工资之后选择离职而不去报到。政府只得修改海事法以平息船长的抗议。13世纪的法律规定，接受工资而不去报到的人必须支付双倍的罚款。这种罚款可以有效对付拥有财产的人，但对身无分文，甚至连武器都没有的人起不到什么作用。法官有权施加额外的惩罚，但通过于1329年的一项法律明确规定这些逃兵必须被送进监狱，直到他们缴纳罚金——法官显然在这之前没有施加额外惩罚。这项法律实施后，监狱里挤满了没有钱交罚金的人。他们在监狱里也无法挣钱。为了颂扬仁慈的美德，大议会投票决定将他们从监狱中释放出来，由作为他们债主的船长监管，这样他们就可以把欠下的钱还清。大议会甚至免除了部分罚款，并迫使巡夜官交出他们通常从这些欠钱的人那里收取的关押费用的一半。

当然，不是只有海员会因债务入狱。在那个年代，入狱是强迫收债的惯常方式，而在加莱船上干活一度是一种摆脱因债入狱的方式。事实上，有太多人为了逃避债务而在加莱船上做事，从而获得了免于逮捕的豁免权，因此在1312年，这项特殊待遇被限制在那些债务不超过20里拉（相当于一名海员一两个月的收入）的人。但是14世纪30年代入狱并在后来作为债务奴隶投入工作的人数表明，威尼斯有许多海员极度贫困。这种情况并非威尼斯所独有。14世纪，许多地中海的海运中心都发生了海员暴动的事件：1339年在热那亚，1345年在萨洛尼卡，1391年在巴塞罗那。所有这些暴动事件的背后是一部分以航海为生的人员的贫困与地位的丧失，这种恶化的根源在于商业组织、战争艺术和航海技术的广泛变化。

当然，并非所有的海员都有理由感到不满，他们中的许多人比桨手富裕得多。1329年监禁违约水手的法律不适用于圆船上的水手。虽然后来又有议案试图将他们纳入处罚的范围，但在元老院以微弱的差距被否决了。在加莱船上，除了桨手和弩手，还有十多位真正的水手，他们是操纵帆索和舵的行家。除了主要负责纪律的军士，每艘船上都有一名负责导航的军官（通常被称为 armiraio 或 omo di conseio）。当然，圆船上也需要类似的导航专家。因为这些专家使用航位推算，制作和使用海图，有说法称"水手是第一个在日常工作中使用数学知识的专业团体"（泰勒）。他们的工资是桨手的三倍，享有更多的货运特权，而且远不算无产者。

1347年，去往罗马尼亚的加莱船船队从被围困的卡法港返回，黑死病大流行就此开始。黑死病在1348年杀死了大约一半威尼斯人口，并在其他地方造成了类似的破坏，这加剧了海上劳动力的短缺。为了弥补桨手的短缺，甚至在当时更早的时候，威尼斯人已经做了更多的努力。如果逃跑者的罪行不甚严重，就会被请回来工作。如果他们愿意在加莱船上工作，就可以减少逃跑行为的罚金。为了缓解缺乏水手的普遍状况，政府减少了圆船上每吨船货所需的船员人数，并鼓励招募男孩当水手学徒的行为。但是，激励船员在加莱船上工作的方式不包括改善工作条件。14世纪初以来，船员伙食的质量下降了，之前伙食里有饼干和葡萄酒，在日常食用的豆子粥之外，每隔一天还有奶酪和加了腌猪肉的蔬菜粥，此时腌猪肉也没有了。随着与热那亚的战争越来越近，即将成为热那亚战争主要将领的贵族尼科洛·皮萨尼（Nicoló Pisani）发起了一项提议，要求加莱船的船长在一周内要有三天给船员提供肉类食物，剩下的四天里提供奶酪和沙丁鱼，但这项动议在元老院未通过。威尼斯进入了与热那亚的第三次大战，海员精疲力竭，怨声载道。

黑死病导致所有领域的劳动力都出现了短缺。1348年之后不久，在威尼斯很难找到海员，海员在早些时候有所恢复但只是部分恢复，这加剧了海员短缺的状况。为了补充威尼斯的人口，政府用免除行会入会费之类的手段吸引移民。这些移民主要来自意大利内陆地区，是受威尼斯市场吸引的工匠和店主，而不是来从事航海工作的。

威尼斯再也不会像13世纪那样是一个以航海活动为主的国家了。在那个时候，潟湖向外供应了不少海员。十字军的支持者马里诺·萨努托·托尔塞洛（Marino Sanuto Torsello）描述大约1300年位于爱琴海的海盗巢穴时说，巢穴里有来自所有国家的人，海盗首领大多是热那亚人，但船员（zurme e marinari）大多是来自潟湖的威尼斯人。威尼斯航海传统中爱国的一面在第一次热那亚战争的特拉帕尼战役中得到了体现。在贵族离开威尼斯舰队去处理商业事务的时候，热那亚舰队出现了，而威尼斯的指挥官犹豫是否要与其对阵，然而船员们——编年史作者马蒂诺·达·卡纳尔称他们为"le menu gent"——高喊要进攻取胜。第三次和第四次热那亚战争揭示了舰队的"小人物"之间截然不同的精神。威尼斯仍然可以作为顶级的海上强国与他国竞争，但它的力量越来越依赖于工匠和商人的财富，而不是庞大的船舶储备和本国的海员。

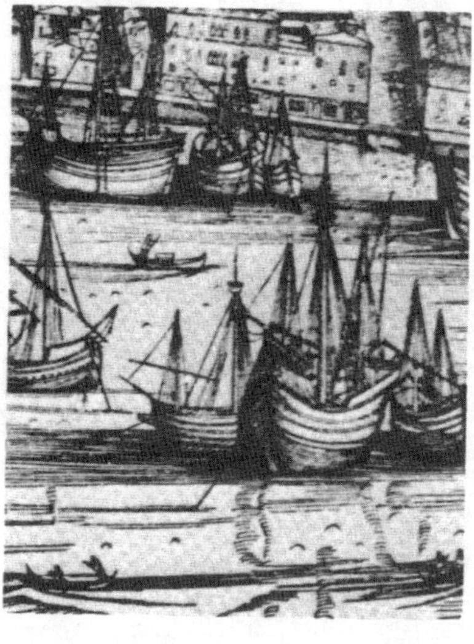

第五部分

团结的胜利

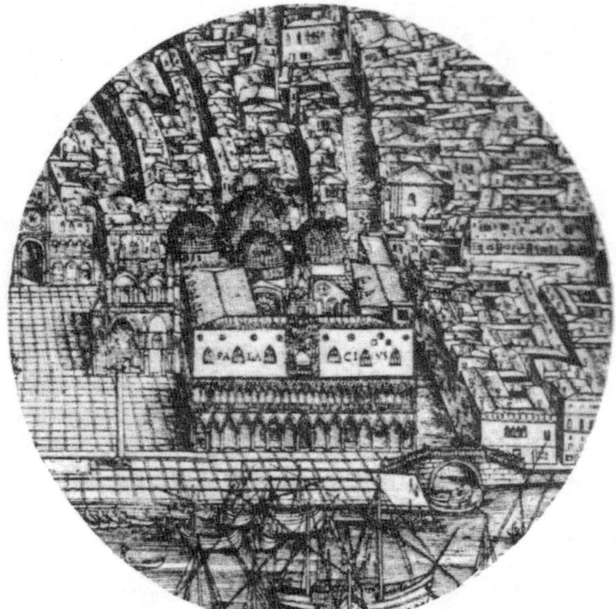

第十三章

崩溃的征兆

在整个欧洲，14世纪的中后期是一个破坏的时期：社会革命爆发，已经建立的制度被推翻。在英国爆发了农民起义，兰开斯特公爵从合法的国王手中夺取了王位，并因此埋下了玫瑰战争的种子。在法国，国王几次失去了对王国的控制，不受任何政府控制的军人在乡间横行。在教会里，同时出现了两派教皇，然后又出现了第三派教皇，每一派都有强大而虔诚的拥护者。佛罗伦萨遭受了血腥政变和反政变，以及无产阶级的梳毛工（Ciompi）起义。在大多数意大利城市中，公社被一种类似城市君主的显要人物——领主破坏或推翻。威尼斯共和国也会变成专制统治吗？还是因内战而衰败？

在其他地方引发这种结果的困难之处也在威尼斯酝酿。蒂耶波洛·奎里尼的阴谋在1310年戏剧性地爆发之后，这些变化浮现出来，虽不清晰，却很持久。到14世纪中期，波及全欧洲的经济衰退加剧了人们的不满。接下来在1347—1349年，黑死病使威尼斯人口减少了大约一半，它一次又一次地卷土重来，阻止人口完全恢复。威尼斯和其他地方一样，流行病对心理造成的影响加剧了躁乱的氛围。人们追求快速的赚钱和迅速的复仇。在商业和政治上，他们不顾一切地坐上了命运之轮，追求高风险和当下的满足感。

在这种气氛下，新的几场热那亚战争动摇了威尼斯公社的稳定。在13世纪末至14世纪初的航海革命和商业革命期间，热那亚和威尼斯一样，财富和人口都得到了增长。尽管热那亚经常发生革命，但这个伟大港口的繁华和商机却吸引了许多来自意大利西北部的商人和工匠。在海外，热那亚殖民者享有特权，这不仅吸引了更多来自西方的移民，也吸引了许多黎凡特人。热那亚一边实行给予公民身份的自由政策，一边人口在自然增长，利古里亚和罗马尼亚的热那亚人迅速地增加。热那亚的海军将领为外国的王侯——西西里国王、那不勒斯国王和法国国王——指挥舰队，他们这样做是为了从这些外国统治者那里得到报酬和封地，但他们的功绩提高了热那亚航海术的名声，并使热那亚海军将领得以维持自己的私人战争舰队，这些舰队主要由热那亚海员组成，并在合适的场合为热那亚公社服务。在整个14世纪，热那亚是威尼斯最危险的对手，这种敌意引发了1350—1355年和1378—1381年的公开战争。

在第三次和第四次热那亚战争中，双方都未能获得绝对的制海权，这与第一次和第二次热那亚战争的情况相比令人震惊。中世纪的航海革命使舰队在冬季像在夏季一样作战成为可能，却也让"打了就跑"的策略在海上交战中比以往更加成功。海军将领可以率领一支较弱的舰队一次又一次地避开敌人，去抢掠敌人的商船和殖民地。当主力舰队真正交战后，会有一方惨败，最后双方各有胜负，但胜利者并不能阻止失败者在一两年内再弄一支舰队卷土重来。威尼斯和热那亚都没有办法像威尼斯击败科马基奥那样，或像热那亚在托斯卡纳盟友的帮助下粉碎比萨那样彻底地粉碎对手。虽然当时每个城市都认为自己可以在这个意义上取得"胜利"，但事实证明情况并非如此。

这两次战争构成了威尼斯历史的重要篇章，这不是因为英勇的军事行动，而是因为胜利和失败对威尼斯社会结构和政治制度产生了影响。许多海员所遭受的地位下降造成的后果显现出来了。大议会扩大之后，阶级界线马上就更加固化，经济困难使这一问题更加严重。贵族群体正由于经济利益的冲突和家族的争斗而支离破碎。海军、外交和财政问题让人们对总督、大议会以及诸如四十人议会和元老院等较小的议会占有权力的情况提出了反对意见。威尼斯社会内部的这些紧张关系由于战争的厄运而得以释放。

第三次热那亚战争

威尼斯和热那亚的竞争集中在爱琴海、黑海和两者之间的各个海峡。第二次热那亚战争结束时，热那亚人在佩拉有商业定居点，在卡法有要塞，还控制了希俄斯岛和附近的明矾矿，从而在那里获得了领先地位（见第十章和地图 7-1、地图 13-1）。1324 年以后，威尼斯放弃了在君士坦丁堡恢复拉丁帝国的希望，转而寻求与拜占庭皇帝友好相处，于是热那亚人的支配地位受威尼斯人的挑战越来越严重。威尼斯向皇帝提供支持，以让皇帝对抗热那亚人要求更多的特权的压力，对抗土耳其人那日益危险的攻击。作为拜占庭帝国的保护者，威尼斯共和国能够逐渐控制那些在 1204 年之后不久拥有独立封地的威尼斯人，比如控制纳克索斯岛（Naxos）的萨努托（Sanuto）家族。随着土耳其人的壮大，寻求威尼斯人的保护似乎成了应对土耳其征服的唯一选项。与此同时，热那亚人由于无力采取持续的统一行动而受到阻碍，他们的内战也扩展到了罗马尼亚。例如，1318 年，当圭尔夫派在热那亚掌权时，佩拉和卡法站在基伯林派一边，击退了热那亚圭尔夫派派来对付他们的舰队。基伯林派内部也有派系分裂。当然，每个派别都否认对其他热那亚派别袭击威尼斯商船负有责任。1328 年，当威尼斯派出一支强大的舰队——据说有 40 艘加莱桨帆船——驶入黑海时，热那亚人没有做出反击。这暂时中断了卡法和佩拉之间的贸易。威尼斯人还要求热那亚的基伯林派赔偿在拉贾佐对威尼斯人造成的损失。

在塔纳，这个意大利商人最东北的前哨基地，威尼斯人和热那亚人有时联合起来对抗当地统治者。1343 年，金帐汗国的可汗驱逐了塔纳的所有西方商人，随之而来的是威尼斯人挑起的暴乱，热那亚人邀请威尼斯人通过卡法进行贸易。威尼斯人接受了，但感到自己在那里处于不利的地位，几年之后，他们又开始直接航行到塔纳。考虑到这些航行活动违反了联合抵制塔纳的协议，热那亚人开始夺取威尼斯的船只，战争随之而来。

在 1350 年战争的第一年发生的事件中，最引人注目的是它显示了自上次热那亚战争以来威尼斯发生了多大的变化。一支由大约 35 艘加莱

地图 13-1　威尼斯在爱琴海

威尼斯控制过的城市和岛屿名字下有下划线

船组成的舰队在马可·鲁兹尼（Marco Ruzzini）担任海军统帅（Captain General of the Sea）期间武装起来。海军统帅头衔赋予他相当高的权力，但他必须服从威尼斯的议会，他高于海湾舰队长或其他特定舰队的指挥官，甚至在舰队及其补给问题上凌驾于威尼斯殖民地的官员。事实证明，给鲁兹尼的舰队配备海员并不容易。政府试图沿用以前使用过的征兵办法，把20—60岁的所有男子分成几十组，每12人中抽出3人。1294年，在几个月内就有60到70艘加莱桨帆船服役，政府把战舰的装备分配给主要的家族，然后让应征的士兵自己选择在哪艘战舰上服役。但是在1350年，黑死病刚发生不久，所以征兵并没有产生一支公民组成的海军。由于总人口只剩下大约8万，在成年男子中每12人抽3人的话，只能得到大约5000人，这足够为战争装备25艘加莱船。因此，35艘船中至少有10艘的船员来自达尔马提亚或威尼斯的希腊殖民地也就不足为奇了。但最严重的困难是，大多数在威尼斯应征的人更愿意雇人代替自己。由于人口减半了，威尼斯人平均拥有的钱是以前的两倍，他们不太愿意去战斗，也不太愿意在船上从事艰苦的活计。一个拒绝服役的人声称指挥官吃的是上好的面包，船员则只有难以消化的小米面儿。这次征兵显然不受欢迎。同时一项禁止雇人代为服役的提案被否决了。

结果，鲁兹尼的舰队在内格罗蓬特附近的卡斯特罗（Castro）的港口遇见了14艘满载货物的热那亚加莱船，他俘虏了10艘，但这次交战被认为是一次耻辱，因为还有4艘船逃走了，要不是因为威尼斯舰队缺乏纪律，它们是逃不掉的。船员没有服从命令去攻击尚未被制服的热那亚船，而是集中去掠夺已经缴获的船。他们甚至跳入水中，游向投降的船只，以便打开舱门把船上的货物拿出来——这可能是雇佣兵喜欢的做法。威尼斯人关于战利品分配的规定在当时并没有预先制定得很清楚，谁都觉得自己可以保留所拿到的战利品。最重要的是，元老院在处理这种违反纪律的行为时犹豫不决，它先命令一个委员会进行调查，但随后又推迟了调查，再指示它设法查明赃物的下落，却无法追回这些赃物，原因正如元老院公开承认的：船员来自多个国家。他们被额外的报酬和取得战利品的希望所吸引，如果他们听到传言说自己的战利品将被夺走，就可能反抗。

对指挥官的指控更加严厉，特别是在从卡斯特罗港逃出来的热那亚船与刚从热那亚开来的几艘船在希俄斯岛会合，返回爱琴海抢劫并烧毁内格罗蓬特的港口（虽然不是城堡）之后。在威尼斯，有人指责城堡主托马索·维亚德罗（Tommaso Viadro）没有提高警惕，作战不力；又有人指责海军统帅鲁兹尼，说他在内格罗蓬特留下的兵力不足，却带走了太多的士兵，徒劳地攻击佩拉。其中一名下级指挥官由于在卡斯特罗港自己指挥的船上不作为而受到谴责，并被剥夺了今后担任指挥官的资格，但毫无疑问，他将受到13世纪法律所规定的严厉惩罚，即斩首。也许是出于怜悯，维亚德罗被宣告无罪，因为他刚刚因黑死病痛失四个儿子。但鲁兹尼和维亚德罗都没有被再次起用于军事指挥。

威尼斯政府意识到，如果只用威尼斯公民或威尼斯属地的人，根本无法为一支足以打垮热那亚的舰队配好人员，于是他们开始寻找可以雇来帮他们作战的盟友。在西地中海地区，一个世纪以来，加泰罗尼亚人作为海洋民族一直走在前列。他们和西班牙东北部的阿拉贡王国联合起来，自有理由与热那亚为敌，特别是因为热那亚和阿拉贡国王都想统治撒丁岛。阿拉贡国王同意为威尼斯提供至少 12 艘加莱船，威尼斯人愿意每月为每艘船支付 1000 杜卡特；此外阿拉贡国王同意自己武装 18 艘船。在东地中海，拜占庭皇帝试图重建希腊舰队，威尼斯人向他许诺了同样的价格，答应他 8 艘船的费用由威尼斯承担，而皇帝自己出资武装 12 艘船。威尼斯本身就有 40 艘加莱船需要水手、桨手和士兵，需要从潟湖、别的意大利城市、达尔马提亚和威尼斯在罗马尼亚的殖民地招募足够的人手。之后，威尼斯的统治者有望召集一支 80—90 艘加莱桨帆船组成的舰队。他们计划用这么强大的兵力征服热那亚在东方的领地，把佩拉和希俄斯岛还给拜占庭皇帝，然后摧毁热那亚在里维埃拉的舰队，封锁热那亚，使其屈服。

12 世纪时，威尼斯还向拜占庭帝国提供人员去对抗诺曼人，现在情况发生了多么大的变化啊！现在反倒是威尼斯人出钱，严重依赖希腊人和加泰罗尼亚人！

威尼斯人相信自己财富的程度，同他们对自己的人力缺乏信心的程度一样显著。威尼斯人通过强制购买公债系统，可以筹集资金来雇用船队，又不会使富人的资源出现紧张。在这之前，蒙特韦基奥公债在 1313 年有 100 多万杜卡特，到 1343 年只有约 42.3 万杜卡特了。此时，威尼斯在 1345—1363 年又筹集了超过 100 万杜卡特。诚然，这些公债的市场价格从 100 杜卡特的面值下跌了，但几乎从未低于 60 杜卡特，只是短暂地低于 80 杜卡特。因此，在没有任何类似所得税的措施的情况下，富人不会负担过重。

众所周知，联盟的行动难以协调。按照计划，一支威尼斯舰队将在西西里岛附近与加泰罗尼亚舰队会合，阻止热那亚舰队向东挺进。如果敌人侥幸逃脱，就紧跟敌人，与爱琴海的威尼斯舰队和君士坦丁堡的拜占庭舰队会合。实际上，在加泰罗尼亚人和威尼斯人准备好之前，热那亚人已派出了一支由 64 艘加莱船组成的舰队，由帕格尼诺·多利亚（Paganino Doria）指挥。另有一支约 20 艘加莱船组成的小型威尼斯舰队，在新任海军统帅尼科洛·皮萨尼的指挥下，已经在爱琴海准备好，等待获得战利品，还准备与拜占庭舰队一起进攻佩拉。皮萨尼听说帕格尼诺·多利亚的舰队要来了，就逃往内格罗蓬特，多利亚则在后面追赶。皮萨尼把自己的船弄沉，以避免船只被敌人俘虏，并动员人手，成功地保卫了这座城市。加泰罗尼亚舰队和一支新的威尼斯舰队最终进入爱琴海后，多利亚退回佩拉。皮萨尼然后重新浮起他的船只，与盟友的军队会合，开始着手这场战役的主要目标：与希腊舰队会合，并摧毁在佩拉的热那亚人。此时已是 11 月，猛烈的风暴和北风使联军耽误了太多时间，他们只好返回克里特岛获取补给。1352 年 2 月，他们再次启程前往博斯普鲁斯海峡。这一次，一股南风阻碍了热那亚人的行动，他们没能阻止加泰罗尼亚-威尼斯舰队冲进金角湾与希腊人会合。热那亚人在博斯普鲁斯海峡重整旗鼓，与联军打成了平局。博斯普鲁斯战役给同时代的人留下了死伤惨重、战场情况恶劣的印象，因为它是在严冬的暴风雨中进行的，而且持续到夜晚，还发生了未经管束的屠杀，因为很难分辨敌我。加泰罗尼亚的海军将领等高级军官都阵亡了。双方都损失了不少人，而俘获的人则相对较少。一些方济各会修士有意安排双方交换战俘，便去威尼斯人那里看被俘获的热那亚人有多少，本想着威尼斯人应该俘获了不少人，毕竟热那亚人损失了众多兵员。结果他们发现活下来的囚犯人数实在太少，因此决定不回去向热那亚人报告，以免热那亚人因发现自己有许多同伴都丧生于敌手而屠杀被关押的威尼斯人。

  双方都声称赢得了战争，但从战略上讲，胜利当然属于热那亚人，因为加泰罗尼亚人和威尼斯人撤退了。联军损失惨重，无法进一步进攻佩拉，特别是因为热那亚人不仅从奥斯曼土耳其的苏丹奥尔汗一世（Orkhan Ⅰ）那里得到了补给，还从他那里得到了兵员。奥尔汗一世统治着博斯普鲁斯海峡东部和马尔莫拉海（Marmora Sea，即马尔马拉海）。奥尔汗也在谋求向欧洲扩张。他不希望看到拜占庭帝国和威尼斯的海军力量得到加强。联合舰队离开后，拜占庭皇帝觉得别无选择，只能与热那亚人重归于好，允许他们按照自己的意愿加固佩拉和加拉太山丘上的工事。此后，威尼斯人和热那亚人都在爱琴海上捕获了不少敌人的船舶。

阿拉贡国王的主要兴趣是征服撒丁岛，尼科洛·皮萨尼也加入了他的行列，以助他一臂之力。1353年，皮萨尼在撒丁岛的阿尔盖罗（Alghero）附近大胜热那亚人，一雪前耻。但是帕格尼诺·多利亚领导的一支新的热那亚舰队却从他身边溜走，在亚得里亚海造成了很大的破坏。他再次避开了威尼斯人，在爱琴海劫掠，并在希俄斯岛避难。当皮萨尼在希俄斯岛找到热那亚人时，便发出挑战。由于热那亚人拒绝应战，皮萨尼转而夺取热那亚的船舶，然后从爱琴海撤退到威尼斯在莫顿和科伦的基地。在那里，他接到了威尼斯的命令，命令委他避开战争，因为热那亚人现在在海上的船舶比他指挥的船要多，威尼斯正在准备和谈。因此，皮萨尼决定在莫顿附近的小港口隆戈港（Porto Longo）过冬，他派遣尼古拉·奎里尼（Nicola Querini）带领14艘加莱船守卫入口，并把小船和另外21艘加莱船在海岸附近绑在一起。帕格尼诺·多利亚前来向皮萨尼挑战，尼古拉·奎里尼依照指示拒绝了，尽管多利亚的舰队和他的舰队规模差不多。但热那亚人并没有离开。帕格尼诺的侄子指挥的一艘船成功地躲过了奎里尼的小队。有一份报告说，是奎里尼放他过去的，以便轻易地捕获这艘船。然而，还有十几艘热那亚加莱船跟在后面，避开了巡逻队。威尼斯人猝不及防，热那亚人就登上了他们系在近岸的船，威尼斯人的船都被劫持了，大多数人包括皮萨尼本人都成了俘虏。热那亚人之前拒绝在博斯普鲁斯战役后授予帕格尼诺·多利亚以任何胜利的荣誉，因为有太多热那亚人死在那里。1354年，当他从隆戈港返回热那亚之时，热那亚为他举行了盛大的凯旋仪式。

然而，胜利者可能不会想去达成和平的条款。威尼斯在漫长的历史中，曾多次从失败中恢复过来，或者能很好地利用胜利，这是因为它在广泛了解其他强国的弱点和野心的基础上娴熟地运用了外交手段。在隆戈港输给热那亚后，她有很好的机会进行外交斡旋，因为热那亚正被米兰的维斯孔蒂家族统治。尼科洛·皮萨尼一年前在阿尔盖罗给热那亚人带来的失败，并没有阻止热那亚武装一支新舰队在隆戈港赢得胜利，但那次失败使热那亚国内陷入了冲突,一个派别希望惩罚被击败的将军格里马尔迪(Grimaldi),另一个派别则为他辩护。在绝望中,热那亚人接受维斯孔蒂为统治者,他可能帮助热那亚人对抗威尼斯。热那亚人可能一直在想进行另一次革命,几年后他们确实也这样做了。但是在 1355 年,和平谈判掌握在维斯孔蒂手中,他希望讲和。热那亚人在意大利北部的野心被威尼斯组建的联盟挫败了,与威尼斯结盟的不仅有北意大利的国家,还有神圣罗马皇帝查理四世——他同时是波希米亚国王。协议条款同意保留所有问题,两国都要停止攻击对方,同时,在接下来的三年里,两国都不得向塔纳派遣舰队。

革命常常在败仗后发生,因此没有必要去解释热那亚在阿尔盖罗的战败为何会造成如此后果。在卡斯特罗和博斯普鲁斯海峡的失败之后,为什么威尼斯人在隆戈港的失败没有让威尼斯发生革命,这一点更有意义。考虑到威尼斯统治权独立的传统,像热那亚人那样请外国王公来统治是不可想象的。但是,要对战败负责的贵族被暴力推翻,并重塑政策甚至体制,那并不是不可想象的。这种事影响了许多总督的职业生涯。

安德烈亚·丹多洛

在第三次热那亚战争结束前不久,威尼斯总督安德烈亚·丹多洛去世了,他在威尼斯人所知的最多灾多难的 10 年(1343—1354 年)里担任国家元首,这 10 年里的威尼斯饱受流行病和战争的蹂躏。他的生涯说明了 14 世纪笼罩在威尼斯内部政治之上的矛盾性。安德烈亚·丹多洛没有像许多早期的总督那样因军事领导赢得名声。他在法律上是个天才,然后成为一名受人尊敬的律师,并在 22 岁时被选为圣马可法务官,即使他来自名门望族,这个年纪也过于年轻。在圣马可法务官任上,他编纂了大议会的相关法令。更有经验的政治领袖之间的相互嫉妒,以及安德烈亚明显很"安全"地关注法律细节,可能解释了为何他当选总督时只有 36 岁。

在总督任上,他致力于从律师的角度把整个国家的活动安排得井井有条。特雷维索和扎拉受威尼斯支配的条件是"奉献行为",即投降。自贾科莫·蒂耶波洛编纂法典以来的一个世纪中民法的变化，被收集在另一本法令集中。界定威尼斯对教皇、皇帝与其他国家的权利的条约和特许状被有序地汇编到一起。

安德烈亚以律师一样的精神写作史书。他的编年史中有大量的文件被选来证明威尼斯永远是对的，上面标注了章、节和段落，因此人们可以很容易地引用，也方便威尼斯政治家在工作时查阅。

安德烈亚·丹多洛在担任总督期间进行写作、研究和编纂工作时，总督书记处的书记官从旁协助，这些人都是经过培训的书记员。作为"出生公民"的上层，他们在总督书记处的首席书记官（Grand Chancellor）的领导下形成了一种阶层自豪感。首席书记官在政府的机构设置和仪式上都有显赫的地位。安德烈亚·丹多洛任总督时，首席书记官是贝宁滕迪·迪·拉维尼亚尼（Benintendi dei Ravignani），他比总督小12岁，是总督忠实的合作者。安德烈亚对首席书记官的重要性表示赞赏和肯定，他把首席书记官和自己一同放在了圣马可教堂的洗礼堂里的马赛克镶嵌画中。

贝宁滕迪·迪·拉维尼亚尼不仅在法学研究方面与总督合作，还通过书信往来培养自己和当时的杰出诗人、人文主义者彼特拉克的友谊。总督希望首席书记官能够学习如何优雅地书写拉丁文，促进法律研究，这样便能提高书记处的声望，也能提高总督的声望。彼特拉克呼吁威尼斯和热那亚讲和，呼吁双方认清两座城市都是一个更大的整体——意大利的一部分，它们是意大利的双眼，缺一不可。这两座城市都像1915年的英国和德国那样，没有被以欧洲民族为名的呼吁所打动。但是安德烈亚·丹多洛用尽可能优美的拉丁文回信，这在当时是一种很好的宣传手段。

虽然丹多洛家族在贵族老家族中占据着中心地位，但是安德烈亚撰写的史书并未颂扬贵族的美德。相反，他一方面强调平民和贵族一起参与了威尼斯早期历史的关键进程，就像产生第一任总督时的那样。另一方面，他也强调了13世纪的著名总督们的权势。在他看来，共和国的决策和胜利恰似总督的决策和胜利。这是否是因为他过分注重法律形式？还是因为他认为，在那个时代，威尼斯的伟大需要总督成为有权势的领导者？他是否梦想将总督恢复到先祖君士坦丁堡的征服者恩里克·丹多洛那样的掌控地位？他是否想过，自己可能会在平民中而不是贵族中找到支持恢复总督权力的人？也许他的梦想只是恢复威尼斯人过去曾有过的、团结的爱国精神。在他有生之年，这种趋势却走向了另外的方向。无论是贵族的傲慢，还是对这种傲慢的怨恨，都增加了，这导致他在死后被人憎恨。但从长远来看，他的学识使他在威尼斯的传统中获得了很高的地位，其编年史在威尼斯被公认为权威著作，增强了威尼斯人的自豪感。威尼斯人后来在面对失败时表现出的爱国主义和坚韧不拔的精神，在很大程度上要归功于他们坚信自己的主张是正确的，以及他们对过去遭受的苦难和创造过的辉煌所怀有的强烈感情。

马里诺·法利尔

> 我告诫那些将成为总督的人，要仔细注意自己的形象，因为他们可以从镜子中看到自己是领袖而不是领主，甚至连领袖也不是，而是光荣的国家公仆。
>
> ——彼特拉克，某封信件，1355 年 5 月

丹多洛的继任者的确不止梦想成为一名强大的总督。安德烈亚在隆戈港战败前去世，为了选出下任总督，选举人在第一次投票中以 41 票中的 35 票选择了马里诺·法利尔（Marino Falier）。从履历上看马里诺是一个完美的战争领袖。他曾多次担任舰队和军队的指挥官，以大胆镇压扎拉的最后一次叛乱而闻名，经常在十人议会任职，近来他已年届七十，还老练地主持着艰难的谈判。在当选时，他本人正在阿维尼翁同教皇的宫廷商谈。他返回后不到一个月，隆戈港惨败的消息就传来了。因此，在执政的头几个月里，他忙于在和平谈判期间采取有力的全面动员措施。有一项特殊的办法便是任用平民为指挥官，武装了四艘加莱船。虽然他们不是贵族，却都是经验丰富的船长，他们对热那亚的贸易进行了相当成功的骚扰。在威尼斯，有许多人把失败归咎于贵族的懦弱。也有许多人对贵族的傲慢感到愤慨，有一件事说明了这一点，也说明了法利尔是如何利用这

种不满情绪的。在靠近圣马可港的总督府一楼的海军部门，一位军需官或海军秘书乔瓦尼·丹多洛气冲冲地打了一位加莱船官员，挨打的叫贝尔图乔·伊萨洛（Bertuccio Isarello），是一个平民，起因是伊萨洛拒绝接纳贵族丹多洛派来的一个人加入他的船员队伍。伊萨洛走到海边，由于他受到水手的欢迎，所以他毫不费力地在广场的边缘聚集了一帮人，他们不停地来回走动，气势汹汹地等乔瓦尼·丹多洛出来。乔瓦尼感到有危险，只好去找总督，总督把伊萨洛召进总督府，严厉地训诫了他。但那天晚上，总督又把伊萨洛叫到总督府里，让他密谋推翻统治贵族，并推举总督自己为领主。"执杖领主"（Signore a bacheta）的杖是早期威尼斯总督授职仪式的象征。总督征召的另一位领导人物是菲利波·卡伦达利奥（Filippo Calendario），他是当时在建的总督府的建造者，有时得到的报酬超出他应得的报酬。他实际上是一名石匠和建筑承包商，也是一名船东。虽然法利尔阴谋的许多参与者都或多或少与航运业有关，但总督拉拢的人都来自上层或中层阶级，这些人在海员中很受欢迎，海员对贵族心怀不满是因为他们认为贵族应该为威尼斯的战败而负责。

伊萨洛和卡伦达利奥承诺去找 20 名首领，每名首领要召集 40 个人，他们将于 4 月 15 日晚上在总督府集合。但那天夜里很明显出了什么问题。许多被劝说的人拒绝加入阴谋，他们向贵族朋友报告说，有什么事情正在酝酿。即使在同谋者中也很少有人知道总督本人是阴谋的中心，但有传言称，菲利波·卡伦达利奥将召集威尼斯兵工厂周围所有的海员，并从那里接管整个城市（correre la città）。一个接一个的贵族来到总督府，向总督报告这类传言，总督想应付过去，但他感觉在必要时不可避免地要召见总督顾问团。顾问团随后进行了调查，发现线索指向总督本人，就在全市范围内传话给其他贵族，让他们各自在堂区内武装一些可以信赖的人，并派卫兵去圣马可广场。未经战斗，阴谋的主谋们都被迅速抓获了。

愤怒的贵族支持者没有进行私刑，也没有屠杀，所有的惩罚都是按照当时理解的正规法律程序实施的。总督顾问团于次日（4 月 16 日）上午召开了十人议会。十人议会投票支持他们的行动，从城里最受尊敬的人中挑选了 20 人，这就形成了一个 36 人的团体（包括：增加的 20 人，称为宗塔［zonta］；6 名总督顾问；1 名国家检事官，其他国家检事官被取消了参与资格；十人议会中的 9 名成员，最后一名因属于法利尔家族而被排除在外）。这个团体听取证词，列席审判。他们行动迅速，黄昏前，把菲利波·卡伦达利奥和贝尔图乔·伊萨洛都判了刑，他们把这两人从总督府的上层悬吊出来，嘴上套着嚼子，以防两人向人群叫喊。接下来的几天里，其他被定罪的同谋者被吊在凉廊中，最后有 11 具被绞死的尸体在圣马可小广场示众。同时，对总督不利的案件已在审理，判决也被表决通过了。1355 年 4 月 17 日，总督被斩首，地点就在总督府庭院内的楼梯上，几个月前他宣誓维护威尼斯共和国的制度时也是在这个地方。砍下他的头颅后，十人议会的主席提着血淋淋的剑，走到阳台上将头颅展示给人群看，并喊道："看好，叛国者已经伏法了。"

共和国的领导者和高官在战争中密谋推翻共和国时，在危机中体现的合法性、高效率和严格性结合到一起，加深了威尼斯人对共和国制度的尊重。对心怀不满的人来说，它变得更可怕、更难撼动。对从中受益最多的贵族来说，对想要在和平安定的环境里过生活的芸芸大众来说，这更多的是一种非凡的智慧。

是什么促使马里诺·法利尔这样广受尊敬、在很多荣誉职位和难做的职位上经受过很多考验的人去尝试这样的阴谋呢？他已经年过七十，没有子女，即使能够建立个人统治，也不能传位给后代。这个问题困扰着彼特拉克，到今天仍令人困惑。后来的一些编年史家编造了一则浪漫的故事来解释这个谜。故事的原型确有此事，说在总督当选后不久，有人在总督府的墙上写了一些侮辱总督的话，而法利尔认为这个做坏事的年轻人没有受到应有的惩罚。故事在不断转述的过程中逐渐变形，后来有故事说，侮辱的话针对的是他妻子的荣誉，他的妻子年轻靓丽，是第二任妻子（是第二任妻子不假，但是差不多有五十岁了）。传言里有损她荣誉的是一位颇为年轻的男人，即米凯莱·斯泰诺（Michele Steno），此人后来当上了威尼斯总督。这个浪漫的传说没有说服力，因为它在事件发生很久之后才出现。

通过考察意大利的普遍状况，我们可以提出一个更有说服力的解释，尤其是对 1355 年 4 月的威尼斯而言。几乎在所有地方，议会统治都被领主统治取代了。正如约翰·艾丁顿·西蒙兹（John Addington Symonds）所说，这是"专制君主时代"（the Age of the Despots）。威尼斯刚刚在与热那亚的战争中被打败，专制统治似乎在战争中比共和制度更成功。可能威尼斯的贵族和平民中都有人认为更强势的总督会让威尼斯获胜。法利尔的举动可能并非出于想当领主的个人野心，而是因为他作为一个强硬的主战派领袖，不甘心与热那亚和平相处，才策划了这场暴力政变，以强行贯彻自己的意志。当时对贵族政体的崇敬还没有下个世纪的那样牢固。

如果贵族中存在这样一个赞成君主政体的派系，它的存在就会被统治者的多数人尽可能地遮掩起来。丹多洛强调的早期总督的领导、法利尔的阴谋，以及为确保不会有人试图推翻对法利尔的判决而采取的极端措施，都表明这种君主统治的意图是存在的。所有参与判决法利尔的人或抓捕同谋者的人，都被允许携带武器，仿佛他们担心某些同情总督阴谋的人会进行报复。同样重要的事还有之后的总督洛伦佐·切尔西（Lorenzo Celsi）在死后被宣告无罪，这也很奇怪。切尔西死后，被官方宣布清白无罪，而指控内容不明。按照最有可能的解释，洛伦佐·切尔西在当选时是一名海军指挥官，喜欢炫耀，喜欢庞大的宫廷，喜欢和廷臣们一起骑马出行，他让一个廷臣骑着马走在他前面，廷臣手里拿着象征权力的杖或棒。直到有一天，一位总督顾问抓住这根杖子，把它折断了。但官方决定掩盖任何对他野心的怀疑，官方行为和当时的编年史既不承认当时威尼斯的贵族和平民中有人认为威尼斯需要由领主统治，也不承认有人认为由各种委员会组成的政府体系已经过时了。

充满怀疑的二十年

毫无疑问，威尼斯在第三次和第四次热那亚战争之间的时间里一直在走弯路，这足以引发不满。甚至在1355年威尼斯与热那亚议和之前，匈牙利国王拉约什一世（Lajos I）就已准备加入战局，以实现他对达尔马提亚的诉求。次年，在潟湖以北和以西的几个威尼斯的较小邻国的帮助下，拉约什发动了进攻。威尼斯遭遇了几次小败绩，又对战争感到厌倦，就放弃了达尔马提亚。自1000年总督奥尔赛奥洛进行著名的达尔马提亚巡游以来，威尼斯总督首次放弃了达尔马提亚公爵的头衔，简单地称呼自己为"蒙上帝恩宠，威尼斯及其他地方之公爵"（Dei gratia dux Veneciarum et cetera）。另一件对威尼斯人的羞辱出现于几年后。在塞浦路斯，威尼斯和热那亚的领事就谁能优先握住国王的马镫、谁能在加冕仪式上站在国王的右边而发生争吵，并引发了一场骚乱。接着又出现了一场热那亚人对塞浦路斯国王的大规模远征，因为国王指责并惩罚了热那亚人。塞浦路斯国王当时站在威尼斯这一边，此时却未得到威尼斯帮助。热那亚人强迫他支付一大笔赔偿金，还让他将主要港口法马古斯塔（Famagusta）拱手让给他们，此时威尼斯的唯一反应仅仅是撤回本国商人。同时，威尼斯不得不花费巨资镇压克里特岛的一次叛乱，这次叛乱并非早先几次起义那样是由被征服的希腊人领导的，而是由威尼斯定居者和一些成功保有了土地的希腊贵族挑起的。叛乱的起因是威尼斯征税过重，而且克里特贵族派代表到威尼斯讨论此事时还遭到了轻蔑的拒绝。威尼斯失去了一次将代表原则注入威尼斯政府的机会。叛乱的领导人都有像格拉代尼戈和韦尼耶（Venier）这样的威尼斯姓氏，威尼斯的统治者把他们都看作卑鄙的叛徒，特别是他们向热那亚人求助时，尽管热那亚人并未伸出援助之手。威尼斯派出一支雇佣兵部队，镇压了叛乱，但代价是公共债务再次大幅增加。

随着蒙特韦基奥公债的规模不断扩大，财政政策在贵族阶层内引起的争论越来越激烈。威尼斯在1313—1343年削减了公债，使其价格保持在高位，这有利于公债持有人，而为削减公债实行的税收政策和经济措施却伤害了广大消费者和部分商人。那些在黎凡特赚钱的人想要更激进的政策，尽管代价也更高。他们不太关心蒙特韦基奥公债是否保持了很高的市场价格。摇摆不定的政策使两者的利益都得到了一半满足，国家却被削弱了。增加的税收足以损害经济，但还不能填补赤字。债务不断增加，从1343年的42.3万杜卡特的低点，上升到1363年的150万杜卡特，到1379年超过300万杜卡特。政府没有偿还任何旧债，而是规定在价格较低时用偿债基金购买公债。政府采取了更多靠不住的措施想维持市场。在政府的命令下，管理许多信托基金的圣马可法务官用医院等慈善机构的基金（有一些还是不动产）投资蒙特韦基奥公债。

最后的结果对富有的老家族并不会更有利，因为他们要交的款项最多，占蒙特韦基奥公债的份额也最高，至少这与我们的税收观念得出的结果不一样。尽管在1363—1372年的10年间，他们被迫用24%的财富认购公债，但这只占他们已知财富的8%，因为他们财产的估值约为实际价值的三分之一。有些人可能有另外的海外投资，而这些投资逃过了评估人员的眼睛。因为那些年的公债价格几乎从未跌破80杜卡特，并且经常高于90杜卡特（1375年的市场价格是92.5杜卡特），如果他们选择出售他们被迫购买的公债，便可以收回8%财富中的80%—90%。简而言之，在没有任何其他直接税的情况下，他们在10年多的时间里支付了约1%的实际财富。

货币价格的不稳定也让人们有理由抱怨。在14世纪30年代偿还公债时的公债持有人，如果死心塌地相信银本位的话，就可以抱怨说自己已经向政府交出了大量的格罗索银币，如果政府还用成色和重量跟以前一样的银币偿还的话，就会多支付三分之一的钱，所以政府转而用杜卡特金币偿还。14世纪后期，公债持有人受益于金银价格比的变化。黄金价格开始上升，白银价格继续下降，但利息仍然以黄金支付。

不满的浪潮反映在起伏不定的商业政策上。相对自由的政策与航海事务局为代表的贸易保护政策交替出现，该局拥有将外国资本排除出黎凡特贸易的广泛权力。比起其他时期，这一时期暂时垄断关键商品而赚大钱的机会要更多一些，在塞浦路斯做生意的费德里科·科纳尔当属此列。通过控制加莱船贸易而达成临时垄断比较容易，一方面是因为在14世纪的流行病和经济普遍衰退之后，为各种航行而拍卖的加莱船的数量大大减少了；另一方面是因为政治原因导致航行中断的次数更多了。这是一个成交量缩减的时代，商人依赖高昂的价格来赚取利润。

在政治上，14世纪也是一个收缩的时代。在过去的几个世纪里，越来越多的人参与政府事务的趋势很引人注目，但此时在欧洲，特别是在意大利的城市中，这一趋势却发生了逆转。在威尼斯，大议会在14世纪初扩大之后，又设置了阻止接纳任何新家族的障碍。到世纪中叶，有迹象表明权力集中在贵族中的一小群人手中。重要的问题越来越多地不是在大议会中决定，而是在元老院中决定。四十人议会只有在同元老院一同开会时才能就政治和财政问题采取行动。在战争和其他紧急情况期间，大议会选出 20 或 30 人组成的特别委员会，赋予它充分的权力，让它取代元老院，但这些委员会只是临时的。结果，代表大约 30 个家族的约 100 人决定了诸如与匈牙利和谈或派遣军队镇压克里特岛叛乱等重要问题。

　　由一个紧密团结的阶级、一小群寡头统治的政府，有一些优势。这让威尼斯的政策颇为稳定，与威尼斯许多邻国的多变政策形成了鲜明的对比。在君主制国家，如匈牙利王国、领主卡拉拉统治的帕多瓦和领主维斯孔蒂统治的米兰，统治者之死都会带来严重的影响。威尼斯元老院的寡头们可以在几十年的时间里专注于同一个目标，甚至在一个个世纪里也是如此，甚至能在第三次热那亚战争与第四次热那亚战争之间那黯淡的几十年里基本达成目标。威尼斯虽丢失了达尔马提亚，她的舰队仍然掌控着亚得里亚海，不允许匈牙利国王或任何势力在此处武装敌对的舰队。威尼斯舰队往来巡逻，打击海盗，并要求输往意大利北部的货物必须经过威尼斯，将威尼斯保持为亚得里亚海北部的贸易中心。虽然通往黎凡特的贸易路线经常在某个地方中断，但经常马上就出现可资利用的替代路线。从威尼斯向西或者向北，有好几条路线通往商业枢纽布鲁日。最常用的路线是通过布伦纳山口取道德意志。可选择的其他陆路还有途经瑞士和巴塞尔，再到莱茵河，或途经萨伏伊到法国。比起防范可能从海上来的危险，通过谈判确保威尼斯货物在这些陆路上的安全更为容易。第三次热那亚战争结束后的几年里，政府拍卖加莱船，用于前往佛兰德的航线。后来，英法百年战争等情况使得把这条航线留给民间商人多年使用的做法似乎更为明智，但到 1374 年，往布鲁日的官方加莱船航行得以恢复。

　　也是在 1374 年，租出去的加莱船径直前往贝鲁特和亚历山大里亚。在此之前，塞浦路斯岛东部的法马古斯塔一直是叙利亚商品的集合点，也是一支加莱商队的终点站；而另一支商船队直接开往亚历山大里亚，只是在塞浦路斯国王参与十字军东征的那些年除外。当热那亚人在 1374 年获取法马古斯塔时，他们自以为得到了一块往"海外"所有地方进行贸易的宝地。但是科纳尔凭借他在该岛南侧的贸易特许权继续出口食糖和食盐。此外，威尼斯人的加莱桨帆船和经过规范的柯克船载着棉花，绕过塞浦路斯直达贝鲁特和叙利亚、巴勒斯坦的其他港口，以及亚历山大里亚。威尼斯人在靠近主要供货地的地方占据了领先地位，热那亚人只剩下一个半空的袋子。威尼斯人在埃及和叙利亚站稳了脚跟，成为印度香料的主要买家，随着穿越波斯湾和波斯的路线越来越混乱，印度的香料越来越多地通过红海运来。

威尼斯商业外交的这些成功，使她能够赶上不断更换政府的竞争对手热那亚。热那亚国内有冲突，并不妨碍它在黎凡特各地在航运和贸易上开展激烈的竞争。每当革命的风潮使政府暂时处于强势地位时，热那亚就会积极争取特权，以确保它在罗马尼亚的商业优势。

两个共和国的竞争在黑海最为激烈。特拉布宗的贸易因为波斯的混乱而蒙受损害，但塔纳恢复了以前的重要性，特别是在奴隶贸易方面。在君士坦丁堡，威尼斯和热那亚向竞争对手希腊皇帝寻求帮助，皇帝依赖于这两个野心勃勃的共和国中的某一个。威尼斯和热那亚都谋求获得达达尼尔海峡以南的忒涅多斯岛（Tenedos），因为如果在此修筑堡垒，就可以控制通往海峡的航路，将对手完全挡在黑海之外。热那亚人已控制了佩拉和加拉太，希腊人因此嫌恶他们，不愿让他们统治忒涅多斯岛。该岛的希腊长官听从了威尼斯支持的皇帝的命令，于1376年接纳了威尼斯人。威尼斯人对忒涅多斯岛的占领和布防是热那亚人发动进攻和公然开战的信号。

威尼斯卷入了新的战争，但此时还没有解决上次战争以来一直在恶化的问题。虽然事实证明她的体制足够强大，能够在不发生暴力革命的情况下吸收许多冲击，但海员中的不满情绪仍然很棘手，公共债务正在上升到前所未有的高度，寡头统治着贵族阶层，甚至贵族政体的可行性和合理性都是问题。

第十四章

与热那亚竞争的顶点

第四次热那亚战争是对威尼斯社会凝聚力和共和制度力量的最严峻考验。之所以严峻,一方面是鼠疫以及前文所述的技术和经济变革使威尼斯海员数量变少,处境艰难。与此同时,权力集中到元老院等更小的委员会之中,这些委员会中滋生了一种带有担心的傲慢,担心有人会对他们的权威构成威胁,同时也存在对这种傲慢的不满。另一方面是反对威尼斯的联盟比她以前遇到过的任何联盟都要强大。威尼斯曾经分别对热那亚和匈牙利打过仗。现在,它们和帕多瓦的领主弗朗切斯科·卡拉拉,加上一些规模较小的大陆邻国,一起来反对她。在早先的战争中,威尼斯因占领达尔马提亚而获得了力量。而这一次,达尔马提亚被掌握在敌人手中。

基奥贾战争

如前文所述,战争起于两国意图控制黑海贸易而争夺忒涅多斯岛。这场危机的中心是两位杰出人物。最独特的是卡罗·泽诺(Carlo Zeno),他是威尼斯总督拉涅里·泽诺的后裔。卡罗·泽诺的父亲在14世纪初指挥十字军从土耳其人手中夺取士麦那时阵亡,留下十个穷困的孩子——至少相对来说比较穷。卡罗的家族打算让他在教会谋职,为此把他送到帕多瓦去学习。他在那里过着放荡不羁的生活,嗜赌成性,很快就输光了钱,不得不典卖书籍。为了讨生活,他在一帮雇佣兵中当兵。当他在四五年后回到威尼斯时,他的家人差不多以为他已经死了,但还是为他在教会保留了一个职位,这个职位是他年轻时在希腊帕特雷(Patras)的一个教堂里选定给他的。卡罗领导帕特雷当地人与土耳其人作战时，当地人尊重他的领导地位；但他向一位侮辱过他的基督徒骑士发起决斗时，人们认为他的行为对神职人员来说不合适。卡罗放弃工作，结了婚，去君士坦丁堡做生意。家族里流传的说法称，他在那里卷入了一场图谋，与别人一起营救了一位被囚禁的皇帝，并从后者那里为威尼斯人获取了忒涅多斯岛。这则传说并不比根据它改编的19世纪那篇颇为浪漫的小说（F. 马里恩·克劳福德的《阿瑞塞莎》）可信多少。许多有关卡罗早期生平的记载一般都真假参半，但是他的确在正确的时机出现在忒涅多斯岛，并且领导人们成功赶跑了试图占领它的热那亚人，也正是在这时，威尼斯人进入该岛。

与既是士兵又是海军将领的卡罗·泽诺不同，战争中的另一位威尼斯英雄维托·皮萨尼（Vettor Pisani）始终是一名水手。他是尼科洛·皮萨尼的侄子，尼科洛曾在第三次热那亚战争中在撒丁岛大获全胜，后来又在隆戈港遭遇惨败。他叔叔的遭遇也在一定程度上解释了维托的遭遇。尼科洛战败后被热那亚释放，他就被威尼斯的国家检事官起诉，十人议会判处他巨额罚金，并声明他没有资格担任更高的职务。尼科洛不是因为在隆戈港的懦弱或无所作为而受到控诉，而是因为他选择在一个糟糕的地方停船，因为他在战役的早些时候没有按指令在爱琴海把多利亚拖入战斗，因为他为阿拉贡国王在撒丁岛攻打一座城市。事实上，国王在阿拉贡赏他一块采邑作为回报。其他一些在隆戈港的指挥官受到了更严厉的判决，其中也有尼科洛的侄子维托，但是判决以四分之三的反对票而未获通过，维托被无罪释放。

在第三次和第四次热那亚战争的间隙，维托·皮萨尼活跃于加莱船贸易的装备和指挥工作。他担任前往塔纳的船队队长之后，发生了一次小插曲，这件事说明了威尼斯贵族之间经常因为类似事情而争吵。此时暴露出的维托性格中的一个特点，在后来的战争中会被证明很重要。一名船长因为把一些从塔纳带回的腌鲟鱼放在商船武器库中而受到惩处，受到惩处的船长宣称自己有权携带这些额外的货物，并上诉至总督顾问团。维托·皮萨尼出席了听证会，船舶抄写员宣称船长在没有得到所需的"波列塔"（bolletta）的情况下就把腌鲟鱼装上了船。波列塔是一类手写的装货许可书，根据法律规定，它必须由船队队长签发，这是用来防止货物超载和防止船长偏袒托运人的手段之一。维托·皮萨尼大声说自己知道这位船长有波列塔，因为是他本人签发的，他发誓说自己的证词真实可信。参与审理案件的官员彼得罗·科纳尔是富甲一方的食糖大王费德里科之子，他语带讽刺地答道："说得对，但抄写员可讲得不一样。"由于自己的谎言被人挖苦了，维托在当天晚些时候拦住了彼得罗·科纳尔，问他是否带着武器，告诉他下次见面时最好带着。那天晚上维托在科纳尔府邸附近持匕首伏击他，科纳尔躲进最近的房屋里才得以逃脱。因为这次未遂的杀人行为，维托·皮萨尼被罚了200杜卡特，之前他被任命去克里特岛任官，此时也被免除了这项任命。但是，他很快当选了克里特岛的另一个职务，并在1363年镇压克里特岛的叛乱时赢得了荣誉。这段插曲显示维托·皮萨尼性格易怒，荣誉受到质疑时就会变得十分冲动，但是他冷静下来后就会与同伴一起英勇奋战。而且，他在舰队里十分受欢迎，因为他从不傲慢自大——这恰恰是威尼斯旧贵族让人讨厌的地方。

1378年战争全面爆发时，维托·皮萨尼被选为海军统帅，带领14艘加莱船去往西方，在热那亚人的水域中袭击他们。这场战争中的舰队相对较小，这表明14世纪中期，流行病和普遍的衰退严重削弱了这两座城市。而且威尼斯由于失去了达尔马提亚，海军力量已急剧萎缩。热那亚舰队让战火烧到亚得里亚海时，匈牙利国王统治下的达尔马提亚向热那亚提供基地和船只。而威尼斯从希腊补充兵员和水手（特别是通过从威尼斯向克里特岛派遣加莱船的做法，船上只有必要的水手，每张长椅上只有一名桨手）。但是敌人据有的达尔马提亚威胁到威尼斯与兵员供应地之间的联系，还威胁到了城市的食物供应。皮萨尼在西方打了一场大胜仗，俘虏回来许多热那亚贵族，却没能阻止热那亚于同年派遣另一支舰队到达亚得里亚海。皮萨尼在爱琴海为舰队配备好人员后才返回亚得里亚海，全力以赴地想控制这片水域，这片曾被威尼斯人当作自家海湾的水域。

1378年底，皮萨尼请求返回威尼斯休整、补充船员，但是元老院命令他在伊斯特里亚的波拉过冬，因为舰队停泊在这里便可以更快地行动起来护航。他们给皮萨尼送去了补给和一些补充损耗船员的人员。护送完普利亚运粮船的春季航行之后，正在他编组舰队，调一些船上岸修补清洁时，出现了一支升着开战旗帜（一柄尖头朝上的剑）的热那亚舰队，皮萨尼当即命令吹号召集船员。他有 24 艘加莱桨帆船，包括一些载满物资的大型加莱船。热那亚的舰队有 22 艘船，但是威尼斯人只看得见 16 艘。为了在关键时刻出其不意地袭击威尼斯，其他近期从热那亚驶来的船都藏在海岬的后面。尽管皮萨尼一方在数量上有明显优势，但由于舰队状况不佳，他拒绝接受挑战，然而军事委员会中的同僚却暗示不应战是懦夫的行为，皮萨尼就命令尽可能多的船只火速开赴前线。他用从波拉的驻军里招募来的雇佣兵强化船员，他们可能是附近的斯拉夫人。在他座舰的带领下，威尼斯人发动了攻击。热那亚海军将领被杀，座舰被击沉。威尼斯人快取胜时，热那亚的伏兵出动了。战斗继续进行，皮萨尼见无望取胜，只得带领五六艘威尼斯战舰撤离了战斗。几百名威尼斯人战死，还有更多人被俘，俘虏中有 24 名贵族。俘虏本可以被用来交换，但是热那亚指挥官向盟友帕多瓦报告说，他已经在军事委员会的建议下将 800 名雇佣兵斩首，尸体都抛入了大海。

考虑到皮萨尼的力量足以保护亚得里亚海，元老院在一个月之前派遣卡罗·泽诺指挥 5 艘全副武装的加莱船去掠夺热那亚的商船队。甚至在战败之后，威尼斯又派了 6 艘战舰加入卡罗的舰队。他们希望在热那亚附近袭击热那亚商船队能迫使其舰队从亚得里亚海回防里维埃拉。不论是泽诺还是元老院，都没有认识到 1379 年结束之前威尼斯多么需要他和他的舰队。

在这一年，威尼斯比共和国历史上任何时候都更容易受到袭击。匈牙利国王的军队逼近北方的道路，帕多瓦的领主卡拉拉封锁了西方的道路。热那亚的舰队不仅没有返航，反而得到了增援。它俘获了威尼斯附近的船只，焚烧了利多沿岸易受攻击的城镇。由于四面被封锁，威尼斯的食物和物资开始出现短缺。热那亚人和帕多瓦人联合进入潟湖之际，这座城市似乎就会被占领。1379 年 8 月 16 日，敌人攻占了基奥贾。威尼斯请求谈判，敌人却答复说，在他们把缰绳套到圣马可教堂铜马的脖子上之前，他们绝不谈判。这四匹著名的铜马是威尼斯在 1204 年从君士坦丁堡抢来的，此后一直矗立在圣马可教堂入口的上方，至今依然。

威尼斯贵族中不乏抵抗的意志。威尼斯人在利多入口处的圣尼科洛将大型柯克船用锁链连在一起布防，还在要地设置街垒，立起栅栏。威尼斯通过强制贷款筹集了大量资金，雇来雇佣兵守卫街垒、突破对内陆道路的封锁。传统从每12人中抽1人的征兵制变成了普遍兵役制，征召来的兵员被用于民兵、陆军或海军。但是平民，特别是海员，对维托·皮萨尼的遭遇很不满。当政府命令应召入伍的人到16艘加莱船上服役时，报到的人只够装备6艘船。其他人则拒绝到海军办公室应征，他们发誓绝不在新任海军统帅塔代奥·朱斯蒂尼亚尼（Taddeo Giustinian）的指挥下服役，塔代奥是傲慢旧贵族的典型代表。平民想让维托·皮萨尼重新指挥军队，而维托正在监狱里。

维托·皮萨尼因为波拉的战败而刚回国就被逮捕了。国家检事官对他提出正式指控：第一，他以混乱的方式带领舰队进入战斗，让指挥官们没有时间准备；第二，战斗还在进行时，他就擅自撤出战斗。事实上，似乎他在两项指控上均有罪。根据总督顾问、元老和四十人议会成员所组成的特别法庭的表决，70票赞成、48票反对、14票弃权。他被敌人的数目欺骗了，又被胆小怯战的指控刺痛了，所以掉进了陷阱。当时是一次判断失误而已。在战斗结束前撤离，有可能是拯救军队的明智之举，但是这很明显违反了数年前通过的法律。法律规定，任何加莱船的指挥官或舰队指挥官，如果在战斗结束前撤退，就必须被处以死刑。这条法律的本意是惩治怯战，维托·皮萨尼在战斗中非但没有怯战，而且是英勇无畏的。国家检事官根据法律要求判处他死刑，总督建议只对他罚款，再令他将来不得在政府和军队任职。法庭以多数票通过了这一折中方案，维托不得再任职，且须坐牢半年。

无论皮萨尼一案在法律上如何判决，人民没有把战败归咎于他。他们谴责不支持维托的指挥官们，并诅咒元老院，因为元老院拒绝了维托返回威尼斯的请求，迫使他和船员在波拉过冬和休整。他们把皮萨尼受惩罚归咎于贵族嫉妒他极受船员的爱戴。当时城里的一位编年史家达尼埃莱·迪·基纳佐（Daniele di Chinazzo）记载，皮萨尼作为"所有威尼斯水手的首领和父亲"而受到人们的爱戴。

基奥贾陷落之后，贵族意识到，他们必须得到民众的支持才能保卫城市。贵族做出全面承诺，一旦战争结束，就会进行政治改革并做出回报。贵族还将维托·皮萨尼从监狱里释放。皮萨尼出狱后首先前往教堂听弥撒，领受圣餐，之后去拜见总督。他向总督保证，自己会放弃私人怨恨，并为"威尼斯的地位和荣誉"服务。在场的编年史家说，在广场上，海员和其他支持者向他欢呼，事实上其人数有整个威尼斯的一半。他们跟着皮萨尼回家，高呼："维托万岁！"维托则说："够啦，我的孩子们，喊'圣马可万岁'吧！"

元老院很不情愿地屈服了。起初，他们给维托次要的指挥权，并且不让他成为民众所期待的舰队队长。从托尔切洛和潟湖的其他城镇征召来的400名士兵拉着横幅前往总督府，他们在路上宣称服从皮萨尼的指挥。而他们得知需要向塔代奥·朱斯蒂尼亚尼报到时，就扔下横幅回家了，嘴里嚷嚷着编年史家认为太不体面而不便记录的话。此后维托受命指挥6艘加莱船，负责保护城市西南方向的水路。最后他坐在莫洛码头的长椅上招募船员的时候，应募的人太多了，职员登记的速度还赶不上这些老练的弩手、桨手和水手报名的速度。

时任总督安德烈亚·孔塔里尼（Andrea Contarini）年过七旬，已经在政府供职十载，逐渐成为集指挥和情感为一身的核心人物。34艘加莱船的人员已经齐备，总督每天都登上甲板，指挥战船从朱代卡岛（Giudecca）划到利多后再返回。这种训练很必要，因为船员几乎都是不擅航海的手工业者，他们需要练习划桨。威尼斯人认为必须在基奥贾发起反攻，否则就会在潟湖里饿死。这时总督孔塔里尼自任海军统帅，委任维托·皮萨尼为自己的参谋长或执行官。

根据皮萨尼的反攻计划，要将装着石块的船舶凿沉在连接基奥贾跟大陆和开阔海面的航道中，切断敌方的通信路线。潟湖的绝大部分地方水位不深，只有小船能够航行。加莱船或装载物资的驳船只能使用更深的水道，例如在我们今天去托尔切洛或机场时最容易辨认的那些航道。在小船方面，威尼斯人具有明显的优势。皮萨尼堵塞较深的水道和潟湖的主要通道，旨在将基奥贾与大陆、与热那亚舰队分开。

12月22日，一年中此日的夜晚最为漫长，威尼斯人趁夜操纵满载石头的驳船和柯克船，伴着保护和放置它们的加莱桨帆船和长船，离开威尼斯前往基奥贾，这一切由年迈的总督指挥。黎明时分，一支强大的部队在基奥贾以南登陆。它虽被击退，但转移了敌人的注意力，让封堵航道的计划得以顺利进行。然后，已经布置好的障碍必须加以保护，使热那亚人无法消除这些障碍，这就要求船舶在隔离潟湖和海洋、具有战略价值的沙洲定期巡逻和战斗。小商贩和手工业者不习惯风吹日晒、参战负伤，开始讨论弃战回家。总督孔塔里尼表示，他将坚守不弃，直至死亡或者基奥贾的热那亚人投降，但谁能坚持得更久还不好说。威尼斯人把希望寄托在卡罗·泽诺的回归上，他已经离开了8个月，行踪不明。

1380年1月1日，泽诺成功在整个地中海洗劫了热那亚人的船队之后，带着14艘完好的加莱船凯旋。热那亚人在敌手威尼斯的心脏集结重兵时，泽诺便能多次在热那亚和西西里岛之间往返，烧毁热那亚船舶，抢劫中立船只装载的热那亚货物。此后，他向东前往忒涅多斯岛和君士坦丁堡，沿途夺取了更多战利品，还加强了忒涅多斯岛对海峡的封锁。泽诺集合了在克里特岛装备以及停泊在忒涅多斯岛外海的加莱船，继续抢劫，远至贝鲁特。接到返航威尼斯的命令时，他正返回克里特岛进行补给和休整。泽诺已经缴获了非常多的战利品，他和他的船长们把战利品运到克里特岛卖掉了。这些在克里特岛安全地获得的财富，将被分配给船员，这样每一名船员都能按照卡斯特罗的无序之后制定的规则得到应得的份额。甚至在得知威尼斯需要他之后，卡罗·泽诺也无法停止劫掠，就像弗朗西斯·德雷克爵士在类似情况下一样。他的先头部队在进入罗得岛的港口时发现了一个特殊的机会，这里有一艘最大、最富裕的热那亚柯克船"里奇尼娜"号（Richignina），该船的货物价值50万杜卡特，船上有300人，包括160名商人，每人都相当于一笔不菲的赎金。这艘柯克船摆脱了三艘加莱船，却难以摆脱十几艘加莱船的追赶。泽诺强行征用了罗得港的一艘柯克船，从船上的高处施火，成功点燃了"里奇尼娜"号的船帆，它便投降了。仅仅是船上的战利品，就让每个桨手分到20杜卡特，每名弩手分到 40 杜卡特。此战过后，泽诺在克里特停留了一个月，检修、清洗船只，重新整编舰队，以便回到威尼斯后立刻投入战斗。泽诺无法预见自己在亚得里亚海可能遇到什么样的热那亚舰队。

甫一回到威尼斯，泽诺立刻被派去最危险的地方。挫败热那亚人开辟一条从潟湖通往大海的通道的绝望努力时，他负伤多处。凭借要塞、障碍物和沉船，威尼斯人把敌人全都拦在了外面。甚至在泽诺返航之后，威尼斯人仍然不愿进入亚得里亚海，拒绝与前来支援基奥贾的热那亚舰队战斗。他们坚守战场，使敌军互相分开。泽诺完全支持皮萨尼和总督对缺乏耐心的同胞运用这种战略，威尼斯人正遭受物资短缺之苦，想要迅速果断地采取行动。渐渐地，威尼斯人加强了对潟湖和通往潟湖的道路的控制，使基奥贾的热那亚人处境日趋困难。不久，后者的食物和火药将要耗尽。

在第四次热那亚战争——通常也被称为基奥贾战争——之中，火药是十分重要的。虽然之前各种燃烧物已有零星的使用，例如数个世纪以前拜占庭海军就能熟练使用的希腊火，但直到 14 世纪早期，西方才有加农炮的使用。在基奥贾战争中，威尼斯战船首次使用加农炮。加农炮被安置在加莱船的艏楼上。它们也被安置在更小的长船上，这些船在基奥贾附近的战斗中使用了不少。当然，加农炮用来对付攻来的敌舰也颇为有效，威尼斯人占领忒涅多斯岛后就架好加农炮来增强防御。无论从陆地还是海上发射，早期加农炮的射击精度都很低，射出的石弹远没有钢制弩箭那么可怕，后者让皮萨尼和泽诺不止一次负伤。加农炮主要用于攻击城墙。基奥贾的热那亚指挥官皮耶罗·多利亚（Piero Doria）就是被加农炮轰塌的塔楼砸死的。

大多数在基奥贾附近沙洲的战斗是由数千名职业雇佣兵进行的，他们在那个世纪是每一支军队的核心，又是每一支军队的祸根。卡罗·泽诺对这些人的充分了解，加上他个人的本事和勇气所带来的声望，使他在维持对雇佣兵的权威上发挥了不可估量的作用。他阻止了一起英国雇佣兵和意大利雇佣兵之间的争斗，又在热那亚人的食物和火药告罄之际挫败了他们收买雇佣兵首领的企图。收买失败后，1380 年 6 月，基奥贾的热那亚人投降了。

威尼斯成功招架住热那亚人这直捣心脏的一击后，仍然不得不为了重新控制亚得里亚海而奋力战斗。维托·皮萨尼在担任海军统帅期间战死沙场——他最终还是获得了这个最高指挥官的头衔。卡罗·泽诺接替了他的职位，逐渐清理了亚得里亚海的敌方残余势力。在陆地上，威尼斯依然处于守势。基奥贾被围困的时候，彼得罗·科纳尔，就是在之前与皮萨尼争吵的同一个人，在米兰任使节时办事得力，得到了米兰统治者维斯孔蒂的帮助。维斯孔蒂的举动让他的西方邻居萨伏伊伯爵感到震惊，后者只好请求在都灵召开议和会议。因为在基奥贾获得了胜利，威尼斯有了提出条款的权利，但是她所提出的条款表明威尼斯已经很虚弱，能生存下来便已满足。根据1381年《都灵条约》，威尼斯放弃忒涅多斯岛的驻防；同意在接下来的两年内，无论是威尼斯人还是热那亚人都不得在塔纳贸易；承认热那亚人在塞浦路斯的特权；为了阻止特雷维索倒向卡拉拉，同意把特雷维索交给奥地利公爵；为了换取对威尼斯在北亚得里亚海的贸易中心权利的重新承认，每年向领有达尔马提亚的匈牙利国王支付赔偿。从《都灵条约》来看，第四次热那亚战争对威尼斯而言是失败的，而且跟前三次热那亚战争一样没有解决问题。但事实证明，威尼斯凭借其精神、制度和完整保留下来的重要殖民地，已在事实上赢得了与热那亚的竞争。

收复失地

根据危急时刻承诺过的路线，威尼斯人立即着手家园的重建工作。1381年9月，就在达成和平协议的一个月之后，30个新家族获得了大议会的世袭资格。所选的人都对战争做出了极大贡献，但这些人及其家族在此之前已有一定影响力了。举例而言，拉菲诺·卡里斯尼（Raffaino Caresini）因为先前做过首席书记官而被选上。把30个家族加进大议会的做法十分有必要，因为此举增加了贵族的人数和财富，也增加了权力。而且这也表明部分豪门显贵愿意分享他们的荣誉和权力。

与此同时，贵族阶层内部的权力分配也发生了变化。迄今为止，总督都是"世家"的成员，他们被认为是在选出第一任总督之前就已经统治潟湖的保民官们的后代。这些熟悉的姓氏包括丹多洛、米希尔、莫罗西尼、孔塔里尼、朱斯蒂尼亚尼、泽诺、科纳尔、格拉代尼戈和法利尔。这些姓氏不仅出现在总督名单上，也一次又一次地出现在军事统帅和驻外使节的名单上。1382年之后，他们依然重复地出现在高官的名单里，但不再出现在总督名单中了。一个不同的群体——"新贵"，地位长期显赫但是被称为"curti"——在接下来的250年里成功阻止了"世家"获得最高荣誉。从1382年安东尼奥·韦尼耶（Antonio Venier）的当选开始，"新贵"便能够选举一名自己的成员来做总督。

这种转变的原因尚不清楚。也许是因为基奥贾战争结束时新添的30家新贵族对"世家"心怀妒忌，觉得"世家"拥有的荣耀已经够了；也有可能是因为战争资金的筹措方式耗尽了"世家"的财富。过去运转良好的强制公债系统，如今对这些持有大量公债的家族而言已是灾难。数年间，蒙特韦基奥公债的总额从约300万杜卡特迅速增长到约500万杜卡特。强制购买的金额是财产估值的107%，即已知财富的四分之一到三分之一。家族持有的公债甚至不动产都被投入市场抛售，以便获得现金来认购强制公债。同时公债的市场价格首次出现灾难性暴跌。从1375年的92.5杜卡特下跌到1381年的18杜卡特时，政府暂停支付利息。因为政府追讨拖欠者的财产，不动产价格也跌得很厉害。商业资本，特别是投资到海外的，在评估财产时很难被全部计入，而越发难以查明。毫无疑问，有一些"世家"成功地度过了危机，但是"世家"作为一个整体可能受到了相对沉重的打击，因为比起流动资金，他们持有的更多是公债和不动产。

和平到来后，元老院通过许多诡计和严格的经济措施成功地重建了有利于投资、有利于为未来的战争筹资的公债体系。政府依然回避任何通常的直接税制，而倾向于对消费和商品流通征税。公债的利息支付于1382年恢复，但利率只有4%。偿债基金逐渐降低了债务的规模，使其到1402年降至约350万杜卡特，价格升至66杜卡特。但是与此同时，公债和不动产的所有权出现了巨大的变动。

节省开支使财政复苏成为可能，所以在几十年的时间里，威尼斯的海军力量一直维持在相当低的水平上。私人财富和国家税收的支持是推动贸易潮流的主要力量。如往常一样，威尼斯特别关注能够产生高额利润和高额关税的贵重商品运输，因此，再次派遣商用加莱船去罗马尼亚、贝鲁特、亚历山大里亚和佛兰德。和14世纪30年代相比，这时的船队规模明显小得多，从原来的6—10艘船下降到2—4艘，原因是战争、反复暴发的流行病（据说1382年暴发的流行病杀死了1.9万人），还有通常经济状况的收缩降低了活动的整体水平。实际上，向15艘加莱桨帆船提供满额的船员大概需要2500—3000人，这对威尼斯海上劳动力的供应而言是一项沉重的负担。战争结束后，总督孔塔里尼率军对抗基奥贾时征召到舰队中的工匠和商人回家继续营生。从意大利大陆来的新移民促进了威尼斯手工业生产，让其迅速恢复繁荣，却未弥补战争期间海员的损失。达尔马提亚已归匈牙利国王所有，向威尼斯关上了招募海员的大门。然而，来自威尼斯占据的罗马尼亚的希腊人成为主要的水手储备。在1381年之后的几十年里，巡防海盗和牵制土耳其人的加莱船都是在克里特岛或内格罗蓬特招募人员的。在一二十年里，威尼斯的商用加莱船招募了太多桨手，导致威尼斯政府每年顶多只能装备2—4艘加莱船战舰，让它们在海湾舰队长的率领下执行巡航任务。

威尼斯交了好运，那些年里她没有面临任何海上敌对力量的严峻挑战，而且她的外交在很大程度上弥补了军事实力的不足。威尼斯元老院对阿尔卑斯山到地中海沿岸影响她利益的政治变化了如指掌。许多国家正经历内战或革命。威尼斯对时机把握得很好，并一如既往地关注海权和贸易，而不是领土。她抓住机遇时，依靠的仅仅是与她一同幸存下来的完好无损的团结精神。因此现在时机正好，她可以趁邻邦和对手未联合而谋利。热那亚不是被内战弄得精疲力竭、士气低落，就是把注意力放在西方。在亚得里亚海，匈牙利王国和那不勒斯王国结成了王国联盟，如果这两个王国没有陷入王位纷争的话，本可以给威尼斯带来非常大的麻烦。这两个王国在亚得里亚海均不拥有海军，所以威尼斯保住了对威尼斯湾的统治权，要求北亚得里亚海的船只在威尼斯装卸货物，并且把任何未经她允许而出现在亚得里亚海的战船都当作海盗船对待。

为了弥补失去的达尔马提亚基地，威尼斯占领了科孚岛。威尼斯第一次占领科孚岛的时候还是 1204 年左右，在接下来的两百年里，她不可能不招致那不勒斯诸国王的敌意，而那不勒斯诸国王当时很强大，威尼斯经常需要与他们结盟。稳妥为上，威尼斯的船队在波拉和莫顿之间的停靠港有拉古萨已经足够了。14 世纪晚期，拉古萨已告丢失，而且那不勒斯国王也更容易对付。1386 年，威尼斯与科孚人的领袖达成协议，占领了科孚岛，之后又从那不勒斯的王位继承人那里买了科孚岛的所有权。此后，直到共和国灭亡，威尼斯人都彻底地占领这座岛，建要塞驻防于此。

费解的是，随着后来被证明是最难缠对手的奥斯曼帝国的发展，威尼斯也加强了对下亚得里亚海的控制。奥斯曼帝国在巴尔干地区逐渐扩张，把拜占庭帝国限制在君士坦丁堡和萨洛尼卡周围的狭小领地内，征服了保加利亚人和塞尔维亚人，似乎爱琴海的所有港口城市和岛屿最终都将归土耳其人统治。如果它们不愿归奥斯曼帝国统治，就只能谋求威尼斯的保护。威尼斯在希腊海域维持的舰队规模虽小，却足以对付其他势力。舰队依靠的则是威尼斯在内格罗蓬特、克里特岛、莫顿和科孚岛的基地。

虽然奥斯曼帝国此时还没有发展海军，但他们在陆上似乎战无不胜。1396 年，它在尼科波利斯（Nicopolis）完全击溃了一支囊括法兰西骑士之花和匈牙利军队的庞大十字军。威尼斯非常小心地避免直接挑战奥斯曼帝国，这既是因为她不可能与奥斯曼军队相抗衡，也是因为她的商人散布在土耳其人的控制范围内。不过，威尼斯可以从一些希腊王公和法兰西十字军的后裔那里买到港口，价格比较低廉，因为卖主自知无法抵挡土耳其人。威尼斯人买下港口后便修筑工事，再和奥斯曼苏丹达成某种临时的协议。根据协议，威尼斯获得了阿尔巴尼亚的都拉佐、斯库台（Scutari），勒班陀（Lepanto），摩里亚半岛的帕特雷、阿尔戈斯（Argos）和纳夫普利亚（Nauplia，今纳夫普利翁），雅典，以及内格罗蓬特周围的土地和一些爱琴海岛屿（见地图 13-1）。

威尼斯在罗马尼亚获得许多地盘的动机之一，是为了防止它们落入热那亚人之手。即使在热那亚公社因革命而瘫痪的时候，也会常出现危险：一伙热那亚人联合起来，自发去占领黎凡特的某个地方，正如热那亚人的马奥纳（maona）占领了希俄斯岛和塞浦路斯岛的大部分地区一样。

从拜占庭帝国破产以来,有几个问题还没有答案:土耳其人会征服多少土地,威尼斯保护拜占庭帝国的基督徒能获得什么,以及用什么保护。最大的奖赏当然是君士坦丁堡。在那里,热那亚人仍然很强大,他们在金角湾以北的佩拉和加拉太建立了据点,而威尼斯人则沿着金角湾南岸建立了据点。威尼斯和热那亚各自维持着一支舰队,在十字军惨败于尼科波利斯后协助防守君士坦丁堡,但是从苏丹那获胜的军队手中拯救这座城市并不主要是他们的功劳。如果没有中亚实力强大的新征服者帖木儿(Timur,或Tamerlane——西方传统上这么称呼他)发动的新一轮征服战争,苏丹的军队很可能在几年内就将拜占庭帝国消灭了。1402年,帖木儿彻底粉碎了奥斯曼军队。可以说,他为拜占庭帝国之火新添了一束柴。虽然帖木儿对塔纳的掠夺、对其内陆城市的破坏使黑海的港口价值更低,但他击败奥斯曼帝国之举迫使后者对君士坦丁堡的征服延迟了半个世纪,威尼斯人和热那亚人便得以继续在黑海周围进行贸易,并将鱼、谷物、兽皮、毛皮和奴隶等货物运回意大利。

在"海外",塞浦路斯王国是唯一幸存下来的十字军国家,《都灵条约》把它留给了热那亚人。热那亚人要求塞浦路斯国王支付更多的钱,并试图把所有的交易集中在他们直接统治的法马古斯塔。自从寻找印度香料的威尼斯商人不再从法马古斯塔中转,而是直接往返于的黎波里、贝鲁特和亚历山大里亚之后,威尼斯人对于替塞浦路斯国王战斗的事就不再上心了。十字军的主要目标变为罗马尼亚的奥斯曼土耳其人之后,威尼斯获得了教皇的批准,官方的加莱船可以径直到马穆鲁克统治的土地上做买卖。威尼斯加强了与埃及和叙利亚的商业联系。威尼斯人深入到叙利亚、黎巴嫩和巴勒斯坦,寻找棉花等作物,他们主要的领事被派驻在大马士革城内。

虽然威尼斯并不十分关心塞浦路斯本身,但当一支庞大的舰队离开热那亚前往塞浦路斯时,威尼斯警觉了起来,因为这支舰队是由法兰西贵族布锡考特元帅(Maréchal Boucicault)指挥的,此人以武艺高强、勇于冒险而闻名。在5年内,热那亚人换了10任统治者,最终把城市的统治权交给了法国国王,国王派布锡考特来担任行政长官。舰队的规模和布锡考特的声誉使威尼斯人忧心忡忡，担心他在执行对塞浦路斯国王的要求这个公开目的之外还有其他的企图。事实上，在解决了塞浦路斯的问题之后，布锡考特进行了他所谓的十字军活动，即掠夺穆斯林的海港。他袭击了亚历山大里亚、贝鲁特和的黎波里——这些恰恰就是威尼斯人绕过法马古斯塔时使用的港口。在贝鲁特，布锡考特不仅掠夺穆斯林，还掠夺了存放威尼斯商品的仓库。因此，威尼斯人不确定他是敌是友，但无论如何，威尼斯人怀着一股想报复的愤懑。与此同时，他们在卡罗·泽诺的领导下调动了一支庞大（对当时的他们而言）的舰队，包括14艘加莱船，其中5艘已在威尼斯配备好了人员。1403年秋，布锡考特在回航途中停泊在威尼斯基地莫顿对面的一个岛屿附近，而泽诺当时恰巧就驻扎在莫顿。第二天，双方舰队开战，泽诺让布锡考特落败而走，并让后者损失了3条加莱船。布锡考特声称他遭到了偷袭，但无论是法国国王还是热那亚人都没有理会他的怨言，因此很快与威尼斯签订了和平协议，威尼斯人得到了补偿，也获得了胜利的威名。威尼斯俘虏了一些著名的法国骑士，这证明威尼斯能召集到英勇无比的战士，尽管她的舰队规模与早期相比要小得多。

除了缺少人手和资金，威尼斯舰队在基奥贾战争后的头十年里规模变小还有一个原因：他们全神贯注于潟湖不远处大陆上发生的事情。在基奥贾战争期间，帕多瓦领主"长者"弗朗切斯科·卡拉拉（Francesco Carrara il Vecchio）曾明确表达了他想征服威尼斯的野心，尽管威尼斯早些时候曾帮助他和他的家族掌权，希望帕多瓦能成为威尼斯抵挡大陆强国的缓冲国。弗朗切斯科·卡拉拉的侵略政策把他的国家从缓冲地带变成了威胁，他从奥地利公爵手中买下特雷维索，并插手弗留利的纠纷。弗朗切斯科把控制的地盘从帕多瓦一直延伸到乌迪内（Udine），威胁要切断威尼斯与通往德意志的阿尔卑斯山山路之间的联系。元老院在弗留利支持弗朗切斯科的对手与之对抗，最终采取极端做法，与米兰的统治者——危险的吉安·加莱亚佐·维斯孔蒂（Gian Galeazzo Visconti）结盟，一起推翻了卡拉拉，瓜分了他的领地。由于重获特雷维索，而且吉安·加莱亚佐这位帮助威尼斯人重获特雷维索的强邻也在1402年去世，大陆上威胁威尼斯的势力消失了一段时日。

随着贸易复苏、收入增加，土耳其人的威胁在一系列情况下逐渐消弭，卡拉拉的威胁也消失了，而热那亚越来越无力执行既定的对外政策，威尼斯意识到她恢复了力量和繁荣。复兴的高潮是威尼斯恢复对达尔马提亚的统治。不少王公争夺匈牙利的王位和那不勒斯的王位，他们在达尔马提亚实行苛政，许多城市（包括扎拉，但不包括拉古萨）都准备投向威尼斯。威尼斯满足于派遣舰队在亚得里亚海巡逻，引导商业贸易，直到1409年她以便宜的价格从一个王位竞争者手中买下了对达尔马提亚的所有权。当威尼斯在这之后开始声称对达尔马提亚拥有全部主权时，她已变得足够强大，足以赢得与匈牙利国王的战争，而匈牙利国王此时已经没有热那亚的援助了。此时威尼斯的贸易和财富已经完全恢复，即使没有恢复到黑死病暴发之前的水平，至少其范围和交易量已超过了基奥贾战争前的水平。

在整个多灾多难的14世纪，尽管威尼斯在几个时期里处于弱势，但她仍然维持了自身经济地位的基础，即在东西方的商业关系中充当中介。在亚得里亚海，她在这个位置上保持垄断地位。在整个地中海地区，她失去了垄断地位，热那亚人、其他意大利人、加泰罗尼亚人和法国人参与了竞争，但只有热那亚人能与威尼斯人媲美。而作为西欧与东地中海地区货物交换的中间商，没有一个对手能超越威尼斯。对过境贸易收的税充实了共和国的国库，威尼斯商人能够在两个环节获利，其一是进口货物贩卖，其二是出口商品，或把商品卖给来自德意志等地的行商。贸易中断经常发生，但不会持续很久。物价会因中断而波动。不管价格是高是低，威尼斯人就像居中的掮客，不是拿佣金，就是能找到其他牟利的办法。

战争压力在社会内部引发的反应并未改变威尼斯的基本阶层结构和政治制度，而是加以巩固。早期为适应"人民的崛起"和抑制政党派系而发展起来的框架此时持续了下来。商业贵族组成的统治阶层通过吸纳更多的家族而再次强化了支配地位，这和他们在14世纪初扩大大议会时所做的如出一辙。在随后确立的判断是否为贵族的标准中，大议会成员资格的相关规定保持不变，只有贵族才能在威尼斯的议会和行政委员会中任职。行会给工匠管理人和雇工商人提供了机会，让他们有机会决定与自己的生意直接相关的许多经济问题。但他们只能以请愿人的身份出现在统治的贵族面前，对关税和商业条约等问题施加影响。在平民中，只有最上面的出生公民的阶层能直接参与国家政策的制定或执行。他们被限制在书记官的职位上，却垄断了总督书记处中的职位，并因他们的首脑——首席书记官的荣誉而感到荣幸。工匠和商人中有很多人是移民，他们由于掌握着技能而受到欢迎，也被这座城市相对丰富的食物与平等正义的声誉所吸引。移民在每一次战争和流行病之后都补充了威尼斯的人口。

14世纪，议会的结构只经历了一次根本的变化，即权力集中于元老院。在更复杂的国际外交形式的要求下，它的权威与日俱增。通过吸收四十人议会，元老院也获得了后者在控制货币和金融方面的职权。在有关财政政策的激烈竞争中，元老院最终获得了胜利。诚然，在14世纪，元老院经常被特别委员会所取代或补充，这些委员会被大议会授予了处理战争等紧急情况的绝对权力。15世纪初，这类特别委员会停止运行，元老院直接指导战争，指导通常的外交、财政、商业政策和海事管理。

尽管威尼斯舰队在重大战役中落败，但15世纪初的威尼斯仍然是一个面向大海、面向东方的海洋共和国。它的殖民帝国似乎很安全。海上劳动力的供应正在逐步恢复，部分是因为从希腊和达尔马提亚来的移民。威尼斯贵族为加莱船战舰提供指挥官，也为商船提供指挥官。同时从事航海和贸易仍然是威尼斯贵族的通常生活方式，他们直到中年才会退出海上活动，投身于家庭、投资，以及由贵族阶级垄断的政治生活。

第六部分

转向西方

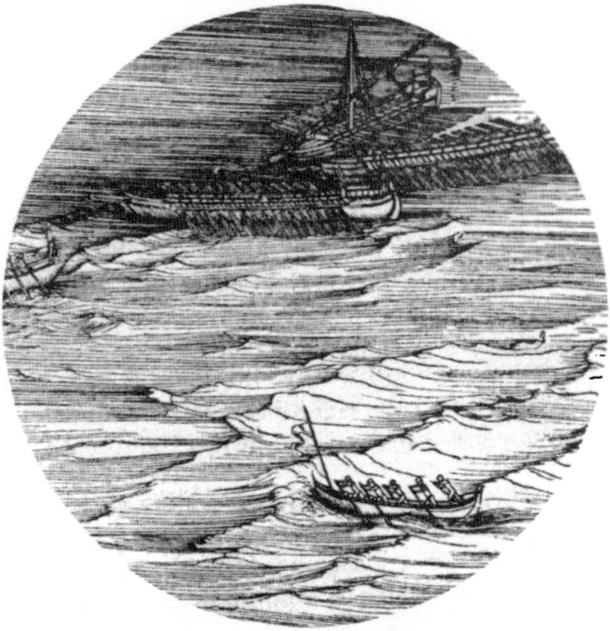

第十五章

艺术、科学和文学

15世纪早期，威尼斯转向西方，尽管它与东方的联系太过紧密，无法完全中断或突然中断。这种变化渗透到政治生活中，甚至渗透到海洋活动中，但首先明显表现在艺术和科学领域。

拜占庭式和哥特式

几个世纪以来，威尼斯人一直在东方寻找美的典范。这座城市最著名的建筑圣马可教堂，给每一位游客留下了威尼斯早期艺术源自东方的深刻印象。它在最初建成的一千年里，曾带有许多风格的装饰，但基本上与东方拜占庭的教堂是相似的。就像君士坦丁堡那最著名的圣索菲亚教堂，圣马可教堂也有砖墙，甚至是碎石墙，墙上覆盖着更珍贵的材料。比起西方那些高耸的主教座堂，它的屋顶是低矮的穹顶，用小窗采光。它的五百根立柱中有不少是从东方的采石场开采出的整块石头，柱头被雕成精致的带状或花状纹样。教堂内部到处都是马赛克装饰，金碧辉煌，闪闪发亮，显示着东方的魅力与神秘。

然而，亚得里亚海有自己的艺术传统。现代威尼斯的历史学家强调，潟湖地区的建筑方法和马赛克制作方法延续了罗马时代晚期拉文那的繁荣，至今仍保存在那里的建筑就是明证。拉文那被伦巴第王国征服之后，威尼斯成为它艺术传统的继承者。这样说也有道理，正如它继承了拜占庭帝国在亚得里亚海维护治安的活动一样。这种后拉文那艺术的著名典例在托尔切洛（早期潟湖的商业中心）和帕伦佐（第二章提到的威尼斯领航员前往的伊斯特里亚港口）。尽管这种风格继承的是罗马风格，从叙利亚到西西里，从威尼斯到莫斯科，都能感受到它的影响，但是它的主要中心在君士坦丁堡，因此被称为拜占庭风格。

君士坦丁堡的圣使徒教堂里有拜占庭皇帝收集的使徒遗物，也是著名的皇帝的安息之地，因此成为圣地，成为皇权的象征。威尼斯人得到圣马可的遗骸，获得了自己的使徒保护者后，以圣使徒教堂为原型，为圣遗物建造了一个存放之地。正如前文提到的，圣马可教堂是总督的礼拜堂，而不是哪位主教的座堂，它象征了权力和独立——最初由威尼斯总督拥有，后来由公社拥有。

圣马可教堂和圣使徒教堂一样，结构呈希腊式的十字形，威尼斯人稍加修改，使建筑更适合公众参与仪式。他们在一端增加了一个后殿，在另一端又增加了一个前厅，使东西轴线上的拱顶更加突出。在11世纪60年代刚修建时，教堂从里到外还很朴素。当时砖墙外还没有大理石和马赛克装饰，与黄金祭坛屏（Pala d'Oro）相比则相形见绌。黄金祭坛屏上满是黄金，镶嵌有数百颗宝石，覆盖有珐琅彩釉的宗教场景和图像。几个世纪以来，又增添了更多的宝石和珐琅饰板，其中有的产自君士坦丁堡，有的则是威尼斯金匠的杰作。对于一个以旅行为生活方式的航海民族来说，他们所珍视的早期艺术杰作是耐心又仔细的工匠才能做出来的轻便宝物，民族与宝物很是相称。

渐渐地，圣马可教堂的墙、拱和穹顶上布满了蕴含宗教象征意义的马赛克图案。教堂最高处展现了神圣的奥秘：以马内利、耶稣升天、圣灵降临。在较低的地方，更多的是人的活动，首先是基督的事迹，然后是圣人的事迹，当然，这里特别关注圣马可的事迹、遗物和奇迹。《创世记》和《出埃及记》中的场景被认为适合用于装饰前厅，因为《旧约》可被当作序曲或者引言。布置马赛克花费了几个世纪的时间。因为马赛克越来越多，威尼斯人便想要更多的空间来展示马赛克，所以把一些窗户堵了起来。风格上的广泛差异反映了11—14世纪各种马赛克工匠的品位和能力的区别，也反映了他们对意大利本土罗马式艺术家发展的新艺术形式或希腊带来的影响的不同反应。比如，教堂前厅中比较自然的叙事风格的《旧约》场景，和穹顶中央的更套路化的象征性人物之间形成了鲜明对比。

拜占庭式建筑主要关注的是宗教建筑的内部，而更少关心建筑的外观。直到 13 世纪，圣马可教堂的外部都是普通的砖砌建筑，只有几个壁龛里有彩色的石头或马赛克。在最近的修复工程中，人们在主入口右边的砖墙中还发现了一根三角帆船的帆桁，它是某次海战的战利品。

13 世纪，海军指挥官送回了更多华丽的战利品。其中最著名的是四匹铜马，它们属于 1204 年从君士坦丁堡掠夺回来的战利品。在接下来的几十年里，他们还带来了其他上好大理石做的古代雕像、受人崇敬的圣遗物和珠宝装饰的圣骨匣。洛伦佐·蒂耶波洛从热那亚在阿卡的要塞取来的柱子，放在入口（见图 7-1）的两侧，该入口面向圣马可广场和水滨，在我们今天已经关闭了。

当威尼斯人建造圣马可教堂并以拜占庭风格装饰其内部时，罗马风格和哥特风格在西方发展起来。这两种风格都非常注重教堂的外观，特别是教堂的门廊。在罗马风格和哥特风格的影响下，威尼斯人在圣马可教堂的入口处增加了装饰。教堂前的一个开放广场是总督塞巴斯蒂亚诺·齐亚尼建造的，他在 1172 年就任总督后对内外装饰都做出了决定性的改变。他用自己的惊人财富买下了教堂前的房产，并在遗嘱中将这些地交给公社用于修建广场。在广场通往教堂前厅的入口处，装饰有一批柱子和拱门，饰以雕刻。在室内，石匠用低浮雕的图案和象征性人物，雕刻出拜占庭式的柱顶和线脚。为西面入口建造的许多拱门上，都覆盖着用高浮雕表现的人物，这些人物展示出自然主义的风格，这是由伦巴第和艾米利亚（Emilia）的工人带到威尼斯的。在众多中世纪工匠的作品中，圣马可教堂中门的第三个拱门是最精美的作品之一。它表现了渔民、铁匠、理发师等行当，特别表现了和木料有关的职业：木匠、箍桶匠、敛缝工（见图 9-1 和图 12-1）。

府邸和教堂一样，最初是用拜占庭风格建造的，带有特色鲜明的圆形拱门和拱廊，颇有斯帕拉托和拉文那的罗马宫殿的风格。虽然呈现出拜占庭式的特征，但威尼斯建筑的鲜明特点反映了国内宁静祥和、远离兵燹的状况。大多数城市的府邸同时也是堡垒，但威尼斯不一样。不仅楼上装饰有开放的拱廊，一楼或者说朝海的那一层也是。后来，拱廊变得更加封闭了。一个典型的拱廊设计方案包括中央凉廊和俯瞰运河的阳台。最精致的是主层，也就是我们所说的二楼。在一楼和二楼，一间长长的中央房间通向一个封闭的庭院（见图15-1）。庭院的一侧有楼梯，一层用来存放小船、木材等物资，还有货物。二层的大房间因为有中央凉廊而采光良好，是进行礼仪活动的场所。日常起居集中在两侧的小房间里，天冷的时候人们会用这里的壁炉取暖。奴隶、仆人等家仆居住的地方在一楼的储藏室中间，或者在阁楼里，或者在楼层之间低矮逼仄的夹层里。威尼斯人在庭院取水，因为庭院有坡度，从屋顶流下的雨水便可以被收集到一起，再被细沙过滤，进入连着水井的储水池中。大家族的宅院是一个相对自给自足、气势宏伟的单位，它有自己的供水、燃料、食物、船只、仆人或奴隶，宅院里住着家族里的好几代人。

府邸建筑早期的圆拱逐渐被尖拱所取代。起初，只有拱顶是尖的，其他地方还是弧形，类似于当代的阿拉伯风格；然后被形成于法国的哥特风格取代，成了真正的尖拱。哥特风格是为教堂建筑而形成的，从约1330年起，托钵修士在威尼斯建造教堂时就开始使用哥特风格。多明我会修士建造了哥特式风格的圣若望与保禄教堂（San Giovanni Paolo，威尼斯人称作圣赞尼波洛［San Zanipolo］），方济各会建造了圣母荣耀教堂（Santa Maria Gloriosa），俗称弗拉里教堂（dei Frari）。和其他意大利的哥特式教堂一样，它们不像法国北部的主教教堂那样强调垂直线条，却使用哥特式拱形结构来创造宽敞的室内空间和优雅的窗户。如前文提到的，哥特风格也让圣马可教堂的外观更为华丽。1419年的一场火灾之后，必须进行修复工作，尖塔之类的哥特式装饰就是在此时加上去的。

威尼斯哥特式建筑的代表作是总督府。总督府的正面一整面都是拱廊，一层叠着一层，这是早期威尼斯府邸建筑的特点。在拱廊上再修筑一面宽阔的墙而只带寥寥几扇窗的做法颇为常见。总督府的这堵墙有40英尺高，但不会使建筑显得头重脚轻。墙壁的延伸部分装饰着五彩石子搭成的钻石图案，角落里有一串串石头连成的线，墙上分布着几扇窗，墙头还有别致的栏杆。位于一层的立柱柱体粗壮，承托着宽拱。而二层凉廊中的

图 15-1　拜占庭式及哥特式的贵族府邸

（a）丹多洛-法塞蒂府（Palazzo Dandolo-Farsetti）的两层较低的楼层展示了威尼斯府邸建筑的拜占庭式风格。该建筑现为市政厅。

（b）充分成型的哥特式府邸有三至四层，主凉廊在二楼或三楼，正如此图中的贝尔纳多府（Palazzo Bernardo）。

（c）凉廊的后面是一个仪式厅，仪式厅延伸到内院，就像黄金宫（Ca d'Oro）一样。从中世纪府邸屋顶上的一丛丛烟囱（见彩图3），可以想见屋内的壁炉有多少。

各拱间距离更窄，加之拱上的四叶形窗格，如此安排过渡，便缓和了一层的结构（如彩图7中右上角的房屋）。

总督府的正立面如此和谐，我们不禁想深入了解那位设计它的建筑师，但我们只有先考察建筑师的问题，才能得出结论。彼得罗·格拉代尼戈扩大大议会时，也开始着手建造一座更大的会议厅。1300年左右，总督府的主要结构沿着宫殿河（Rio di Palazzo）分布，是我们现在总督府的东部。总督府的一端伸向莫罗港的堤岸，这里有一些较小的房子，是政府部门的办公地点。在主要结构之上，格拉代尼戈扩建了一间大堂，供大议会使用。大议会的规模已从400人增加到1000人，在1340年更是扩充到1200人。从这个增长速度看，必须为今后的增长预留更多空间。为了方便同时容纳其他不断扩大的政府机构，例如海军部门，大议会在1340年投票决定建造另一侧的建筑，与滨水的那一侧平行，在建筑的最高一层设置一间大厅，用于大议会的活动。工程动工后不久，黑死病就阻止了城市的增长。大议会的人数减少了，没有再扩大，直到1420年左右才有利用新大厅的必要，但建筑工作仍在按原计划进行。1365年，这座大厅还未建成，而威尼斯聘请一位帕多瓦的画家来装饰外墙。1400—1404年，彼得罗·保罗·德尔勒·马塞涅（Pietro Paolo delle Masegne）设计并建造了俯瞰海港的中央阳台。1424年，总督府的第三个部分以同样的风格开始建造，它位于西面，朝向圣马可小广场。

遗憾的是，构思总督府总体设计的建筑师的名字并未被记载下来，他匿名的这一点显示，我们现在所欣赏的建筑是由许多工匠在几个世纪的时间里创造出来的。他们中的每一个人，比如彼得罗·保罗·德尔勒·马塞涅，用一种能融入整体设计的感觉来完成派给自己的任务。例如，拱廊上的雕刻就为许多角落和柱子赋予了多种多样又独具特色的含义。柱廊或较矮的拱廊立柱的柱头上，描绘着四季的春夏秋冬，或各类种族，或著名帝王，或基本的美德与恶行，等等。

15世纪初，用于总督府凉廊的哥特式花饰窗格这样的装饰，已成为私人府邸装潢中具有统治地位的样式。虽然没有私人建筑能像总督府那样高大庄严，但有不少却装点得更漂亮。黄金宫尽管规模相对较小，却有五颜六色的石块装点，其石制窗格精美复杂，它借以得名的金箔外观也金光闪闪，令竞争对手相形见绌。

建筑师和雕刻家都具有工匠的社会地位，都是石匠行会（tagiapiera）的成员。数百位师傅都是体力劳动者，他们切割石块的时候依照指示，或尽可能贴近传统的设计，举个例子：制作并装点府邸中庭院的井栏，或者小天井里平民汲水之处的井栏。这些石匠在哥特风格广为流行很久之后，还在用拜占庭风格制作井栏和柱头。相比之下，事实证明一些石匠师傅是一流的艺术家。他们发挥个人天赋，将东西方的影响和威尼斯的传统融会贯通。然而，他们最好的雕刻作品是浮雕，而不是柱上的雕刻。威尼斯并没有像文艺复兴时期的佛罗伦萨那样发展出影响范围广大的雕刻流派。

画　家

但威尼斯确实在绘画上发展出了一个这样的流派。它源于马赛克镶嵌工的店铺，画家从这里继承了对光线明暗和颜色的关注。在威尼斯，人们对色彩及其在构图中的作用更加敏感，因为这里有水构成的街衢。反射的光，随着风和潮汐的变化而变化，为颜色的变化赋予了特殊的力量，正如廖内洛·文图里（Lionello Venturi）所言："每一块石头都呈现出珐琅般的光泽。"

起初，画家主要被雇来绘制祭坛装饰画，这些画用于教堂和私人礼拜堂，有助于提升教徒的虔信精神。他们用蛋彩画法在木板上作画，用强烈的色彩描绘出圣人形象，与背景形成鲜明的对比，背景通常是大块的金色。他们的风格仍然部分是拜占庭式的，就像14世纪在圣马可教堂添加的许多精美的马赛克镶嵌画一样。有些画很小；有些很大，几乎和圣马可教堂的黄金祭坛屏一样雄伟壮观，尽管远没有那么昂贵。

15世纪中叶，威尼斯绘画受到西方的两大影响，所以发生了变化。从佛兰德传来了一项新技术，即油画技术。与之相比，差不多同时从佛罗伦萨传来的新观念更有成效，影响更为深远。早先佛罗伦萨画派强调线条、形状和质感的价值，在此基础上，1420—1440年，布鲁内莱斯基（Brunelleschi）、多纳泰罗（Donatello）、马萨乔（Masaccio）和莱昂·巴蒂斯塔·阿尔贝蒂（Leon Battista Alberti）发起了西方艺术史上称作"文艺复兴"的革命。他们将熟练运用的透视法、数学式的构图法、对古代文物细致又满怀赞美的研究、从希腊罗马的艺术中找到理想形象的渴望结合了起来。他们的成就伴随着一场被称为"人文主义"的文学和学术运动的蓬勃发展，该运动将希腊文和拉丁文文学奉为通往充实而有价值的生活的指南。我们将会提到，人文主义以多种方式出现在威尼斯，而与之相对应的绘画上的运动则经帕多瓦传来。

威尼斯人征服了帕多瓦后，两地在艺术和智识上变得非常统一，以致法国人有时称帕多瓦为威尼斯的"左岸"。1440—1460年，三家杰出的画家工坊在这两个城市经营。其中一家由安东尼奥·维瓦里尼（Antonio Vivarini）领导。他是玻璃吹制工的儿子，开始把自己的工坊设在穆拉诺，在这里承接刻制或绘制祭坛装饰画的订单。然后他搬到威尼斯，和一位来自科隆的移民乔瓦尼·德阿莱马格纳（Giovanni d'Alemagna）合作。他们训练了安东尼奥天赋异禀的弟弟巴尔托洛梅奥（Bartolomeo）和他的儿子阿尔维塞（Arvise）。当帕多瓦的埃雷米塔尼教堂（Eremitani）有一项重要的工作要做的时候，他们和其他画家一起受聘装饰礼拜堂的一堵墙。

这三家工坊中最大的一家由帕多瓦人弗朗切斯科·斯夸尔乔内（Francesco Squarcione）领导，其父是一名书记员。比起工匠，弗朗切斯科更像是承包商，据说他手下有137名学徒。斯夸尔乔内是一位古代艺术品的收藏家，对各种各样的影响都持开放态度，但他利用或组织的"学徒"们似乎从别人那里学到的技艺比从他那里学到的要多。

三家工坊中最重要的一家由雅各布·贝里尼（Jacopo Bellini）领导，他是锡匠的儿子，他的家族属于威尼斯渔民聚居的尼科莱蒂区。他崇拜佛罗伦萨画家詹蒂莱·达·法布里亚诺（Gentile da Fabriano），也许还当过他的学徒。1408年，法布里亚诺受雇为总督府里的大议会大厅作画。雅各布很可能追随詹蒂莱回到了佛罗伦萨，因为佛罗伦萨的记录提到了一位"威尼斯的雅各布"，记载他在1423年或1424年乘船前往佛兰德。在佛兰德，雅各布可能看到过布鲁日的凡·艾克使用新型油画技术绘出的亮丽色彩。佛罗伦萨画派在那些年里形成的艺术观念无疑对雅各布·贝里尼产生了强烈的影响。他汇编了一本速写集，将它传给儿子们，书中包括对透视画法的研究，以及从各种不同的位置、以不同的建筑背景和风景背景表现的用透视画法画出的人体。这些研究的目的不是把人当作孤立的形象呈现，而是把人置于空间中，相互参照。雅各布的画作很少留存下来，因此他最为人所知的是他的速写集以及他的儿子詹蒂莱、乔瓦尼的作品。

有一个年轻人在雅各布手下学习的速度甚至比他自己的儿子还要快，那就是安德烈亚·曼特尼亚（Andrea Mantegna），他是斯夸尔乔内的学徒，据说斯夸尔乔尼为了让安德烈亚继续为自己工作而收养了他。但是雅各布·贝里尼有更多的东西能教给他，何况贝里尼还有个女儿。曼特尼亚娶了雅各布的女儿，并与他的工坊建立了联系。在那里，曼特尼亚不仅学到了东西，还对其他人施加了影响，因为他自己有强大的风格，并直接从佛罗伦萨汲取了新的观念。15世纪40年代，曼特尼亚当时十几岁，佛罗伦萨画派直接影响到帕多瓦，一是因为多纳泰罗的出现，二是因为佛罗伦萨人文主义者的主要赞助人帕拉·斯特罗齐（Palla Strozzi）当时被政敌科西莫·德·美第奇（Cosimo de' Medici）流放。多纳泰罗是一个性格颇为积极开朗的人，在帕多瓦广受赞赏；十年后，他回到家乡，并说自己只有在佛罗伦萨才能受到频繁批评的激励。为了证明自己的实力，多纳泰罗在帕多瓦留下了威尼斯的一位雇佣兵首领的雕像，即加塔梅拉塔（Gattamelata）的雕像，这是第一尊能与古代作品媲美的骑手雕像，确实能让人回想起罗马城的马可·奥勒留像。斯特罗齐和多纳泰罗的那种对古代的热情，同样激励安德烈亚·曼特尼亚去描绘古罗马建筑背景下身穿罗马盔甲的士兵。1450年，年仅19岁的他在埃雷米塔尼教堂作画（画作在二战中被炸毁），一举成名。凭借这些作品的力量，他让竞争对手维瓦里尼黯然失色。曼特尼亚成为意大利北部最重要的画家之后，便去为曼托瓦公爵工作。贝里尼家族回到威尼斯，在那里，他们和维瓦里尼家族协商，分配了宗教主题绘画的良好市场。

15世纪70年代，威尼斯彻底吸收了在大帆布上用油作画的新技术，这在一定程度上受到了外邦人安东内洛·达·梅西纳（Antonello da Messina）的影响。这项新技术立刻为绘画打开了市场，因为无论是湿壁画还是画在灰泥上的水彩颜料，都难以在威尼斯那潮湿的环境中持久保存。詹蒂莱·达·法布里亚诺等人在总督府里创作的壁画已经褪色，威尼斯人打算用一大幅描绘威尼斯历史或传说场景的油画替换它，这项工作被委托给詹蒂莱·贝里尼和乔瓦尼·贝里尼，他们是公认的威尼斯画家领袖。

虽然贝里尼兄弟这幅总督府里的大壁画后来被火烧毁，但在其他保存完好的油画作品中，如精细描绘的节日中的圣马可广场（见彩图2），可以看出詹蒂莱·贝里尼对大场景的处理能力。他是一系列乐于描绘威尼斯城的画家中的第一位。他在肖像画上亦颇有造诣（见彩图7）。他为德意志皇帝所创作的画像，给他带来了一个骑士头衔。1479年，当君士坦丁堡的征服者苏丹穆罕默德二世要求威尼斯派一位最优秀的画家去为他绘制肖像时，被派去的正是詹蒂莱·贝里尼。

乔瓦尼·贝里尼在总督府工作时与其兄合作，但他自己保持着一间单独的工作室，并发展出一种相当独特的风格。他起初深受曼特尼亚的影响，后来脱离了曼特尼亚的想法中的粗粝感（它有时粗糙，却引人注目），形成了他独一无二的细腻感和深度的宗教感。他创作的许多价值昂贵的圣母像，以及自开始便蕴含神秘意义的作品都能体现这一点。米勒德·迈斯（Millard Meiss）如此描述如今存放于纽约弗里克收藏馆的乔瓦尼·贝里尼的画作《圣方济各遭受圣伤》（St. Francis Receiving the Stigmata）："光线象征着一股看不见的力量，这力量让圣徒重生。不仅如此，画上的所有世界似乎也因它重生，野花和藤蔓从岩石中长出，干枯的树枝上突然冒出叶子，那头安静的孤驴也神秘地获得了生命，宛如刚被创造出来的亚当。"他在《神圣寓言》（Sacred Allegory）中表现出一种更为隐晦的象征性，此画又被称为《乐园中的魂灵》（Souls in Paradise），藏于佛罗伦萨的乌菲齐美术馆。

1507年詹蒂莱去世后，乔瓦尼·贝里尼被威尼斯人评为最优秀的画家，直到他于1516年以近80岁的高龄去世。古典主题和细节并不是他关注的焦点，却出现在他的一些作品里，因为他在漫长的一生中对许多影响做出了反应，包括他自己的学徒乔尔乔内（Giorgione）和提香（Titian）带来的影响。

乔尔乔内有时被称为第一位现代画家，因为他不会先画好底稿再上色，而是边上颜料边起稿。以往画家的作品更多的是装饰大型厅堂的祭坛装饰画或者纪念性画作，而乔尔乔内的作品更多的是小画布上的画，用于装饰贵族的私人房间，在形式和用色上都更加奔放，也不局限于宗教题材。由于他在贝里尼的工作室里是学徒和合作者，又是提香的老师，跟提香协同创作，提香后来将他的风格发扬光大，因此所有专家公认完全出自乔尔乔内之手的画作寥寥无几。这些画作有《三位哲学家》（*The Three Philosophers*）和《暴风雨》（*The Tempest*），后者有时也被称作《士兵与吉卜赛人》（*The Soldier and the Gypsy*）。但所有人都同意，在乔尔乔内于 1510 年去世时，未满 35 岁的他已经彻底改变了作画方式和画作市场。

贝里尼、乔尔乔内和提香给威尼斯的绘画带来了巨大的声誉，当佛罗伦萨和罗马的领导地位动摇时，威尼斯一度成为西方世界最重要的艺术中心，我们将在最后一章再谈。

与此同时，同时代的维托·卡尔帕乔（Vettor Carpaccio）完善了一种独特的风格，这种风格最能表达城市的美和市民的感情。卡尔帕乔出生在潟湖中的一个小岛上。他没有去任何一家主要的工作室里当学徒就掌握了画技，但他从贝里尼兄弟等前辈大师的作品中学到了很多。就像詹蒂莱·贝里尼，他也喜欢画威尼斯。在画作《治愈着魔之人》（*Healing of the Demoniac*）中，宗教奇迹被放在边上，以便腾出空间来描绘古老的里阿尔托木桥和桥下那些显眼的贡多拉船夫（见彩图 3）。

与乔尔乔内和提香相比，卡尔帕乔主要为那些不太尊贵的顾客服务。可以肯定，他在许多教堂都工作过，还曾为总督府工作。他以港口为背景的《圣马可之狮》（*Lion of San Marco*）是为国家财务官绘制的，但他最好的作品是受兄弟会委托而创作的。除了工匠的行会，以及威尼斯的出生公民管理的规模大且富裕的大兄弟会，在威尼斯也有外国侨民组成的兄弟会，值得注意的有希腊圣乔治（San Giorgio dei Greci）兄弟会和斯拉夫圣乔治（San Giorgio degli Schiavoni）兄弟会。还有一些"小兄弟会"（scuole piccole），它们也崇拜特定的圣人或特定的圣遗物。以上兄弟会竞相利用新近的大幅油画来装饰自己的会堂。詹蒂莱·贝里尼和卡尔帕乔创作的最著名的威尼斯风景画，属于为最大的兄弟会之一——福音书作者圣约翰大兄弟会（Scuola Grande di San Giovanni Evangelista）创作的一系列画作，此兄弟会是真十字架碎片的持有者，画作展示的正是真十字架碎片带来的奇迹。

兄弟会主保圣人的传说为卡尔帕乔提供了他最擅长的主题。他的系列画作《圣厄休拉传说》(Legend of St. Ursula)表现了往来于陌生土地的故事，故事中有贞洁和殉难的情节，还有海上旅行和传递口信的情节。单看各个小画作，它们就像浪漫歌谣里的杂乱间奏，而卡尔帕乔将这些小的画作编排到更大的框架中。港口场景很明亮，显示画上就是威尼斯；虽然图中有一些想象中的城堡，但是船舶与现实的相差无几。对别的画家而言，船舶的地位不会如此重要。画家选取山峦沟谷作为背景，以为画面增添深度和氛围，这种做法已很常见。雅各布·贝里尼的笔记本中有不少研究场景的地方，但是船只仅出现过一次，那是一处船难的残骸，增添了环绕在圣哲罗姆周围的孤寂感。卡尔帕乔描绘了航行在公海上、撑满帆的船只，这似乎可以说，这位最具威尼斯特点的艺术家不仅能为传说赋予生命，还是第一位伟大的海洋画家（见图25-1和图26-1）。

科学家和人文主义者

直到15世纪末，世俗的兴趣才与宗教在绘画上展开激烈的竞争。在科学和文学领域，这一变化开始得更早，而且趋势也相反。

起初，大众科学与宗教艺术并不相悖。创世的故事被表现在圣马可教堂的前厅中，土、气、火、水四元素被描绘在托尔切洛圣母升天教堂的《最后的审判》的角落里。任何想深入探究科学的人都可以阅读神学家对自然史的研究，或是阅读古希腊人和古罗马人的著作。在神学指导方面，威尼斯人更看重拉丁基督教世界所接受的解释，而不是君士坦丁堡的解释。尽管他们对教会和国家关系的处理显示了拜占庭的影响，但在仪式和三位一体的性质等教义的问题上接受了罗马教皇的权威，其神职人员研究的也是西方的重要教士的著作。在纠正希腊哲学家的异教"错谬"的同时，这些教士也向希腊人让步，尤其是向亚里士多德让步，因为他是逻辑学和自然科学的权威。

在西方，随着财富、学术和好奇心的发展，人们需要直接了解更多亚里士多德本人的著作。亚里士多德作品的手抄本在君士坦丁堡保存得最好，对他语言的阐释也是如此。而威尼斯与黎凡特联系紧密，威尼斯就成为交流亚里士多德作品的中心。12—13 世纪，通过威尼斯，西方世界对亚里士多德的许多著作有了更全面的认识，其中的一个领头者是威尼斯的詹姆斯（James of Venice）。1135—1136 年，他前往君士坦丁堡，发现亚里士多德在当地的学校中受到了极大的重视。在接下来 10 年左右的时间里，他把亚里士多德的许多关于逻辑学、形而上学、物理学和心理学的著作从希腊文翻译为拉丁文。

在中世纪的大学里，对这些学科的研究颇盛，它们与法学和医学竞争，而法学和医学具有更严密的职业用途。帕多瓦大学在几个世纪前从博洛尼亚大学分离出来，此时已成为威尼斯的大学。与博洛尼亚大学一样，帕多瓦大学最重要的院系也由律师组成，它不仅规模最大，还包含了许多具有政治威望和广泛影响力的人。意图参政的威尼斯贵族也最爱读法学院，因为法律知识对参政很有用。帕多瓦隶属于威尼斯之后，威尼斯政府就禁止威尼斯贵族去别的地方学习。威尼斯用这些法律确保了大学的客户，同时提供资金以吸引杰出的教授，而教授反过来又吸引了许多非威尼斯本国的学生，特别是来自德意志的学生。为了给各个院系挑选教授、给教授分配待遇和自有组织的学生，威尼斯大议会组建了一个帕多瓦大学改革者（Riformatori dello Studio di Padova）的理事会，从拥有帕多瓦大学博士学位的人中间挑选理事。

所有不属于法学院的教授都被归入所谓的文学院，但该院主要教授科学，尤其是医学。在接管帕多瓦之前的几个世纪里，威尼斯已经有一群声名卓著的内科医生和外科医生，他们的行会将执业资格授予从业人员，要求其成员避免与药剂师产生经济上的接触，还要求内科医生和外科医生每个月都要一起开会，在会上讨论交流有趣的病例。威尼斯的许多内外科医生实际都是领取政府薪水的卫生官员。其中最受尊敬的一位是瓜尔蒂耶里先生（Master Gualtieri），他在 1318 年向当局申请为年老或生病的海员建立一处居住的地方。他还规定，任何神职人员都不应插手该机构的运作，这也许是出于未知的个人原因，也许是因为当时帕多瓦大学的一位领头的医学教授在死后被判以异端罪,其遗骨被掘出焚烧。瓜尔蒂耶里先生曾数次在加莱船商队中担任首席医师,因为他在费拉拉战争中无私救助伤员,威尼斯当局投票授予他优待。建造海员医院的时候,他债台高筑。大议会继续支持他,却在投票给他贷款时任命管理员来管理钱款,因为人们认为他手头太松了。这些做法显示威尼斯人很尊重医生职业。与此同时,享有盛誉的外国人也受到了欢迎,且能获得丰厚的报酬。帕多瓦大学的医学院变得和法学院一样杰出,在威尼斯的范围内,没有任何与之竞争的医学校被允许授予学位。甚至在最初级的文科学位上,其他学校也只能为通过帕多瓦大学的考试而训练学生。随着时间的推移,要想在威尼斯的医生行会中获得完全的地位,就必须持有医学学位。

所有科学和哲学跟医学同属一个系,这并不像现在看起来的那样不合理。对医学的研究让人们想探索自然界的所有奥秘。它引发了对占星学和天文学的兴趣,因为人们认为星球的运动会影响身体的各个器官。亚里士多德在他的时代是一流的生物学家,在他的指引下,人们思考物质的基本性质是什么,科学研究的正确方法又是什么。这两个重要的问题在西方的大学中被反复讨论,为两个世纪后伽利略阐明新的科学方法(也是在帕多瓦大学)铺平了道路。一位被称为威尼斯的保罗(Paul of Venice)的教授在牛津待了三年,此地对科学方法的兴趣颇为浓厚。他后来回帕多瓦传授新的方法论,直到于1429年去世。与此同时,私人赞助的、在里阿尔托举办的公开讲座增强了威尼斯人对自然科学和哲学的兴趣。威尼斯的保罗有一位精力充沛、野心勃勃的弟子,在他的领导下,自然科学和哲学变得非常受欢迎,以致十人议会威胁他,如果他不停止组织学生与帕多瓦大学的竞争,就会重罚他。此后,元老院小心翼翼地挑选杰出的贵族成员担任讲师,其人选是应当不会成为学术帝国的建立者,还会向年轻的贵族传播有益学说的人。

同一时间,有一名叫西莫内·瓦伦蒂尼(Simone Valentini)的威尼斯人,他不属于贵族阶层,而是书记员的儿子。虽然他按所受的教育应该是内科医生,却成了一名商人,他在遗嘱中为儿子们的教育提供了具体的规定。首先,他希望他们接受阅读、写作和算术方面的训练,这些都是政府职位、经商，甚至做手艺的基本技能，有许多私人的或学校的教师提供此类教育。他可以请"算盘师傅"来教他的儿子算术和簿记方法。一位智力超群的数学教师卢卡·帕乔利（Luca Pacioli）出版了一本综合性专著《算术、几何与比例总论》（*Summa de Arithmetica, Geometria, Proportioni e Proportionalità*，威尼斯，1494 年），书中完整地记载了复式簿记法（见图 11-1）。但是西莫内·瓦伦蒂尼不仅是希望儿子们学会"三艺"和商业技能。他向遗嘱执行人要求，如果可能的话，儿子们也应该学习古典著作、逻辑学和哲学。但他明确指出，不要让儿子们成为医生或律师，他们应该成为商人。

威尼斯没有负责初等教育与中等教育的公立学校。就像工匠在其父或其他师傅手下做学徒来学习一样，年轻的贵族学习了私人课程之后，就跟随父辈在商业航行、政治任务或海军任务中学习。但是瓦伦蒂尼的遗嘱显示，除了大学提供的专业培训，人们越来越渴望获得更多教育机会。有人赞助在里阿尔托的哲学讲座的行为便是这种渴望的体现。从长远来看，另一种研究在很大程度上满足了这一渴望，即拉丁文学研究，此基调因弗朗切斯科·彼特拉克而产生。彼特拉克声名卓著，一是因为他作为诗人创作的十四行诗，二是因为他作为一名学者，用优雅而雄辩的拉丁语引导了全欧洲的书信往来。名声大振后，彼特拉克来到威尼斯定居。他许诺把自己收藏的著名手抄本留给威尼斯，作为建立一座公共图书馆的基础。作为回报，执政团在斯拉夫人堤岸为他提供了一所房子，他非常享受房子附近繁忙的港口生活。他对博学的安德烈亚·丹多洛总督表示敬佩，并鼓励总督以更古典的风格来书写拉丁语。彼特拉克在威尼斯结识了许多朋友，但他后来离开威尼斯去帕多瓦享受弗朗切斯科·卡拉拉（此人成了威尼斯的对手）的殷勤款待，在欧加内山（Euganean Hills）附近的乡间别墅里休闲。他于 1374 年死在那里之后，藏书便被四下分散了。

彼特拉克的人文主义趣味在威尼斯并没有立即得到普遍认可。就在他离开威尼斯之前，他得知他的四个"朋友"聚在一起谈论过自己，他们一致认为他是个好人，但相当无知。他们认为彼得拉克无知，因为他不屑于关注亚里士多德所珍视的精微的逻辑差异，然而他们对亚里士多德的观点跟大众一样：他是但丁所言的"智者中的大师"，若想要被人认为是博学的人，就必须理解亚里士多德。彼特拉克勃然大怒，发表一篇文章反击，谴责这种学问是一种不信神的诡辩，不符合人类的天性。相反，他颂扬那些可以通过研究有创造力的文学来培养的品质，尤其是雄辩术，也就是说体现在书写和言谈中的说服力。但在威尼斯，有一段时间里人们对亚里士多德的科学的兴趣比对彼得拉克的人文主义的兴趣更浓厚。得罪了彼特拉克的四个"朋友"中，有一位正是赞助里阿尔托的公开讲座的人。而直到很久之后，致力于讲授拉丁语文学的公开讲座才得以建立。

彼特拉克最坚定的朋友和仰慕者是书记处的成员，特别是首席书记官贝宁滕迪·迪·拉维尼亚尼。迄今为止，书记处的成员都受到过律师那种公证员的训练，现在他们更加热衷于用拉丁文学补充所学，让自己书写的语言更加优雅。拉丁文学的讲师职位最终确定时，它设在圣马可区，与书记处距离不远。作为补充，每年还会为想要在书记处谋求职位而在此学习的年轻人提供12份奖学金。一些著名的拉丁语学者被请来在圣马可区的这所学校教书。威尼斯贵族会担任里阿尔托的哲学讲师，却未担任这里的拉丁语讲师，因为贵族和人文主义者不一样，贵族往往忙于外交任务。

彼特拉克死后，在两代人的时间里，他的思想在其他城市比在威尼斯更能激起人们的热情。支持人文主义的主要是佛罗伦萨人和王公的廷臣，许多人文主义者赞扬独裁统治，贬斥共和国，特别是威尼斯。他们声称，威尼斯人不值得被赏识，因为那里的每个人都一心赚钱。有一段时间里，人文主义者倾向于认为威尼斯是一座环境比较冷漠的城市，因为二者在学识和政治制度的理想上都有所隔膜。

1374年左右，即彼特拉克去世半个世纪后，情况发生了根本变化。威尼斯变得更富有、更安全，对装点生活更感兴趣。另一方面，最博学、最具独创性的佛罗伦萨人文主义者，在与好斗的维斯孔蒂家族的米兰公爵们斗争时形成了一种高度自觉的共和主义。这些公爵所雇佣的人文主义者赞美统一的、中央集权的君主政体所带来的好处，认为它将给意大利带来和平。针锋相对地，一群被称为"公民人文主义者"（civic humanist）的佛罗伦萨人赞扬自由的理想——佛罗伦萨人将这种理想与他们的政府形式联系在一起。佛罗伦萨的体制没有威尼斯的那样一体化，更容易受到腐败和暴力革命的影响，但它为新人提供了更多政治机会。此外，两者都体现了同样的基本原则：所有个人都要服从公社的法律及议会的决议；大范围的人群都能担任议员和行政官员；官员任期短，轮换频率高；要求公职人员在任期结束时述职。在威尼斯和佛罗伦萨，出身名门的富人掌控着政府，但他们之所以能这样统治，是因为他们为人们提供了相同的权利，从而获得了信任。公民人文主义者宣称，这种负责任的公共服务只有在共和政体中才可能实现，它还发展出一种最高的人类品质，代表这种品质的人是西塞罗，他们颂扬西塞罗不仅能言善辩，而且胸怀公共精神。这些对共和主义的强调提高了人文主义者对威尼斯贵族的向往。

从彼特拉克时代到此时的另一个变化，是人文主义者对希腊语的了解更为全面。因为古罗马人赞扬希腊作家，所以彼特拉克认为希腊语是美感和智慧的关键，他自己却不懂希腊语。在威尼斯水滨，希腊海员在他的窗户外发出的声音，用的也不是苏格拉底和普鲁塔克的语言。两代人之后，人文主义者能阅读哲学家、演说家和历史学家的希腊文原著，他们直接从柏拉图和德摩斯梯尼那里汲取灵感，建立了关于人类个性和公民美德的观念。佛罗伦萨带头引进了一位希腊教授，为他提供学生，此例一开，威尼斯却成了希腊的学者前往西方的门户，和希腊商人的情况一样。来到西方的希腊人在威尼斯能和经商的同胞们待在一起，因而最为自在。威尼斯人在圣马可区设立了第二个人文主义的讲师职位，任职者必须同时精通希腊文和拉丁文。改革者理事会在帕多瓦大学设立了一个希腊文讲席，此时帕多瓦已成为科学和人文主义的中心。威尼斯在此领域获得领袖地位是在1468年，当时希腊流亡者中最杰出的枢机主教贝萨里翁（Bessarion）将他的藏书捐给了威尼斯。他在去世前将绝大部分藏书从罗马转移到威尼斯，建立了一座向学者开放的、完善的公共图书馆，让彼特拉克的梦想成为现实。这些藏书现在是圣马可国家图书馆（Bibiloteca Nationale Marciana）的一部分。

随着手工业的发展，活字印刷术也提高了威尼斯对人文主义者的重要性。15世纪的最后二十几年，威尼斯成为全欧洲印刷书籍最繁忙的国家，这在接下来的第二十二章还要谈到。人文主义者转向威尼斯，在此出版他们自己的作品，并在此获得古典著作的最佳版本——尤其是威尼斯的阿尔定出版社（Aldine Press）出版的。

第一批去君士坦丁堡系统学习希腊文的意大利人中，有一位叫瓜里诺·瓜里尼（Guarino Guarini）。他学成归来后，开始在威尼斯教书，并阐述了可被称为"自由教育"的方案。他的目的是教年轻人学会如何自我管理。他传授希腊文和拉丁文本身不是所有目的，而是为了鼓励孩子们大胆发言，表达自己，在交谈或辩论中赢得朋友、战胜对手，这些都是面对王公或城市议会时需要用到的技能。对语言和文辞的敏感性会成为他们生活的一部分，有利于其全面发展。有关希腊罗马文学的知识只是一种补充，无法取代贵族在大学里学到的法律知识，也无法取代他们在贸易、战争和政治中从父辈那里接受的训练。

瓜里诺在威尼斯逗留的时间并不长，这和其他许多人文主义教师一样。很显然，他们发现威尼斯贵族的赞助变化不定，以此谋生不太安全，何况执政团也不如暴富的王公那样慷慨。但他们教育理想的一个方面，即将教育和公民人文主义相结合，在威尼斯比在意大利其他地方扎根得更深。对威尼斯人来说，通过学习古典文化来完善男子气概本身并不是目的，它只是为共和国服务的准备工作。在宫廷中，源自西塞罗和普鲁塔克的公共服务理想只有掺杂进完美的朝臣形象才能蓬勃发展。在佛罗伦萨，它的实现由于各派系之间的报复性冲突而变得困难。在威尼斯，人文主义与其说是对知识创新或个人成就的贡献，不如说是对社会理想下的品格的管教。在19世纪的英格兰，古典的理念影响了贵族的公共服务理想；在威尼斯，它们被认为是对公共生活的最好准备。

这一理想在早期由瓜里诺的学生弗朗切斯科·巴尔巴罗（Francesco Barbaro）具体化。弗朗切斯科在年纪不大时已精通希腊文，翻译了普鲁塔克的两部传记作品，即《阿里斯提德传》（*Aristides*）和《加图传》（*Cato*），两位传主都是公民道德的古代模范。他写了一篇论文来捍卫婚姻，认为男人只有通过家庭才能使他的民族永存。文中优雅的拉丁语甚至赢得了佛罗伦萨人文主义者的赞美。他致力于收集古代作家的手抄本，并与文坛领袖保持书信往来。但他在29岁被选为元老院议员后，一直忙于政治事务。他曾任派驻罗马、费拉拉、佛罗伦萨的大使与特雷维索、维琴察、贝尔格蒙（Bergamo）和布雷西亚（Brescia）的市政官，并因坚决保卫布雷西亚抗击米兰而成为民族英雄。弗朗切斯科·巴尔巴罗没有宣扬他以人文主义者的身份而获得的文学名声，却以他为共和国所做的贡献而感到自豪。

贝尔纳多·朱斯蒂尼亚尼（Bernardo Giustiniani）是弗朗切斯科·巴尔巴罗的好友之子，从小就同时热衷于拉丁文学和政治服务。他杰出的父亲花不少精力为儿子寻找好导师，在职位变动时也把儿子带在身边，让贝尔纳多同时学习政治经验。在这样的成长过程中，贝尔纳多作为一个善于谈判的文人而闻名。他从事外交活动几十年之后，又在大约70岁的时候投身于历史写作。演说和写史是最吸引威尼斯人文主义者的文学形式。他们从古代学会了一种不同于律师一样思考的安德烈亚·丹多洛的历史写作观点。一方面，他们学会了探求历史的真相；另一方面，他们把历史学看作文学的一个分支，要用流畅、能调动人感情的修辞来书写，同时也要对事件做出理性的解释。贝尔纳多·朱斯蒂尼亚尼将这些观点应用于威尼斯的早期历史，将编年史和档案相互参证。更令人惊讶的是，他还将考古发现和地理学研究拿来参照，以确定哪些传说可能是真实的。在此过程中，他离题太远，过于强调威尼斯在历史中的作用和肩负的使命，这与希罗多德有些类似。他没有打破任何威尼斯人最依赖的神话，比如城市自建立以来一直保持着自由这个观念，但他删掉了一些最不可信的故事。比起丹多洛的编年史，他的史书为威尼斯伟大命运的信念提供了一个更理性、更动人的历史基础。

威尼斯的大多数元老的思维方式很政治化，对他们来说，朱斯蒂尼亚尼的史书似乎没有二流的专业人文主义者萨贝利科（Sabellico）所写的史书那样有用，后者的史书写到了15世纪中期。萨贝利科还以人文主义的风格写拉丁文。比起寻找真相，他更愿意扔掉他不喜欢的真相。他从政府获得报酬，还取得了圣马可区的学校的讲师职位，因此他写的史书被认为是威尼斯的"官修史书"。在当时威尼斯的统治者看来，编修官史是一个非常好的主意，所以在萨贝利科死后，威尼斯意图继续编写官史，却想找一位威尼斯贵族来完成这项任务。拖延了一段时间后，1530年，此工作被分配给彼得罗·本博（Pietro Bembo，见彩图7），他此后成为威尼斯的文坛领袖。

彼得罗·本博不是一个世纪前公民人文主义者理想中的那类人物，也与弗朗切斯科·巴尔巴罗或贝尔纳多·朱斯蒂尼亚尼截然不同。他显示了威尼斯和意大利其他地方于文艺复兴全盛期（大约为1492—1550年）的人物个性的极大多样性。可以肯定，他也曾随派驻外国首都任外交官的杰出父亲，接受了公共服务的训练。但彼得罗更爱诗歌和云雨之事，不喜谈判交涉与政府管理。他的父亲在85岁满载荣誉地辞世之前，彼得罗一直住在离威尼斯很远的地方，既避免了做贵族借以开始官场生涯的烦人小吏，也不会因忽视了贵族阶层的使命而受父亲责备。彼得罗·本博有学识，与重要的人物有书信往来，还创作文学作品，这些足以证明他不是游手好闲之徒。他把不多的家产留给父亲和兄弟们打理，自己则委身于王公特别是罗马的宫廷以获取报酬，这为他带来了可观的收入。他最终挽救了家族的财产状况。父亲死后，当家族的问题真正需要他的关注时，他回到威尼斯，娶了一位为他生了三个孩子的女性，在帕多瓦附近的一座别墅里安顿下来。

为了获得津贴、赢得官方历史学家的荣誉，60岁的本博开始积极地续写萨贝利科的故事。然而在教皇因他曾经对教廷的服务与文学上的名声而封他为枢机主教后，他的精力有所分散。他在1547年以76岁高龄去世前，对威尼斯在1487—1513年的艰难岁月中采取的政策给出了正面的评价，这段激动人心的岁月将在后面的几章讲述。在需要雄辩的地方，本博远远超过了萨贝利科，但威尼斯的统治者们并不完全满意本博的史书。在出版之前，他们对它进行了修改，删除了一些段落。有些段落里，本博用文学技巧对一些他了解的教皇和枢机主教发表了看法；还有些段落用于评价别的人，尤其是格里马尼家族（Grimani），他认为该家族在国家困难时期过度获利。

在意大利文学史上，彼得罗·本博因倡导使用通俗语言而变得重要。他用拉丁文著史，却组织人将它翻译成意大利语。他发表文章捍卫但丁和薄伽丘的语言，抨击那些认为不朽的文学作品都必须用拉丁文写就的人文主义者。他广受欢迎的作品《阿索洛篇》（*Gli Asolani*）再版了数次，这是一篇关于爱的对话集，与柏拉图关于同一主题的对话集有很多相似之处。对话集的发生地点在塞浦路斯的流亡女王卡特琳娜·科纳尔（Caterina Corner）位于阿索洛（Asolo）的别墅，作者用意大利语描述了一场非常宫廷化、非常意大利式的聚会。本博在中年时，因在柏拉图式爱情上的权威而声名卓著，但在这篇对话集中，他从二十几岁时自己对头三位情人的风流韵事而怀有的悸动写起，还滔滔不绝地讲述了男女之间肉体吸引的痛苦、快乐和益处。

意大利语逐渐压倒拉丁语和威尼斯方言，成为威尼斯的书面语，尽管威尼斯方言是许多官方的文件、个人的日记和信件，以及许多流行诗歌的媒介。

文艺复兴早期的建筑

对古罗马的赞赏性模仿只是威尼斯文明在16世纪的众多元素之一。即使威尼斯加上帕多瓦是引领西方世界艺术和科学创作的五六个文化中心之一，她仍然在许多方面显示出与东方的联系。从威尼斯仪式的华丽程度，以及她对文艺复兴时期新建筑风格的最初运用上，都可以明显看出东方风格的韵律。佛罗伦萨是新风格的形成之地，那里要求人们在规划建筑时保持整体的条理和比例。威尼斯采用了这种新风格的细节，如古典式的圆柱、圆形拱门和山墙，但没有过多考虑和谐有序的结构。威尼斯人对色彩与图画的多样性更感兴趣。

繁荣使威尼斯的府邸聚集在一起，尤其是聚集在大运河附近。这些府邸的四周都紧挨着别的府邸，只有正面是例外。所有建筑设计都集中在府邸的正面，即通常朝着河道的那一面。有的时候，府邸的大门、从某一角度能照到太阳的阳台，或府邸内院也会得到精心装饰。在这方面，晚期哥特式府邸和早期文艺复兴式的府邸是一样的。它们也会堆砌装饰，常常无视结构的线条。

再说圆形拱门。许多威尼斯石匠也回到早期拜占庭府邸建筑的其他特点，比如大量使用彩色大理石、蛇纹石和斑岩。他们设壁柱，壁柱上承罗马拱，让早期文艺复兴式建筑的正面在华丽度和想象力上不逊于华美的哥特式纹饰。这些威尼斯府邸中的大量装饰，以及同一时期教堂里的装饰，表现出与朴素的佛罗伦萨文艺复兴式装饰相当不同的品味。约翰·鲁斯金（John Ruskin），这位一个世纪前颇有说服力的英国艺术评论家，把威尼斯风格称为"拜占庭文艺复兴式"（《威尼斯的石头》[Stones of Venice]）。

即使是这种不怎么古典式的变化，"文艺复兴"在建筑上于佛罗伦萨孕育了几十年之后才影响到威尼斯。总督府通往圣马可教堂的正门在府邸西侧，建于15世纪中叶，采用了最华丽的哥特风格。这种新风格的第一次完整表达是在1460年建造的威尼斯兵工厂的大门（见图22-3）。直到1483年总督府的东翼被大火烧毁，在安东尼奥·里佐（Antonio Rizzo）的主持下以新风格（见彩图4）重建后，这种风格才在总督府里流行起来。

建造这些华丽的威尼斯府邸的大多数石匠和里佐一样都是伦巴第人。他们自有的伦巴第传统，以及威尼斯的传统，可以解释他们为什么不喜欢朴素的佛罗伦萨风格。但是石匠中最好的建筑师毛罗·科杜齐（Mauro Coducci）从最善于表达的佛罗伦萨艺术家莱昂·巴蒂斯塔·阿尔贝蒂那里获得灵感。科杜齐来自贝尔格蒙，他年轻时一定是被他同样是石匠的父亲带到了里米尼，他可能与阿尔贝蒂一起在马拉泰斯塔教堂（Tempio Malatestiana）工作过。阿尔贝蒂的许多设想都被纳入岛上圣米迦勒教堂（San Michele in Isola）里，该教堂由科杜齐建造在威尼斯人用作墓地的岛上。他还为许多其他石匠的在建的或已经建好的重要建筑设定了样式，例如钟楼、旧行政厅（Procuratie Vecchie）、圣撒迦利亚教堂，以及圣马可大兄弟会堂（Scuola Grande di San Marco，见图15-2）。

由科杜齐完善过的风格没有持续很久。他于1504年去世后，在一代人时间里，威尼斯建筑变得更加彻底地由罗马式所主导，既包括古罗马的

图 15-2　雇佣兵首领像
韦罗基奥设计的巴尔托洛梅奥·科莱奥尼的雕像，竖立在威尼斯铸工亚历山德罗·莱奥帕尔迪（Alessandro Leopardi）精心设计的基座上，安放在圣马可大兄弟会堂的前方。它是文艺复兴早期毛罗·科杜齐的风格的一个例子。相反地，右侧是哥特式的圣若望与保禄教堂——一座多明我会教堂。

罗马式，也包括文艺复兴全盛期的罗马式。在最后一章简述威尼斯的建筑时，我们会发现，她最重要的建筑师帕拉迪奥（Palladio）为整个西方设立了标准。

第十六章

权力的争夺：15 世纪

跟文化一样，15 世纪，意大利的政治也已有所发展，吸引威尼斯为意大利事务投入更多精力。她开始深入参与控制附近的大陆和伦巴第的部分地区的事务，而这些竞争不断扩大，最后意大利的统治地位变得岌岌可危。然后，当西班牙和法兰西都成为统一的王国时，意大利的权力平衡被淹没在欧洲的国家体系中。在与外国军队对抗时，威尼斯试图充当捍卫意大利自由的领袖，却以失败告终。与此同时，她还面临着海权的新对手，先是奥斯曼帝国的舰队，然后是西班牙舰队。意大利内部的权力问题与对地中海的控制交织在一起。

在大陆的扩张

威尼斯在意大利大陆的几个基本利益中，最重要的是她需要大陆出产的物资，例如食物和木材，甚至还有淡水。若大风推动特别高的潮水漫进城市，庭院和广场被水淹后，水井里也满是咸水，就会有人用驳船运来淡水贩卖。如前文所述，威尼斯在早期通过与大陆上的统治者的战争和条约，建立了她在北亚得里亚海的贸易中心地位，实现了她对威尼斯湾的统治权（见第六章）。这些条约不仅保证贸易将流经威尼斯，还确保了附近内陆地区的食物供应。随着威尼斯逐渐发展成为一个手工业中心，她对原材料的需求变得更加强烈，也更加多样化：来自波河附近的沼泽地的大麻、来自阿尔卑斯山麓的铁和铜、来自远至多洛米蒂山脉（Dolomites）等地的用作桅杆的原木。

第二项至关重要的利益是保证陆上商路，这样西方商人便能在威尼斯采购香料，并带来与之交换的纺织品和金属。通过奥地利段的阿尔卑斯山脉到德意志南部有四五条可行的路线，经伦巴第到法国或莱茵兰有两三条路线，其中的某几条路线遭到封锁无关紧要，因为还有其他路线可以利用。但是对威尼斯来说有一件事至关重要，那就是确保没有哪个势力能包围潟湖，关闭往西和往北的所有路线。虽然威尼斯周围的城市会相互竞争，虽然有的势力会求助于更强大的外部力量，如教皇和皇帝，但是只要它不能有效地控制当地，邻国的统治者获得了什么，威尼斯失去了什么，对威尼斯而言都不是特别重要的问题。但是在14—15世纪，建设国家的工具——以军队和税收为后盾的、兼掌行政与司法的官僚政治——创造了更庞大、更为集中的集团，北意大利的统一也具有了遥远的可能性。

如果在北意大利没有国家干涉威尼斯的物资供给和贸易路线，是不是威尼斯就应该远离意大利政治？她是否应该进行干预，以阻止此类统一进程？威尼斯想要维持权力的分散或均衡，在逻辑上说是因为它关注供应和贸易路线的利益。在心理上，对权力平衡的关注占据了主导地位，并为威尼斯带来了急躁的野心。在意大利形成的国家体系中，国家的体量和实力改变得很迅速。任何平衡都是不稳定的。威尼斯想要保持权力平衡，却滑向了截然不同的解决方法。有人认为，确保不会有势力干扰平衡、触犯威尼斯利益的最好办法，就是让平衡向有利于威尼斯的方向摆动。

扩张主义给一些威尼斯贵族带来了许多物质上的好处，这些好处也强化了这种想要扩大权力的意愿。征服了更大的领土，就意味着更多的就业机会。当然，威尼斯管辖下的城市都有自己的法律和行政长官，只有少数高级官员是由威尼斯派遣的，如一名市政官、一名军事指挥官，或许还有一名财务官。然而在威尼斯占据了几十座城市之后，这些职位对一些贵族来说变得很重要，因为他们占据这些职位后可以获得荣誉，还能以此获利。经历了征服或再征服之后，"叛乱者"的地产被拿去拍卖，更富裕的威尼斯人购入这些地产，同时还想要更多获得地产的机会。虽然更大的物质利益支持威尼斯的海上扩张主义，但是个人利益也推动威尼斯在意大利实行扩张政策。

威尼斯西部边境上，第一个集权国家的威胁是统治维罗纳、帕多瓦等不少城市的斯卡利杰尔家族，其统治范围远至托斯卡纳。1339年，威尼斯与佛罗伦萨结盟。在一场短暂的战争后，威尼斯赢得了特雷维索，还将斯卡利杰尔家族赶出了帕多瓦。然后，帕多瓦的卡拉拉家族成了另一个威胁，尽管威尼斯人早先曾帮助卡拉拉家族在帕多瓦掌权。一开始，弗朗切斯科·卡拉拉的危险性还不高，因为他只是在1379年基奥贾战争（见第十四章）战事正紧的时候与热那亚人和匈牙利国王结盟。然而，即使在威尼斯击败了这两个敌人之后，弗朗切斯科·卡拉拉仍然试图将力量扩展到威尼斯的西部边界，从费拉拉扩张到弗留利：费拉拉的公爵是其盟友；弗留利地区的封建关系还很松散，他调遣人员和钱财去赢得当地人的支持。为了消除卡拉拉家族以帕多瓦为基础建立国家的危险，威尼斯与米兰统治者吉安·加莱亚佐·维斯孔蒂结盟，消除了卡拉拉家族的威胁。吉安·加莱亚佐去世以后，威尼斯在1404—1406年将维琴察、维罗纳和帕多瓦纳入自己的统治范围。

威尼斯对待卡拉拉家族不留情面、不给余地，这是它战胜卡拉拉家族的一个显著特点，此家族的人被赶尽杀绝，在帕多瓦的纪念建筑也都被清除干净。在维罗纳则不一样，威尼斯保留了斯卡利杰尔家族的纪念建筑，仿佛表明自己继承了斯卡利杰尔家族的合法性。一些臣服于威尼斯的城市领主得到了丰厚的回报，退位后住在达尔马提亚或希腊。但威尼斯抓获的三名卡拉拉家族的成员都在十人议会的命令下被绞死。或许有传言说他们死于肺炎，但这样的托词是没有必要的。卡拉拉家族被威尼斯民众所憎恨，因为他们一次又一次地攻击威尼斯。民众还指控他们想在威尼斯的水井中下毒。在那个年代，杀死仍有危险的被捕敌人并不罕见。差不多同一时间，整顿罗马秩序的枢机主教也将许多抓到的贵族斩首了。吉安·加莱亚佐能控制米兰，是因为他用诡计抓捕了一位叔父，然后把他毒死了。威尼斯人赞成处决卡拉拉家族的成员，还念叨着"只有死人才不会发动战争"。

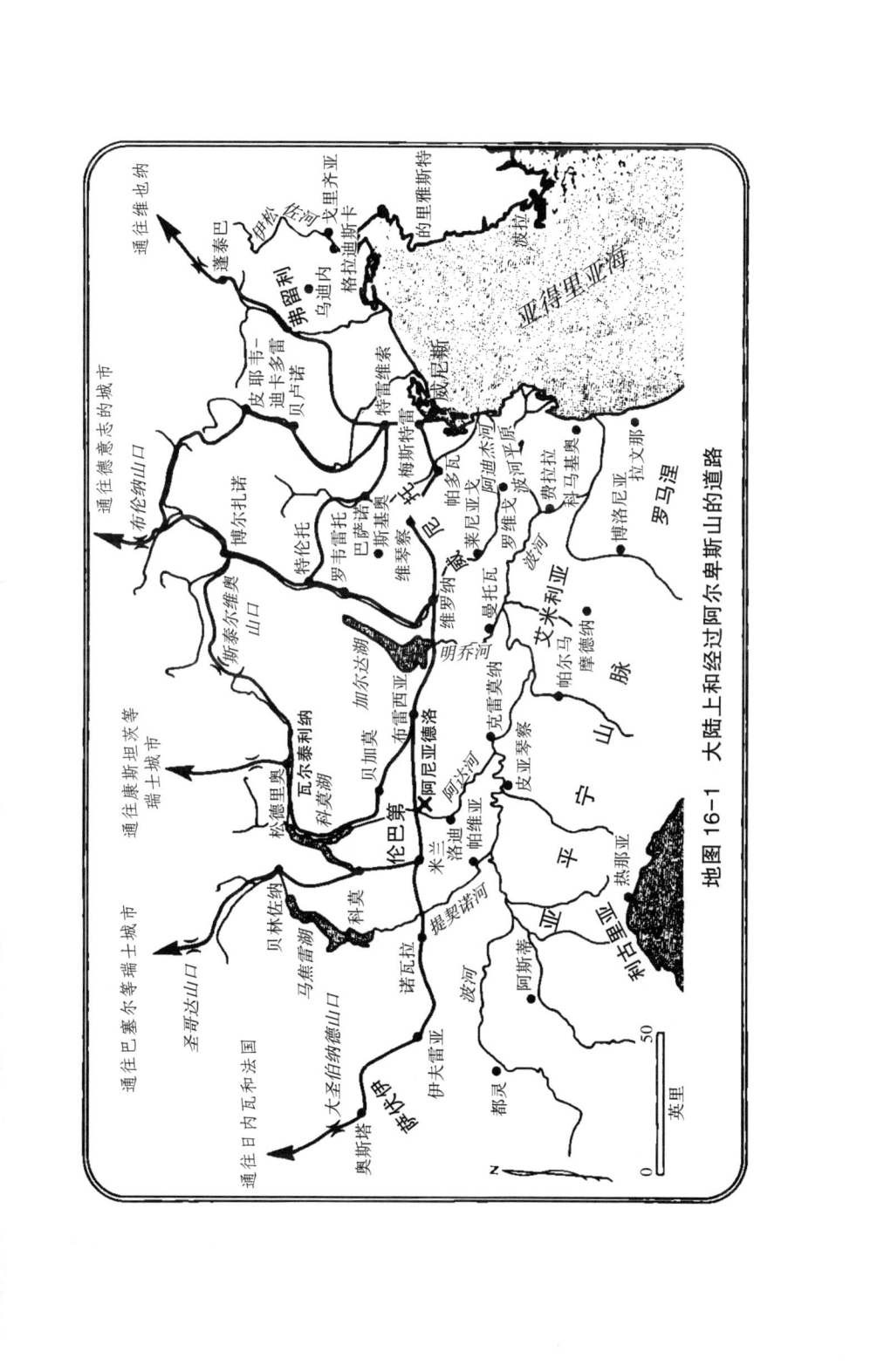

地图 16-1 大陆上和经过阿尔卑斯山的道路

十人议会也怀着同样的感受。不仅如此，卡拉拉家族在与威尼斯结盟时曾被接纳为威尼斯贵族，有证据表明，他们一直试图在贵族阶层内渗透，甚至可能在建立一个亲卡拉拉家族的派系上有所成就。按照威尼斯的一般原则，它的贵族不应该像不少热那亚贵族那样与外国王公建立联系，收受卡拉拉家族的礼物和钱款的行为被明确禁止。卡拉拉家族的秘密账本被缴获后，威尼斯人发现他们向许多贵族提供过钱款，其中包括威尼斯最重要的战争英雄卡罗·泽诺。泽诺被判褫夺所有公职和一年的监禁。此判罚在十人议会中也有不小的争议，但他屈服了。法律上来说他确实有罪，但他基本的忠诚无可置疑。一次在帕多瓦的抓捕活动中，他再一次扮演了英雄的角色，亲自用身体测试水域的通行度，水位能到他的脖颈。即使是最勇敢、最广受赞扬的威尼斯人也服从他的贵族同胞的意志，这对威尼斯制度的道德力量来说是一例明证。卡罗·泽诺于1418年去世，享年84岁，他在葬礼上被追授最高荣誉。

在杀死卡拉拉家族成员一事上，威尼斯向世人显示，作为共和国的它也有能力采取残忍的行动，与同时代任何一位白手起家的王公一样——这类王公后来被马基雅维利理想化地描述为"新君主"。摧毁卡拉拉家族之后，威尼斯保护了它在物资供应和贸易路线上的利益，却同时加强了米兰，忽略了维持意大利整体力量均衡的需要。威尼斯与吉安·加莱亚佐·维斯孔蒂结盟时，后者已经控制了伦巴第全境，以及托斯卡纳地区和罗马涅地区的部分地方。卡拉拉家族的覆灭使吉安·加莱亚佐得以深入威尼托地区，此时佛罗伦萨的公民人文主义者大声呼喊道，残忍的暴君维斯孔蒂马上就要征服整个意大利，意大利的自由快要被掐灭了。然而，1402年黑死病袭击了米兰，吉安·加莱亚佐也因此去世，诙谐的佛罗伦萨人满意地说，流行病也有某些益处。吉安·加莱亚佐的儿子均未成年，他的国家在内战中解体了。在下个佛罗伦萨人眼中的"暴君维斯孔蒂"强大到足以再次威胁意大利的自由之前，反倒是佛罗伦萨自己夺去了比萨的自由，巩固了它对托斯卡纳的控制。在此期间，威尼斯也结束了卡拉拉家族的统治，加强了对弗留利和达尔马提亚的统治。

1423 年，意大利北部有三个主要的国家：米兰、佛罗伦萨和威尼斯。位于半岛中间的教皇国和南部的那不勒斯王国逐渐得到巩固，它们不久后就能在意大利那五方构成的国家体系中发挥重要作用。

1423 年，米兰险些再次打破诸国之间的权力平衡，当时菲利波·玛利亚·维斯孔蒂（Filippo Maria Visconti）在伦巴第恢复了维斯孔蒂家族控制权，并开始染指罗马涅地区。佛罗伦萨人再次感受到威胁，他们呼吁威尼斯与他们联手捍卫意大利的自由。受公民人文主义者影响的贵族倾向于与佛罗伦萨结盟，但此联盟的主要倡导者是一位主要以态度激进而闻名的政治家——弗朗切斯科·福斯卡里（Francesco Foscari）。

因为此事，威尼斯的统治者之间出现了争论，这些争论的报告也是保留下来的最早的一字不差的报告。反对弗朗切斯科·福斯卡里（他在略年轻的 43 岁时就已登上圣马可法务官的高位）的是 80 岁的总督托马索·莫琴尼戈（Tommaso Mocenigo），他建议谨慎行事。莫琴尼戈多年前就以海军统帅的身份获得了声誉。他任总督时，威尼斯在他的主持下获得了大量位于达尔马提亚和弗留利的领土。莫琴尼戈尤其反对那些认为自己和其他威尼斯人可以从伦巴第的战争中获得财富的人。他赞扬和平带来的高度繁荣，赞扬商船队和海军那令人满意的状态，赞扬得到减少的公共债务。在 15 世纪初的战争中，公共债务增加到近 1000 万杜卡特，在他就任总督时，债务减少到 600 万杜卡特。他用统计数据详细地说明，每年流经威尼斯的货物价值 1000 万杜卡特。他把伦巴第比作一个肥沃的果园，威尼斯人通过商业活动从果园里摘取果实，但战争会将它毁于一旦。他在 1423 年去世前不久发表了一篇演说，我们可以称其为他的"告别演说"。当时弗朗切斯科·福斯卡里很可能当选为莫琴尼戈的继承者，莫琴尼戈称赞了其他的候选人，却在谈到福斯卡里时说："我不明白为什么有些人希望选举弗朗切斯科·福斯卡里阁下，因为据说他散布谣言和毫无根据的论断，而且变化的速度比鹰隼还快。如果你们违背上帝的意志选他做总督，你们很快就会陷入战争。如果你有一万杜卡特，最后只会剩下一千杜卡特；如果某人有十座房屋，最后只会留下一座；如果某人有十套正装、外套或衬衫，他最后可能一件都找不到……"然而福斯卡里当选了，威尼斯与佛罗伦萨结盟对抗米兰，在伦巴第为期30年的、几乎未间断的战事就此开始，战争的代价逐年提升。

比起弗朗切斯科·福斯卡里与托马索·莫琴尼戈持不同意见的问题，土耳其人在爱琴海造成的威胁对意大利的政治形势来说更重要，尽管这个问题在后来才显现出来。福斯卡里主张在两方面都采取大胆而积极的政策，他成为总督后，萨洛尼卡（拜占庭帝国除君士坦丁堡外最大的城市）立刻投向威尼斯，希望能得到足够的支持来抵抗土耳其人的进攻。威尼斯接受了，并在1424年派去了一支由彼得罗·洛莱丹（Pietro Loredan）率领的舰队。几年前，洛莱丹在加里波利（Gallipoli）的一次战斗中决定性地击败了土耳其人，并成为福斯卡里竞选总督时的主要对手。威尼斯人在海上的优势还未动摇。与其在萨洛尼卡停靠，威尼斯更愿意突袭土耳其人的海岸，这不仅能获取战利品，还有可能迫使苏丹求和。然而在几年之内，威尼斯派出一支比爱琴海的舰队规模更大的海军溯波河而上，萨洛尼卡却失守了。威尼斯深陷于波河流域的战争，无法调出更多的人力物力去保卫她的殖民帝国。莫琴尼戈死去一个世纪后，奥斯曼帝国已成为强大的海上势力，威尼斯依然源源不断地把资源投入意大利的战争中。相信威尼斯因大海而伟大的威尼斯人会回顾莫琴尼戈的"告别演说"，他明确警告过不要谋求统治大陆，这警告本应受到重视。

在福斯卡里总督生涯的初期，威尼斯在意大利和黎凡特实行的进攻性政策显得颇为协调，因为热那亚在一段时间里又一次屈服于米兰公爵，与米兰的战争让威尼斯有机会攻击传统上的对手热那亚——它作为海上势力似乎依然比土耳其人更危险。1431年，威尼斯主舰队在彼得罗·洛莱丹的率领下，在热那亚附近的波托菲诺（Portofino）大获全胜；另一支主要由改装商船组成的舰队袭击了热那亚人在爱琴海的主要基地希俄斯岛，但没有成功。这或可被称为威尼斯的第五次热那亚战争，不同之处在于这次战争从属于威尼斯与米兰的战争。因此，当热那亚人通过数不清的革命最终将米兰统治者赶走后，威尼斯与热那亚的战事就结束了。

与此同时，威尼斯获得了布雷西亚和贝尔格蒙，将她的领地延伸到伦巴第，但这些兼并没有带来和平。米兰并未陷入瘫痪，而菲利波·玛利亚大为光火，他力图弥补损失，便与阿拉贡国王阿方索结盟，后者在那不勒斯的无数次内战之后也当上了那不勒斯国王。教皇国支持佛罗伦萨—威尼斯联盟，保持了权力的平衡。曼托瓦公爵、费拉拉公爵这样的小王公则摇摆不定，徘徊于两方之间。整个意大利都卷入其中，但威尼斯军事行动的中心是伦巴第。

这些在伦巴第的战争在一定程度上是水战。对波河和阿迪杰河的控制具有重要战略意义。威尼斯兵工厂专门为河流的战事设计建造了一种船只，威尼斯人称它最开始的型号为"盖伦船"（galleon）。这种船是桨帆船，载有大炮。布雷西亚被围困的时候，威尼斯派出造船工和海员，在加尔达湖（Lago di Garda）武装了一支舰队。因为米兰军队固守在此湖以南，所以向这座危城运送物资的唯一方法就是横穿湖泊（见地图16-1）。6艘加莱桨帆船和25艘较小的长船从维罗纳出发，沿阿迪杰河而上，航行到罗韦雷托（Rovereto）附近。然后人们将每艘加莱船用120头公牛拉着，翻山越岭地拖了15英里，抵达加尔达湖的北岸。这花了15天的时间，动用了2000头公牛。威尼斯人再用无数根沉重的绳索控制船只下到湖里。威尼斯人刚抵达就吃了败仗，因为米兰人得到报信，便调集船舶防守。但是，在一个人文主义者颂扬人类创造性的时代，成功将船只运过高山的举动赢来了极大的赞赏。后来，得到增援的威尼斯舰队终于在加尔达湖上取得胜利，从而解除了布雷西亚之围。

五个世纪以前，大陆上的河流吸引了威尼斯商人的精力。后来他们转向大海，转向东方。到15世纪，他们又回到大陆，不是作为贩卖食盐和东方织物的船夫，而是作为指挥舰队和军队的统治者。

雇佣兵首领与意大利的力量平衡

威尼斯人在河上指挥舰队的方式和在海上指挥舰队的方式一样。威尼斯贵族有时也在自己担任长官的城市中肩负起军事指挥的责任。在布雷西亚那长达3年的大型围城战中，指挥者是人文主义政治家弗朗切斯科·巴尔巴罗，该城的居民与他并肩作战。在与斯卡利杰尔家族的战争中，威尼斯人也指挥过陆地部队。事实上，当时的陆军主要是由威尼斯的应征士兵组成的，和海上舰队一样。但在14世纪末之前，陆地上的战争几乎完全掌握于装备精良、技术娴熟的专业雇佣兵之手。在伦巴第的战斗胜利往往是通过不流血的军事行动取得的，这些军事行动切断了敌人的补给线，或使敌人的部队陷入混乱。这一类战争中，威尼斯和意大利的其他国家一样，也雇用雇佣兵首领。他们之所以被称作"雇佣兵首领"（Condottieri）是因为雇用他们的契约名为"condotta"，契约规定了他们的酬金数量，还特别规定了他们招募的兵员数量。威尼斯会选出一两名贵族为督军（Provveditori），为雇佣兵首领的决策提供建议，并向威尼斯报告雇佣兵首领的情况。有些督军也在战斗中指挥部队，尽管这是专业的雇佣兵首领的职责。

虽然雇佣兵首领的专业能力是无可置疑的，但是他们的忠诚度却经常是个问题。对他们来说，终止与某个政府的契约并与它的某个竞争对手签订契约，并不算不忠。在雇佣兵首领看来，如果超出了契约规定的时间和情境，他们便不再有任何义务。但是，如果一个雇佣兵首领与战场上的敌人为日后的雇用事项展开秘密谈判，特别是因为谈判而丧失战机，他就会被怀疑是在破坏契约，将被当作叛徒来处罚。若雇佣兵首领将占领的城市卖给竞争对手，也会被认为是破坏诚信。佛罗伦萨不止一次被她的雇佣兵首领欺骗。马基雅维利的爱国情怀被这些人伤害过，因此他狠狠地谴责这帮人。

总的来说，威尼斯是最能成功使用雇佣兵首领的雇主之一，但是她也遇到了困难。最具戏剧性的案例发生在伦巴第战争初期。最开始，她得到了最能干的雇佣兵首领卡尔马尼奥拉（Carmagnola）的服务。后者在为米兰公爵服务的时候击败过著名的瑞士步兵，证明了自己在雇佣兵首领中是顶尖的。他在为威尼斯人服务的前几年，证明了自己并非浪得虚名。但在他为威尼斯赢得布雷西亚和贝尔格蒙之后，他未能再取得胜利，而是可疑地消极避战。十人议会得知他正在背信弃义地与菲利波·玛利亚·维斯孔蒂谈判。在没有显露疑心的情况下，他们邀请卡尔马尼奥拉于 1432 年 3 月前往威尼斯，希望他能更全面地阐述他对将来战役中各种可行策略的看法。尽管元老院将他定罪的决定性步骤已经做出，但是没有任何消息泄露出去。卡尔马尼奥拉受到了极其热诚和尊荣的接待，十人议会邀请他去总督府的高层会谈。然后，当他转身沿着来时的路返回时，却发现侍从挡住了进来时走的门，指着通向监狱的门。接下来政府正式公布了证据。一个月后，他在圣马可小广场上的两根立柱之间被斩首示众。

早些时候，当菲利波·玛利亚·维斯孔蒂得知卡尔马尼奥拉将离开自己而为威尼斯服务时，他曾密谋将其毒死。威尼斯处理此类事情更合法、更有效率，大大提高了威尼斯的声誉。

事实证明，找一位同样优秀的指挥官取代卡尔马尼奥拉比除掉他更加困难。后来被威尼斯雇用的雇佣兵首领中，有两位尤其令人难忘，当然，与其说是因为他们的战功，不如说是因为他们的雕像。第一位是加塔梅拉塔，他指挥过威尼斯纾解布雷西亚之围的行动，多纳泰罗为他在帕多瓦雕刻了骑马像。有历史学家认为，将船只翻山越岭运到加尔达湖正是他的功劳。加塔梅拉塔没有取得辉煌的成就，但始终忠心耿耿。不久之后，巴尔托洛梅奥·科莱奥尼（Bartolomero Colleoni）成为威尼斯领头的将军，他曾多次改变立场。作为一名生意人，他是雇佣兵首领中最成功的成员之一，他在激烈竞争的雇主之间转换立场，积累了大量财富和地产。他死后留下了 231983 杜卡特的现金，这一数额与当时最富有的银行家科西莫·德·美第奇的财富相当。科莱奥尼是威尼斯的臣民，出生在贝尔格蒙附近，他主要的庄园也在这里。他意识到威尼斯政府可能会没收他的大部分财产，威尼斯后来确实也这样做了。他死后，他的军队和本领就不再让人害怕了。为了减轻政府的打击，1475 年，他在自己的遗嘱中增加了一份附加条款，留下 10 万杜卡特给威尼斯"用于对抗土耳其人、保卫基督教"，并表示希望在圣马可广场竖立一座他的铜像。政府没收了他所有的地产并将部分财产分给他指定的继承人之后，便委托韦罗基奥制作了这尊雕像，但未将它竖立在圣马可广场，而是放在圣马可大兄弟会堂（现用作医院）和圣若望与保禄教堂的前面（见图 15-2）。圣若望与保禄教堂里有许多纪念威尼斯名人的纪念物，但在统治的中心地带圣马可广场是不允许这样颂扬任何个人的。尽管科莱奥尼在雇主之间不停转换立场，但他从未背信弃义地违反过与威尼斯共和国的契约；虽然威尼斯政府接受了他遗留的地产，但也不能指责共和国不守信用，因为威尼斯为他建造了一尊杰出的骑手雕像，使他的名字真正地流传下去。

最成功的意大利雇佣兵首领是弗朗切斯科·斯福尔扎（Francesco Sforza），他当上米兰公爵，阻止了威尼斯的野心。为威尼斯、佛罗伦萨和教皇国工作时，他利用这些契约积累军队、财富和土地，从而使自己成为国家体系的一员。然后他接受了米兰的雇用并为其服务，还娶了菲利波·玛利亚·维斯孔蒂的女儿。1447年，菲利波·玛利亚·维斯孔蒂去世，没有留下男性继承人，米兰的主要公民宣布成立共和国。公民人文主义的提倡者，如弗朗切斯科·巴尔巴罗，为共和主义的胜利而欢呼，并呼吁威尼斯、佛罗伦萨、米兰和热那亚这些共和国结成友好的联盟。但是佛罗伦萨此时实际上是科西莫·德·美第奇统治的，他决定支持斯福尔扎，以抑制威尼斯。弗朗切斯科·福斯卡里等威尼斯的领导人意图与米兰共和国结盟，条件是米兰割让一些城市，诸如洛迪（Lodi）和皮亚琴察，这些城市里反维斯孔蒂的派系已经宣布自由，并放威尼斯军队进驻。此举激怒了许多米兰人，弗朗切斯科·斯福尔扎通过精明的外交和军事手段使自己成为米兰公爵。随后，他与威尼斯雇佣兵的战争陷入僵局，双方都精疲力竭，土耳其人就在此时征服了君士坦丁堡。教皇出面调停，在1454年让双方达成全面和平。《洛迪和约》规定，意大利领头的五个国家（那不勒斯、教皇国、佛罗伦萨、米兰、威尼斯）结盟，组成联合的意大利国家体系，联盟的目的是保卫意大利不受土耳其人的侵犯。

威尼斯在1425年与米兰开战时，她与佛罗伦萨人联手阻止米兰的扩张，以维持势力的均衡，一同保卫"意大利的自由"。最后一位维斯孔蒂家族的成员死后，威尼斯本身就对权力的平衡构成了威胁。即使在斯福尔扎获胜后，威尼斯仍然是《洛迪和约》正式确立的国家体系之中最强大的成员。

有一份当年的对话，记载几位雇佣兵首领讨论他们的职业利益，有一位说，大家应该避免帮助威尼斯取胜，因为她变得更强的话，她就会给意大利带来和平，雇佣兵首领们就都失业了。

力量平衡中的奥斯曼土耳其人

如果威尼斯只需要考虑意大利，以她的力量，或许可以完全打破意大利的力量平衡，并逐渐迫使其他意大利国家追随她的领导、服从她的意志。但事实上，威尼斯不仅要考虑意大利，还要考虑巴尔干半岛和爱琴海，在那里，奥斯曼帝国的势力正在增强。奥斯曼帝国足够强大，可以阻止威尼斯按照她的利益撼动意大利的力量均衡。

在与奥斯曼帝国战斗时，威尼斯并不孤单。她与奥斯曼帝国的战争是在一个政治体系的框架内进行的，而15世纪的政治体系与之前的意大利政治体系截然不同。此政治体系可以被称为巴尔干－安纳托利亚体系，它通过威尼斯和罗马教廷对意大利的政治体系产生影响。反土耳其的外交策略披上了十字军运动的外衣，教皇一次又一次呼吁各国组成十字军对抗奥斯曼帝国。在呼吁之外，教皇还允许各国征收特别的税收来支持十字军。统治者以这种方式收集到的大部分钱都被用于其他目的——受到直接威胁的国家除外，它们是阿尔巴尼亚、匈牙利、波兰、特兰西瓦尼亚、罗马尼亚，以及威尼斯。

尽管人们普遍反对"异教徒"，但包括威尼斯在内的每一个意大利国家，都曾或多或少地试图与土耳其人就反对意大利的竞争对手达成谅解。即使她真没有这样做，也有人认为她做了。其他意大利人对威尼斯的指责最为激烈，因为他们嫉妒威尼斯的强大。而且，最容易受到土耳其侵略的威尼斯会在战争中大声呼求十字军援助，但到符合她利益的时候，她又随时准备与异教徒讲和。所有的西方国家都用浪漫的骑士精神和基督教的虔敬之心许下承诺，然后又用政治需求为自己开脱。威尼斯的政治需求不仅有保护她的殖民地，还有维持她的商业活动。

威尼斯的基本政策是保持对海洋的控制，保卫可以用海军据守的城市，在条件允许的时候多占领一些城市，并通过海上劫掠来报复土耳其人的侵略行为。在法兰西或德意志十字军的支持下，匈牙利和波兰这样的军事大国不止一次试图通过摧毁奥斯曼帝国的军队来粉碎奥斯曼帝国。他们的努力以失败告终，这让威尼斯相信，明智的做法是避免冒犯奥斯曼苏丹，否则就会在陆上招来土耳其军队的全力攻击。

威尼斯的策略是守卫防御工事完善、能从海上获得支援的重要军事据点。为了与该策略一致，它本应将主要力量放在避免君士坦丁堡落入土耳其人之手上，即使那里大型热那亚殖民地的特权和希腊人对罗马教会的厌恶让这座城市成为一个长久的问题。但是关于征服者穆罕默德二世正在准备攻城的报告并没有受到应有的重视。威尼斯与弗朗切斯科·斯福尔扎的斗争达到顶峰；君士坦丁堡正面临危险的报告在数十年之久的时间里一直在被送来，而一位刚刚即位的年轻苏丹所带来的威胁被普遍地忽略了。即使在那个世纪，一个19岁的人也被认为太年轻了，不值得被认真对待。拜占庭帝国的末代皇帝一次次求援，但西方世界派去的援军或规模太小，或去得太晚，或两者兼有。1453年君士坦丁堡城破之日，城中一些威尼斯商人和海员在抵抗中扮演了重要的角色，不少居住于此的其他西方人也参与其中，不少人阵亡，不少人被报复心重的苏丹斩首。为了减少损失、争取时间，威尼斯只是通过谈判与穆罕默德达成了一项新条约，苏丹承诺保护威尼斯的贸易和侨民。

君士坦丁堡陷落十年后，威尼斯准备反击，因为意大利在此期间相对和平。由于人文主义者教皇埃涅阿斯·西尔维乌斯·皮科洛米尼（Aeneas Sylvius Piccolomini，即庇护二世［Pius Ⅱ］）的努力，十字军联盟的前景比以往要好。他把著名的口才和最后一点儿体力都献给了这项事业。庇护二世宣布亲自领导十字军，并让自己成为自我牺牲的楷模——他前往安科纳登船，被抬到那儿时已经病得奄奄一息，在他的船与总督亲自指挥的威尼斯舰队会合后，他去世了。十字军的失败让威尼斯面临一场与土耳其人的长期战争，他们只能得到教皇那微弱的支持，而从西方国家得到的更多的是敌意而不是帮助，尤其是从意大利的国家。

战争的胜利天平倾向威尼斯时，这种敌意自然表现得最为明显；而当土耳其的胜利甚至威胁到意大利本土时，这种敌意也只会减弱一点点。起初，威尼斯军队很成功，征服了摩里亚半岛的大部。米兰、佛罗伦萨和那不勒斯组成了反威尼斯联盟。他们更有理由联合起来反对威尼斯人，因为威尼斯拒绝和它们一起遏制威尼斯之前的雇佣兵首领巴尔托洛梅奥·科莱奥尼。威尼斯反驳称，威尼斯已不再雇用他，他是凭借自己的力量或是在佛罗伦萨流亡者（美第奇家族的敌人）的帮助下行动的。他试图在罗马涅地区建立自己统治的国家。直到75岁的科莱奥尼被收买，威尼斯开始遭遇挫折，敌对的意大利联盟才解散。

威尼斯对抗土耳其人时最坚定的盟友阿尔巴尼亚的"基督徒的健将"斯坎德培（Scanderbeg）于1468年去世。在他统治的山区，即使苏丹亲自率领奥斯曼军队攻来，斯坎德培也能顶住他们的猛攻。他把自己的国家和事业遗赠给威尼斯，称威尼斯为"最忠诚、最勇敢的盟友"。但威尼斯只能守住几座阿尔巴尼亚的城市，其他城市都被奥斯曼军队占领——这些城市距离意大利的海上距离还不到50英里。

1470年，穆罕默德第一次亲自率军对抗威尼斯人，他的军队协同一支新建的庞大舰队袭击了威尼斯在爱琴海北部的重要基地内格罗蓬特。这场战役是威尼斯航海史上的一个转折点，穆罕默德占领了内格罗蓬特。我们后面到描述舰队历程的章节还会谈到这场战役。从那以后，威尼斯再也没有像1204年那样拥有"归她主宰的锦绣东方"了。她没有放弃战斗，而是通过外交活动在奥斯曼帝国的东方邻国中找到了波斯这样的新盟友。夺取内格罗蓬特之后，土耳其舰队退回达达尼尔海峡以内，让威尼斯人得以在爱琴海自由袭击。有几年时间里，那不勒斯和教皇国的舰队也参与了这些袭击行动。佛罗伦萨人仍然怀有不可调和的敌意，他们趁着战争，增加在君士坦丁堡的贸易，充当密探，还蓄意破坏和平谈判。土耳其骑兵突袭了达尔马提亚和弗留利，深入意大利北部，人们可以从威尼斯钟楼顶部看到他们焚烧的村庄冒出的浓烟。威尼斯承认战败，在1479年1月25日与土耳其人签订条约，结束了这场持续了16年的战争。她放弃了内格罗蓬特等爱琴海岛屿，同意每年支付1万杜卡特以换取贸易待遇，还交出了阿尔巴尼亚人多年来勇敢坚守的斯库台要塞。

威尼斯人在这场战争后期的海上霸权让她重获一块土地。威尼斯舰队停止在土耳其人领土的破坏活动，撤退了一段时间，这足以确保威尼斯人卡特琳娜·科纳尔成为塞浦路斯女王，并使该岛成为威尼斯的领地。这一扩张行为加剧了意大利其他国家对威尼斯的嫉妒和敌意。

苏丹穆罕默德与威尼斯讲和后不久，就占领了意大利城市奥特朗托。此城位于意大利的"靴跟"处，与阿尔巴尼亚相去不远。苏丹通过此役宣告自己在亚得里亚海有了个好开头。土耳其入侵意大利的消息震动了意大利的王公们，他们在一两年内停止了彼此间的战争。但在 1482 年穆罕默德死后，土耳其人从奥特朗托撤退，意大利的王公们再启战端。教皇寻求与威尼斯结盟对抗那不勒斯国王，并许诺将费拉拉回报给她，因为威尼斯人在费拉拉没有获得他们认为自己应得的优惠待遇。威尼斯对诱惑屈服了。土耳其战争结束才三年，她觉得自己足够富裕，足以发动一场新的已知代价很高昂的战争。起初，威尼斯雇用的雇佣兵非常成功。但后来力量平衡的原则开始发挥作用，米兰和佛罗伦萨都支持费拉拉，教皇被威尼斯人的胜利所震惊，改变了立场，命令威尼斯停止进攻费拉拉。威尼斯拒绝后，教皇就判处威尼斯禁行圣事。威尼斯撤兵了，但她的军事投资还是有所回报：根据 1484 年签订的和约，威尼斯保留了她在波河口占领的土地——波莱西内（Polesine）。

最成功的城市

一位见多识广的法国外交官在 15 世纪末访问威尼斯时，他这样写道："这是我所见过的最成功的城市，它向所有外交官和异乡人致以最崇高的敬意，并以最伟大的智慧自我治理……"（菲利普·德·科米纳［Philippe de Commines］，《回忆录》［Memoirs］，1495 年）威尼斯当时是地中海强大海上势力，也是意大利半岛上最强大的国家。

共和国自 14 世纪以来发生了多大的变化，可以从 1500 年左右的预算中明显体会到。其大致项目如下：

约1500年威尼斯的预算，取整数

（不包括塞浦路斯和最近获得的波莱西内、切尔维亚、克雷莫纳和普利亚的城市）

收入	杜卡特	支出	杜卡特
威尼斯的销售税	230000	普通支出	
（包括消费、货物流通的税收）		航运、盐务管理	59000
		薪金	26000
直接税	160000	政府公债利息	155000
盐税	100000	大陆城市的费用	90000
杂税	130000	海外城市的费用	200000
大陆城市	330000	总计	530000
海外领土	200000	可利用的额外费用（战争）	620000
总计	1150000	总计	1150000

一两个世纪以前，缺少两项收入最高的项目：从大陆城市获得的收入、在威尼斯征收的直接税。或许从海外领土得到的收入有时更高一些，但是如果用收入减去海军的费用，再减去防卫这些地方的要塞的费用，可能在任何时候都是入不敷出的。获得大陆上的领土后，威尼斯便可以用在这里获得的钱来支付海外帝国的花销。

直接税一直被人们尽可能地抵制。强购公债制度在基奥贾战争中艰难地保留了下来，在托马索·莫琴尼戈总督的领导下恢复了活力。威尼斯在伦巴第的战争中再次依赖它，但战争的开销太大，公债的利息被削减了，偿还也得到推迟。1423年，蒙特韦基奥公债的利息是4%，售价是66杜卡特（即收益为6%）；到1474年，公债只会不定期支付1%的利息，售价是13杜卡特。蒙特韦基奥公债支付的利息削减后，威尼斯许多老的慈善基金陷入瘫痪，比如支持医院运行的基金，因为一个世纪以前法律强迫这些基金将投资从不动产转向公债（见第十三章）。

早在蒙特韦基奥公债的价格跌至13杜卡特之前，传统的战争融资体系就已经明显不再有效了。随着公债价格下跌，强制购买公债实际上相当于直接征收财产税。若被征税的人拒绝交税，政府则判处他们违法，并没收和出售他们的财产。此方法带来了很多损害，而且进度缓慢，也不公平，因为税收的摊派不能完美反映支付的能力。斯福尔扎战争期间，元老院正逐渐向直接税转变。土耳其人于1453年征服君士坦丁堡一事创造了一种氛围，在这种氛围下，元老院可以全面而彻底地向收入直接征税。征税在后来得以减轻，也更为正规。1463年，政府对财产进行了更公平的估算。政府制作了土地清册（Cadaster），上面一间间地列出了城市的所有地产，并标注了地产的价值。理论上，货物的运输和贩卖、大陆的田地、公债获得的收入都要交税。当威尼斯在1482年的费拉拉战争期间再次征税时，它用得到的税款支付一系列新公债的利息。新的公债被称为蒙特诺沃（Monte Nuovo）公债，它承诺一直定期支付5%的利息，这颇受欢迎。威尼斯和外国的投资者都自愿购入蒙特诺沃公债，这说明他们相信威尼斯的未来一片光明。

在15世纪的最后几年，威尼斯在大陆的扩张似乎取得了巨大的成功。她统治的领域很广阔，政府的财政力量很强大，城内洋溢着富裕的气氛，这些都助长了她的自信。威尼斯依赖雇佣兵等弱点似乎并不严重。也不用担心她缺乏能激励意大利军队并赢得其他城市主要公民合作的政治纲领和政治结构。

最亲近威尼斯政治纲领的是公民人文主义者。关于他们的理想，在当时有人这样说："这样一个梦想实际上构成了意大利政治史上最可靠、最积极的建设性力量……"相反，弗朗切斯科·斯福尔扎和科西莫·德·美第奇让王公的排他主义取得了胜利，导致外国人在下个世纪统治意大利的国家。甚至公民人文主义者的计划也不完全是"可靠的"。弗朗切斯科·巴尔巴罗倡导自由的共和国联合起来，这就像马基雅维利心中出现一位"新君主"建立意大利联盟的梦想一样，是一厢情愿的幻想。公民人文主义者所推崇的共和自由包含了自我毁灭的种子。佛罗伦萨和米兰这样的大城市，无论是不是共和国，都通过抑制比萨或克雷莫纳等小城市来维护自身的自由，同时又拒绝在任何其他共和国之后屈居第二，即使它们都是意大利国家，即使它们都因共和制度而引人羡慕——就像威尼斯。威尼斯在意大利的领土不断扩大，却没有表现出任何为了赢得其他意大利国家的忠诚而改变制度的倾向。威尼斯之所以能取得胜利，是因为扩张范围还没有超出它那城市国家的结构限制，没有超出意大利的国家体系在外交、财政、军事水平上的限制。

第十七章

权力的争夺：16世纪

尽管威尼斯共和国的财富和自信从来没有比15世纪最后几十年更闪耀夺目，但是在潟湖之外、超出威尼斯控制的地方，有大得多的国家正在由文艺复兴式的君主所巩固，威尼斯这样的城市国家难以与之在长期竞争中胜出。意大利人将统治加以合理化，并在意大利国家体系中小规模地改进政治艺术；与此同时，英国、法国和西班牙的封建君主国正在形成接近民族国家的单元。德意志就像意大利那样毫无希望地处于分裂的状态，但是哈布斯堡家族的王公拥有神圣罗马帝国皇帝的头衔，此家族统治着广阔的领地，这让他们成为第四个主要力量。这些对手在西方，奥斯曼帝国在东方，情况比威尼斯人已意识到的要更加凶险。

转折点

1494年，一位法国国王入侵意大利，宣称他有权继承那不勒斯王国的王位，此举在更大范围上开启了一个政治力量的新时期。法国进展顺利，直到威尼斯组织联盟反对法国，意图恢复力量的平衡。这个威尼斯联盟不仅包含意大利的国家，还包括德意志皇帝和西班牙国王。意大利国家体系正在扩大成欧洲国家体系。

为了跟踪权力平衡的新变化及其在更大范围上的波动，威尼斯向欧洲所有主要宫廷派遣常驻大使。1440—1460年，这种常规的外交人员交换首次在意大利成为惯例。1494年之后，它逐渐扩展到全欧洲的范围内。比如，如果让意大利保持平衡需要抑制法国，了解英国宫廷政治、了解英国是否会渡过英吉利海峡则会十分有用。威尼斯的外交官调查所有和力量均衡有关的国家，调查这些国家的性格、优势和劣势，他们的报告以事实清楚、富有洞见而著称。

尽管有这么多富有的竞争者加入这场博弈，威尼斯想要的仍然是最高的赌注：地中海的制海权和意大利的统治地位。为了实现这两个目标，威尼斯采取了一项重要步骤：就在威尼斯联盟把法国人驱逐出那不勒斯王国之际，1495年，威尼斯占领了普利亚的主要城市。普利亚不仅是意大利的一个富庶的地区，也是亚得里亚海和伊奥尼亚海的要地。奥特朗托和布林迪西等城市能够立刻为威尼斯舰队提供人员。与此同时，威尼斯支持比萨，以确保比萨从佛罗伦萨那里获得自由。当形势转为米兰与威尼斯为敌时，威尼斯又与法国的新王路易十二结盟。法国国王占领米兰之际，威尼斯接管了伦巴第的富裕城市克雷莫纳。

就在这时，土耳其人再次对威尼斯施加压力，抵消了她在意大利的成功。1499年，在没有警告的情况下，奥斯曼苏丹派遣一支庞大的舰队进入伊奥尼亚海，在"可悲的佐奇奥（Zonchio）战役"（接下来在第二十五章还会谈到）中大败威尼斯人。土耳其人海陆并进，几乎占领了威尼斯在希腊的所有据点，包括莫顿和科伦，这两个城市在1204年之后被视为"共和国的双眼"，一直是驶往黎凡特的船只的停靠港。土耳其军队突袭了达尔马提亚，洗劫了弗留利，人们能从威尼斯钟楼的顶端再次看见燃烧的村庄中冒出的烟雾。威尼斯的财政不堪战争的重负，她只好抽身面对意大利的纷争，与奥斯曼帝国在1503年讲和，放弃了对许多阿尔巴尼亚城市和希腊城市的主张。

无论怎样推测将来的发展，这件事都能被视作威尼斯历史的转折点。威尼斯人担心法国在意大利北部的统治程度加深，还误以为威尼斯有希望在那里获得新的领土。他们在1503年没有预见到自己将为这些问题而引发的战争付出多么昂贵的代价。意大利的战争需要极大牺牲之时，威尼斯人进行了多余的努力。反而在对抗土耳其人时，他们无意采取极端的措施，即使他们的海权处于危险之中。1503年，威尼斯人没有做出财政上的牺牲就放弃了海上帝国的枢纽。不出十年，他们就不得不牺牲财政以保住大陆上的领土。与威尼斯早期的领导人不同，1500年时占统治地位的政治家们想得更多的是领土，而不是海权。

康布雷同盟

众多"威尼斯神话"之中，有一则认为威尼斯元老院智慧超群，处理外国事务时永不失策。许多事情都支持这项神话，但威尼斯在16世纪的前十年里做出的决定与之相悖。元老院的措施让威尼斯变得孤立无援。想控制意大利的势力联合起来，1509年，几乎整个欧洲都加入了反威尼斯的同盟，这就是康布雷同盟（League of Cambrai）。除了基奥贾战争中的晦暗岁月，这是威尼斯最接近毁灭的时候。

1494年法国的入侵后，威尼斯在外国势力互相争斗的过程中稳步扩张领土。威尼斯让其他国家充满愤怒，又过度依赖它们彼此间的竞争状态，否则它们就会联合起来对付自己。法国人想要克雷莫纳等曾经属于米兰的城市，而威尼斯从哈布斯堡家族的皇帝那里新近获得了的里雅斯特等边境上的城市，已经占领了那不勒斯王国的西班牙主张拥有普利亚海港，费拉拉和曼托瓦对邻接的威尼斯土地垂涎三尺。1503年，切萨雷·波吉亚（Cesare Borgia）的父亲去世后，切萨雷在罗马涅、在教皇国内建立的领地土崩瓦解，威尼斯人难以抵抗在这里夺取领土的诱惑，这彻底激怒了新教皇尤利乌斯二世（Julius Ⅱ）。1509年，各方在法国康布雷成立了反威尼斯的同盟，教皇成为同盟的领袖。同盟宣称，若要准备一支十字军对付土耳其人，就要先剥夺威尼斯占领的地方。这些势力想要的地方如下：教皇想拥有罗马涅全境；德意志皇帝想拥有弗留利和威尼托，甚至包括特雷维索和帕多瓦；匈牙利国王想拥有达尔马提亚；萨伏伊公爵想拥有塞浦路斯岛；法兰西国王想吞并伦巴第；西班牙国王则想要普利亚；剩下的边边角角则归曼托瓦和费拉拉。

面对所有敌人，威尼斯立即向敌人许诺交出他们想要的部分地方，试图分化敌人，不过她提供的也仅仅是部分地方而已。与此同时，威尼斯把希望寄托在意大利的国家迄今为止拥有的最庞大、最精锐的军队上面。

这支军队由意大利的雇佣兵和民兵，以及威尼斯在阿尔巴尼亚或希腊的领地招募的轻骑兵组成。这支部队驻扎在距离米兰20英里的地方，面对的是一支规模差不多、约有2万人的法国军队。威尼斯一方由两位雇佣兵首领指挥，其中巴尔托洛梅奥·德·阿尔维亚诺（Bartolomeo d'Alviano）较年轻，他精力充沛、足智多谋，但是心浮气躁；另一位皮蒂利亚诺伯爵（Count di Pitigliano）更年长，他拥有最高指挥权，但小心谨慎，不是消极怠战，就是畏畏缩缩，他认为应该根据元老院的指示，推迟或避免决战。阿尔维亚诺的军队在阿达河畔吉亚拉（Ghiara d'Adda）地区的阿尼亚德洛（Agnadello）偶遇法兰西军队时，皮蒂利亚诺伯爵未能及时援助。1509年5月14日，阿尔维亚诺惨败，整支威尼斯军队也溃散而逃。

威尼斯在大陆的统治在此战之后立刻土崩瓦解，这显示大陆上的城市完全缺乏民族情感。从布雷西亚到帕多瓦的一个又一个城市中，那些被威尼斯直接统治或间接统治的当地贵族们宣布拥护法兰西国王或德意志皇帝。一般民众默许并加入贵族的行动，他们关闭城门，不放威尼斯军队进入。他们担心如果接纳威尼斯人，城市随后可能会被法兰西或德意志军队围攻和洗劫。

作为意大利唯一一个强大到足以对抗外国君主的国家，威尼斯试图迎合意大利人的民族情感。在阿尼亚德洛之战以前，威尼斯军队使用过"意大利自由"的口号。这支军队确实是对抗外国人的、由意大利人组成的军队，但大陆城市的贵族不愿意臣服于威尼斯的贵族。一旦威尼斯军队被打败，威尼斯就不再像法国国王或德意志皇帝那样令人畏惧了。少数几个主持政府工作的威尼斯官员难以取得附属城市的支持，特雷维索和弗留利的城市除外。威尼斯的残兵败将退守海滨，驻扎在潟湖岸边的梅斯特雷（Mestre）。

败军到达梅斯特雷的时候情绪低落，士气大挫，恐慌的威尼斯人担心法国国王很快就会袭击这座城市。威尼斯人开始为围城战做准备。威尼斯人把磨石仓促地搬到城内，以便在城内把船只运来的谷物磨成粉，他们又进口了足够吃上几个月的小麦。威尼斯人武装了越来越多的加莱桨帆船。贵族们催促驳船沿河而上，从他们的乡间庄园里抢救家当。成千上万的难民涌入城市，有贫有富。每个堂区都组织了由贵族领导的守备委员会，其中包括来自海事部门的可靠人员。威尼斯计算了外国人的数目，将不少外国人驱逐出境，部分是怕他们制造麻烦，部分是为了减少消耗食物的人口。

一位数年后破产的银行家吉罗拉莫·普留利（Girolamo Priuli）在自己的日记中，描述威尼斯城内蔓延着沮丧情绪，甚至是恐慌情绪。普留利自身没有担任任何官职，他记载了他从里阿尔托收集到的消息和观点。尽管父亲在16世纪头20年被选上威尼斯政府最受尊敬的职位，吉罗拉莫却在叙述中对威尼斯"元老院父亲们"的不当行为和失误政策发表了很多讥讽詈骂之语。他是彻头彻尾的爱国者，他的民族主义是威尼斯人的，而不是意大利人的。他以特别的精力谴责帕多瓦人，最热衷于大肆谩骂战败的军队：雇佣兵同样是一年接一年地向雇主要钱，雇主真的需要雇佣兵时他们却逃之夭夭。马基雅维利也批评过雇佣兵，但是骂得没有吉罗拉莫那样难听。

与其说普留利是个政治分析家，还不如说他是个道德训诫家。他把威尼斯在阿尼亚德洛的惨败当作对威尼斯贵族罪过的惩罚，又详细列举道（但是作为一名银行家，他没有提到高利贷）：傲慢，执法不公或搁置执法，违背诺言，操控教会圣俸，女修道院淫乱不堪，鸡奸，打扮过于阴柔，娱乐活动放纵淫荡。人们普遍认为上帝在惩罚威尼斯。当年6月，元老院加强法律以保护修女的贞操。为了平息上帝的愤怒，宗主教要求人们在星期三和星期六像在星期五那样斋戒。

当尤利乌斯二世通过绝罚威尼斯来预示同盟的攻击即将来临之时，威尼斯统治者并没有感到不安。他们只是禁止教皇诏书的出版，而且威尼斯的神父们并不听从绝罚令。但是在阿尼亚德洛之战惨败后，一座座城市叛变，威尼斯人的自信粉碎了，城市的领导者也陷入了混乱。为了让西班牙国王满意，他们立即交出了普利亚的海港。为了让教皇和皇帝退出康布雷同盟，威尼斯人主动向他们提供其想要的东西。一些元老院议员甚至认真地讨论向土耳其人寻求帮助的可能性！

7月，丢失的领土上平民起来抗击入侵者的消息传到威尼斯，人们的精神为之一振。与附属城市的上流阶层不同,农民和工匠对威尼斯的统治很满意,而法国和德意志军队的野蛮和傲慢激起了他们的反抗。在烈性子的督军安德烈亚·格里蒂（Andrea Gritti,见彩图9）的带领下,威尼斯在梅斯特雷和特雷维索重整军队。事实证明,格里蒂在凝聚败兵上比雇佣兵首领皮蒂利亚诺伯爵更加果决。十人议会颁布紧急措施,保障威尼斯造币厂的钱币源源不断地流入军营,使格里蒂把残兵败将集结起来。由于普通税收或贷款征收得不够快,所以政府提供特别奖励,鼓励人们捐献钱币,鼓励人们上交首饰和餐具——政府会将这些物品熔化后铸成钱币。在父亲的命令下,吉罗拉莫·普留利把家里的一些银器也送到了造币厂。用这种方法可以得到12万至20万杜卡特金币。为了补充职业军队,威尼斯人回忆起基奥贾战争时的晦暗岁月,意图使用小型的"群众动员"（levée en masse）,这得到威尼斯以及潟湖城镇中爱国民众的积极响应。威尼斯已准备好在附近采取行动,这次的目标是帕多瓦。7月17日夜,运河里挤满了满载兵员的驳船,潟湖的各个入口都有人巡逻,以防止消息走漏而使帕多瓦有所准备。第二天,威尼斯来的新兵与格里蒂从特雷维索带来的军队一起,重新夺取帕多瓦,城内的支持者向威尼斯军队高呼"马可!马可!"。

被收复后,帕多瓦不得不抵御皇帝的持续攻击,后者带着迄今为止围城战中还未使用过的最强大火炮姗姗来迟。威尼斯的雇佣兵在此固守,许多志愿兵也从威尼斯赶来支援,城市最终没有被攻破。与此同时,教皇和西班牙国王改变了立场,战争变成了驱逐法国人的战争。法国人被赶走后,威尼斯又转而与法国结盟,以夺回布雷西亚和维罗纳。经过7年的战争,威尼斯的许多城市遭到毁坏,众多的乡村遭到洗劫。1516年,威尼斯恢复了近一个世纪前在大陆拥有的大部分领土。

在后来发生在意大利的战争中,威尼斯谨慎地使用军队来保护自己的领土,并且在1529年之后成功奉行了中立政策。通过外交手段和武力,她抵挡住了文艺复兴时期的君主们——他们掠夺和降服了意大利其他地区。然而,威尼斯统治意大利的希望,抑或恐惧,都已烟消云散了。

二流的海洋国家

与此同时，威尼斯作为海上强国的地位也在逐渐丧失。奥斯曼帝国和西班牙人的帝国正在把地中海的海军军备提升到新的规模。

1470年和1499—1500年，奥斯曼海军只是陆上行动的暂时附属品，战斗结束后就被解散了。此后不久，它们开始在爱琴海定期巡航，以对抗基督徒十字军或海盗。奥斯曼帝国海权迅速壮大的另一个步骤是在1517年占领叙利亚和埃及。下一次是在1522年征服罗得岛，并把圣约翰医院骑士团赶出爱琴海。然后最大的一次飞跃是巴巴罗萨·海雷丁（Barbarossa Khaireddin）——出生于希腊并于1529年控制阿尔及尔（Algiers）——带领巴巴里海盗加入奥斯曼帝国，此举让奥斯曼帝国从阿尔巴尼亚到摩洛哥包围着整片地中海水域（见地图25-1）。即便有完美的领导，威尼斯也无望独自年复一年地与奥斯曼苏丹的军队相抗衡。

只有在西班牙和哈布斯堡家族的领导下，才有可能在同一时间组建与之匹敌的海军。西班牙人占领西西里岛以后，"西班牙"海权部分是由意大利船只和海员组成的。西班牙于1501—1503年征服那不勒斯，于1509年获得威尼斯的普利亚港口后，西班牙的海权变得更加"意大利"了。哈布斯堡家族的查理继承西班牙王位后，又在1519年即位为神圣罗马帝国皇帝，即查理五世（Charles V）。他在意大利为西班牙舰队加上了神圣罗马帝国的道德权威、对米兰的主张，以及遍布于尼德兰和德意志的财富。他确实是一位国际化的统治者，自认为是整个基督教欧洲的皇帝。的确，他想获得许多国家的贵族的效忠，他确实也得到了。为了指挥他的舰队，皇帝争取到了原效力于法国的安德烈亚·多利亚（Andrea Doria），后者为他带来了热那亚海军的资源。西班牙的海军力量得到除威尼斯以外意大利海军力量的补充。1535年，查理率领一支迄今为止在地中海集结的最强大的舰队对抗突尼斯。进攻北非的穆斯林时，热情的西班牙人也来帮助查理五世——西班牙征服了格拉纳达后，十字军又前往北非，已在那里夺取了好几座城。查理占领了突尼斯，把它交给一位已附庸于他的穆斯林统治者。大约在同时，被赶出罗得岛的圣约翰骑士团也从查理五世手中领得马耳他，把这里当作新家。

奥斯曼帝国和西班牙人的帝国崛起后，从两侧挤压着威尼斯，威尼斯则一年又一年地维持着一支规模空前的舰队，但她知道自己没有能力对这两个帝国中的任意一个发动战争。无论是海上还是陆地上，她能依赖的只有保持各方力量的平衡。法国在这场博弈中至关重要，因为在意大利和西地中海，如果不是最富有、人口最多的基督教王国法国是他的死敌，查理五世的势力将是压倒性的。查理五世的军队征服了除威尼斯外的所有意大利城邦，甚至在 1527 年洗劫了罗马。威尼斯避免明确地与查理五世结盟，唯恐他变得更强大；又避免明确地与反查理五世的势力结盟，以免被他毁灭。土耳其人公开威胁威尼斯的帝国，查理五世和西班牙暗中威胁她的独立。威尼斯需要与法国结盟对抗西班牙，但是她也需要同西班牙结盟对抗土耳其人。

威尼斯在 16 世纪余下的时间里用娴熟的技巧达成了这种双重平衡，因此她在 1529 年之后只参与了两次主要的战争，而且都为时不长，这两次都是与西班牙和哈布斯堡王朝结盟对抗土耳其人的海战。在这两场战争中，威尼斯不得不把自己的海军行动（这将在第二十五章中描述）置于 1537—1540 年由查理五世领导的十字军联军和 1570—1573 年由他的儿子和西班牙国王的继任者菲利普二世（Philip Ⅱ）领导的十字军联军之下。在这两场战争的早期，基督徒联合舰队由安德烈亚·多利亚指挥。普雷韦扎（Prevesa）之战中，他在重要时刻指挥撤退，遭受了可耻的挫败。他接到皇帝的密令：除非有必胜的把握，否则不得开战，因为皇帝正在与土耳其舰队司令海雷丁进行谈判——皇帝甚至在战役前夜还在希望把他争取过来。查理五世希望强化自己在北非的势力，他没有真的打算在希腊海域加强威尼斯的力量——这样只会让使威尼斯更有能力反对他在意大利的绝对统治。尽管是盟友，但是皇帝怀有这样的意图，多利亚也不可信任，威尼斯只好在 1540 年与奥斯曼帝国单独媾和。普雷韦扎的败退显示威尼斯对土耳其人的抢掠活动束手无策。不仅如此，最后一批占据克里特岛以北爱琴海岛屿的威尼斯贵族也被消灭。这些事损害了威尼斯的威望。

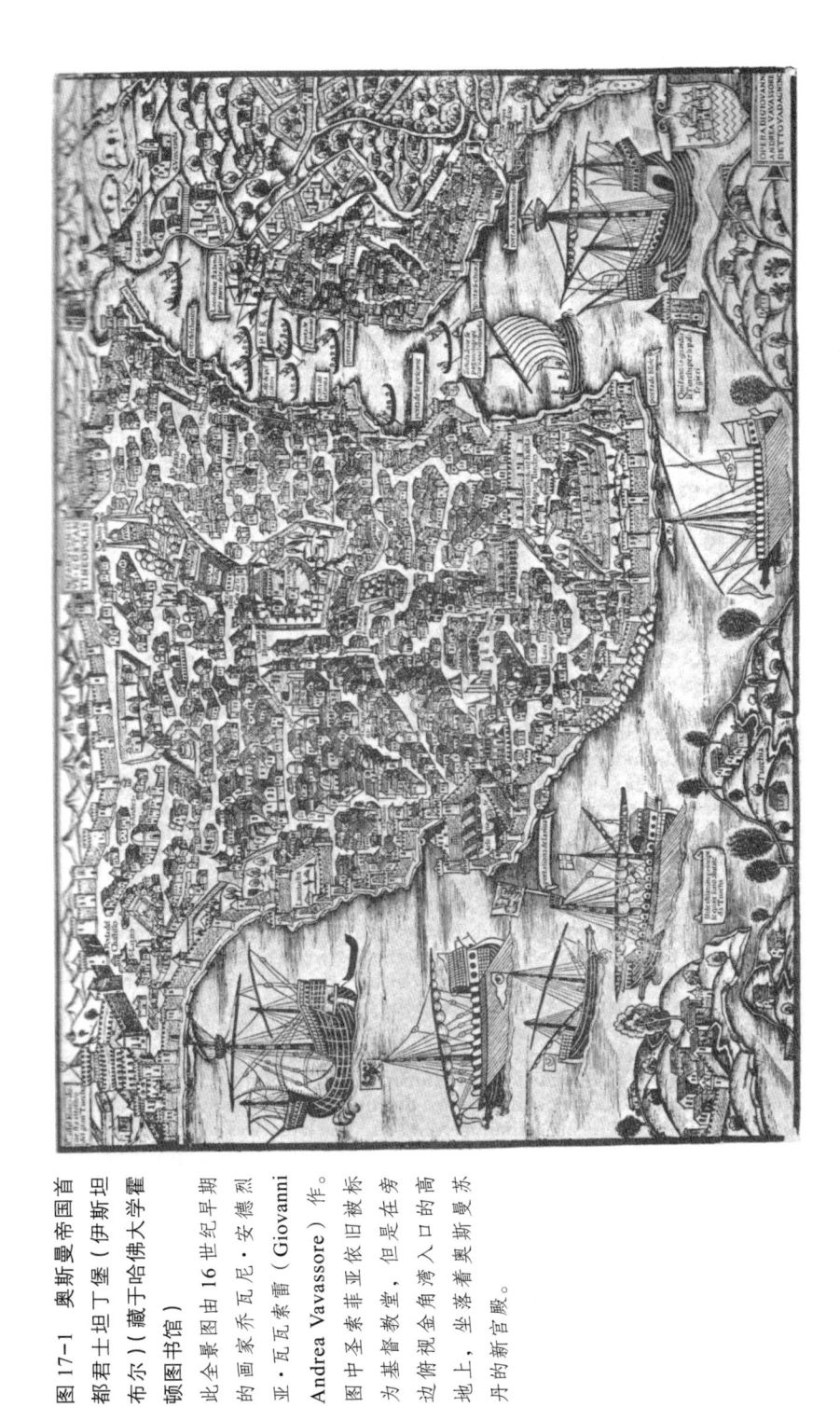

图17-1 奥斯曼帝国首都君士坦丁堡(伊斯坦布尔)(藏于哈佛大学霍顿图书馆)

此全景图由16世纪早期的画家乔瓦尼·安德烈亚·瓦瓦索雷(Giovanni Andrea Vavassore)作。图中圣索菲亚依旧被标为基督教堂,但是在旁边俯视金角湾入口的高地上,坐落着奥斯曼苏丹的新宫殿。

1571 年，基督徒联军在哈布斯堡的王子奥地利的唐·胡安（Don Juan of Austria）的领导下于勒班陀取得了惊人的胜利。此战阻止了奥斯曼海权的推进，使威尼斯的伊奥尼亚群岛得以免遭土耳其人的征服。如果那日取胜的是土耳其人，威尼斯可能会失去赞特岛（Zante，今扎金索斯岛）、科孚岛，还有达尔马提亚的大部分地方。但是菲利普的政策与他父亲的政策十分相似。他和他的西班牙顾问们希望利用基督徒舰队加强西班牙在北非的统治。他希望威尼斯成为对抗土耳其的盟友，又不希望过分加强威尼斯。菲利普拒绝让获胜的舰队到东方去为威尼斯的利益而服务。威尼斯只好再次让步，放弃了已被土耳其人征服的塞浦路斯，从而获得了和平。

　　普雷韦扎之战的失败和勒班陀之战的胜利都伴随着屈辱的和约。1424 年对米兰的战争刚开始的时候，威尼斯的海军力量在地中海实际上不可撼动，再看如今，可以知晓她海权的衰退有多么严重。但是，威尼斯在 1538 年和 1571 年派出的舰队，在规模上是 15 世纪 20 年代的舰队的四五倍。因为在同时，两大地中海帝国——奥斯曼帝国和西班牙人的帝国逐渐强大，海战的规模也已扩大。尽管威尼斯已经扩大了舰队的规模，却无法迎头赶上。

转折点的再思考

　　如果威尼斯从来没有为成为意大利的领导势力而战斗，那么她能建立并配备一支规模更大的舰队吗？威尼斯的统治贵族中，赞成在伦巴第和罗马涅地区获得更多领土的陆地派（landward-looking party）可能会说，只有在意大利建立某种霸权，威尼斯才能得到足够的资源，去与地中海的东西两端成长起来的巨大帝国相抗衡，而与之抗衡的唯一希望就是统治地中海中心的意大利半岛。

　　另一边是海洋派（seaward-looking party），他们认为占据的伦巴第只是一个恶性肿瘤，它吞噬着使威尼斯变得伟大的海洋活力。康布雷同盟战争的那些最黑暗的日子里，吉罗拉莫·普留利无比苦闷地把这种观点写进了自己的日记里，他记载一些威尼斯人说，如果失去了大陆，"威尼斯贵族、公民和平民大众将全身心投入海洋和航海之中，这样他们不仅能赚到钱，还会成为勇敢的人，在海上和其他事务上成为专家，也许对威尼斯共和国来说这比从大陆获得收入更有好处"。普留利年轻时曾经在伦敦做过一段时间的商人，他写道，对奢靡的乡间生活的热爱正在腐蚀贵族，年轻贵族正变得跟愚昧的农民一样，对这个世界一无所知。他责怪元老院没有防御好、供应好莫顿这样的海军基地，却白白浪费数以百万计的杜卡特去加固意大利的城市、雇用意大利雇佣兵。他说，请雇佣兵纯粹是浪费钱，雇佣兵会把钱拿走，而用在舰队上的话，钱就会回来，毕竟拿到钱的人还要在威尼斯把钱花掉。但是普留利也清楚，威尼斯并不会严肃考虑主动放弃大陆领地的事，因为这会对威尼斯的声誉造成巨大打击。

无论威尼斯向西进军去征服意大利本身是个错误还是不得已而为之，很明显，威尼斯没有进行多少制度上的变革，所以她难以行使她所渴望的权力。一个弱点就是过于依赖雇佣兵首领。马基雅维利轻蔑地指责威尼斯在陆军中未能使用海军的做法——把市民和附属城市的民众征召进陆军。事实上，对于充当海员的军人来说，威尼斯主要依赖的是志愿兵，而不是征召兵。海军完全由威尼斯贵族指挥，但是有经验的海军指挥官的人数一直在减少。1502—1504年做出的将重要海军基地拱手让给土耳其人、在意大利谋求统治地盘的决定，都是有征兆的。与海洋利益相比，威尼斯贵族对陆地的兴趣越来越大。海军的最高指挥权属于外交官—政治家，而不是维托·皮萨尼或卡罗·泽诺那样的海员或探险家。

为了与奥斯曼帝国、法国和哈布斯堡王朝竞争，威尼斯在海上和陆地上都需要一种新型的、规模空前的军事组织。威尼斯深深地卷入了陆地战事，这无疑分散了她的精力和注意力，使她无法尽最大努力维持自己在海上强国中的地位。但是，她传统的优势地位不能再通过传统手段继续维持下去了。相较以往，威尼斯在较长的一段时间里建造了更大的船舶，为其配备了更多的装备和人员；威尼斯还在威尼斯兵工厂和海军部门对船舶、武器、人员配备都进行了改进，这些将在第二十五章予以详述。然而，威尼斯的政治体系限制了她的发展程度和发展方向，威尼斯并未发展出海军官僚支持的、真正的专业领导层。高级指挥官的纪律和任命取决于威尼斯议会中贵族同僚的投票。至少从消极的意义上说，在决定威尼斯未来的过程中，共和国内部结构的变化跟外交的纠缠、战争的变迁一样至关重要。

第十八章

政治制度的腐坏与完善

  在过去的几个世纪里，威尼斯人对他们的总督施加了种种限制，使总督仅仅是公社的一名行政长官，他们为政治自由的理想提供了具体形式。这一理想在中世纪晚期的其他意大利城邦里也曾开花结果。对个人权力的不信任通过一系列措施得以制度化：短任期、限制连任，以及将权力和责任交给委员会而不是个人。16世纪，与强大君主国的冲突要求城邦在军备、外交和财政方面提高效率，而很难与这些机构和它们所体现的理想相调和。几乎在所有地方，源自公社并被公民人文主义者推崇的共和主义原则即使在理论上没有被完全抛弃，至少在实践中被抛弃了。延续下来的国家中唯独威尼斯还保留着共和制度。

  按照衡量现代国家的标准，16世纪的所有政府都没有效率，也没有那么多权力去征税、推行规章制度。但是在那些最有效率的国家中，除了威尼斯，就是君主制国家。那个世纪的观察家惊奇地发现，作为共和国的威尼斯居然可以在强敌环伺的环境中屹立不倒。多亏了她的海军和外交手段，她甚至保住了帝国的大部分。和现在一样，威尼斯在政治和行政方面的许多成就都让时人感到钦佩。她的民众衣食较为充足，更有创造力。她的国内和平稳定，提供不少市政服务（比如卫生委员会的服务），还有一套在各个阶层中都有优良声誉的司法系统。威尼斯以娴熟的外交和海军而闻名，她的海军力量不再是最强大的，但仍是一支不可忽视的力量，它的后盾是当时最大的手工业机构——威尼斯兵工厂。

  然而，在许多威尼斯贵族眼中，这些都不是威尼斯最辉煌的成就，最宝贵的是他们共和制度的活力。但他们并没有单一的宪法文件，而是有一种基于习俗的政治处事风格和政治处事传统，这包括：对不负责任的个人权力的制约，这是在公社时代发展起来的；贵族制原则，即权力属于出身高贵的人。上层领导者依赖统治群体中其他人的赞赏和信任，而不用迎合下面那些人的贪婪或野心。若有人利用自己在平民大众中的声望谋求权力，或者，为更贫穷、受教育程度更低、见识最短浅的贵族的利益服务，来谋求权力，这两种方式都会被认为是颠覆性的。共和主义需要美德——孟德斯鸠后来用这个词概括。16世纪，一些观察者赞扬威尼斯贵族勇担义务、献身于公共福利，以此来解释威尼斯的成功。

与现代民主理想一样，威尼斯共和国的理想也需要更多的美德，而不仅仅是体现在按时上班、坐办公室这种现实政治运行中的道德。威尼斯的政治体制每每被理想化的时候，许多威尼斯贵族也表现出令人不安的腐败苗头。威尼斯有许多独特做法都被完善为防止腐败的措施，比如无记名投票的保密制度，这在那个时代颇为独特。威尼斯的政治理想一方面虽未实现，却也未被抛弃；另一方面，又关注个人和群体的利益。两相对比，威尼斯的政治在精神上很现代，在细节上却有点老气。

贵族、绅士、统治者与平等

所有这些改变，无论是为了提高效率还是为了打击腐败，都是在14世纪早期建立的贵族框架内进行的，并在基奥贾战争的危机后得以重申。总督被人称为"王公"（Il Principe），但是如果他没有委员会，就什么也做不了。有资格参加这些委员会的贵族来自占全市人口6%—7%的家族。事实上，他们建立已久的统治权在全体大会被废除时得到了充分的象征性表达。1423年，大议会宣布它的法令在没有得到民众正式批准的情况下仍然有效，即使这些法令改变了基本法。由41个贵族组成的委员会选出的新任总督在民众前现身讲话时，"如君所愿"的话被删去了。共和国精神的变化体现在她的名字上。1462年，总督的誓词被修改，不再提及"威尼斯人的公社"。政府的名字通常与一个骄傲的形容词连接在一起——"至宁的"（La Serenissima）。

贵族阶层更加自信地炫耀自己的统治权时，也变得更加排外。已不再有 1381 年那样接纳新成员为贵族的情况。1403 年有一项提议：只要一个旧家族消亡，大议会就接纳一个本城的威尼斯中产阶级新家族作为它的新成员。但这项提议被总督顾问团否决了。那些威尼斯附属城市的贵族，比如维罗纳的贵族，在威尼斯政府中没有任何地位。他们被限制了，在自己城市中处于从属地位。在非常罕见的情况下，某些人可以通过一种特殊的个人待遇成为威尼斯大议会的一员，但是威尼斯人不会认为他和威尼斯人一样，不会对他委以重任。

虽然贵族身份本身是世袭的，但威尼斯贵族的等级却没有世袭上的差别。当然，财富的真正差异是显而易见的，也是令人痛苦的。妇女与青年男子戴着首饰、穿着华美的服饰以示夸耀。青年男子还建立了一些社交俱乐部，名为"裤袜运动"（compagnie delle calze），因为俱乐部成员穿花哨、五颜六色的裤袜以示区分。尽管有法律禁止奢侈的炫富行为，但这种行为还是有所增加。在家里，无论男女都穿着极为多样的服饰，女性还在外出时再添上华丽的服装。但是，成熟的贵族只穿朴素的黑色长袍或宽外袍，官员除外，他们在政府机构必须穿红色、紫红色或紫罗兰色的长袍。因此他们的服装表明，所有贵族在权利上是平等的，但贵族在任官时地位暂时更高。从法律上讲，任何贵族都有资格担任所有职位，除非因以下情况被剥夺了资格：他已担任官职，犯罪，未缴税款或其他政府债务。

贵族与平民的通婚并不罕见，无论男女。贵族身份取决于父亲是谁，而不是母亲。贵族夫妻会在儿子出生时为他在"金册"中登记，确保他在日后有资格进入大议会。如果母亲是仆人或妓女，那孩子就不能在"金册"中登记。如果母亲是富商、玻璃吹制工或"出生公民"阶层的成员的合法女儿，这种登记就没有任何困难。最富有的两名总督安东尼奥·格里马尼（Antonio Grimani）和乔瓦尼·本博（Giovanni Bembo），母亲都是平民。同样需要注意，禁奢的法规并未对平民和贵族区别对待，奢华的炫耀对双方而言都是禁止的。在现实中，平民的上层阶级和一般的贵族一样，都穿着朴素的黑色长袍。因此，服饰和通婚都缓和了贵族和上层平民之间的界线。

政府机构和理念

　　这个由几千名享有同等权利的贵族组成的政府取得了成功，这要部分归功于威尼斯那互有联系的议会制度。它们之间的权力分配完全忽视了我们习惯的立法、司法和行政职能的分离。在某种程度上，这三种职能都分配到了第八章描述的议会金字塔的每一层。例如，大议会不仅对法律的基本修改进行表决，对一些受指控官员的罪行进行投票，还能按照规定的步骤任命官员、同意赦免。如果在传统之外还有别的原则支配着议会之间的权力分配，那就是要把效率、商议和广泛的参与适当地混合起来的原则。

　　除了神职人员，所有年满25岁的贵族都是大议会的成员，很多人在25岁之前就成了大议会的成员，所以大议会的规模很大，我们可以将它和政治集会联系在一起。1500年，贵族的数量约为2500人。通常会有超过1000人出席大议会（见图18-1）。大议会的常规职能是选举官员、批准较小的委员会的行动（见图29-1）。

　　由于大议会规模太大，无法就战争与和谈、军备与谈判、法律、贷款、税收等问题进行彻底的讨论、做出明智的决定，因此审议的职能交给了元老院。元老院最初由60人组成，由大议会提名和选出。后来，元老院合并了四十人议会。四十人议会还在刑事案件中独立行使上诉法院的职能。元老院中又加入了另外60名成员——被称为"宗塔"，是由任期即将结束的元老院议员提名的。实际上，所有重要的官员在任期内或任期结束后都是元老院的当然成员。大使和海军的高级指挥官，从成功当选到履职结束那一年的年底，都被允许进入元老院。简而言之，每个在政治上有一定地位的人都在元老院占有一席之地。有权参加元老院的人上升到300人左右，其中约230人有投票权。他们还有不少别的职责，所以法律上元老院开会的最低人数限制只有70人，而通常记录的投票人数大约是180人。虽然元老的任期只有一年，却可以一直当选，这种方式维护了连续性，保证了元老院的决策是由经验丰富的、消息灵通的人士做出的。

　　元老院的辩论自由促进了雄辩术的发展。对敬佩西塞罗在罗马元老院的演讲的人来说，威尼斯元老院值得称赞，因为它不仅是共和主义的典范，而且保证了重要问题会得到充分的考虑。每位元老都有不被限制的发言权，除非他谈及毫不相关的问题。即使他言及其他，也全看总督是否想命令他遵守秩序。而总督要想有效地维护秩序，就必须得到他的顾问、国家检事官或十人议会主席的支持。但是，不会有演说太过冗长而导致人离席留下空座位的做法，因为会议一旦开始，只有70岁以上的元老不需要主席的正式许可而离开。私下谈话是被禁止的，尽管滔滔不绝的长篇演说中会产生不少变换坐姿和清嗓子的声音。会议经常进行到很晚，天色变暗后，会在大厅里点起蜡烛照明，最后也常是"推迟"，即择日再行开会。

虽然有时很冗长，但元老院的辩论集中到具体事项，通过议事规则

图18-1　大议会会场（藏于威尼斯科雷尔博物馆）
举行大议会的大厅能容纳1500人以上。这幅17世纪的版画展示了在丁托列托的《天堂》下主持会议的总督、执政团和首席书记官。两边的长椅被分配给不同的官员，其中最显眼的是负责监督选举程序执行的人，如十人议会的主席们。长椅之间的是拿着"选票箱"或麻袋以收集"赞成票"和"反对票"的人。

和指导委员会的准备工作，解决定义明确的实际问题。起初，由总督和6位总督顾问充当元老院的指导委员会。他们和四十人议会的3位主席组成了名为"执政团"的机构，执政团成员可以充当主持元老院、大议会，当然还有整个政府工作的官员。执政团有许多职能，包括行政、司法和主持典礼仪式。大约在1400年，元老院设立了6名智者委员（Savii del Consiglio），他们负责制定议程、拟定决议、为决议辩护和监督决议执行，也被称为"大智者"（Savii Grandi），或可翻译成"首席部长"。为了指挥意大利的战争，在1430年又增设了5名大陆智者（Savii di Terra Ferma）。他们还附设了一个由5名海事智者（Savii di Ordini）组成的特别委员会，该委员会负责涉及贸易、海军和海外殖民地的事项。（"ordini"指海事条例。）这3个"智者"（Savii）团体形成之后，它们与执政团一起组成了一种部长委员会。它们聚在一起时，被称为"完整会议"（Pieno Collegio）。不仅如此，3名国家检事官中经常会有一人出席指导委员会联席会议，他们有权参加任何委员会的任何会议，因为从理论上说，这些国家检事官的一项重要职能就是防止委员会越权。在某些情况下，他们会强迫完整会议或执政团把某个问题提交给大议会而不是元老院。

在普通的一天里，日常事务从完整会议的晨间会议开始。会议由总督主持，由大智者决定议事日程。议事日程包括：阅读收到的公文，接见外国使节和来自附属城市的代表团，听取官员的报告，并决定在元老院下午开会时——如果会议有秩序地进行的话——先确定什么事项。一旦要采取的主要步骤明确了之后，执政团就退出会议，留下智者去制定待提交给元老院的议案细节，或是反对议案的细节。未先提交给完整会议的任何议案都不能提交给元老院。元老院的许多当然成员，甚至一些没有投票权的人，都可以就他们职务有关的问题提出议案，完整会议可以选择接受或修改，在此之后，元老个人可以提出解决办法。

处理外交政策和财政等关键问题时，执政团可以绕过元老院，直接向十人议会提交议案。16世纪，当力量平衡的繁杂事务使办事速度和保密变得更加重要时，这种情况越来越明显，尤其是在康布雷同盟战争时期。马里诺·法利尔和卡尔马尼奥拉的案件说明，十人议会已证明它作为发现和审判叛徒的特别法庭十分有效。在处理紧急事态、维护体制的时候，十人议会行使的权力越来越宽泛。十人议会成了贵族政治甚至寡头政治的捍卫者，反对它眼中的煽动颠覆活动。在这类事情上，十人议会的三位主席起了带头作用，他们自己的秘书负责记录并制定议事日程。十人议会还介入范围广泛的市政问题，甚至包括银行破产，目的是维护法律和秩序。更有争议的是，它在财政和与外国的谈判中也拥有一定的权威。

再后来，十人议会被人认为是贵族政治中一个小寡头的大本营，与代表更为广泛的元老院相冲突。然而，十人议会和元老院之间的冲突并不多见，因为两者通常是由同一批人和几乎同一套指导委员会管理的。正如前文所述，十人议会从不会完全独自采取行动。它通常包含 17 名投票的成员，包括总督和他的顾问。出席十人议会的还有一名国家检事官，如果他认为十人议会越权行事或违反法规，可以提出将相关事项提交给大议会。对于重要的决定，还要再召集 15—20 名额外的元老参会。在决定外交事务时，大智者也被要求出席。因此，十人议会和元老院的议案都是由同一群领导者提出的，在这个意义上，它们之间没有冲突。但是十人议会可以采取迅速、高度保密的措施，这正是在战争中改变盟友时所必需的。事件发生时，若领导人觉得自己有责任处理此事，只要获得十人议会的许可，他就能采取他们认为有必要的措施，即使采取的措施普遍不受欢迎，甚至可能不会被元老院批准。例如，为了在 1540 年与土耳其人达成和平协议，十人议会迫使元老院接受了它授权的谈判条款，这些条款在事先本不会得到元老院批准。

这些领导者构成了高效的政府，即"至宁的共和国"（Serenissima Repubblica），包括以下 16 个职位：总督、总督顾问、大智者、十人议会主席。这些人是核心集团。十人议会剩下的人、大陆智者、四十人议会的 3 名主席、3 名国家检事官，均处于核心集团的外围，加上驻外使节、因重要事务而不在城内的指挥官，总共有约 40 人。这些人员不能在同一职位上连任。每一位总督顾问、大智者或十人议会主席在任期结束时都必须"休假"，这一般是一年或两年，然后他才能重新担任该职位。但是，有人可以在第一年担任总督顾问，常会在第二年当上大智者，第三年任职于十人议会，或许还能成为十人议会的主席。他们的任期都很短，最长不超过 18 个月，但是任职时间是错开的，这导致核心集团的有些成员离开之后，又在几个月之后加入核心集团，在其他差不多重要的职位上任职。这样的职位轮换在现代意大利那频繁的内阁变动中也很常见，被讥讽为"抢座位游戏"。但在威尼斯共和国，这并不会引发什么"内阁危机"。按照此安排行事，既避免了将权力集中到一个人的手中，又能让有经验的人管理政府。

威尼斯人喜欢思考他们政府运行的方式，这在 1520 年被加斯帕罗·孔塔里尼（Gasparo Contarini）记载了下来，他本人就是这种职业生涯的一个很有吸引力的例证。加斯帕罗的先祖是指挥基奥贾战争并获胜的总督安德烈亚·孔塔里尼。这种家族背景加上自身才能，使他成为一名机智而有说服力的使节。在政治生涯开始之后，他迅速在威尼斯的晋升体系中上升。但他起步相对较晚。在 20 多岁时，他致力于把文学和神学研究结合起来。他本属于一个深深投进宗教的贵族群体，威尼斯于 1509 年战败后，他们只得中断了在帕多瓦的求学生活。他和马丁·路德属于一代人，这代人有不少都想知道怎样生活才能得到上帝赐福的永恒拯救。他的两位密友为了解决这个问题而成为修士，他们催促加斯帕罗也来做修士。加斯帕罗认为救赎取决于上帝的恩典，不需要脱离世俗世界，于是开始积极地为自己的家族和国家服务。他先是在波河开垦的土地上进行一大笔投资，并担任此处负责调查土地和疏浚工作的官员。1520 年时，36 岁的他被派往沃尔姆斯，在年轻的皇帝查理五世处担任威尼斯的大使，并赢得了皇帝的尊敬。回国后，他任职大陆智者，进入威尼斯统治集团的边缘。他又前往罗马担任大使，这次任职极为成功，他得以进入统治集团的中心，在以下职位上轮流任职：大智者、十人议会主席，以及总督顾问。后来，教皇将他夺走，任命他为枢机主教，正如一名言辞激烈的元老所说：授予他神职便可以让威尼斯失去一名卓越的绅士。作为一名神职人员，他从此被禁止担任任何威尼斯共和国的职务。教皇让他忙于谈判，这让他比任何人更能和平地接近宗教改革。他作为政治家和教士有国际性的声誉，这让他对威尼斯政府的观点在之后好几代人的时间里得到广泛接受。

加斯帕罗·孔塔里尼在论述的开头探讨了什么样的政府形式是理想的。他从亚里士多德等古代作家那里认识到将多种政体的一些元素混合起来的好处，这些政体有君主制、一些"少数人"的统治形式，还有一些"多数人"的统治形式。他认为威尼斯共和国近乎完美，因为它保持自由的时间比任何古代城市都长，甚至超过了罗马。他描述道，威尼斯环环相套的议会系统将三种形式和谐地结合了在一起。出于此目的，大议会代表了"多数人"，他也把"多数人"称为"民众"，即全体公民。他眼中的公民即我们眼中的贵族。他认为可以把平民排除在公民之外，即不让他们分享任何最高权力，他只用寥寥数语就将这排除行为给正当化了：因为此做法在当时很普遍。他再略添数语，为威尼斯人的特殊性辩护，即为公民身份（贵族身份）严格基于血缘而不是财富而辩护。他说，在这样的公民群体中，代表他们的元老院和十人议会受到了限制，而根据"少数人"的能力、财产和所受的教育，他们理应获得更大的权力；而总督赋予威尼斯以君主制的好处，又没有带来君主制的坏处。孔塔里尼写作的时候，威尼斯刚从意大利的战争中缓过来，她在大陆的领土基本完好，这给时人留下了深刻印象。孔塔里尼在那时就威尼斯的伟大之处解释说，"通过非凡的美德和我们祖先的智慧"，各政体形式和谐地交融在一起。许多非威尼斯人甚至一些佛罗伦萨人，也充满赞许地分析过威尼斯的政治结构。

切实可行的政治主张

> 这里所有贪腐的法子都被抑制，
> 品性高尚的官员可堪此任……
> ——十四行诗，出自孔塔里尼《威尼斯共和国及其政府》
> 伦敦版（1599年）序言

在理想的共和政府中，高级官员之所以能任职，是因为他们为整个社会服务，比如进行和谈或提出明智的法案。腐败，正如马基雅维利分析美第奇家族统治佛罗伦萨的方式时说的那样，腐败让那些为拥护者的私人利益提供特殊服务的实权人物上台，这些利益或与税收相关，或与政府职位的分配相关。威尼斯人也不能免疫这种腐败，恰恰相反，它或多或少地出现了，挑战着实现共和理想所需要的美德。

分析现代民主政治现实的人士强调初选的重要性。同样，考察威尼斯政治生活的阴暗面时，不仅必须仔细考虑选举的细节，还要考虑提名是如何产生的。尽管从理论上说，应该是根据职位寻找人选，而不能让人竞选某个职位，但在现实中，人们用许多私人利益吸引投票者，以此谋求职位。

对一些最重要的职位，元老院通过叫作"scrutinio"的流程进行提名和选举。此流程比较简单：每位元老提名他中意的人，然后全体元老就每位候选人投赞成或反对票。可以直接投票反对某位候选人，而不是像我们投票给别人那样间接反对。这是威尼斯所有投票的特点。威尼斯人的做法有可能导致每一位候选人的反对票都多于赞成票。在 scrutinio 中，元老们对每一名候选人都投票完毕后，赞成票比其他人都多的候选人，只有在自己的赞成票的数量高于反对票的时候才能当选。

智者、大使和许多督军都是这样选出来的，另有特别的规定来为不受欢迎的职位选出任职者，比如某个要花很多钱却又注定会失败的大使职务。惹人烦的政客们喜欢提名竞争对手担任这些职位。如果被提名者拒绝，他们不仅会受到罚款，还会因为不愿承担责任而失去声望。如果他们接受，他们的对手就希望他们失败。至少他们会离开威尼斯一段时间，无法参与核心集团的讨论。一般来说，名单上除了有被提名者，还有提名他的人，因为被提名者挪用公款的话，提名者要承担责任。然而，对于不受欢迎的职位，又规定了匿名提名的办法，这样元老就不用为提名一个有能力但有报复心的人而担心了。

对于大多数职位来说，选举是在大议会中进行的，由大议会从各种提名程序产生的几个候选人中选出。有些人是通过上面提到的程序提名的，即由执政团和元老院提名。他们代表了孔塔里尼所说的"公民中更高尚的人"的选择，即少数人的选择。其他的则是由下面的委员会提名的，也就是由大议会本身抽签选出来的委员会提名。抽签的使用加强了多数人的作用。这就是孔塔里尼所说的"大众的"特征（相对而言，我们会说是"民主的"），因为它假定一个公民的意见不劣于其他公民的意见。它为大议会的普通议员提供了提高自身重要性的机会。

由于抽签选举提名委员会是威尼斯制度在"大众"方面的核心，所以威尼斯人在这上面投入了不少时间，也投入了不少关注。大议会通常在每周日开会，而且出席会议的人越多越好，因为开会就像摸奖，说不定出席者就会从中冒头，为自己或朋友赢得丰厚的奖赏。有专人提前在里阿尔托和圣马可区喊出待选的职位，后来则用印刷的传单。整个下午都在"投票"中度过（见图18-2）。正如选票的名字"ballot"所暗示的，"选票"是小圆球（ball），大部分是镀银的，也有一些是镀金的。为了确定提名委员会（通常有4个）的成员，大议会的全体成员从他们坐着的长椅上逐个起身，走到大厅前面的台子上。总督和总督顾问坐在这里，这里还放着装满选票的瓮。瓮又高又大，议员不可能在拿取圆球时挑选金球或是银球。如果他抽到一颗金球，他就会留在台上，成为提名委员会的一员。不过选票要交给一位总督顾问辨认，他根据球上的秘密标志来判断选票确实是当天从瓮里取出来的，而不是想进提名委员会的贵族带来的赝品。威尼斯选举程序的每一个阶段都有类似的证据，这表明，除非采取防止作弊的手段，否则就会有人作弊——这反映了激烈争夺荣誉的情况。

有幸成为提名委员会成员的人在台上就座，面朝总督，背对与会者，这样急于想要被提名的人就不能与他们交换任何暗号。接下来的抽签把人数减少到36人，他们被分成4个委员会，每个委员会都要立即进入一个单独的房间。他们在房间内再行抽签，决出哪位成员有首个机会去提名第一个职位。在大多数情况下，第一个提名也会被其他委员会接受，因为他们希望轮到自己时，自己的提名也会被接受。提名委员会成员可以自己提名，也可以同其他成员交换顺序。这4个委员会向大议会提交名单时，议员立即进行投票，赞成或反对每个被提名的候选人。有时所有候选人都会被否决。出席大议会肯定更有吸引力，因为议员有充足的机会投明确的反对票（这是美国所缺乏的）。

图 18-2　在大议会抽签。木版画，见于 1578 年加斯帕罗·孔塔里尼的著作《共和国》(*Della Repubblica*)
(a) 大议会的成员在总督顾问和秘书的注视下走向投票瓮，取出决定提名委员会成员资格的镀金或镀银选票（小球）。
(b) 从投票瓮中取票。
(c) 选票被重新装入瓮中。

在提名时，不会有哪个家族的成员受到限制，但提名委员会中不能同时有两名姓氏相同的人。大议会向某个候选人投票时，他本人及其亲属必须离开大厅。

为了保障对候选人的投票是秘密的，一种投票箱得到了使用，它由两部分组成，白色的代表赞成，绿色的代表反对。投票箱经过了特殊的设计，投票者将手伸进投票箱时，没人能看清他将票放到了哪一边。由于铅质圆球会发出声音，显示出它们被放在哪边，所以后来就被亚麻布片取代了。投反对票的人很多，保密就显得更有必要，因为是保密的，所以那些在选举中失败的人就不会因怨恨而针对个人。在投票过程中，任何发表公开讲话的人都会受到严厉的处罚。候选人必须在他们被提名的同一天被投票，这样他们就没有机会在夜间拉票。

在大议会的大多数选举活动中，除了有下面的提名委员会的提名，还有从上面来的其他提名，其中一些来自执政团，最具影响力的是元老院通过 scrutinio 程序产生的提名。例如，选举一名总督顾问时，有大议会抽签选出的提名委员会提名的 4 人，还有元老院提名的 1 人。以元老院威望为后盾的人几乎总是获胜，却不能一直取胜，有时元老院的名单上名列第二、第三的人最后却能获胜。

来自上面的候选人太容易胜过大议会的委员会提名的人选，因此，如果要让广大贵族觉得他们的参与将对最终结果有所影响，就必须对来自上面的提名加以限制。为了给大议会的提名者提供更好的机会，执政团与元老院的提名权被削减了。1500 年，一位有改革思想的总督顾问安东尼奥·特隆（Antonio Tron）劝说执政团的同僚们放弃提名的权利。之前，他们已经同意由执政团成员轮流提名候选人。很多人提名了自家亲戚，也有不少关于出售提名的传言。通过提出废除自身的提名权的动议，总督顾问们得以缓解自己受到的这种压力。也许他们从经验出发，已经预料到美国总统在几百年后说的情况，即分赃制下的每一项任命都会产生"十个敌人和一个忘恩负义者"。

为了逃避寻求职位的人的拉拢，有些元老也倾向于限制元老院的提名权力，但是，元老院的 scrutinio 程序使它有可取之处，即它能为重要职位挑选最合适的人。即使在大议会通过了一项法律，规定只有它自己的委员会可以提名加莱桨帆船的指挥官（sopracomiti）之后，元老院以及紧急状况下的十人议会仍然任命加莱桨帆船指挥官，虽然必须给他们不同的头衔"governatori"。而在最重要的选举中，比如选总督顾问或海军统帅，元老院的提名权是没有争议的，而且元老院的支持通常保障了选举。

减少执政团和元老院可以提名的职位数量，往往会扭转寡头政治的趋势。如果提名和投票过程中没有腐败的情况，大议会的提名权只会削弱核心集团的领导。但几位同时代的作者描述了有利于寡头政治趋势的腐败情况。其中一名是上文提及的商人兼银行家吉罗拉莫·普留利，他反复表达了商人对"政客"的不屑。他得意地写道，他自己没有担任过任何职务，因为他不愿像渴望在政府中谋得一席之地的人一样卑躬屈膝、节衣缩食和苦苦哀求。马里诺·萨努托对选举中的策略和操纵做了更全面的描述，他不像普留利那样鄙视政客，也不像普留利那样倾向于把降临在威尼斯的任何不幸都归因为星象或城市的罪恶。萨努托头脑冷静，在政治上受过很好的训练。和加斯帕罗·孔塔里尼一样，他有良好的家族关系，从小就接受了人文主义教育，并在任职前通过学术研究而成名。萨努托发现人文主义者萨贝利科所写的历史过于粗略和肤浅，于是通过自己收集的旧编年史、法律和信件，汇编成《诸总督传》(*Life of the Doges*)。终其一生，萨努托都专注于事实和细节。他的藏书以地图闻名，亦包括数千份图书和手抄本。

日复一日，萨努托也记录着发生在威尼斯的一切。火灾、谋杀、演讲、婚礼、音乐会、银行倒闭、船货清单、市场报告，还有收到的公文、国事访问、议会会议和政治丑闻——他把这些都记录在多达58卷的大型日志里。他开始记录时，期待着这些笔记在他为自己的时代撰写史书时能派上用场。他这样收集笔记有二十多年后，政府却任命彼得罗·本博为官方历史学家，因为本博掌握了一种更精妙的拉丁文风格。这严重地打击了萨努托的自尊心。政府向萨努托发放补助，想让本博用他的笔记，也就是他的日志。他不情愿地同意了。

萨努托编辑这份相当于日报的著作长达38年，即使在这段时间里，他也充满活力地投身政治活动,其影响力不亚于加斯帕罗·孔塔里尼。萨努托的政治生涯开始得不错,任巡夜官,后来升为海事智者——孔塔里尼在 20 年后说,只要威尼斯最关心的是大海,这个职位就非常重要。之后,它被用来测试年轻人,以让他们升任担负更多责任的职位,比如大陆智者。萨努托从未出过海,但他在 30 多岁时曾多次担任海事智者。1499 年佐奇奥战役前夕,他努力而有效地调动了舰队。他被任命为维罗纳的财务官,40 多岁时又被选为海事智者,并多次被提名担任更重要的职位(比如国家检事官),一次是凭自己的运气抽到的,更多时候是靠亲戚。有一次,一个关系近的亲戚抽到了金球,他本可以提名马里诺·萨努托,却没有这么做,马里诺感到很委屈。他甚至连核心集团的外缘也没能进入。他继承的遗产足够他生活下去,但不足以让他像许多人那样用金钱推进政治生涯。他得以进入元老院数年,并在元老院和大议会相对频繁地发表演讲。他形容自己的演讲很有说服力,其他人听的时候全神贯注,以至于"没人清嗓子"(niun sputava)。但是管事的人们并不欢迎他。他被提名为督察员(sindico),这份职位需要他出国三年巡视威尼斯的殖民地,既有权力,又待遇优厚,他却认为这是某些私敌对他的恶意打击。他想留在威尼斯,写日志,在元老院发表演讲,迫使他的贵族同僚们在国内遵守法律。

萨努托不仅欠缺加斯帕罗·孔塔里尼和彼得罗·本博仰仗的那种口才,还缺乏政治的圆滑。他拘泥于法律,会将自己的想法无所顾忌地说出来,在一些错误在他的场合也是如此——尽管他会在后来的日志中承认当时犯的错误。"我的良心驱使我说话,"他写道,"因为上帝给了我好嗓子、强大的记忆力,以及多年来研究政府记录而拥有的丰富知识。我觉得,如果我没有就正在讨论的问题提出自己的看法,那就是在欺骗自己。"更富的人或更圆滑的人成功时,萨努托憎恨他们;没能当上国家检事官或在元老院赢得永久职位时,他痛苦地写下自己的败绩,表达了不成功的政治学者那种受伤的虚荣心,他觉得自己的学识和奉献没有得到赏识。

萨努托描述了执政团和元老院的提名权受到限制后大议会所面临的腐败压力。1509—1516 年的战争造成的财政紧张加剧了这一趋势。一方面，高税收使人们更渴望获得公职，更渴望从任官者那里获得好处。另一方面，国家转向各种权宜之计，只为在危急时刻弄来现金。十人议会批准并接纳了上交 2000 杜卡特的人，授予他们元老的头衔和长袍，并接纳他们进入元老院，尽管他们没有投票权。次要的公职被售卖出去。总督发表有说服力的呼吁，想要所有官员购买大额公债或直接捐献，官员提供的金额将在大议会上当众宣读。贵族开始在自己的投票来临前宣布自己提供的金额。有一次，萨努托上交了 500 杜卡特，"天晓得是从哪弄来的"，意图赢得元老院的选举，但竞争者提供的比他更多，他便失去了本以为可以得到的职位。在这种情况下，一项要求投票人发誓自己未索求钱财的法律被废除了，因为据说贵族做此宣誓后，会危及他们的灵魂救赎。提供最大捐献或贷款的人并不总是能当选，萨努托认为这样忘恩负义的行为十分危险——在未来的紧急状况下再筹集钱会更困难。但是，有人提议将职位明确出售给出价最高的出价者时，萨努托发表长篇演说以示反对，并对自己在挫败这项提议时所做的贡献颇为满足。

威尼斯恢复了大陆领土的基本部分后，大议会的卖职位就停止了，禁止竞选拉票的新法律也得到了通过。同时，还为阻止竞选拉票设置了新的职位，即审查员（Censor）。这些措施立即生效，然而是暂时性的，四年以后，审查员职位被废除了。诚然，1524 年审查员被重新设立，十人议会也颁布了禁止拉票的新法令，但这些法律被公然违反，它们只是模糊了合法拉票和违法拉票之间任何可行的区分。他们禁止任何形式的政治集会，但没有阻止购买选票。萨努托在 1530 年 10 月痛苦地哀叹："钱能买来选票，这大家都知道；很明显，如果某人在被提名前和当选后没有一群能让他塞钱的穷绅士，他连毫不重要的职位都得不到。愿上帝帮助这个可怜的共和国，以免这句俗语成真——'腐败的城市必会迅速灭亡'（urbs venalis cito peritus）。掌权者并不会采取措施反对腐败，更不会反对捐钱并以此赢得荣耀的人。但是请宽恕穷人吧，因为他们无可奈何。引导万物的神哪，愿你护佑，否则我将预见更多邪祟。"

能通过政治赢得的最丰厚奖赏之一是教会的圣职。虽然任何政治家都不能同时在教会和威尼斯共和国任职，但是他可以为兄弟子侄赢得主教职位，从而极大地增加家族的声望和财富。当然，正式任命是由教皇下达的，但元老院仿效当时的君主，坚持告诉教皇该任命谁。如果任何威尼斯人在威尼斯的领土上接受主教之位却不合元老院的意愿，元老院不仅要处罚他，还要处罚他的家族。然而，对于在元老院有影响力的人来说，成功的外交官和行政官员的生涯可能带来一个重要的副产品：为亲戚谋求一份教会的职位。此职位一旦获得，就能一直由家族的人担任。

在没那么丰厚的奖赏中，有许多薪水优厚的职位，吸引着财产不多的贵族。小贵族为得到这些职位，会向有权投票的实权人物寻求支持。这种形式的腐败，以及更公开的贿赂，让权力越来越集中于少数人之手。

在威尼斯贵族群体中，财富给荣誉的竞争蒙上了一层阴影。金钱的腐败力量在孔塔里尼的理想中毫无地位。另一方面，公共服务在领导人的选拔上有很大的影响。一些家族的财富令人印象深刻，还有一些家族则享有为公众服务的声誉，而少数家族两者兼有，它们支配了提名和选举，甚至支配了抽签选出的委员会做出的提名，并助长了贵族内部的寡头政治趋势。

然而，相反的趋势仍然很强，足以让孔塔里尼把威尼斯的政治体制描述成多种元素的混合体。有两群人在利益和情感上确实存在分歧：一方是聚集在大议会中的贵族，另一方是潜在的寡头。后者约有100人，由二三十个家族的成员组成，他们在核心集团中正担任或曾担任职位，而且很可能再次担任。双方都影响了政策，影响了统治的风格。

大议会可以通过不信任投票来显示其影响力。一种方法是否决元老院的zonta提名。每年9月的最后一天都会有一个机会，届时将票选出60名额外的元老。普通的元老，与四十人议会和十人议会的成员一样，在夏季从提名委员会提出的名单中一次选出一部分。然后，在元老的任期结束前，即将离任的元老各自对次年的人选进行提名，被提名者加起来约有120人，大议会将花上一天就此名单投票。元老没有强制性的"假期"，同一批人经常一次又一次地当选，但在军事失败的年份中却不会。1500年和1509年，普留利和萨努托认为战败等于威尼斯政府垮台。位居统治集团核心的要人们输掉了选举，因为人们认为他们要对最近的灾难负责。

许多舰队的军官被判有罪，因为他们在佐奇奥战役中表现懦弱；他们的亲属也在选举中失败了。而那些亲属在战斗中表现良好的人在1500年当选，即使他们没有什么经验或个人声誉。

大议会中的这类反抗甚至会削弱一个团结的核心集团。通常，核心集团并不团结，它包含了有主见而观点相异的人，竞争对手有时因为个人恩怨而怀恨在心。他们之间的冲突通常由元老院讨论和决定，但是最终的仲裁者是大议会。虽然孔塔里尼对大议会的这一角色并不反对，但他担心这种"大众的"元素会变得太过强大。威尼斯共和国确实存在这样的危险——迎合广大的普通贵族对低税收和大量高薪工作（包括许多闲职）的渴望，这会削弱其实力。还有一种危险，即核心集团的成员（孔塔里尼也在其中）只关注他们自己的利益。孔塔里尼和萨努托都认为只有为全体国民谋求福祉才能获得荣誉，此信念同时反对以上两种危险。

政府管理与总督

威尼斯政府管理的成败，取决于元老院和大议会使用投票制度选出的人员的素质。必须把城市的美化，以及在维持潟湖活力和港口开放方面所取得的成功（尽管存在错误和争议）归功于这些人员。在市政管理的许多领域，特别是在医疗保健和控制流行病暴发的规章制度方面，威尼斯共和国被广泛视为榜样。威尼斯派去在附属城市执法和征税的官员，与当时其他官员相比，也享有良好的声誉，此标准并不算特别高。在海军管理上，他们在制造所需军舰的方面比提供所需船员的方面更加成功，这将在第二十五章加以说明。

威尼斯共和国外交部门的质量相当高。威尼斯往外国宫廷派遣常驻大使的行为早于其他国家，仅落后于米兰，这种做法让元老院和十人议会的消息十分灵通。回国后，大使在元老院中做报告，敏锐地分析该国的特征、资源和发展状况。有时报告太长，不能在一次会议上汇报完，大使就必须在下一次会议上继续。元老们全神贯注地听取这些报告，因为许多元老之前就是大使，或想要成为大使。此外，回国的大使，若他任职的是驻罗马大使这样的主要职位，他很可能已经担任过智者的职位，元老们听取报告后认为他有价值的话，他余生中都要在政府要职上忙碌。

选举产生的官员对政府的管理，限制了威尼斯向同时代的文艺复兴式君主采用的那种官僚政治结构发展。这些官员的任期很短，很少能达到 4 年，因此贵族官员无法形成根深蒂固的官僚利益，也无法习得高度专业化的专门知识。这些特征只能通过下层官员、秘书、书记员和会计员对威尼斯政府产生或好或坏的影响。这些终身雇用的雇员倾向于处理行政事务的细节，例如，粮食管理处或威尼斯兵工厂的主会计师比他上头的贵族管理者更了解其中的许多问题。事实上，一些贵族的职位变成了挂名的闲职，任职者领取薪水，却不需要投入太多关注。但是在粮食管理处和威尼斯兵工厂就职的贵族明显不会这样，他们面对管理的委员会的需求，背负着巨大压力。

高级秘书职位保留给"出生公民"。他们阶级的地位变得与贵族相似，其成员在出生后被登记在"银册"上，就像出生的贵族被登记在"金册"上一样。他们的阶级以此为豪。此阶级的最上端是首席书记官，他在礼仪队列中几乎高于所有其他官员，甚至高于重要的贵族。与总督和圣马可法务官一样，首席书记官终身任职。所有的"出生公民"阶层都能感觉到，他们的重要性通过他们的代表——首席书记官获得的崇高荣誉而得到了承认。地位稍低于他的秘书们在十人议会、完整会议和元老院的会议上处理文件。这些机要秘书有时被派往既需要技巧又要保持低调的外交使团中。

这些需要技巧的职位从未被出售过，但在 1510 年的金融危机期间，一些次要的职位被出售。职位当前的任职者被要求支付 8—10 倍于工资的钱款，以获得终身任职此工作的权利，以及将其遗赠给儿子或亲密继承人的权利。如果当前的任职者没有购买这份职位，那么该职位就会被卖给出价最高的人。这种卖官行为在那个时期的欧洲很常见。这种做法有两个优势：为政府筹集资金，保护官僚免受腐败体系的侵蚀。如果没有出售的职位，买官者只能送礼给庇护者，以希望获得职位。出售职位或许不会让买官者像送礼给庇护者时那样震惊、那样痛苦。

尽管威尼斯的秘书和级别较低的公职人员为官僚制度提供了人才，但他们不受官僚制度的集中控制。只有不断变动的、选举出来的贵族监督他们。这些贵族的权力也是有限度的，因为还有一些别的官员负责检查管理不善的问题。银行家兼日志作者普留利说，贵族对其他贵族的过失是宽容的，以免树敌，政敌将在选举中与自己作对。不过也有很多人试图通过显示自己打击违法分子的热情来让自己升职。但是除了一般声誉，就没有什么可以判断效率的依据了。每隔几年，就有数百名贵族调换职位，其中的协调活动主要取决于他们的共同精神。日常协调的主要机制由跨部门的委员会来进行监督，委员会中有一两名智者或总督顾问，他们代表核心集团。这些智者和总督顾问，以及十人议会主席，实际上是位居总督之下的高级行政官，但是他们缺乏官僚机构领导那种明确的权力。他们没有直接统辖的部门，只有几位从总督书记处派来的秘书。他们无权罢免地方长官、海军指挥官或其他官员，只能传达元老院的指示。对官员的上诉以及官员之间的争议，由元老院或十人议会的多数票决定，因此这两个议会直接行使许多行政的职能。

孔塔里尼声称，总督给威尼斯带来了君主制的优点却没有带来其缺点，这是有点怀旧的一厢情愿。他正确地强调说，总督是政府管理中集中的枢纽。然而，总督即使有总督顾问团的支持，也缺乏任命和罢免下属的权力，这样他就不可能是高效的执行者。

虽然总督缺乏执行的权力，但他可以发挥政治领袖的作用，不是依赖命令，而是靠说服。在执政团里，总督不仅在形式上占据优势，而且出于一些实际原因，他实际上也占据优势。他一个人终身任职，而核心集团的其他成员却在不断变化。执政团中的总督顾问只任职八个月。总督位于核心集团的中心，主持高级议会的会议，在所有的会议上都可以自己发起议案。几乎所有的总督都担任过圣马可法务官，此荣誉由大议会用直接投票的方式以多数票选出，竞争相当激烈，出席投票的人数往往打破出席人数的记录。例如，1510 年有 1671 人参与投票。因此，当选总督的人，不仅 41 名选举人组成的委员会中的多数人支持他，普通贵族群体的多数人也支持他。总督要在很多年的时间里经历核心集团各职位的轮流变动。

1509 年，许多经验丰富的元老未能连任，普留利并不慌张，因为至少还有一位经验丰富的人留在事务的中心——总督。（普留利不仅批评当权的政客，还批评把他们赶出核心集团的行为。）尽管总督的个人权力远不及形式上授予他的荣誉，但人们期待他成为真正的领袖。

在 15 世纪初以及之后的某些时间里，这一期待得到了实现。毫无疑问，弗朗切斯科·福斯卡里是制定和执行征服伦巴第政策的领导者。一旦此政策成功，他甚至能战胜海军英雄彼得罗·洛莱丹这样的对手，后者带领威尼斯人打败了土耳其人和热那亚人。福斯卡里在执行政策的过程中，在伦巴第的扩张为弗朗切斯科·斯福尔扎所阻拦，战争税成为沉重的负担，他一个儿子的不当行为让他受到诘难。任职 34 年后，1457 年，骄傲专横的弗朗切斯科·福斯卡里被总督顾问团和十人议会投票罢免，投票的领导者是洛莱丹。

接下来八位总督中的大多数都只任职了几年。例如，彼得罗·莫琴尼戈（Pietro Mocenigo）在位不到两年（1474—1476 年），与土耳其人的战争即将结束时，他曾是一名获胜的海军将领（见第二十五章）。15 世纪末，阿戈斯蒂诺·巴尔巴里戈（Agostino Barbarigo）达 15 年的任期又与福斯卡里的任期产生了微弱的共鸣。他同样是一位专横的人，有很强的执行力。他当选总督时是一个胜利的派系中受欢迎的领导者，去世的时候声名败坏，其派系也士气低落。当选之前，他所属的"新"家族和"旧"家族之间展开了一场斗争。"旧"家族在 1382 年以前一直占据着总督职位，自阿戈斯蒂诺之后就不再垄断了。他有雅量地对待与自己竞争的候选人，大大缓解了当时的苦涩情绪。他蓄着全白的胡子，以令人印象深刻的庄严感来履行总督职责。他请安东尼奥·里佐来整修总督府东翼的房屋，后者是一个他特别喜欢的维罗纳石匠。作为回报，安东尼奥在总督府的装饰中放置了巴尔巴里戈家族的徽章。巴尔巴里戈死后，里佐逃跑了，以免受到牟取暴利的指控。因为阿戈斯蒂诺·巴尔巴里戈在军事上的败绩，以及被指控滥用职权，他在去世时非常不受欢迎。除了在每次总督选举时有被任命的修誓官（Corrector）来修改新任总督的誓言，还有新任命的检察官去调查已故的总督、对其继承人提起控告。检察官从一个管理巴尔巴里戈个人财务的女婿那里搜出了几千杜卡特。此后，这些检察官定期当选，而修誓官为总督誓言中添加限制，让总督行事比以往更为谨慎。

下一任总督是温文尔雅、不蓄须的莱奥纳尔多·洛莱丹（Leonardo Loredan，见彩图8），他在1501年广受欢迎，因为他支持的法国联盟在当时颇为成功，而且他家族的一位成员刚刚在跟土耳其的战争中像英雄一样战死。他以能言善辩和敏锐的判断力而闻名，但威尼斯军队在阿尼亚德洛溃败时，他的声望下降了。马里诺·萨努托描述说，莱奥纳尔多·洛莱丹听到噩耗时的反应是半死不活，马里诺将他的沮丧行为同福斯卡里做了对比——福斯卡里在威尼斯战败后，自信地穿着最华美的金色长袍出现在议会，借以振奋人们的精神。1509年的晚些时候，洛莱丹总督在某些场合振作起来，发挥了人们所期望的统御力。一项提案要求采取紧急措施——对房地产强制征收高额战争税，却在大议会以700反对票对650赞成票被否决，洛莱丹总督站在讲台上雄辩地为紧急情况的需要做辩护，并说服了大议会。最终大议会以864赞成票对494反对票通过了修改后的提案。

阿尼亚德洛之败后，在重振威尼斯人的战斗意志方面最具影响力的人物是安德烈亚·格里蒂。他原是君士坦丁堡的粮商。40多岁时，因为与土耳其人谈判的技能，他被召去参与制定1503年和约的最后细节。他一回到威尼斯，就立刻被接纳进核心集团。他以督军的身份参与了再次征服帕多瓦的行动以及之后的守城战。他在后来的一次交战中被法国人俘虏，却通过赢得法国国王的信任把这变成了某种优势。除了家乡话，他还懂拉丁语、希腊语、法语和土耳其语。80多岁的安东尼奥·格里马尼继洛莱丹短暂地就任总督之后，时年68岁的格里蒂不顾他人反对，想寻求这份荣誉。反对者指责他的火暴脾气，还担心他在君士坦丁堡的四个私生子会带来麻烦——有一个私生子是土耳其军队的供应商，深受土耳其宫廷的欢迎。安德烈亚·格里蒂擅长运用华贵的礼仪，却因专横跋扈而不受欢迎，尽管他试图通过低价出售小麦以获得大众的欢迎。随着绝对君主制在欧洲各地兴起，一些威尼斯人担心他会像专制君主一样行事。他在就职典礼招待会上把孙女送回家，因为她穿了一件违反禁奢令的金色礼服。但格里蒂的性情对共和国没有威胁。对总督行为的约束太强大了，以致在实际中不利于公共利益。萨努托描述了格里蒂在1529年9月底的元老选举中无可奈何地发怒，尽管他亲眼看见了非法拉票行为，却无法施加惩罚。格里蒂在1538年去世前，徒劳地反对威尼斯共和国卷入与土耳其人的战争。

能成为实际领导者的总督越来越稀少。正如很多别的由寡头选举产生君主的选举君主制一样，被选出来的人很少是能增加政府权力和威望的人。当选时，大多数总督已经到了我们现在认为的该退休的年龄。竞争者们经常做出妥协，选出一位他们认为将不久于人世的人，等他死后，竞争者们便有机会再次选举。在威尼斯的政治体系中，没有任何职位能提供强大执行力的优势，也没有任何职位能够让人行使足够坚强的政治领导力，无法阻止自我满足、自我放纵的倾向渗透进贵族群体。

被统治者的赞许

尽管威尼斯的体制存在缺陷，但它提供的政府比当时其他地方的政府更好，各种迹象都表明它得到了民众的支持。城里不需要军队来恐吓民众，平民百姓从未试图摆脱贵族的统治。在一些特殊的场合，如总督去世时，或总督府需要额外的保护时，会从威尼斯兵工厂的工人中临时招募一队仪仗兵。某些总督受到人们憎恨，但整个体系没有受到攻击。政府机构中限制派系的手段非常成功，因此对激烈的荣誉竞争感到失望的人里面也没有任何一个试图推翻这个制度——至少在马里诺·法利尔之后没有。虽有报复心重的贵族想当下层阶级的领导者，想煽动他们起来叛乱，却从未成功。下层阶级也没有机会叛乱。个人的野心得到削弱，并被限制在议会和地方官员职位的网络之内。

给威尼斯共和国戴上桂冠的忠诚和顺从，比起用政府机构来解释，用前面的几章里提到的威尼斯社会结构的特点来解释则更加准确。堂区社区（约有60个，每个里面都有富人和穷人，有府邸和作坊）的活力横贯了阶级界线。另一方面，它们也得到了职业性组织——行会的认可。地方性团体和职业性团体都给人一种归属感，这种归属感在各种仪式和节日中得到象征性的表达。最精致、最令人印象深刻的节日，是那些由政府组织，以炫耀自身辉煌的节日。总督身穿的长袍华美异常，总督与大海"成婚"时乘坐的大型加莱船——黄金船金光闪耀，在这种场合陪伴在总督左右的外交官和达官显贵则光彩照人、举止优雅，行会或总督举办的奢华假面舞会为总督增添了荣耀。以上这些，不仅是为了迎合虚荣，它们是威尼斯共和国用盛典实现艺术性的支配从而实现统治的一部分。

食物和盛典同样重要。威尼斯的舰队和她对航海活动的管理，使其市场供应相对充足，甚至她的下层阶级的食物也比较充足。她在大陆获得的领地进一步保证了仓廪充实。粮食管理处是威尼斯政府的一个部门，它在威尼斯委员会的体系中堪称成功。

威尼斯也保持了它在前几个世纪因公正司法而获得的崇高声誉。贵族和平民在法庭上地位平等。16世纪晚期，拥护君主制的法国人让·博丹认为威尼斯总体上是贵族政体的榜样。根据当时的翻译，他如此说道："的确，威尼斯绅士伤害城里最低下的居民的话，也会受到严厉的纠正和惩罚；因此，人人都能享受到生活的甜蜜和自由，而大众的自由比贵族的统治更能让人享受生活的乐趣。"和任何资本主义社会的情况一样，富人当然可以聘请比穷人请的律师更聪明的律师，但是为了保护那些穷得连律师都请不起的犯人，威尼斯官方会用抽签选出一名执业律师为犯人辩护。总督在就职宣誓时，发誓确保所有人，即各阶层人民，都能享受到司法公正，无论在大事还是小事上。这一理想是否能完全实现不能确定，但威尼斯法院素以公正著称——莎士比亚对此也有同感。

司法公正并不等同于荣誉、经济机会和利益上的平等。有资格在总督书记处里担任职务、在大兄弟会担任领袖的"出生公民"，被视为一种准贵族。位居其下的是一些富有的行会成员，如布商或食品杂货商，他们下面有许多工人。这些商人中有不少是新近的移民。法国大使菲利普·德·科米纳在16世纪初发表了一篇赞美威尼斯制度的分析文章。宣称"人民"并未参与政府管理之后，他补充道："大多数人民都是外国人。"

工人也有自己的行会，即使作用有限。通过这些下级的组织，威尼斯共和国允许不同等级的民众在适度的范围内满足对荣誉和官职的渴望。

威尼斯兵工厂的造船工、海关的装卸工各享有一套特权。面包师、贡多拉船夫各自受到不同行政官制定的规则的约束。对于政府提供的地位，每个人各有原因可以感受到满足或不满。这种组织权利、就业机会的多样性将民众划分为不同的利益群体，阻碍他们在反对贵族统治时进行任何联合。

如果不以某种公共福利的概念为指导，政府迎合或威胁社会内单独组织团体的私人利益的行为，将成为某种形式的腐败。实际上，威尼斯政府的长期稳定，建立在其统治者对自身特殊利益和这座受人喜爱的城市中公共福利的同时关注上。

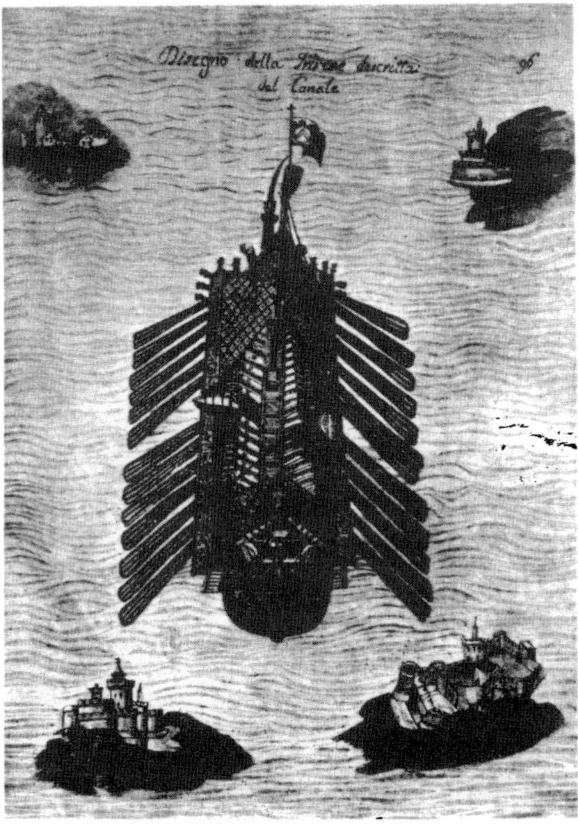
Disegno della Trireme descritta dal Canale
96

第七部分

海洋的挑战

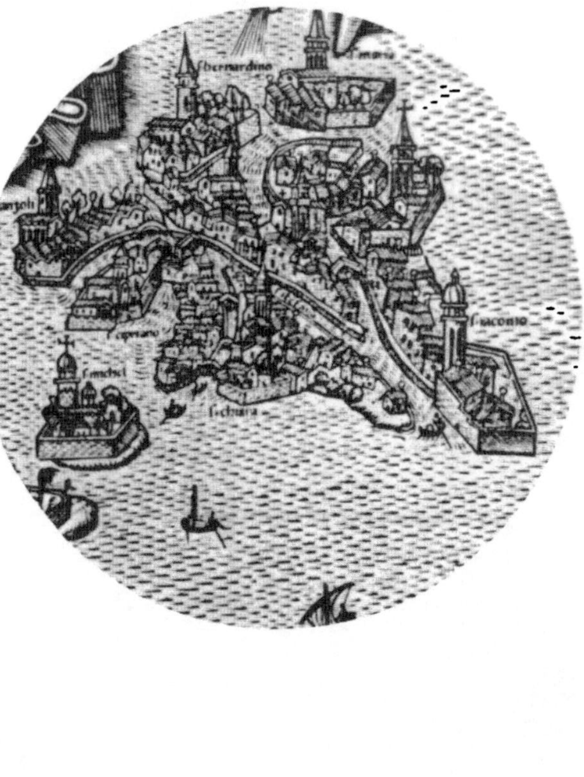
ſ.bernardino
ſ.maria
ſ.iacomo
ſ.michel
ſ.chiara

第十九章

航海大发现的参与者

传统上，1492年被视为中世纪和近代历史的分水岭，也被当作其他事情的分界线，因为纵观世界历史，哥伦布的远航象征着西欧与世界其他地区之间开始产生新的关系。这对威尼斯的影响并不像通常认为的那么致命，但是威尼斯在东西方关系的旧体系中所占据的中心地位，对她在未来应对西方海洋扩张时所取得的经济成功至关重要。

威尼斯在世界贸易中的传统角色受到挑战，它自己在创造这种局面的活动中也有一席之地。一些著名的探险家是威尼斯人，这是可以预料的，因为威尼斯在海洋民族中处于领先地位。而且，威尼斯作为"世界市场"的地位，使其在收集并系统化地理信息方面也处于领先地位。"发现"不仅仅是第一次看见而已，它还意味着评估航程中的所见所闻、整合新知识与旧知识。1492年以前的几个世纪里，威尼斯人一直在往地中海之外拓展，以寻求利润，以寻找能够带来利润的具体、准确的信息，他们在整合这些知识方面处于领导地位。

制图师

旅行家和海员逐渐建立起一种崭新的、更准确的地球概念，这种知识同时也被汇集到世界地图上。绘制于中世纪欧洲的大部分"地图"仅仅是示意图，展示着重要的宗教特征，例如伊甸园或说人间乐园，以及圣城耶路撒冷。马可·波罗从"Cathay"——他以此称呼中国——旅行回来不久，当他还住在威尼斯，只是在嘴上讲述旅行见闻之时，一幅新型的世界地图在一位威尼斯托钵修士、一位威尼斯贵族和一位热那亚海图制作师的共同努力下诞生了。这两名威尼斯人首先是政治思想家,对地图的关注仅居次位。这位托钵修士是弗拉·保利诺(Fra Paolino),写过一篇关于政府的短论文、一部长篇编年史,以及一本简短的地理著作,他在书中认为对世界的口头描述需要用图像呈现出来。因此,他在自己的历史著作与地理著作中附上了一幅世界地图,这幅地图主要是根据传统地理著作绘制的,图上描绘了被水环绕的亚非欧三大洲。即使在最早的版本中,弗拉·保利诺的地图也关注了新的知识,即他那个时代的旅行家的记载。"Cathay"这一古罗马人不知晓的地方位于地图东北部。地图还显示里海是一个封闭的海,而不是通往北方大洋的入口。

接受他观念的威尼斯贵族是马里诺·萨努托(Marino Sanuto,即老萨努托)。马里诺也被称为托尔塞洛(Torsello),注意他与两个世纪之后同名的日志作者兼历史学家不是同一人。托尔塞洛坚定地主张进行一场新的十字军运动,当他在1320年左右将自己的计划提交给教皇时,教皇将其转交给了当时工作于教皇宫廷的弗拉·保利诺。几年前两人都在威尼斯的时候,托尔塞洛可能见过保利诺。可以确定,托尔塞洛热情地宣扬保利诺的学说,即地理材料应该通过地图呈现出来。他在阐述十字军计划的同时,还附上了五幅波特兰型海图,海图的范围覆盖整个地中海,在威尼斯为他绘图的人是熟练的热那亚海图制作师帕图斯·韦康特(Petrus Vesconte)。在这一套当时来说已经相当精确和标准化的航海图中,帕图斯·韦康特为托尔塞洛补充了一幅比例精确的巴勒斯坦地图——包括阿卡城和耶路撒冷的平面图,以及一幅世界地图。这幅世界地图看起来与弗拉·保利诺的地图很类似,只是地中海的形状被修改得更接近航海图。托尔塞洛在后来为唤起人们对十字军运动的兴趣而发行的一些副本中,对描绘的高加索山脉和斯堪的那维亚半岛也做了改进。尽管托尔塞洛的呼吁和计划没有带来他梦寐以求的十字军运动,但是通过弗拉·保利诺和帕图斯·韦康特的合作,他们不经意间将西方到当时为止最好的地理知识汇集到一起。

从14世纪早期至今保存得最完好的航海图是由热那亚人制作的。一所威尼斯本土的学校在 14 世纪后期发展起来，当时加泰罗尼亚人正在成为领导者。威尼斯的弗朗切斯科·皮兹伽尼和马可·皮兹伽尼就像同时代的加泰罗尼亚人，在描绘海岸的同时还在地图中描绘了欧洲内陆和环绕地中海的其他地方，把利用比例尺绘图的原理运用到海图的绘制上。他们也用画像、旗帜和传说中的形象来装饰他们的地图（见图 10-1）。

15 世纪，葡萄牙人成了领导者，但他们的海图不是用到损坏，就是为了保密而被销毁，而威尼斯人则对新发现的海岸做了已知最准确的记录。许多学者认为，美洲史在制图学意义上开始于安德烈亚·比安科（Andrea Bianco）。他在于 1436 年、1448 年绘制的地图中，在那个时代头两次标注了在马德拉岛以西发现的土地。他 1448 年在伦敦绘制的航海图显示，有一座大型"真实的岛屿"，差不多位于巴西东部的凸出处。这可能反映的是被风吹向西方的葡萄牙人的报告，就像他早年对安蒂拉岛（Antilla）的标注，可能反映了其他望见陆地的经历同传说的结合。安德烈亚·比安科并不完全靠制图谋生。1437—1451 年，他在威尼斯加莱船商队中担任首席导航官，到达过的地方包括塔纳、贝鲁特、亚历山大里亚、罗马尼亚、巴巴里，去的次数最多的地方是佛兰德（7 次）。这些经历使他与"大西洋领航员"建立了亲密而光荣的联系，后者是佛兰德舰队从里斯本航行到南安普敦时雇用的领航员，他在大西洋上描绘的各种岛屿和海岸线可能反映了他从这些领航员那里学到的知识，有些是准确的，有些则不是。

制作更精确、范围更广的航海图的同时，威尼斯人也继续按照弗拉·保利诺的传统制作世界地图。在安德烈亚·比安科于 1436 年制作的地图集中，收录的世界地图相当准确地描绘了他直接知晓的海岸。然而，对于他只能从书本上了解的地区，他却不加批判地遵循着旧传统。在东亚，图上最显眼的地方就是人间乐园。15 世纪，将世界标注得最好的地图出自一位托钵修士，他属于一座嘉玛道理会修道院，该修道院坐落于玻璃业集聚的穆拉诺岛。在此处，弗拉·毛罗（Fra Mauro）建立了一间工坊，他将制图员的方法、信息与学者所学的知识结合起来。当时学者最近重新发现了托勒密的地理学，托勒密的错误观点开始变成权威知识。从弗

图 19-1　弗拉·毛罗的世界地图（藏于威尼斯圣马可国家图书馆）

这是弗拉·毛罗制作的投影图的一小部分，从图中可以看出他如何运用海图制作师的技巧来描绘地中海东部的海岸线。以我们的标准来看，这张图是上下颠倒的。图上画着一艘单桅柯克船和一艘三桅加莱桨帆船，还写着几处注解文字。加莱船上面的那一处文字，解释了尼罗河的泛滥与太阳运行到几个黄道星座（巨蟹座、狮子座、处女座、天秤座）之间的关系。

拉·毛罗写在地图上的文字判断，他不仅使用了托勒密的知识，还用到了马可·波罗等诸多旅行家的知识，他在权衡这些知识方面表现出良好的判断力。亨利王子激励葡萄牙航海家们继续沿着非洲海岸航行之时，他的兄弟彼得王子在潟湖拜访了弗拉·毛罗。因为弗拉·毛罗的地图比其他地图显示了更多遥远南方的非洲内陆的地理知识，彼得王子为他的兄弟订制了一幅世界地图。这幅地图由弗拉·毛罗在安德烈亚·比安科帮助下制作完成。弗拉·毛罗于1459年去世前不久，把这幅地图交给了亨利王子。这幅地图是弗拉·毛罗的整理与编纂工作的顶峰，有一份副本至今保存在威尼斯（见图19-1）。

探险家和他们的故事

威尼斯和葡萄牙王子之间的关系，由去往佛兰德的加莱船船队停靠在里斯本时进行的召见活动而得以维持。1454年，当船队在圣文森特角等待顺风时，亨利王子的使节到船上进行贸易和访问。使节们在故事中讲述了未知的土地和数不清的赚钱机会，这深深吸引了船上的一位名叫阿尔维塞·达·莫斯托（Alvise da Mosto）的年轻威尼斯商人，于是他把商品换成了适合贸易的货物，于次年春季出发，沿非洲海岸向南航行。他惊喜地发现塞内加尔河上的交易有利可图：当地酋长们愿意用9—14个人换一匹马，而且黑奴在葡萄牙市场很受欢迎。第三年他回到非洲，想在南方更远的冈比亚（Gambia）进行贸易。沿着海岸前行的途中，他被一场风暴吹离海岸，因此发现了佛得角群岛的一部分。但阿尔维塞作为观察者和新土地的报道者，比他作为探险家更引人注目。甚至他是否真的是第一个看到佛得角群岛的人也是有疑问的，因为没有记录表明他曾试图在佛得角群岛定居，或寻求国王授予它为自己的领地——几年之后，一位热那亚人做到了一点，尽管阿尔维塞·达·莫斯托在葡萄牙待了十年，不仅记录自己的航行活动，还记录葡萄牙人的航行活动。然后他返回威尼斯，参加了对土耳其人的战争，并担任过元老，担任过舰队与要塞的指挥官。与此同时，他年轻时在葡萄牙人的海洋发现中写下的生动描述为他赢得了航海家的传奇声誉。事实上，他最值得称赞的一点是第一次对赤道附近的非洲进行了概述，鲜明地展现了当地的特点。

在海洋发现中，约翰·卡伯特[1]（John Cabot）和塞巴斯蒂安·卡伯特（Sebastian Cabot）要重要得多，他们跟威尼斯的联系却远没那么紧密。卡伯特是个热那亚人的姓氏，约翰·卡伯特在威尼斯居住了15年后于1472年左右获得了威尼斯公民身份。他娶了一位威尼斯人，儿子塞巴斯蒂安也出生在威尼斯，他却因为各种各样的事情而不在威尼斯。作为商人，他访问了伊斯兰世界的一些圣城，据他所说，甚至到过麦加；他还获得了关于东方香料的第一手知识。1493年，他在巴伦西亚从事港口改造工程，当时刚刚发现新大陆的克里斯托弗·哥伦布途经巴伦西亚回报西班牙国王，哥伦布得意扬扬地向西班牙国王报告，说他找到了通往印度的最佳、最短的路线。卡伯特读过马可·波罗的书，曾在黎凡特与印度来的商人交谈过，他不相信哥伦布带来的土著人和战利品真的来自富有的东方国度。但是哥伦布的航行激发了他的想象力，增强了他的野心，他想做哥伦布声称已经完成的事情，而卡伯特也非常清楚哥伦布并没有做到向西航行到中国这件事。

卡伯特相信，航行到亚洲的可行方法是：穿过周围陆地并没有那么大的高纬度西方海域，然后沿着亚洲海岸航行，到达马可·波罗描述过的富有的日本（Cipango），再去出产香料的热带地区。卡伯特有很好的判断力，他把计划带到英国，在那里引起了国王亨利七世的兴趣，后者对商业机会很敏感。他还赢得了一些布里斯托尔商人的支持，这些商人有横渡西方海域的经验。英格兰西部的水手们在冰岛附近进行贸易和捕鱼已有一个多世纪了，可能已经在纽芬兰岛海域发现了"大浅滩"（Grand Bank）。他们并没有急切地传播任何能吸引竞争对手前来寻找渔场的消息，但卡伯特可能听说过他们的航海活动，因此去了布里斯托尔。当然，他开始认为纽芬兰岛是亚洲的一部分，认为这证实了他的猜想，即在高纬度地区，可以相对较快地到达亚洲。

---

[1] 意大利语称为乔瓦尼·卡伯托（Giovanni Caboto），原文混用，译文予以统一。

因此，约翰·卡伯特携家眷定居在布里斯托尔，然后从亨利七世国王处获得了一项特权，对于他穿越大洋时发现的任何不为基督徒所知的土地，他都能享有此特权。1497年，他带领一艘名为"马修"号（Matthew）的小船出发，船只以他那生于威尼斯的妻子马泰娅（Mattea）而得名。船上只有18人，其中有2名布里斯托尔商人。他在35天内横渡大西洋，并于纽芬兰岛或布雷顿角岛（Cape Breton）登陆。在此处，他不仅竖立了英格兰和教皇的旗帜，而且，根据他对一位威尼斯朋友的描述，他还在这里竖立了圣马可旗。然后他沿着海岸航行了300里格[1]。因为所发现的土地很肥沃，他还比第一次看见纽芬兰的人（叙述中语焉不详）发现了更多有人居住的迹象，他便认为可以确定面积广大、人口众多的土地是存在的，认为足以证明自己的理论。接受他汇报的人，包括英国国王和布里斯托尔商人，也认可他的想法。他们新资助了一支规模更大的探险队。第二年，5艘船出发了，希望能航行得更远，希望能寻找到中国的贸易中心。然而，约翰·卡伯特和他的船再也没有回来。

约翰·卡伯特的成就被他儿子塞巴斯蒂安的歪曲和布里斯托尔人的缄默所遮盖。在他死后，布里斯托尔人回到纽芬兰捕鱼，对这样的航行活动只字不提。约翰·卡伯特作为香料贸易的权威获得了他们的信任。他还知道如何通过制作地图和地球仪来阐述自己的想法。他赢得了布里斯托尔人的认可，还被英国宫廷接纳为地理学家和天文学家。似乎他作为导航的实用专家不太受认可。他的英国同伴比他在这块水域有更多的经验。在1497年的返程航行中，他对纬度的判断虽然正确，却被同伴们批驳了。米兰公爵的特使称他"机智和善，是一位极专业的水手"。

1508年之前，塞巴斯蒂安·卡伯特没有出海，以帮助其父获得更多资助。然后，根据他自己的说法（许多学者都不相信），他驶向西北，想寻找一条前往中国的路，却在后来被称为哈德逊海峡的地方被冰挡住了路。塞巴斯蒂安一定是个令人印象深刻的人，父子俩的航行活动都使他受到赞扬。因为当时英国的新国王亨利八世对探险明显缺乏兴趣，他在西班牙定

---

[1] 用于测量航海距离时，1里格约等于3海里。

居，当上了西班牙的首席领航员（Pilot Major）。在担任这一要职的 30 年里，他的职责是测验所有引导西班牙舰队从新大陆往返的领航员。他负责向他们传授用太阳和星辰来确定纬度的方法，这是葡萄牙人在 15 世纪末发展起来的，当时才刚开始得到普遍使用。塞巴斯蒂安在哪里学到的天文导航，我们只能靠猜测。如果他是从父亲那里学到的，那么约翰·卡伯特就远远领先于当时的大多数航海家，包括哥伦布。

塞巴斯蒂安在西班牙的时候，对通往中国的西北航路只字未提，声称他发现这条航线被冰堵住了，但他想重新为英国服务，以便探索这条航路。为了寻找关系，他想起自己是威尼斯人，实际上还是出生于威尼斯的威尼斯人。他向威尼斯当局提议利用他前往中国的秘密航路，来为威尼斯谋求利益。但当局从政治地理学方面思考，判断这不切实际。也许这只是一个试图筹集资金的策略。事实上，他确实带领一支探险队出海了，他服务于西班牙，带领探险队前往普拉塔河。他为西班牙服务到 1548 年。在 70 岁的时候，他回到了英国。在英国，他获得了极大的荣耀，他声称自己是出生在英国的英国人，在英国人寻找通往印度的东北航路和西北航路时向他们提供了宝贵的鼓励。

塞巴斯蒂安·卡伯特有一次前往威尼斯寻求资金时，负责调查他提供的信息的人之中，有一位是十人议会的秘书乔瓦尼·巴蒂斯塔·拉穆西奥（Giovanni Battista Ramusio），其个人利益使他成为塞巴斯蒂安的通信者。拉穆西奥受过大学教育，与出版商和印刷工有密切联系。威尼斯通过在印刷业中占据的领导地位，帮助欧洲加深了对地理发现的理解——还有通过地图制作与探险活动。拉穆西奥在威尼斯出版了自己汇编的行纪，它是第一本成体系的行纪汇编，欧洲人通过这些行纪了解了这些发现，其中包括葡萄牙人不想公开的那些发现。他收集到的行纪中，自然包括马可·波罗和达·莫斯托等著名威尼斯旅行家的行纪，但他收集的材料来自各个国家，行纪覆盖的地方也包括全世界。

人们对航海发现的浓厚兴趣也刺激了其他威尼斯人，他们开始查阅家族档案，寻找祖先的丰功伟绩。最不寻常的探险故事发生在 14 世纪海军英雄卡罗·泽诺的兄弟尼科洛·泽诺（Nicolò Zeno）身上。尼科洛·泽诺实际上和阿尔维塞·达·莫斯托一样，因为在海上的职业生涯颇为成功，所以被选为加莱船商队的指挥官。1385 年，他指挥船队前往佛兰德。他也一度因富裕而闻名，当时他持有的威尼斯公债比其他任何人都多。但是，他在科伦和莫顿担任总督察期间，因敲诈勒索而受到起诉和定罪。然后，他从威尼斯官方记录中消失了。如果归功于他的发现之旅确实发生了，那一定发生在这次耻辱到他去世的 1400 年之间。根据他侄孙的描述，他向北越过不列颠群岛，到达了恩格罗尼兰（Engroneland，可能是格陵兰岛），此地遍布冰雪。他在这里发现了一座多明我会托钵修士的修道院，修道院里有一个沸腾的热泉，神奇地为修士们供暖，修士们也用这处泉水做饭。在附近一个他称为弗里斯兰（Frisland，可能在法罗群岛）的国家，他和他的兄弟安东尼奥赢得了一位强大国王的信任，他们帮助国王把权力进一步扩张到西方的一个叫作埃斯托提兰（Estotiland）的国家，这里只有可能在美洲。故事对北美印第安人、因纽特人的冰屋和皮艇的描述是相当有说服力的，其中一节读起来像是在描述拉布拉多的北欧定居者——他们到 14 世纪晚期还未灭亡。但是尼科洛和他的兄弟安东尼奥为弗里斯兰国王服务的事迹，与现存的威尼斯人关于他家族的记录有冲突。有人可能推断这些故事都是这位侄孙（也叫尼科洛）编造的，但是他受过良好教育，也是一位深受尊敬的元老。真相可能隐藏在他的叙述中。他说，记载这些功绩的信件等记录落入他手中时他还年幼，他当时不欣赏这些记录的价值，便"把它们都撕成了碎片"。或许，他小时候读过关于某位祖先在北部海域航行的故事，让他热衷于收集这块地域的地图和旅行故事。晚年时，他根据自己的研究和最近那些令人兴奋的探索报告，补充了细节，围绕家族传统说法创作了一个基本虚构的故事。也许他是故意想让一个骗局流传下去，也许他是真的弄混了事实和虚构。

这样的混淆总是给旅行记载和基于这些记载的地理学增添了很多魅力。在 16 世纪被尊为权威的古代地理著作，诸如托勒密和斯特拉波的作品中，可以发现许多这样的混淆行为。拉穆西奥专心致志地收集有关这些发现的记录，在很大程度上是想把人们当时已知的古代作者的描述与同时代人亲眼所见的描述相比较。例如，他翻译了古希腊人关于非洲和印度之间航行的描述,并将其中有关香料和风的信息与他掌握的葡萄牙航海记录进行了比较。拉穆西奥甚至为葡萄牙人的成就感到骄傲。就像20世纪60年代的人们会因为通过火箭征服了太空而感到骄傲一样,拉穆西奥也为那个时代在地理科学领域取得的巨大进步感到高兴。他感谢上帝,因为在他出生的时代,人们不仅能以古人为范例,更能在知识的获取上超越古人。

第二十章

香料贸易

与拉穆西奥对海洋发现那超然客观的科学兴趣截然不同，银行家兼日志作者吉罗拉莫·普留利对海洋发现充满了情感和物质利益的关注，在前文论述威尼斯大陆扩张的批评者时已经介绍过他了。1499年8月，吉罗拉莫·普留利在里阿尔托第一次收到葡萄牙舰队抵达印度的消息。消息的描述很混乱，出自一封从埃及寄来的信（消息说船长叫哥伦布），普留利对此半信半疑。更多的消息从亚历山大里亚和里斯本传来后，他很快就确信一条新的获取东方香料的商路已经被发现了。在里阿尔托热闹的喧闹声中，许多商人坚持认为，葡萄牙人新发现的航路永远不会有任何意义，它路程太长，印度的摩尔人会反对它，还会导致人们失去太多船只。普留利的想法却完全不一样，他预言新航路不仅将持续下去，而且能让葡萄牙香料的售价只有威尼斯进货成本的一点点，威尼斯将完全陷入毁灭的境地。

普留利的预言对错参半。葡萄牙的航路的确持续下去了，但是葡萄牙香料的价格没有低于威尼斯的通常价格，威尼斯也没有因环绕非洲的航线而毁灭。由于普留利没有预见到的原因，威尼斯在16世纪中叶能够夺回大部分香料贸易。甚至在香料贸易大部分都流失的几十年间，威尼斯依然保持着繁荣，因为和吉罗拉莫·普留利那让人信服的悲叹不同，威尼斯的财富并没有那么严重依赖香料贸易。

开拓红海航线

要明白航海发现对威尼斯贸易的影响，就必须考察15世纪威尼斯贸易是如何发展起来的，尤其是与亚洲商品有关的贸易。蒙古诸汗国崩溃后，战争和盗匪活动阻绝了经由黑海和经由亚美尼亚及波斯到达亚洲的商路（见地图7-1）。塔纳，这座热那亚和威尼斯激烈争夺过的城市，在1395年被迅速崛起的征服者帖木儿洗劫一空。后来塔纳复兴了，但也只是作为奴隶贸易和毛皮、谷物和腌鱼等当地产品贸易的中心。从塔纳到中亚、从特拉布宗到波斯湾的商路变得非常不安全，以致印度、中国和香料群岛到地中海的商品几乎全都要通过叙利亚和埃及。统治这两个地区的马穆鲁克苏丹还不稳定地控制着阿拉伯半岛的大部分地区，却没能控制美索不达米亚。因此，穿过波斯湾到巴士拉（Basra）和巴格达，再沿着幼发拉底河上游，穿过沙漠到大马士革或阿勒颇（Aleppo）的这条贸易路线，跟穿过波斯到达特拉布宗的路线一样，商人的安全也得不到充分的保障（见地图25-1）。来自印度的贸易几乎全部进入了红海。

红海路线对穆斯林商人特别有吸引力，他们能就此把做生意和宗教义务结合起来，进行贸易的同时，还有机会去麦加朝圣。为此，他们会停靠在麦加的外港吉达。商队颇为庞大，花上两昼夜时间才能通过麦加的大门，然后在士兵的护卫下，沿着阿拉伯沙漠的边缘去大马士革，或者去开罗——香料将从这里运往亚历山大里亚。叙利亚对威尼斯人来说极为重要，因为它出产产品，特别是棉花和棉布；它还是手工业产品的市场。自从帖木儿把他能聚集的所有能工巧匠都从大马士革运到自己位于中亚的首都撒马尔罕之后，大马士革进口手工业产品的需求远超往昔。对于香料贸易而言，贝鲁特和的黎波里也变得重要起来，因为它们是从红海来的香料到大马士革后再往外运送的重要港口（见地图4-1和地图7-1）。

当然，红海路线的安全性只是相对的。尽管有军队护送，甚至从麦加出发的庞大的骆驼商队有时也会被沙漠里的阿拉伯人成功抢劫。而且，商人除了要向提供一定保护的埃及苏丹支付税款，还要应付红海各个港口的统治者的苛捐杂税。这些港口中最重要的就是亚丁（Aden）和吉达。15世纪20年代，亚丁的统治者特别贪婪，因此一位名叫易卜拉欣的印度船长企图寻找别的港口，以在那里把货物装卸到更适合红海的船舶上。1422年，他尝试选择吉达，但是他的商船被吉达和麦加的统治者谢里夫

(Sharif)掠夺了。1424年,他再次到吉达碰运气,一位马穆鲁克总督对他的招待让他十分满意,前一年,埃及苏丹派遣这位总督率领一支军队护送朝圣者队伍前往麦加。这些马穆鲁克将吉达和麦加直接置于苏丹的控制之下。勒索无度的亚丁统治者发现自己的港口萧条不堪,甚至中国船只都直接驶向吉达。这两地的控制权集中在埃及人手中,亚丁和吉达的高额关税得以消除,这降低了红海航线的保护费用,确保红海航线比欧洲和印度之间任何其他的已知航线都优越。

亚历山大里亚是红海这块狭窄区域西方的主要出口,在这里,威尼斯人在所有的西方香料买家中占据着主导地位。威尼斯人有两处巨大而令人印象深刻的商栈大院,它们属于亚历山大里亚最气派的建筑;热那亚人只有一处;加泰罗尼亚人和法兰西人的建筑则要小得多。这两座建筑物都很复杂,用墙围出一座用于包装和装货的中央庭院,周围环绕着怡人的花园。在建筑内,底层是商人的仓库和商店,楼上是住所,有自己的浴室、面包房和其他所需的设施。他们在院子里养了一些动物,其中包括一头猪,据一位朝圣旅行者说,他们养这头猪是为了让穆斯林感到反感。和其他基督徒一样,在穆斯林每周五的聚礼日期间,威尼斯人也被禁止走出他们的院子,在晚上也被锁在院中。但是,威尼斯人被允许在自己的教堂中进行基督教的礼拜。

德意志人在威尼斯销售的大部分白银和铜,连同许多上好的衣料等货物,都由威尼斯的加莱船运往亚历山大里亚。在埃及,威尼斯人是最好的现款买家,这让他们在为待遇讨价还价时获得了优势。理论上,威尼斯领事有权保护他们免遭武力拘捕和财产充公;但是事实上,那些在繁荣时期奢华地生活在商栈大院里的威尼斯商人,在某些时候会被抓起来遭受严刑拷打,甚至可能受到死亡的威胁。可以确定,若苏丹听到自己的臣民——穆斯林行商在海上被抓走并被当作奴隶卖掉之后,一定会暴跳如雷。如果威尼斯人在这种情形下有罪,威尼斯共和国就会采取强力措施。例如,1442年,一则消息传到威尼斯,说有个叫皮耶罗·马尔塞洛(Piero Marcello)的生意人,他与一名叙利亚人在阿卡港有生意往来,他觉得这个叙利亚人无法按照自己承诺的价格付款,就诱骗此人上船,并航行到贝鲁特。在贝鲁特，他以协商为名，骗十几名穆斯林上船，最终将这些人当作奴隶在罗得岛出售。威尼斯政府迅速判处马尔塞洛绞刑，宣布抓获活的马尔塞洛赏钱 4000 杜卡特，死的马尔塞洛赏 2000 杜卡特，并向苏丹派去一支大规模使团，于是苏丹释放了他抓获的威尼斯商人，以更优惠的条款确认了威尼斯人的待遇。威尼斯的竞争对手遭受着更频繁、更严重的威胁，因为在布锡考特元帅的袭击之后，热那亚人就像法国人和西班牙人一样，被马穆鲁克当作十字军（如圣约翰骑士团）的盟友。圣约翰骑士团通常把所有穆斯林当作可追捕的猎物，无法简单地把他们与其他几乎全由法兰西人和西班牙人组成的基督徒海盗区分开来。

威尼斯人的优势，在很大程度上要归功于他们大型商用加莱船航行的定期性和安全性，这些船每年初冬返回威尼斯（见第二十四章）。这些从亚历山大里亚和贝鲁特去威尼斯的加莱船，有时加起来多达 10 艘。威尼斯的海事法规定，只有这些船队才能把香料运抵威尼斯，而且，这些船队的指挥官对威尼斯商人施加的控制，加上领事的帮助，帮助威尼斯人与马穆鲁克苏丹成功地完成议价。前面提到将整个红海航路纳入马穆鲁克控制范围的人是埃及苏丹巴尔斯拜（Barsbay），他试图同时在亚历山大里亚以高价售货。他打算降低在红海的保护成本，垄断这里的税收，再成为在贝鲁特和亚历山大里亚唯一的香料卖家，这样便能独占全部收益。为了让苏丹更讲道理，元老院命令所有威尼斯人逐步把自己在马穆鲁克土地上的投资转移到克里特岛和莫顿这样的中转站。（用小船将希腊诸岛屿向埃及运送水果和橄榄油的交通十分繁忙。尽管圆船不能运送香料到威尼斯，但是它们可以把香料从埃及运到希腊的中转站，然后再由返回威尼斯的加莱桨帆船运走香料。）至少在大部分威尼斯人的财富都没有被苏丹没收的时候，元老院严格命令这些加莱船，不得携带钱币和贵金属下船去找埃及人购货，交易只能在加莱船上进行。结果在 1430 年，船队只带回了一点点香料；但是下一支船队没有受到苏丹垄断意图的阻挠，反而满载货物而归。威尼斯的胡椒价格再度走低。

人们相信，香料价格在 15 世纪的欧洲一直在增长，获得印度的产品越来越难正是那个世纪海洋扩张的原因。但是商人的账簿显示，在葡萄牙人绕着非洲探索的几十年间，欧洲的香料并未变得更昂贵。15 世纪 20 年代至 40 年代，威尼斯批发市场的胡椒价格下降了约 50%，而且直到世纪末，胡椒还保持着一件（cargo，即 120 千克）货物 40—50 杜卡特的价格，远低于 15 世纪最初几十年的通常价格（见图 20-1）。从热那亚人的角度来说，黎凡特贸易似乎变得越来越困难。黎凡特是一个经济相对停滞的地区，热那亚人在此地需要应对激烈的竞争，而其对手不仅老练，而且组织得更好。通过把资本和商业技能投入西班牙和葡萄牙不断扩张的经济中，热那亚人获得了补偿。热那亚人转移了精力，是威尼斯人在亚历山大里亚和叙利亚远远超过其他竞争的香料买家的原因之一。威尼斯人派出的加莱船数量和他们支付的价格显示，从威尼斯人的角度而言，货物的供应是相对充足、相对便宜的。

相反的印象是怎么来的？这在很大程度上是因为有人在尽力抗议遭

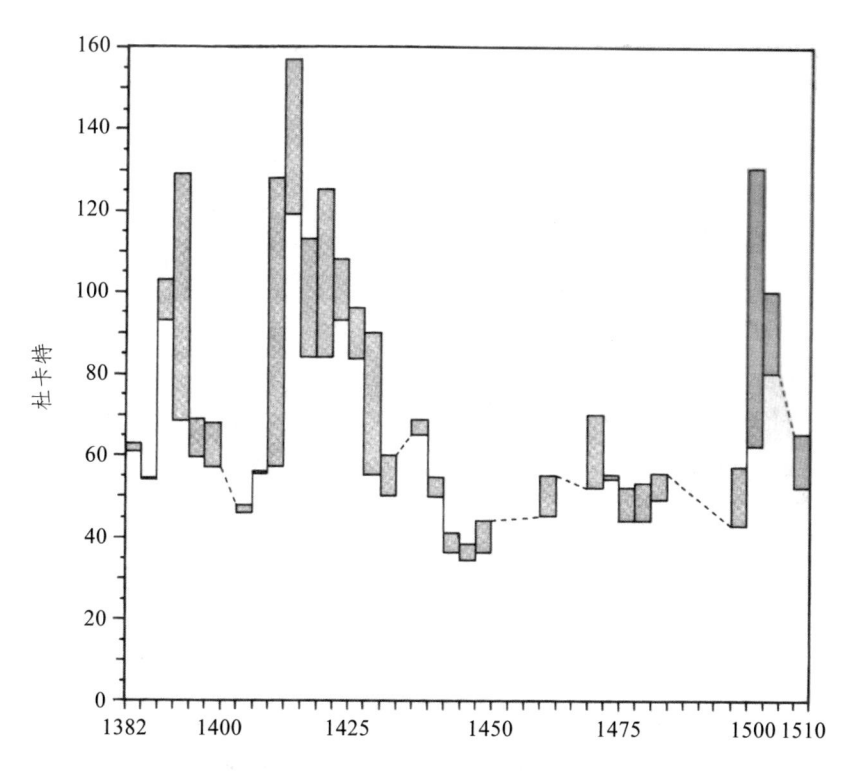

图 20-1　1382—1510 年威尼斯的胡椒价格
根据现存记录的价格波动，时间段是 3 年，价格是每 400 磅胡椒的价格。

受的不公对待，尤其是住在亚历山大里亚长达 22 年的威尼斯人埃马努埃莱·皮洛蒂（Emmanuele Piloti），他对那里的情况了如指掌。15 世纪 30 年代，他写了一本小册子，旨在鼓动欧洲王公发动一场十字军运动，这说明了他为什么会夸大巴尔斯拜的残忍和贪婪。为了显示他对入侵的军队进入亚历山大里亚时将碰到的海关堡垒和货仓有多么了解，皮洛蒂展示了他对这些设施的确切了解，他描述道，自己和一个仆人用手在货仓与海关之间的墙壁挖出一个洞，这样他可以不付通行费就能把货物带走。威尼斯人的信件和编年史确实不断重复抱怨马穆鲁克的贪婪和野蛮，这或许只能证明，商人与政府官员间这种打交道的做法——他们会激烈抱怨自己被压榨的程度有多严重，即使他们获利可观；但他们深信，如果自己不叫嚷发生了血腥谋杀，他们会被压榨得更严重——有多么古老。毫无疑问，马穆鲁克是野蛮、贪婪、喜怒无常的，但是这没有阻止威尼斯人从埃及的香料贸易中赚得盆满钵满。

　　冲突与妥协的一个特殊点是苏丹向威尼斯人出售的胡椒，胡椒由商人从印度运来。巴尔斯拜不断试图恢复垄断，但是威尼斯人对苏丹的要求讨价还价，最后双方达成协议，威尼斯人用高于市价的价钱购买 210 包（sporta）胡椒，但他们要预先付款。这 210 包胡椒的交易量仅占威尼斯人购买胡椒总量的十分之一左右，额外的费用通过对所有在亚历山大里亚贸易的威尼斯人征收的小额税收支付，并且此后威尼斯人可以在集市上向商人自由地购买自己想要的其他货物。

　　1499 年，威尼斯与奥斯曼帝国之间爆发战争，威尼斯人大获其利的局面突然中止。为贸易航行而拍卖出去的加莱桨帆船都被命令加入安东尼奥·格里马尼指挥的舰队。威尼斯的胡椒价格从 1498 年的 56 杜卡特每件上涨到 1500 年的 100 杜卡特每件。威尼斯元老院就加莱船贸易应该被耽搁多久、是否要额外增加一些加莱船的问题展开了激烈的争论。萨努托称这是一场满货仓与空货仓之间的战斗，因为胡椒库存充足的商家更愿意看到新货推迟到港。格里马尼家族以高价卖出胡椒而赚得 4 万杜卡特而闻名。被耽搁的加莱船重新出发的时候，出现了投机热潮。1501 年 2 月，胡椒价格暴涨到 130 杜卡特，但次月就下跌至 62 杜卡特。

葡萄牙的竞争

　　寻常的节奏经过猛烈却暂时的中断之后，葡萄牙人绕行非洲所带来的影响也随之而来。达·伽马返航之后，葡萄牙国王把一支强大的舰队调拨给卡布拉尔（Cabral）统辖，卡布拉尔在1500—1501年的冬季在印度炮击卡利卡特（Calicut），并从邻近港口的一位统治者那里获取货物。下个秋季，威尼斯就感受到了此事的影响。1501年11月，当发自印度的香料船队中有船只被葡萄牙人击沉的消息从埃及传来时，胡椒价格飙升至95杜卡特。从印度到红海的胡椒减少了，胡椒价格在接下来的数年时间内一直保持在高位，达到每件货100杜卡特。航海的节奏被搅乱了。威尼斯人认为苏丹要求的价格太高了。有一些年里，没有任何加莱船前往亚历山大里亚。法国人、拉古萨人和其他地区的商人在亚历山大里亚的贸易份额就增长了。

　　正当胡椒价格的争论僵持不下时，威尼斯人和马穆鲁克在阻止葡萄牙人的航海活动上形成了共同的利益。威尼斯人听闻葡萄牙人第一次出现在印度的时候，便要求苏丹给印度土王们施压，要求他们拒绝把香料提供给新来的葡萄牙人，于是苏丹请求威尼斯帮助自己在红海建立一支舰队来对抗葡萄牙人。阿拉伯—印度的水手通过捆绑或拼接木材来制造船只，造出的船只相当坚固，有一些可以被造得很大，但它们依然无法对抗配备加农炮的大型葡萄牙舰船。与此同时，苏丹想获得军火。他对整个西方世界表示，除非葡萄牙的航海活动得到终止，否则他将摧毁耶路撒冷的基督教圣地。但是葡萄牙人让教皇不用担心，说这只是一个空洞的威胁，因为苏丹不会破坏可以让自己获得巨额税收的朝圣贸易。此后在1509年，即康布雷同盟战争时期，葡萄牙人伪称准备发动十字军，宣称威尼斯响应了苏丹的求助，宣称威尼斯向苏丹提供了材料和熟练造船工，苏丹便能建造一支舰队去印度对抗基督徒。毫无疑问，许多威尼斯人希望苏丹能在印度获胜。元老院正式地拒绝了苏丹的请求，但是给了同情的答复，将威尼斯的政治困境告诉苏丹，并建议他从奥斯曼土耳其人的领地获得加农炮和造船用的木材。他们可能还暗示，威尼斯人会默许苏丹在希腊征募船员。

埃及苏丹在东地中海尽全力征募海员和造船工，从土耳其获取木材和大炮，准备了一支舰队，将舰队从红海派遣到印度的海岸。这支舰队首战告捷，但在第二场战斗中被击败。为另一支舰队准备的物资在从土耳其到埃及的路上被圣约翰骑士团截获。葡萄牙人现在可以自由入侵红海，还试图在红海的入口巡航，尽管他们未能成功攻占亚丁或完全截断这条香料贸易路线。当威尼斯人平息了与苏丹之间的争端并再次成为亚历山大里亚主要的西方贸易商时，那里的香料进口数量已经下降到原来的一小部分。

与此同时，葡萄牙人在里斯本和安特卫普销售他们的香料，并且威胁着要通过安特卫普供应全法国和全德意志。一些威尼斯人认为，为了保住威尼斯的德意志市场，威尼斯最好从里斯本进货，当他们在1521年把加莱船商队派到里斯本时，却发现这里的价格太高，没有吸引力。此后，元老院采纳了一些人的建议，这些人认为威尼斯的未来仍然取决于传统的黎凡特贸易。黎凡特对威尼斯来说太重要了，不能放弃，不仅是因为香料，还因为它是威尼斯的许多产品的主要市场，是原材料的来源，也是威尼斯的殖民地和海权的中心。

人们对黎凡特香料贸易复兴的希望很快被证明是有充分根据的。最开始，葡萄牙人对香料贸易的掌控似乎前途光明，但是后来却并不稳定。他们把威尼斯人赶出西欧市场，不是通过将香料的价格压到15世纪的普遍价格之下实现的，而是通过减少威尼斯人得到的供应而实现的。当吉罗拉莫·普留利预言威尼斯将因葡萄牙人夺取贸易而毁灭时，他详述葡萄牙人可以在印度以低廉的价格进货，还不用向苏丹交税。他和其他威尼斯观察者在16世纪的头十年认为，葡萄牙人会像威尼斯人组织香料贸易那样来组织贸易，也就是说，由政府提供船队，但将香料的进货和销售留给私人交易商，他们追求利润，从而将成本和价格保持在相对较低的水平。事实上，葡萄牙国王的做法更接近巴尔斯拜这样的马穆鲁克苏丹，他决定垄断胡椒，然后以尽可能高的价格出售。只要他能掐断印度与埃及之间跨越阿拉伯海的贸易，他就能把价格维持在高位。为做到这一点，他像印度的皇帝一样行事，在关键地点设置舰队和要塞。与穿越地中海东部的贸易相比，他对香料贸易的控制并不依赖任何环绕非洲的经济，而是依赖他对印度的帝国式控制。事实上，他想获得当上印度皇帝的荣耀，或许已经决定了他所选择的政策。选择建立一个帝国之后，他打算从垄断胡椒的高价中收回花销。当时他之所以能成功，葡萄牙人之所以能持续控制香料贸易，完全取决于葡萄牙的巡逻舰队等提高阿拉伯海的保护成本的方法。

1517年，奥斯曼帝国征服埃及，这是地中海香料贸易复兴的一步，因为这使葡萄牙人在印度洋上要面对一个强大得多的陆军和海军力量。葡萄牙人在印度的主要据点击退了奥斯曼帝国的进攻，并与波斯国王结盟以控制波斯湾，但奥斯曼帝国控制了亚丁。葡萄牙在巡逻上的努力变得不那么有效。葡萄牙人需要波斯国王的帮助以对抗奥斯曼帝国。为了维持与波斯国王的同盟关系，他们允许香料从印度流入忽鲁谟斯，从这里出发，香料不仅可以进入波斯，还可以穿越叙利亚北部到达阿勒颇，然后运往贝鲁特。穿过波斯湾的路线在更早的时候曾被广泛使用，现在又变得重要起来。威尼斯人也把他们在叙利亚的主要商业定居点和领事馆转移到阿勒颇。然而在阿勒颇，波斯的丝绸甚至比香料更重要。香料的最大供应再次出现在埃及（见地图25-1）。

16世纪60年代的几年中，流经红海的香料与15世纪90年代相当。大量香料能到达埃及不仅是因为成功地避开了葡萄牙的巡逻，主要还是因为葡萄牙官员向阿拉伯商人出售香料，因为他们关注自己的利益胜过国王的利益，或者因为他们被拖欠工资，被迫从事这种非法贸易。黎凡特的供应变得非常丰富，因此威尼斯的香料商人重新占领了他们的德意志市场和意大利市场，黎凡特的香料也供应了法国的大部分地区。

1570年之后的竞争对手

对威尼斯人来说，"美好旧时代"的复兴在1570年戛然而止，但是直到16世纪末，穿越红海、穿越波斯湾和绕行非洲的这三条航线上的贸易存在着竞争，它们的相对重要性剧烈地变动。越来越多的国家参与进来。1570—1573年的塞浦路斯战争期间，威尼斯人在黎凡特的很大一部分贸易份额被法国人取代了，更确切地说，是被悬挂法国国旗或持有法国通行证的船取代的，因为热那亚人和其他的许多意大利人，甚至包括一些威尼斯人，只要没有悬挂西班牙或威尼斯的旗帜与土耳其人作战，就使用法国通行证在奥斯曼帝国做贸易。奥斯曼帝国的苏丹向法国人授予特殊待遇，以便与法国国王结成同盟，以对抗统治奥地利和西班牙的哈布斯堡家族。因此，马赛开始成为威尼斯的危险对手。

1580年，西班牙国王菲利普二世继承葡萄牙王位时，西班牙人突然成为香料的主人。当时，西班牙的海军和陆军力量处于鼎盛时期，菲利普立即显示出他打算利用这一优势从香料贸易中赚取更多利润。他统治的帝国是第一个真正的世界帝国，他的领地位于美洲、非洲，以及南亚的边缘地区，太阳不会在他的领地上落下。能在实力上与他抗衡的统治者只有奥斯曼苏丹。双方的军队在阿拉伯海、多瑙河流域和地中海地区发生交锋，并将相互敌对的联盟从爱尔兰岛延伸到苏门答腊岛。香料贸易是他们在这场第一次"世界大战"中争夺的众多领域之一。

为了与西班牙竞争，土耳其人试图在苏伊士修建一条运河，这或许会彻底转变威尼斯的地位。许多世纪以前，尼罗河和苏伊士之间曾修建过一条运河。虽然它已经被砂砾填满，但还没有被完全遗忘。1504年，威尼斯人就是否应该敦促马穆鲁克苏丹重新挖掘它而争论不休。在奥斯曼帝国征服埃及之前，还没有任何举措得到落实。1530年左右，数千名挖掘工投入工作。1586年，奥斯曼政府计划付出更大的努力。所有这些计划都将运河展望成军事优势，而不是商业优势，主要目的是将土耳其人的地中海舰队送进红海，以保护麦加免受基督徒的袭击，并将战火烧到印度。其他地方更紧迫的军事开销，如1586年的土耳其-波斯战争，阻止了奥斯曼帝国的任何计划得到完全执行。持怀疑态度的人说，运河无论如何都不可能建成，因为有流沙——威尼斯驻君士坦丁堡的大使如是报告。

西班牙在香料之战中采用的一项行动同样流产了，却可能为威尼斯带来巨大的可能性。1584年，菲利普提出把所有经由里斯本进口的胡椒都卖给威尼斯人。他许诺，西班牙的加莱船将护送威尼斯人运输香料的船只，远至西西里岛，并承诺全面降低关税。但是他的提议中有几个陷阱。国王提出一年提供300万磅胡椒，而他绕行非洲的舰队能否带回这么多胡椒是个问题；如果他做得到，威尼斯人则有义务以相对较高的价格全部买下。这是威尼斯人惯常从黎凡特进口的胡椒总量的2—3倍。为了维持价格，威尼斯人将停止通过奥斯曼帝国进口胡椒，这将带来政治报复，威尼斯产品在当地的市场也会崩溃。而且，他们还将在欧洲范围内组织一个卡特尔以控制销售。16世纪，德意志、意大利和葡萄牙的商人达成协议，组织了许多这样的卡特尔，为其成员分配销售地区和销售份额。在分配胡椒等香料的同时，卡特尔还积攒了足够的资金，这样它们就可以立即与葡萄牙国王签订巨额合同，并向他提供装备新舰队所需的资金。威尼斯人几乎没有加入这些卡特尔组织。迄今为止，他们的角色一直是卡特尔以外的竞争者，他们限制了卡特尔能有效实行垄断的区域。如果威尼斯人接受了从葡萄牙进口胡椒的合同，他们就可能捏住葡萄牙和黎凡特的这两处的胡椒供应。在这方面，他们卡特尔的地位将比以往任何卡特尔都更有利。但他们缺乏成功的一个基本要素：根据需求来限制供应的能力。即使国王菲利普和他的继任者遵守协议，不把货卖给其他人（这一点是有疑问的），威尼斯却不能决定向他购买多少胡椒，不能将购买量限制在她认为不会影响价格的限度内。因此，从严格的商业角度来看，威尼斯人有理由不接受菲利普的提议。无论如何，威尼斯的领导人在管理这类国际卡特尔组织方面，不像奥格斯堡人和热那亚人那么有经验。

真正有决定性的可能是政治上的考量。接受香料合同将使威尼斯进入西班牙的同盟。西班牙合同的拥护者可能梦想着，威尼斯可以凭借自己的商业专长、资本和航运，利用菲利普的世界帝国，重新焕发海上共和国的生机。威尼斯以前在拜占庭帝国内部发展壮大，而菲利普的西班牙－葡萄牙帝国能提供更多的商业机会。但是，这两个帝国的结构截然不同，威尼斯自身的人力和物力资源，尤其是人力资源，与12世纪相比也有很大的不同。无论如何，要避免依赖西班牙国王的善意，而16世纪晚期的威尼斯人也持同样的想法。他们致力于在法国和西班牙之间、西班牙和土耳其之间维持平衡，以掌握自己的命运。

16世纪90年代，英国和荷兰海权的增长使西班牙－威尼斯完全不可能垄断香料贸易。荷兰人和英国人从大西洋上的西班牙－葡萄牙的印度船[1]（Indiamen）那里劫走货物，然后绕过非洲到达印度和香料群岛。他们的掠夺一度使地中海的航线变得比大西洋的航线更安全，从而促成了地中海商业优势的最后十年，威尼斯在16世纪末从中获益。然而，17世纪早期，荷兰人取得了对香料群岛的有效控制。荷兰人切断了通过红海的贸易路线，而且比葡萄牙人做得更有效、更彻底。

---

1 与东印度或西印度进行贸易的船只。

第二十一章

其他贸易转变

16世纪后半叶,威尼斯的人口比以往任何时候都多,也比以往任何时候都富有。鉴于航海大发现对威尼斯商业造成了许多不利影响,这似乎是矛盾的。当然,有些变化对她有利,但是许多其他贸易的直接转变比香料贸易的盛衰变化更具破坏性。要想对航海大发现的影响做出不偏不倚的评判,就要对威尼斯的经济进行全方位的审视。

殖民地的产品与金银

第一个被远洋航行彻底改变的是食糖贸易。普留利预测葡萄牙人将要打破胡椒等香料价格的新低时,可能已经预料到了食糖方面的情况。甘蔗几乎刚被发现就被引入马德拉群岛,1470年左右,葡萄牙船只开始把马德拉群岛的食糖运到佛兰德和地中海贩卖。马德拉群岛拥有未开发的土地、奴隶,还有充足的树木可以烧来熬煮甘蔗,因此它供应的食糖很便宜。到1490年,威尼斯和安特卫普的食糖价格都下降到原来的三分之一。从那时起,带头做葡萄牙食糖销售的热那亚人把食糖远销至地中海东部的希俄斯岛。马德拉的荒地被开发完毕,原始森林也不复存在之后,巴西开始生产和供应更便宜的食糖。

食糖生产中心的转移对威尼斯人的打击更大,因为就在葡萄牙食糖压低价格的时候,威尼斯获得了黎凡特的主要产糖地——塞浦路斯王国的控制权。1464年,热那亚人支持的国王被一个名叫"私生子詹姆斯"(James the Bastard)的对手赶下台后,热那亚人就失去了在那里的有利地位。詹姆斯为了寻求威尼斯的支持以对抗热那亚人、土耳其人和声称对塞浦路斯王位有继承权的众多意大利王公，迎娶了卡特琳娜·科纳尔，利用新娘父亲和叔父的贷款帮助自己掌控权力。威尼斯批准并许诺了对詹姆斯的支持，与此同时，威尼斯正式收养卡特琳娜，让她成为共和国的女儿，象征王室婚姻的荣耀和利益应该属于共和国而不是科纳尔家族。私生子詹姆斯和他年幼的儿子去世后，威尼斯支持她的女儿成为塞浦路斯女王。卡特琳娜的统治摇摇欲坠，而且她可能会被一些人控制，这些人密谋让她再婚并生下一个继承人，这将把塞浦路斯岛从威尼斯的控制下夺走。因此，元老院派遣卡特琳娜的兄弟乔治奥·科纳尔（Giorgio Corner）前去说服，只在必要时才以武力威胁，想让女王让位给她的养父——威尼斯共和国。1489年，威尼斯在塞浦路斯岛附近停驻了强大的舰队，在其支持下和平地将塞浦路斯岛纳入直接控制。此后，王国中的许多高官显爵和收入丰厚的封邑都由科纳尔家族、孔塔里尼家族、朱斯蒂尼亚尼家族等威尼斯人把持。威尼斯在这个领域绝对战胜了热那亚，此前它们在这个领域是死对头，但是到那时，热那亚人已经得到了足够的补偿，至少在前面提到食糖贸易方面是这样，因为他们控制着葡萄牙屿出口的食糖。

另一方面，威尼斯人通过扩大塞浦路斯棉花的生产而找到了一种补偿。15世纪早期，从叙利亚和巴勒斯坦出口到威尼斯的棉花，面临着热那亚棉花的竞争，后者的棉花进口于塞浦路斯岛和邻近大陆的希俄斯岛。15世纪末，威尼斯人在向欧洲粗斜纹布业提供棉花方面，除了有威尼斯人自己的内部竞争，实际上已没有别的竞争者了。来自印度的轻型棉布"卡利科布"（Calico）直到17世纪末才充斥欧洲市场，与此同时，奥格斯堡、乌尔姆（Ulm）等德意志城市的粗斜纹布业扩大了生产，在威尼斯购买的棉花也越来越多。当然，就像食糖那样，最终产自新世界的棉花会以低于塞浦路斯棉花的价格出售，但这到后来才发生。同时，塞浦路斯的棉花产量增长到威尼斯接管之前的三倍多；棉花在塞浦路斯叫作"黄金植物"。甚至在1571年塞浦路斯落入土耳其人之手后，它的棉花仍然通过威尼斯销售了几十年之久。

被航海大发现彻底改变的另一个商业领域是染料贸易。染料贸易之所以重要，因为它与那个时代的主要产业——纺织业的联系很紧密。威尼斯受红色染料变革的影响最大。巴西木（Brazilwood）是红色染料的主要来源，它在威尼斯被叫作"维尔齐诺"（verzino），这种树木来自印度，但它在巴西的数量相当多，以致这个国家以它的名字命名。在巴西被一支前往印度的葡萄牙舰队发现之后的二十年内，威尼斯元老院在一场关于香料与染料的辩论中就被告知巴西木已经从葡萄牙运到了叙利亚，并且在过去威尼斯人销售它们的市场上售出获利。

新世界的竞争进一步破坏了威尼斯人的贸易。西班牙人发现可以用胭脂虫提取出一种鲜亮的红色染料，这种虫子生活在新世界的仙人掌上。在发现胭脂虫之前，最鲜艳的猩红色染料是用一种发现于希腊橡树上的昆虫提取的。这种从橡树上收集的染料就是虫胭脂（kermes），数个世纪以来，它在威尼斯人从克里特岛和摩里亚半岛进口再贩卖到西方和北方的商品中已成为很重要的货物。16世纪中叶之后，虫胭脂逐渐被美洲产品所替代。

在金银贸易方面，远洋航海只是影响威尼斯地位的一个因素。在葡萄牙人的命令下，几内亚湾沿岸的黄金产量得以增长。与此同时，德意志矿工在经历了约一个世纪的萧条后，正在改良采矿技术，再次提升了产量。从德意志和匈牙利输送到威尼斯的主要金属是白银和铜，也有一些黄金。随着德意志矿山的出口量越来越高，威尼斯的贸易和财政也开始从中获利。其中一些白银被运往突尼斯等北非港口，以换取黄金，即使在葡萄牙人能够从海上进口非洲黄金之后，这些黄金仍源源不断地穿过撒哈拉沙漠，再抵达威尼斯。更多数量的白银、大量铜和一些黄金从威尼斯出口到埃及，其中的大多数被用来交换香料，输往印度。只要白银的主要供应从北方运往威尼斯，还源源不断地流向东方或者南方以交换黄金或者香料，威尼斯就具有从造币、运输和贵金属交换中获利的战略地位。

在发现美洲后的一段时间里，尽管有来自美洲的新供应，德意志的白银和非洲的黄金产量还在继续增长。1580年后，美洲白银到达欧洲的量远远超过了德意志的出产量。威尼斯并不是新供应的白银和黄金的主要市场，甚至德意志产的部分白银的出口也转移到安特卫普，用来购买葡萄牙的香料。美洲白银的涌入在 1590—1600 年间到达顶点之际，其中一部分白银通过其他贸易中心（如塞维利亚、里昂和热那亚）渗入威尼斯，但是威尼斯人抱怨他们在黎凡特的贸易受到了损害，因为与他们竞争的商人拥有更好的白银供应，特别是法国人，法国人通过在西班牙出售小麦而获得了大量的白银。

黎凡特商人、犹太人和盖托区

地中海之内的政局变动跟大洋上的变化一样，在许多方面对威尼斯的贸易产生了不利的影响，其中绝大部分变动或多或少与奥斯曼帝国的崛起相关。威尼斯与奥斯曼人的战争，其政治背景已经在第十七章提及；战争让双方在海军上付出的努力将在第二十五章描述。经济上，每一场与土耳其人的战争僵持不下之时，威尼斯的经济都会受到拖累。这些战争不能提供什么掠夺的机会，也无法提供多少特权，不像威尼斯与拜占庭帝国的战争那样能获利。而且伴随着土耳其人的征服，威尼斯失去的土地遭到了毁灭性的破坏。但是奥斯曼帝国的吞并没有像许多西方基督徒作者暗示的那样带来萧条。奥斯曼帝国的统治者在领土内鼓励商业，以对其征税。然而，在土耳其人的关税中，威尼斯人处于劣势，而黎凡特本土的商人现在有了强大的保护者，可以帮助他们在贸易中与西方商人展开激烈的竞争。当十字军东征在政治上带给西方人优势，让他们在政治上领先之时，希腊人、亚美尼亚人和阿拉伯人没有完全停止商业活动，但是数个世纪以来，他们一直被意大利人压制着。"奥斯曼帝国的胜利标志着，在经济领域，希腊人、土耳其人、叛教的基督徒、亚美尼亚人、拉古萨人和犹太人战胜了威尼斯和热那亚的超过两个世纪的商业霸权。"研究巴尔干半岛的历史学家特拉杨·斯托亚诺维奇（Traian Stoianovich）这样写道。中东本地商人不仅在奥斯曼帝国境内的活动有所增加，而且远航到西方。威尼斯的希腊人社群，部分由水手和避难的学者组成，但得到了商人的大力支持，组成了自己的兄弟会，建造了自己的教堂。塞浦路斯战争期间，土耳其商人被拘留在为他们准备的一幢大楼之中，基督徒在勒班陀取胜后，一群年轻人形成了一批喧嚷、抛掷石块的暴徒，土耳其商人在楼中得以躲过一劫。和议之后，他们都住在土耳其商馆（Fondaco dei Turchi）里，尽管亚洲土耳其人因必须与巴尔干土耳其人生活在一起而抗议，声称他们的风俗之间差别太大，说他们之间肯定会发生斗殴。

犹太人在这场黎凡特人参与的黎凡特贸易复兴中扮演了复杂的角色。威尼斯人将犹太人分为三种，即黎凡特犹太人、德意志犹太人和西方犹太人（Ponentine）。当威尼斯的势力在罗马尼亚达到顶峰之时，犹太人在君士坦丁堡的威尼斯区与威尼斯人一起生活、贸易，这些黎凡特犹太人中有一些获得了某种威尼斯公民权。之前威尼斯的一座岛屿就以黎凡特犹太人而得名，即朱代卡岛。科孚岛或克里特岛的犹太人继续享有作为威尼斯臣民进行贸易的权利。很多犹太人也成为奥斯曼帝国的臣民，根据他们强大的保护者奥斯曼苏丹与威尼斯达成的协议，作为国际贸易者在威尼斯享受外国居民的权利。尽管他们在威尼斯的居住期限受到法律的限制，但事实上有些人定居在威尼斯，并成家立业。

被称为德意志犹太人的群体所受到的待遇则完全不同，他们大部分来自其他意大利城市。他们没有资格参与威尼斯的国际贸易，但可以充当发放"高利贷"的典当商，从规定上讲，高利贷的利率被限制在15%以下。他们还可以成为二手商品，特别是服装的经销商。有段时间他们被限制在梅斯特雷，但是在战火蹂躏大陆之时，他们前往威尼斯避难。1516年，这些犹太人被允许留下来，但是被限制在新铸造厂的附近（见图2-2），这个区域被称为"新盖托区"（Ghetto Nuovo，getto 意为"铸造"）。他们自我管理，并且拥有属于自己的宗教场所，有根据犹太人的习惯提供食物的屠夫及面包师，还有他们自己的当铺和服装店，其中一些的库存非常丰富。在晚上和一些基督教节日，他们的活动范围就会被限制在居住区域内。威尼斯人声称，这是因为，就像亚历山大里亚的威尼斯人会在夜间和穆斯林聚礼日的聚礼时间被锁住一样，有必要保护犹太人免遭狂热信徒的侵害，防止出现流言蜚语。任何在威尼斯待了两周以上的这类犹太人，都被要求穿上后背带有黄色圆圈标记的衣服，如果衣服被斗篷盖住，他们就要戴上黄色（后来是猩红色）的帽子或头巾。这条规则经常被回避，但是从理论上讲，它甚至适用于颇受尊敬的犹太医生。

威尼斯人给犹太人居住区起的名字"盖托"（ghetto）后来成为一个一般术语，用来指代任何限制居民活动的拥挤地区，成为一种种族隔离的象征。但是在威尼斯，有很多犹太人与基督徒之间友好相处的例子，这里从未发生过暴徒袭击犹太人的事件。然而，犹太人被单独征税，他们在威尼斯的居住权被限制在规定的时间内。他们时常要支付一大笔钱以签订新的居住权契约。

大约在16世纪中叶，威尼斯与犹太人的关系中出现了一个重要的新因素——马拉诺人（Marrano）。在15世纪的西班牙，那些成为基督徒的犹太人后裔第一次以"皈依者"或"新基督徒"为人所知，然后，当他们因为被指控背地里仍是犹太教徒而受到攻击时，被称为"马拉诺人"（意为"猪"）。许多人从西班牙逃到葡萄牙避难，并被接纳为基督徒，成为主要的金融家和胡椒商人。这些新基督徒中最大的商业组织属于门德斯（Mendes）家族，该家族的成员在安特卫普、里昂以及里斯本都进行经营着大规模的商业活动。1536年葡萄牙效仿西班牙，引进了异端裁判所，不久一些主要的马拉诺人便前往威尼斯。他们作为基督徒来到这里，但是他们的诚意受到怀疑，并且他们也认为，自己的成员和财产在基督徒的土地上并不安全。宗教改革引发了一种狂热的排斥行为，并带来了宗教间的紧张感，犹太人和新基督徒可能会受到攻击。1556年，教皇保禄四世下令逮捕新基督徒之时，安科纳就发生了这种事件——24名新基督徒被烧死了。

威尼斯并非完全不受有宗教色彩的反犹主义的影响，它有商业甚至政治上的理由憎恨一些新基督徒。门德斯家族的领袖受洗时被命名为若昂·米克兹（João Miquez），更为著名的是后来取的犹太名约瑟夫·纳西（Joseph Nasi），他将经营中心转移到了君士坦丁堡。尽管由于行过割礼，他本人不可能再回到西方，但他仍然保持着门德斯家族在西方城市的新基督徒，包括那些在威尼斯有亲戚的人中建立的密切商业关系。与此同时，在奥斯曼帝国境内的犹太人中间，他发展了一个商业和手工业组织。他的商业活动及其分支机构从安特卫普延伸到巴勒斯坦，对威尼斯商人的利润构成了威胁。他的竞争打击了威尼斯最敏感的神经，因为约瑟夫·纳西的商业活动还包括与西欧国家交换黎凡特的商品，利用拉古萨、安科纳、费拉拉等有犹太人或新基督徒群体的城市之间的商业联系，极尽所能地绕过威尼斯。

约瑟夫·纳西在政治上也成为威尼斯的敌人。他变成奥斯曼苏丹最重要的金融家和包税人，并且被授予纳克索斯公爵的头衔，这个头衔在土耳其人的征服之前属于一个威尼斯家族。他也被认为是1571年土耳其人入侵塞浦路斯的主要教唆者。

反犹主义因此在威尼斯获得了更大的力量。只要犹太人与威尼斯人做生意，无论是在黎凡特作为威尼斯人的合作伙伴，还是在威尼斯做典当商或二手货经销商，威尼斯人就认为他们在经济上是有帮助的。在门德斯家族商业发展的全盛期，黎凡特的犹太人被当作最危险的竞争对手，有一项法律禁止马拉诺人进入威尼斯。君士坦丁堡的威尼斯使节报告说，威尼斯人不得不把货物卖给那些密谋以低价购货的犹太人。在埃及，犹太人在香料运达亚历山大里亚之前就把它们全部买下，所以威尼斯人不得不向他们购买香料。为了应对竞争，威尼斯人在1555年把自己主要的定居点和领事馆从亚历山大里亚搬到开罗。这些经济上的竞争滋养了一种反犹主义，而宗教的兴奋，以及犹太人、马拉诺人与威尼斯的死敌土耳其人之间的联系，使反犹主义更加尖锐。在这种环境下，塞浦路斯战争前夕威尼斯兵工厂发生毁灭性的爆炸和火灾时，犹太人被指控是这场爆炸的元凶也就不足为奇了。

在众多与威尼斯激烈竞争并对其造成伤害的城市中，拉古萨是其中之一，它在许多方面都与几个世纪前的威尼斯相似。当威尼斯于15世纪早期重新获得达尔马提亚其余地区的所有权时，拉古萨实际上成为一个独立的共和国，尽管在名义上首先臣服于匈牙利国王，后来臣服于奥斯曼苏丹。尽管拉古萨年年向土耳其人纳贡，却在战时被当作中立国。拉古萨商人利用自己中立地位的优势由海路发展贸易，尤其是在他们前往波斯尼亚和塞尔维亚的内陆贸易——这曾是他们的主要活动——因国家崩溃和土耳其人的征服而中断以后。土耳其人在巴尔干半岛的统治得到巩固之后，拉古萨人把经过陆地前往君士坦丁堡的路线作为主要的贸易渠道。因为佛罗伦萨和威尼斯在商业和政治上都是竞争对手，所以佛罗伦萨人经由安科纳把他们的布料运到东部，由海路运达拉古萨，再从陆路运到奥斯曼帝国的中心地带。威尼斯作为"海湾之主"拥有的贸易中心权力向南延伸得不够远，不足以阻止这种横跨亚得里亚海的贸易。而且，拉古萨人从亚历山大里亚等黎凡特的中心进口，其目的是将进口的货物再运往英国。在每一次威尼斯与土耳其人的战争中，这种绕过威尼斯的行为都明显地增加了，在这种时候，甚至威尼斯人也向拉古萨人寻求帮助。因此在1537—1540年，威尼斯人被允许使用拉古萨人的船只将他们自己的财产从奥斯曼帝国运出。然而与此同时，因为战争，威尼斯人无法进入东方的市场，他们试图阻止拉古萨人将布料运往东方来填补市场。每次战争结束之后，贸易都会从拉古萨转回威尼斯，这种变化反映在拉古萨的海关收入上，从1538—1541年的每年52000杜卡特下降到1552—1555年的每年19700杜卡特，从1570—1572年的每年106000杜卡特下降到1576—1580年的每年28000杜卡特。但是，在海路和陆路的贸易路线上，拉古萨人仍然是危险的竞争对手。

另一座开始吸引威尼斯传统上依赖的东西方贸易的港口，是由托斯卡纳大公在16世纪末开发的来航（Leghorn，今里窝那）。大公把港口来航变成了一个自由港，这就意味着，无论是从黎凡特还是从英吉利海峡运来的货物，均不用付任何关税就可以在此重新装运。大公还邀请犹太人在来航定居。

这些与威尼斯竞争的港口永远不会成为推动她发展的因素，尽管它们对威尼斯的损害程度可能会突然发生变化。另一方面，新基督徒和犹太人的商业活力可能对威尼斯有利，也可能对她不利，随环境而变。

纳克索斯公爵还有被他施加了巨大影响力的苏丹都去世之后，威尼斯和犹太人的关系得到了改善。许多积极从事国际贸易的犹太人选择将威尼斯作为他们经营活动的基地，并获得了威尼斯共和国的支持。他们的领导人是达尼埃莱·罗德里加（Daniele Rodriga），他开发了斯帕拉托港，让它成为君士坦丁堡来的陆路的终点站以及巴尔干半岛的兽皮、蜡等产品向西运输的集散地，使它可以与拉古萨相媲美。这项事业始于 1577 年，他当时申请租用一座废弃的修道院，将它改造成旅馆和货栈，提供给从内陆运来货物的犹太商人和土耳其商人使用，还承诺自己承担所有最初的维修和养护费用。他还要求收取低廉的通行费，以便让斯帕拉托与其他中转站竞争。他呼吁威尼斯派遣加莱桨帆船来保护威尼斯与达尔马提亚之间的货物免受海盗抢劫。起初，由于对迅速周转和满载货物感兴趣，船长们更愿意前往业已建立的贸易中心，前往纳伦塔河和拉古萨。但是在 1592 年拍卖了当年航行所用的加莱桨帆船之后，政府坚持让它们前往斯帕拉托。此后，从内陆来的贸易集中到斯帕拉托，而流向拉古萨的大部分陆路贸易也转移过去，在下一个世纪，越来越多的贸易通过斯帕拉托流向威尼斯。

达尼埃莱·罗德里加这样的西方犹太人在威尼斯的合法居住时间最多只有一年，尽管有些人，比如达尼埃莱，在这里娶妻结婚、成家立业，政府也对此睁一只眼闭一只眼。1579 年，罗德里加请求当局向他所属的这类西方犹太人授予类似那些德意志犹太人拥有的居住权，并允许他们继续做贸易。这份请愿书被提交给贸易委员会（Cinque Savii alla Mercanzia），成立该委员会的目的是向元老院就贸易事务提出建议。起初，委员会建议拒绝这项请求，认为这会让犹太人此后控制里阿尔托的所有贸易，并可能挑起与土耳其人的战争，这样犹太人就可以利用一些作为土耳其臣民的亲戚而独自控制所有贸易。几年之后，贸易委员会重新考虑了犹太人给这座城市带来的贸易将增加多少海关收入，便改变了原先的建议。因此一份合同得以达成，威尼斯在十年内保障居住者的安全，规定他们有权利参与国际贸易。因它而形成的犹太人居住区，在组织上不同于德意志犹太人的居住区，却接纳了黎凡特犹太人和从西班牙、葡萄牙来此避难的"西方"犹太人。他们聚居的地方较新，被称为"老盖托区"（Ghetto Vecchio），因为此地位于一座老造币厂的旧址上。那些承认自己是犹太教徒的马拉诺人，被允许进入威尼斯并加入这个居住区。

在这些安排之下，反犹主义逐渐消退，威尼斯的犹太人居住区繁荣起来。要求犹太人戴黄色或红色帽子的规定被修改，他们获准出去旅行时戴黑色的帽子或头巾。有人怀疑，许多违反侮辱性规则的行为都被纵容了，因为犹太教拉比和基督教颂词作者都声称，1590年后，犹太人在威尼斯受到了特别好的对待。基督徒前往犹太人居住区观看音乐会，犹太人也参加外面的划船比赛和戏剧表演。他们在一起赌博，喜欢布道的人则聆听对方的布道。犹太人的数量增加到2500人以上。威尼斯最高的一些公寓楼就建在犹太人居住区内，有的甚至有七层，其目的就是为了在狭小的空间内容纳众多的人口。无论是在智力上还是在建筑上，威尼斯犹太人居住区都是杰出的。在阿姆斯特丹发展起来之前，西方犹太人居住区公认威尼斯的拉比是最权威的。

在经济上，威尼斯因为欢迎犹太人而获得了双重优势。犹太典当商在严格监管下执行一项功能——向穷人发放贷款，这一功能被普遍认为是必要的，绝大多数意大利城市都成立了叫作"蒙特迪皮耶塔"（Monti di Pietà）的机构以实现此功能。犹太人收取的利率被降低到5%。利率之所以会如此之低，只是因为政府要求其他犹太人——也就是从事贩卖二手服装和国际贸易的富有商人——帮助典当商。与此同时，富裕的犹太商人把本要经过其他城市的贸易带到了威尼斯。

达尼埃莱·罗德里加有一项计划得到了威尼斯贸易委员会的贵族的支持：他计划派遣威尼斯船舶向南航行到摩洛哥，在摩洛哥的大西洋沿岸装载食糖。然而，非洲西北部的大部分地区都停止了与威尼斯的生意往来。西班牙和奥斯曼帝国在该地区的扩张，以及它们之间的战争，扼杀了威尼斯贸易在该地区的这一分支，还使所有威尼斯船只都容易受到巴巴里海盗的攻击。

新的市场

但是，并非所有奥斯曼帝国的扩张和远洋航行带来的影响都对威尼斯的经济不利。苏丹的势力范围从维也纳城墙下延伸到阿拉伯半岛，再到摩洛哥的边境，在苏丹治下，君士坦丁堡再度成为一座繁荣昌盛的城市。它的人口从1453年的不足10万人增至1580年的70万左右，苏丹宫廷的财富使它成为威尼斯商品的主要市场。同样对威尼斯有利的是，早先活跃于地中海的巴斯克人和葡萄牙人的航运，在 16 世纪初转向远洋。竞争的消失是 16 世纪威尼斯商船队复兴的一个因素，可以确定，这是一种不平衡的复兴，这一点将在之后的章节中论述。此外，在 16 世纪结束之前，从纽芬兰大浅滩捕捞的鳕鱼也满足了食物需求，而此前亚得里亚海的渔业资源无法满足威尼斯的食物需求，威尼斯只能从黑海进口。此外，西欧的总体经济增长也刺激了威尼斯的经济增长——西欧在 16 世纪又开始蓬勃发展，而 14 世纪的经济衰退已经完全恢复。

不断扩大的棉花贸易量，就是威尼斯从这些不断扩大的市场中获利的一个例子。另一个例子是丝绸进口的扩大。比以往任何时候都多的丝绸从波斯经由阿勒颇运来，尽管有一些法国商人的竞争，但是威尼斯人无疑是阿勒颇主要的西方商人。1549 年，他们把在叙利亚的主要领事馆从大马士革迁移到阿勒颇。自从威尼斯自己的丝绸纺织工使用出产于附近的巴萨诺（Bassano）和维琴察的轻质丝绸之后，波斯和叙利亚丝绸的主要市场不再是威尼斯本身，而是阿尔卑斯山以北的纽伦堡、美因河畔法兰克福和科隆。繁荣的德意志城市向威尼斯寻求丝绸和棉花，它们也向她寻求"殖民地产品"，甚至是食糖这种越来越多地从西方运往威尼斯的商品。

可以确定，威尼斯失去了向英格兰和尼德兰供应这些商品并从中获利的中间商身份，但她在欧洲西北部为其他地中海产品找到了一个不断扩大的市场，在一定程度上弥补了这一点。英国人越来越享受产自希腊诸岛的马姆齐甜酒（Malmsey）。15 世纪晚期，从克里特岛到南安普敦运送葡萄酒的费用降低了一半。之后，葡萄干也变成了威尼斯运往英格兰的主要商品。威尼斯人的伊奥尼亚群岛，特别是赞特岛，专门种植葡萄，这些葡萄晒干后出口到英国，英国著名的"葡萄干布丁"就是用的这种葡萄干。

里斯本、塞维利亚、安特卫普和伦敦这类城市的发展，使威尼斯的商业优势不如从前那么突出，但是城市的发展也向威尼斯商人和工匠提供了市场，因此威尼斯的人口肯定更多了，差不多有 19 万。16 世纪的威尼斯可能比 15 世纪时更富有。

食物和谷物贸易

威尼斯的繁荣放大了她在获得食物供应上的困境。提到作为一个独特民族的威尼斯人时，会发现他们在几乎全部从事农耕的欧洲显得格格不入，因为他们不耕种，也不收获。他们以运输服务和食盐换取食物。在15—16世纪更加商业化和工业化的欧洲，潟湖的居民依然不得不从国外购买食物，还不得不跟许多别的城市中心竞争。尽管食盐仍然很重要，依然是政府重要的收入来源，但作为出口产品，与许多手工业产品、商业服务、政治服务相比，它已相形见绌。食物供应的支付只是相当复杂的国际收支中的一个因素，但是它仍然是一个最基本的因素。

比起内陆城市，例如逐渐扩大农地面积的巴黎，用海运维持的食物供应给威尼斯造成了相当不同的问题。威尼斯和地中海的其他大城市，可以开发任何一个资源过剩、拥有出海港口的地区。可以肯定，新鲜的蔬菜和肉类来自相对较近的地方，但威尼斯肉店宰杀的牛来自匈牙利的平原。然而，威尼斯人的主要食物是小麦，保存小麦比较容易，它可以通过海路运输1000英里，这比陆路运输50英里还要便宜。甚至在威尼斯人口数还不到10万的时候，比如在1300年和1400年，威尼斯的船就从遥远的黑海或埃及运回小麦。他们有时也在里斯本收购小麦。通常的供应源主要是普利亚和西西里岛，同时还有大量小麦来自阿尔巴尼亚、希腊、克里特岛和塞浦路斯的港口。有的年份里，战争或坏天气会将某些供应粮食的中心变成困窘的进口地。有时候意大利本土的粮食有剩余，威尼斯也确保自己在需要的时候能从附属地获得供应。但是，在更普遍的情况下，意大利本土不得不进口大量由威尼斯船舶从海外运来的小麦，来补充自己的粮食供应。在1511—1512年的12个月内，用船运往威尼斯的小麦多达6万吨，足够养活30万人——这是威尼斯自身人口的两倍还多。

维持城市的良好供应是一个专门的委员会的职责，它每天早晨要向总督报告城里两个大粮仓的储备量，这两个粮仓一个在里阿尔托，另一个接近圣马可区，在造币厂附近。如果粮食供应不足或有歉收的可能，粮食管理处便向商人保证较高的收购价格，让他们在特定时间内从特定地区运来粮食。但粮食管理处不要求进口商将粮食卖给政府，而是在威尼斯的公开市场上卖给私人，粮价根据供需关系的变化可以有所波动，但是政府对一日之内粮价可以上涨多少设定了上限。粮食价格高得离谱时，当局就出售存粮以降低粮价，即使这会让政府有所损失。所有进入威尼斯的小麦都经过了仔细的登记，甚至那些富裕的地主从他们在大陆庄园里收集并运回威尼斯府邸里自用的粮食也经过了登记——1595 年，这部分小麦占总量的 30%。另外 22% 的进口小麦由户主在市场上购买，他们将生面团与之混合，送到烘焙师（fornai）那里制成面包。商人进口的其他小麦，接近总进口量的一半，都被卖给了既和面也烘焙的面包师（pistori）。粮食管理处对烘焙师和面包师进行了非常严格的控制，为他们分配物资，规定了面包的价格和大小。面包的价格在很长一段时间内保持稳定，但在收成不好时，面包更小一些。

数个世纪以来，威尼斯能将粮食收购从高价地区转向价格更低的地方，但是粮价低廉的地区越来越难找。不断增长的人口对地中海许多地区的粮食供应造成了压力。1580 年，君士坦丁堡的人口已增至 70 万左右，它吸收了黑海沿岸的罗马尼亚港口和俄罗斯港口的所有余粮——这两地过去曾帮助供应意大利。而且，奥斯曼帝国的军队在多瑙河流域作战或在亚美尼亚对抗波斯人的时候，正如他们在 16 世纪最后几十年的大部分时间里那样，黑海的谷物都供应给了军队，君士坦丁堡向威尼斯所依赖的希腊各港口寻求供应。可以肯定，土耳其人对出口的禁令或多或少是可以避开的。许可证可以找朝廷高官购买；阿尔巴尼亚和希腊的地方领主习惯于在价格合适的时候为威尼斯买家供货，他们不顾禁令地供货，尤其是在价格更高的时候，或者附近有阻止土耳其巡逻队执行出口禁令的威尼斯舰队的时候。但是，威尼斯在意大利北部自己领土范围内的产量越来越落后。小麦价格的增长速度超过一般商品价格的增长速度。16 世纪末，小麦价格迅速增长，1590—1599 年的平均价格是 10 年前的两倍。1590—1591 年，在这个地中海谷物极度匮乏的荒年里，小麦的价格是 1580 年的三倍。

资本投资转向农业是对这种经济形势的合理回应，也是对国家需求的爱国回应。数个世纪以来,有钱的威尼斯人一直在大陆置办地产,这一趋势在16世纪的最后二十几年更加明显。它常常被消极地描述为"逃离大海"(flight from the sea),但同样可以被积极地描述为对那几十年的需要和机会做出的明智的企业家式反应。早期的威尼斯人购买土地,主要是为了给贸易带来的财富增加更坚实的因素,或者是为了拥有与土地财产相伴的声望,或者是为了享受漂亮别墅和乡村生活的乐趣。随着小麦价格的暴涨,许多人把改善农业视为增加财富的途径。

这类投资的一位坚定拥护者是阿尔维塞(即路易吉[Luigi]·科纳尔,他之所以出名,主要是因为他在95岁时自豪地出版了一本书的第四版,本书论述了如何长寿,写于他83岁时。他当时提倡极度的节制,但承认他还是一名年轻的法律系学生时,曾犯过另一种极端的错误。他出生时并不属于富裕的科纳尔家族,事实上,他宣称自己是总督后裔的这件事从未得到官方承认。但是他从一位叔叔那里继承了一些地产。他投身于农业,不断地挖沟排水,让他的农田变得丰饶多产,他凭借农业赚了不少钱,以此发家致富。他挑选一流的建筑师并大力支持他们,将自己在帕多瓦的宅屋变成了一幢有代表性的杰作。除了他的《在旧时代》(又名《节制生活》)和一篇有关建筑的文章,他还写了几篇关于潟湖保护和土地开垦的文章。

阿尔维塞·科纳尔估计,帕多瓦诺(Padovano,即帕多瓦)、特雷维萨纳(Trevisana,即特雷维索)和弗留利有四分之一到三分之一的土地未得到开垦,其中至少有四分之三通过适当的灌溉,特别是排水,就能变得肥沃。为了缓解威尼斯对外国小麦的依赖,他大力提倡开垦耕作,并且建议政府让自己负责大规模的开垦计划。他说,私人企业在排干一大片沼泽的过程中受到了众多产权的制约,包括修道院、当地公社、各种地产的受托人以及依靠这片水域的磨坊主的权利,这些产权必须协调一致。他提出的广泛计划从未被实施过,但是在1556年,一个开垦委员会(Provveditori dei Beni Inculti)成立了。该委员会承担了一些排水计划,在鼓励和规范私人企业方面很有成效。地产所有者联合起来以分配他们之间的费用和利益。甚至在委员会通过土地征用以帮助他们获得土地时,他们的工作也比较慢——清理多余的磨坊池塘，偶尔掘开土堤以提高排水系统的流量，有时需要排水的土地比排水渠通向的河流地势更低，就会建造渡槽。根据科纳尔的说法，这是真正的炼金术，它把废弃的土地变成肥沃的耕地。这让威尼斯人的领地在 17 世纪非常接近自给自足，还降低了威尼斯共和国的财富对海洋的依赖程度。

第二十二章

手工业的扩张

16世纪的经济普遍增长对威尼斯最显著的影响就是扩大了她手工业品的市场。她的传统化工业（例如玻璃业）从中受益，新的手工业（例如印刷业）开始生根发芽，而且，威尼斯首次成为当时欧洲最大的手工业分支——毛纺业的主要中心之一。

旧工业和新工业

传统上威尼斯主要是一个毛织品的分销中心，而不是生产中心，15世纪时依然如此。16世纪初发生在意大利的战争改变了这种局面。不仅其他意大利的主要城市在16世纪20年代遭到洗劫，而且示威游行和镇压活动扰乱了贸易，迫使工匠去寻找和平的避难之所。许多人前往威尼斯避难，这里从来没有外国军队进入过，并且由于威尼斯的水路交通和海权，这里还能提供比大多数城市更好的食物供应。在佛罗伦萨和伦巴第的城市里，呢绒的产量下降了。在威尼斯，呢绒产量从1516年（这是一系列数据开始的时间）的不足2000块飙升到1565年以后的每年20000块以上。有关进口羊毛的关税和海事法有所缓和，根据法律的解释，其目的是向在毛纺业谋生的穷人提供工作。西班牙的羊毛产量不断增长，它超过英格兰，成为威尼斯主要的羊毛供应地。

毛纺业的繁荣是16世纪威尼斯手工业增长最大的因素，也是人口增长最主要的原因，但绝非唯一的原因。在同一时期，丝绸业的从业人数至少是从前的三倍，仅次于毛纺业。16世纪末，威尼斯的丝绸工人比造船工或敛缝工都要多。各种各样的化工业，例如制皂业，尽管在威尼斯没有过去那样重要，却比以往任何时候都繁荣。威尼斯的玻璃业此时处于名声的顶峰，专业水准也不断提升（见图 22-1）。在威尼斯吹制的精准沙漏，由船上杂货小贩售卖到欧洲各地。威尼斯人制造眼镜时模仿天然水晶，由此发明了透明玻璃，用透明玻璃制造的镜子极为流行。制镜师的人数急剧增长，在 1564 年，他们成立了一个独立的行会。窗户玻璃得到广泛使用，以致一些对威尼斯的赞美之词说它的每个堂区都拥有自己的装玻璃工人。威尼斯工匠在数不清的艺术性工作中享有广泛的声誉：蕾丝制造业，它使布拉诺岛（Burano）几乎和附近的玻璃中心穆拉诺一样人口稠密；家具制造业；皮革业；珠宝业；许多其他行业。

在新兴产业中，印刷业值得特别关注。1450 年左右，约翰内斯·古登堡（Johannes Gutenberg）在莱茵兰发明了制造标准化活字的方法，这是印刷业的关键，印刷业就此诞生。在几十年的时间里，尼古拉斯·詹森

图 22-1 玻璃吹制工及其熔炉，木版画，出自阿格里科拉的《矿冶全书》(*De re Metallica*)，1556 年
在德意志医生乔治乌斯·阿格里科拉（Georgius Agricola）撰写的论著中，玻璃制造被纳入采矿和冶金的范畴。它当时的产品和几个世纪前的一样，不仅包括图里有的烧瓶和高脚杯，还包括玻璃做的树木、船只和动物。阿格里科拉说"不久前我在威尼斯待了整整两年"，他在威尼斯见过所有这些玻璃制品。（A—玻璃吹管。B—小窗。C—大理石。D—镊子。E—制造特定器型的模具。）

（Nicolas Jensen）和施派尔的约翰（John of Speyer）将他们的工具和技术带到了威尼斯，这两位工匠掌握着雕刻凸模的关键技术。工匠用这些凸模制造模具，再用模具制造活字。施派尔的约翰第一次印刷出版物时，花了四个月的时间，仅仅印刷了100本西塞罗的书信集。虽然这印得不快，但是远超"书商"先前卖给顾客的手抄本的制作速度。并且在制作第二版的时候，约翰在相同的时间内印出了600本。威尼斯是一个印刷书籍的好地方，不仅因为这里有读者，还因为它的商业联系使书商很容易找到买家，通过船运，可以把书运到远至葡萄牙或波兰这样的地方。尽管威尼斯并不出产纸张，但是法布里亚诺（Fabriano）这样的意大利城市出产优质纸张，这些城市已习惯于通过威尼斯进行销售。熟练工人很愿意被招募进这个这个新兴的、快速发展的行业。政府慷慨地向印刷工授予专利或版权，尽管在那些世纪里，无论是专利还是版权，在威尼斯或者其他地方都不能真正强制施行。这些优势使威尼斯成为领先的印刷业中心。1495—1497年期间，在所有已知现存的出版发行的1821种出版物中，有447种印刷于威尼斯，而当时排名第二的重要城市巴黎只印刷了181种。16世纪早期，战争中断了许多其他意大利印刷业中心的活动，但是威尼斯的生产继续发展。16世纪后半叶，罗马出版物的成本被认为是威尼斯的3倍，并且威尼斯的113家出版商出版的书籍是米兰、佛罗伦萨和罗马出版的图书之和的3.5倍。

尽管产量是在16世纪增长的，但威尼斯的印刷工在刚起步的时候就生产出了他们最好的产品，当时他们还在同手抄本书籍制造商竞争，后者生产的书籍中文字和插图均由手写完成，顾客是人文主义学者及其赞助人。这些印刷工中最著名的是阿尔杜斯·马努提乌斯（Aldus Manutius），他也是人文主义者。他还在大陆上一个贵族家庭里做家庭教师的时候，就构想在15世纪80年代进行一项印刷希腊古典著作的计划。希腊古典著作在当时受到极大的赞赏，但鲜为人知，因为几乎没有任何希腊语的印刷品。他选择威尼斯为事业的落脚点，不仅因为这里已经是印刷业的主要中心，还因为他可以在这里招聘到许多希腊学者来准备副本和进行校对，还因为图书馆里收藏有希腊文手抄本，这些书是枢机主教贝萨里翁遗赠给威尼斯共和国的。彼得罗·本博被任命为这些藏书的管理员，他是阿尔杜斯的朋友，还一直在鼓励阿尔杜斯。阿尔杜斯也知道在威尼斯可以找到能为自己雕刻希腊文凸模的工匠，他已经设计好了凸模，其字体是一种手写体，源自他请来为他的排字工准备手稿的著名希腊学者。在书籍徽标中，他采用了一个适合威尼斯的徽章——海豚和锚（见年表中的图案），它们具有海洋气息，象征了速度和可靠性。

阿尔杜斯在拉丁文或意大利文出版方面也有重大创新。他设计了一种类似笔迹的新字体——意大利体（italic）。因为采用这种字体的大开本书籍不方便阅读，他开始印刷小开本书籍，只有原来书籍的一半或四分之一大小（被称为八开本［octavos］，因为印刷时一张纸要被裁成8份）。八开本的大小，加上意大利体字母之间的紧凑性，让阿尔杜斯能将一本大体积的四开本或对开本书籍的尺寸进行压缩，小到能装进口袋里，其中一例就是出版于1501年的维吉尔作品——这是他的第一份八开本出版物。这样他就把一本书的成本降到原先的八分之一左右，还开辟了一个巨大的新市场，特别是在学生群体中。威尼斯为阿尔杜斯颁发了新字体的专利，然而不久之后其他地方就有人模仿此字体。

威尼斯出版的书籍覆盖每一个领域，并且在许多领域都保持领先，尤其是在乐谱印刷上。除了希腊文，用来印刷书籍的文字还有希伯来文。书籍开始的插图是木版画，后来变成铜版画。随着书籍变得越来越便宜，通俗文学变得越来越重要，威尼斯作为出版中心吸引了写书谋生的人。他们的领袖是"第一个从宫廷中挣脱出来享受威尼斯自由生活的作家彼得罗·阿尔蒂诺（Pietro Aretino）"（格伦德勒），他是一个过分机智的敲诈者，因为王公害怕他的诽谤，所以他被称为"王公之鞭"。他和模仿他的人为出版社提供了言辞激烈、非议时人的戏剧和对话录，而没那么有才华的写手则编写了多种手册。

工匠和资本家

无论是在印刷业这样的新行业，还是在纺织业这样的老行业，产出的增长并没有使手工业资本主义也随之出现显著的成长。当然，威尼斯长期以来一直是资本主义的，因为统治威尼斯的是通过投资积累财富的人，他们塑造了威尼斯的制度和政策，使其谋生方式能够持续下去。但是，他们是做贸易的资本家，在商品上投资，并雇用劳动力来进行运输和贸易。的确，他们也很乐意在手工业上投资，也就是说，他们愿意贷款，也愿意与纺织业、制皂业或玻璃业建立某种合作关系。关于显赫贵族财富的描述，常常提到他们拥有一座肥皂制造厂或玻璃制造厂。在一则史料中，一位贵族因为在烧制砖瓦时使用了种类不对的木材而被罚款。他唯一的借口就是他当时生病了，管理厂房的是自己的兄弟。不过这件事发生在 14 世纪，很可能是一次例外，因为即使是在当时，威尼斯贵族也特别关注手工业生产过程。1500 年左右，驻佛罗伦萨的威尼斯大使惊讶地描述了佛罗伦萨精英如何监督他们自己的制布企业。可以确定，威尼斯贵族不仅资助贸易企业，也资助手工业企业，但是他们在手工业中并没有扮演真正的创业型角色，不像他们在别的方面做的那样——比如将葡萄干从赞特运往英格兰，或者为加莱船队提供资金并指挥船队。

因此不难发现，尽管政府的监管完全有利于商业资本主义，但它们往往限制了资本家在手工业企业中的经营自由。这一点在 16 世纪的丝绸业上表现得尤为明显。拥有足够买一台织机的钱，并不意味着能获得一台织机的所有权，织机的所有权只属于知道如何"亲自操作"织机的人。这条规则的目的是形成两个均匀的群体：一是为丝绸提供订单的商人，二是组成丝绸工人行会的工匠。然而，如果丝绸商想通过支付年薪来吸引拥有织机的师傅从而控制手工业进程，行会就会出面禁止，政府也支持行会的规则。行会声称丝绸商的做法会扼杀丝绸业，因为如果工人能期待的最好工作是"在别人的房子里做体力劳动者"（esser lavorante in casa de altri）的话，就没有丝绸工人想来威尼斯工作了。按照规定，所有的织工师傅都应按照布的长度计酬。

另一项发展于丝绸业、有资本主义特征的趋势也受到了压制。一些富有的师傅经营着多达 30 台织机，他们接受别人延期付款的同时，还能签订大量合同。他们从商人那里拿到所有订单，并以每码布 16—20 索里多的价格分包下去，而他们出手的时候每码布能售得30—32索里多。禁止任何师傅经营6台以上织机的法律早先颁布过，但后来被元老院表决废除了。元老院稍后投票恢复了这一规则。在现存的3卷丝绸行会章程中（章程的装帧也使用了丝绸），有一页羊皮纸专门用来记录限制6台织机的规定如何重新确立，纸页的装饰使用了很多种颜色，显示出一种胜利的光芒。

丝绸工人在城中拥有独立的地位，而手工业的发展在多大程度上依赖这种对丝绸工人的吸引因素，安全性等其他因素在其中又有多大贡献，这两个问题都无法得到答案。但是，丝绸工人的数量从1493年的500人增长到1554年的1200人，并持续增长。他们的数量很多，正如他们在1554年声称的，以至于并不是每个丝绸工人都有商人雇用。他们赢得了在商人提供订单之前自行织布的权利，尽管他们为这个目的最多只能使用两台织机。

相较之下，在毛纺业，制定几乎所有规则的行会是一个成立于几个世纪以前的雇主的组织（Camera del Purgo），制定的规则得到了政府的批准。将羊毛转化为布料的许多工序，所需要的专业工艺比制造丝绸更复杂，需要雇工商人进行协调。1539年后，这些布商雇佣的人被允许拥有自己的行会，然而当时为战时舰队提供桨手的职责也由这些行会负担——这将在后面予以解释。纺线女工仍然没有组织，她们在城市附近的村庄里有很多，因此当局制定了特殊的规定，使她们到威尼斯取羊毛、送回毛线的时候能通过海关的关卡。但是男工属于四个行会：（一）在雇工商人的房屋中工作的梳毛工（wool comber）；（二）在自己家中工作的织布工；（三）布料在特雷维索缩绒完毕后，负责在布料上起绒的起绒工（teaseler）；（四）让绒毛变得光滑的修剪工或修整工。除此之外，还可以加上第五种——染工，尽管他们有时也为其他雇主工作。

所有这些团体都因拥有自己的行会而获得了一些好处。他们可能感觉这些好处很难与提供桨手的义务相称，但无论如何，他们还是承担了这项义务。如果由雇主的行会管理，那么工人可能就无法留下任何自己的组织了。除了提供宗教和社会福利，行会还从成员中选出代表，让他们代表成员的利益向官员和委员会提出请愿和主张。尽管他们的雇主的声音可能更大一些，但是威尼斯的毛纺业工人有一些发言权还是有好处的，这与佛罗伦萨的梳毛工形成了鲜明对比——梳毛工没有自己的组织。

1556年的修剪工罢工表明了受雇工匠对经济施加压力的可能性。罢工的几年之前，修剪工（cimadori）开始要求提升单件布料的酬劳，因为他们工具的价格和生活的一般成本都在上涨，而且商人提供给工人的布做得更长了。起初，他们采用的是所有威尼斯行会均可使用的请愿程序，但是他们的请愿在机构之间来回传递，最后他们厌倦了这种"踢皮球"。修剪工们在一个不寻常的地方举行非法集会，并进行了一个可怕的、亵渎神灵的宣誓——至少商人是这样描述的。他们强迫所有人对着他们中间竖立的耶稣受难像发誓，除非行会确定新的价格，否则他们不会接受任何待加工的布料。商人认为这种"大胆而残酷的行动"可能导致所有毛纺业的工人起来暴动，于是他们向十人议会发出呼吁。十人议会的主席警告了修剪工，但修剪工并未复工。

罢工发生在一个关键时刻，正如惊慌的商人向当局描述的那样。毛纺业蓬勃发展，当年生产的布料达到创纪录的16000块，比前一年增加3500块。将要装载布料前去叙利亚贩卖的加莱船已经被拍卖出去，但还有3000块布尚待修剪。由于修剪是最后一道工序，罢工迫使人们把一些未加工完毕的布料捆扎在一起，而它们本应被运往海外。不知姓名的修剪工领袖们在组织工作上做得非常好，以致出自十人议会的命令和威胁都没能让工人重返工作岗位。雇工商人叫修剪工取布料并将最后一道工序完成时，有的回答说他们正等着看其他人怎么做，有的则要求更高的价格，有的只是说他们还有其他事情要做。布商请求政府批准引进外国工人来完成制布工作，当政府将此事转交给一个委员会而将其推迟时，布商做出了一些让步。他们对较长的布料确定了较高的费率，并成立了一个由4名雇主和4名修剪工组成的联合委员会，以制定计件工资的总表。

因为可能会发生此类事件，商人反对组织新的行会也就不奇怪了。然而，执政的贵族之中也存在意见分歧，这是因为他们一般对国际贸易和航运更感兴趣，或者只是对统治更感兴趣。蜡烛工人（见图22-2）请求

图 22-2　工作中的工匠，水彩画，格雷文布罗赫（Grevenbroech）绘（藏于威尼斯科雷尔博物馆）

（a）提炼制作蜡烛用的蜡。
（b）提炼食糖：许多进口的糖先经过熬煮和过滤的提炼工序，再制成条状或块状。
（c）流行病期间，外科医生行会的成员被禁止离开威尼斯城。为了防止吸入能传染疾病的空气，他们探望病人时身穿光滑的亚麻长袍，脸上戴着涂蜡的面具，头上戴着帽子和眼镜。为了保护鼻子，面具的鸟嘴中含有药物，这些药物用于抵抗感染，抵抗死亡的气息。

当局允许他们成立行会时，这种分歧得到了体现。出售制成蜡烛的商人属于杂货商行会（spezieri）。此行会主要由商人组成，但行会对成员销售的商品的加工过程没有进行规范。蜡烛工人的请愿书被提交给由5个人组成的贸易委员会，其中2名成员赞成组建新的行会，他们认为这有助于国家获得更多桨手。此外，他们呼吁实行一项普遍的原则，即每个职业群体都应该有自己的规则、自己的官员、自己的圣人——"这是他们的保护者，在他的旗帜下，行会成员便能专门敬奉他，就像所有其他行会一样。"但是委员会中拥有多数票的3名成员与商人们站在一边，反对成立新的行

会。他们认为，将蜡增白和用蜡制作蜡烛的行业在威尼斯发展得很快，是因为商人可以按照自己的意愿自由雇用工人，按日计酬或按件计酬，还可以让工人在商人所希望的地方工作。而且如果工人组织起来，就会向商人强加一些可能会提高成本的要求，这样蜡烛业就会流向与威尼斯竞争的中心城市，如拉古萨、安科纳和佛罗伦萨。他们还说，那些自己经营店铺的蜡烛师傅都是杂货商行会的成员，有必要招募桨手的时候，杂货商行会便能提供桨手。基于这些理由，商人资本家可以自由地按照自己的意愿组织蜡烛的生产流程。

在组织其他一些行业的生产活动时，商人拥有经营活动的自由。印刷业和出版业提供了一个有趣的例子。前面已经提到，第一批印刷工坊是由工匠建立的，他们懂得古登堡推行的技术，掌握了雕刻凸模的技巧。凸模好的话，印出的字体也就漂亮。尼古拉斯·詹森去科隆学习印刷的秘密之前，曾在巴黎造币厂当过学徒。他和施派尔的约翰一样，因为用他们雕刻出来的凸模可以做出漂亮的活字，所以他们备受赞赏。这些凸模是他们投资的设备中最基本的部分。他们用的印刷机不是新的，也并不昂贵。即使再加上用凸模做出来的一两套活字，代表着资本投入的印刷设备也很难比印一批书的纸张成本更昂贵。不过印刷工还需要资金，以便支付工人、纸张和油墨的费用。他们还需要资金来建立庞大的库存，为避免某种书籍在市场上缺货，他必须确保手头有书，或者能及时送书到销售的中心。尼古拉斯·詹森在他的印刷工作刚刚开始的时候，就与能提供资金的人和能帮助他销售的人建立了合作关系。再后来，从事印刷业的企业家不再是工匠，而是持有资产、充当书商和出版商的人。他们决定出版何种书籍，然后与工匠签订合同，雕刻凸模，铸造活字，排字，再用印刷机印刷。他们在寻找市场的同时还提供纸张，还能比较及时地提供报酬。

此类商人的一个突出例子是阿尔杜斯的岳父安德烈亚·托雷萨诺（Andrea Torresano）。他与阿尔杜斯一样，是来自意大利大陆的移民。他开了一家书店，收购了尼古拉斯·詹森的凸模。他通过让阿尔杜斯担任主编，显示出主动分享企业的意愿。有一项既能赚钱又能为文明提供切实贡献的出版计划，正是阿尔杜斯的主意。为了执行出版计划，安德烈亚和阿尔杜斯组织了一个中心工坊，有30多人在他们的指导下工作。除了通常的排字工、印刷工和他们的学徒，安德烈亚和阿尔杜斯还聘请了各种专家，比如为阿尔杜斯的新的意大利体活字制作凸模的艺术家，此字体第一次得到使用时阿尔杜斯在书的扉页上特别赞扬了这位艺术家。另一类专家是校对员，其中有一位被认为是那个时代最著名的欧洲学者——伊拉斯谟，他对这个机构的描述很尖刻。

伊拉斯谟写道，安德烈亚是老板，甚至阿尔杜斯也可以被认为是安德烈亚的一名工人。伊拉斯谟不愿意被人称为阿尔定（即"阿尔杜斯的"）出版社的前校对员，而他在那里工作的时候还是个年轻人。后来，他与在那里交到的朋友发生了争吵，还写了尖刻滑稽的讽刺文来讽刺他们。伊拉斯谟说，自己审读校样，只为找出作者的错讹。雇来的校对员的职责是纠正印刷工的错误。但是，他把阿尔杜斯请来的希腊学者在他学习希腊语知识中的贡献降低到最小的程度，因为他太忙了。"正如他们所说，我们没什么时间，连挠挠耳朵的时间都没有。阿尔杜斯经常问，他不明白我怎么能在这么嘈杂和忙乱的环境下随手写这么多。"阿尔杜斯竭尽所能，催促每个人都去工作，他的干劲体现在门口的铭文上。这篇铭文像一则急聘广告，上面写着：

> 不管你是谁，阿尔杜斯都恳请你用最少的语言描述你的工作，再回去干活，除非你想像赫拉克勒斯一样对阿特拉斯施以援手。总有足够的工作给你以及所有来这里的人。

伊拉斯谟虽然以相对尊重的态度跟企业的知识领袖阿尔杜斯打交道，却在讽刺文中猛烈抨击了企业领袖安德烈亚·托雷萨诺的小气。这表明，即使在阿尔定出版社这样的大机构里，家族作坊的传统依然存在。这家出版社有许多不同级别的员工，他们都是由"家长"安德烈亚喂养的。伊拉斯谟声称，安德烈亚为了自己多赚钱，往提供的葡萄酒里掺水，几乎不为员工提供食物。也许伊拉斯谟是在发泄一个挑剔的学者对努力控制开支的商人的怨恨，以及对独特、分量少的威尼斯饭菜的厌恶。他是一个喜欢吃大量肉食的北方人，不喜欢"在下水沟中捕获的一丁点贝类"。如果过分的节俭属实的话，安德烈亚·托雷萨诺还是一位成功的商人。阿尔杜斯去世后，他继续经营出版社，并把兴隆的生意传给了阿尔杜斯的孩子们。

阿尔定出版社在一个集中化的机构组织书籍印刷，这并不典型。大多数出版商与经营小作坊、拥有两三台印刷机的印刷工签订合同。这些熟练的印刷工可以很容易地以一种小规模的方式转变成出版商，并通过书店和集市来销售产品。在此类作坊中，工作人员或许有10—15人，包括排字工、压印工（pressman）、校对员、熟练学徒、学徒，还有一般的辅助工人。这类熟练的印刷工属于前面提到的工匠管理人阶层，此阶层在威尼斯一直都比较重要。在同一阶层中，有拥有多达6台织机的丝绸工人，还有自己拥有熔炉的玻璃制造商。

就一个中心之下统一管理的人数而言，凭借30名员工和附属的学者，阿尔杜斯的印刷和出版机构很可能是威尼斯最大的私人手工业企业。建造一座府邸或一艘大船的工作，可能会让更多的工人聚集在一个地方，但时间很短，不足以形成常规的官僚式的控制。鞣革工场、粗糖精炼厂和糖果厂这样的企业（见图22-2）可能占据着更大的空间，但人员并不会更多。

当然，各方面都更大的是威尼斯兵工厂（见图22-3）和毗邻的绳索工厂（被称为"塔那"），以及威尼斯造币厂。这些都是政府经营的。它们的管理人员不会受到利润动机的刺激，但是这些国有企业为了提高效率而制定了控制措施。建于1540年的新造币厂深受赞赏，它以井然有序的方式，为多种不同的工匠提供了就业机会，工人之间、检查员之间贵金属的移动得到了很好的控制。在这个巨大的金银与钱币的储藏所里，准确的核算当然是最重要的，它的会计人员计算了政府制造每一种钱币时的成本和收益。他们列出了每一种劳动力和材料的成本，包括木炭这样的用量少的材料的成本，但不包括经常性开支。在绳索工厂塔那，为了使产品标准化，工厂增加了越来越多的规定和检查员。例如，来自博洛尼亚的大麻全部在一个房间内纺纱线；在另一个新开发的供应地（在威尼斯自己的领地内，位于帕多瓦以西）生产的一种等级略次的大麻，则在另一个房间纺纱线。纺纱工的线轴都有标记，这样检查员就可以确定纺纱工的纱线有没

图 22-3 威尼斯兵工厂的大门

画上兵工厂的大门即将关闭,但从兵工厂涌出来的数千名工人并非"工厂的工人"。他们的精神和纪律和工厂的工人不一样,毕竟他们是工匠师傅和海军的预备军人。

他们搬运的包裹里装着刨花。按照传统,木匠师傅可以把刨花带回家当柴烧,但这也解释了大量优质木材、长钉甚至绳索消失的现象。

有达到规定的重量。最好的绳索都被打上了白色的标记，更次的等级则被打上黑色、绿色和黄色的标记。几千名工人受雇于威尼斯最大的手工业机构——威尼斯兵工厂，其工艺标准在相当程度上得到了管理安排的补充。威尼斯兵工厂发展出了一种装配线和一些可互换零件的标准化措施，这将在第二十五章描述海军舰队及其管理方法时加以说明。

行会的角色

在许多行业中，行会对技术的管理都很薄弱，只有在手工业的几个分支中，行会在决定行业组织方面的影响力才有丝绸业那样有影响。但行会或某种形式的兄弟会在几乎所有威尼斯中下阶层的生活中都很重要。不以同行的凝聚力为基础的组织除了由"出生公民"阶层的文职公务员掌控的大兄弟会，还有许多其他的宗教性兄弟会。因此，在印刷工行会成立之前，施派尔的约翰和尼古拉斯·詹森都属于圣吉罗拉莫兄弟会（Scuola di San Girolamo），其成员包括画家、石匠、玻璃吹制工和雕刻师。

1539年之后不久，行会被要求为加莱船提供人员，加入行会实际上已经成为所有工匠和店主的义务。在建立海军后备力量（这将在第二十五章描述）时，政府为每个行业性行会和大兄弟会分配所需要提供的桨手的数额。提供的数额一般取决于该组织中强壮成员的数量，但是大兄弟会和布商行会的配额是根据他们的财富来安排的。征召人员时，大多数行会实际上并不会派出自己的成员，而是雇人代替。随着时间推移，雇人代役的做法变得相当普遍，政府要求行会为这个目的建立专门的资金储备，随后政府对这些预备雇用替代人员的资金进行监管，使得"桨手税"（levy of galeotti）仅仅成为一种税收的形式（见第二十五章、第二十八章）。因此行会在本来的功能之外，还逐渐增加了征税的角色，这个角色让威尼斯的统治机构对增加行会成员的人数增添了兴趣。

威尼斯政府使行会会员资格更加普遍，这还增加了行会的数量。总共有大约100个行会，不包括船夫的"渡船会"（traghetti）和任何纯粹是宗教性的兄弟会，如大兄弟会。其中大约有一半行会由以下成员构成：各种各样的零售商，如家禽商贩；独立的、出售产品的手工业者，如面包师。有些行会，比如绸布商行会，欢迎销售各种商品的店主，尽管贩卖某种货物太多的店主必须加入另外的行会。一些行会试图限制会员资格，它们禁止外国人入会，只允许经过很长时间的学徒生涯的人成为会员，甚至只允许成员的儿子入会，但是统治威尼斯的商人－王公们推翻了所有类似的行会规则，除非他们相信某条规则对城市的力量有益。所有行会都试图从尽可能多的城市工匠那里收取会费，以便有更多资金用于宴会，用于意外基金或嫁妆，用于支付雇用桨手的费用。此外，每个行会都试图为其成员争取尽可能多的工作。由于这些原因，它们经常卷入法律纠纷。尽管行会有规定，但是它们很难真正强制所有从事它们对应的手艺或贸易的人都成为会员。

不同行会之间的民主程度和内部团结程度有很大差异。在这大约100个行会中，有四分之三的行会，就算加上不是师傅的成员，其成员还是不到250人；只有两三个行会的人数超过1000人。政府为了制定规章制度和征税而强制建立行会组织时，就像1549年成立印刷工和书商的行会时一样，人们可能对行会成员资格不感兴趣。让符合法定人数的成员参加年度大会是困难的。政府认为有必要制定详细的规则，以防止行会官员财务管理不善。一个相对较小的群体管理着行会事务，并通过提名委员会提名继任者而继续掌权，这反映了在选择共和国总督时所采用的方法，不过规模要小得多。在其他方面，有很多参与式民主。在行会的规章集（mariegole）中，对于制定新规则的行会大会，有大量出席的记录和相应投票的记录。这些规则总是要经过市场执法官或其他合适的政府官员的批准，但是关于行会内部事务的提案通常由行会的官员提出。丝绸工人行会的一般参与人员当然是很多的，而且他们并不温顺。1543年，其行会大会明确禁止携带武器，因为之前出现过骚乱和流血的丑闻。参加它的大会的人数一般是两三百人。1561年，在一次有关行会提供社会保障或穷人救济的会议上，出席人数到达顶峰。会员们以578票对42票的投票结果支持增加对行会内贫困女孩的慈善救济的议案，同时决议在资金分配的方式上建立更多保障措施。

自由学派的经济史学家普遍认为，行会是手工业进步的敌人，它们阻碍了技术的提升，特别是机器等节省劳动力方面的创新，它们还会在市场条件要求降低工资和扩招劳动力时要求提高工资和限制劳动力供应。威尼斯行会也有这样做的倾向，但是在15—16世纪，它们阻碍经济增长的程度小于其帮助经济增长的程度。它们并没有阻止机器等新发明的引进。相反，政府在向自称的发明者授予权利的时候是自由的，就像在早期向印刷工授予权利一样。事实上，政府在1474年规定，任何注册了新设备的人都拥有有效期为10年的专利权。16世纪，布商用一种起绒机在缩绒完毕的布料上起绒。工人的行会受到起绒机的影响后，便要求禁止使用该机器。这一纠纷被提交到元老院，元老院并未禁止使用该机器，而只是要求以某种方式标记布料，以便区分手工起绒的布料和机器起绒的布料。此外，创新提高了产品的质量，从而在某种意义上创造了一种新的产品，它既不违背行会规章，也不违背行会精神。行会不仅会制定规章，还培养成员的态度，把竞争引导到提高产品质量上，而不是降低成本上。16世纪威尼斯手工业的发展主要集中于高质量商品的生产，从肥皂到玻璃，从丝绸到书籍。比起具有高度艺术价值的作品，即使在所谓的标准产品中，这一时期的生产效率一般也不取决于管理者对生产过程的规划是否得当，而取决于掌握技能的工人是否心灵手巧。行会吸引并培养工匠，让他们感觉可以做自己的主人，而不是"在别人的房子里做工的体力劳动者"，在一定程度上，他们为威尼斯于16世纪发展成"意大利最重要的手工业城市"（布罗代尔）做出了贡献。

↑ 彩图 14 《三位哲学家》，乔尔乔内绘

↑ 彩图 15 《暴风雨》，乔尔乔内绘

↑ 彩图 16 《圣克里斯多弗》，提香绘

↑ 彩图 17 《圣母升天》，提香绘

↑ 彩图 18 《圣母的神殿奉献》，提香绘

↑ 彩图 19 《圣马可遗体的发现》，丁托列托绘

↑ 彩图 20 《圣马可的奇迹》，丁托列托绘

↑ 彩图 21 《迦拿的婚宴》，委罗内塞绘

↑ 彩图 22 《利未家的宴会》，委罗内塞绘

↑ 彩图 23　圣乔治马焦雷教堂，瓜尔迪绘

目光穿越圣马可港，可以看见帕拉迪奥设计的教堂正立面。

↑ 彩图 24　圣若望与保禄教堂，卡纳莱托绘

圣若望与保禄教堂是多明我会的教堂，画面左侧是圣马可大兄弟会堂。教堂旁底座上的是巴尔托洛梅奥·科莱奥尼的雕像。

↑ 彩图 25　黄金船，卡纳莱托绘

此画展现了总督在耶稣升天节乘坐黄金船参加"与海成婚"仪式的景象。在图中，不仅莫洛码头站满了人，总督府的凉廊、钟楼上都挤满了人。

↑ 彩图 26　圣贾科莫教堂，卡纳莱托绘

圣贾科莫教堂位于里阿尔托，早年货币兑换商的摊位就设在它的柱廊下。后来这些货币兑换商成了威尼斯的银行家。

↑ 彩图27　里阿尔托桥

里阿尔托桥附近是威尼斯最繁华的商贸区。桥梁原为木桥，后重建为石桥。石桥于1592年建成。

↑ 彩图28　被水淹没的圣马可广场

圣马可广场是威尼斯的两大中心之一，近年来却经常因为遭到洪水淹没而出现在新闻里。画面左侧是旧行政厅，右侧是新行政厅，中间是圣马可教堂。教堂旁边是高耸的钟楼。

↑ 彩图 29　黄金祭坛屏

黄金祭坛屏位于圣马可教堂内，宽 3.48 米，高 1.4 米，用数千颗宝石装饰，上面有几十幅表现宗教人物的画。

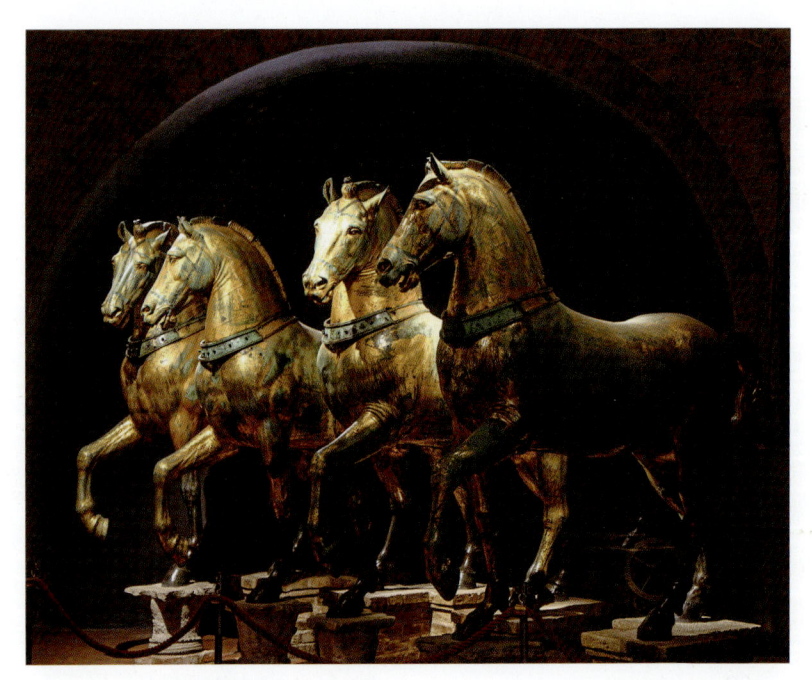

↑ 彩图 30　圣马可教堂上的四匹铜马

这四匹铜马原先安放在君士坦丁堡的大赛马场内，第四次十字军东征时被威尼斯人抢走，安置于圣马可教堂上方。

第二十三章

财政和来自权力的收入

虽然潟湖内手工业的繁荣在很大程度上得益于威尼斯为忧心战争的人提供的安全保障,但威尼斯上层阶级的财富在更大程度上、更直接地依赖于共和国在政治上的成功。参与威尼斯共和国的领地管理是相当多威尼斯人的谋生之法。

政府职位

15 世纪初,随着威尼斯征服了大陆上的国家,政府收入增长了超过 50%,前面在第十六章提到过。15 世纪晚期,政府收入达到每年约 100 万杜卡特,在 1570 年以前又增长到每年约 200 万杜卡特。其中有不少是从威尼斯征收的间接税,塞浦路斯的盐税,以及大陆附属城市的税收。1580 年后政府收入的数据更高,但不那么重要,因为那时威尼斯价格水平的总体变化受美洲金银流入的影响更大。

越来越多的威尼斯人主要从事与此相关的职业,包括收集这些钱、记录钱币的流向,或从中获得薪水和小费。不顾时代区别的话,可以把这些威尼斯人称为"白领阶层"。在实际工作中不会弄脏自己双手的人越来越强调自己拥有更高的地位,尤其是"出生公民"——他们的家族垄断了贵族之下的那层官职。威尼斯和文艺复兴时期的君主国一样,更多的财政收入主要用于陆军和海军,但也有一些用于支付文员、会计、书记员、律师和秘书的工资。

贵族阶层从威尼斯的领土扩张和政府收入的增加中获益更多。贵族人口的数量比"出生公民"更多。在1575年流行病暴发之前，城市人口达到将近19万的顶峰，当时21岁以上贵族的人数大约有2500—3000人。大约有4000名成年男性的身份是公民，但是其中加入威尼斯籍的商人可能与"出生公民"一样多。贵族所担任职位的薪水更高，市政官或城堡主职位的年薪在100—500杜卡特之间，与之相比，高级秘书或高级会计的年薪在50—200杜卡特之间（均不包括收集罚款或酬金）。

能让贵族获得大量薪金的许多职位都在附属城市，但在威尼斯城内也有高薪职位。三个高等法院、四十人议会中的每一个成员年薪都有100杜卡特以上。当然，任何拥有市政官这类职位的人都该得这么高的薪水。如果一些薪水最高的官员（比如在1582年的年薪为4800杜卡特的总督）花费的薪水不够多，还会被罚款。对总督征收的罚金，在他死后由他的继承人支付。当时和现在一样，显赫的大使职位需要的开支超过了薪水与经费之和。以财富闻名的人被任命为大使之后，如果他不想丢脸，就会常常竭尽全力避开他应该承担的职责或花销，特别是在他认为任务太困难、带来不了多少荣誉或影响力的时候。但是，对大多数贵族来说，身居高位意味着能过他们想过的生活。纳税人定期为贵族阶层贡献大量钱币，每年向700—1000名贵族提供20万以上的杜卡特。

教会中的圣职提供了另一种依赖政治影响力的收入。例如，1535年帕多瓦主教向阿尔维塞·皮萨尼（Alvise Pisani）之子弗朗切斯科提供了5000杜卡特的年薪。阿尔维塞是一位有进取心的银行家，他的活动我们将在不久后提及。威尼斯在大陆上拥有领地，必然导致许多贵族被任命为主教、教法司铎（canonate）等教会官员，而这些职位能提供丰厚的回报。

公共财政

政府债务的利息支付构成了上层阶级收入的另一个重要因素。如第十一章所述，长期债务源于强制贷款。虽然对富人来说，对收入直接征税的做法要更加痛苦，但在基奥贾战争时，强制购买的蒙特韦基奥公债已经变成一种强征的税收；后来维斯孔蒂-斯福尔扎战争（见第十六章）即将结束时，公债价格猛跌，这种情况再度出现。1453年的危机让征收直接税成为可能，但此后不久，威尼斯通过发行一系列新的公债——蒙特诺沃公债，将直接税降到了最低水平。蒙特诺沃公债的利息由收取的所得税来支付，它的利息迅速增长，到1509年，每年支付的利息总额为15万杜卡特，这成了许多威尼斯人收入中的一个重要项目。

威尼斯军队于1509年在阿尼亚德洛战役中惨败，这给威尼斯公债持有人带来的灾难，堪比在基奥贾战争和维斯孔蒂-斯福尔扎战争中受到的损失。蒙特韦基奥公债和蒙特诺沃公债的利息都暂停发放了，它们的价格暴跌。吉罗拉莫·普留利，我们前面提到过他对雇佣军和香料贸易的评论，他个人在1509年的危机中受到了沉重的打击，因为他的银行刚开张，还以102杜卡特的价格购买了蒙特诺沃公债。公债价格突然跌至40杜卡特后，他痛苦地哀叹自己竟做了如此愚蠢的投资。它们"基础是空气"，他在日记中写道，"只不过是簿记，也就是纸和墨水"。

意大利的战事于1529年结束之前，威尼斯政府以新的承诺为支撑，发行了两项新公债，即蒙特诺维斯莫公债（Monte Novissimo）和蒙特苏西迪奥公债（Monte di Sussidio）。它还试图利用许多财政手段来获得短期借款，有些已经在第十八章中描述过了。这几年的某个时候，蒙特韦基奥公债的价格为3杜卡特，蒙特诺沃公债的价格低至10杜卡特，蒙特诺维斯莫公债的价格则为25杜卡特。

因为遭受的损失没有得到完全的弥补，许多贵族变得一贫如洗。但是在16世纪剩下的时间里，威尼斯上层阶级持有的公债如此之多，它便成为上层阶级的生计来源，而不是负担。威尼斯政府并没有想让所有公债的发行恢复到正常水平，因为这将花费共和国总收入的一半左右，而且威尼斯政府从未认真考虑这个问题。但是，一旦威尼斯的政治形势有了明显的好转，蒙特韦基奥公债的利息支付就恢复到了正常水平，即每年1%利息。政府没有恢复蒙特诺沃公债的利息支付，而是宣布不再继续增加利息，要清偿整个公债。一些公债清偿时，用于清偿的是没收自战时站在敌人那边的人的地产，债权人得到的报偿的价值远高于市场价。其余部分则以每年分期付款的形式偿还，分期偿还工作本应在17年内完成，但实际上拖了 30 多年。与此同时，政府又发行新的公债，用得到的钱偿还旧公债——蒙特诺维斯莫公债和蒙特苏西迪奥公债，因为战争结束后不久，它们的利率分别从 8% 和 10% 降至 5% 和 6%。对于由此产生的未偿还公债，则用票面利息为 5% 的息票在 1530 年后按期支付。（从根本上讲，它们并不是真正的息票，和"公债"一样，它们也是公债管理处账簿上的记入贷方。）把 1550 年时长期债务所有的支付款项加起来，每年总共有 30 万杜卡特。1560 年，蒙特诺沃公债已不再发行，政府大约需要每年支付 20 万杜卡特。1540—1570 年，威尼斯富人从共和国长期债务中得到的收入超过了支付的直接税，因为所得税仍然被认为在本质上是战争税，在和平时期征收得较轻。16 世纪初，威尼斯人的直接税约占政府总收入的四分之一，到 16 世纪末却只占总收入的十分之一，因为它们没有增加，而来自间接税和大陆城市的收入却使总收入差不多翻番了。

削减债务的总趋势曾因 1570—1573 年塞浦路斯战争的筹资而短暂中断，但不久之后又得到戏剧性的重申。这场战争带来了一笔大约 600 万杜卡特的债务，其中大部分不是通过强制贷款，而是通过自愿"存款于造币厂"来筹集的。永续年金平均每年支付 8% 利息，终身年金支付 14% 利息。仍未清偿的所有公债，全部利息为 80 万杜卡特。为了减轻这一负担，政府在 1577 年投票通过了有关所得税收益的第一项要求，每年要花 12 万杜卡特用于清偿这些陈债，首先清偿的是利息最高、年息达 14% 的陈债，并且总是把省下来的利息用于支付其他陈债。此措施很快见效，政府因此增加了清偿的拨款。通过整理账目，政府发现了一些欺诈性的清偿请求。造币厂在 1584 年完全"摆脱"了债务。不久之后，蒙特诺维斯莫公债和蒙特苏西迪奥公债也被清偿完毕。最后是蒙特韦基奥公债，它的清偿价格是 1520 年以来它的平均市场价格，即 2.5 杜卡特，其中"处女公债"则是例外，这种公债从未被出售，而是一直在父子间传递，它们在一百多年前就作为强制贷款而被认购，其持有者此时获得了两倍的收益。

17 世纪的最初几年，威尼斯共和国除了经常项目外，就没有别的债务了。慈善性基金会投资时缺乏适当的安全性，它们需要安全的投资机会，这便是它们为何接受造币厂中利息为 4% 的存款来重新建立长期债务。

在清偿的过程中，威尼斯的富人从政府获得的收入比他们缴纳的直接税多出了几百万杜卡特。威尼斯共和国的高偿付能力给了他们更多的钱去消费或投资。

取消公债在某些情况下会带来通货紧缩，干扰经济繁荣。造币厂"解脱"以后，十人议会下令将由此节省下来的50万杜卡特利息储存在造币厂单独的钱柜中，以便在下次军情紧急之时使用，这对通货紧缩造成的影响更大。事实上，在16世纪的最后一二十年里，每年都有金额相似的钱币被储存起来。1600年，威尼斯号称拥有1200万—1400万杜卡特的钱币储备。

然而，这种囤积行为的同时却出现了通常不与通货紧缩一同出现的价格上涨，因为在这几十年里，美洲的白银正在大量流入欧洲。这种囤积行为是否意在抵消白银大量流入的影响，目前尚不清楚。

白银的流入促进了债务的清偿，因为在16世纪中叶，威尼斯放弃了金本位制，转而使用银本位制。就像之前1300—1350年从银本位到金本位的转变一样，转变过程是渐进的。与之前一样，这是一种向正在贬值的金属的转变，因此对借方有利（见第十一章）。1350—1520年，金银的相对价值变化不大，大约是11∶1。新造的杜卡特金币依然含有3.5克黄金。种类繁多的银币取代了旧格罗索，它们的重量和纯度各不相同，是所有零售贸易和设定劳动者工资的记账货币——里拉皮科利的基础。以里拉皮科利为单位来计算与记录的交易、工资和债务，可以用小额钱币来支付（金额不太大的时候），也可以用大银币支付，这些大银币通常以发行它们的总督而得名，如特罗尼（troni）、莫森尼（mocenighi）、马塞利（marcelli），也可以使用杜卡特金币支付。银币的重量越来越轻，一部分是由于磨损，一部分是由于贬值的政策，导致杜卡特对里拉皮科利和索里多皮科利的价值越来越高。杜卡特金币作为法定货币的官方价值在1455年被定为124索里多，实际上它的市场价值以这个数字稳定了半个世纪。

大约1455—1510年，威尼斯实际上有固定的货币兑换比，金币、银币的价值用索里多皮科利的价值来表示。政府规定，缴纳的通行费和税款，可以用银币，也可以用金币，只要法定价值和市场价值相同，使用哪种货币并不重要。因为这种情况持续了50多年，所以威尼斯人表达价值相当于一枚杜卡特的一笔钱的时候，他们习惯说"一个杜卡特"——也就是价值124索里多皮科利。

在康布雷同盟战争的艰难时期，黄金白银这两种良币都不见了，想要立即收款的债权人或急于出售商品的商人想尽可能地接受付款，他们经常以高于法定货币价值的价格接受外国钱币。良币再次出现的时候，出现的是银币而不是金币，特别是在16世纪中叶以后美洲的白银开始和德意志的白银一同进入威尼斯的时候。由于使用价值124索里多皮科利的银币支付相当于1杜卡特的钱是合法的，所以以杜卡特记录的债务越来越多地被人用银币偿还。结果，"杜卡特"一词不再用来指钱币，而是指指定的核算单位。仍用3.5克黄金铸造的金币获得了一个新的名字——泽西诺（zecchino，来自zecca［造币厂］）。为了给"一个杜卡特"这一核算单位提供一种物质对应物，造币厂于1562年开始发行名为"杜卡特"的银币，并加上"124"的记号，来用索里多皮科利标示它的价值。

货币体系的变化使得偿还公共债务变得更加容易。一枚泽西诺金币的价值从1515年的124索里多上涨到1593年的200索里多，而政府用银币偿还债务。如果政府用早先发行的金币清偿，其花销差不多是用银币清偿的两倍。泽西诺价值的上涨，部分是因为白银对黄金的比价持续走低，从10∶1到13∶1；部分是因为价值124索里多的银币的含银量变少了。塞浦路斯战争后，威尼斯发行的杜卡特银币价值124索里多，含有28克白银，而在1515年，一枚价值124索里多的杜卡特银币含有36克白银。

转账划拨银行，公与私

货币制度的这些变化对银行家来说既是机会，也是挑战。大体上，他们的机会出现了，前面在第十一章讲述威尼斯式银行起源的时候已经提到过。转账划拨银行源于商人发现用转账来支付款项更为便利，在银行家的账簿上就能实现转账，而不必使用实体钱币。这种便利性越受人们的青睐，币制就越来越乱，越来越差。由于成千上万的存款人在彼此之间转移存款，银行家便会用账簿中的余额购买物品，从而扩大自己的商业业务，因为他相信存款人不会要求取出现金，而只会把存款的金额转移给其他存款人。

这类状况下的优势和危险在阿尔维塞·皮萨尼的职业生涯中颇为突出。早在20多岁时，他于1499年就开始经营一家其父在几十年前创立的银行。突然，现存的四家银行中最老的一家破产了，人们纷纷挤兑其他银行。商人的信心动摇了，他们不满足于钱款只是在银行家的账簿上转移，而是想要现金。如果某位银行家像皮萨尼一样一直往英国运送现金以进口羊毛或布料，或者出现说他最近有一艘船上丢了很多货物的传言，那么他就有缺钱的危险。很快，皮萨尼的银行成了唯一仍在营业的大型银行。阿尔维塞·皮萨尼坐在里阿尔托的小广场上，疯狂的储户密密麻麻地挤在他的摊前，阿尔维塞面前摊放着账簿，准备记录转账和收款的信息。一位同时代的人这样描述当时的情景："阿尔维塞·皮萨尼先生准备像往常一样在日记账上记录，当时很多人想要取回钱，于是有人想从他手里夺笔，还说：'我自己记账。'见人群如此愤怒，阿尔维塞举起笔说：'先生们，大家的东西都会物归原主。'"他派人去见他的叔叔（十人议会的成员），十人议会的主席们带一位公众喊话员前去恢复秩序，并宣布成立一个10万杜卡特的担保基金。首先出现在担保人名单上的都是银行家的亲属。"然后，他们的朋友们聚集在一起，宣布自己也是担保人。朋友们来了之后，几乎所有里阿尔托的人也来了。外国人看见这一切之后，为了赢得善意（普留利如此描述），所有国家的所有人，包括加泰罗尼亚人、西班牙人、马拉诺人、佛罗伦萨人、比萨人、米兰人、卢卡人、锡耶纳人、博洛尼亚人、热那亚人和罗马人，以及里阿尔托的每一个人，都做出了承诺。这么多绅士齐聚一处为这座银行的善意和救助提供担保，而威尼斯的荣誉和声誉很大程度上就建立在这种善意和救助的基础上。这确实是我多年以来见到的最好的事情。"

尽管阿尔维塞·皮萨尼那天在改变市场心理方面取得了成功，但他的银行在次年仍遭遇了另一次挤兑。他当时进一步提高了自己的声誉。他身穿猩红色衣服，由一位公众喊话员陪同。公众喊话员站在里阿尔托桥的台阶上宣布，所有人都可以来取走他们的钱，因为阿尔维塞正在清算存款。事实上，他确实把钱全部付清了。所以四年之后，阿尔维塞在赚钱容易的时期开办一家新银行时，他就能将几乎所有的银行业务都掌握在手中。在1499年的危机中，他的家族财富和政治上的高层关系挽救了他，并帮助他在1504—1526年扩大了经营范围。婚姻加强了他与威尼斯最富有、最有权势的贵族的联系，而且他的一个儿子当上了枢机主教。他的女儿出嫁时，威尼斯城内举行了盛大的仪式，新郎的父亲是威尼斯首富乔治奥·科纳尔——也就是塞浦路斯女王的兄弟。正如马里诺·萨努托所说，阿尔维塞成了"这片土地上的一股力量"。在1521年的总督选举中，他被认为是有可能当选的候选人。在1523年的竞选中，候选人安德烈亚·格里蒂成功当选，而阿尔维塞正是他的重要支持者，阿尔维塞之子新娶了安德烈亚的侄女。

阿尔维塞·皮萨尼经常受到银行家与政客的非难。在一次特别放荡的聚会之后，一些年轻的贵族在里阿尔托桥的门廊下涂写了侮辱的话，针对所有在那里有摊位的银行家。这些话很快就被擦掉了，不过萨努托记下了话的内容。他们取笑一位养了交际花的银行家，还取笑了一个被富有的犹太人安塞尔姆（Anselm）控制的银行家。关于阿尔维塞·皮萨尼，他们写道："你这个大叛徒，在这个总督的统治下，你要把总督府也偷走。"（"Alvise Pisani rebelazzo, sotto sto doge tu vendera il palazzo."）但他的好运一直持续到他去世。他被任命为受人尊敬、肩负责任的督军服务于威尼斯-法国联军时，于1528年在那不勒斯被斑疹伤寒夺去了生命。

在阿尔维塞·皮萨尼生活的时代，用纸币制造通货膨胀为战争融资的做法还不常见。他对银行业历史的意义就在于，他使威尼斯能够通过银行信贷的膨胀为战争融资。康布雷同盟战争期间，威尼斯的贵金属大量流出，皮萨尼的银行几乎是唯一的银行。他账簿上的转账成为各种债务的支付方式，他通过贷款增加了自己的存款量。许多贷款都是贷给政府的，政府许诺以后用征收的税款偿还。此外，他还向大使们开出汇票，大使有权获取汇票，以覆盖花销。他向政客提供贷款，让他们能够竞选公职。他还向加莱船航运提供资金。通过以上这些方式，阿尔维塞·皮萨尼对储户欠下了巨额债务，以致他可能难以应对另一场1499年那样的危机了。但在16世纪20年代，由于当时货币的制造条件，他能在现实中避免人们要他立即用良币支付的要求——良币实在太稀少了。良币的价格很高，银行票据成为一类单独的货币，它的报价只有票面价格的6%或10%，高的也只有20%。这种贬值是银行信贷扩张的必然结果，同时也是货币制度的问题带来的结果。

威尼斯统治者认为，除了在有必要的时候，银行信贷低于票面价值的做法是不能容忍的，尤其是在1526年，当时通货膨胀的形势导致在过去两年内新出现了五家银行。当局委任了一些银行专员（Banking Commissioner），让银行向他们提供一笔良币基金，用来向那些无法从银行得到全部存款的储户支付钱款。该做法使银行资金恢复到正常水平，还让大多数新银行破产了。

对银行业的限制性监管是威尼斯的特色。她的法律限制了银行家的信贷交易，以让他们集中于一项已经得到批准的职能：提供一种方便的支付方式，一种交换的手段。政府经营的交易办公室和转账划拨银行或许可以满足这一职能。有人在1356年提议政府运营这样一座公社的转账划拨银行，1374年又有人如此提议，但是它们都被否决了，竞争又持续了两个世纪。最后，一家新的皮萨尼银行（皮萨尼与蒂耶波洛联合经营）突然破产，导致政府在1587年创建了广场银行（Banco della Piazza），并赋予其垄断权。它的经营被委托给一位私人银行家，他有义务每三年清算一次并申请一份新的营业许可证。他的经营活动受到许可证条款的严格限制，但他可以从买卖钱币和兑换中获得利润或佣金。广场银行为商人提供了所需的便利，但是在1619年，第二家公共银行——吉罗银行[1]（Banco del Giro）诞生了，它具有为政府财政融资的额外职能。政府在付款时，实际使用的是吉罗银行中的账户开出的汇票，此账户经常处于透支状态。事实上，当局在1619年创建这家银行的目的是为造币厂买一大笔白银。白银的卖方在银行的账簿上得到了一大批信贷，他不能用这笔款项从银行提取

---

[1] "吉罗"（giro）本意为"计算"。

出现金。事实上，根据一项逐步消除政府对银行债务的计划，银行中没有什么现金，只有造币厂每年分期付款的少量款项。其存款背后唯一的实质性安全保障是政府的债务。但是，将白银卖给政府的乔瓦尼·文德拉明（Giovanni Vendramin）可以将自己在银行的信贷转移给其他同样相信政府承诺的商人。银行存款实际上作为一种货币流通，通过银行进行的交易用户头的债务来结算。因此，之前阿尔维塞·皮萨尼私底下进行的银行资金操作此时由吉罗银行公开运作。

威尼斯并未领导那些在18—19世纪改变银行业的实践，这些实践指的是允许票据流通和发行银行券。实际上，威尼斯在16世纪的商业实践中总体上是保守的。威尼斯有一项法律禁止有限责任的合伙企业，该法律规定，所有合伙企业都必须登记注册，所有分享利润的人都必须分担责任。有限责任的合资企业——例如对加莱船航行的投资、开垦田地的项目——是可以进行的，但是政府对这类资本联合的目的有所限制，持续时间也有所限制。这里不像英格兰，也不像当时德意志的采矿企业，这里从未发展出拥有独立资格、能长期存在、从事贸易和殖民的特许合股公司。

尽管如此，威尼斯在银行业依旧是领军者，即使仅仅在两个方面。一、在威尼斯发展起来的这类转账划拨银行在17世纪被广泛模仿，例如在阿姆斯特丹、汉堡和纽伦堡。考虑到当时的货币状况，在商业中心设立一个无息贷款或无息存款的机构是有帮助的，它们以交换中的手续费或利润为生，通过在银行登记实现交易，这比用现金支付更容易、更安全。二、威尼斯在通过发行银行票据为战争融资这一方面也处于领导地位。阿尔维塞·皮萨尼以一种小规模的方式做到了这一点，早期的私人银行家很可能也做到了。在17世纪的战争中，吉罗银行大规模地进行此类融资。

转账划拨银行在里阿尔托的活动中处于中心地位，任何一家银行倒闭都会产生惊人的影响。一旦银行倒闭，商业立刻会陷入瘫痪，但政府会立即采取有力的措施，强迫银行家及其家属支付所有存款人的费用，没收银行家的个人财产，甚至有可能剥夺他的贵族资格。与当时的其他城市相比，威尼斯的银行设施比较好，再加上长期建立的商业联系，使威尼斯成为欧洲最重要的金融中心之一，尤其是在通过汇票进行国际资金转移的方面。拉古萨用威尼斯银行的汇票来支付驻那不勒斯大使的费用，教皇用威尼斯银行的汇票来支付教皇使节在特伦托公会议期间的花销。威尼斯是北方的贸易中心与意大利的城市在结算账目时最青睐的结算中心。

威尼斯的票据市场有获利的机会，这不仅来自转账服务，也来自汇票交换的价格所反映的利息费用。大部分票据都在一种特殊的交易会上支付，这种交易会兴起于 16 世纪，它在威尼斯颇为兴盛。通过购买汇票来贷款的做法，不仅避免了高利贷的任何污点，如果管理得当，还能防止账户上的货币发生贬值。交易会上的票据是一种投资形式，在 16 世纪末，它吸引了每一个有流动资金积累的城市的资金——就像以前和当时的威尼斯一样。富有的威尼斯贵族倾向于把开出票据和兑现票据的细节留给佛罗伦萨人和热那亚人——他们在里阿尔托扮演了重要的角色，但许多威尼斯人直接或间接地把钱投入这种投资形式中。因此，私人资金和公共财政都是 16 世纪威尼斯繁荣的来源。

富人和穷人：总账或资产负债表

总而言之，威尼斯已经找到了许多补偿的法子，弥补了欧洲的海洋扩张、奥斯曼帝国和西班牙帝国的扩张，以及 15、16 世纪的其他变化给她带来的经济困难。如同她在几个世纪前适应了贸易路线上的较小变革一样，威尼斯再一次调整了过来，保持了她作为领先商业中心的地位，尤其是在 16 世纪 90 年代：香料再次从东方流入地中海，而此时安特卫普和许多其他"国际市场"正处于政治混乱；犹太难民从黎凡特和巴尔干半岛被吸引到威尼斯做贸易；威尼斯纺织业的繁荣也达到了新的高度。威尼斯似乎再次大获全胜了。

威尼斯的再次繁荣对各群体的影响并不相同。一部分贵族变得比以往任何时候都富有。尽管用于偿还公债的钱是贬值过的，实际价值也不及票面价值，但它增加了可用于其他投资活动的资金，因为偿债活动伴随着较轻的直接税。16 世纪，仍有许多威尼斯人准备冒险去遥远的地方赚钱。

这时我们第一次见到威尼斯商人前往瑞典，更广泛地说是前往波兰的记录。还有人找到了与葡萄牙人友好相处的方法，并在印度城市试图通过做宝石和织物的贸易而致富。但是这些贸易没有带来大量财富，反而是离家较近的投资回报更高。手工业和人口的发展提高了城市房地产的价值。曾经向威尼斯供应小麦的海外地区的地力耗竭了，在威尼斯附近的大陆上开垦田地的项目颇能盈利。16世纪末，原本属于商业巨子的贵族阶层在很大程度上转变为拥有土地的贵族阶层。

随着哥特风格让位于文艺复兴风格和巴洛克风格，富人以越来越浮夸的方式展示自己的财富。1450年以前，时人就已经在谈论那些富丽堂皇的府邸建筑，如黄金宫和福斯卡里府，而到这时，这种炫耀性消费增加了。除了威尼斯城内有宏大的府邸，比如科纳尔大府邸（Palazzo Corner della Ca' Grande，见图30-1），许多威尼斯贵族也在他们的大陆庄园中建造了华丽的建筑。在威尼斯大陆领土上的1400座别墅中，15座建于14世纪，84座建于15世纪，250多座建于16世纪。这些府邸的装饰精致华美。威尼斯妇女的服饰、首饰也奢华优雅。不仅如此，威尼斯共和国那盛大隆重的节日为来访的王室贵宾增添了荣耀，取悦了前来的朝圣者与游客，还让普罗大众目眩神迷。所有这一切都为威尼斯增添了美名，正如费尔南·布罗代尔所说，这是世界上最富裕、最奢华的城市。

富丽堂皇的外表下隐藏着许多痛苦。痛苦在荒年最严重。尽管威尼斯的粮食管理处很警惕，仓库里有足够的粮食储备，也可以通过船只从遥远的地方获得供应，但这座城市还是不能完全摆脱农作物歉收带来的痛苦。例如1527—1529年的饥荒，它应部分归咎于战争，但主要应归咎于恶劣的天气和洪水。威尼斯对本城的供应十分谨慎，她将大陆市场上买得到的所有小麦或威尼斯人的庄园里种植的小麦全部运进了这座城市。饥饿的农民随后淹没了威尼斯。"给200个人提供施舍，又会有同样多的人冒出来，"一位同时代的人写道，"你走在大街上，或站在广场和教堂中，不可能没有一群人围在你身边乞求施舍。你看到他们脸上写着饥饿，他们的眼睛就像没有宝石的戒指，他们的身体瘦得皮包骨头……当然，所有的公民都在履行慈善的义务——但这还不够，因为这个国家的很大一部分人已来到了城中，因此，随着人们的死亡和背井离乡，在阿尔卑斯山方向有许多村庄已经完全无人居住……"村庄里剩下的面包都是用小米和黑麦做的，直到下个世纪玉米被引进之后，农民才有了一种更有营养的食物。农民把所有小麦都上交，用于交租、交税。威尼斯为了弥补从大陆的乡村里收集到的粮食，便输送了一些海产品到闹饥荒的地方。为了缓解城中泛滥的乞丐，政府建造了临时收容所，在禁止乞讨的同时，还安排这些"医院"提供食物，直到下一次收获季节。收容所的拥挤导致了斑疹伤寒的流行。1530年后，只有好天气和和平能为乡村带来真正的救助，此时，寻常的慈善方式似乎又够用了。

对于威尼斯城的穷人来说，若陷入不幸并面临饥饿，有更多常设性机构提供救济。人们期望行会照顾行会内的贫困成员。救济的费用部分来自为此目的而收取的会费，部分来自慈善机构。一些纯粹宗教性的兄弟会，包括富有的大兄弟会，还有一些修道院，都在施行慈善。16世纪，许多新的医院和其他机构得以建立，以帮助和改造不幸的人（见图27-1）。在威尼斯的68个堂区中，堂区神父负责了解那些因自尊而不愿乞讨的穷人的情况，并向本堂区的其他居民收集救助的物资。

1563年的人口普查表明，在威尼斯社会结构的底层，弃儿和乞丐约占1%，仆人占7%—8%，虽然家仆中奴隶的数量比一个世纪前少了很多，但也有数百人。威尼斯从塔纳大量进口鞑靼奴隶和罗斯奴隶，直到土耳其人在1453年占领君士坦丁堡后将这些奴隶转移到其他市场。威尼斯对家仆的需求随后由达尔马提亚和阿尔巴尼亚的船长带来的契约仆人来满足。契约仆人（随后也是这种制度为北美殖民地提供劳工）在开始做工之前，要先在将他们"卖"来的船长手下服务达4年，以抵去运输的花销。他们有时被奴役的时间更长，甚至作为永久的奴隶被运往国外出售——这一点已被禁止此类虐待的规定所证实。

有证据表明，15世纪末黑人成为奴隶人口中较大的一部分时，威尼斯的贡多拉船夫中就有黑奴。黑奴船夫虽然引人注目，但是如果和政府作为预备的桨手而组织的那一两千名单干的贡多拉船夫相比，黑奴船夫的数量就不算多。一些行会规章提到过手工业中使用奴隶的情况，行会禁止任何师傅向国外出售已经学会手艺的奴隶。由于这里提到的是女奴，这表明奴隶在手工业中做工附属于家政服务。但是还有几千名没有技能的工人，他们从事着为威尼斯化工业添加燃料或在建筑工地运送材料等卑贱的工作，肯定有很多人的物质生活比奴隶更差，更害怕饥饿。1570年威尼斯人口达到顶峰时，差不多有19万人挤在城市中，其中有非常多的穷人。成千上万的人凭借捕鱼等杂活过着不安定的生活。还有不少寡妇，寻求着比乡村生活更安全的生活。充足的廉价劳动力供应可能是支撑当时手工业繁荣的一个因素。

然而前面已经提到，威尼斯最著名的手工业依赖熟练的工匠师傅。行会师傅形成了一种更低的中产阶级。他们挣的钱是非熟练工匠的两倍，比半熟练工匠多出至少三分之一。16世纪中叶，威尼斯兵工厂的非熟练工人薪金是按日计算的，如果他们全年都能充分就业（可能只有极少数人是这样）的话，一年的薪金就是15—20杜卡特（每天8—10索里多，1杜卡特值124索里多，每年工作250天，即16—20杜卡特[1]）。他们是威尼斯兵工厂中工资最低的工人——不算男童学徒和缝纫船帆的女工，学徒和女工每天的工资只有非熟练工人的一半多一点。加莱船上桨手的基本工资也是每年约20杜卡特，但是他们还有一些额外的收入和补贴，这些将在后文谈到。相比之下，一位技艺精湛的工匠每年能赚近50杜卡特，而船木工工头和船长的年薪又是他的两倍，约为100杜卡特。作为参考，我们可以注意到，那些夸耀威尼斯财富的作者认为只有年收入达1000杜卡特的贵族才算家境不错，而年收入1万杜卡特的贵族才是真的富有。

加上经济地位相似的店主，威尼斯下层中产阶级的工匠师傅已有数万人。在欧洲，这个劳工阶层的工资在16世纪普遍失去了购买力，特别是在物价迅速攀升的后半个世纪。在英国和许多德意志城市，工资涨幅远远落后于物价涨幅，以至于1620年工人工资的购买力只有1520年的一半左右，至少在建筑行业是这样。在威尼斯，尽管政府采取了财政和物资供应的政策，物价也普遍上涨了，但威尼斯的工资并没有像英国的工资那样

---

[1] 这里写的数值和括号前的数值不同，原文如此。

长期落后于上涨的生活成本。威尼斯建筑业工人师傅的日工资从1550年的30索里多上升到1610年的60索里多多一点。小麦价格上涨的速度较快，但在17世纪初有所下跌，而工资没有下降。石匠和木匠中半熟练工人的工资也有相同的变化趋势，但涨幅较小。简而言之，16世纪，实际工资相对温和地下降；17世纪早期，工资有所回升。

在技艺和收入上都超过普通工匠师傅的人员是另一个阶层，这个阶层一方面包括杰出的工头和艺术家，另一方面也包括律师、会计和许多公务员。上层中产阶级的人数较少，以千为单位，而不是以万为单位。举个例子，这一阶层包括威尼斯城最重要的海上建筑师——威尼斯兵工厂的船木工工头，他在1550年的年薪是100杜卡特，他还有一所住宅，而就任此职位有一些必要条件。这一阶层中也有威尼斯兵工厂的首席簿记员，他一年能得到180杜卡特，也有一处住宅。上层中产阶级中有很多（可能是大多数）公民，其中既有"出生公民"，也有归化为威尼斯人的公民，比如约翰·卡伯特。它的许多成员是商人和船长。这一阶层同样包括收入水平大致相当的一些顶尖艺术家和府邸建筑师：毛罗·科杜齐当圣马可的工头时，负责圣马可广场周围的建筑，年薪为80杜卡特；来自罗马、名声显赫的雅各布·塔蒂（Jacopo Tatti，即桑索维诺［Sansovino］）在1529年以同样的薪水就任这个职位，提薪迅速，到1539年，他的工资涨到了200杜卡特。尽管上层中产阶级成员的收入非常多样化，也非常多变，但作为一个整体，无论是工匠、商人，还是公务员，他们都充分分享了威尼斯为适应16世纪新形势所做的调整而带来的好处。

相比之下，那些从收入的角度看应该属于中产阶级的贵族——贫困的贵族——被称为"巴纳波蒂"（Barnabotti）。贵族身份是世袭的，所有贵族的后裔也都是贵族，不管他们的家庭有多穷，也不管他们的贫穷是由于偶然的不幸，是由于缺乏资金和机会，还是由于缺乏教育和进取心。越来越多的贫困贵族发现重建家庭财富的机会越来越少。贫困贵族数量的增加是经济衰退的征兆，也是政治腐败的一个根源。从他们作为贵族所期望的标准来看，他们是非常贫穷的，但他们仍然努力保持贵族的外表。因此，大部分贫困贵族开始卑贱地依赖那些更有能力或地位更有利的富人和权贵，向其寻求恩惠，以利用仍向他们的阶级开放的农业、商业、银行业和政界的机会。

把1600年威尼斯各阶层的贫富与悲喜的所有迹象与我们在1400年或1500年对他们的了解进行比较，基本上不能得出经济在普遍衰退的结论。然而，一些部门的增长和另一些部门的衰退造成了结构性变化。在后来的时期，海事行业的重要性相对变低了，在海事行业中，一些部门有所增长，而另一些部门则有所衰退。要全面判断威尼斯在多大程度上应对了海洋发现和奥斯曼帝国、西班牙帝国的发展所带来的挑战，就必须考虑造船、海军行动和商船贸易的起起落落。正如我们在接下来的章节中要解释的那样，威尼斯在海上的应对最不充分。

第八部分

舰队和船坞的改变

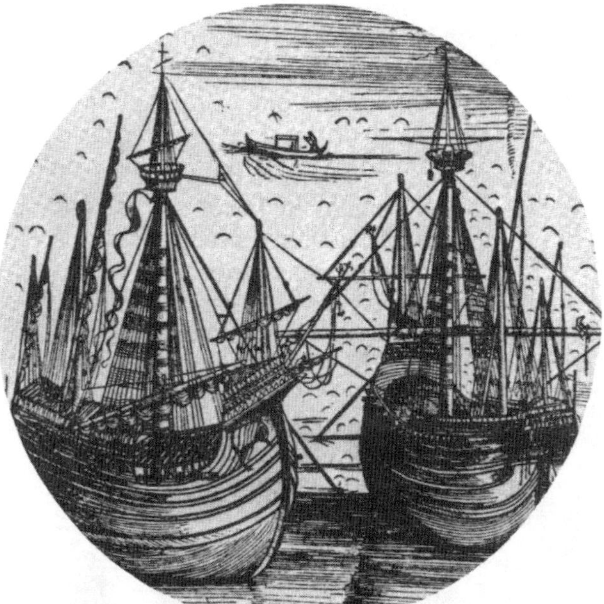

第二十四章

商船队的顶峰和消逝

国际贸易和政治的变化对船队的三个部分产生了不同的影响：商用加莱船、加莱船战舰和完全依赖帆的商船。可以确定，在基奥贾战争后，威尼斯为恢复力量和繁荣而采取了广泛的措施，导致威尼斯在海上生活的各个方面都得到了扩张，直到1430年左右。因为重新征服了达尔马提亚，威尼斯海军和商船队都得到了发展。总督托马索·莫琴尼戈于1423年在他著名的"告别演说"中估计威尼斯有45艘加莱桨帆船，共雇用了11000名海员；有300艘大型圆船，共雇用了8000名海员；还有3000艘较小的船只，共雇用了17000名海员。因为潟湖地区的总人口约有15万，3.6万名海员的总数似乎太多了。只有算上许多来自希腊和达尔马提亚的海员，而且他说的45艘加莱桨帆船上的船员必须按照战时的最大规模计算，这样得到的海员总数才是可信的。即使这样解释，这些数字也表明了包括小型船只在内的圆船在提供就业上比加莱桨帆船更重要。

扩　张

然而，加莱桨帆船的相对重要性在15世纪后期增加了，因为当时圆船的船队急剧减少，而加莱桨帆船的船队却在扩张。虽然加莱船的流行并未持续到下个世纪，然而它是一种高度专门化的船，特别适合15世纪的政治和商业条件。这些"大型加莱桨帆船"的大小使它们与被称为"轻型加莱桨帆船"的快速战舰形成了显著的区别。

对于威尼斯最大的商用加莱船，货舱中能装载250—300吨的货物，算上甲板的话，载重量会更大。这种船的长度是宽度的 6 倍，这对轻型加莱船来说则是 8 倍。加莱桨帆船的甲板比船体宽得多，因为甲板中间是一整块用于划桨的空间，由肘板支撑在横梁的两端之间。这块空间的两端各有一架舷梯，舷梯的两侧摆放着桨手坐的长椅（见年表部分加莱桨帆船图片）。长椅和设在舷外托架的护板之间是弩手站立的地方，因此一艘加莱桨帆船在人员齐备的时候，约有 180 人被安置在这方 115 英尺长、30 英尺宽的中央甲板上。

甲板下面是两个大货舱，由一间武器库和一个抄写员的房间分隔开来，这两个房间就在舱口下方。厨房位于甲板下方的船尾部分，此处桨手的长椅可能被移走，以安放一些未屠宰的牲畜（见图 24-1）。船头的下面专门用来放置木匠的工具和水手的装备，后来这里也被用于安放加农炮。船上艉楼高耸，共有三层：最下面一层用于住宿，还放着船长的钱箱；二层是船长的主舱室，安放着船长的椅子，还储存着一些武器；船长在最高的一层指挥战斗，他身后则站着指挥船员、操作舵柄的领航员。

轻型加莱船只有一根桅杆，但大型加莱船有两根或三根桅杆。15 世纪中叶，最高的桅杆在前方，而且每根桅杆上都挂着大三角帆（见图 10-2）。商用加莱船凭借风往来于一座座港口之间，但它们的桨为船只提供了机动性，让船舶失事极为罕见，让航行更加准时。

用于战斗的话，商用加莱船非常强大，足以阻止大多数海盗。可以肯定海盗行为在增加，海盗活动和战争之间的界限变得模糊了，而一般的海军舰队不会太大。3—5 艘加莱船组成的船队，因为船上配备有桨，所以可以互相援助，同时船队里有 600—1000 名人员。若指挥得当、武装齐备，它们就能应对大多数状况。普通的水手和桨手装备了剑和矛。装备更好的是 20—30 名"弩手"，在 1460 年之后，这些人当中还有炮手，再后来还有一些火绳枪兵。

加莱桨帆船是一种昂贵的交通工具，需要高价的货物来支撑开支，还要迅速周转，以尽量降低开销。这些条件在它们前往亚历山大里亚的航行中能得到最充分的满足。每艘加莱船装载的货物通常价值 10 万杜卡特，包括许多银条和一些金银钱币。回程时船舶优先装载香料，这保证了此时的船货同样昂贵。圆船不可以带香料去威尼斯，除非加莱船上装不下。加莱船船队会带着一艘专用的柯克船或卡拉克帆船（carack），回程时如果提供给船队的香料用加莱船装不下，就用这些船装着香料一起回返。这些规定在加莱船停泊在亚历山大里亚的那段时期起到了集中贸易活动的作用。装货的时间（muda）由元老院规定。为了保证快速的周转，元老院还命令加莱船在抵达亚历山大里亚的20天后停止装货，或在11月20日停止装货，因为在这个季节，船队很容易顺风而行，它们能够直接越过克里特岛，回家参加圣诞节集市。在其他航线上也是如此，船队每年大约在同一时间向同一港口航行，为的是集中运送货物，这样就不必在漫长的闲置期间为大批船员提供食物。

到了15世纪20年代，威尼斯的商用加莱船船队已表现得相当成功，因此出现了一些模仿者，最突出的是佛罗伦萨从比萨派出去的船队。但是没有其他城市能在这么长的时间内组织这么多、这么规律的活动。

佛罗伦萨的加莱船船队，在一定程度上是对威尼斯在地中海西部不断扩张的回应。15世纪的头几十年里，威尼斯转向西方，这在政治和文化中都很突出。在商业上，表现为开通了一条新航线，这条航线服务于地中海的西北海岸，名为"艾格莫尔特的加莱船船队"[1]（galleys of Aque Morte）。这些船队先停靠在那不勒斯和比萨等许多港口，再到法国的港口，它们经常还要去巴塞罗那。这是第五条航线，前四条分别前往罗马尼亚、贝鲁特、亚历山大里亚和佛兰德（见第十章和第十四章）。前往巴巴里或西非的第六条加莱船航线后来在1436年开通，这一航线运送白银和纺织品到突尼斯，再沿着北非西部到摩尔人的格拉纳达，然后到巴伦西亚。15世纪的最后几十年，被称为"特拉费戈"[2]（al trafego）的第七条航线得以开通，服务于非洲东北部，先从威尼斯航行到突尼斯，再到亚历山大里亚或贝鲁特。因此，威尼斯的船队促进了威尼斯和地中海各海岸之间，甚至与多佛尔海峡之间的可靠船运（见地图24-1）。

---

1 得名于法国南部朗格多克的艾格莫尔特（Aigues-Mortes）。
2 意为"贸易"。

管理与规章

其中一些航线最初是由私人拥有的加莱船试行的，但在 15 世纪中期以后，非国有的加莱船只剩下两三艘，用于运送朝圣者去巴勒斯坦。另有 15—20 艘加莱船，政府每年举办拍卖，让它们进行特定的航行活动。如果元老院认为合适，就会向出价高的人颁发许可证，允许他代表一群投资者经营加莱船，投资者之间形成暂时性的合伙关系，我们称之为合资企业（见第十一章）。作为加莱船的船长（赞助人），他至少在名义上是合伙企业的负责人和加莱船的指挥官。若要得到元老院的批准，他应该年满 30 岁，还要证明他的合伙人能为加莱船运作提供足够的安全保障、足以支付全部船员的薪酬。这些合资企业的股东有时是个人，但主要是家族合伙，大多数威尼斯贵族都通过家族合伙来经营业务。实际上，加莱船船长通常受雇于某位资助航行的资本家，比如阿尔维塞·皮萨尼。船长的职责和职能在许可证的条款中载明。

有一套规章涉及运费费率。元老院为向东的航线制定的费率相当高，只有这样，政府赚的钱才能弥补修建和装备这些船的花销。相比之下，对于往西的航行，政府往往必须提供补贴以吸引竞标者，当然，根据对里阿尔托市场状况的估计，对这些加莱船的投标金额每年都有很大的浮动。投标金额也因运费的变化而有所不同。虽然大多数基本费率长期保持不变，但有些费率每年都由元老院进行辩论，其决定因素不是交通情况，而是商业目的。比如在 1423 年，为了改善威尼斯的市场状况，派往佛兰德和英格兰的 4 艘加莱船对托运的香料不收取任何运费。对于有些从黎凡特进口的货物，运费定得相当高，因为加莱船垄断了运输——至少在特定的季节是这样；而在其他时间用其他船只运送货物的商人，无论如何都要付全部运费或一半运费给加莱船。简单地说，有些加莱船的运费被当作关税处理，而不是由运输企业自身的经济状况来决定。在某些情形下，租一艘加莱船等于享有包税权。

货物与海关之间存在密切的联系，这是严格管制货物并把货物委托给海关官员而非加莱船船长这种做法的原因之一。如果运费上交于威尼斯，就由海关官员收取；如果运费上交于海外的目的地，就由船队队长收取。然后船队队长拿出维持船队所需的钱，并将剩下的钱分发给加莱船的船长。抄写员的职责是记录所有装载的货物和所有应付运费，他是由完整会议选定的公职人员，在许多情况下由完整会议指派到他要服务的特定加莱船上。所有的货物，无论收集于威尼斯还是国外，都被存放在一起，这样一来，加莱船运输就会更公平、更安全。

对运费支付的严格规定，部分是为了防止加莱船船长欺骗为航行提供资金而不在船上的资本家，主要是为了保证已被租出的加莱船会充当公共的承运者。特定种类的商品优先运载，但装载优先级较高的商品（如香料）的话，对所有托运人的费率都是相同的，先到者先装货。根据规定，船长什么都做不了，因为没有船队队长开票的货是不能被运送的，而且运费由船队队长和海关官员收取。但账簿和法律诉讼表明，事实上，加莱船船长会向商业伙伴提供回扣，还签订合同，具体规定如何分配非法收集的货物。

14世纪，船队队长在某些时候会成为加莱船船东联合企业的领袖，但在15世纪，政府严格禁止他们在任何一家加莱船公司拥有股份，其儿子或兄弟也不能成为加莱船船长。政府并未要求他们放弃所有从贸易中赚钱的机会，他们可以投资通过colleganza委托代理的货物。但是他们有60—120杜卡特的月薪，足以雇用和养活他们需要的人员：两三个青年侍从、两个吹笛人、一个牧师或书记员。在某些时候，他们还支付首席领航员和船队医生的报酬。人们激烈地竞争船队队长一职，因为它能带来荣誉和收入。返航后，船队队长拥有在元老院前做报告的荣誉，他会描述船长的表现如何，一路上经历了哪些坎坷，一路上见到了怎样的商业状况。听取完报告后，元老院对每一位加莱船船长进行表决，表示支持或反对。船队队长的职责是在突发情况下进行军事指挥，但是在寻常情况下他也负责集中监管加莱船船长。

除了执行货物装载和收集运费的优先级顺序的规定，船队队长还负责阻止加莱船船长在港口停留和装货的时间超过拍卖合同规定的时间的行为。有时，这样的延期举动由商人和加莱船船长组成的十二人委员会决

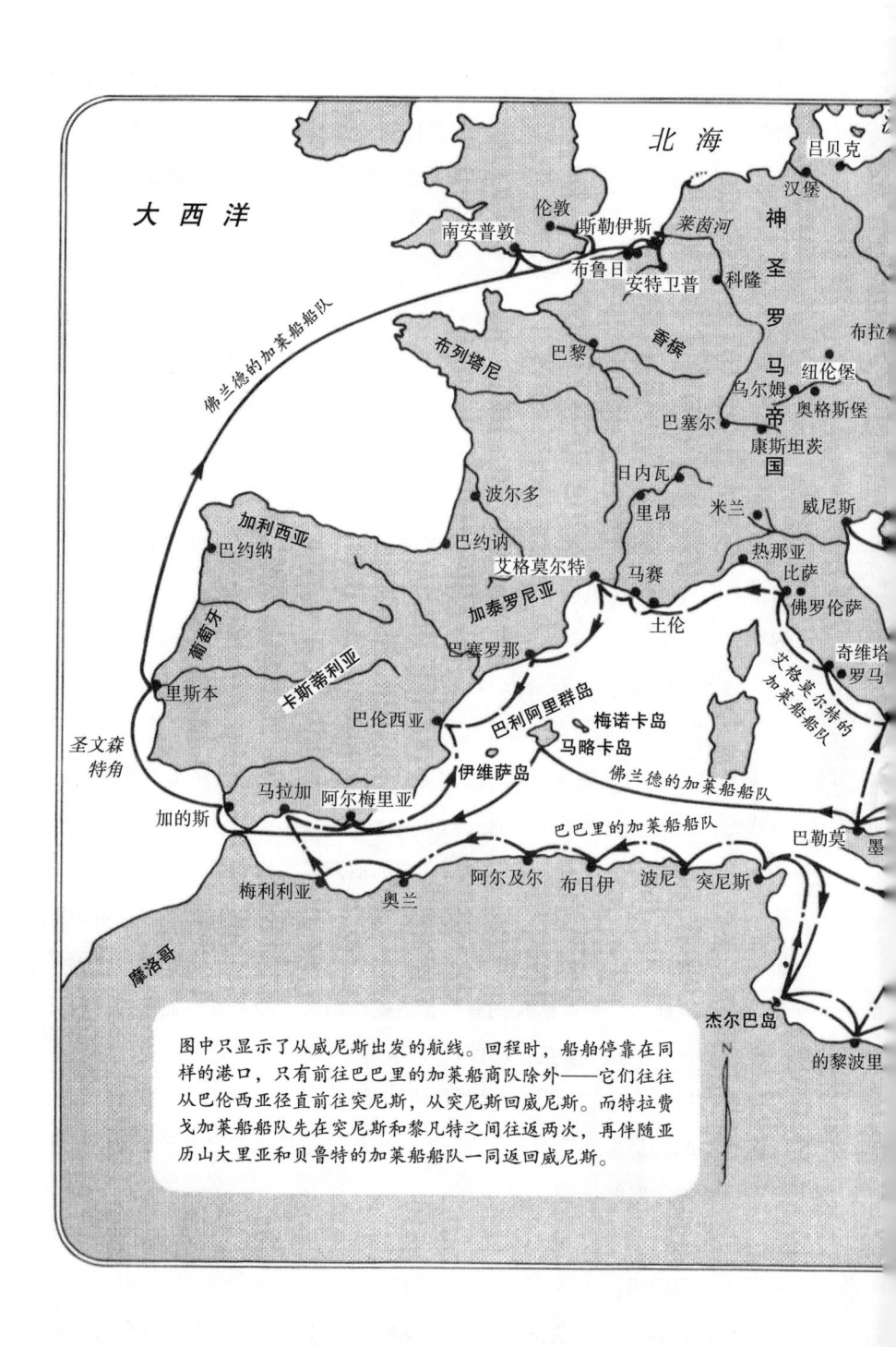

图中只显示了从威尼斯出发的航线。回程时，船舶停靠在同样的港口，只有前往巴巴里的加莱船商队除外——它们往往从巴伦西亚径直前往突尼斯，从突尼斯回威尼斯。而特拉费戈加莱船船队先在突尼斯和黎凡特之间往返两次，再伴随亚历山大里亚和贝鲁特的加莱船船队一同返回威尼斯。

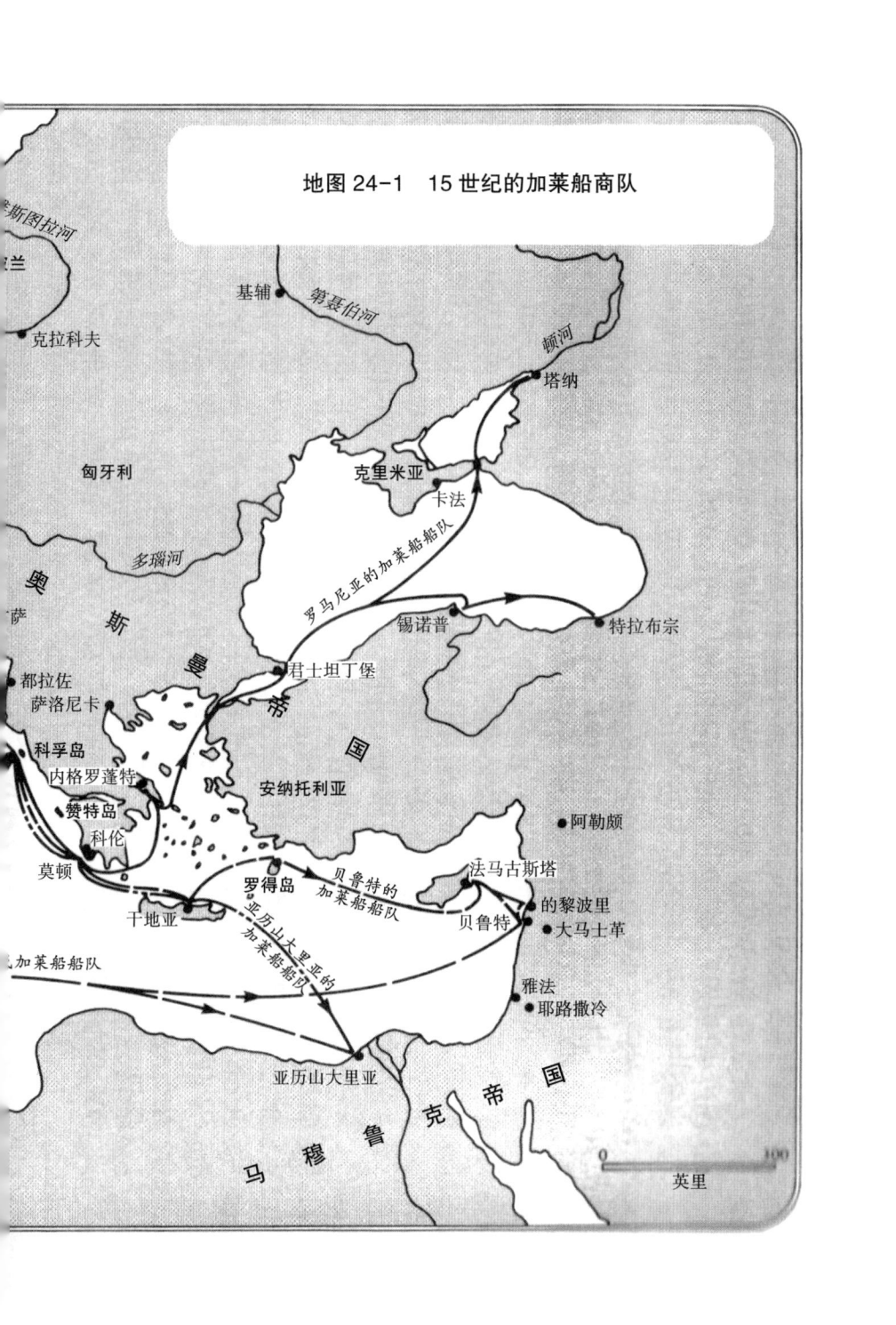

地图 24-1　15世纪的加莱船商队

定,但在大多数去黎凡特的航行中,装货时间得到了精确规定,允许推迟装货时间的船队队长会被处以重罚,且不得再次从事指挥工作。

船员和乘客

船队队长监管加莱船船长时拥有的第三项职责,是让船长按规定对待船员。为了确保船上船员的数目合乎规定,船队离开威尼斯驶向波拉时,船队队长按规定应马上集合人员。路途中还有类似的集合行为。如果有人不在船上,他应该雇用别人接替缺失的人员。加莱船船长若削减开支,便能得到明显的经济利益。雇佣更少的船员是方法之一。方法之二是克扣食物,所以船队队长还负责监督分发标准为18盎司[1]的饼干,以及适量的葡萄酒和豆子粥。所有船员的工资由元老院确定。为了防止加莱船船长收取回扣,按照规定,他们向前来登记的人预支工资时,只能从"总督脚下"的钱袋中拿钱,支付的时候海军军需官或某一位海事智者在场监督。

当局屡次重申禁收回扣的规定,说明人们都非常想在商用加莱船上工作。15世纪初,威尼斯的加莱船上,无论是战船还是商船,基本工资都显著下降了,这可能是由于重获达尔马提亚之后海上劳动力的供应增加了。随后,圆船数量的减少进一步打击了劳动力市场。商用加莱船船队是一个亮点,是海上商业活动扩张的一部分。虽然船员的工资本身很低,但有附加福利作为补充,其中最重要的是每个船员都有权享有的携带一定免运费货物的权利。官员们把大箱子堆在中央舷梯的顶上,桨手们把东西尽量塞到长椅下面,把长椅抬高,以便腾出更多空间。每个船员除了有衣物、武器等私人物品,还有不少别的物品,他们先用比较便宜的价格在某个港口买进,意图在别的港口卖个好价钱。海关官员开始没收水手夹在衣物中带到威尼斯的棉花时,元老院为平息抗议,于1414年颁布法令,规定每名水手可享有10杜卡特的关税免除额。免除额在1608年提高至20

---

[1] 1盎司约合28.34克。

杜卡特。无论如何，奶酪和葡萄酒不用交税，因为虽然船长提供的基本给养有饼干和粥，但每个桨手都要带些额外的食物。有时水手在船上卖东西，生意不错。船只一进港，就会围过来一群小船，贩卖各种食物和商品。有一次在亚历山大里亚，苏丹的海关官员和威尼斯的商人迟迟未能达成协议，舱门便不能打开，无法大量交易货物。据船队队长报告，船员的生意很红火，一些小商贩则在船舷上爬上爬下。

1490 年左右，这些加莱船商队雇用了大约 4000 名海员，按照当时的规定，船员的工作条件比之前的桨手好得多——14 世纪时，工作条件变差了不少。所有关于保障船员工资与食品和关于船员做买卖的规定，究竟执行了多少，都难以确定，但至少可以说，不仅供求因素决定了海员的薪酬，加莱船商队的规章制度也对船员有利，并由独立的指挥官执行。在执行规章制度的背后，是威尼斯统治者对海员的感情，元老院法令经常提到海员是国家权力的重要组成部分（"la marinareza di questa cittade, la quale è principal membro del nostro stato"）。

在加莱船上，待遇比桨手好的还有官员、一等水手，甚至是弩手或水兵。收入最高的非贵族是首席领航员（armiraio），他是船队队长的首席助理，负责与航行和战斗有关的一切事务。14 世纪，船队队长自己选择首席领航员，但在 1430 年后，总督等共和国的高级官员投票从 10—20 个申请人中为每支船队选择首席领航员。他们是能在威尼斯找到的最熟练的海员，海图绘制师安德烈亚·比安科也位列其中。他们不仅把收集到的专业知识汇编到地图上，还在笔记本上记录了他们的兴趣点和任务。他们记录的内容包括天文数据、潮汐记录，还有通常的数学问题，例如估算遥远物体的高度。其中有在不同市场中使用的度量衡的注释，说明了他们对交易感兴趣。首席领航员也认为自己对船员的工作和饮食方式负有一些责任，因为我们在他们的笔记本中看到了有关配给和工作规定的细节。其中有一条规定：如果加莱桨帆船靠划桨航行，那么首席领航员应该让桨手在就餐时间停止划桨，或者在黎明前一小时停止划桨，这样桨手才有时间睡觉，才能在晨光照见未知船舶的船帆时做好迎击或逃遁的准备。虽然在 15 世纪初，首席领航员被允许在船长的餐桌上用餐，但在 15 世纪末，领航员与其他非贵族官员和水手一起在其他桌上用餐（桨手坐在他们的座位上用餐）。领航员属于船员，船员把他当作自己的头领。

坐在主桌上吃饭的（船队队长在旗舰上，船长在其他船上）有一些可以买到船票的商人贵族、牧师，通常还有船医，如前面提到的瓜尔蒂耶里先生（见第十五章）。商人、殖民地官员和外交使节都是受欢迎的乘客，但朝圣者只有得到特别的许可才能乘坐商用加莱船。随船牧师也充当书记员，从规章制度中判断，这是他的主要职责。有的船医受过很高的教育，在占星学和天文学方面和首席领航员一样熟练。在威尼斯，长于治疗伤口的外科医生和被称为"内科医生"的人之间没有明显的界线，而"内科医生"之所以得名，是因为他们受过开药方，也就是内服药物的训练。在大多数国家，这两种医生职业是完全分开的。例如在 16 世纪的英格兰，能为船队服务的人仅限于被禁止从事内科治疗的外科医生，但在威尼斯，许多医生同时精通外科和内科，两者属于同一个行会。那些仅仅是理发师的人有一个单独的行会，他们被禁止做任何手术，除了拔牙、割除囊肿和按照内科医师的指导来放血。理发师的工资和一等水手或弩手的工资相当，他们是船员的固定组成部分，但是船队队长还得带一名内外科医生，后者在每个发薪日都从每名船员那里收取 1 格罗索。有些船医是当时最杰出的医学家，后来去帕多瓦或博洛尼亚当教授。

与首席领航员（旗舰上的 armiraio，其他加莱船上的 homo di conseio）同桌用餐的有两位高级航行员（在船尾指挥的 comito 和在桅杆前指挥的 paron iurato）、船上的抄写员、文员（penese，一位掌管装备的老者）、船木匠兼敛缝工、主炮手（加装加农炮以后），以及 8—12 名"大副"（nocchieri 或 compagni）。这些大副的职责和一等水手的一样，大副都是即将成为高级航行员和首席领航员的年轻人，在这些人里面涌现了不少在千钧一发之际拯救船舶的英雄。1524 年，正是两名大副在船难中带着缆索泅水登岸，才挽救了前往巴巴里的船队，船队队长在元老院作报告时盛赞了他俩。1526 年，另一位大副挽救了一支前往贝鲁特的加莱船船队，当时所有高级官员和领航员在风暴中无计可施，是他接过了指挥权，使船队转危为安，本已绝望的船长和商人对他报以极高的赞扬，元老院迅速地特别拔擢了他。

高级航行员通常由完整会议的一个委员会任命，20—30名弩手也是如此。弩手以及后来的火绳枪手和炮手，都是在城市中不同地区的射击场里选拔的，特别是位于利多的射击场。对于他们，也有防止偏袒或回扣的众多规则，这再次说明这些职位很抢手。15世纪晚期，私营造船厂的萧条使许多敛缝工和造船工失业，因此政府规定每艘加莱船应该带上3名造船工和2名敛缝工，他们被算作弩手，薪水也和弩手一样，但是还要在船上做相应的手工活儿。许多敛缝工也得到了大副的工作。虽然大副、工匠师傅和弩手的携带货物的权利和在餐桌上的待遇不同，但他们的工资却大致相同，为每月3—4杜卡特，相当于桨手每月8里拉皮科利工资的2.5倍。

有一种弩手与其他弩手截然不同，且薪水更高。他们是贵族，被称为"后甲板弩手"（balestrieri della popa）。他们与船长同桌吃饭。有时他们被简单地称为"加莱船贵族"。在威尼斯共和国，学校对教育来说没那么重要，特别是对16岁以上的人来说。年轻人观察成年人如何工作并从中学习。虽然商人贵族中没有正式的学徒制度，但是年轻贵族很早就随父母或其他亲戚出海，元老院建立了"后甲板弩手"制度以鼓励这种做法，以帮助较贫穷的贵族重获财富。薪水加上做生意赚的钱，一个贵族弩手在每一次航行中可以赚到100—200杜卡特。接受他们的船由完整会议的一个委员会选出，后来由四十人议会选出。1400年，每一名加莱船船长都被要求为4名这样的年轻贵族提供薪水、食物和职务，后来这个数目上升到6名，在1483年又上升到8名。加莱船船队每年能为约150名贵族提供此类帮助。

这种做法确实能帮助贫穷的年轻贵族开始一段辉煌的商业生涯，安德烈亚·巴尔巴里戈就是一个例子，他在很多方面都是15世纪典型的威尼斯商人。当时有一艘船冬天在达尔马提亚海岸失事，他的父亲正担任去往亚历山大里亚的商船队的船队队长，因没有前去援助而被判失职，被罚款一万杜卡特。由于家境破落，当时18岁左右的安德烈亚开始经商，能依靠的只有良好的家庭关系和母亲给的几百杜卡特。他把自己当后甲板弩

图 24-1　大型加莱船接近罗得岛

乌得勒支的埃尔哈德·热维赫（Erhard Reuwich）创作的木版画。作者与伯恩哈德·冯·布雷登巴赫（Bernhard von Breydenbach）于 1483—1484 年前往巴勒斯坦朝圣。画中展示了加莱船宽敞的船体、甲板上的新鲜肉类，以及堆在中央舷梯上的箱子。

与 15 世纪中叶的三桅加莱船（图 10-2 和图 25-2）相比，年代更晚的加莱船仅仅在船头有一根小桅杆，它比热维赫在背景中描绘的卡拉维尔帆船的桅杆更小，而且同样用的是横帆。

手所挣的钱和所学知识都用在了商业上。1449 年，他以 50 岁的年龄去世，当时他拥有 1 万—1.5 万杜卡特的资产，这笔财富算不上巨款，不过已经攒得很多了。

贵族弩手制度培养海员的理想例子是阿尔维塞·达·莫斯托，他因航行前往赤道附近的非洲而闻名。他于 14 岁首次出海。他的表兄安德烈亚·巴尔巴里戈委托他在北非港口用一些布料和珠子交换黄金时，他还不到 20 岁。很久之后，他在笔下解释了为什么他后来成为去佛兰德的加莱船船队的贵族弩手。他说："我随船到过我们地中海的很多地方，我决定

图 24-2 朝圣者在圣地登陆。乌得勒支的热维赫创作的木版画

再进行另一类航行,到佛兰德去,既是因为想赚钱,还因为我想趁年轻多加锻炼,想方设法提高自己的能力。以后老了,我便能凭借对世界的透彻了解而获得一些尊荣的声名。"

起初,这些贵族的射术很重要,申请人必须证明自己已经年满20岁,还要在委员会选定的射击场中展示射术。随着时间推移,这一制度逐渐退化了,越来越成为给贫困贵族的施舍物。最低年龄从20岁降到18岁,有些例外情况中还有更年轻的男孩。那些被选中的人常常把他们的权利连同工资、食物和位置给卖掉。加莱船船长是他们最好的客户,因为这样的交易有助于削减开支。元老院认为有必要反复重申法令,规定那些被选中的人应前去履职,或派出一名合适的人选代替自己。然而,直到16世纪中期,这一制度还在履行它的一些教育功能——贝内代托·萨努托（Benedetto Sanuto）的弟弟将要在去往亚历山大里亚的加莱船船队中当贵族弩手,贝内代托在给他提供好建议的备忘录中就体现了这一点。其中大部分建议都是关于买什么物品,卖什么物品,他应该在商业事务中寻求什么样的建议,以及他应该学习哪些年长的人。在备忘录的开头和结尾,贝内代托写了更多个人建议:对跟你同桌吃饭的船队队长保持应有的遵从;不要浪费时间打牌,以免因赌注的大小而陷入争吵;要阅读随身携带的书;不要吃太多,尤其是亚历山大里亚的美味鹌鹑;在科孚岛和克里特岛躲开那些得了"法国病"[1](mal francese)的小姐;确保你的仆人不会让你的衣服被风吹下船;衣服要穿得暖和。

对这些加莱船和船上生活最详尽的记述出自朝圣者之手,他们把朝圣之旅描述为生活中令人兴奋又不同寻常的事件,这些著述有时还成为其他游客的指南书。为了保证买书的人会喜欢,他们把水手讲的荒诞故事编进书里,甚至为了保持故事的完整而抄袭别人。因为当时还没有照相机,一位德意志游客就随身带着一位版画师,版画师用高超的雕刻技术表现这位贵族旅行者笔下的船舶、港口和圣地的场景。只有很少的朝圣者乘坐国有的加莱船商队旅行,不过,威尼斯兵工厂偶尔会被要求装备一艘不带船员的加莱船,用于租给一些身份尊贵的朝圣者,比如后来即位为英国国王亨利四世的兰开斯特公爵。最贫穷的朝圣者被安置在圆船的下面,但15世纪最受欢迎的客船是另一种加莱船,它与商用加莱船很相似,然而归私人所有,由私人运营。这两种加莱船上都有噪音、灰尘和臭味,都有喧闹的景象;有船员在呻吟、在挥洒汗水,还有船员小偷小摸;在环境优雅的艉楼上,贵族在顶篷下指挥船员;夜间,舵手和瞭望手用呼喊来回传递信息——以上种种,必定都是一样的。

朝圣者常称呼桨手为奴隶。也许他们只是沿用了在家里对卑微下人的称呼,也许在那些私人经营的加莱船上,有些桨手真的是船长的奴隶。但是,关于船舶每次靠岸后桨手怎样急切地搭起摊位做买卖,还有桨手怎样卖东西给朝圣者时漫天要价,朝圣者也说了不少。很明显,当时大多数桨手都不是锁在长椅上的奴隶。当然,国家为贸易航行而拍卖的加莱船上如果使用了哪怕一名奴隶,都是对元老院法令和船队队长使命的公然蔑视。

---

[1] 即梅毒。

这些船虽然是私营的，但与游客的交易受到精心的规范，因为旅游业当时是威尼斯繁荣的一个重要因素。朝圣者在圣马可教堂附近能发现一些特殊的摊位，摊位上悬挂加莱船船长的旗帜，船长向政府缴纳了保证金，以保证他们在带朝圣者前往耶路撒冷时表现良好。加莱桨帆船的优势，在于可以让乘客在许多重要的地方停下来，再涌上岸去，改善一下伙食，看看风景。在观光和消费方面，没有城市能超越威尼斯。为了维护城市的良好声誉，威尼斯政府严格监管城内的酒馆与妓院。加莱船船长等待乘客、等待顺风的时候，朝圣者可以观看一系列辉煌夺目的教堂仪式，这样的话，等候时间不至于太无聊。

他们最后的航行

大型加莱桨帆船作为客船和快速货船而驰名了两个世纪之后，在1500年后突然几乎不再用作商业用途。从根本上说，这是由于圆船的军事用途增加了，航海性能提高了，加莱桨帆船的用处逐渐降低。加农炮正得到稳步改良，一艘圆船可以携带的炮比加莱船的多。而在15世纪中叶，帆装的改进让操帆更加方便，让双桅柯克船变成"全横帆"（full-rigged）卡拉克帆船或盖伦帆船。这两种船之所以被称为"全横帆"，是因为除了柯克船那种大的方形主帆，它们还在船尾悬挂一两面三角帆，在前桅悬挂一面小型横帆，主桅的瞭望台上方也挂一面小型横帆（见图10-3和图26-1）。这类帆装的优越性已得到充分的体现，因此在15世纪晚期，威尼斯商用加莱船也改用类似的帆装，以代替之前使用的三桅三角帆（见图24-1）。

但是，加莱桨帆船突然停止商业航行是由于政治经济条件变了，过去极为适合它们的条件已经发生了改变，高昂的运费也不再合理。一些大国得到统一，如奥斯曼帝国、法兰西王国和西班牙王国，威尼斯卷入与这些国家的战争后，威尼斯商人面临的危险更严重，甚至四五艘加莱船也无法抵挡一支新"大国"的舰队。与此同时，由于威尼斯人参与的香料和贵金属的区域间贸易变少了，原本有理由为加莱船的珍贵货物提供的有力护航减少了。

最先受到政局变动影响的航线，是运行历史最久、去往罗马尼亚和黑海的航线。几个世纪以来，它运去钱币和布料，并从君士坦丁堡带回丝绸、明矾等商品。在黑海，它装载皮毛、腌鱼，有时还装载塔纳的奴隶；在锡诺普和特拉布宗，它装载安纳托利亚的金属、亚美尼亚和波斯的丝绸和其他产品（见地图24-1）。船队将在黑海访问哪座港口，通常由船队队长跟十二人委员会与监事官在君士坦丁堡共同决定。加莱船船队比远在威尼斯的元老院更了解当地情况。1452年，征服者穆罕默德准备围攻君士坦丁堡，但加莱船船队没有理睬，继续前进，两艘船到塔纳，一艘船到特拉布宗。他们返回时停泊在金角湾内，连同护送它们的两艘轻型加莱船，一起保卫港口，对抗土耳其人的舰队。穆罕默德把大炮设置在金角湾北岸的高地上，其射程覆盖了加莱船的位置。船队队长、加莱船船长和十二人委员会决定卸货，将船货转移到更安全的地方。有位船医描述了攻城战，在他的叙述中，可以感受到船员对他们的船只怀有的感情。刚开始卸货时，

> 船员们挺身执剑，围在船的舱口旁，说："我们倒要看看，是哪位觉得自己可以把货弄下船。我们知道，货物在哪里，我们的房子和家就在哪里。如果船货都卸光了，城里的希腊人就要把我们像奴隶一样抓起来，我们现在想留就留，想走就走。……我们命运如何全看上帝的慈悲，我们预见到，这座城里的所有基督徒都将死在土耳其人的剑下。……我们桨手决意死在船上，船是我们的家，我们不想死在岸上。"

面对船员的表态，船队队长便不再卸货。不少船员被说动，到城墙上参与战斗，但是在土耳其人冲进城，城市沦陷之时，船队队长还未上船，船队已经收锚起航了。

直到1479年威尼斯和土耳其人议和之后，加莱船商队才再次驶往君士坦丁堡，而且加莱船再也没有驶入黑海。在后来的时间里，去往罗马尼亚的加莱船商队时断时续地航行，主要功能是运去威尼斯生产的制成品，

带回威尼斯人在希腊的纳夫普利亚和莫顿等中途港积累的生丝、染料和蜡,或是从埃及和叙利亚用圆船送到这些集合点的香料。

在 1499 年的下一场土耳其战争中,所有的大型加莱船都派去充当战舰。这是自 1381 年以来第一个没有进行任何贸易航行的年份。大多数常规航行在次年就会恢复,但在 1509 年,康布雷同盟战争中断了所有去西方的航运。去艾格莫尔特的加莱船船队再也没能起航,想要振兴沿北非海岸过直布罗陀海峡再到英吉利海峡的贸易航线的努力也遇到了政治困难。

去往北非的航行更有利可图,也更加复杂,因为运载的许多旅客既是穆斯林也是奴隶贩子。奴隶贸易在 15 世纪的威尼斯商业中没有之前那么重要,但这是威尼斯第一次在奴隶制和黑人之间建立联系。威尼斯的奴隶贩子最初主要贩卖白人奴隶,也就是斯拉夫人,然后部分贩卖黄皮肤的"鞑靼人"。奥斯曼帝国征服君士坦丁堡之后,黑海奴隶的供应逐渐枯竭,非洲的黑奴转而受到欢迎。

基督徒和穆斯林的海盗,还有十字军,都乐意把能抓到的信其他宗教的人卖作奴隶,这让北非的奴隶贸易更加复杂。战争时期,掠夺奴隶的行为很难与小规模冲突、绑架人质勒索赎金的行为区分开来。圣约翰骑士团这类十字军,以及几乎所有西班牙人,都认为自己永远与所有穆斯林处于交战状态,声称自己有权扣押穆斯林和他们的货物,即使他们乘坐的是威尼斯的船。如果威尼斯船长把穆斯林乘客交给西班牙人或骑士团,埃及苏丹会指责船长把这些穆斯林乘客当作奴隶给卖了。即使在严密监管的加莱船上,这种情况有时候确实会发生,但威尼斯政府的高级议会也担心亚历山大里亚的威尼斯商人的安危,竭尽全力保护穆斯林乘客的安全,并声称威尼斯旗帜保护着船舶运送的货物和乘客。1464 年,两艘加莱船驶离突尼斯和亚历山大里亚之间的航线,停在罗得岛补给。尽管遭到威尼斯指挥官的抗议,骑士团的大团长还是迅速扣押了所有摩尔人和他们的货物。元老院对此反应激烈。收到消息后,元老院下令海军统帅——他的主要任务是支援摩里亚,与土耳其人的战争在这里刚开始——立即率领所有战舰前往罗得岛,要求骑士团"在一支价值 12 索里多的蜡烛烧完之前"(in tanto tempo che dura una candela da un soldo)释放他们。海军统帅在克里特岛接到了命令，三天后就带着30—40艘加莱船抵达罗得岛。骑士团大团长推诿了两天，但是威尼斯人从大团长自己的种植园开始有计划地破坏岛屿时，他屈服了。摩尔人被送到亚历山大里亚，他们在那里受到了热烈的欢迎，尤其是威尼斯商人的欢迎，因为他们当时刚被苏丹从监狱里释放。

每年有一两千名年轻黑人被摩尔人定期带到埃及，黑人和白人奴隶都被作为礼物在穆斯林宫廷之间交易。在北非各港口之间的加莱船里，如何确认某位非基督徒是奴隶，抑或是友好的摩尔王公的自由臣民？在一个白人摩尔商人被加莱船的军官绑架并像奴隶一样被贩卖的案件之后，元老院于1490年下令，从此以后"除了被摩尔人输送的黑人"，去往非洲的航行不能装载任何奴隶。实际上，这一定意味着，按照一般规则，这些船上的黑人都被认为是奴隶。这是我在威尼斯的记录中发现的第一处展现奴隶制和肤色之间存在联系的迹象。

随着海盗舰队的壮大，前往巴巴里的海上航行变得越来越困难。1517年，突尼斯国王派遣使节乘坐加莱船舰队去见奥斯曼苏丹，携带的礼物包含了为宫廷和后宫提供的奴隶。特别值得注意的还有4支各有8匹马的队伍，每支队伍的马在品种或颜色上都各不相同，每一队的8名马夫穿的衣服与马的颜色相称，衣服上装饰着大量珠宝。据传花销达20万杜卡特。船队停在叙拉古购买口粮时，海盗蜂拥而至，围住船队。突尼斯使节告诉船队队长，如果他们不能安全地到达土耳其人的领土上，突尼斯人就会报告说威尼斯人出卖了他们。由于担心苏丹可能会因为自己的礼物被抢了而愤怒，元老院命令当时在伊斯特里亚的海军指挥官立即前去营救。在他赶到之前，科孚岛的海军中将等官员决定从亚历山大里亚回来的两艘商用加莱船上卸下货物，再加上巡逻用的三艘加莱船，立即一同开往叙拉古。援军一靠近，海盗就一哄而散，送给苏丹的礼物安全抵达土耳其人的港口发罗拉。

威尼斯环环相扣的基地、巡逻舰队和贸易护航的系统可以应对海盗威胁，而穿越撒哈拉沙漠到突尼斯的黄金非常吸引人，威尼斯人进行了专门的努力以图得到它。银行家阿尔维塞·皮萨尼资助了一支舰队，于1519

年将非洲黄金运到威尼斯。1520—1522年，去往巴巴里的加莱船船队向西航行到里斯本，希望用非洲的黄金在这里以好的价格购买香料，前面已提到过，它并没有取得多大成功。随着西班牙和土耳其实力的增长，这条航线逐渐变得不可能再继续下去了。出生于希腊的穆斯林海盗巴巴罗萨·海雷丁成为阿尔及尔国王和奥斯曼帝国海军统帅之后，他的舰队和查理五世的舰队交替进攻突尼斯。1533年，去往巴巴里的最后一趟加莱船船队不得不把穆斯林乘客带到威尼斯，因为突尼斯正遭到围困。

商用加莱船不适合在充满海军舰队的环境中充当中立的运输船，这也是去往英吉利海峡的加莱船航线中断的原因之一。去往佛兰德的加莱船船队之所以得名，是因为最开始它们的主要功能是将香料运往以布鲁日为中心的西方市场。回程时运载的货物有准备转运到黎凡特的粗呢，还有很多英国羊毛。羊毛成为最重要的货物后，航程的时间改变了，速度也慢了下来。这些加莱船不再于春秋往返，而是在仲夏从威尼斯出发，在伦敦或南安普敦至少等待三个月，在剪完羊毛后的春天离开。如有必要，船队也可以进行快速的航行。康布雷同盟战争爆发后，船队在31天内从南安普敦到达奥特朗托，中途没有因为贸易在任何港口停靠。但是在英国港口度过漫长的几个月的话，既增加了劳动力成本，船员和当地人之间还会发生纠纷，而且容易诱使英国国王去夺取加莱船用于对法国的战争。1529年，英国国王确实没收了船队的一些铜炮。船队最后一次航行是在1533年。此后，英国羊毛的进口就留给了卡拉克帆船和走陆路的驮夫。

"佛兰德加莱船船队"不再继续航行的另一个原因是威尼斯缺乏香料。政治因素有时会中断加莱船航行，但在16世纪的头几十年，香料贸易的中断本身似乎就足以让威尼斯停止派遣如此昂贵的船只进行这类航行。

当然，受葡萄牙的发现影响最大的是去往贝鲁特和亚历山大里亚的加莱船船队。15世纪，加莱船船队的航行，特别是前往亚历山大里亚的，包含了促使商人利用大型加莱船优势的各种特点：珍贵的货物、快速的周转，以及垄断性的交易。葡萄牙人开始在里斯本和安特卫普销售胡椒时，胡椒吸引了出产白银的城市，而白银在之前运往亚历山大里亚的货物中最为珍贵。与此同时，葡萄牙人在印度洋的攻击活动，不仅在几十年里让流入埃及的香料减少了一半,还使香料抵达那里的时间变得更难预测,与苏丹的谈判也更加困难。苏丹因关税收入下降而恼怒,试图通过提出越来越高的胡椒价格来弥补这一损失。1505 年,他似乎想通过扣押加莱船船队来强制执行他的要求。船队在亚历山大里亚要塞的炮火下逃出生天,虽然一枚炮弹把一艘加莱船的桅杆给砸断了,但是船只都逃走了。船队队长凭借勇气和技巧,让船队从一座因戒备森严而经常被称为监狱的港口里逃了出来,因此受到了人们的高度赞扬。

与苏丹的争端平息之后,元老院在 1514 年决定用卡拉克帆船从亚历山大里亚带来香料,希望以此增加运往威尼斯的香料数量。不过传统做法的放弃是渐进的。1524 年,因为卡拉克帆船"科列拉"号(Cornera)刚装完了香料,加莱船船队只好空着返航,之后威尼斯再次要求香料要用加莱船运送。然而,加莱船的垄断在 1534 年被废止了,理由是外国竞争者随时可以装载货物的自由让他们具有了优势。去往亚历山大里亚的加莱船航行越来越少,并在 1564 年全部结束。那时,亚历山大里亚的胡椒等香料又变得很丰富,将它们运往威尼斯的任务却留给了卡拉克帆船。

去往贝鲁特的加莱船船队也有同样的命运,不过它们在贝鲁特等叙利亚港口被扣押的危险比较小。它们在塞浦路斯这样的停靠港做了很多生意,它们的外运货物中并不缺少主要的物品,即布料等威尼斯的制成品。1517 年,奥斯曼帝国征服了叙利亚和埃及,这虽然没有导致贸易直接中断,却带来了一个后果。如果威尼斯人判断土耳其舰队极有威胁,或是威尼斯与土耳其人处于战争状态,那么就不会安排加莱船船队出航;如果不是这两种情况,航行依然继续,并一直运行到 1570 年。威尼斯派出加莱船,更多的是为了给海员提供好工作,而不是因为加莱船给商人带来了什么好处。

16 世纪末,一条新的加莱船航线满足了人们对防止海盗的新要求。不过这条航线只服务于亚得里亚海,线路不一样,配备的官员和人员不一样,使用的船也不同于之前的船舶。之前的加莱船船队运行了差不多两个世纪,船上飘扬着飞狮旗,出现在从顿河到尼罗河、泰晤士河到斯海尔德河(Scheldt)之间的重要港口里。人们望见船队在利多附近回港之时,就把钟楼的大钟敲响。

第二十五章

海军舰队

新的敌人和新的武器

威尼斯的主要对手从热那亚变成奥斯曼帝国之后，海战的性质发生了变化。可以肯定，威尼斯人认清土耳其人是他们海上对手的过程比较缓慢。直到15世纪的最后二十几年，热那亚仍然是海上之敌，是商业上的竞争对手，热那亚经常在意大利的战争中和威尼斯的敌人结盟。土耳其人在陆地上很强大，在海上却缺乏经验。威尼斯与土耳其海军的第一次遭遇加强了她对自身优势的信心。1416年，双方的暴力行为达到高潮，土耳其人企图伏击前往罗马尼亚的加莱船船队，于是威尼斯派遣12艘加莱船战舰出击，由彼得罗·洛莱丹率领。从此彼得罗开始了他漫长而辉煌的职业生涯。根据命令，除非土耳其人主动进攻威尼斯人，否则不得进行战斗。他在加里波利发现了一支土耳其舰队。加里波利是土耳其舰队的主要基地，是拦截从达达尼尔海峡到君士坦丁堡的威尼斯船只的理想位置（见地图13-1）。考虑到敌人的行为具有威胁性，他发动攻击，并摧毁了敌人的船只。约10年后双方进行了第二场遭遇战，当时威尼斯试图用报复性袭击行动徒劳地保卫萨洛尼卡。这一次，威尼斯人针对位于加里波利的敌方舰队和防护栅栏的进攻被击退了，威尼斯人把这失败归咎于己方舰队的无能、懦弱和不服从，而不是土耳其人的能力或勇气。

对土耳其人的战争与对热那亚的战争在人性上有一项主要的不同点，威尼斯人在第一次于加里波利与土耳其人对阵时将这项不同点戏剧化地表现了出来。威尼斯人没有关押俘虏，而是如洛莱丹所述，将穆斯林土耳其人全部杀死，砍成碎块（"tagliati a pezze"）。至于基督徒，土耳其舰队中有许多人是基督徒，其中大多数是希腊人，还有一些是西西里人，威尼斯将这些基督徒分为两类。第一类是奴隶，奴隶均被释放了；第二类是雇佣军，也就是自愿参军的人，他们都被杀死了，甚至主动投降的人也未能幸免。许多人是被吊死的，按照洛莱丹的说法，这样做是为了让土耳其人缺少操船的海员，让"坏的基督徒都不敢再受雇于这些异教徒"。

这种模式在后来的战斗中得到重复。这是威尼斯试图阻止希腊人向土耳其人效力的方式之一，但没有成功。随着拜占庭帝国的衰落和灭亡，希腊人要么成为威尼斯的臣民，要么成为奥斯曼帝国的臣民，而后者要多得多。威尼斯人在殖民地对希腊人的政策逐渐变得更加自由，尤其是对希腊东正教教士。有一次，一位威尼斯指挥官甚至主张在加莱船上给希腊教士留一个位置，因为拉丁（意大利）的教士不能为大部分希腊船员听忏悔。为了对抗"异教徒"，希腊岛屿上的许多下层平民、一些贵族和高级神职人员，如枢机主教贝萨里翁所述，转而效忠于威尼斯。还有许多人认为接受土耳其人的统治比屈服于意大利人和罗马天主教会要好。操纵这些土耳其船只的人主要是希腊海员，还有一部分是土耳其人从爱琴海和伊奥尼亚海沿岸带走的数千名奴隶，一部分是认为服务于奥斯曼土耳其人的回报超过威尼斯人复仇的风险的雇佣兵。

在军事技术方面，由于加农炮的重要性，土耳其战争几乎从一开始就不同于热那亚战争。前文提到，炮火在基奥贾战争中发挥了一定作用，但作用很小。它也可能在1429年土耳其成功保卫加里波利的过程中起到了一定的作用。但是，第一次真正令人印象深刻的用加农炮攻击船舶的战例，与征服者穆罕默德攻打君士坦丁堡有关。上一章讲到，穆罕默德的炮火几乎迫使威尼斯加莱船船队弃守金角湾的锚地。在围城之初，他展示了加农炮控制海峡通道的能力，在博斯普鲁斯海峡的欧洲一侧建造了一座200英尺高的城堡，他的加农炮从城堡里射出重达400—600磅的石球。3艘威尼斯柯克船试图在不降帆的情况下冲过去，2艘成功了，第3艘被击沉，船员被抓获斩首，船长被刺死。在穆罕默德组织的第一次海军远征中，他还在一些军舰上部署了强力的加农炮。在发展加农炮方面，穆罕默

图 25-1 轻型加莱船与卡拉克帆船（藏于威尼斯学院美术馆）
在卡尔帕乔的《圣厄休拉传说》的背景中，两种战船的对比很明显。加莱船（前）低矮，又长又窄，圆船（后）则相当高。

德在陆上和海上都领先于威尼斯人，不过他有效率的炮组都是陆基炮。加农炮对海战的影响没有首先体现在海上舰队的冲突中，而是体现在限制舰队攻击港口的效率方面。一座由炮组严密防守的港口不可能像洛伦佐·蒂耶波洛在1257年袭击阿卡那样被攻破——洛伦佐当时弄断了港口的锁链，摧毁了港内的热那亚舰队。

从长远来看，加农炮提升了圆船的重要性，因为它们可以比加莱船携带更多炮。此外，帆装的改进也增加了它们的机动性，也让卡拉克帆船和盖伦帆船在用作战船时比柯克船更好用。但是，加莱船不依赖风就能进行大规模活动的能力，让它在15—16世纪成为地中海海军舰队的支柱。

随着加农炮射程和射击精度的提高，人们为在加莱船上有效地使用大炮而做出了许多努力。为了杀伤敌船船员，人们在艏楼和艉楼四周都安装了小口径炮。人们在船首安装了一门足够大的加农炮或长管炮

（culverin），以砸穿敌船船体和桅杆。即使是在轻型加莱船上，人们也找到了放置加农炮的位置——舷梯的顶部，往下走是桨手工作的平台。因为加农炮很重，所以需要特别加强船体结构。让加农炮成功瞄准需要熟练的操纵技术。

大型加莱船有足够的空间和力量来携带更多、更大的加农炮。大约在1460年，它们开始携带一些加农炮，即使是在商业航行中也是如此，正如前文所述。加莱船在16世纪中期作为货船销声匿迹时，武器装备和甲板布置得到重新设计，这让它们成为主要的军舰。它们重获新生，这种船一般被称为加莱塞桨帆船（galleass / galeazza）。它不仅在船首和船尾安装有比轻型加莱船的炮更重的大炮，而且在船舷两侧也安装了炮，这样它就可以从船舷发射小规模的炮火。

作为装载加农炮的桨帆船，加莱塞桨帆船只能部分满足要求，因为它不够快，不能和轻型加莱船有效率地协同作战。15世纪上半叶，威尼斯兵工厂的造船工曾多次尝试建造像轻型加莱桨帆船一样快但更大更重的船只。在尝试过的许多方案中，使用四桨座的方案最受认可。每一把长椅对应四根桨以代替三根桨，这样就为指挥官提供了比寻常加莱船更强大的旗舰，而指挥官依然能用它带头作战。凭借航速、大量的船员和大炮，加莱塞桨帆船很适合用于抓捕海盗。

为抓捕海盗而建造的战船中，更令人印象深刻的是维托·福斯托（Vettor Fausto）建造的五桨座战船（quinquireme）。作为一位向公众讲授希腊诗人知识的人文主义者，他声称自己在阿基米德那里发现了建造古人使用的五桨座战船的秘密。福斯托的观点或他本人在元老院中打动了足够多的人文主义者，因此元老院在威尼斯兵工厂内为他分配了人员和材料。随后在利多进行了一场比赛，总督及其顾问团现场观赛，比赛证明了五桨座战船的航速跟得上标准的三桨座战船。它的速度很理想，甲板却过于拥挤，而且众多的船员导致花销甚巨，因此很少被投入使用。轻型三桨座战船仍然是作战舰队的主力，在它之外，还有以下船只：一些完全靠风力航行的圆船；一些四桨座战船，它们只比普通的轻型加莱船多装备一些大炮；一些火力可观的加莱塞桨帆船。

威尼斯开始对土耳其人开战时，她的海军里面有大致相同的上述四类船只，尽管它们之间的区别没有后来的那么清晰，也没有装载那么多大炮。几十年来，大炮的主要影响是心理上的，因为它们能发出令人战栗的噪音，能偶尔造成毁灭性伤害，而实际的效力是未知的。至少从心理上讲，它们在1470年内格罗蓬特的沦陷中扮演了重要角色。这是威尼斯人在土耳其人那里吃到的首次惨败，也是威尼斯第一次意识到君士坦丁堡沦陷对她的影响有多严重。在征服者穆罕默德的统治下，君士坦丁堡再次成为一个强大帝国的首都，因此再次成为一个强大海军力量的中心基地，尤其是在奥斯曼帝国统治了许多擅长造船的希腊人之后。1470年，奥斯曼帝国从达达尼尔海峡派出一支由300艘船只组成的舰队，一位威尼斯的加莱船指挥官称其为"海上的森林，这样说起来很难以置信，我亲眼所见确实如此，真让人目瞪口呆"。这支舰队用于援助一场战役中由穆罕默德亲自领导的土耳其军队。在摩里亚半岛开始的威尼斯-土耳其战争（见第十六章）已经打了7年，并蔓延到爱琴海。为了应对威尼斯人对北部海岸的掠夺，穆罕默德袭击了威尼斯在那里的主要基地内格罗蓬特。

为了拦截这片"海上森林"，威尼斯海军统帅尼科洛·达·卡纳尔（Nicolò da Canal）率领55艘加莱船出航，他应该感谢风，风阻止了威尼斯舰队在看清楚敌船的数量和加农炮的装备情况之前贸然发动攻击。尼科洛·达·卡纳尔撤退到克里特岛寻求增援。他带着更多的加莱船和18艘大圆船、柯克船或卡拉克帆船，从北口进入内格罗蓬特和希腊本土之间的海峡。穆罕默德的舰队大部分都被拆分，其余的驻扎在城市以南。在城北，穆罕默德用船只在海峡最狭窄的地方搭起一座浮桥，以便把陆军转移到岛上。穆罕默德猛攻城市，守军几近崩溃，但威尼斯舰队靠近时守军又恢复了士气。达·卡纳尔没有立即攻击船只搭起的浮桥，也没有把救援物资扔进堡垒，而是抛锚停泊。这似乎是穆罕默德最后的机会，他抓住机会，发动全面进攻，以压垮虚弱的守军。次日早晨，达·卡纳尔向浮桥发起进攻时，却发现敌人在城墙上挥舞着剑，这说明城池已破。他得到更多增援之后，还试图夺回城市，却以失败告终。

达·卡纳尔被召回，到达后就被监禁，不仅是因为他没有在本应攻击土耳其人的时候进攻,还因为他和他的加莱船指挥官在舰队中经常以权谋私。被判有罪后,他被罚款,并被判处在一座小村庄度过余生。他是一位杰出的文学家,是人文主义者的朋友,曾在大学取得博士学位,然后担任共和国驻欧洲主要宫廷的大使达 20 多年。习惯于航海的人把他看作一个反例——舰队的指挥权被交给了一个更像学者而不是海员的人,他们批评达·卡纳尔在防守内格罗蓬特的紧要关头犹豫不决,甚至没能切断并摧毁进出于内格罗蓬特的部分奥斯曼舰队。

达·卡纳尔未能严格地遵守纪律,也未能有效地利用他指挥的部队,这与他的继任者彼得罗·莫琴尼戈的成功形成了鲜明对比。虽然莫琴尼戈并未在任何一场重大战斗中取得胜利,但他在爱琴海各地展开突袭,缴获了大量战利品,并在适当的时间派舰队到正确的地点,将土耳其人的舰队限制在君士坦丁堡,使威尼斯不经过任何战斗就能够控制塞浦路斯。经过四年半的连续任职,彼得罗·莫琴尼戈回到威尼斯,受到了英雄般的欢迎,并在 1474 年被选举为总督。

若为尼科洛·达·卡纳尔的失败开脱的话,应该指出,他面临着两个问题,更有经验的指挥官在面对这两个问题时也可能感到不安。他未能在关键时刻进攻内格罗蓬特,在场的一名海员把此事归咎于他害怕土耳其人的加农炮。穆罕默德在进攻时使用了一些威力惊人的加农炮,达·卡纳尔很可能担心这些炮会击坏他的船只。事后再看当时土耳其军队的布置,可以有把握地说,达·卡纳尔本来可以破坏浮桥、挽救城市。不过他没能做到也并不奇怪,因为与他对阵的可能是土耳其军队的主力,他在与土耳其人交手之前的确应该停下来观察形势,观察土耳其人的枪炮布置在什么位置。更能反映他缺乏作为海军指挥官的能力的事情,是他未能对航行于内格罗蓬特和达达尼尔海峡之间的土耳其舰队造成任何损害。许多土耳其船只是轻型船,它们分布在海岸外 6 海里以上的海面上。威尼斯人的卡拉克帆船和大型加莱船更重,土耳其人惧怕它们。但是,即使是最老练的威尼斯海军将领,也没有多少经验来指挥一支由许多种运载大炮的船组成的舰队来对抗另一支同样多样化的舰队。

同样的问题——火药对海军战斗的影响——也在 1499—1503 年的

下一次土耳其战争中困扰着威尼斯的指挥官。威尼斯人再次选举了一位海军统帅——安东尼奥·格里马尼，他根本不是海员，而是金融家。他曾指挥过海军，但最受敬重的是他的商业头脑和谈判技巧。这一次土耳其人让战火烧到伊奥尼亚海，谋划进攻勒班陀。勒班陀是一座威尼斯的基地，位于中希腊的勒班陀湾（见地图13-1）。庞大的土耳其舰队带着围城用的大炮和其他物资，绕过摩里亚半岛，从海上进攻城市。为了击退或摧毁即将到来的舰队，格里马尼集结了威尼斯迄今为止最强大的舰队：大约50艘轻型加莱船，约15艘大型商用加莱船，以及大约20—30艘非常大的卡拉克帆船。其中一些船只超过1000吨，载着许多士兵和加农炮。土耳其舰队的轻型加莱船更多，却只有几艘大型加莱船和两三艘大型卡拉克帆船。格里马尼试图通过携带重炮的大船首先同敌人交战，以此开始战斗——他在摩里亚半岛西海岸的一系列交战中至少有一次成功做到了这一点。不过，由于威尼斯海军统帅在传统上使用一艘快速的轻型加莱船充当旗舰（这支舰队中没有四桨座战船），格里马尼也照做了，这样他在危险关头丧失了个人领导的心理优势。威尼斯一方最大的两艘圆船与土耳其人最大的卡拉克帆船纠缠在一起的时候，火药库被点燃，三艘船全被烧毁。这场面使整个舰队陷入混乱。格里马尼的命令不充分，也没有得到很好的遵守，他还未能惩罚不服从命令的人。因此与敌人遭遇时，威尼斯的船只也避免与敌人的舰队发生冲突，所以敌军在抵达勒班陀之前基本保持完好，而勒班陀很快就投降了。海军统帅再次成了替罪羊。正如老水手说的：“赚钱的人只会赚钱，别的事一概做不好。”格里马尼被召回并定罪，被判决住在达尔马提亚的一个小岛上。他感到难以忍受，就逃到罗马，通过教皇宫廷的关系和自己的外交技巧，在康布雷同盟战争期间受欢迎地回到威尼斯，并在1521年被选为总督，从而到达了他政治回归生涯的顶峰。

格里马尼被降职后，威尼斯舰队在贝内代托·佩萨罗（Benedetto Pesaro）的指挥下取得了更大成功。佩萨罗是一位政治家，曾是一位有航海经验的商人。有人批评他在70多岁时仍与情妇同居，批评他砍掉了一些行为不端的下属的头颅，包括总督列奥纳多·洛莱丹（Leonardo Loredan）的一个近亲。但当威尼斯人征服伊奥尼亚群岛时，他受到了热烈的赞扬。

他非常不认同重新征服只是为了获得和平的想法。人们可能会想，如果威尼斯人听从他的劝告，威尼斯的地位将会有多么不一样。那样的话，威尼斯就会试图在下亚得里亚海和伊奥尼亚海重建势力（威尼斯人在普利亚占据的城镇曾为一些加莱船配备人员），而不是与土耳其人讲和、与罗马教皇争夺罗马涅的土地、与法国人争夺意大利北部的领导权。

土耳其人认为舰队是他们陆军的辅助力量。一旦土耳其陆军攻破了威尼斯据点，他们的舰队就撤到君士坦丁堡，在1470年和1500年都是如此。因此，无论是彼得罗·莫琴尼戈还是贝内代托·佩萨罗都没有指挥舰队与土耳其舰队在海上作战，他们两人也没有机会证明自己在联合使用轻型加莱船、大型加莱船和圆船来对付同样混杂的敌军舰队方面能比文学家尼科洛·达·卡纳尔和金融家安东尼奥·格里马尼做得更好。

下一代热那亚最著名的海军将领安德烈亚·多利亚也没有做得更好。他服务于查理五世，查理五世在下一场对土耳其的战争中与威尼斯结盟，而安德烈亚·多利亚在1538年的普雷维萨战役中指挥联合舰队。他在那次战斗中的行动是查理秘密指示的结果，查理希望避开战斗，想争取到土耳其的海军将领海雷丁，但他们做的事情似乎正是格里马尼曾计划去做的，即在轻型加莱船交战之前先用大型圆船的炮火来削弱敌人。在威尼斯人看来，安德烈亚取得了部分成功，因为威尼斯人的一艘新型战舰，即盖伦帆船，进行了有效防御。当时它被敌人截断去路，被土耳其人的加莱船包围，却利用火力将敌人驱散了。如果没有这个闪光点，这场战斗就太令人灰心了。多利亚那天的行动总的来说是失败的，尽管他的舰队没有被摧毁，却还是毫无组织、士气低落地撤退。在接下来的30年里，土耳其人成为海上的主人。在海雷丁这样的巴巴里水手的领导下，奥斯曼帝国的海军不仅是陆军的辅助力量，更是一种独立的武器。

海军管理与威尼斯兵工厂

可以确定，在加农炮变得越来越有效的同时，如果把划桨的桨帆船和完全依赖风的船只合并到一个舰队的话，就会带来复杂的问题。值得注意的是，在涉及将这两种类型的船只联合使用的主要海战中，没有一场包含由威尼斯共和国最有经验的海军将领指挥的威尼斯舰队。按照威尼斯政治制度的运作方式，在关键的那些年里，它会把最高的海军指挥权交给那些在军事或海事活动以外的领域表现出才能的人。从理论上讲，海军统帅由大议会选举产生，但大议会只负责批准元老院的提名。战争刚开始的时候，胜利的希望还很大，那些已经贵为行政官员和外交官的人就开始寻求指挥权，他们希望增加自己的军事荣誉，以赢得之后的总督选举。这些人不愿意通过执行可能在重要的家族中树敌的惩罚来维持纪律。

若要履行这一职位的职责，确实在需要将军和海员的技能的同时也需要商人和外交官的技能。例如，经验丰富的海军将领维琴佐·卡佩洛（Vicenzo Cappello）于1538年就任海军统帅，他收到的指示中有三点非常详细：（一）与安德烈亚·多利亚和教皇国的海军将领一起决定某些行动；（二）去协商有关运送所需的数吨船用口粮的两份合同；（三）分配委托给他的大约10万杜卡特的巨款。从他收到的指示内容来看，任职者的政治能力和金融能力是元老院和十人议会最关心的问题。更受强调的是有序的管理，而不是军事战术或战斗精神。

管理的确越来越重要。1470年，征服者穆罕默德从君士坦丁堡派出的舰队的规模震动了威尼斯人，这支舰队的规模几乎是15世纪早期武装舰队的两倍。在接下来的一个世纪里，奥斯曼和西班牙的海军力量达到了新的规模（如第十七章所述），威尼斯舰队的加莱船数量再次翻倍。威尼斯每年秋天都会解除许多战舰的武装，但在全年仍有相当多的战舰留在海上。如此庞大和持久的舰队需要备有口粮、火药、船桨等补给品的基地。威尼斯的基地在威尼斯到科孚岛，再到干地亚、法马古斯塔一线，其活动的水域相当狭窄（见地图25-1）。把主要基地设在前线的一端的做法简化了集中兵力和保护补给线的战略问题，但是增加了在前哨基地保持充足的粮食和弹药储备的后勤问题。

威尼斯在应对土耳其人挑战方面，最引人注目的成功是它扩大了主要基地的手工业产出。比起熙熙攘攘的人群和尘土给但丁·阿利吉耶里留下深刻印象的时候，兵工厂的规模已经扩大了一倍。1473年，即使在和平时期也有前瞻性的元老院下令另外建造一座"最新兵工厂"（the Newest Arsenal），这样的话，除了建造和配备商用加莱船，威尼斯兵工厂还能建造和储备一批备用船舶，以应对突然出现、为数众多的土耳其舰队。这批传统上由 25 艘加莱桨帆船组成的备用船舶，在 15 世纪末增加到 50 艘。然后，在为 1537—1540 年的战争而装备了 100 多艘加莱船之后，备用船舶被固定为 100 艘轻型加莱船、4 艘（后来为 10 艘）大型加莱船、8 艘双桨座战船和 16 艘轻型的、用于送信和侦察的船。当时，在最新兵工厂里已经建造了足够多的遮雨棚或船坞，所以大多数储备的加莱船都可以被保护起来。其中 25 艘应该在船坞里，配备有武器和装备，以便在短时间内载人出海。其余的"封存舰队"[1]（我们可以这样称呼它）被留在陆地上，船体和船上建筑已修建完成，只要敛缝作业完毕，就能马上下水。随着商用加莱船不再使用，维持这 100 艘加莱船的储备成为威尼斯兵工厂的主要目标，一直保持到 1633 年标准降低到 50 艘。

100 艘完工但未投入使用的储备加莱船构成了一个几乎没有达到过的理想。威尼斯兵工厂活动的鼎盛时期是 16 世纪 60 年代，当时它正试图维持这个储备。同时在许多年里，土耳其和西班牙舰队的规模不小，人们希望双方的舰队只针对对方，然而它们的攻击目标却经常不明确，因此威尼斯不得不把 40—60 艘加莱船投到海上。在那些年里，当时占地 60 英亩[2]的威尼斯兵工厂在平时雇用大约 2000 人，在紧急情况下雇用多达 3000 人，而且几乎从未少于 1000 人。它是基督教世界最大的手工业机构，也许是当时世界上最大的手工业机构。

威尼斯兵工厂组织的一些特征显示了类似现代工业的特点，如流水线、可替换部件和垂直一体化。但是，威尼斯兵工厂无论是在最初创建之时，还是在 16 世纪的扩张之时，让它发展的理念都不是将许多工人集中在一个大型的中央车间以改进生产过程。生产过程被认为是做工技巧的问题，留给行会教给工匠的传统方法来解决。建立威尼斯兵工厂的初衷是安全地储存武器和船只，以便在有需要的时候使用它们。"管理"威尼斯兵

---

1 原文为"moth-ball fleet"，直译即"樟脑球舰队"。
2 1 英亩约合 4046.9 平方米。

工厂意味着跟踪材料，只有在判断交付的货物的质量、将其组装在一艘装备齐全的船上之时，"管理"才需要技术知识。质量由从合适的工匠中选出的工头来判断。组装由威尼斯兵工厂最高的非贵族官员"兵工厂海军将领"（Admiral of the Arsenal）主持，他是一位经验丰富的海员，具有很高的权威，但是贵族常常对他们将要指挥的加莱船应该怎样武装有自己的坚定意见。

逐渐地，对材料、雇用的人力和招募工人使用的金钱方面的严格核算措施变为由管理人员来界定，而不是由任何行会传统来界定。管理人员最初的职责是联系装配或舾装，然后慢慢扩展到更前期的生产阶段。在"兵工厂海军将领"直接指挥下，有十几名仓库管理员、几帮装卸工人和把材料搬到已完工加莱船上的非熟练工。"兵工厂海军将领"对他们的工作进行了组织，以致加莱船在快要完工时，便像流水线一样移动。船体建造于新兵工厂或最新兵工厂，然后被运过一系列仓库，送到老兵工厂。如一位访客所描述的，从这些仓库里，"他们将所需的东西递送给船体，有人送去绳索，有人送去面包，有人送去武器，有人送去弩炮和臼炮，所以船体从各个方向获得了所需的一切……"威尼斯兵工厂的许多不同区域——木材加工场、造船台、铸造所、武器室和制绳场（是独立但相邻的机构，称为塔那）——同属一个整体，因此加快了装配作业的速度。它们并非在设计时就是一个整体，而是经过几个世纪的发展，通过一系列的调整，才形成近似直线的布局。

装配线需要有一定的标准化，以便让零部件可替换。所有的轻型加莱船的桅杆、帆桁、长椅和其他甲板设施都是一样的。如果所有的设备，例如铁制部件和滑轮，都在兵工厂内部制造，而不是从在外面工作的工匠那里买来的，标准化就可以更容易地实现。这是把所有材料的生产逐渐纳入兵工厂的一个很好的理由。垂直一体化发展到工匠师傅亲从兵工厂前往森林的地步，此举不仅是为了选择船舶用材（造船工的工头习惯于亲自到森林里去寻找自己想要的那种原木），还是为了负责监督桨和矛的制造效率。

甚至在搭造船体构架和敛缝作业中，工匠传统和行会规章也逐渐得到专门监督人员的补充。因为管理人员不能自己挑选或解雇工人，所以这种监督更有必要。为了保证在紧急状态下能找到所需的造船工，元老院规定所有造船工在找不到工作的时候都能在威尼斯兵工厂做工，尽管工资比在外面要低一些。轮换挑选的一半敛缝工也有类似的权利。这两种工匠约占2000名工人的三分之二。工人从兵工厂的一扇大门进出，在门口有发薪员检查（见图22-3）。同样的发薪员后来被派遣到兵工厂内部，如果看见打瞌睡的工人，就把他从当天的发薪名单上删掉。即使当时兵工厂里有200—300名船木匠，也没有严格的分工，没有形成受管理的工作队，尽管有三四名造船工的工头——因为他们有让船体成型的技术，所以由他们指导其他工人工作。有时需要赶着建造加莱船，需要调动很多工人以更高的效率工作，兵工厂的管理者就发明了一套"内部合同"制度，和19世纪美国枪支制造商采用的制度很相似。造船工为制造特定数量的船体而竞标，使用的材料由管理者提供。出价最低的竞标者获得合同，并雇用其他造船工，监督他们做工。元老院认为通过内部合同完成的工作，质量不是最高的，它禁止用这种方式进行敛缝作业，只允许在紧急情况下用于建造船体。作为代替，它在1569年计划将人员分配给下级工头，由下级工头负责完成分配给他们的生产配额。

兵工厂的工匠师傅不可能受到严格纪律的约束，因为他们是工匠阶层的精英，是一种由无军衔军官组成的后备部队。许多人在自己参与建造的加莱船上战斗。有50位工匠师傅在总督选举时被挑出，充当总督府的仪仗队。他们是这座城市里唯一的消防队，旁观的贵族对他们救火时表现出的奇迹印象深刻，比如1577年摧毁总督府上层的那场火灾。在极少数情况下，他们对工资的拖延或滥用感到愤怒时，就会冲过桥梁涌向总督府，十人议会的主席或总督需要使用哄骗和威胁的手段来应对。没有警察或武装警卫能够对抗和驱散他们，但他们的忠诚并不是问题。塞浦路斯战争前夕，十人议会下令夜间在圣马可广场和威尼斯兵工厂设置警卫，任命的3名队长并不是兵工厂的工匠师傅。这些队长发现自己遭人讨厌，就辞职了。下一次选举十人议会中的Zonta时，投票支持这项不受欢迎的措施的人都没有得到大议会的批准。新队长从兵工厂里的人员中选出。

虽然威尼斯兵工厂在结构和精神上过于政治化，无法成为手工业效率上的典范，但兵工厂能生产它需要的所有东西。由于土耳其人进攻塞浦路斯，威尼斯人需要造出尽可能多的船舰，于是兵工厂在1570年春季的两个月内就造出了100艘加莱船。不仅如此，在次年的勒班陀之战中，基督徒阵营中的一半船只都是威尼斯建造的。

船员和指挥官

限制威尼斯海权的因素不是缺少船只，而是缺乏人手。威尼斯在海上受到西班牙和奥斯曼两大帝国的挑战，与之竞争的唯一希望在于组织的优越性。威尼斯兵工厂为她在手工业组织上提供了优势，然而威尼斯找不到足够的船员来装备这些船。在勒班陀之战中，因为威尼斯人的加莱桨帆船人手不足，只好让西班牙士兵上船帮忙。共和国未能有效地组织海上活动所需的人力。

其他地中海舰队在加莱船上使用奴隶充当桨手之后，威尼斯仍然主要依靠志愿兵，并声称她需要的士兵不多，因为她的桨手都是战斗人员。例如，西班牙人在准备战斗时，每条船上至少有100名士兵，威尼斯人则认为60人就够了。他们很难从附属城市的民兵、受雇的雇佣兵、城市自己从利多的射击场中挑选出来的弩手部队中找到这么多士兵。在海军的等级中，这些人仍被称为"弩手"，即使火枪已在1518年得到了配备。战船上也有商用加莱船上的大副等水兵，而弩手在近距离战斗中无疑比桨手更有用。威尼斯人的加农炮和炮手享有很高的声誉，她的加莱船却经常人手不足。虽然有自由的桨手，但是全体船员作为一个整体，战斗力并不是一流的。

船上还有绅士见习军官（nobili）。按照规定，每艘加莱船上都有他们的身影。在军用和商用的加莱船上，这些年轻的贵族可能是处于学徒生涯的青少年，但那些已经服役至少四年的人有资格成为加莱船指挥官（sopracomiti）。有一项法律禁止父亲将自己的儿子带上船，但加莱船指挥官经常带上自己的兄弟或堂表兄弟。如果指挥官去世或无法行动,其中一位贵族会暂时掌权,并有希望得到元老院的批准。通常的二号指挥官,即给全体船员下命令的comito,因为不是贵族而没有资格掌权。

　　加莱船指挥官是招募和维持船员的关键人物。许多被大议会、元老院或十人议会选上这一职位的人都试图避免履职,因为他知道,在他领取工资之前,他必须自掏腰包,先给自己的加莱船配备人员和装备,然后才能获得荣誉。还有不少人急切地想获得这一有荣誉的职位,还想着兵工厂的加莱船建成得越早越好。指挥官在总督府前的莫洛码头设置长椅,开始招募人手的时候,他就会发现,若他希望招募到好船员,就必须向他们承诺超出官方基本工资之外的奖金,而且除了由海军军需官预付的军饷,还必须当场提供大量现金贷款。为了以后收回成本,指挥官可能会在发给船员的口粮上缩减,因为每名船员已经获得了不少津贴;可能向政府报告比实际更多的海员,以获取更高的款项;可能为必要的维修工作收取额外的费用。指挥官花费一大笔钱为自己的加莱船配备人员、装备武器,他当然觉得他的家人与船有利害关系,因此,如果他死了,他的兄弟很可能会要求得到加莱船的指挥权,或者至少从新任指挥官那里得到一笔补偿金。政府认可加莱船指挥官在自己的船上所做的巨额投资,还将一大笔钱拨给他们用于补偿。

　　至于某一位加莱船指挥官会变穷还是变富,不仅取决于他的做账水平,还取决于劳动力市场的状况、战争中的运气,以及能获得多少战利品。如果他在任时船员有失业的风险,他不仅可能不用付奖金,甚至可能收到一些回扣——至少小气的指挥官会这么干。他甚至可以用非法手段赚钱,比如让贫穷的桨手以高利率向他赊账购买酒和布料。16世纪的头几十年里,商用加莱船的航行活动逐渐减少,只要政治形势允许遣散海军舰队,就会出现失业的状况。1519年,元老院将桨手的基本工资从每月12里拉下调至每月8里拉,声称那些迅速付款给船员的加莱船指挥官可以用较低的工资雇用船员,而8里拉的基本工资已经在商用加莱船上实行了几十年,何况船员另外还有贸易的权利。事实证明,在海军舰队中削减三分之一工资的做法太过分了,于是在1524年,基本月工资提高到10里拉。在物价和其他工资上涨的情况下，基本工资在那个世纪余下的时间里一直保持在10里拉不变。因此，在16世纪30年代那样需要大规模海军舰队的时候，如果没有丰厚的奖金，就雇不到兵员。元老院将基本工资保持在较低水平，并拨款给加莱船指挥官以补偿他们的开支，实际上把适应劳动力市场波动的机会和困难转移给了指挥官。到世纪中叶，对桨手的需求量特别高，所以从元老院的角度来看，这一转移的好处是将海战的部分财政负担转嫁给了获得指挥权的贵族。

那些富有、具有公共精神或政治野心的加莱船指挥官，很可能为自己的桨手提供良好的报酬，这样他们才能找到可以引以为豪的船员。但总的来说，16世纪上半叶是普通海员的第二个萧条时期，其中桨手的情况最为明显。在中世纪的航海革命中，他们的经济和法律地位不断恶化，在此之后，因为商用加莱船的航行的扩张，威尼斯的桨手享受了将近一个世纪的工作条件的改善，他们在航行中享受着不菲的额外收入和优待的工作规则。这些航行停止时，大约4000个好岗位也消失了。从威尼斯桨手的观点来看，不断扩张的海军舰队是一个可怜的替代物，因为比起可怕的土耳其人，威尼斯人拥有的掠夺机会比较少。加莱船上的食物也变糟了。更糟糕的是，政府一次又一次未能及时支付船员的工资。有一回，在饥肠辘辘的绝望中，他们洗劫了面包店，却未被惩罚，因为如一位高级海军将领（同时也是一位编年史家）所言，他们实际上只是拿走了应得的东西。通常，他们唯一的补救办法就是穿着破烂的衣服在总督府院里的楼梯上排成一行，向路过的元老和大使大声疾呼自己需要工资。这样的场面与元老们对"至宁的"威尼斯共和国那宏伟壮丽的设想并不相符。因此政府精心设计了许多条款以及时付款，并限制船员在海上停留的时间，但这些条款一再因为紧急情况而遭否决。航行期间发放的工资也经常遭到拖欠。有改革思想的指挥官抱怨说，战船回来的时候，那些被征召而来的士兵领到了那么多拖欠已久的工资，以致他们再也不会重新入伍，因为任何拥有足够的钱去从事其他职业的人员都不会回到桨手的那种辛劳和不舒服的生活中去。

在这种情况下，征兵越来越频繁。在克里特岛和达尔马提亚，威尼斯频繁征兵，虽然有不少被借款和奖金吸引来的志愿兵用来补充。1500年，威尼斯开始犹豫是否应该在意大利北部的附属地区征兵。尽管有的加莱船指挥官沮丧地报告说，因为这些"伦巴第人"不知如何在海上照顾自己，所以迅速地死完了，然而在1522年，威尼斯还是征召了6000名人员，部分用作士兵，但主要用作桨手，并努力让他们在短暂的夏季航行中练习。几艘加莱船成功地由来自加尔达湖地区的志愿兵驾驶，他们受该地区贵族充任的加莱船指挥官的指挥。有100艘预备的加莱船在兵工厂里待命，据推测，大陆的征召兵能为其中的一半配备船员，但是威尼斯人认为他们不适合执行繁重的全年巡逻任务——这需要更有经验的海员。

为了给另一半预备舰队配置人员，征兵制度被重新引入威尼斯。16世纪的元老院没有按照14世纪的在堂区中以"十二抽一"的方式来组织人员，而是求助于工匠和店主的行会及兄弟会。1539年，每个行会和大兄弟会都被要求派遣一定数量的桨手，派遣桨手的数量根据它的规模而定，对于最富有的组织，则由财富而定。同样，组织贡多拉船夫等船夫的组织"渡船会"也需要派出相应的人员。如果某个行会成员的财富和地位让他觉得亲自操桨不合适，他就会雇人代替自己；对于更穷的行会来说，大部分被抽中的人都只能亲自应征。当局让行会和兄弟会取代堂区，担负起寻找人员的责任，说明这些行业性或宗教性组织比传统上邻里之间的划分更为团结。一位驳船船夫或贡多拉船夫，若去应征渡船会派出的人员，他可能认为行会的兄弟们会在他不在的时候帮他照顾家小。

除了这种精神上的支持和附带的物质援助，行会和兄弟会还向那些完成配额而应征的人发放奖金。1537年的一般奖金大约是基本工资的一半。如果配额是通过雇用非行会成员的替代者来完成的，那么奖金可能丰厚得多。虽然在16世纪中叶，一些行会用自己的成员完成了它们的配额，却越来越依赖替代人员。征募桨手的方式在后来变得很简单：海军军需官直接收取雇人代役用的钱。这样集中招聘的做法似乎变得越来越有必要，因为人们发现，寻常时候愿意划桨的人在危急时刻却不愿前去应征了，因为他们有信心稍后收钱为大陆上被征召的人代役，或者为急于找人替代的行会成员代役。有些人此时必定可以拿到三种预付工资：常规的4个月基本工资、行会的预付款和加莱船指挥官的"装备借款"。威尼斯在达尔马提亚也招募了许多船员，甚至招募到最初已经在威尼斯配备过人员的船上。充当代替者的人员会收到高额报酬。官员寻找桨手时相互竞争，他们向应征者提供的借款太多了，所以应征者如果收到所能拿到的预付款之后还欠着不想还的债，就会屈从于跳槽的诱惑，向西班牙人甚至土耳其人找工作。

这种情形激发了使用囚犯的想法，这项补救措施得到克里斯多福洛·达·卡纳尔（Cristoforo da Canal）在言行上的支持。克里斯多福洛是威尼斯最忠诚、最有经验的海军将领之一，他写了一本关于海军管理和战术的书，书中用的是想象力相当丰富的对话体——因为人文主义者而变得流行。他引用了很多罗马英雄的故事，却骄傲地将自己的技艺和判断全都归结在个人经验上。他在 22 岁就成为一名加莱船指挥官。他小时候就跟着叔叔在海上学习，长大后也把自己 4 岁大的儿子带在身边喂大[1]，按照他的说法，用船上的饼干喂大。他在 1550 年左右写的对话录评价了几种可供使用的自由人。尽管他对担任军官和一等海员，甚至是水兵的威尼斯人都评价不错，却认为在威尼斯招募的桨手是最差的。在这么繁荣的城市里，能干的人都找得到工作，只有身无分文的乞丐应募为桨手。他高度赞扬了达尔马提亚人，事实上，在威尼斯报名的船员中很大一部分都是来自达尔马提亚或希腊的移民。达·卡纳尔认为希腊人是最优秀的，尽管他在书中尖锐地批评了希腊人那肮脏的生活习惯，他又说，希腊人比达尔马提亚人更胜一筹，患病的可能性也更小。但是，威尼斯可以招募的达尔马提亚人和希腊人的数量正在减少。与奥斯曼帝国处于战争状态，意味着土耳其人会袭击达尔马提亚，他们把人掳为奴隶，又把其他男人绑起来进行防御。土耳其人还在希腊的岛屿上掳人为奴，收集了不少桨手。一位威尼斯海军将领，如果不沿着克里特岛海岸修建能对此类袭击发出警报的瞭望塔，那么作为威尼斯主要征募地的克里特岛很快就会像达尔马提亚一样缺乏人员。征募自意大利大陆的兵仅用于需要动员所有预备力量的短暂战

1　原文"wean"有"让谁断奶""让谁在影响下成长"的双关含义。

役。即使在和平时期，威尼斯也需要加莱船舰队的巡逻，这支由 30—60 艘加莱船组成的舰队需要一个新的桨手来源。

别国的海军已经使用了囚犯，但在西班牙、热那亚或土耳其的船上，囚犯的地位比另一种船奴低得多——作为加莱船指挥官的私人财产的奴隶，举个例子，安德烈亚·多利亚就在土耳其的边境上购买过一些奴隶。他这样的指挥官有意愿照顾好自己的船员，就像任何拥有财产的人自会照顾好自己的财产一样。这些被锁在长椅上的桨手也许确实比威尼斯许多自由的桨手吃得好、穿得好。可是，威尼斯的加莱船指挥官为什么要照顾好派给他的囚犯呢？在严谨的责任感和无处不在的爱国主义精神的指引下，克里斯多福洛·达·卡纳尔以自己为例回答了这个问题。1545 年，他被选为第一艘由被拴在长椅上的人划桨的威尼斯加莱船的指挥官。他把船只运转得不错，让许多罪犯都活了下来。在接下来的 2 年里，又多了 5 艘配置有罪犯的加莱船，差不多都由他直接管理。

达·卡纳尔说，即使可以用自由的桨手，他也更喜欢用罪犯，因为罪犯被锁链束缚着，心怀恐惧，因此更加听话。有了更好的纪律，加莱船作为一个整体就能像齿轮咬合良好的机器那样，遵从指挥官的意愿而运转。他为照顾好自己的船员而自豪，他的成功备受赞赏，因此在 1555 年，他在威尼斯舰队中升至最高职位。他从未获得过海军统帅的头衔，因为在他指挥舰队的那些年里，没有需要大规模动员的年份。他的任务是追捕并消灭日益壮大的大群海盗。1562 年，他在阿尔巴尼亚和科孚岛之间截击一支海盗舰队时受伤身亡。元老们承认他一生都在为他们服务，一生都没有财富，于是投票向他的家人给了一笔抚恤金，向他的女儿们提供嫁妆，向他的儿子提供当选加莱船指挥官的保证。

克里斯多福洛·达·卡纳尔不能被视作 16 世纪威尼斯海军将领的典型代表。他对改革太过热心。但他的职业生涯表明，尽管可能有许多指挥官试图在指挥时赚钱，或者只打算为政治目的而作秀，但至少有这样一位指挥官，苦行地、积极地致力于维护共和国的福祉。他在对话录中写道，对人的一生来说，最高的目标就是服务好、保卫好自己的国家，这样他自我牺牲的荣誉就将永远被人铭记、被人讲述，将一直激励子孙后代。

勒班陀战役以及之后

　　塞浦路斯战争期间，威尼斯所有的人员配备方法都被使用到了极限。1570 年春，来自大陆、达尔马提亚、潟湖城镇和威尼斯内部行会的应征士兵被召集起来，为 60 艘轻型加莱船和 12 艘大型加莱船配备好了船员。在海上，有大约 16 艘由囚犯驾驶的加莱船，还有足够的"自由"加莱船——在威尼斯配备了部分船员，但船员主要来自克里特岛、达尔马提亚和伊奥尼亚群岛。总共有 140 艘加莱船。最开始的船员在当年因疾病而大量死去，舰队就从希腊群岛招募了好几千人来补充人手，他们的招募行动可能很像土耳其人的掠夺行动。土耳其人经常在他们的长椅上绑满来自同一地区的奴隶，或者用比较温和的手段——抓壮丁。当年冬天，一些船只在恶劣的天气下航行时失事，但兵工厂不断造出新船。很多加莱船被抛弃，只是为了让其他加莱船的人员配置更加充足。

　　1571 年驶向勒班陀战场的舰队见下表。被列为"配置自威尼斯"的加莱船也包括一些很多船员都是希腊人或达尔马提亚人的船，以及配备有罪犯的船、配备有来自威尼斯和大陆的征召兵和志愿兵的船。表中有一些船被列为"配置自达尔马提亚"或"配置自大陆"，是因为其指挥官是来自这些城市，比如斯帕拉托或帕多瓦的贵族。

勒班陀战场上的神圣联盟舰队，1571 年

威尼斯指挥官领导的加莱船

轻型加莱船，人员配置自	威尼斯，自由人	38 艘
	威尼斯，罪犯	16 艘
	克里特岛	30 艘
	伊奥尼亚群岛	7 艘
	达尔马提亚	8 艘
	大陆城市	5 艘
大型加莱船，人员配置自	威尼斯，自由人	6 艘
合计		110 艘

其他指挥官领导的加莱船

轻型加莱船，人员配置自	那不勒斯和西西里	36 艘
	热那亚	22 艘
	教皇国和其他意大利国家	23 艘
	西班牙、马耳他等	17 艘
合计		98 艘
总计		208 艘

勒班陀战役的胜利，是威尼斯的外交官、海军将领、兵工厂和海军管理人员数十年努力的高潮。通过与教皇和西班牙国王派遣的舰队联合行动，威尼斯的兵力几乎存在翻倍的可能性，这让威尼斯的指挥官们有理由不单独对付土耳其人。各方未能就这样的联合行动达成一致，没能让令人印象深刻的手工业成就在 1570 年春结出任何军事成果。在教皇庇护五世（Pius V）的领导下形成的神圣联盟为 1571 年带来了更美好的前景。盟约不仅明确了结盟的三方要为十字军活动配备各自的舰队，还规定联合舰队的最高指挥权属于有信心带领联军打胜仗的唐·胡安。奥地利的唐·胡安是皇帝查理五世的私生子，却由父亲当作王子养大。尽管他同父异母的兄弟西班牙国王菲利普二世给他下了模棱两可的命令，但唐·胡安还是率领舰队进入敌人水域求战（见地图 25-1 的小图）。一支实力相当的土耳其舰队正在向勒班陀运送补给品。勒班陀的士兵和许多指挥官都呼吁土耳其舰队留在港内，由排炮保护，等待基督徒舰队撤退。由于基督徒舰队缺乏食物，最近的基地还远在科孚岛，几乎肯定会撤退。但是土耳其的海军将领像唐·胡安一样希望获得胜利的荣耀，他还认为，摧毁这支最大的十字军舰队的话，土耳其人就能很容易地夺取克里特岛、伊奥尼亚群岛和达尔马提亚，还能自由地袭击意大利。自 1538 年奥斯曼帝国在普雷维萨取得胜利以来，它在海上的优势从未动摇过，将军现在也不想表现出畏缩惧战的样子。

双方的舰队互相侦查，都低估了敌手的力量。两支舰队在 1571 年 7 月 10 日清晨相遇于帕特雷湾（Gulf of Patras），参战双方在当天上午按照既定计划排兵布阵。所有的圆船都被放在后面，配备枪炮的重型船舶中只有6艘威尼斯的大型加莱船参与战斗。这些加莱塞桨帆船被拖到阵前，这样就能在双方的轻型加莱船相接之前用炮火扰乱并削弱敌人。然而，土耳其人的船划过去之后，大多数加莱塞桨帆船在距离半英里左右的生死决战中就没什么用处了。加农炮在这场战斗中的重要性位居次席，不过基督徒凭借更好的火力获得了优势，尤其是凭借手炮，而土耳其人仍然广泛使用弓箭。战术对战局的影响也不大。土耳其人拥有更多船只，他们尝试了侧翼战术。吉安·安德烈亚·多利亚指挥基督徒舰队的右翼，为了不被包围，他率军向大海一侧航行，在他的右翼和唐·胡安指挥的中央舰队之间留下了空隙。基督徒已胜券在握之时，这个空隙却让一名土耳其海盗将领得以逃脱。与此同时，战斗结果由甲板上的接舷战决定。这场胜利的关键在中央舰队，唐·胡安在威尼斯和教皇国旗舰的帮助下，与土耳其人的旗舰交战，登上了旗舰，杀死了土耳其人一方的指挥官。阵亡或被俘的土耳其人大约有3万人，基督徒损失了大约9000人。威尼斯的副指挥官——督军阿戈斯蒂诺·巴尔巴里戈（Agostino Barbarigo）受了致命伤，约有20名威尼斯加莱船指挥官阵亡。在被胜利者瓜分的战利品中，有117艘加莱船和许多较小的船只。

↓ 勒班陀战役之前的舰队行动

1571年初，威尼斯的兵力分散在各处。约30艘加莱船停泊在克里特岛的干地亚，试图向法马古斯塔运输给养——法马古斯塔是威尼斯人在塞浦路斯拥有的唯一据点。在克里特岛的干尼亚还有另外30艘加莱船。新当选的威尼斯海军统帅塞巴斯蒂安·韦尼耶在科孚岛，他那里有大约50艘轻型加莱船和6艘大型加莱船。约5000名受雇在船上服役的士兵仍待在威尼斯。土耳其舰队从内格罗蓬特驶来，停泊在克里特岛沿海的干地亚和干尼亚之间的苏达湾，然后向西航行。韦尼耶为了与盟友会合，带领舰队从科孚岛前往墨西拿。教皇国、那不勒斯人、西西里人和热那亚人的军队正在墨西拿集合，等待从西班牙出发的唐·胡安。土耳其舰队继续沿不设防的亚得里亚海前进，洗劫了科孚岛和达尔马提亚的乡村，远至莱西纳（Lesian），却未能夺取坚固的莱西纳。威尼斯在潟湖中感受到威胁，用铁链和一艘加莱塞桨帆船封锁了港口，并加固了利多。在土耳其人返回勒班陀补充给养和船员之前，从克里特岛出发的威尼斯舰队安全抵达墨西拿。基督徒的联合舰队随后从墨西拿向东航行，索敌求战。

地图 25-1　16 世纪末的诸帝国

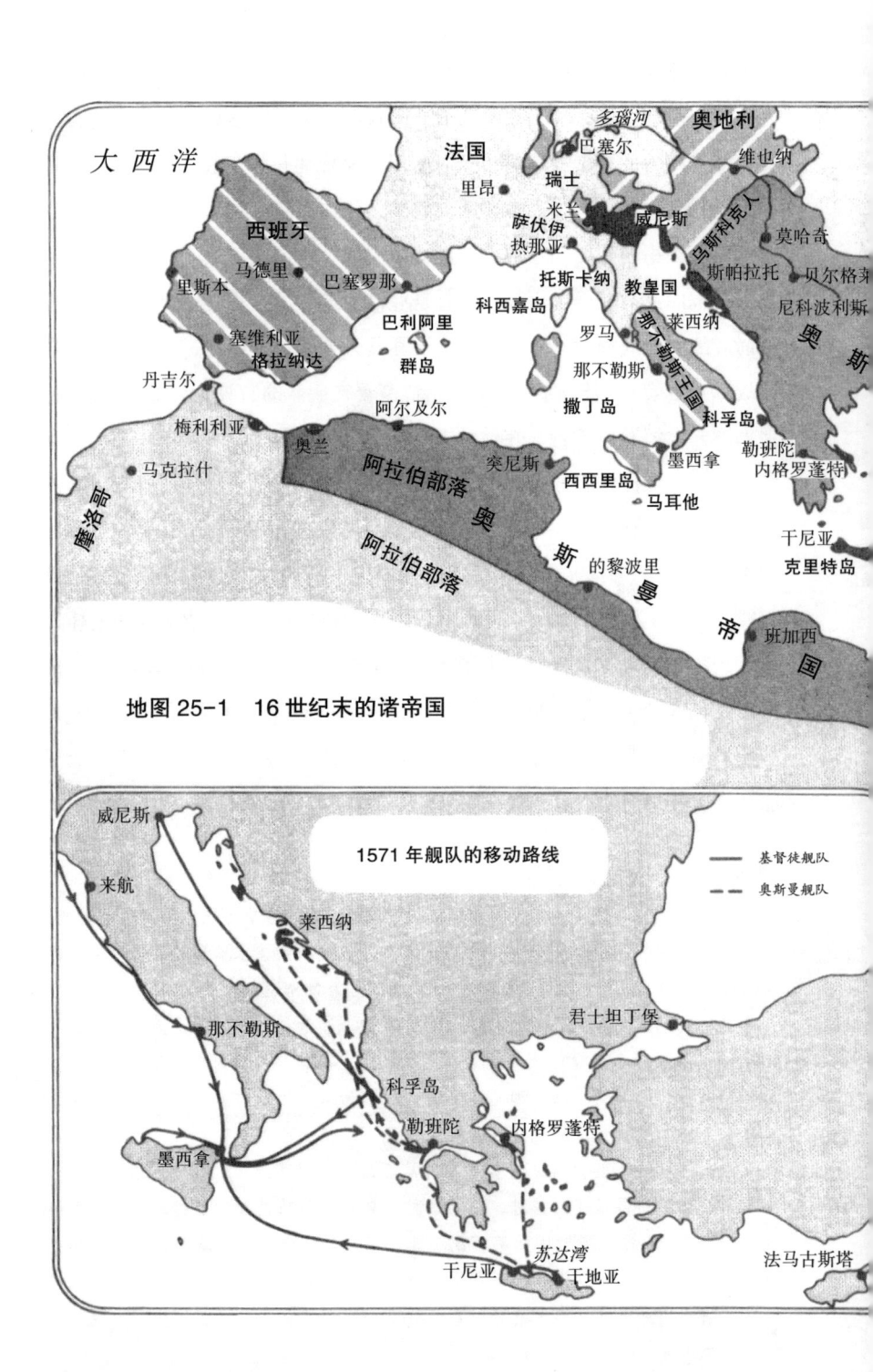

1571 年舰队的移动路线

—— 基督徒舰队
---- 奥斯曼舰队

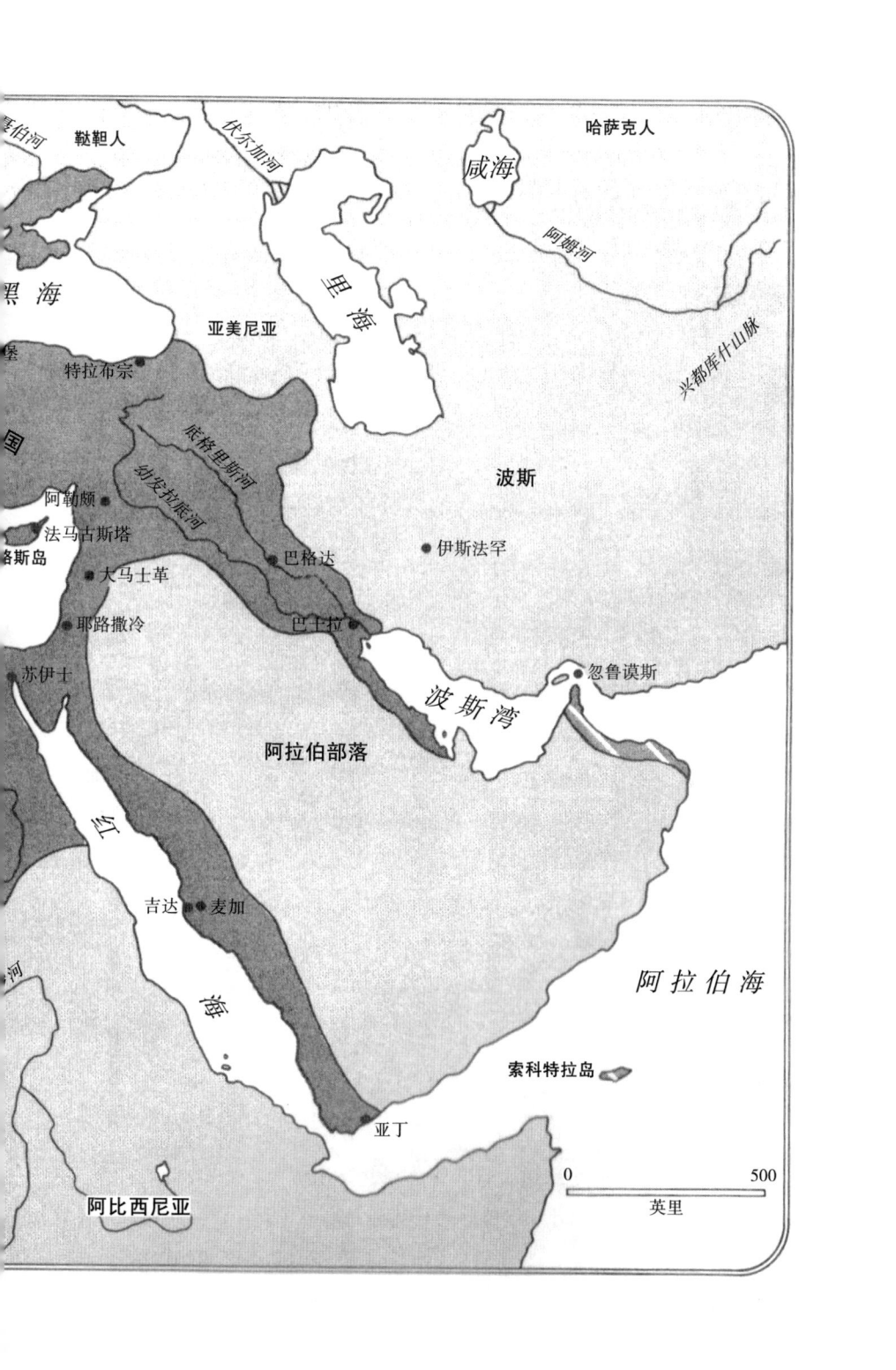

鞑靼人　伏尔加河　　　　　哈萨克人
　　　　　　　　　　咸海
　　　　　　　　　　　　阿姆河
黑海
　　　　　亚美尼亚　里海
特拉布宗
　　　　　　　　　　　　兴都库什山脉
阿勒颇　底格里斯河
法马古斯塔　幼发拉底河　　　波斯
　　大马士革　　巴格达　　伊斯法罕
　耶路撒冷
苏伊士　　　　巴士拉
　　　　　　　　　　　　　忽鲁谟斯
　　　　　　　　波斯湾
　　　阿拉伯部落
红
　吉达 麦加
海
　　　　　　　　　　　阿拉伯海

　　　　　　　　　索科特拉岛

　　　　　亚丁
　　　　　　　　　　0　　　　500
阿比西尼亚　　　　　　　　英里

勒班陀战役中的战术毫无新意。24岁的唐·胡安在格拉纳达与摩里斯科人（Morisco）作战时已经证明了自己的英勇和能力，但他并不擅长海战。他的贡献是通过他的道德领导和组织方式，使舰队团结一致。他把来自不同港口和听从不同命令的加莱船混编在一起，比如，把威尼斯船分成两部，分别派到两翼，尽管可以肯定，吉安·安德烈亚·多利亚指挥的右翼威尼斯船比威尼斯督军阿戈斯蒂诺·巴尔巴里戈指挥下的左翼威尼斯船更少。威尼斯的海军统帅塞巴斯蒂安·韦尼耶（Sebastian Venier）和教皇国舰队的指挥官马可·安东尼奥·科隆纳（Marco Antonio Colonna）都在唐·胡安所在的中央舰队的中心。唐·胡安发现威尼斯的加莱船严重缺乏士兵，因为在威尼斯雇来的5000名士兵无法赶到船上，于是他说服韦尼耶，将西班牙剑士分配到威尼斯船上。四五万人聚在一处，从十字军的狂热中共同感受团结一致的作战精神。这种狂热是反宗教改革的一部分，它后来在西班牙和意大利达到了高潮。教皇是神圣联盟的领袖，皇帝那年轻的儿子是指挥官，两人就是这种精神的化身。战斗开始之前，唐·胡安身穿闪亮的盔甲，乘坐一艘通讯船沿着战线快速行进，向船员们大声呼叫，鼓励他们。敌军进入炮火射程的时候，唐·胡安收起所有旗帜，升起一面画着钉在十字架上的耶稣的旗帜，该旗帜事先已被教皇赐福。每艘加莱船上都悬挂着一幅耶稣受难像，根据教皇向十字军授予的免罪权利，船员在画像下鞠躬、忏悔、寻求赦免。

勒班陀战役的胜利并没有拯救塞浦路斯。舰队还没有到达，法马古斯塔就已经陷落了，土耳其征服者违反了优待的投降条款，活剥了威尼斯指挥官的皮，往人皮里填塞麦秸，以供得胜的土耳其人取乐。第二年，十字军舰队的联合行动没有取得任何足以补偿败绩的胜利，因为战争带来的团结精神并没有让政策相异的威尼斯和西班牙团结一致。虽然勒班陀之战的胜利是在十字军的旗帜下取得的，而不是在圣马可之狮的旗帜下取得的，但是，当一艘加莱船拖着缴获的土耳其旗帜驶入威尼斯港口时，等候的人群报以热烈的欢呼，得胜的船员鸣炮并高喊"胜利啦！胜利啦！"。勒班陀之战的胜利确实该得到热烈的庆祝，因为如果得胜的是奥斯曼帝国，而基督徒可耻地撤退了，那么每一个冒险出海的威尼斯人都任由土耳

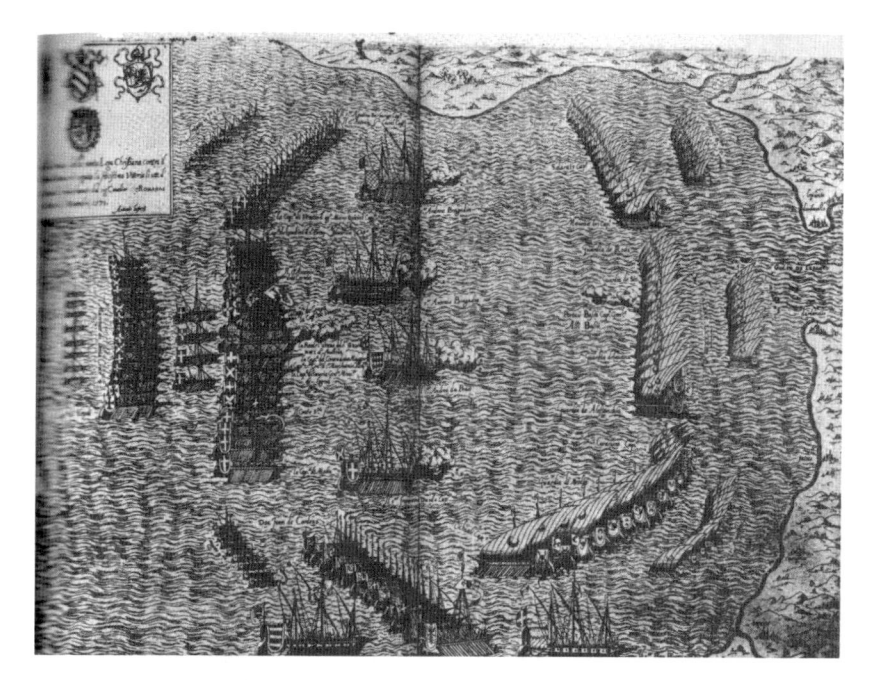

图 25-2 勒班陀战役中的双方舰队（藏于巴黎国立图书馆）

其人摆布了。

勒班陀战役后的十年里，兵工厂很少建造新的加莱船，幸存的兵工厂工人忙于储存缴获的船，忙于改装船只。有一段时间里，船员不再是问题，因为战俘被充作驾驶加莱船的奴隶。随之而来的和平让威尼斯削减了战舰的数量。巡逻的加莱船上，桨手几乎全是犯人，一艘船上只有差不多 50 个自由人——几乎都是水手或士兵。只有在一些旗舰上，船员才全是自由人。

使用锁在长椅上的桨手的同时，划桨的系统也发生了改变。所有坐在同一张长椅上的人都划着一支大桨，而不是每个人单独划一支桨。这一做法在勒班陀战役以前已被大多数海军普遍使用了。威尼斯人在 1537 年也尝试过，但是在勒班陀战役中，他们的加莱船仍然是三桨座战船，也就是说，一张长椅上坐着三个桨手，他们共划着三支桨（见图 25-1）。单支大桨的主要优点在于，无论增加的奴隶熟练与否，都可以让他坐在长椅上划桨。勒班陀战役以后，威尼斯在加莱船上就不再使用自由人桨手了，并同时采用了一张长椅对应一支大桨的做法。在标准的轻型加莱船上，由四个人划一支桨。在大型旗舰上，划桨的人数还会更多，到17世纪时多达八人。

许多人划一支桨，一支桨对应一张长椅，这种配置有助于提高加莱塞桨帆船的速度，延长船只寿命。这些船成了威尼斯航海技术的一种象征。从很多方面来看，威尼斯作为海上强国的声誉在16世纪逐渐衰落。其他国家正在培养更熟练的航海家。勒班陀战役并没有完全抹去16世纪初土耳其人带来的耻辱，但这场胜利在很大程度上恢复了威尼斯海军的声誉。在战斗中，威尼斯加莱塞桨帆船的表现最为抢眼，它们立在阵前，单独面对驶来的敌船，眼见躲避炮火的土耳其船只穿过阵线。在勒班陀战役以后第二年的战斗中，威尼斯人总是在交战中试图让加莱塞桨帆船划到前线，他们在列阵时耗时甚多，以致未能对土耳其舰队采取行动。

16世纪末，一些加莱塞桨帆船被派去追捕海盗。为了让船只提速到能追捕海盗的程度，威尼斯就甲板布局咨询了一些专家，包括当地的数学教授伽利略。新型的加莱塞桨帆船上有大约500名船员，其中包括288名桨手，桨手中有四分之三是罪犯。这种船在服役时相对安全，因为它武装强大，任何桨帆船都不太可能攻击它。但是，即使它得到过改装，航速还是不够快，不足以迫使敌船应战，除非它能在港口里或者在无风时拦截住行进中的敌船。在这种情况下，加莱塞桨帆船可以在躲避敌人炮火的同时机动使用自己的大炮，他们摧毁臭名昭著的尼德兰海盗卡斯滕斯（Carstens）时就是如此。但是总的来说，这种船对阵使用圆船、冬天都待在海上的海盗之时没什么效率，因为加莱桨帆船，甚至加莱塞桨帆船，在船员的疾病未超过合理限度的情况下都不能长时间巡航。尽管加莱塞桨帆船建造于威尼斯国力衰落的时期，尽管这时不用桨的战列舰（ship-of-the-line）开始统治海洋，加莱塞桨帆船依旧位居威尼斯造船工最著名的作品之列。他们用一种精巧却又在宏伟程度上堪比巴洛克风格的方式，解答了如何协调大炮和船桨的关系这个特殊问题。

第二十六章

船帆鼓胀的商船队

美国和威尼斯的历史在一个方面惊人地相似。在这两个共和国发展进程的早期,海洋都是其财富的源泉,海洋也促进了其他经济领域的扩张。在法国大革命和拿破仑战争期间,美国的商船队因大量供应的造船用木材和海员的优势而得以扩张。此后不久,塞勒姆(Salem)和新贝德福德(New Bedford)的船只在中国和极地捕鲸活动中获得了巨额财富。不久之后,当美国作为一个整体远离海洋时,其造船工创造了他们的杰作——飞剪船(clipper ship)。然而南北战争结束之后,其他的经济部门也在快速增长。美国失去了作为航海国家的相对优势之后,就依靠补贴和保护性海事法维持商船队的生存,并利用其他部门的经济实力,使其航运业能够承受产品和劳动力都更便宜的外国企业的竞争。

同样,威尼斯利用船只和海员获得了威尼斯湾的统治地位,成为一个殖民帝国,先在国际贸易中心中处于领先地位,后来又发现了手工业和金融业的发展机会。随着木材供应逐渐减少,劳动力转向其他技能,它在建造和经营船舶方面失去了相对优势。比起建造成本和劳动力成本更加低廉的竞争对手,威尼斯利用了其他经济部门的壮大而提供的资源。与美国后来所做的一样,威尼斯也试图通过保护性的海事法和补贴来维护一种受到美化的航海传统。

当然,无论是在青春期还是成熟期,航运业对威尼斯人来说都比对美利坚合众国更重要。威尼斯船不再享受更低的海上运输成本后,威尼斯仍然是亚得里亚海的主要港口,也是整个地中海最繁忙的五六个港口之一。因为手工业的增长,因为它作为政治都会的地位,因为内陆地区的农业与手工业的发展，经过威尼斯的贸易的规模扩大了。直到今天，威尼斯仍然是一个领先的港口，与那不勒斯争夺现代意大利第二大港口的位置。

尽管从货物的价值和雇用的人数来看，加莱船很重要，但在任何世纪里，它的运输量都不在经过港口的货物总重量中占主要地位。如果把小型圆船和大型圆船也计算在内，圆船在提供工作岗位方面也更为重要。此外，无论在军事上还是贸易上，未来都属于圆船，而不是加莱船。威尼斯商用加莱船的消失，和美国飞剪船的消失一样，是技术变化的必然结果。威尼斯商船的未来，取决于它面对圆船技术的变化时做出什么调整，取决于影响商船的使用和建造的经济条件如何变化。

木材短缺、运费下降与补贴

威尼斯竞争地位的恶化，首先表现在更小、更简单的船型的建造和运营上。曾经环绕潟湖、为罗马诺·马伊拉诺等12世纪的船长提供过木材货品的森林被砍伐殆尽，造船工也跟着倒退的森林前往阿尔卑斯山山麓。15世纪初，威尼斯造船工对失业的抱怨得到了回应，政府禁止从特雷维索和维罗纳等城市进口渡船和驳船，违规进口的船只将被烧毁。然后从伊斯特里亚进口的更大的船只成为威胁，也遭到禁止。15世纪中叶，威尼斯人重申了一项全面禁令，禁止威尼斯人购买外国制造的船只，禁止用外国船只向威尼斯运送货物。几个世纪以前，威尼斯法律禁止外国人在没有特别许可的情况下在威尼斯建造船只，或者购买、租用威尼斯船只，因为让威尼斯船只的数量保持充足，就可以增加威尼斯的贸易量。15和16世纪，威尼斯法律禁止威尼斯人在其他地方造船或买船，也禁止他们用外国的船运货到威尼斯，因为威尼斯贸易量的增加可以带动威尼斯船只数目上升。

小型船只的建造减少之后，大型圆船的数量和尺寸却增加了。1450年左右，至少有30艘超过240吨的船。在那个年代，超过200吨的船已经算大船了。威尼斯政府用来对付海盗的柯克船被人认为很巨大，即使它只有600吨多一点。可以肯定，热那亚人使用了许多更大的船只，因为他们不需要像威尼斯人那样担心本国港口的浅水航道。对于威尼斯来说，400吨成为以下用途的柯克船的通常吨位：6—10艘用于从叙利亚运回棉花和碱粉，3—4艘用于从黑海运回奴隶和食物，3—4艘用于从克里特岛远航到英格兰，还有十几艘用于在各种渠道运输谷物、油、葡萄酒和食盐。这些大型圆船能装载的货物比商用加莱船在顶峰时还要多出不少，几乎能在声望、货物价值、政治重要性上与之匹敌。

15世纪的六七十年代，突然急剧下降的运费率使这一行业陷入萧条。许多大宗货物（如棉花、碱粉和盐）的运费在15世纪下降了至少四分之一。15世纪70年代，克里特岛到英格兰的葡萄酒运费从每桶7—8杜卡特降至3—4杜卡特。

货物运费的下降很普遍。有人可能会问，这种下降是否可以——至少部分地——用当时发生的技术变化来解释，这里技术变化指的是用全横帆的卡拉克帆船代替双桅的柯克船。这种变化始于15世纪中叶，当时人们在前桅上增加了一面小横帆，在主桅的瞭望台上又增加了另一面小横帆（见图10-3、图26-1）。后来，又用同样的模式添加了更多的帆。早期的卡拉克帆船跟柯克船一样，特点是有一面又大又鼓的主帆，后来主帆被分成几张较小的横帆，挂在同一根桅杆上。这一改变使帆布能撑得更平整，船只能更好地迎风航行（见图28-1）。

这些改变让大型圆船在暴风雨中更安全的同时，大炮的改进使它们在海盗面前也更安全。因此，它们就能更好地同商用加莱船在货运上竞争，如前文所述。增加安全措施之后，总体运营成本往往会降低，但增加船帆的措施往往会增加所需的船员，而不是减少。新帆装对葡萄酒或棉花的运费的影响必定非常缓慢。

克里特岛和英格兰之间运费的突然下降并不是威尼斯船舶之间竞争的结果，而是源于外国人的竞争，其中一部分是那几十年活跃在地中海的英格兰人和西班牙人，主要是热那亚人。土耳其人把卡拉克帆船排挤出黑海之后，所有的卡拉克帆船都更加依赖前往英吉利海峡的航线。此外，对于从爱琴海到英吉利海峡的直航，热那亚人特别依赖他们在希俄斯岛附近装载的明矾。就在土耳其人干预明矾贸易时，1461年在教皇国发现的明矾占领了西方市场。热那亚船只从爱琴海到英吉利海峡的航海活动在传统上运载丝绸、香料、棉花等东方产品，自此以后不得不用另一些重的船货来代替明矾，以平衡船只的负载。这也许可以解释为什么他们从克里特岛运到英格兰的葡萄酒的运费竟如此之低。

在离威尼斯更近的地方，她最具破坏性的竞争对手是拉古萨，拉古萨在15世纪的发展速度堪比12世纪的威尼斯。拉古萨人更接近位于意大利"鞋跟马刺"处加尔加诺山的尚未枯竭的橡树林，船运是他们的主要谋生手段。他们在所有海域争夺威尼斯的货运业务，甚至在亚得里亚海也是如此。

为了从上述竞争中保护商船，威尼斯元老院尝试了好几种方法。它规定，威尼斯和它的殖民地之间的贸易，以及在亚得里亚海北部的贸易交换（威尼斯贸易中心的权利规定，这些贸易往来必须经过威尼斯），必须只由威尼斯船只运输。这是一种保护措施，类似于美国坚持从事其沿海航运的船只必须悬挂美国旗帜。拉古萨船不得进入威尼斯，运来粮食的船除外。威尼斯统治下的达尔马提亚地区曾一度被禁止建造任何超过30吨的船只，后来只有在造船者与拉古萨或其他外国的资本家没有联系的情况下才被允许。

外国船只通常处于不利地位，因为它们必须在威尼斯支付更高的吨位税，而且它们所能装载的货物也受到了限制。

为了夺回从克里特岛运送葡萄酒到英吉利海峡的航行活动，元老院颁布法令，对每一桶由外国船装载的葡萄酒征税，以便将其成本提高到与威尼斯船东声称的相当的水平。1473年每桶征税5杜卡特，1488年每桶征税4杜卡特。作为报复，英格兰国王在其统治区域对所有从国外进口的克里特葡萄酒征税，即使在威尼斯人为了回应克里特人的强烈抗议——他们抱怨这些税收让他们葡萄酒的售价高得难以承受——而取消了这项税收之后，英格兰国王仍然继续征税。但威尼斯政府决心为这条航线上的船东给予一些帮助，因为在这条航线上，最大的卡拉克帆船能够盈利，而政府认为这种船可以在未来的战争中充作军船。因此，政府对从克里特岛运往英吉利海峡的每一桶葡萄酒发放2杜卡特的补贴，这是对一条"必要的"航线的一种营运差额补贴。

早在1433年，政府为获得额外的大型船舶，对于拥有特定尺寸和在特定期限内建造的船舶，按吨位给予相当多的直接造船补贴。政府也提高了补贴的金额，在1486年达到了每波特（botte）4杜卡特（约合每吨6杜卡特）。这些补贴在15世纪的八九十年代几乎没有产生效果，以致政府自己建造它想要用来辅助海军的大型圆船。只有在与运费上涨相结合的情况下，造船的补贴才会产生良好的效果。1502年，一项法律规定了最低运费，并规定收取运费要迅速。随后出现了建造船只的热潮。立法规定的最低运费率对这一复兴的贡献可能不如大西洋航运向新的远洋航行的转变，也不如威尼斯和土耳其之间缔结的和约。繁荣充满了活力，却很短暂，更何况康布雷同盟战争之后人们觉得有必要做出新的努力。

对大型卡拉克帆船至关重要的一项运费率完全由政府控制，即政府为从伊维萨岛（Iviza）和塞浦路斯运来的盐所支付的运费。盐的本地销售一直是威尼斯财政的主要收入来源，而且与米兰公爵等邻居签订的协议可以打开更广阔的市场，使食盐供应的增加物有所值。卡拉克帆船运输葡萄酒前往英格兰后返回时，在巴利阿里群岛中最小的伊维萨岛有足够的货舱容量去装盐，尽管它们必须在这里与同样试图供应意大利北部市场的热那亚船相竞争。在地中海的另一端，来自塞浦路斯岛的食盐为棉花等重量轻的船货充当压舱物。威尼斯获得塞浦路斯后，她让自己的卡拉克帆船垄断了收集自利马索尔附近大盐湖的食盐的运输。

对威尼斯造船商最成功的援助计划始于1533年，当时十人议会将支付海外盐运费用的拨款从每年12000杜卡特提高到18000杜卡特。元老院为确保这笔钱将真正用于建造大型船只，就颁布法令，将这笔钱贷给造船商，并在收回贷款时从中扣除适量因运送食盐而增加的运费。向大型船舶的建造商提供贷款的制度定期更新。它似乎非常成功，甚至扩展到发放给所有大型船舶的建造者，无论造好的船会不会用来装食盐。而贷款者有7年的时间来偿还贷款。这些贷款和食盐补贴（最接近威尼斯的做法可能是美国在20世纪的六七十年代为扶持海运业而提供的邮费补贴）伴随着威尼斯私人造船厂活动的复兴，一直持续到1570年。

卡拉克帆船的优势

　　补贴等援助是否促成了这种复兴是不确定的。15 世纪 70 年代，政府提供造船补贴，增加了对食盐的报偿，却没有产生类似的效果。对船舶的大量需求或许源于战争，源于一般的经济发展，尤其源于威尼斯航运业受益良多的远洋航运。毫无疑问，16 世纪 60 年代的威尼斯拥有的大型圆船多过以前的任何时候，这些船的载货能力比其他任何类型的船都要强得多，所以威尼斯商船的总吨位在 16 世纪 60 年代达到了顶峰。我们所拥有的证据甚至表明，当时进出潟湖的大型卡拉克帆船比进出热那亚的大型卡拉克帆船还要多，尽管当时对它们来说足够深的航道只有马拉莫科一处。政府青睐的大型船舶至少有 40 艘，多为 600—700 吨的船。虽然克里特岛的葡萄酒贸易受到税收的抑制，威尼斯的船只还是恢复了大部分幸存下来的葡萄酒贸易。回程时，大型卡拉克帆船运回之前归前往佛兰德的加莱船船队运送的羊毛、布料、锡和铅。这种船也把过去由加莱船运送的威尼斯产品运到君士坦丁堡和亚历山大里亚，它们相信自己的规模和大炮足以抵御海盗。它们还运输沉重的谷物，根据收成的变化而停靠在不同的港口，却发现很难运回逐渐增长的人口所需的所有谷物。卡拉克帆船取代加莱船获得了运送朝圣者前往巴勒斯坦的许可证。

　　当然，拉古萨人作为竞争对手仍然很烦人。他们船只的数量和大小也在增加，并且驰名于英格兰，因此有理由认为"Argosies"（商船队）一词源于"Ragusan"（拉古萨的）。这个词还有可能来自希腊神话中的"Argonauts"（阿尔戈船英雄）。莎士比亚在《威尼斯商人》中写到那些满载财富的船只之时，他有不少机会见到这些船在泰晤士河上航行，其中既有威尼斯的船，也有拉古萨的船："那些扯着满帆的大船在海洋上簸荡着呢，它们就像水上的达官富绅……那些小商船向它们点头敬礼，它们却睬也不睬，扬帆直驶"。[1]

　　这些船的货物应该买有保险，而莎士比亚笔下的安东尼奥却没有买。15 世纪时，威尼斯已经成为海上保险的主要中心。分支机构广泛的美第

---

[1] 译文参考了朱生豪的译文。

奇家族企业利用他们的威尼斯分部为往来于各港口之间的货物提供保险服务。通往里阿尔托的一条狭窄小路叫作"保险街"（Calle della Sicurtà），这里的保险经纪人会给你一些表格（16 世纪时换成印刷的表格），你可以在表上写下你的名字、船的名字、投保的货物和你想要的投保额。然后保险经纪人把钱转到他认识的人那里，这些人通常充当"保险人"。保险人在表格底部的下面注明，对于规定数额的保费，他们会提供一定金额的保障，保障的金额很少超过 500 杜卡特，通常是 100 或 200 杜卡特。这样一来，损失一艘船及其货物的风险就被分摊给了数百人。

海上保险的便捷性让人们更爱使用卡拉克帆船而不是加莱桨帆船。即使船只武装精良并有护航，仍有可能因风暴或海盗而遭受损失——这个风险比保险人不支付保险金的风险更高。若使用商用加莱船的额外成本超过了在卡拉克帆船上购买保险的花费，那么商人就宁愿选择卡拉克帆船。保险费率自然会根据船舶和情况的不同而变化。康布雷同盟战争期间，保险费率上涨了，所以普留利记载说，来自叙利亚的船只的保险费率从 2.5% 涨到 5%，去往佛兰德的加莱船的船货保险费率原来是 4%，现在用 15% 的费率都买不到保险（尽管这些加莱船在回家路上其实颇为安全）。16 世纪末，威尼斯同亚历山大里亚或叙利亚之间航行的船只，其费率大多为 3.5% 或 4%。

和许多别的方面一样，卡拉克帆船在为年轻贵族提供学徒式教育这方面也取代了商用加莱船。每艘卡拉克帆船都被要求携带一些"贫穷贵族"充当"后甲板弩手"。纵然这一职位没有像最初设想的那样帮助贫困的年轻人走上商业海运的生涯，但它让任职者见识了世界，为他提供了有益的经验。年轻的亚历山德罗·马格诺（Alessandro Magno）获得这个机会时特别用功，他拥有一本日记，按照他的说法，日记的作用是让他日后能回忆起船上的欢愉，让他在船上消磨时间，让他满足自己的好奇心。他列出了所有船员的名字，船员的职责和薪酬，每天的航线和风向，船货清单，以及他在岸上观光的许多细节——例如他如何进入埃及大金字塔。他在第一次航行中当然只是一名乘客，当时他陪姐姐、姐夫、姐姐的幼女和公公一起去塞浦路斯工作。后来亚历山德罗购买了贵族弩手的职位，随船前往亚历山大里亚和伦敦。他在25岁进入大议会之前，已通过4次这样的航行提高了自己的教育水平，然后很快被一个哥哥提名担任一个有利可图的职位——布雷西亚的财务官。

亚历山德罗·马格诺所乘坐的船有600—700吨，船员在有一次前往塞浦路斯的时候最少，为52人；一次前往英格兰的时候最多，有73人。以上人数算上了包括船长和甲板上的所有人。船上的"人手"（fanti）有二三十人，和加莱船战舰上的桨手一样，领取10里拉的月薪，不过每人有一项额外权利——可携带半吨多一点的免运费货物。船上有4名舵手和4名一等海员，他们的吨位权（tonnage rights）是水手的2倍，而每月工资多一两个里拉。比起"人手"的，木匠这样的工匠则享有3倍的吨位权和2倍的工资。

尽管亚历山德罗评价了22位专职人员，包括一位靠售卖药和药膏赚点钱的理发师，却没有提到过随船牧师。不过，船上并不缺乏宗教仪式。在规定的时间，大副吹口哨把全体船员召集到一起，大副和抄写员领读祷文，船员们吟诵"阿门"或"请保护我们的船和船上的同伴"。

作为一位贵族，亚历山德罗当然与船长同桌就餐。商船上的大副、领航员、出纳员或抄写员、木匠、敛缝工、炮手和每个月付5杜卡特的旅客也和他们一起就餐。亚历山德罗说，他们吃得好不好取决于船长对自己的尊重程度，但许多最美味的食物都留给了第二等级的餐桌，因为那里除了有等级较低的人员和只支付3杜卡特的乘客，还有乘务员和厨师。即使是在第三等级那混乱的甲板上，船员也比加莱船战舰上的桨手吃得好得多，因为他们每周吃三次肉，不吃肉的时候吃沙丁鱼和奶酪，还能享用他们想要的豆子汤。复活节那天，船上所有的人都聚在一起吃这个季节里能在当地买到的最好的食物。

在亚历山德罗的历次航程中，船长都不是贵族，也不在船上拥有股份，尽管船长仍被称为"赞助人"。和其他船员一样，他也是雇员，不过按"在陆上或在海上"拿取年薪，大副、出纳员和负责供应的乘务员（masser）也是如此。在16世纪的威尼斯，贵族在船东中仍然很突出，但指挥商船是一个独特的职业，越来越多地留给威尼斯的中产阶级或达尔马

图 26-1 卡拉克帆船起航

卡尔帕乔在《圣厄休拉传说》中,在一对告别父母的年轻夫妇背后绘制了等待中的船舶,船的样式和帆正是 15 世纪晚期的卡拉克帆船:艏楼和艉楼高高耸起;主桅上有一面特别大的方形主帆;瞭望台上面有一面方形顶帆;艏楼上也竖着一根桅杆,桅杆上飘着一面横帆;船尾还有一两根飘着三角帆的桅杆。

提亚人。与此同时，威尼斯在航海的技艺上落后了。16世纪初，葡萄牙处于领先地位，尽管许多意大利人（包括我们已经提到的一些威尼斯人）作为专家在其中发挥了突出的作用。16世纪中叶，西班牙人向前发展。英格兰人在16世纪末也有所成就，他们发展了远洋航行所需要的新技术。老式的航海方法——航迹推算法，以及对岬角、港口和风的了解，对克里斯多福洛·达·卡纳尔这样的地中海水手来说最为重要，但即使在这些传统的航海技术方面，威尼斯的航海家也逐渐失去了往日的名望。

还有许多其他迹象表明，威尼斯造船业在这个"印度之夏"[1]之后将迎来惨淡的冬天。最明显的是橡木的短缺。在亚得里亚海北岸仍然生长着一些优良的橡树林，但是兵工厂坚持把它们保留下来，只供自己使用。例如伊斯特里亚的蒙托纳谷地（Val di Montona）和特雷维索附近的蒙特洛（Montello）山区，这两个地方都受到沟渠和以兵工厂造船工为首的护林员的保护。为了加强兵工厂的垄断地位，1559年之后，所有获得贷款的造船商都必须发誓称自己没有在威尼斯境内砍过任何橡树。

从在国外购买木材，到在国外购买整艘船，是很自然的一个变化过程。甚至在1570年之前，这一进度已经完成了一半。许多威尼斯贵族获得了许可证，得以出口在威尼斯相对丰富的松木和杉木，以便在殖民地建造船只，特别是在库尔佐拉——一个达尔马提亚城市，政府鼓励人们在这里建造大型船只。许多在外国组装的船只与在威尼斯建造的船只享有同样的权利。在粮食短缺的年份里，威尼斯的船籍同样也被授予一些建造于国外的船只，作为进口小麦的奖励。

崩　溃

塞浦路斯战争，以及两年后的1575年疫病大流行，扰乱了造船和贸易。贸易在16世纪80年代复苏，通过威尼斯港口的交通量在世纪末持续增长。然而，造船业并没有复苏。因为材料越来越难得到，威尼斯的造

---

[1] 本指北美的一种天气现象，即深秋时节在临近入冬之时的回暖天气，大致相当于中国的"小阳春"。

船成本上涨到原来的四倍。而在1550—1590年，海员的工资和一般物价差不多翻番了。保留给威尼斯建造的船只的利益，不足以抵消这些成本加上运送年轻贵族的运营成本。威尼斯的贸易越来越多地由非威尼斯的船只进行。

在威尼斯造船业崩溃的这几十年里，尼德兰人通过新的造船方法和一种新的、更便宜的货运船来革新造船业。他们本国的木材供应甚至比威尼斯的还要少，但尼德兰人从斯堪的纳维亚半岛和波罗的海的港口（例如但泽［Danzig］）组织木材进口，把大量木材整齐地储存起来，需要木材时，便能很快找到所需的木材，再用起重机运走，用风车锯开。因为进口的木材很便宜，他们开发出飞船（flyboat），这是一种低矮、平底的轻型船只，船身非常宽敞，它使用横帆，只需要很少的船员就能驾驶。虽然这种船不容易用来抵抗攻击，但是在海盗鲜少出没的地方，它能把运输成本降到一个新的低点。

在威尼斯造船业的繁荣时期，其商业领袖并没有像尼德兰人那样把精力放在削减成本上。威尼斯的商人如果想要一艘卡拉克帆船，就会组成一个合伙企业，其中一个人将成为这艘船的主人，一个人购买或砍伐木材。再由某个人雇一位造船工工头，让工头设计船只并指导工匠们造船。工头和工匠们既为兵工厂做工，也为私人造船厂做工，他们可以从两个地方拿工钱。在小型造船厂里，肯定有工匠管理者在建造贡多拉和驳船。其中一些小型造船厂试图将业务扩展到建造大型船舶，但在1425年，政府禁止它们接受建造100吨以上船舶的合同。由于这一限制，造船业几乎没有机会培养集技术能力、资本和创业能力于一身的业主兼管理者。

不过，至少出现过一名这类人才，那就是贝尔纳迪诺·塞巴斯蒂安·罗索（Bernardino Sebastian Rosso），他在经济萧条时寻求过政府的援助。一位叫弗朗切斯科·罗索（Francesco Rosso）的人可能是他的祖父，在16世纪初是兵工厂中建造商用加莱船的一流工匠。但在16世纪中叶，贝尔纳迪诺在自己的造船厂里生产卡拉克帆船和较小的船只，1425年的限制已遭废止。1589年，他说自己已经建造了20艘以上的船，但他造好的最后一艘船已经三年没有人买了。他不仅向政府请求补贴，而且想要特殊的税收减免，以削减组织稳定的劳动力、砍伐和运输木材的成本。他被授予了鼓励性的待遇，他的事业却未见起色。由于威尼斯在早期没有培养出一批专注于造船厂经济学的企业家，威尼斯没有几个这样的人才，便难以面对16世纪末的显而易见的困难局面。

私有造船厂应对危机的另一项努力是增加一种运营成本较低的船只，这种船就是马西利亚那船（marciliana），它低矮、宽敞，还是平底船，首舷鼓起，使用横帆。这种船舶只需要少数船员，而不需要搭载规章要求卡拉克帆船搭载的那种贵族弩手。它们特别适合亚得里亚海的港口，不过它们也驶出亚得里亚海，到克里特岛和更远的地方。它的尺寸也在变大。它们很容易成为海盗的猎物，但它们的增加表明，从严格的商业角度来看，遭遇海盗的风险可以通过保险和较低的运费来补偿。然而，政府不支持马西利亚那船，并在1602年禁止它们航行超过赞特岛。政府希望所有长途航行都用大型卡拉克帆船，因为它们是有用的海军辅助力量；或者用建造于克里特岛的一种商用盖伦帆船，这种帆船使用高三角帆，它之所以受到政府青睐，是因为它训练了使用三角帆的加莱船战舰所需的水手。

16世纪，元老院对航运业的政策不仅体现在不愿放弃传统的船型上，还体现在从海军指挥官的角度看问题，而非从经济的角度看问题。

为了引导造船商建造大型船舶，元老院曾一度依赖高额的造船补贴。因为这也没有起作用，元老院于1590年废除了禁止购买外国船只的规定，当时威尼斯只有12艘大型船只了。似乎很明显，如果不满足保护本国造船业的需求，不久之后，就再也不会出现飘扬着圣马可旗帜的大型商船了。与此同时，提升运费的请求也得到了批准。1602年，西方船只被禁止在威尼斯和黎凡特之间运输货物。受此鼓舞，威尼斯的航运业得以恢复，在1605年拥有26艘可被称为"大型"（这在当时意味着360吨以上）的船舶，其中一半以上建造于国外。1627年发生新的危机时，政府甚至改变了以前的政策，为购买外国船只提供补贴。

在外国造船厂购买船只的做法并没有给威尼斯航运业带来活力。尼德兰人和英格兰人正在证明，他们不仅可以建造更便宜的船只，而且可以更有效率地运营船运。1553—1573年，大西洋的商船几乎完全离开了地中海，但在此之后，英国等国家的商船返回地中海，运来小麦和鱼干，并从希腊群岛运走葡萄酒和葡萄干。他们从奥斯曼苏丹那里获得了直接与他的领土进行贸易的权利。他们甚至开始经营大部分进出威尼斯的交通。他们的船比威尼斯政府所青睐的那种船更小，很少超过250吨，能在风力更小的时候航行，运货的速度更快，因此能提供更快速的服务。有威尼斯人从英格兰人或尼德兰人手中购买这类船只，将其交给威尼斯海员驾驶以利用威尼斯船籍的优势，但是无法有效率地操纵它，因为威尼斯海员不具有驾驶这种船所需的技能。甚至威尼斯商人也越来越喜欢用外国船只装货，因为它们收取的运费更低，或所需的保险费率更低。

这一趋势因亚得里亚海和整个地中海的海盗行为日益猖獗而更加突出。对威尼斯来说，特别麻烦的是乌斯科克人（Uskok，意大利语Uscocchi）在亚得里亚海北部的掠夺活动，他们是来自波斯尼亚和被土耳其人征服的达尔马提亚部分地区的基督徒难民（"乌斯科克"这个词来自塞尔维亚-克罗地亚语，意为"逃走的人"）。勒班陀战役之后威尼斯与奥斯曼帝国达成和平协议后，乌斯科克人继续他们自己对土耳其人的战争。哈布斯堡王朝的统治者招募他们来守卫与奥斯曼帝国的边境。乌斯科克人的主要据点是位于伊斯特里亚东部的塞格纳城（Segna，今克罗地亚的塞尼，见地图3-1和地图25-1）。他们很少得到承诺的报酬，主要靠掠夺过往的船只或附近的城镇为生，他们指责这些船只装载敌人的货物，指责这些城市与敌人进行贸易。整个塞格纳城都以这种抢劫活动为生，远征队在当地教堂受到祝福，多明我会和方济各会的修道院获得劫掠物十分之一的收入。乌斯科克人驾驶小船，每艘船有大约十支桨。他们很难被抓住，因为船上有几十名船员以极快的速度划桨。威尼斯人相信乌斯科克人得到了当地妇女的帮助，她们在岸上的洞穴里念咒语，从山上召唤致命的北风"博罗"（boro），这风将摧毁任何试图封锁他们的舰队。乌斯科克人同样掠夺拉古萨和威尼斯的船只，但倾向于避开那些参股运营的达尔马提亚船只，因为与安全运送货物有相关利益的船员会进行反击。威尼斯水手一般靠工资生活，一旦劫掠者同意不伤害他们，他们就会站在一边，任由乌斯科克人拿走富商的货物，无论货物的所有者是土耳其人、犹太人，还是基督徒。如果他们不反抗，同为基督徒的乌斯科克人可能不会掳他们为奴。乌斯科克人掠夺的这一方面表明，他们的成功是十字军精神的表现，更是阶级战争的表现，虽然这两个形容并不符合那个时代，但是可以反过来表明乌斯科克人和普通海盗的差异有多么大。

乌斯科克人骚扰亚得里亚海北部的同时，威尼斯巡逻舰队在更远的南部被来自阿尔巴尼亚港口的土耳其海盗船所包围。这时亚得里亚海上充斥的海盗比10世纪之后的任何时期都多。

海盗的威胁给商用加莱船带来了新生。若它们被投入使用，元老院愿意提供补贴；而且在兵工厂中有大量闲置的大型加莱船。1588年，两艘加莱船服务于前往科孚岛和赞特岛的航线，政府设定了极为低廉的租赁费，而且为每艘船提供5000杜卡特的运营补贴。当斯帕拉托被发展成了从君士坦丁堡出发的陆上路线的一个终点站，而且随着海上变得越来越不安全，这里经手的货物越来越多，元老院便不必拿出很多补贴来刺激人们将加莱船用在前往这个达尔马提亚城市的短途航线上。从斯帕拉托到威尼斯这条航线的途中，会经过乌斯科克人"逃"去定居的岬角。为了防备乌斯科克人，达尼埃莱·罗德里加甚至在整修好斯帕拉托之前就开始提议恢复加莱船的航行。码头和仓库准备好之后，来自斯帕拉托的船东们就会前来投标，竞相租赁往返于该城市和威尼斯之间的加莱船。一种新型的加莱船是为航行到斯帕拉托而研制的，它的吃水深度小于过去的大型商用加莱船；船员也不一样，总数只有160人，其中40人是士兵。这种船一抵达威尼斯，就由10名卸货的船员接管，而普通船员则被转移到另一艘加莱船，后一艘船立即返回斯帕拉托。就这样，这种往返的航线在1614—1619年之间每年航行6次，在1636年航行了8次。

在亚得里亚海之外，威尼斯的航运也受到基督徒和穆斯林海盗的双重打击，基督徒造成的损失最大。威尼斯在勒班陀战役之后退出神圣联盟时，它试图在交战的奥斯曼帝国和西班牙帝国之间保持中立。因此，它的船只似乎成了海盗船的绝佳猎物，两个帝国的舰队中都有海盗船，两国在1580年讲和之后，海盗船便得以放手去专注于私人的海盗事业。根据两个帝国的和约，奥斯曼苏丹没有义务再约束巴巴里海盗，西班牙国王也没有义务规范驻扎在马耳他的圣约翰骑士团掠夺穆斯林船运的行为。更糟的是，西班牙在那不勒斯和西西里岛的总督也帮助海盗，与其分享利润。即使海盗未受到鼓励，自称"十字军"的基督徒也声称自己有权从威尼斯船上没收任何属于穆斯林或犹太人的物品。在掠夺船只之前，他们有时会费尽心思折磨船上的官员，让官员"承认"货物属于"异教徒"。威尼斯的旗帜几乎没有什么保护作用，除非本船或附近的船上有大炮当后盾。

其中最具破坏性的是来自英格兰等北方国家的海盗。他们进入地中海时，用的不是没多少人手、单甲板的尼德兰飞船，而是"防御商船"（defensible merchantman）——它更像盖伦帆船，基本上是英格兰人用来掠夺西班牙航运的同一种船只。这种船虽然在尺寸上比较小，却造得很结实，还装备了强大的火炮。英格兰人需要大炮和战士来保护自己不受西班牙和摩尔人的攻击，他们也使用大炮和战士来大肆掠夺。威尼斯的卡拉克帆船是特别诱人的攻击对象，因为船上的货物很丰富。1603 年，威尼斯人估计他们已经有 12 艘大型船只被西班牙总督支持的海盗夺去了，另有 12 艘船只被北方海域来的海盗夺去了。英格兰人还同时在商业上与威尼斯船只竞争，以低于威尼斯船只所支付的价格购买棉花、葡萄酒和水果。

元老院有一些成员认为，在商业航行中恢复使用加莱船是打击亚得里亚海里里外外的海盗活动的最佳对策，但贸易委员会反对将加莱船派往叙利亚的提议。贸易委员会称，这些加莱船会无货可运，因为贸易掌握在少数家族企业手中，这些企业拥有自己的船只，运输香料和丝绸的成本相当低廉——因为可以在塞浦路斯用棉花填充货舱。相反，如果威尼斯设立受护航的船队，就要专门选用超过 360 吨的船舶，让这些船携带大量的大炮和士兵，并由武器装备过于昂贵的大型加莱船护送通过最危险的水域。事实上，一些威尼斯大船装备精良，足以应付海盗，但负责检查的官员抱怨说，许多船东和托运人宁愿把钱花在保险上，也不愿把钱花在优秀的船员身上。一旦投保了，他们就不在乎船只和货物是否会被弄丢，所以他们雇用一些新手船员，当海盗威胁要登船时，这些船员就躲在船的甲板下面。

在这些躲藏的新手船员中有一些穷孩子。1559 年的一项法令要求，每艘300吨及以上的船都要载3名舱室服务员（cabin boy），理由是在海上服务的经历会重塑他们的道德，使他们不再乞讨。

15世纪，第一次有迹象表明其商业航运面临着激烈的竞争时，威尼斯政府开始利用威尼斯经济的总体实力来支持商业航运。17世纪初，经过两个世纪的补贴和保护性海事法的实施，威尼斯依旧是一个繁荣的港口，却极度依赖外国造船厂和外国海员。1602年通过的海事法向威尼斯籍的船只赋予优先装货权，禁止西方船只在威尼斯和黎凡特之间运输货物，这样一来，便在这种依赖将要破坏威尼斯在国际贸易中地位的基础的时候保护了航运业。

第九部分

顽强的防御

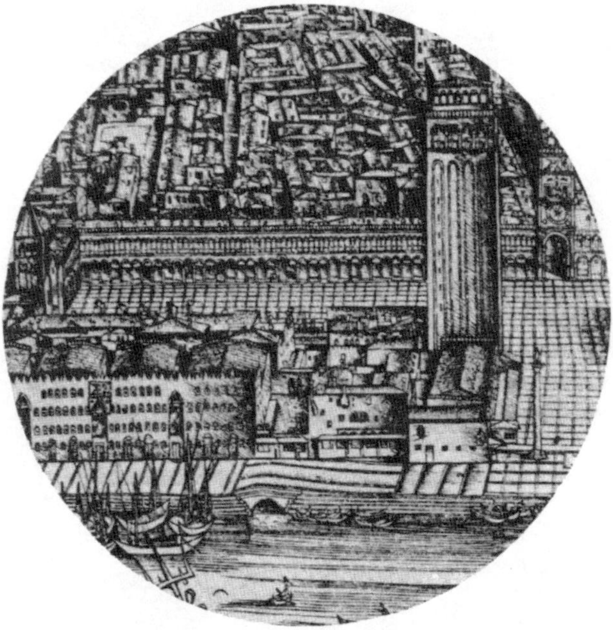

第二十七章

主权与体制

Esto Pertetua!（愿你永恒！）

——保罗·萨丕的遗言（1623年）

17世纪欧洲大陆的普遍特征是经济停滞和绝对君主制的巩固。随着这些趋势变得明显，威尼斯人感觉他们的共和国越来越受到威胁。在1575—1577年和1630—1631年的两次疾病大流行之间，反宗教改革运动的高潮不仅增加了在意大利的教皇的权力，也增加了哈布斯堡王朝君主的权力。同一时期，威尼斯应对海洋挑战的成功被证明很短暂，因为16世纪末的经济增长之后，毁灭性的衰退随之而来。面对充满威胁的境况，威尼斯使用娴熟的外交手段、威尼斯共和主义的短暂复兴予以应对。

维持和平的外交政策

虚弱迫使威尼斯在塞浦路斯战争和1575—1577年的疾病流行之后奉行中立政策。在法国被宗教战争扰乱的几十年里，威尼斯完全无法阻止西班牙统治意大利。法国陷入瘫痪，奥斯曼帝国由无能的苏丹统治，发兵攻打波斯。而同时由哈布斯堡家族统治的西班牙和奥地利帝国支配着欧洲大陆。西班牙帝国包括了米兰和那不勒斯王国，奥地利帝国包括了未被土耳其征服的匈牙利和克罗地亚的大部分领土。如果没有威尼斯的领土位于它们之间，这两大块领地就会连接到一起（见地图25-1）。过于紧密地与它们结盟，或过于粗暴地反对它们，将危及威尼斯的独立或存续。人们总是担心土耳其人会再次把精力转向西方，攻击威尼斯那余下的殖民帝国。

为了使她的中立得到尊重，威尼斯按照军事工程的新原则加固了它的城市和海外基地，这些原则是为了对抗大炮的快速改进而发展起来的。即使在和平时期，威尼斯仍然维持着相当数量的雇佣兵。意大利军队在17世纪初就开始走下坡路——"据说他们只有在自己的国家之外才能有所作为"（兰克）——威尼斯部分依赖阿尔巴尼亚人，部分依赖德意志人，其军官也不是威尼斯贵族，而是外国人。与此同时，西班牙、奥地利和法国这些君主国正在建立规模大几倍的军队。为了解决这些军队的指挥、供应和财政的问题，这些君主国发展出了官僚制度的雏形：在中央集权的指导下，在分级的职位中长期雇用专门的工作人员。威尼斯确实改善了其财政记录和预算控制，但缺乏中央集权的官僚机构。它继续依赖相互重叠的官员委员会，这些委员会根据几个世纪前发展起来的共和精神互相监督，并由选举产生、短期任职的贵族组成。最有经验、最有权势的贵族在最高的管理委员会中轮换，大约每年更换一次职位。各类委员会数目的不断增加只会降低该制度的效率。委员会的工作容易产生更富有成效的睿智评论和令人惊叹的报告，却不易策划军事力量需要的高效率大规模行动。

相对被动的中立政策符合威尼斯社会结构的变化。带领经济增长的部门是手工业和农业，而不是海外贸易和船运。这座城市的平民越来越多地从事非军事性质的手工业活动，贵族越来越依附于他们的地产，这两个群体都不愿意让自己或自己的农场和别墅暴露在战争的危险之下。他们在土地上投资是因为受到了逐利精神的影响，这种逐利精神过去曾促进了海外贸易。发生的变化不能用精神的转变来解释，但是投资一旦发生了改变，精神也会随之改变。

所有这些情况使威尼斯人更倾向于和平而不是战争，他们的态度被保罗·帕鲁塔（Paolo Paruta）理想化、正当化。帕鲁塔是一位能干的外交家和学者，继彼得罗·本博之后续写威尼斯的官方历史。帕鲁塔在《论完美的政治生活》（Della perfettione della vita politica）一文中详细驳斥了马基雅维利的学说——政治生活中最好的东西是权力，要么是国家的权力，要么是有德性（virtù）之人的权力。 与此相反，帕鲁塔则从政治的目的是幸福这一准则出发，引申出对和平的赞美。"享受和平的甜蜜果实，"他写道，"它是所有军事机构和军事行动真正应该寻求的目标。"他含蓄地将威尼斯比作罗马，继续说："因此，那些将所有心思和注意力都放在战争上的王侯和共和国，挑起一个又一个战争，以扩大自己的帝国，这不是通往幸福（felicitià）的大道。幸福不在于统治许许多多的人，而在于公正地统治人们，在于保持臣民的和平与安宁。"

帕鲁塔本人就是一名在军事力量薄弱的情况下保持威尼斯外交声誉的大使。他最辉煌的时刻是在驻罗马大使任上。威尼斯是意大利第一个承认波旁家族的亨利为法国国王的国家。当时亨利被逐出教会，而西班牙和奥地利支持他的对手。在向教皇表明威尼斯的观点——亨利四世是法国制衡西班牙的唯一手段——时，帕鲁塔用机智和坚持，使威尼斯在亨利与教皇的和解中扮演了重要的角色，而这是和平外交的胜利。

政党的萌芽

威尼斯共和主义在这两次疾病大流行之间的生命力，创造了一种政党体系的萌芽。当然，没有正式的党派组织，政党的概念继续受到谴责，就像在英国，人们刚开始蔑称别人为"辉格"（马贼）和"托利"（不法之徒）的时候一样。但在一段时间内，人们因知识分子的态度、制度的议题、外交政策而结成更庞大的同盟，家族派系便不那么显眼了。一派是被称为"青年派"的一群人，这个标签贴在一个世纪以来想"进入"政治生活的"外人"身上，他们比"守旧派"更倾向于采取积极的行动。政党"年轻"和"守旧"的标签不断演变，因此它们的字面意义并不会多于我们的标签"左派"和"右派"。但在1580—1630年，在威尼斯可以辨认出类似的区别。

青年派发现了一处地方，那就是位于圣路加的莫罗西尼府的客厅，这里的环境适合激发知识分子的灵感。这处地方由安德烈亚·莫罗西尼（Andrea Morosini）主持，他接替帕鲁塔成为共和国的官方历史学家。"莫罗西尼客厅"（Ridotto Morosini）是欧洲社会中新出现的一类社会中心的一个著名的例子，它不受宫廷礼仪和学院课程的束缚。威尼斯有许多学院，它们对文学的投入比佛罗伦萨少，对自然科学的投入更多。然而，在莫罗西尼客厅中，不仅有伽利略这样精通数学的科学家、保罗·萨丕（Paolo Sarpi）这样博学的修士，有许多对国事有影响力的官员和商人贵族（莫罗西尼家族中就有不少），还有列奥纳多·多纳（Leonardo Donà）这样走在当选总督路上的政治家。所有这些人在平等的基础上集会，他们能自由地谈论感兴趣的话题。然而在一个严格强调阶级差别的时代，这种不拘礼节的情况值得我们注意。莫罗西尼客厅为青年派奠定了知识分子的基调。任何来自法国、英格兰和尼德兰的新思想都会引起他们的兴趣，尤其是来自法国的新思想。青年派乐于倾听危险的想法，这是把他们与守旧派区分开来的态度的重要组成部分。

国内政制的问题涉及十人议会的作用。青年派希望遏制自己认定的寡头活动。1582—1583 年，他们强行通过了一项决议，对施加于财政和外交事务的干涉加以限制。他们通过使元老院再次成为这些问题的决策中心，向更多贵族提供了决定重要问题的发言权。

对比这两个群体时，最关键的就是他们对西班牙和中立政策的态度。青年派想要一种更积极自主的政策，对他们来说，平衡和中立的政策似乎已成为屈从于西班牙对意大利的统治的一种惯例。他们转向法国、英格兰和尼德兰，不仅是想寻找新思想，而且最重要的是想找到能够帮助威尼斯推翻西班牙统治的盟友。守旧派可能对西班牙的权力同样怨恨，但他们更胆小，其中不少人领取教会的圣俸，因此他们更倾向于规避冒犯西班牙或教皇的危险。

对教会的态度是凝聚青年派的强大纽带。教会和国家、政治和宗教在威尼斯的传统关系受到了反宗教改革的挑战。在宗教热情得以恢复的鼓舞下，教皇更加积极地坚持自己的主张，他还在许多情况下得到了西班牙的支持。许多威尼斯人认为教皇权力就是戴着面具的西班牙权力。对某些人来说，反教权主义纯粹是一个政治问题。对另一些人来说，这是一个宗教问题，因为他们"在精神问题上有一种深刻的个人责任感"，不愿接受教皇的指导。他们特别反对耶稣会士，因为耶稣会士利用忏悔引导良心的技巧会带来政治性后果。

16世纪早期,新教和天主教之间还没有出现明确而清晰的界线,威尼托地区在思想的萌芽和传播中发挥了重要作用,这些思想在现在通常被归为再洗礼派(Anabaptists)的群体中产生了影响,而路德宗和加尔文宗得到的改信者相对较少。16世纪末和16世纪初的情况一样,威尼斯以华丽的宗教仪式和被宗教遗物、有关奇迹的报道所吸引的人群而闻名。少数信仰新教的威尼斯贵族并不是政治上的重要人物。然而,在教会与国家关系的问题上,新教徒在阿尔卑斯山另一边的起义活动和天主教的反制措施却让问题恶化了。在这些关系中,威尼斯的传统很独特。虽然主教在大多数西欧国家担任首席大臣,但在威尼斯,他们被排除在所有政治职务之外。直到1451年,威尼斯的最高神职人员宗主教才在潟湖的小镇格拉多安放教座(见第八章和彩图7)。他的教座后来搬到威尼斯,但只是搬到了卡斯泰洛的一座教堂,而不是这座城市的主要教堂——圣马可教堂,因为圣马可教堂是总督的礼拜堂。宗主教等高级教职人员由元老院投票选出,元老院再将名单送交教皇确认。堂区神父由受其管理的堂区的财产持有者选举产生。威尼斯教堂的财产需要交税,被控犯罪的神职人员在国家的法院接受审判。其他许多坚决信奉天主教的国家也有专门的机构来加强政府对教会的控制,一个例子是西班牙王室对异端裁判所的控制。但在其他意大利城市,教皇的权力并不像在威尼斯那样受到限制,教会也不会像在威尼斯那样受到国家的严格监管。

威尼斯人对异端的做法也与众不同。异端裁判所只有在额外增加了三名人员——管控异端之智者(Savii contro l'Eresia)之后才被允许发挥作用。另有一批世俗的官员负责查禁亵渎神明的行为,而帕多瓦大学的监察人员则负责例行的审查工作。虽然被判有罪的异端有时会被处死,却是被悄悄地处死的,而不是像在西班牙那样为了加强信仰而在公众面前被公开处刑。威尼斯禁止组织新教的宣传活动。新教的信条只有在处于非主流地位之时才能被容忍,要么是作为一些怀疑论者在智识上的玩物,要么是作为一些外国人的宗教习俗——德意志商馆里有德意志商人,兴旺的侨民群体中有德意志面包师,帕多瓦大学还有不少德意志学生。对于信奉希

图 27-1　一所医院，提香的素描（藏于威尼斯科雷尔博物馆）
设立照顾病人和不幸者的机构是天主教改革中宗教热情的表现之一。

腊东正教的侨民，政府从罗马为他们赢得了使用自己历法的权利。犹太人和穆斯林在专门的住所或旅馆里举行各自的仪式。威尼斯远不是一个在原则上保护思想自由的地方。鉴于乔尔丹诺·布鲁诺（Giordano Bruno）对三位一体的异端思想，以及他之前作为那不勒斯人而被起诉一事，罗马教廷大使要求威尼斯把他移交给罗马异端裁判所。元老院经过一番调查后确认了教廷的权威，于是欣然应允了。但是持有各种观点的人都以某种方式成功地在威尼斯过上了他们喜欢的生活，只要他们不攻击政府，政府就不加干预。如果出现了攻击总督的涂鸦（这还挺常见），十人议会就会对不知名作者发布可怕的处罚。

遭到违抗的禁行圣事令

1605 年，威尼斯将传统上实行于潟湖区域的做法扩大到她在大陆的附属地区，她与教皇的争论变得更加激烈。十人议会逮捕了威尼托的两名神职人员，他们被控犯下了教皇称只应由教会法庭审判的罪行。大约在同一时间，威尼斯通过了一项法律，限制教会取得和使用财产。自威尼斯人统治大陆以来，威尼托的教会拥有的农田得到了极大的扩展和丰富，部分原因是遗赠，在相当大的程度上是由于修道院在排水和灌溉方面拥有良好的管理。政府认为有必要限制教会持有的地产，就像在潟湖内长期以来所做的那样，以免过多地产收入归罗马控制。

当时教皇是保禄五世（Paul V），他是一位杰出的教会法专家，宣称威尼斯共和国的行为违反了教会法律，要求威尼斯废除有关教会财产的法令，并将犯罪的教士交给教会。他威胁说，否则他将革除威尼斯统治者的教籍，并禁止在威尼斯境内举行任何宗教仪式。类似的威胁最近已迫使热那亚、费拉拉和卢卡屈服于教皇的权威。威尼斯上次被处以禁行圣事令还是在1509年的康布雷同盟战争时期，难道她当时没屈服吗？保禄五世对自己的权利和西班牙的支持充满信心，认为威尼斯很快就会屈从。

就在教皇把威胁说得更加明确的时候，威尼斯人正需要选出一位新的总督。当选的人是列奥纳多·多纳，他的职业生涯表明，尽管马里诺·萨努托在16世纪早些时候曾抱怨过腐败，腐败已变得越来越臭名昭著，一些威尼斯人还是凭借自己的努力和能力赢得了高层职位的选举。列奥纳多·多纳年轻时，并没有像他的兄弟们那样指挥加莱船，也没有参与过贸易航行，而是通过担任父亲的秘书——在他父亲还是贸易委员会成员时为其写信——开始涉足公共事务。他父亲当塞浦路斯总督察的时候，他也同去。像年轻的亚历山德罗·马格诺一样，列奥纳多·多纳在旅行中也做了详尽的笔记。的确，列奥纳多把这次旅行作为研究塞浦路斯档案的机会，以便尽可能地了解塞浦路斯的各个地区及其机构。在后来去维也纳的一次旅行中，他记录了沿途地方使用的语言和需要修理的道路。列奥纳多满脑子想的、笔记里写的是政府管理，而不是贸易。他以能言善道著称，在许多职位上证明了自己的能力，在40岁时以大智者的身份进入政府的核心集团。30年后，他已完成许多棘手的任务，在威尼斯的高级职位上经历了一次次轮换，70岁的他依然是青年派的领袖。因为人们相信他会反对教皇、维护共和国的主权独立，所以他被选为总督。

列奥纳多·多纳是一位虔诚的信徒，受到一种严格的责任感的支配。他终身未娶，一生都恪守着年轻时许下的贞洁誓言。他坚信平信徒自己就能判断是非对错，而不用教士来教。有了自己的良心，他一点也不担心自己被革除教籍的事。他曾在罗马担任威尼斯的谈判代表，参与过许多世俗事务的谈判，总是笼罩在教皇可能会像1509年的尤利乌斯二世那样诉诸精神力量的威胁之下。对于列奥纳多·多纳这类人来说，1606年争论的具体问题并不重要，重要的是在摊牌时，共和国必须证明这种武器不会迫使它投降。

在多纳的领导下，教皇的禁行圣事令遭到了抵制，威尼斯颁布法令，禁止这些禁行圣事的法令在威尼斯境内出版，还规定遵守禁行圣事令的神职人员会被处死。然而实际上没有人被处决，却有人被监禁和驱逐。法律上的死亡威胁使服从共和国的举动从权威的角度来看更加可以被原谅。除了利用治安权强迫教士服从，共和国还以知识和宗教的理由挑战教皇。威尼斯正式抗议说，这项禁行圣事令是无效的，因为它过分歪曲了教皇的权力，因此服从这项命令是一种罪过。教皇的权力当时正处于复兴的巅峰时期，它竟然在意大利之内受到公然的挑战，并由一个政府当局通过印刷出版引起了全欧洲的关注。

一位非常能干的发言人保罗·萨丕为威尼斯的事业申辩。他不是贵族，而是从威尼斯市民的中产阶级中招募来的教士。萨丕是一个神童，最开始在自然哲学的研究上崭露头角，后来才转向研究法律和历史。萨丕是元老院咨询意见、咨询定义其立场的法律摘要的团体的成员之一。元老院发现他的法律摘要颇有见地，还提供了文件来证明，所以开始倚重他的指导。他被授予一个正式的支薪职位，即神学和教会法的顾问。在罗马，他和列奥纳多·多纳被认为是领导威尼斯走向异端邪说的罪魁祸首，罗马的主要学者纷纷拿起笔反对他。帕多瓦大学的律师站在威尼斯一边，博洛尼亚大学的律师则站在罗马一边。为了迎合在欧洲被广泛激起的兴趣，包含双方论述的选集得以出版。

抨击文章的墨水战争不能结束冲突。达成协议的唯一希望在于妥协，或者诉诸武力——教皇想接受西班牙那不确定的支持，在得到军队之后开战。教皇没有料到威尼斯的抵抗竟如此坚决。威尼斯通过大力使用治安权来维持宗教服务，并资助了一场规模浩大的出版运动。一方面，教皇的终极武器被成功反抗的时间越长，教皇声望受损的程度就越大。另一方面，威尼斯也感受到了压力。在城市内部，几乎所有神职人员都无视禁行圣事令，除了一些被驱逐的修会，如耶稣会。但在一些大陆上的城市，如布雷西亚，威尼斯的长官不得不派视察员进入教堂，恐吓那些不愿主持圣礼的神父。威尼斯共和国的国库被维持一支舰队和一支陆军的花销耗尽，备好的军队随时准备抵抗任何来自西班牙或教皇国的攻击。威尼斯希望，有兴趣抵挡教皇在自己领土上权力的君主可以帮助她，然而只有鞭长莫及的英格兰国王詹姆士一世声援威尼斯，法国则含糊其词。西班牙为威尼斯提供调解，若接受调解，威尼斯就有可能因为看起来将解决办法强加给教皇而获得威望。一年后，一名法国使节促成了和解，他告诉双方，对方做出的让步比实际要大。在就撤销禁行圣事令一事同执政团会面时，他快速地小声说出了赦免之语，其语速之快让人难以打断；他还在长袍下做出了相应的手势。这样他就可以向教皇回禀说，威尼斯人已经承认了罪愆，接受了赦免——实际上威尼斯人根本就不承认。对抗教皇的法律没有被废除，也不仅是施行于一时。禁行圣事令的解除一般被认为是威尼斯和国家主权原则的胜利，因为威尼斯不承认有罪，拒绝让耶稣会士返回，并继续支持萨丕担任那具有荣耀的官职。

对保罗·萨丕和他的密友来说，这种终止禁行圣事令的方式令人失望，部分原因可能是它立即降低了他的个人重要性，但也有可能是因为他希望这场博弈将扩大成一场反对教皇的改革的宗教运动。然而半年之后，当他在家附近的一座桥上遭到3名刺客的伏击时，他的个人声望上升到新高度。他受了重伤，却躲过一死，他用一则著名的双关语表达了共同信念。他说从刺穿他颧骨的"斫锋"[1]中，他明白了罗马教廷行事的"作风"。（刺客确实在教皇国寻求庇护，但是在那个时代，无法引渡逃犯的情况也

---

[1] 原文"styletto"含有"style"（作风），又与兵器"stiletto"（短剑）读音相近。

很常见。）

正如暗杀未遂事件所表明的那样，教皇的支持者想尽一切办法，要让萨丕住嘴。青年派同样不甘心，他们也警觉起来，积极寻求加强与英国、尼德兰和法国的联系，以便在未来的任何对抗活动中拥有盟友。在这方面，享受着共和国的保护与庇荫的萨丕也一直领导着他们，直到他在1623年去世。在保罗·萨丕生命的最后几年，他实现了自己的夸耀，因为他那本出色的、有影响力的《特伦托公会议史》(History of the Council of Trent)，对教皇来说，死萨丕比活萨丕更危险。

哈布斯堡王朝的钳制

跟教皇的争论平息之后，威尼斯继续受到包围着她的哈布斯堡王朝的威胁。与之斗争的领导权交给了尼科洛·孔塔里尼（Nicolò Contarini）。尼科洛在很小的时候，就在亲戚莫罗西尼的客厅中遇见了列奥纳多·多纳，并把他当成楷模。尼科洛养成了同样认真、同样自豪的性格，凭借口才、才智、勤奋和对共和国的忠诚赢得了人们的尊敬，但他更加情绪化，更易冲动。他同样反对教权，但他的主要动机是反对中立的被动政策。他想让威尼斯武装起来，维护自己的独立，甚至冒着与西班牙开战的风险来捍卫自己的利益。

他所支持的政策引发了两场战争。1615年，威尼斯的雇佣兵越过东部边界，袭击了奥地利哈布斯堡大公的土地，后者保护着乌斯科克人。与这些海盗的战斗使双方都变得更加残忍。威尼斯庆祝胜利时，把遭屠杀的乌斯科克海盗的头颅堆在圣马可广场上。乌斯科克海盗伏击了一名威尼斯指挥官，把他在庆祝宴会上杀掉，吃掉了他的心脏。当舰队从海上攻击乌斯科克人的据点时，威尼斯派出了一支它认为是大军的陆军部队，进攻伊松佐河沿岸的大公领地，尤其是格拉迪斯卡（Gradisca，见地图1-1和地图25-1）。威尼斯人开局有利，进攻时却陷入僵局。尼科洛·孔塔里尼被派往前线担任督军。他自年轻时起所受的都是公文、报告和辩论方面的训练，既没有指挥过船舶和兵员，也缺乏完全的指挥权，因此他更善于分析威尼斯军队的弱点，而不是纠正它们。1617年双方实现了和平，其条件相当令威尼斯人满意。实现和平更多的是通过外交手段，而不是军事手段。在米兰和那不勒斯指挥强大军队的西班牙总督们很乐意支持大公，但是大公的领主德意志皇帝，以及西班牙国王，因为卷入其他地方的纷争而希望讲和。在米兰的西班牙军队对威尼斯来说最为危险，这支军队正与萨伏伊公爵交战。孔塔里尼敦促威尼斯大力资助萨伏伊，以在格拉迪斯卡战争结束之前牵制住西班牙人。和平条约几乎没有改变威尼斯东部的边界，也没有严格地确定边界，但是和约中有一项驱逐乌斯科克人的承诺。事实上，尼科洛·孔塔里尼所在的联合委员会把他们从塞格纳转移到内陆，他们的海盗活动减少了。

与此同时，威尼斯和那不勒斯王国的西班牙总督奥苏纳公爵（Duke of Ossuna）之间爆发了一场未宣战的战争。西班牙国王对奥苏纳有多少支持似乎值得怀疑。奥苏纳在布林迪西调集了一支庞大的舰队，征召了渴望加入他的乌斯科克人和拉古萨人，试图粉碎威尼斯人对亚得里亚海的统治。威尼斯集中对付他，却在1617年的一系列半心半意的战斗中落败。奥苏纳还成功地进行了侵袭，俘获了两艘运行于威尼斯和斯帕拉托之间的商用加莱船。威尼斯舰队后来扩大到令人生畏的规模——40艘加莱桨帆船、8艘加莱塞桨帆船和38艘帆船。青年派精心培养的与异端的英国和尼德兰的关系，被证明有所价值，因为这样威尼斯便能够雇用英国和尼德兰的船舶和士兵。奥苏纳的舰队从亚得里亚海撤出，让威尼斯海军将领在1618—1619年得以在这片海域进行凯旋巡游，威尼斯人把一艘没有恭敬地致意的拉古萨印度船驱赶到搁浅，还扣押了一艘从拉文那运盐到的里雅斯特的船，总之，就是要在这片海域实施威尼斯的海事法。

由于威尼斯内部的阴谋，奥苏纳的威胁似乎更加严重。为了格拉迪斯卡战争，威尼斯雇用了许多不同国家的雇佣兵，其中尼德兰和英格兰的雇佣兵发动的叛乱很容易就被镇压了。更吓人的是一场牵涉许多法国雇佣兵的阴谋。法国雇佣兵在战争结束时聚集在城内，在这些参加过法国宗教战争的老兵里，有一些人很厌恶西班牙-天主教势力，然而大多数人都是毫无原则的冒险家。他们聚集在酒馆里，谈论叛乱计划：占领总督府，杀死元老们，再高高兴兴地掠夺耽于享受的威尼斯人拥有的堂皇府邸。这些擅长杀戮的亡命徒（bravi）并不惧怕由兵工厂人员组成的总督府守卫。他们的首领是一名曾在奥苏纳舰队服役的海盗，他希望从奥苏纳公爵处求得增援。他们一伙与驻威尼斯的西班牙大使贝德马尔侯爵（Marquis of Bedmar）保持着联系，贝德马尔侯爵的工作人员听取了他们的意见，也许还鼓励他们策划阴谋。

1618 年 5 月的某天早晨，当亡命徒认出绞刑架上悬着的三具尸体都是谁的时候，他们知道他们的头目遭到出卖，于是都逃跑了。酒馆很快就变得空荡荡了，据传，消失的人可以在奥法诺运河（Canal Orfano）找到——十人议会经常把秘密绞死的人扔在这里。阴谋的消息确实是由一个不想帮助西班牙的胡格诺派船长透露给十人议会。十人议会没有公开解释，而是以一如既往的速度和效率采取了行动。元老院要求西班牙国王召回贝德马尔侯爵，但没有做出具体的指控。威尼斯更有效地抹黑了她的西班牙敌人，因为威尼斯保持沉默，让世人可以自由地怀疑发生了最坏的事情。在英国人把发现盖伊·福克斯（Guy Fawkes）炸毁议会大厦的"火药阴谋"定为全国性节日的几十年里，做到这一点很容易。

1620 年，青年派有理由觉得他们在总体上是成功的。他们限制了十人议会的权力，选出自己的领导人担任政府的关键职位。威尼斯共和国顶住了愤怒的教皇的禁行圣事令，帮助萨伏伊抵抗西班牙的米兰总督，从对阵奥地利大公的战争中清除了乌斯科克人，在对抗奥苏纳时再次确认了威尼斯对亚得里亚海的统治，并且处理了"西班牙阴谋"，见到臭名昭著的敌对西班牙代表被驱逐出意大利。

然而，在接下来的十年里，威尼斯在权力政治上的影响力太弱，无法与其他欧洲国家竞争。在黎塞留（Richelieu）的领导下，法国再次崛起为强国。黎塞留在对抗哈布斯堡王朝的行动中利用了与威尼斯的同盟关系，但随后背着威尼斯进行谈判，损害了威尼斯共和国的威望。最令威尼斯蒙羞的是曼托瓦危机的结果。1628 年，当缓冲小国曼托瓦的统治者去世时，哈布斯堡王朝支持一位继承人，法国和威尼斯支持另一位。法国军队在米兰西部与西班牙军队作战时，威尼斯军队试图解救被德意志军队围困的曼托瓦。威尼斯军队战败，然后瓦解了。曼托瓦遭到洗劫，其情况之惨，在三十年战争中可谓恶名在外。战栗的威尼斯人再次因为他们的潟湖而感谢上帝。只在瑞典出手干预之后，哈布斯堡王朝的胜利才停止，才在1631年给意大利带来了和平，而根据法国强加的条款，威尼斯共和国也获得了和平。

流行病的蔓延使1630年在曼托瓦附近战败的威尼斯军队无法重建。最后一次黑死病的流行让威尼斯的人口在16个月内从15万左右减少到10万左右，它在维罗纳等大陆城市同样致命。尼科洛·孔塔里尼在之前当选为总督，领导曼托瓦继承战争——他那反西班牙政策的最艰难时刻。疾病流行刚结束他就去世了。这位最坚定的反教皇总督在去世的一周前，刚为安康圣母教堂（Santa Maria della Salute）奠基，建这座教堂的目的是感谢圣母从疾病流行中解救威尼斯。

经济的衰退

缺乏必要的军事机构是威尼斯在权力平衡中失去分量的明显又直接的原因。衰退还体现在经济上。在威尼斯政治声望仍然很高的时候，经济衰退就已经开始了。

16世纪的最后十年里，威尼斯的人口、贸易和手工业都在扩张。1582—1602年，来自黎凡特的进口增长到差不多之前的三倍。从阿勒颇进口的丝绸，从塞浦路斯和士麦那进口的棉花，这些都在蓬勃发展。运来的香料既有经过红海的，也有经过波斯湾的。复兴的地中海香料贸易在1590年后不久达到了新的高峰。很多棉花和丝绸，与香料一起往北方和西方运往德意志，或经由德意志运往别处，但威尼斯自己的织工使用了其中的很大一部分。原料以西班牙羊毛为主的毛纺业在1602年达到了28729块布料的峰值，自16世纪中叶以来产量增长了约两倍。在这种手工业增长的背后，国内的粮食生产也因为排水和开垦而得到增长。

当然，这幅美好的图画上有一些难看的污点，其中最令人沮丧的部分是威尼斯曾经的强项——航运业。西方人，尤其是英国人和尼德兰人，在造船、航海和作战方面拥有非常大的优势，以致威尼斯利用其他经济部门的力量支持航运业的政策妨碍了她就新的商业形势做出调整。英格兰（1604年）和尼德兰（1609年）同西班牙讲和后，英格兰人和尼德兰人之间的竞争变得更加激烈。同西班牙讲和之后，两国的商船就能更安全地通过直布罗陀海峡。他们同土耳其人就商业权利展开谈判，以便在士麦那装载棉花。与此同时，他们还把其他黎凡特的货物运到北海，通过美因河畔法兰克福向以前威尼斯最好的顾客——德意志人出售。英格兰人直接前往赞特岛购买葡萄干。

大量的"西方"船只来到威尼斯，如果不是因为有威尼斯的通行费和海事法的限制，还会有更多船只来到这里。许多外国商人都表现出想把威尼斯作为他们主要的南部基地的愿望，其中英国人最为明显。比起在热那亚或来航，他们觉得在威尼斯，他们对西班牙和异端裁判所的恐惧要小得多。他们请求当局允许他们自己的船在威尼斯和黎凡特之间航行。相反，威尼斯在1602年重申了它的传统政策，即为威尼斯商人和威尼斯船只保留贸易，欢迎从自己的国家输出货物的外国人，但要求他们在威尼斯销售，而不是在威尼斯转运。另一方面，尼科洛·孔塔里尼承认有必要根据外交政策调整商业政策。他寻求向西方人开放威尼斯人的贸易，想与英格兰和尼德兰结成政治联盟。他支持列奥纳多的兄弟、商人尼科洛·多纳（Nicolò Donà）的提议——向外国人开放威尼斯和黎凡特之间的贸易。这将鼓励黎凡特的外国人在威尼斯定居、入籍，这些外国人可以弥补威尼斯日益减少的专业海员和有进取心的商人的数量。但是这项提议被否决了。面对威尼斯的贸易保护主义态度，西方人去了其他地方，要么直接去了黎凡特，要么去了来航、安科纳或拉古萨这样的中间港口。

1602年之后的十年里，从海关收益来看，威尼斯的贸易量下降了40%。因为高昂的造船成本、船员的匮乏、海盗造成的损失，所以威尼斯船只不能提供充足的运输服务——以上还不是全部原因。尼德兰人和英格兰人绕过好望角，比葡萄牙人和西班牙人更彻底、更永久地转移了香料贸易。由于货币贬值，奥斯曼帝国内部的经济危机更加严重，这让威尼斯手工业的主要市场变得萧条。毛纺业受到的冲击最大。1602年以后，特别是1620年以后，毛纺业的产量下降了，在1631年只生产了8053块布料。土耳其货币的贬值使威尼斯人在那里购买棉花和丝绸时更难与法国人、英格兰人或尼德兰人相竞争，因为这些西方商人提供黄金或白银，而威尼斯人则依赖于销售制成品。即使这些产品以土耳其钱币卖出的价格比较高，但是比起用黄金或白银支付，回报却相对较低。西方人还有一项优势：他们贩卖的一种毛织品越来越受欢迎。这种新布料更轻，更便宜，更适合低迷的市场。威尼斯人仍然大量销售丝绸、黄金织锦、玻璃制品和珠宝，但其手工业受到周边所有国家市场萎缩的影响。1618—1648年的三十年战争对德意志市场的破坏尤为严重。据保守估计，这场战争使神圣罗马帝国的人口减少了三分之一。从美洲运抵的白银数量呈下降的趋势，对整个欧洲都产生了相对恼人的影响。以上情况的综合作用，导致威尼斯经济持续衰退。1602年左右的经济衰退之后，在1620年左右的欧洲经济危机期间，一场更为普遍的萧条开始了。

熟练的财务管理延缓了战争和经济衰退对威尼斯政府财政产生的影响。正常财政收入已上升到每年350万杜卡特左右，和过去一样，大部分收入来自消费税和贸易税，或者来自大陆城市。与过去相比，威尼斯富人的税负比较轻，因为即使在战争时期，每年的直接税也只有50万杜卡特左右，1620年后降至20万杜卡特。格拉迪斯卡战争的部分花销是通过新成立的吉罗银行发行的银行券来支付的（见第二十三章）。吉罗银行刚组建时，政府持有50万杜卡特的债权。该银行的信贷基本上是发放给政府的贷款，在没有削弱银行信用的情况下增加到大约100万杜卡特。

不过这笔钱在曼托瓦继承战争中毫无意义地将政府欠银行的债务提升到300万杜卡特左右。由于这次过度发行，银行券相对于金属货币的价格贬值了20%。（从120%降至97%。以票面价值计算，银行券的价值是"流通货币"的120%，因为银行账户用"库存里拉"［mint lire］和"库存杜卡特"［mint ducats］计算，这两者的价值分别比流通的里拉或杜卡特高出20%。）约在1640年，政府大幅削减对银行的债务，导致银行券的价值高于票面价格（高达122%），这是政府第一次允许储户通过储存现金来获得银行券，以使银行券的实际价值低于面值，以前，储户只能通过从政府转账来的信贷来获得存款。吉罗银行可以自由接受存款之后，它就履行了在 1638 年被废除的广场银行所拥有的所有职能。与此同时，在 1600 年几乎为零的长期债务，已增长到 800 多万杜卡特，它在 17 世纪 30 年代每年都从预算中抽走 50 万杜卡特。

政治上的停滞

因为经济在衰退，从反对外国敌人的做法中吸取力量的共和主义，其勃勃的生机开始衰弱。青年派联盟于 1582 年成立，目的是遏制十人议会，它却在 1628 年因同一问题而分裂。

十人议会已成为一个象征，象征权力集中在一个狭小的寡头群体中。在贵族阶层中，贫富差距越来越大。十人议会的成员都受过良好的教育，他们能够把所有时间都投入公共事务中，而且通常可以自由地消费，因为他们来自数量较少的巨富家族。16 世纪晚期，威尼斯强烈的反君权精神使任何权力的集中都受人怀疑，富人的傲慢也受人憎恨。但十人议会的权力还涉及其他更复杂的问题。

有些贵族憎恨十人议会，因为当贵族表现得好像要凌驾于法律之上时，就会受到严厉的惩罚。例如在 1582 年的危机中，发生了一桩事情，点燃了人们的情绪。当时几个贵族在利多游玩，他们穿得很像外国人，拿着火绳枪，还有一些亡命徒陪同。他们遇到另一群跟亡命徒一起野餐的人。他们中有一个贵族对另一群人中的一个女人说了几句话，她的同伴们都觉得受到了冒犯。在引发的战斗中，双方都有伤亡，而贵族一方伤亡较重。没有贵族的那群人立即向十人议会报告，说他们遭到了一群外国人的袭击，那些外国人拿着火绳枪。第二天，贵族去抱怨说他们遭到了袭击，却被十人议会严厉地斥责了，因为他们穿得像外国人，还拿着枪到处跑。作为回应，他们谴责了十人议会的"暴政"，并试图让四十人议会来审理他们的案件，他们希望在四十人议会中能找到和他们一样同属于中间阶层，更同情他们的贵族。

另一个引起怨恨的原因，是十人议会中非贵族的秘书所掌握的权力。

他们是从"出生公民"中招募的公务员队伍里最重要的成员。与贵族官员不同，秘书不需要每一两年就换职位。作为长期任职的职员，他们努力增加与自己相关的特定机构的权力。讨厌十人议会的贵族指责它的秘书们侵犯了元老院在外交和财政事务上的传统职能，侵犯了四十人议会对刑事案件的司法权。

1582年，对十人议会的反对在大议会上生效，大议会拒绝选举十人议会的增补人员"宗塔"，而没有这些人，十人议会在很多情况下无法行动。总督顾问等核心集团的人一次次地试图让候选人名单通过，甚至在知道他们最有说服力的对手费代里戈·巴多尔（Fedrigo Badoer）因为妹妹去世而无法出席会议的那天召开会议。因为人们厌恶这种策略，他们再次失败了。巴多尔认为十人议会中不需要宗塔，还认为十人议会的权力应该遭到削减，外交和财政的事务应该全面交给元老院处理。他还认为，十人议会的权力应该被限制在保卫体制不被颠覆，特别是不被犯罪暴力所颠覆，以及组织在国际关系中至关重要的间谍活动和反间谍活动的方面。这些限制在1582—1583年得以生效。宗塔被废除了，元老院在财政和外交事务方面的权力得到了重申。

元老院在外交事务中重新发挥职能，使十人议会有机会加强自身在刑事事务中的作用。为了让元老遵守必要的保密规定，十人议会成立了一个由3人组成的特别委员会，即国家审问官（State Inquisitors）。起初，这些审问官只涉及保护国家机密，后来其行事范围扩大了，最后扩大到对贵族犯下的所有罪行都有潜在的司法管辖权。审问官和十人议会在判决和处罚时都有严格的程序规则，但他们的行动是秘密的。被告没有机会和指控者对质，没有机会聘请律师，也没有机会充分了解对他不利的案件。判决没有机会再提出申诉，有时执行判决的速度快得不合理。一些明显不公正的案件动摇了威尼斯人对这一程序的信心。被控出卖国家机密的大使安东尼奥·福斯卡里尼（Antonio Foscarini）很快被审判，并遭到处决。几个月后，人们发现他是被陷害的，指控他的人一直在说谎。十人议会公开承认了自己的错误，恢复了被告的名誉，却无法让死人复活。在一些别的案件中，小贵族和最有权势的家族的成员所遭受的刑罚之间，存在着惊人的差别。较穷的贵族中蔓延着一种感觉，认为他们正被一小批滥用权力的寡头当成下等人对待。

1628年，拉涅里·泽诺对总督乔瓦尼·科纳尔（Giovanni Corner）的攻击使这种感觉达到了顶点。乔瓦尼·科纳尔属于科纳尔家族，此家族可以夸口说它给威尼斯带来了塞浦路斯王国。科纳尔家族帮助过教皇和法国国王，而他们也准备报答科纳尔家族。科纳尔家族是一个贵族世家，这个古老的"保民官"家族在1381年以前出过总督，但从那之后到1612年一直被新贵族群体所排斥（见第十四章）。最富有、最有声望的家族内部的分歧到此时已经完全消除了。乔瓦尼·科纳尔有权有势、受人欢迎，他甚至得到了总督顾问和元老院的批准，让他的儿子们无视共和国的法律：担任教会职务的同时占据元老院的席位。

拉涅里·泽诺同样来自古老的家族，他在演讲中谴责了这种总督的贪婪和元老们的散漫，这不仅是对总督个人的冒犯，也是对寡头政治的指控。寡头政治对他人采取严厉的法律措施，对自身则不会。泽诺在较穷的贵族中获得了大批追随者。大议会选举他为十人议会成员后，他进行了最猛烈的攻击。十人议会的多数成员反对泽诺，并投票驱逐他。大议会否决了十人议会的投票，又一次次地拒绝批准十人议会提名的人员，以示不满。大议会用这种方法强行成立了一个委员会，以改革十人议会的权力。

在考虑的改革方案中，大多数涉及贵族的刑事案件从十人议会转移至四十人议会，后者能更广泛地代表贵族。还有一些提案旨在放松十人议会秘书们的控制力。泽诺说，因为秘书在法庭程序和管理文书方面很有经验，所以在实际上管理法庭的人正是他们。

改革委员会的主席是尼科洛·孔塔里尼，他当时已经70多岁了，青年派支持他担任这一职务，因为他们知道，他在担任高级职务的许多年里，毫不犹豫地服从于自己的责任感，冒犯过大人物，还曾与泽诺联手，敦促政府制定反对西班牙和教皇的政策。但是，当泽诺开始争取神职人员支持他攻击富人时，孔塔里尼转而反对泽诺。此外，他还因泽诺说的极端言论而将其疏远：泽诺将穷人和富人对立起来，还暗示核心集团的贵族（孔塔里尼就在其中）被秘书操纵，成了秘书的傀儡。尼科洛·孔塔里尼本人并不富有,但作为统治集团的一员,他的荣誉感和自豪感使他认为泽诺的建议和方法很危险,有可能颠覆体制。

由于此问题事关体制,改革委员会的报告并不在元老院交付讨论,而是在大议会。在讨论中,明显大多数贵族都认为十人议会的刑事管辖权对于维护他们阶级的自律和声誉是必要的。有一种引人注目的观点认为,十人议会诉讼活动的保密性有助于维护威尼斯的一种声誉,即平等对待所有人的声誉,因为如果不这样做,就无法遏制违法乱纪的行为——受害者不敢公开指责属于权势家族的作恶者。另一方面,该观点还说,如果由十人议会秘密审判贵族,而不是由相当于普通治安法庭的机构来审判,贵族的威望和荣誉会得到更好的维护。最后,通过的改革措施保持了十人议会和审问官的权力,而秘书的权力只是受到了暂时的限制。

无论是尼科洛·孔塔里尼还是拉涅里·泽诺,都没有提出意在使日益增多的贫困贵族恢复生气的广泛政党计划。作为一场国内的改革运动,青年派四分五裂。与土耳其人的新战争很快吸收了威尼斯近一个世纪的所有政治精力。1657年,威尼斯重新接纳了耶稣会,以确保教皇在仍被视为十字军运动的战争中支持威尼斯。在共和国快灭亡的时候,十人议会或那些行使他们大部分权力的审问官受到了新的攻击,尤其是在1762年。这些活动看起来就像1628年的重复表演,其结果同样是消极的。

从现代的角度看,威尼斯政党制度萌芽的夭折意味着停滞。在19世纪共和制民主发展的历程中,事实证明政党是变革的重要工具。为有争议的议题寻求支持时,政党既可诉诸机制,也可以寻求达成一致,并成立新的机构。因为没有政党制度,威尼斯的共和主义越来越集中,最后只保留了基本被理想化的、祖先所创造的制度形式。

从17世纪的观点来看,威尼斯体制缺乏变化的性质似乎是赞扬它的最佳理由。在那个世纪,许多国家因为党派斗争而发生了革命和内战,威尼斯因避免了这些弊病而受到赞扬。由于威尼斯的制度延续了很多个世纪,它还抑制了暴力行为,因此它被誉为稳定的典范。

即使是君主制的拥护者,也称赞威尼斯内部的和平,以及它公正的司法。反对君主制的人也能找到其他理由来赞扬它,他们赞扬它的自由,赞扬它通过自由辩论和投票解决问题的做法。威尼斯被认为是共和国的典范，当时这样的典范非常罕见。1647年，那不勒斯人试图发动一场不依附于王权的短命叛乱，于是他们派使者到威尼斯去研究如何建立共和国。英国人处死查理一世后，对理想的政府形式展开了激烈的辩论，许多人指出威尼斯是一个成立共和国的好榜样，他们的观点将在一个世纪后一场革命的讨论中回响——那场革命在美洲建立了一个新的共和国。

第二十八章

海权的新时代

威尼斯最先依靠的是亚得里亚海，最后依靠的也是它。即使是把财富和心思放在大陆地产上的贵族，他们也接受了威尼斯独立的基础是维持它对亚得里亚海的控制这一政治原则。尼科洛·孔塔里尼和保罗·萨丕可能从未出过海（没有航海的记录），但两人都拥护"威尼斯是'海湾领主'"这一观点。与包围着威尼斯的哈布斯堡王朝相斗争时，威尼斯最坚实的成就是通过驱逐乌斯科克人而加强了对亚得里亚海的海军控制，并在奥苏纳的舰队撤退后在亚得里亚海上进行庆祝胜利的巡航活动。

新模式

奥苏纳的战争是西班牙对威尼斯的最后一次海上威胁，因为在1619年重新开始的西班牙和尼德兰的战争中，尼德兰人摧毁了西班牙舰队。后来，西班牙人被法国人打败，葡萄牙人成功起义，还有加泰罗尼亚、那不勒斯和西西里岛的未成功起义，以上事件都削弱了西班牙的力量。与此同时，奥斯曼帝国的精力一度向东转移。地中海的海上格局基本改变了。西班牙和土耳其不再是笼罩着地中海的世界帝国，而在原来如果威尼斯不巧妙地平衡它们，就有可能被它们摧毁。17世纪的大部分时间里，地中海中比威尼斯海军更强大的海军只有尼德兰、英国和法国的海军舰队，它们在西地中海互相搏斗。

与该世纪头几十年相比，海盗活动对威尼斯造成的灾难有所减轻。臭名昭著的敌对的西班牙那不勒斯和西西里总督被召回，乌斯科克人被转移到内陆后，基督徒海盗对威尼斯船只的袭击减少了。马耳他的圣约翰骑士团、教皇国海军和托斯卡纳的加莱船舰队在夏季对穆斯林的舰队或沿海地区发动劫掠。他们只是偶尔才会不尊重威尼斯的国旗，因为随着威尼斯贸易的衰落，袭击她的商船就不那么诱人了。他们最梦寐以求的奖赏是往来于君士坦丁堡和亚历山大里亚之间的土耳其船队。英格兰人和尼德兰人逐渐从海盗转向贸易，或在北非港口加入海盗活动。

几个世纪以来，来自这些巴巴里国家的穆斯林劫掠者和基督徒海盗继续破坏威尼斯的航运。威尼斯认为阿尔及尔、突尼斯和的黎波里臣属于奥斯曼帝国，就试图劝说它们遵守奥斯曼苏丹承诺保护威尼斯贸易的和平条约，却均以失败告终。巴巴里国家的统治者在理论上承认苏丹的权威，并为他的海军提供部队，但他们为不服从苏丹保护贸易的命令找到了借口。他们只放过那些直接与他们签订条约的国家的船只。与其他国家，如威尼斯，他们认为双方之间处于战争状态。

巴巴里的劫掠者使威尼斯在西地中海的航行变得不再现实，但是威尼斯在亚得里亚海和黎凡特海域的巡逻取得了一些成功，尽管土耳其方面对摩尔人海盗睁一只眼闭一只眼。1638年，阿尔及尔和突尼斯加莱船舰队的主力总共16艘进入亚得里亚海，而威尼斯舰队（28艘加莱桨帆船和2艘加莱塞桨帆船）驶离克里特岛。当舰队返回时，海盗在阿尔巴尼亚发罗拉的土耳其大炮下寻求庇护。威尼斯指挥官认为封锁港口还不够，并对敌人的援军正在赶来的消息感到警觉，于是派出加莱塞桨帆船攻击要塞，同时用加莱船俘获并拖走了海盗船，释放了3600名俘虏。威尼斯与苏丹签订的条约赋予她在亚得里亚海摧毁穆斯林海盗的权利，但要塞遭到袭击一事让苏丹勃然大怒。双方并未开战，只是因为苏丹一心想着攻打波斯。

土耳其人仍然是对威尼斯剩余的海权的最大威胁。尽管17世纪初的奥斯曼帝国已经失去了一些效率和扩张的动力，但它仍然是一个拥有强大军事资源的巨大帝国。在陆地上，它直接威胁着威尼斯人对亚得里亚海的控制，因为威尼斯统治的达尔马提亚部分地区在16世纪已经缩小到非常狭窄的地域，威尼斯在阿尔巴尼亚几乎没有立足之地。在海上，只要威尼斯还控制着伊奥尼亚群岛和克里特岛，土耳其人的威胁就不会那么直接。

但从土耳其人的角度来看，克里特岛由基督徒所掌握一事威胁着他们帝国内部的交流。有一次圣约翰骑士团拦截了从亚历山大里亚返回君士坦丁堡的土耳其舰队，船上有前往麦加朝圣的苏丹后宫的女人。苏丹动员了一支强大的舰队，他假装要进攻马耳他，却在骑士团回家途中停下补给过的克里特岛登陆。克里特岛比马耳他更容易攻取，占领它对镇压基督徒海盗在地中海东部的攻击活动同样重要。

算了经济账之后，威尼斯认为防守克里特岛得不偿失。不过一旦弃守，或许土耳其人就能直接威胁亚得里亚海。为了国家荣誉，威尼斯人需要保卫克里特岛。

最后一场土耳其战争

在随后进行于1645—1718年的三次战争中，威尼斯与土耳其人在达尔马提亚、爱琴海、伊奥尼亚海相对抗。克里特岛上的希腊人没有兴趣为了留在克里特岛受威尼斯统治而与土耳其人作战，但在达尔马提亚山区，有许多农民，尤其是莫拉基人[1]（Morlacchi），都渴望与他们的土耳其领主相斗争。因此，威尼斯在达尔马提亚取得了坚实的进展。在威尼斯提供的德意志炮手的帮助下，莫拉基人从斯帕拉托向内陆进发，占领了看似坚不可摧的克利萨要塞（Clissa）。后来，威尼斯又占据了扎拉和斯帕拉托背后的土地，还征服了卡塔罗湾（Bocche di Cattaro）周围的地方，因此威尼斯属达尔马提亚的面积增加了两倍。在陆地上，威尼斯通过对抗土耳其人加强了对亚得里亚海的控制。

在海上，威尼斯赢得了克里特岛战争的大部分战役，却无法阻止土耳其人夺取它。威尼斯的战略家早就认识到克里特岛本身无法防守，只有通过使用海军拦截任何入侵的军队或干扰其通信线路，才能保护它。威尼斯人意识到土耳其人的目标是克里特岛而不是马耳他时，就迅速动员了一支强大的舰队，并得到来自马耳他、教皇国、那不勒斯和托斯卡纳的一些

---

[1] 英语通常称之为"Morlach"，其含义没有固定的说法，此处用于指代奥斯曼帝国占领下的巴尔干半岛的基督徒居民。

战舰的援助，其中每个国家派出五六艘加莱船帮助威尼斯。所有的基督徒十字军或海盗都感受到土耳其人对克里特岛的攻击所造成的威胁，这些装备完毕的舰队常态化地与威尼斯的舰队一起在黎凡特巡航。至少，教皇国和马耳他的舰队几乎每年夏天都来。援军增加了人手，同时也扰乱和削弱了指挥系统。1645年，教皇的海军将领成功获得了最高指挥权。无论总司令是谁，一旦各方出现了激烈的分歧，就要留待军事委员会做决定。1645年集结的基督徒舰队总共有60—70艘加莱桨帆船、4艘加莱塞桨帆船和36艘盖伦船，与土耳其的入侵舰队旗鼓相当。但是，由于委员会意见不一，天气不佳，加之行动上的优柔寡断，在那年或次年威尼斯人指挥军队时，都没有对入侵者采取任何决定性的打击行动。入侵者得到增援，不久就向首府干地亚进攻。

在随后24年的战争中，威尼斯海军的领导能力和士气都有了明显的提高。一般来说，威尼斯人爱在海上发起进攻，即使胜算不大，他们也毫不犹豫地求战。他们赢得了几次重大胜利：1651年在爱琴海中部，1655年和1656年在达达尼尔海峡。1656年的达达尼尔海峡战役被研究奥斯曼帝国的历史学家哈默（Hammer）称为"勒班陀战役以来奥斯曼帝国经历的最严重的失败"。威尼斯对海洋有足够的控制力，在大多数年份里都能从爱琴海的许多岛屿上收集贡金、征集兵员。但是他们无法阻止土耳其人向克里特岛运送补给。土耳其人一般避开海战，只有在运送补给的时候进行必要的海战。17世纪50年代，威尼斯人集中力量封锁达达尼尔海峡，奥斯曼帝国的舰队试图打破封锁时，受到了严重的损失。但是盛行的北风和从黑海流出的强大水流阻止威尼斯舰队一直封锁海峡，土耳其人还从希俄斯岛、罗得岛、亚历山大里亚和莫奈姆瓦夏调来舰船增援。1666年，威尼斯人试图占领土耳其在干尼亚（Canea）的补给基地，却以失败告终。次年，大维齐尔率一支大军前来，决定了干地亚的命运。

干地亚要塞固守的时间长达20年，它的顽强防御在当时的欧洲引发了人们的钦佩之情，围绕守城战出现了包含着攻击与突围、挖地道与反地道、V字形棱堡的得与失的浪漫故事。"无论是在奥斯曼帝国还是其他任何地方，从来没有一座要塞像干地亚这样被争夺得如此激烈，也不会像它一样耗费如此多的鲜血和金钱。"(哈默)在这条战线上给基督教世界加油打气成了当务之急。西班牙和法国之间的长期战争在1659年结束后,基督教国家对教皇一再要求他们派人和钱来支持威尼斯的请求更加积极。年轻的贵族挺身而出,展示他们的男子气概,他们有许多是由威尼斯提供薪酬的个人,一些属于政府派遣的团体,尤其是法国派遣的团体——为了不妨碍法国国王与土耳其人的传统联盟,这些团体甚至在教皇的旗帜下英勇作战。法国军人进行了一场特别英勇却又损耗巨大的出击行动,不久后就打道回国了。1669年,威尼斯海军统帅弗朗切斯科·莫罗西尼签署了干地亚的投降协议,但威尼斯人能保有战争的荣誉而撤退,它还保留了克里特岛上具有重要海军意义的小基地、两座爱琴海岛屿(蒂内岛[Tine]和西里戈岛[Cerigo],见地图13-1),以及威尼斯人在达尔马提亚赢得的领土。

尽管一开始弗朗切斯科·莫罗西尼认为威尼斯应该将干地亚之失当成必然结果而接受的观点深受众人批评,但是15年后威尼斯寻求报复时,弗朗切斯科·莫罗西尼还是当选为海军统帅。1683年,奥地利人和波兰人把土耳其人从维也纳城下赶走,随后与教皇一起呼吁威尼斯加入粉碎共敌的行列。威尼斯的主战派成功地争辩说,如果威尼斯不响应,那么土耳其人再次攻击她时,她就得不到任何支持。后来,为进入黑海而战的俄罗斯加入了反土联盟,威尼斯派出13名兵工厂的熟练船木匠去帮助俄罗斯建造一支加莱船舰队。

被削弱的土耳其人让步了。4年之内,弗朗切斯科·莫罗西尼征服了所有之前土耳其人在伊奥尼亚海和摩里亚占去的地方,得到的地盘甚至比之前占领的地方更多。1687年9月,他袭击雅典,他的一个炮手向帕特农神庙的屋顶射出一枚炮弹,引爆了土耳其人储存在这里的弹药。这座屹立于此两千多年的精美绝伦的古典建筑遭到毁坏,尽管此事未对战役产生什么影响。莫罗西尼试图进攻内格罗蓬特,舰队里又生起流行病来,他就决定撤回摩里亚。他的征服活动为他赢得了很高的声望,他当选为总督。他去世时,人们称呼他的职位不止有总督,还有海军统帅。

尽管在接下来的五六年里,威尼斯派出了许多大型舰队前往爱琴海,但弗朗切斯科·莫罗西尼的继任者都没有给他的征服活动再添新成果。1699年,当威尼斯的盟友通过《卡尔洛维茨条约》结束战争时,威尼斯保留了莫罗西尼为她赢得的战果。此后威尼斯度过了15年的和平时光,当时西欧的其他地方都陷于西班牙王位继承战争的泥潭,此战让奥地利统治了意大利,但奥地利也精疲力竭了。土耳其人认为是时候再与它们相斗,尤其是因为土耳其人在黑海战胜了俄国而感觉自身实力有所加强。土耳其人发现威尼斯没有盟友,于是在1714年没花多少时间就重新征服了摩里亚。在摩里亚半岛,所有威尼斯要塞的指挥官没有经过激烈的战斗就投降了,威尼斯舰队面对两倍于己的土耳其舰队时退却了。土耳其人继续攻击科孚岛时,威尼斯人的抵抗却变得坚决起来。其他基督徒舰队也加入了战争,尤其是葡萄牙舰队和教皇国舰队,奥地利的皇帝也参与其中。奥地利人1716年在匈牙利的胜利拯救了科孚岛。威尼斯人再次从海上发起进攻时,奥地利人却强迫威尼斯人接受和约,让他们接受失去摩里亚的事实,让他们放弃将杜尔西诺(Dulcigno,亦称Ulčiny,见地图3-1)的海盗巢穴并入威尼斯属达尔马提亚的努力,这时威尼斯人感到自己被欺骗了。

在最后几次土耳其战争中,舰队的行动很少带来决定性的结果,不过还是能带来一定的影响。例如,在第二次摩里亚半岛战争中,当加莱桨帆船和陆军进攻杜尔西诺时,威尼斯让舰队驻扎在希腊的最南端,以阻挡土耳其舰队。在由此带来的1718年马塔潘角战役中,舰队在执行任务时遭受了惨重的损失。当时交战双方的舰队比纳尔逊在18世纪末著名的阿布基尔湾(Aboukir Bay)之战战胜的法国舰队要大得多,对比如下:

马塔潘角战役

威尼斯:26艘船,1800门大炮,伤亡1824人。

土耳其:36艘船,2000门大炮,伤亡只能靠猜测,但土耳其不愿再战,这表明他们遭受的损失至少不比威尼斯人少。

阿布基尔湾战役

英国:14艘船,1212门大炮,伤亡895人。

法国：14艘船，1206门大炮，伤亡约有3000人。

在大洋上，可以肯定，更大规模的海战在更早的时候就已经打响了：1690年，法国人集中75艘船在比奇角（Beachy Head）击败了英国人，而英国人在第二年用数量大致相当的船夺回了控制权。

船只、指挥官和船员

在上面的比较中，所有船只都属于"战列舰"。克里特岛战争期间，军舰建造和海军战术对炮击而做出的调整完成了。当威尼斯与老对手作战时，英国和荷兰这两个新兴的海军强国却在互相厮杀，在厮杀过程中，它们发展出了战列舰的战术和具体样式。战舰排成列进行战斗，船舶首尾相接，以便从舷侧向敌舰射击。从盖伦帆船发展出一种完全用帆驱动的船，人们认为它足够坚固，可以以这种阵形进行战斗。它用厚实坚固的木材建造，其艏楼比较低矮，而艉楼则近乎没有，在两层或三层甲板上布置有重炮。船的顶帆经过了改进，更易于操纵（见图28-1）。比较起来，1620年威尼斯用来对付奥苏纳的盖伦帆船只携带了20—30门大炮，而在后来的土耳其战争中使用的许多战列舰携带了70门以上的大炮。

然而，加莱船在地中海仍然必不可少，因为在帆船无法移动的情况下，它们还可以移动。如果敌船因无风而动弹不得，加莱船可以避开它的舷侧，用船首炮给它造成巨大伤害。此外，如果威尼斯人没有加莱船来对付土耳其人的加莱船，土耳其人就可以在风平浪静的时候有组织地向克里特岛的军队运送给养。不过，为了给船员取水或躲避恶劣的暴风雨，加莱船经常不得不离开它封锁的港口。

同时使用桨帆船和帆船是克里特岛战争的特点，随后人们尽可能地完善了配合作战的战法。当加莱船和盖伦帆船联合作战的时候，加莱船凭借盖伦帆船的大炮来保护自己，而盖伦帆船则依靠加莱船来把它拖到合适的位置。船队一般不会排成几行航行，而是像勒班陀战役中一样排成一行。为获得优势，每名指挥官都试图占据迎风对敌的位置，以便自由选择

图 28-1 一艘战列舰（藏于威尼斯海洋历史博物馆）
为了使大型船只通过潟湖的浅水通道，船体上安装了唤作"骆驼"的浮筒，如这幅由科罗内利（Coronelli）于 17 世纪创作的版画所示。

是继续进攻还是中止交战。加莱船被用于将船只拖曳到顺风的位置，拉直战线，也可以用于营救帆具被敌人打坏的船只。随着枪炮技术的进步，在勒班陀战役中大放光彩的接舷战也出现得越来越少了。炮战的时间不分昼夜，有时是致命的近距离炮击，更常见的则是混乱阵型里的远距离炮击。

威尼斯凭借著名的兵工厂，保持着在和平时期维持国有舰队的领先地位，在1499年，威尼斯舰队里甚至有三四艘由兵工厂造船工设计的战斗用巨型帆船。16世纪，政府基本不再建造这种战斗用帆船。兵工厂只建造加莱桨帆船。威尼斯也像其他国家一样，通过改造租来或征用的商船，来调集像盖伦帆船一样的船舶。1617—1619年，威尼斯自己的大船太少，不足以对抗奥苏纳，于是，威尼斯不仅在港口雇用外国船只，还在雇佣荷兰军队的同时与荷兰签订了几艘船的合同。1617年左右，在地中海地区雇用荷兰人和英国人是一种新鲜的做法，西班牙人和教皇的支持者认为这太荒唐了，认为英荷两国的人很可能会传播异端邪说。在后来的土耳其战争中，对战双方租用荷兰和英国的船只的情况相当常见。威尼斯直到1667年才开始自己建造战列舰，造船的原型是一艘英国战舰。因为战争和对新型船舶的需求，兵工厂的工作节奏加快了。在接下来的半个世纪里，兵工厂一共生产了68艘战列舰，其中一半左右是配有70—75门炮的"一级战列舰"（first-rate）。

1724年，兵工厂开始建造一种较小的战舰——护卫舰（frigate），这种船用于在大西洋上侦察、突袭或护航。在威尼斯，这个名字早些时候曾用于划桨的通信船，但18世纪在兵工厂建造的护卫舰用帆而不用桨，有30—44门大炮。

在克里特岛战争中和弗朗切斯科·莫罗西尼的指挥下，加莱塞桨帆船经常被投入使用。弗朗切斯科很重视加莱塞桨帆船，因为它没有其他帆船那么依赖风，火力又比加莱船更强。每年都有4—8艘加莱塞桨帆船被投入使用，不过弗朗切斯科的继任者抱怨称加莱塞桨帆船和两种船型搭配时都有缺点，它在天气晴好的时候会拖慢加莱船的速度，在天气极糟的时候又无法和其他帆船相配合。加莱塞桨帆船最后一次参与舰队作战是在1717年，它在1755年之后就被淘汰出兵工厂了。

根据威尼斯的保守主义的典型规定，海军统帅必须用加莱船当旗舰。1695年，当土耳其海军将领在一艘战列舰上升起他的旗帜时，接替莫罗西尼的威尼斯海军统帅才建议仿效。根据命令，他继续用一艘专门为他建造的加莱船当旗舰。

威尼斯的指挥官都是通过前文提过的选举程序选出来的，在这个选举过程中，大议会在理论上是最高的，但实际上却由核心集团决定，有时由十人议会决定，但更常见的则是由元老院确定人选和任期。在和平时期，指挥官一职是晋升体系中的垫脚石，雄心勃勃的贵族从这个职位一步步向上爬，直到职业生涯的最高目标——总督。战争开始时负责指挥的人往往在战斗中被证明是不称职的。对君主国来说，在和平时期判断将领是否有军事天赋也不容易，因为占据最高职位的人往往是宠臣，而不是最能干的兵将。相对来说，威尼斯用投票选指挥官，虽然远非十全十美，但看上去也没那么糟糕。在战斗的试炼中，很快就会涌现出一批有勇有谋、足以替代败军之将的贵族。败军之将一般都会被起诉，而元老院或大议会做出的判决受到派系政治的很大影响。许多人被宣告无罪。因怯懦或不服从命令而被定罪的人通常只会被罚款或暂时流放，但他们的荣誉会受到严重的损害。得胜的将领会受到凯旋式的迎接，得到津贴，还可以获得圣马可法务官这样的高位。如果有少数几个人被再次任命为海军统帅，部分原因可能是任职者的死亡率太高了。在克里特岛战争期间的10名海军统帅中，有5名死于任上。

指挥官得胜的话能取得战利品，还能从心存感激的共和国处获得奖赏，因此海军指挥官是有利可图的职位，这职位在最开始却是一种经济负担。指挥官指挥海军之前要预先支付一大笔款项。就算在几乎全是由罪犯充当桨手的巡逻用加莱船上，指挥官也需要向一些士兵和自由桨手付钱。不仅如此，加莱塞桨帆船和旗舰也不会使用罪犯。只有用奖金的诱惑才能吸引自由桨手上船，而指挥官在之后有机会获得补偿（见第二十五章）。这样的奖金对于从义务兵中选拔出优秀人才是有必要的。

为应付紧急状况而在16世纪建立的征召制度，依靠从城市的行会、大陆和海外殖民地征募来的士兵。在教皇的禁行圣事令中出海的70艘加莱船组成的舰队里，有 10 或 12 艘主要配置的是来自威尼斯行会的人，辅以海军统帅的报告中称为"好人"的人；还有 20 艘船于克里特岛配备人员。克里特岛战争开始时，政府又开始向行会征募人员。虽然征来的大都是行会花钱雇来代役的人，却不是每个行会都负担得起这笔花销。克里特岛战争的头几年里，就有 15—20 名铁匠亲自在克里特岛服役。政府认识到征召能工巧匠来划桨非常浪费，便推动了将征兵转化为征税的过程。政府为了防止突然征税使行会破产，在 1639 年要求行会每年定时分期将税款存入造币厂的一个专门的钱币基金，以备不时之需。由于是分期付款的，并与收入成比例，它有望被称为"难以察觉的税"（tansa insensible）。

逐渐地，威尼斯的加莱船上混杂了来自各国的船员。每艘加莱船上需要的 30—40 名士兵大多是阿尔巴尼亚的避难者。各个等级的水手和自由桨手中都有许多达尔马提亚人和希腊人。威尼斯从本国的监狱里找到的囚犯桨手不够用，于是向邻国寻找囚犯，甚至向巴伐利亚王国这么远的国家寻找。随着克里特岛战争的持续，威尼斯的桨手越来越像他们的对手和盟友掳来的或从来航的奴隶市场和各种伊斯兰港口买来的加莱船奴隶。勒班陀海战以后，威尼斯人一直在使用俘获的土耳其人。威尼斯越来越依赖在爱琴海诸岛招来的人员，获得人员的办法可能有掳人为奴、在奴隶市场购买、强制征兵和支付奖金。一名海军统帅报告说，在这种情况下，加莱船指挥官被"购买自由桨手"的成本毁了。

一些加莱船指挥官由于没有足够的金钱来满足他们的野心而毁了自己，因为他们花了大量的钱来给艉楼的木雕镀金。船尾的花哨装饰颇为时兴，在那个巴洛克风格的时代，奢华的展示对于建立声誉至关重要，而这种声誉将推动政治生涯向前发展。禁止这种装饰的法律并不比其他禁奢法律更有效。

在盖伦帆船和战列舰上，船尾也得到了精心的装饰，但船员和指挥官的情况却不同。当帆船按月租用，并由船长和船员提供服务时，其外国船长自然会担心他们的船只被毁，因此政府必须给他们提供特别的赔偿担保，以承担船舶从事危险行动的风险。船上有一位头衔为"督察"（governatore）的威尼斯贵族受命指挥战斗，但他对这艘船的控制权不及外国的"指挥官"（capitano）。许多船只完全由外国船长指挥，因为没有足够的威尼斯人有资格担任"督察"——最低要求是在指挥官的帐下担任过4年的见习军官。一些受雇佣的船长会受到严厉的谴责，就像外国雇佣兵在陆地上为威尼斯而战时，战败后会受到指责一样；也有人因为英勇的表现而受到高度赞扬。

在外国船只上，船员的工资由船长根据他们国家的惯例支付。在威尼斯的盖伦帆船和战列舰上，也有许多外国人，尤其是希腊人。16世纪末航运业的衰落促使威尼斯水手到其他地方，比如来航寻找工作。威尼斯船东对希腊水手的依赖程度很高，以至于1602年的海事法将希腊人视为威尼斯人，因为按照规定，威尼斯船籍的船上必须有三分之二的船员是威尼斯人。航运业在18世纪复兴的时候，海军指挥官抱怨称自己缺少优秀的船员，因为工资不稳定，而定期支付工资的商船则拥有良好的人员配备。

亚得里亚海领主地位的丢失

当威尼斯成功地抵御土耳其人的进攻，并保卫了她在亚得里亚海的领主地位之时，她却变得软弱无力，无力抵御新兴欧洲强国对这一领主地位的觊觎。

土耳其战争使威尼斯贵族更加彻底地退出贸易。虽然与奥斯曼帝国的贸易并没有完全停止，却必须通过中间人才能进行。外国人在威尼斯的限制被取消，这样他们就可以继续运送货物，以便为政府严重依赖的海关带来收入。当然有一些威尼斯贵族从战争中赚到了钱。一些指挥官带回了可观的战利品，弗朗切斯科·莫罗西尼就是如此。木材商和其他战争物资的供应商也发了财。另一方面，法国人、荷兰人和英国人在黎凡特牢牢地确立了自己的地位。他们与土耳其人的协议将关税限制在3%（而威尼斯人在一些港口支付的关税在5%以上），他们还控制了曾是威尼斯制成品市场的地方。

为了弥补战争的花销，政府增加了直接税和间接税。到1710年，威尼斯共和国的年收入约为500万杜卡特，更多的收入得自非常手段。因为法定货币贬值了，所以用杜卡特计算的国债，到1718年只需用含有17克银的钱币来偿还，而1630年钱币的含银量要比1718年的多出22%（20.8克）。买官和买荣衔比以往更加普遍。贵族甚至可以用2万杜卡特买到圣马可法务官的荣衔——在克里特岛战争期间共任命了40位。年轻的贵族还能通过花钱让自己在20岁就进入25岁才能进入的大议会。一项花上6万杜卡特就能成为贵族的动议被否决了，不过提供10万杜卡特就能成为贵族的动议通过了，这项政策很受欢迎，以至于政府用它挣得了1000万杜卡特。

虽然用了这些手段，长期公共债务却还是在飙升，从1641年的约800万杜卡特飙升到1714年的5000万杜卡特以上，部分原因是强制贷款，部分原因是从造币厂售出的年金投资。在战时，售出的终身年金收益为14%，可继承的年金收益为7%。在和平时期，偿还的年利率为2%—5%。政府强加的2%的年利率实在太低了，不过政府觉得，用这个低利率来支付那些在战争时期以很高折扣购买的国债，确实公正又合理。有人觉得，如果在购买价格上超过5%，那就等于高利贷。1713年，通过吉罗银行的短期借款再次被推到危险的边缘，与1630年的情况一样，当时的借款总额达到了230万杜卡特。当然，银行在战争融资方面在先前的相对重要性比后来要小得多，因为与此同时，长期债务增长至约7倍。银行信贷和公债市场都承受着巨大的压力。

这样沉重的负担，使威尼斯更加严格地坚持中立，中立是她在波旁王朝和哈布斯堡王朝之间的战争中一向采取的态度。从威尼斯周期性地需要与哈布斯堡王朝结盟对抗土耳其人来看，青年派拥护的坚定反对哈布斯堡王朝的政策变得颇为不切实际。1701—1714年的西班牙王位继承战争决定了西班牙将由哪个王朝统治、其领土如何分配，在这场战争中，威尼斯花费巨资维持武装中立。但奥地利军队穿过布伦纳山口，经过威尼斯的领土，与法国人争夺米兰。最后奥地利军队胜利了。法国随后派遣舰队在波河口外巡逻，以防止奥地利军队从的里雅斯特走海路增援伦巴第。这样的侵犯威尼斯领土和水域的事件在后来的战争中也出现了。奥地利危险地加强了对意大利北部的控制。奥地利与俄国商议结盟以对抗衰落中的奥斯曼帝国，意图使奥斯曼帝国分裂时，奥地利还明确说威尼斯的领土应该保持在威尼斯的势力范围内。

威尼斯在亚得里亚海的领主地位由两部分组成，一部分是军事的，另一部分是商业的。没有她的许可，海军不应在此地活动。晚至1630年，威尼斯还在执行这一主张，当时西班牙国王的姐妹前往奥地利的的里雅斯特与皇帝结婚，国王想派遣一支与之相称的舰队送她去。威尼斯共和国坚持要提供武装护卫；否则，它的大使宣称，公主将冒着炮弹雨成婚。相比之下，在1702年5月，当法国舰队在威尼斯海岸与奥地利人作战的消息传到威尼斯时，警报让威尼斯人取消了传统上在耶稣升天节举行的与海成婚的仪式。这次仪式的取消，标志着威尼斯不再试图控制外国军舰在亚得里亚海的活动。18世纪后期，外国军舰频繁地出没在亚得里亚海，其中有对抗法国的英国军舰，还有俄国军舰——它们在威尼斯曾统治过的爱琴海和伊奥尼亚海摧毁了衰落中的土耳其海军。

在商业上，海湾领主的地位意味着商船应该把指定的货物运到威尼斯，并遵守威尼斯的各种海事法，比如有关食盐专卖、卫生隔离和关税的法律。威尼斯将那条主要产品必须经过威尼斯的中世纪权利放松之后，威尼斯的巡逻船对运往其他港口的货物征收关税，并不断骚扰敢于挑战食盐垄断的人。然而，随着威尼斯的总体政治地位越来越弱，违反她的海事法和海关法规而得不到处罚的事情越来越多。

威尼斯的衰落使亚得里亚海沿岸与她竞争的港口得以发展。的里雅斯特的威胁在1719年突然增加，当年奥地利皇帝宣布的里雅斯特为自由港，货物可以自由进出，无须缴纳任何通行费。更直接的成功是教皇在1732年宣布在安科纳建立一个类似的自由港，但从长远来看，事实证明的里雅斯特是更危险的对手，因为有一个更强大的国家为它提供支持。它的地理位置不错，可以取代作为两个生产互补性产品的地区之间的交换中心的威尼斯。皇帝改善了的里雅斯特向北经由奥地利通往德意志和波希米亚、向东通往匈牙利的交通，增强了它收集矿山和林地的产品的能力。反过来，的里雅斯特向这些地区提供它们不出产的物品，如地中海的橄榄油、水果、坚果和葡萄酒，还有一些从更远的海外运来的商品。的里雅斯特的贸易在 1763 年以后才迅速增长，不过那时威尼斯的贸易也在扩张。

商船运输的复兴

虽然威尼斯不再是世界贸易的主要十字路口，但它仍然是一个富裕、人口稠密地区的大都市市场。同样，威尼斯的航运业也不再争夺欧洲的领导地位。然而地区性的需求创造了可依赖的货物，当主要海上强国的船队忙于战争时，威尼斯的商船队迎来了繁荣。

土耳其战争期间，当地对船舶的需求量很大，其中不少船消耗在战斗之中，或用于向舰队和海外基地提供补给。与以往一样，拉古萨在战争期间繁荣昌盛，但其商船队的规模已降至 16 世纪下半叶的三分之一。拉古萨在 1667 年被地震摧毁，后来才慢慢恢复过来。长途贸易主要由英国和荷兰船只来运营。威尼斯人在亚得里亚海扩张的规模较小，威尼斯的贸易集中于仓储在这里的以下产品：普利亚的橄榄油、马尔凯的硫黄、伊奥尼亚群岛的葡萄干，以及其他当地产品。如此一来，从大西洋来到亚得里亚海的船只就会知道威尼斯是一个可以让自己迅速装满货舱的港口。

战争期间，外国人大量涌入威尼斯，而对他们的限制也有所放松。在成为威尼斯公民的人里，有一些是著名的船东。犹太人扩大了贸易，他们也拥有船只。事实上，挤满里阿尔托的商人的类型在 17 世纪也发生了变化。越来越多的威尼斯贵族和古老家族的公民完全投身于政府或海军。统治阶级不再包括商人，甚至不再包括最富有的商人——他们中有许多是最近入籍的移民。他们认为，有必要拥有一个自己的组织，而他们也确实得到了。这组织不是正式的行会，而是不那么正式的"广场首脑"（Capi di Piazza）或船东的"船东首脑"（Capi di Parcenevoli）——元老院询问贸易委员会时，贸易委员会便会听取它们的意见。而贸易委员会在 1516 年成立时，它可以从委员会成员或其亲戚们的言谈中获取商人的观点。

统治阶级和贸易商之间的隔阂或许可以解释元老院在 1662 年采取的一项不明智、三心二意的措施。威尼斯为了与作为"自由港"而成功的来航相竞争，降低了海运的进口关税。但由于再出口关税和以前一样沉重，此举不仅没有吸引更多过境贸易，还减少了海关收入，威尼斯只好在20年后废除这项政策。此外，威尼斯船只的优先装货权在每一段和平时期都得以恢复。威尼斯坚持利用它作为港口的优势来支持威尼斯商船，纵使外国船只能提供更便宜、更安全的运输。

为了保护黎凡特水域的威尼斯船舶免受巴巴里海盗的袭击，元老院命令它们结成有护航的船队再出航。船东们抗议说，只需三四个月就能完成的航行，结成船队出航的话要花上8—14个月，还要支出额外的护航费用；不仅如此，许多竞争对手的船用不了多久就能到达，这样威尼斯便在市场中处于不利的境地。亚美尼亚侨民对贸易委员会说，他们宁愿他们的船只出航时只有祈祷相随，留待全知全能、不可预知的上帝来决定孰善孰恶，也不愿参与有护航的船队去承受那可预见的损失。

荷兰人拥有卓越航海家的声誉，因此无论有无护航，他们的保险费率（5%）都低于威尼斯人的（8%—10%），此说法来自一名海军次长的报告，他在1671年建议当局在威尼斯兵工厂内建立一所传授航海技能的学校。威尼斯承认自己在这项自己一度占据领先地位的技艺上已严重落后，于是在1683年开办了此类学校，用于训练船长和大副。

威尼斯在1736年进行了全面改革之后，贸易和造船业都得到了蓬勃发展。威尼斯大幅降低了对过境货物征收的进出口关税，还鼓励威尼斯船舶以更灵活的形式提供安全的运输。至少携带40人和24门大炮、长度超过70英尺的船只被宣布为"适航船只"（navi atte），也就是可以自卫、被批准为不需要护航也能出行的船只。这些船一般都能成功地赶走海盗，在18世纪40年代，每年有10—12艘去塞浦路斯或叙利亚，六七艘去亚历山大里亚。在对西方的贸易中，威尼斯商业航运在西班牙王位继承战争期间和奥地利王位继承战争期间因为是"中立航运"而得以扩张。对西方的贸易在18世纪比黎凡特贸易更为重要。至少，悬挂着威尼斯国旗的船只在西部海域成倍增加，对其中的许多船来说，船东是否是威尼斯人、船籍注册是否是威尼斯籍都是有问题的。1746年，有5艘威尼斯的"适航船只"驶往伦敦，一艘驶往圣彼得堡，还有一艘从里斯本驶往美洲。

许多这样的威尼斯船都带着一面法国或英国的旗帜，以防遇到来自巴巴里的海盗，因为尽管威尼斯旗帜可能会让船只免遭法国或英国私掠船的劫掠，但北非穆斯林仍然会把威尼斯旗当作一种邀请，或一种挑战。英国和法国曾与这些巴巴里国家签署条约，以保护它们的船只免遭扣押。一些威尼斯商人敦促威尼斯也照做，与摩尔人签订条约，向他们提供贡金，但另一些人反对提供这笔费用，还怀疑和平条约是否会得到尊重。元老院坚持传统政策，认为巴巴里人是奥斯曼苏丹的臣民，试图通过苏丹来解决问题。虽然元老院不成功，但这种政策似乎比进贡更有尊严。然而，在七年战争期间（1756—1763年），西方航线的利润变得相当诱人，以致元老院允许商人和一名高级翻译（但不允许任何高级贵族参与）与巴巴里人进行谈判。条约得以签订，威尼斯人在1763—1765年凭条约获得的利润远远超过他们所支付的贡金。

与巴巴里国家签订条约之后，威尼斯造船业蓬勃发展。在经历了蹒跚的发展历程之后，威尼斯的造船业在北美殖民地独立和法国大革命期间的战争中获益颇丰，因为圣马可之旗是为数不多的中立旗之一。在黎凡特水域，威尼斯的中立政策也为它的航运业在1768—1774年、1787—1792年的两次俄土战争期间获得了一些优势。威尼斯的商船从1763年有记录的60—70艘，增加到1775年的238艘，1794年又增加到309艘，型号更小的船还不在此列。不幸的是，在确定哪种船只能被列为"船"[1]的问题上，前后没有可保证一致的标准。如果我们把240吨及以上的船只称为"大船"的话，18世纪的大船就比16世纪的更少。不过，退回使用更小的船并不代表威尼斯落后于其他国家，因为在所有港口都在发生这种变化。虽然船型和测量单位的变化让呈现的数据没那么清晰，但是在1783年，也就是这股热潮的顶峰，经过威尼斯港口的商品的总吨数超过了这座城市那千年历史中的任何一年。

这一上升趋势接近顶峰时，威尼斯将各类海事法律法规系统性地汇编成法典，上一部海事法的法典还是1255年总督拉涅里·泽诺在任时编

---

[1] 原文为"ship"，指大船，以区分于"boat"（小船）。

纂的。1786 年，元老院通过了《威尼斯商船法典》(*Codice per la Veneta Mercantile Marina*)，它比泽诺的法典涵盖的范围更广，条文也更加简洁。这部法典在明确性上可谓典范，尽管编纂委员会为这部法典工作了将近 40 年。

与中世纪的法规相比，1786 年的法典显示海事管理机构对所有海员拥有高度的权威，不过它自然只涉及帆船，而不涉及桨帆船。较早时，商船托运人是船长和海员之间争端的仲裁者；而此时，仲裁者是海军人事裁判官（Magistrato all'Armar）。在惩罚逃亡水手的关键问题上，法典规定，水手应被判处在加莱桨帆船上服役或进监狱。但法典还规定，任何被控逃亡的水手都可以提交一份宣誓书，陈述自己的立场，并由海军人事裁判官酌情赦免。

此法典还反映了，自总督拉涅里·泽诺的时代以来，与航运相关的社会阶层发生了变化。它说明，雇员和出资方之间有更明显的分别，出资方甚至被称为资本家（capitalisti）。船东（parcenevoli）的权利得到了仔细的规定，它与船长的权利之间有明显的区分，船长现在只是受薪的雇员，而不属于船东。几乎没有多少条款能让人回忆起船员在航海和贸易活动中充当半合伙人的日子。当然，法典确认了每名船员的运货或说"经营"的权利。若船舶航行到威尼斯湾以外，一个信誉良好、经过正式注册的海员可以免税带回来 2 桶酒、4 块 50 磅重的腌肉、4 块不超过 50 磅的奶酪、价值 10 杜卡特的商品，在有的航行中还能带回来一些重量有限制的橄榄油。但条款明确规定，这些物品被认为是海员为家用而采买的物品。为了防止海员夹带其他商品通过海关，法典禁止海员携带其他货物或从事贸易活动。但是根据威尼斯领事的报告，威尼斯水手是最臭名昭著的走私者，他们经常刚进港就把整艘船变成集市，一如两个世纪以前威尼斯加莱船的船长在亚历山大里亚的做法（见第二十四章）——他们丝毫不觉得羞愧。

水手、船长和船东都被要求加入成立于 1573 年的海员行会，即圣尼科洛海员兄弟会（Scuola dei Marineri di San Nicolò）。行会向不同的成员收取数额不同的会费，为生病的海员设立了一家医院，还拥有一般行会具有的功能，如宗教服务。行会提供了"验船员"（surveyor），验船员负责在船舶离港前评估适航性。行会进行游说活动，为成员争取更多岗位和税收的减免，不过在18世纪，它所有的活动都严格受海军人事裁判官的管辖。

威尼斯海军在18世纪80年代也重新崛起。为了迫使巴巴里诸国遵守条约，威尼斯海军在18世纪60年代在的黎波里和阿尔及尔附近展示力量，并在18世纪80年代袭击了突尼斯城。在这些远征中，最后一位著名的威尼斯海军将领安杰洛·埃莫（Angelo Emo）表现出一种以前在贵族中很常见的能力，此时这种能力已变得相当罕见，以致引起了轰动。他出身于名门望族，从小就对船只和大海着迷，他先成为一名绅士见习军官，后来在快要24岁的时候被任命为一艘战列舰的指挥官。1758年，他指挥一支船队前往里斯本时，在大西洋的风暴中表现出卓越的勇气和决心；他还在船舵被海浪卷走之后设计出临时替代的装置。这些事让他声名鹊起。在1785年轰击突尼斯城之时，他设计了一种浮动炮台——用圆木和酒桶制作能承载重炮的木筏，再用沙袋加固防御。他的成就给兵工厂注入了新的活力。1718年与土耳其讲和之后，兵工厂的工作几乎停止了，开建的船只推迟了55年才完工。在埃莫的推动下，新龙骨于18世纪80年代得到安置。他于1792年去世的时候，他乘坐的船队正在西西里和突尼斯之间巡航，船队包括4艘一级战列舰、2艘重型护卫舰、4艘轻型护卫舰、3艘运输护卫舰，以及26艘较小的帆船或桨船。

直到威尼斯的战舰、航运业和共和国自身在拿破仑战争中被摧毁为止，威尼斯一直是亚得里亚海的主要港口、最繁忙的造船中心和船运中心。

第二十九章

共和国之死

1718—1797年，在这差不多80年的时间里，欧洲诸强国都在参与大规模战争，威尼斯却享受着和平（打击海盗的行动除外）。有人可能认为威尼斯的政治家会因为避免了战争之害而受到赞扬，尤其是考虑到威尼斯那些年在音乐、文学和美术上的成就。不过历史学家把18世纪归为威尼斯的颓废时代。当时的威尼斯人也认为自己是颓废的，因为他们没能做到祖先做过的事。现代历史学家之所以称他们为颓废的人，既是因为历史学家很关心威尼斯人的祖先做过的事情，也是因为他们没能建设为未来的意大利国家有所贡献的新机构。

未衰退的经济

卡罗·安东尼奥·马林（Carlo Antonio Marin）是威尼斯的贵族，他在拿破仑于1797年摧毁了威尼斯共和国后成为一名档案保管员，并撰写了一部他所谓有关商贸的、公民与政治的历史。在他写作的时候，威尼斯作为一个港口正在被英国与拿破仑的战争所摧毁，但马林仍然希望拿破仑的统治能够维持威尼斯传统上的经济地位。他深信威尼斯的衰落是道德和军事上的，而不是经济上的。马林在他史书的第八卷中坚持认为，1797年威尼斯的贸易与1423年总督托马索·莫琴尼戈的著名演讲中所描述的一样伟大，一样丰富。马林援引数据，强调了威尼斯领土内产品的出口情况，例如产自阿尔卑斯山山麓的纺织品、近来变得重要的农产品，其中最引人注目的是丝绸和水稻。由于在小麦之外，威尼斯还种植水稻、豆类和玉米，威尼斯的统治区域不仅自给自足，还能出口粮食——这是1423年以来的惊人变化！而且，这相当于心照不宣地承认威尼斯城在它统治的国家里没之前那么重要啊！在预算等官方文件中，威尼斯总是被称为"主导者"（La Dominante），但它在经济上已不再像以前那样占主导地位了。

现代学者对1797年和1423年的比较比马林的要复杂得多，他们得出了几乎相同的结论。威尼斯国家在18世纪的特点是经济增长而不是衰退，但增长最多的是威尼斯在意大利大陆的领地。总体人口反映了这一点，尽管它相对稳定。该市人口因为1630—1631年间的流行病从15万人减少到10万人之后，在10年内恢复到12万人，此后在12万—15万人之间波动。1764—1766年之间，人口普查报告居民有141056人；在1790年则有137603人。16世纪中叶，威尼斯在意大利大陆领地的人口只有150万人，到1770年已经增长到200万人以上。人口增长的主要原因是农业的改善，其中最重要的原因就是扩大了农民的主食——玉米的种植。

手工业的调查显示，尽管织锦、蕾丝、玻璃和书籍仍然很重要，但威尼斯城内的手工业呈衰退之势。1718年威尼斯人与土耳其人讲和，并赢得了西方竞争对手早些时候获得的3%的低关税，此后威尼斯产品的黎凡特市场得以逐渐恢复。然而，法国已经取代威尼斯，成为奢侈品行业的领头羊，威尼斯城内纺织传统类型的羊毛布料的产业近乎绝迹了。为了生产新的"尼德兰式"布料，一个叫艾萨科·詹蒂莱（Isaaco Gentile）的人在1763年获得了特权。他在15间房内拥有纺纱机，拥有32台织布机，还有1000名员工。这是一个孤立的案例：大陆上的纺织业发展得更加有活力。尼科洛·特隆（Nicolò Tron）是为数不多的几位贵族工业家之一，他在维琴察后面的山麓丘陵中的斯基奥（Schio）建立了纺织工厂。尼科洛曾任驻英国大使，他对自己在英国看到的工厂印象深刻，于是在英国管理者的帮助下引进了类似的改良措施。在凯伊（Kay）发明飞梭的6年内，特隆的员工就开始使用飞梭了。亚麻工厂在弗留利扩张，而金属工厂在布雷西亚周边发展。在帕多瓦和贝加莫一带，以水为动力的丝绸厂成倍增加。威尼斯贸易的总价值在1797年达到了300年以前的水平，产自意大利大陆的工农业产品对此贡献甚多。

当然，与此同时，欧洲其他地区也没有停滞不前。1797 年，威尼斯在欧洲贸易和财富中所占的份额不及 1423 年。

威尼斯纺织业的衰落，不仅体现在与其他地方的增长情况的差别上，也体现在与威尼斯本身在一两百年前布料生产量的比较上。产业的变化带来了人口的职业分布的变化，工匠的比例降低了，海员的比例有所提升。威尼斯不会像 13 世纪以前的几个世纪那样再变成海员的国家了，不过和 1600 年的那座依赖外国船运的手工业城市相比，它在 1797 年的经济结构很像是回归到了 15 世纪中叶的情况。人口普查数据显示水手（marinari）越来越多。1766—1770 年，按记录，城市的六个区中有 2200 名水手（不包括渔民和船夫），1770—1775 年则有 4500 名水手。水手的真实数量比这多得多，因为还有水手定居在潟湖的村庄里。法国领事报告说，在美国独立战争期间有 7250 名威尼斯水手参与其中，其中还不包括英国舰队中的 3000 人。可以肯定，和 15 世纪已出现的情况一样，威尼斯的船长中已没有多少威尼斯贵族了，而大多数是拥有斯拉夫名字的达尔马提亚人。船舶的所有权则属于犹太人或比较新近的移民，而不是威尼斯的古老家族。不过，威尼斯在黎凡特的地位在 18 世纪下半叶恢复到第二位，让人回想起更早的几个世纪。第一家在红海设立分支机构的欧洲商行，属于威尼斯人卡洛·罗塞蒂（Carlo Rossetti）和巴尔萨泽·罗塞蒂（Barthazar Rossetti）。他们的商行于 1770 年在麦加的外港吉达开张。他们最开始运的一大批货不是胡椒或生姜，而是一种较新的"殖民地产品"——咖啡。总的来看，威尼斯人在黎凡特贸易中排在法国人之后，位居第二，不过在某些地点占据了第一，尤其是在叙利亚地区主要的中心——阿勒颇，因为这里与法国之间的贸易因 18 世纪 90 年代的法国大革命而中断。

在亚得里亚海，的里雅斯特的发展在很长一段时间内都从属于威尼斯，威尼斯船舶为它提供服务，威尼斯资本向它投资。这两个城市中，形式最为现代的组织是海上保险业。18 世纪的八九十年代，出现了几家合股公司，它们把老家族和新来者的资本和声望结合起来，造就了繁荣发展的保险业。这是例子中的一个而已，它显示了威尼斯如何利用她身为富裕腹地的港口和首府的特点来扩大商业贸易和运输服务。

在大多数商贸扩张、海运扩张、大陆手工业的发展中，威尼斯老家族的名字显眼地缺席了。富裕的威尼斯贵族更愿意投资地产（原因在前文已论及）或以直接或间接的方式向政府提供贷款。

政府的公债似乎越来越安全，因为国家在战争中保持中立，它的财务状况便得以稳步改善。在18世纪前三分之一的时间里，它的年收入约为500万杜卡特。与前几个世纪一样，威尼斯直接税的收入很少，不到四分之一，另外四分之三是来自大陆城市的收入，以及对消费或营业额所征的税。

威尼斯在反对土耳其人的战争中花费了巨额开支，在西班牙和奥地利的继承战争中徒劳无功地试图维护威尼斯的中立地位，之后，公共债务大致稳定了下来。债务总额超过了5000万杜卡特，但政府迫使许多公债持有人将利息削减至2%，从而减轻了债务负担。有一段时间，借款利率是4%，因此在1750年，债务的票面价值是这样的：

偿还利率为2%的旧债	5200万杜卡特
偿还利率为4%的新债	2200万杜卡特
中期债务	600万杜卡特
债务总额（票面价值）	8000万杜卡特

18世纪末，财政年收入增加到大约600万杜卡特。与此同时，花在陆军和海军上的钱减少了，尤其是1736年以后——威尼斯不再以保持中立为借口来武装自己。1736年，军事开支为总开支的三分之一，超过了支付给公债持有人的数额。1755年，军事开支为总开支的三分之一以下，而比三分之一多得多的开支用于偿还公共债务。利用这些资源，政府在1752年之后通过纯粹的自愿偿债，将"新债"的利率从4%减少到3.5%。后来政府偿还或赎回旧债时，没有依据票面价值，而是市场价值。到1797年，债务总额降到了4400万杜卡特。

比起通过强制贷款和年金销售形成的"旧债"，发行于18世纪的"新债"大多数都由行会和兄弟会持有，其形式被称为资本工具（capitali

1313—1788 年的政府收入与负债
长期公债的支付与政府总收入的对比（单位：杜卡特）

年份	总收入	偿债支出	占比
1313	54000		
1343	79000	250000	31%
1344	19000	260000	7%
1378	150000		
1413	500000		
1422	300000	1500000	20%
1464	150000		15%
1469		1000000	
1490	211000		20%
1500		1145000	
1508	230000		
1550	300000		18%
1551		1717000	
1555	200000		10%
1569		2000000	40%
1577	800000		
1602	200000	2444000	8%
1608—1610	55000	2588000	2%
1621	192416	3436361	6%
1633—1641	520000	3000000	17%
1736	1841255	5341059	34%
1755	2061604	5602095	37%
1788	1770000	6000000	29.5%

注：关于数据中的成分和比较，见参考书目部分第二十九章的相关说明。

instrumentati），它没有到期时间，不过政府要定期支付利息。兄弟会积累的捐款部分来自会费，但主要来自遗赠，其中一些用于投资不动产，一些用于投资公债。因为在城里找到好的不动产来投资越来越难，它们越来越多地转向投资政府公债。它们还接受付息存款以获得流动资金。若兄弟会对年利率和到期时间感到满意，便会单独与投资者协商相关事宜。比起信任政府，投资者明显更信任它们，部分原因可能是兄弟会的债务有不动产当支撑，还可能是兄弟会的管理人员受到了信任。1752 年时偿还政府债务的财政官员确信，他们可以在自由市场上以 4% 的利息偿债，因为兄弟会付给储户的利率还不到 4%。实际上，这些兄弟会为威尼斯人提供了类似储蓄银行的服务，并间接地将存款用于公债。它们的活动解释了威尼斯政府为什么能以低利率借款。

减轻公共债务负担的措施几乎不再依赖任何货币贬值。金属货币不再贬值了。新铸的泽西诺金币依旧是每一枚含有 3.5 克黄金,自 1284 年以来一直是这么多。使用得最多的银币——斯库多(scudo)在 18 世纪初已经贬值了约十分之一,但在 1739 年后仍保持含有 30.2 克银。1739 年用于保存政府账户的银币"杜卡特"的含银量只比 1718 年的少 6%,而且直到共和国灭亡都没有变化。

银行券也同样稳定。与 14 世纪时一样,它仅以银行账簿上记项的形式而存在。1721 年,一项印刷纸币的提议被否决了。吉罗银行最后一次超发信贷的事在上一章已提过,这导致银行的负债增加到 230 万杜卡特。1718 年,政府通过向储户提供长期公债或 6% 年利息的四年期国库券,矫正了银行券贬值的情况。通过这些转换方式和别的方式,银行的负债在 1739 年下降到 82 万杜卡特,这被认为是维持商业平衡所需的数额。随后,银行恢复了现金支付,现金支付一直维持到共和国灭亡后的几年。

寡头政治的顶峰

18 世纪末西方文明的转变,传统上以工业革命和民主革命为特征。尽管威尼斯共和国的经济表现出许多适应新的经济生活节奏的迹象,但它的政治机构仍然完全敌视新的民主精神。从理论上讲,民主革命的实质是所有人享有平等的权利,而不论他们的父亲是谁。从实际上讲,它之所以能实现是因为上层阶级发生了变化,一群声称自己能处于此阶层是因为财富或能力而非血统的人进入了其中。相反,在威尼斯共和国,几乎每个人的地位都由父亲的地位而决定,从海关的装卸工,到兵工厂中享有特权的工匠,到政府机构的秘书,再到元老院和十人议会里的贵族,皆是如此。统治的权利被贵族视为上帝根据各人的出身而赋予的权利。

威尼斯的统治贵族深深沉浸在贵族的社会观念中,因此他们对那些正在重振威尼斯商业生活的非本阶级的人怀有敌意。18 世纪下半叶,统治集团最有权势的发言人是安德烈亚·特隆(Andrea Tron),他是尼科洛·特隆的儿子,是为数不多的、为工业发展提供资金的威尼斯贵族之一。1784年，安德烈亚在元老院发表了一篇著名的演讲。在演讲中，他考察了国家的经济状况，对富有的贵族同伴呼吁，让他们把投资在地产和公债上的钱，以及浪费在炫耀性消费上的钱，投入海运贸易事业——正如先祖们曾做过的一样。不过，他自己也没有以身作则。他蔑视美国独立战争期间威尼斯航运和贸易激增的情形，因为利润并没有流向他信赖并认可的威尼斯家族，而是流向了外国人和一个新群体——外国人的代理人。犹太人作为船东和船舶制造商都已变得相当重要。在安德烈亚·特隆的促成下，威尼斯对犹太人施加了新的限制。他认为，像其他暴发户群体一样，这些犹太人应该保持在自己的位置上，受他这样天生就会统治的人的良好监管。他自负地指责贵族同伴的堕落，不过，那种感染了统治阶层中最能干的人的堕落，也体现在他自己的身上。

在贵族群体内部，核心集团在17—18世纪变得更小，他们的统治也变得不那么依赖于赢得全体贵族的支持（见图29-1）。3名国家审问官（1名是总督顾问，2名是十人议会成员）越来越多地行使十人议会（强调一下，十人议会里实际上有17人，因为总督和6名总督顾问也有投票权）的权力。3名国家审问官指挥着一群令人害怕的密探和秘密警察，用他们镇压任何被怀疑为谋求改变政体的激进组织，他们的行动很保密，人们怀疑他们滥用权力，用于公报私仇或满足个人野心（见第二十七章）。外交事务和日常事务由完整会议的6名大智者处理。逐渐地，这些智者自己就决定了重大的问题。他们对自己管理元老院的能力颇为自信，以至于常常不愿再向元老院汇报大使们发回的文件。元老们对此事又懒散而不在意，就忍受了这篡权之举。总督和总督顾问耽于礼仪，其程度远超以往。国家实际上的主政者是6位大智者和3位国家审问官。虽然这9个人的任期都不超过一年，卸任后也不能马上再就任同一职位，但是同一群贵族在这些职位或重要的大使和委员会中轮换，因此权力始终掌握在他们手中。

秘书对政府运作的重要性位居其次，他们不是贵族，而是来自"出生公民"的阶层。他们连续多年服务于同一机构，因此通常比统治他们的贵族更清楚要履行的职能和该遵循的规则，而许多贵族只是担任闲职而已。即使是实际一辈子都在忠实地为政府服务的能干贵族，也不会变成官

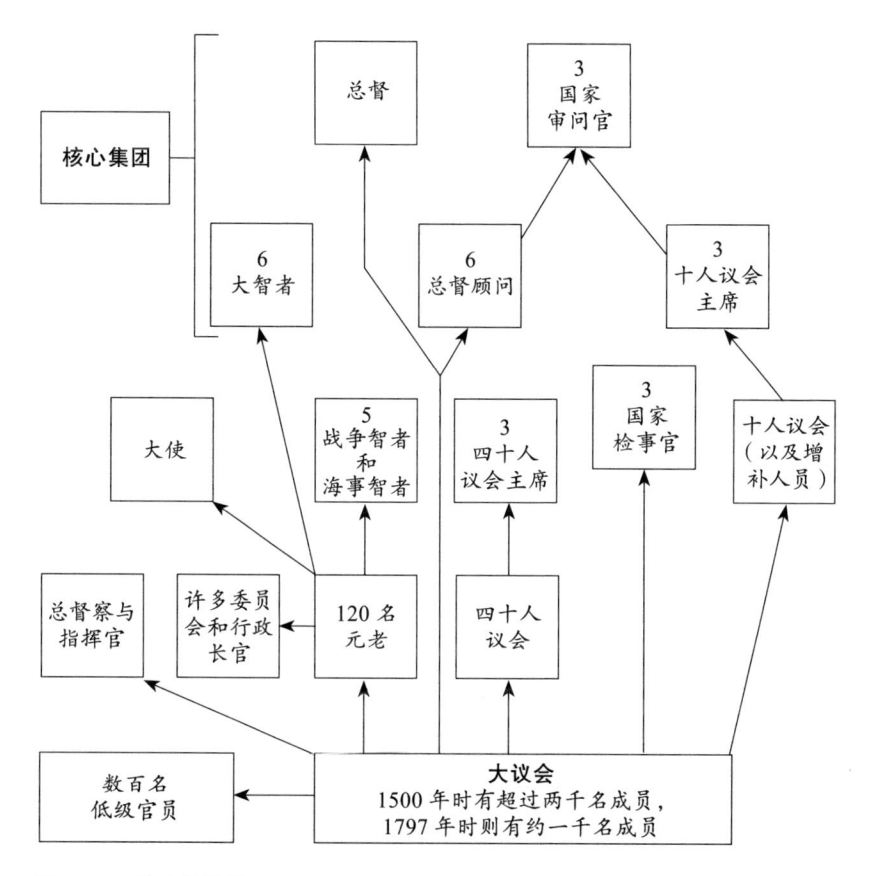

图 29-1　政府的结构

箭头标示了委员会的任职者由哪个机构选出。执政团包括总督、总督顾问和四十人议会的主席。18世纪时，6名大智者和3名国家审问官权力更大。国家审问官中有1人是总督顾问，2人是十人议会成员。

僚，这是因为，无论是在物质上还是在感情上，他们都没有在行使权力时跟某个特定的办事部门建立紧密联系，而只有在特定部门里，他才能成为专家，才会感到自己负有责任。贵族获得职位后，再调换到一个个职位，不同职位的薪水各有高低，决定人选的方式则是前面已提到的大议会投票，这投票在18世纪也不会比16世纪时更清廉。安德烈亚·特隆这样的人控制元老院和大议会的方式之一，就是通过任命官职来争取那些需要职位来维持生计的人。

在贵族群体内部，由贵族任职的职位逐渐在习惯上被分为三种：最高的是元老院等级的贵族；其次是一种司法等级的贵族，他们受到过良好的法律教育，任职于四十人议会或其他的许多准司法职位；最低的是巴纳波蒂，他们既无多少财富，教育程度也不足，故无法担任要职，不过在法律上他们有担任所有职位的资格。由于出身名门，巴纳波蒂被禁止从事低下的贸易活动或体力劳动，他们过着悲惨的生活，出售自己的选票，四处游说以寻找工作。

15—16世纪，贵族似乎对他们的成员资格很满意，拒绝了所有改革建议。17世纪时，他们意识到了缺陷。为了改善贫困贵族的状况，政府在1617年成立了一所专门教育他们子女的学校——朱代卡学院（Accademia della Giudecca）。它使一些人得以证明自己的能力，并升迁到高级职位。不过克里特岛的沦陷迫使避难者进入威尼斯之后，贫困贵族增多了。从船长帐下的贵族弩手和绅士见习军官做起，再恢复家族财富的人，已经没有多少了。

1630—1631年的疾病流行过后，贵族的数量开始急剧减少。受影响最严重的现象是缺乏既拥有足够财富，其能力又足以担任高级职位的人。一位内部人士在17世纪晚期评论说，当时只有14或15个人能够担任大智者。要担任这一职位，任职者需要曾在罗马或巴黎这样的宫廷里担任过大使，而为了维持威尼斯共和国的荣誉，他不仅要有得体的举止、机智的头脑、对国家的忠诚，还要有足够的财富。近三个世纪以来，贵族阶层一直拒绝接纳新鲜血液，拒绝接纳新近才赚得大钱的人，给富有而体面的公民当女婿的人则不受限制。在贵族内部，富裕家族之间的联姻让财富越来越集中在少数人手中。若某个家族有很多个孩子，只有一两个会谈婚论嫁，其他的则不事嫁娶，这样家族的财产就不会分散，而是传给下一代，为下一代的一两个孩子的政治生涯提供资金。

在威尼斯存在为贵族阶层增加新成员的需求，国家在土耳其战争之后又迫切地需要提高财政收入，于是让提供足够资金的人有进入大议会的资格的做法被正当化了。1645—1718年，共有127个人被授予贵族头衔，他们每人拿出10万杜卡特，由完整会议亲自推荐。这些新加入的人未能扼制贵族数量持续下降的趋势。从16世纪中期的约2500名贵族，到

1630—1631年疾病流行后的1660名,其人数一直在变少,之后也没有恢复。1775年,其数量下降到1300人,1797年时又下降到1090人。在威尼斯的成年男性中,1520年时约有6.4%是贵族,1797年时则为3.2%左右。

在127个新的贵族家族中,五分之一是来自大陆城市的贵族,五分之一属于"出生公民"阶层的律师和书记处的官员,五分之三是商人。曾是商人的人或多或少地迅速放弃了贸易活动,部分原因是支付的10万杜卡特(大概相当于1970年的1000万美元)严重消耗了他们的财富,部分原因是他们效仿老的贵族家族,视投资地产为配得上其显赫地位的投资方式。因此,新增加的贵族并未扭转贵族群体特性的变化趋势。大约三个世纪以来,贵族身份一直是严格世袭的,已经是,而且一直是一个拥有地产、掌控官职的阶层。

新增加的贵族也未能实现威尼斯贵族与其意大利领地的融合。当地贵族作为上层阶级统治他们自己的城市,但受制于威尼斯元老院和一些威尼斯官员的命令。土耳其战争期间,大约有20人被选为威尼斯大议会的成员,他们要么搬到威尼斯,融入统治阶级,失去了当地的根基;要么就待在家中,从不起到威尼斯贵族的作用。大陆贵族的疏离程度在1775年变得很明显,当时威尼斯贵族做出了新的努力想克服其成员的萎缩之势。经过激烈的辩论,大议会同意,可以向40个大陆贵族家族提供成员资格,这些家族要证明祖上四代都是当地贵族。不过,只有10个家族提出申请。

一般认为,新贵族从来没被接纳为与旧贵族地位平等,没有新贵族当选为大智者或十人议会的成员,但有些人确实升到了高级职位:共和国灭亡时驻扎在科孚岛的主舰队指挥官卡洛·奥雷利奥·威德曼(Carlo Aurelio Widman)和最后一任总督卢多维科·马宁(Ludovico Manin)都是新家族的成员。

威尼斯对意大利城市采取的政策,引出了许多超出历史范围的复杂问题。威尼斯在多大程度上牺牲了自己的经济利益?她应不应该、能不能剥夺这些城市的自由,抚平社会结构的差异,以形成一个统一的国家?她是否可以通过尽早地分享大议会成员的资格来赢得大陆贵族的忠诚?还是说，应该像她在 16 世纪徒劳地尝试的那样，像最后帮助萨伏伊国王成为意大利国王的那样，在投机的对外政策中，于 18 世纪高喊意大利自由的口号？探究现代意大利国家的形成之时，这些问题自然而然地会冒出来。只需注意圣马可之狮从未完全上岸，便足以对我们的问题做出解答。作为一个海洋共和国的象征，圣马可之狮通常被描绘成半个身子站在陆地上，另一半站在水上。事后来看，威尼斯的未来显然取决于意大利。不过，尽管威尼斯在大陆的财产在经济上越来越重要，她却仍然认为自己是一个独立的、国际化的城市。威尼斯共和国的力量仍然在很大程度上来自不同民族混合的状况。在这方面，它可以与那个更大的、不断发展的邻国——哈布斯堡王朝统治下的奥地利相媲美。希腊人、达尔马提亚人、弗留利人和伦巴第人都是威尼斯国家的重要组成部分，因此圣马可之狮从未用四条腿稳稳地站立在意大利的土地上。

大游历的一站

17—18 世纪，威尼斯的政治影响力在下降，与之形成对比的是，威尼斯作为欧洲文化中心的影响力却在上升。从中世纪的一群群朝圣者，到现代熙熙攘攘的游客，威尼斯一直都在吸引旅行者。17—18 世纪，尤其是在 18 世纪，旅游业是贵族式的，来威尼斯的许多游客都是欧洲上层阶级的成员，比如孟德斯鸠、歌德，他们的"大游历"（the Grand Tour）被认为是绅士教育的一部分。

吸引他们来到威尼斯的许多特色之中，就有它的剧院和音乐。17 世纪时，威尼斯是世界的歌剧中心。1600 年左右，因为音乐、舞台和表演的结合，在佛罗伦萨和曼托瓦的宫廷中诞生了最早的歌剧。但是克劳迪奥·蒙特威尔第（Claudio Monteverdi）来到威尼斯，成为圣马可教堂的唱诗班指挥之后，威尼斯在 1613 年后取得了领先地位。此外，第一个公共歌剧院于 1637 年在威尼斯开张。在那个时候的其他地方，歌剧只在宫廷里上演。因为威尼斯是共和国，所以它建立了向购买座位的公众开放的歌剧院。为了这些观众，蒙特威尔第在 1642 年（他不久后就去世了）写出了他最好的歌剧《波佩阿的加冕》(L'incoronazione di Poppea)。17世纪末，威尼斯有17家剧院，每个季节里至少有4家剧院同时在上演着歌剧。想想看，这座上演所有这些歌剧的现代城市，其人口居然只有14万！

1637—1700年间创作于威尼斯的388部歌剧中，对赢得观众的喝彩来说，舞台设计比台词和音乐更重要。威尼斯公众乐于欣赏一连串摄人心魄，彼此之间又截然不同的场景：田园牧歌、幽灵鬼魂、咒文魔法、战斗搏杀、海上船难。没过多久，布景的绘制、舞台装置的设计就成了威尼斯的专长，已在威尼斯证明了才干的艺术家–工程师们，将自己的作品带到诸如巴黎和维也纳的宫廷。

蒙特威尔第的后继者，如皮尔弗朗切斯科·卡瓦利（Pierfrancesco Cavalli）和马尔坎托尼奥·切斯蒂（Marcantonio Cesti），在17世纪维持了威尼斯在歌剧上的领先地位。18世纪，威尼斯最杰出的作曲家安东尼奥·维瓦尔第（Antonio Vivaldi）创作了44部受欢迎的歌剧。不过在这时，那不勒斯等首都已经发展出与威尼斯相竞争的歌剧风格。红色神父（得名于他的红头发）维瓦尔第的管弦乐协奏曲更为著名。让威尼斯作为音乐中心而闻名于世的还有管风琴制作师、管风琴演奏、小提琴手、清唱套曲（Cantata）和女童唱诗班。

18世纪，威尼斯的剧院将更多时间留给了话剧。悲剧和喜剧都吸引着观众，他们吵吵嚷嚷，表达自己的感受。剧院里有"捧场人"（claque），剧院雇他们来喝彩或发出嘘声，其回报是免费观剧，他们有很多都是贡多拉船夫。在几百部作品中，观众最感兴趣的是喜剧，尤其是卡洛·哥尔多尼（Carlo Goldoni）的作品。哥尔多尼出生于威尼斯，父亲是一名医生。他受过足够的法律教育，可以从法律中获得部分收入，却为参加剧团而逃学了好几次。他发现，喜剧由演员即兴表演，演员头戴面具，面具用于向观众表明自己扮演的是哪种角色，比如：哈勒奎因（Harlequin），一种多情却又孩子气的小丑；潘塔洛内（Pantalone），一种古板的中产者。这些即兴喜剧（commedia dell'arte）由演员即兴表演，很大程度上不是充斥着杂技的哑剧，就是嬉笑打闹和淫秽粗俗二者居其一的幽默剧。在此时的意大利，没有任何喜剧创作传统可以与英国喜剧或由莫里哀完善过的法国喜剧相媲美。哥尔多尼为即兴喜剧编写了情节，并说服演员们使用他创作的台词。起初，演员们扮演哥尔多尼笔下的角色，只是因为哥尔多尼和剧团一起生活过，他知道笔下的人物要和演员自然地扮演的那类角色相贴合。他的剧本受到观众的欢迎之后，剧团就急切地想演他的剧本，他也可以创作自己的那种喜剧，剧中依然包含一些戴面具的人物和老式的角色，不过他表现在威尼斯的各个广场上相遇的角色之时，既在最大程度上保留了真实感，又净化了笼罩在角色上的低俗与粗粝之气。他为了表现真实感，在台词中用了不少威尼斯方言。他同时用法语和意大利语写作。值得注意的是，他把潘塔洛内这个角色从一个"头戴绿帽"的愚蠢丈夫，一个被谎话连篇的僮仆和年轻恋人用笑话和小伎俩取笑的可怜汉，变成一位值得尊敬的威尼斯中产者——他本能地坚持着可行的是非标准。

哥尔多尼在威尼斯的声望达到顶峰之时，却遭到了反对者的攻击，他们指责哥尔多尼模仿法国人，破坏了意大利即兴喜剧的民族传统。带头攻击他的人是卡洛·戈兹（Carlo Gozzi），他创作了一些直接讽刺哥尔多尼的作品，其中有不少是有着幻想式布景的仙子故事，更像盛装历史剧（pageant），而不是话剧。然而，戈兹的节目非常受欢迎。哥尔多尼没有在威尼斯跟他正面对决，而是在1762年接受了巴黎的意大利剧院（Comédie Italienne）中导演的职位。法国大革命爆发后，他的职位和养老金都被取消，没过多久他就去世了。

18世纪，来到威尼斯的游客发现她的赌场比剧院更受欢迎。最著名的赌场跟剧院一样，都属于威尼斯贵族。许多贵族赌博上瘾，和银行家一样整日整夜地坐在桌旁。最有名的赌场是圣莫伊斯（San Moisè）的里多托（Ridotto）赌场，里面不仅有10间赌室，还有可以用来聊天、品酒和奶酪、享用咖啡的沙龙。不过，"里多托"一词后来在威尼斯泛指赌场。

咖啡厅是具有社交性的消遣场所，因而数量迅速增加。圣马可广场周围有十几家咖啡厅，包括开业于1720年的福里安（Florian）咖啡厅和开业于1775年的夸德里（Quadri）咖啡厅。人们可以在某些咖啡厅里找到政治观点与自己相近的人，便聚集在这些咖啡厅中。斯巴达利亚（Spadaria）咖啡厅就是法国新思想拥护者的聚集地。

图 29-2 戴面具的行进者
彼得罗·隆吉的作品,他擅长描绘 18 世纪的贵族日常生活场景。画中有许多戴着面具的人,这在漫长的狂欢节期间颇为常见。

从早期开始,旅行者述说在威尼斯的经历时,就会对威尼斯的娼妓留下或好或坏的评论。18 世纪时,威尼斯还以歌者和舞者的魅力而闻名,他们是威尼斯舞台上的明星,能拿到很高的酬劳。威尼斯最臭名昭著的放荡景象存在于演员之子贾科莫·卡萨诺瓦(Giacomo Casanova)的回忆一些旅行者的评论和卡萨诺瓦等人的回忆录编织了一个关于威尼斯的新神话。正如威尼斯的早期历史被那则它在最早的时候就处于独立状态的神话所包裹，正如它的伟大时期被威尼斯元老院那永不失策的智慧的神话所掩盖，共和国的晚年也被无以复加的罪恶的神话所遮蔽。旅行者的见闻的确普遍地证明了贵族妇女的道德有所松弛，他们发现，贵族妇女甚至难以假装维持婚姻的忠诚，因为按照当地风俗，已婚贵族妇女的身边时常陪伴有一位情夫（cicisbeo），他从早到晚都候着她，即使在最暧昧的环境中也是如此。旅行者还报告说，女修道院的情况也很世俗，情况可能更糟。法国旅行者德布罗斯（De Brosses）在1739年报告说，三座女修道院都在争着为新到任的罗马教廷大使提供一位情妇——这份报告的价值不在于证明此事的真实性，而是说明这类评论在一般环境下确实存在。

另一方面，威尼斯最受诟病的恶习——赌博和对婚姻不忠——在所有欧洲国家都很普遍。许多情夫因情人不在身边而承受相思之苦，缺少爱情之欢。女修道院虽然在宗教热情上不值得被赞扬，却至少实现了一项社会功能——为寡妇和无望结婚的女子提供生活的去处。比起她们的淫荡风俗，更能说明问题的是她们参与的许多音乐演奏会和优雅的宴会。威尼斯在18世纪的罪恶之处，不在于它的邪恶之深，而在于它的轻浮。

18世纪的威尼斯被誉为欧洲最快乐、最无足轻重的首都。狂欢节上，男男女女戴着假面，耽于虚构的自由。狂欢节创造了一种持续一年的情绪，一种弥漫着节日氛围的情绪。

最后的日子

> 我们是凡人，不能不伤感，当看到
> 前日的庞然大物，连影子也消亡。
> ——华兹华斯《为威尼斯共和国覆亡而作》

在无忧无虑的威尼斯人背后，是政治参与的缺席，只有少数人参与其中，面对严重的局势。即使是这一群统治着国家并以此为业的、最忠诚的贵族，也缺乏毅力和勇气。

当有关巴黎革命事件和革命者军队进军的消息涌入完整会议之时，只有少数人主张武装威尼斯，主张做好为生存而战的准备。他们的意见并未被采纳。安杰洛·埃莫使威尼斯海军现代化了一些，但她的要塞和陆军已经无可救药地过时了。即使拨出军费，也找不到组织和领导军队所需的贵族。在法国大革命创造的新条件下，威尼斯无法在法国和奥地利之间实现力量平衡。它被动地拒绝与任何一方结盟，还拒绝了与意大利诸国组成防御性联盟的提议。实行不结盟而保持中立的传统政策不怎么消耗精力。结果是，当拿破仑把奥地利军队赶出米兰，并越过威尼斯领土追击敌军直到蒂罗尔（Tyrol）的阿尔卑斯山区时，威尼斯就完全任他摆布了。

在被法国占领的大陆城市里，许多贵族和中产者高喊着法国大革命的口号，乘此机会建立了敌视威尼斯的政府。另一方面，平民大众对意识形态无动于衷，却对法国士兵的掠夺和虐待行为感到愤慨。他们对威尼斯表现出坚定的忠诚，他们举行集会，引发骚动，高声叫喊："马可！马可！"

在威尼斯城中，只有少数人信奉民主的理想，他们谋划推翻寡头政治。拿破仑党人的代理人鼓励他们，将他们组织起来，拿破仑在他们的帮助下进军到沿海地带。负责守备城市的指挥官都报告说，城市缺乏足够的御敌手段。有证据表明下层阶级有战斗的意愿，特别是来自达尔马提亚的斯拉夫民兵，掌权的贵族却没有战斗精神，他们在恐惧中度过最后的日子。贵族害怕拿破仑将此时掌握在他手中的那些原本属于他们的地产给没收，过分地害怕城市中民主派的密谋活动，惊慌地害怕被法国士兵洗劫。当法国人为渡过潟湖做准备的消息传来时，惊慌失措的总督马宁喊道："今晚我们躺在自家床上也不再安全了！"

拿破仑专横地要求威尼斯政府自行解散，让其把权力移交给由法国士兵保护的民主市政委员会。总督敦促人们接受拿破仑的要求，于是大议会在1797年5月12日举行了最后一次会议，匆忙地投票表决，决定退出历史舞台。4000名法国士兵进入圣马可广场，以维持秩序和炫耀军威，此前从没有外国军队占领过这里。

拿破仑系统地掠夺威尼斯：造币厂、兵工厂、舰队、档案馆，还有艺术珍宝。然后，为了给他的帝国计划争取时间，他根据在1797年10月17日签订的《坎波福尔米奥条约》（Treaty of Campo Formio）把它移交给了奥地利。这种用曾经辉煌的共和国来做交易的做法，使少数几个真心希望威尼斯能在民主制度下拥有辉煌未来的热心人士陷入绝望。其中至少有一位值得注意：乌戈·福斯科洛（Ugo Foscolo）。他是一位年轻的剧作家，在威尼斯共和国的最后一个舞台上上演了一出谴责暴政的戏剧。后来，在拿破仑统治下为了一个自由的意大利而进行的痛苦斗争中，他成为新兴的意大利民族"新文学的第一个抒情的声音"（德桑克蒂斯）。

根据《坎波福尔米奥条约》将威尼斯移交给奥地利的8年之后，拿破仑夺回了威尼斯，同时更彻底地打败了奥地利。1805年，他把威尼斯添加进他的意大利王国。法国长达10年的统治再加上英国的封锁，让威尼斯作为航运中心的地位毁于一旦。1815年的维也纳会议将威尼斯重新交给奥地利。最终，威尼斯与意大利的统一使其在1866年获得了自由。

第三十章

城邦的覆亡和城市的遗存

> 威尼斯破碎后，诸神返回大地
> 宛如金星从暮光环抱的海中升起。
> 威尼斯醒来时，天穹广布光芒与笑声
> 为古迹戴上冠冕
>
> ——威廉·罗斯·贝内，《迦丝芭拉·丝塔姆芭》

游客在18世纪的大游历中看到的威尼斯的建筑风格与贝里尼和卡尔帕乔所描绘的风格大相径庭。威尼斯独特的美植根于当地的自然景色和威尼斯人的生活方式，并通过拜占庭风格、罗马风格、哥特风格、1500年之前文艺复兴早期的风格而闪耀。但是在16世纪，又有新的建筑得到了修建，当时第五种风格，即文艺复兴全盛期风格占主导地位。在作为共和国坟墓而幸存下来的这座城市完工之际，巴洛克风格也加入了文艺复兴全盛期风格之中。

建筑的新修或重建往往是因为火灾事故，鉴于这座中世纪的城市里有相当多的木房子，所以受灾更加严重。渐渐地，木桥被换成石桥，泥土道路上铺设石砖，建成巷道和广场。18世纪以前没有消防机构，一旦政府建筑有危险，就会召集兵工厂的工人前去支援。但是在1514年，兵工厂的工人还没来得及穿越城镇去救火，一场烧了整夜的大火就已经差不多把里阿尔托的商店都焚烧殆尽了。大火燃烧的同时，商店、酒馆和府邸的主人们拼命地搬运财产，想把财产从大火即将蔓延到的地方抢救出来。生活于当时的马里诺·萨努托记录这场灾难的细节时说，没有一个人想过能完全扑灭这场大火。

发生的一次次火灾导致这座城市最古老、最重要的建筑——圣马可教堂的外观逐渐发生了变化。教堂有砖制的拱顶结构，上面闪耀着拜占庭式镶嵌画的光芒。拱顶结构的外面由木制的穹顶保护着，穹顶上覆盖着薄铅板。经过多次火灾之后，重建的教堂变得更高了。人们记得1419年的那场大火燃烧得相当猛烈，以至于教堂前的广场被熔化的铅水所淹没。1419年之后的修复工作中，这座基本上是拜占庭式的殿堂，其正立面已经被罗马式的大门占据了，其建筑上还添加了哥特式的尖塔和花饰窗格。

总督府也经常遭遇火灾。1483年的大火之后，安东尼奥·里佐重建了总督府东翼，为这座哥特式建筑引入了文艺复兴风格。重建的总督府甚至超越了由毛罗·科杜齐在同一时期设计的建筑，如圣马可兄弟会（见图15-2），前者体现了威尼斯文艺复兴早期建筑那大量使用装饰的特点（见第十五章和彩图4）。

文艺复兴全盛期

文艺复兴全盛期的建筑风格更为壮观，更接近罗马帝国的精神，这种风格由伦巴第和托斯卡纳的建筑师，如布拉曼特（Bramante）和米开朗琪罗，几乎同时创造于罗马。罗马和威尼斯的艺术家圈子和文学家圈子紧密地交织在一起，当时彼得罗·本博正值文学的控制力和受欢迎程度的顶峰，他在两地的圈子中都处于领导地位。1527年罗马被军队洗劫之时，许多艺术家前往威尼斯避难，与他们同去的还有他们在罗马的成就所带来的声望。不过文艺复兴全盛期的风格若不经过改变，是不可能轻易地应用于威尼斯的。

文艺复兴时期的建筑师梦想理性地、数学地规划城市，城市中应该以比例和谐的建筑为主，不过他们也知道，要用这样的标准满足当时那些混杂居住着5万—15万人口的大量房屋，实在是不切实际。在罗马，除了中世纪的城区，新建城区的规划要求设计新建筑时要参照其他建筑的设计，以形成良好的景观。圣彼得大教堂和梵蒂冈宫就是在这样的规划要求下落成的。人们交口称赞这座新的教皇首都，它导致许多国王想以秩序和庄严感为主导理念来建设宫殿型城市。威尼斯能在这种风格的环绕之下生存下来吗？

重建威尼斯的计划不是由哪位国王或教皇做出的。关于建设什么建筑、在哪建设的决策，由成员一直在变化的委员会和议会逐步做出，因此最后的建设结果反映了一个群体的判断。最后的拍板者是贵族。不少贵族受过人文主义教育，如彼得罗·本博，因此他们对艺术产生了敏锐的兴趣，愿意琢磨其中奥妙。制定和执行建议的艺术家的地位要低得多，但他们的等级和普通工匠不一样。我们所称的"美术"逐渐被认为优于单纯的手工艺，因为"美术"涉及根据数学原理（如透视法）进行设计的做法，还表现出对古典典范的推崇——这正是人文主义者颇为欣赏的。许多顶尖艺术家智力高超，在"设计的艺术"中又表现出相当的灵活性，这为他们在社会上赢得了一个新的地位。大多数建筑师同时也是雕刻家。在威尼斯，相互独立的行会成员身份和艺术传统毫无疑问使画家们保持了独特性，贝里尼、乔尔乔内和提香的成就给他们带来了很大的影响力。他们的杰出表现，增强了人们对植根于威尼斯东方传统的建筑装饰效果的品位。这种品位和因委员会的行动而产生的保守主义，塑造了威尼斯在文艺复兴全盛期的表现。

桑索维诺做出了娴熟的调整，适应了威尼斯的情况。罗马遭到洗劫之后，他前往威尼斯。他时年41岁，因为他在罗马完成的建筑和雕塑作品而享有很高的声誉。他到威尼斯后立刻被任命为圣马可工头，还与提香、彼得罗·本博等贵族相互欣赏，建立了亲密的友谊，其中还有诗人兼人文主义者彼得罗·阿尔蒂诺——他爱散布流言蜚语，因此获得了"王侯之鞭"的绰号。这些人一起统治着16世纪中期的威尼斯艺术界。

桑索维诺的首要责任是修复圣马可教堂，圣马可教堂经历了几次地震和火灾，有倒塌的危险。他建造了扶壁来支持拱顶，并用沉重的铁箍把穹顶固定起来，以防止发生倒塌。桑索维诺之后为教堂内部创作的装饰，尤其是铜制浅浮雕，并不是他最好的作品，不过他的儿子弗朗切斯科·桑索维诺（Francesco Sansovino）在自己的一本赞美威尼斯之美的指南书中，完全可以自豪地说他的父亲挽救了圣马可教堂。

1532年8月，大火烧毁了贾科莫·科纳尔的大府邸。马里诺·萨努托讲述道，他和加斯帕罗·孔塔里尼一起乘船沿大运河去看大火，他还描述说大火在阁楼那一层窜得高高的，火灾正是起自有大量食糖的阁楼，这里用于存放食糖，也用于制作蜜饯。府邸主人的父亲是威尼斯最富有的人之一，而主人是退位的塞浦路斯女王的侄子，他马上请桑索维诺为他设计一座新的府邸。新的府邸称为"科纳尔大府邸"（它在今天是当地行政长官的官邸，见图30-1），因为它着实太大了。桑索维诺在设计时遵循了威尼斯府邸建筑的传统，将丰富的装饰集中在朝向运河的房屋正立面上，正立面有三层，还有层层相叠的凉廊。他把罗马式的拱、柱顶过梁、啮合在一起的立柱结合起来，营造出一种华丽感，令府邸的主人十分满意。科纳尔府邸建造了20年以上，它与米凯莱·桑米凯利（Michele Sanmicheli）那同样宏伟却更加笨重的设计形成了鲜明对比。米凯莱也是从罗马来的避难者，他在同样的几十年间为格里马尼家族在大运河沿岸修建了府邸。比起桑索维诺引进的新的府邸建造风格，后来的几座建筑显得没那么优雅。

桑索维诺最负盛名的建筑作品是隔圣马可小广场与总督府相望的圣马可图书馆。图书馆让广场的景致变得更平衡，尽管它那完全的文艺复兴风格和总督府的哥特风格很不一样。图书馆的装饰丰富又优雅，显示桑索维诺基本上更多的是一位雕塑家，而不是建筑家——图书馆正厅的拱顶在1545年倒塌后也有人这么讥笑他，当时图书馆刚建好没多久，桑索维诺立即被下狱监禁。由于本博和提香等朋友的介入，他很快便获释了，甚至恢复了圣马可工头的职位，不过几年之后他才自费重建了倒塌的屋顶，用沉重的木材建造了一个平坦但更安全的结构。

桑索维诺表现出良好的审美趣味，他将圣马可广场和圣马可小广场周围的建筑协调地变成一个整体。他对建筑整体之间呈现的视觉关系做出了决定性的贡献，也就是去除了高大的钟楼下面的基座，将它分离出来。他修建的圣马可图书馆在离钟楼最近的地方，可是又不至于太近。在圣马可图书馆观望，目光可以不受遮挡地穿过圣马可小广场望见圣马可广场。在钟楼朝向圣马可教堂和总督府的那一侧，他建造了一座优雅的小前

图 30-1 科纳尔大府邸

始建于 1532 年，设计者桑索维诺将威尼斯府邸的传统形式与文艺复兴全盛期的风格结合了起来（对比图 15-2）。即使两侧的墙也朝向运河（这在当时不常见），面朝大运河的装饰华丽的正立面却没有延伸到两侧。

廊（Loggetta），贵族们可以在前往总督府的路上在此会面。小前廊中有一些他最好的雕塑作品。在圣马可广场那面朝圣马可教堂西端的尽头之处，他建造了一座小型教堂——圣吉米尼亚诺教堂（San Geminiano，见图30-2）。在圣马可图书馆的背后，隔水相望的地方，他以结实程度适当的设计，建造了造币厂。他本来只计划建两层楼，可是不久后又增加了第三层，因为造币厂业务扩大了，所以需要更多的空间。桑索维诺死后图书馆才建成，它一直延伸到莫洛，与造币厂一起形成了港湾正面的景致。最后，那批由贝萨里翁创建并一度由本博管理的藏书终于有了配得上它的家。如今，造币厂和图书馆一起成为圣马可国家图书馆的所在地。

图30-2　拿破仑占领之前的圣马可广场（藏于威尼斯科雷尔博物馆）

圣马可教堂对面的是一个小得多的教堂——圣吉米尼亚诺教堂。一边是科杜齐设计的旧行政厅，另一边则是斯卡莫齐修筑的新行政厅。在左边，钟楼的前面是桑索维诺的前廊。带篷摊位在这幅18世纪的版画中也有显示，不过现实中它们的样式更简单，数量也多得多。从很早的时候开始，这些摊位里就有行会用于收取会费、听取抱怨的摊位。耶稣升天节期间，圣马可广场上挤满了为庆典而开设的店铺。

文艺复兴晚期及以后

若谈论圣马可广场和周围建筑的后续历史，将使我们远远超越桑索维诺的时代，但可以简单地总结一下。温琴佐·斯卡莫齐（Vincenzo Scamozzi）继承了桑索维诺大量的学识和事业，但他缺乏想象力，如前所述，他接手并完成了圣马可图书馆。在他设计的位于圣马可广场南侧的新行政厅（Procuratie Nuove）中，他用同样的基调新修了第三层楼。新行政厅的拱廊和科杜齐修建旧行政厅时建造的更简单的拱廊，此时得以扩展，都与西侧桑索维诺设计的圣吉米尼亚诺教堂的正立面连接起来。拿破仑统治时期，圣吉米尼亚诺教堂被拆除，一条与新行政厅的拱廊相似的拱廊延伸到广场西端的尽头。在这些建筑的后面，是为波拿巴家族的意大利国王的宫殿修建的礼仪性入口和舞厅（现在是科雷尔博物馆的入口）。位于旧行政厅南侧的粮仓得到拆除，人们在原处修建了一座皇家花园，可以从此处俯瞰圣马可港，它现在仍然被称为"皇家花园"。

如果不交代更多关于钟楼的细节，圣马可广场的历史就不完整。曾有很多次地震影响过钟楼，曾有多次火灾破坏过它。1403年，威尼斯人为战胜布锡考特的热那亚舰队而庆祝时，不慎烧掉了钟楼的屋顶。人们不得不修复钟楼，它从此之后就有了镀金的铜屋顶。1489年，一道闪电击中了楼尖，还击坏了楼里的钟。政府立即下令用石材按照我们今天看到的设计进行重建，但是直到1513年，安东尼奥·格里马尼——这位金融家在1499年的土耳其战争中指挥舰队吃了败仗，差点毁了自己的事业——用自己的钱，加上圣马可法务官的储备，才完成重建工作。重建工作有助于安东尼奥·格里马尼恢复他的声望。他所获得的声望帮助他在1521年当选为总督。

毕竟钟楼的尖顶上有一尊表面是铜的加百列雕像，雕像比路面高300英尺，所以它在16世纪至少招致了5次雷击就毫不奇怪了。此后一直有雷电击中它，人们直到1776年才安装了避雷针——这比本杰明·富兰克林阐述避雷原理要晚几十年。

1902年7月初，钟楼上出现了微小的裂纹痕迹，这没有得到足够的重视，整个钟楼在 7 月 14 日上午 10 时崩塌了。威尼斯人称这座钟楼为威尼斯所有堂区钟楼之父，他们说"父亲像绅士一样倒下了"。事故没有造成人员死亡，也没有对圣马可教堂或桑索维诺的图书馆造成任何损害。它直直地垮了下来，只是摧毁了桑索维诺的前廊。就在同一天，威尼斯市议会召开会议，决定"原封不动地"重建。1912 年，重建工作在各方的帮助下得以完成。

威尼斯文艺复兴时期教堂建筑的灵感与其说来自桑索维诺，不如说来自安德烈亚·帕拉迪奥（Andrea Palladio，1508—1580）。帕拉迪奥的事业起步于维琴察，他的很多优秀作品都完成于这里，完成于威尼斯贵族在附近建造的乡间住宅中。当他的一位雇主认识到他的才能与众不同时，他还只是一个普通的石匠。他的雇主跟他谈论写建筑学书籍的拉丁作家，带他去罗马研究当时的建筑和古代的遗迹，并把他推荐给其他正在建造新别墅的贵族。帕拉迪奥研究了那些古代遗迹和拉丁语文献，在 1556 年与威尼斯人文主义者贵族达尼埃莱·巴尔巴罗（Daniele Barbaro）合作出版有关古罗马建筑学权威维特鲁威的书籍。1570 年，恰好是桑索维诺去世，帕拉迪奥的卓越地位再也无人撼动的那一年，帕拉迪奥出版了《建筑四书》。在书中，帕拉迪奥用精确、实用的图示展示了他建造的建筑，以及他认为适用于各种建筑的解决方案。几个世纪以来，这本书的翻译和再版使它成为英美绅士设计乡间别墅的主要指南，托马斯·杰斐逊在蒙蒂塞洛（Monticello）建造府邸时就有所借鉴。

帕拉迪奥设计的乡间别墅的魅力，不是取决于像桑索维诺所设计的图书馆或科纳尔大府邸那样装饰丰富的正立面，而是取决于建筑整体的和谐比例和一些精心布置的装饰性特征。为修建走廊和大门的框架，帕拉迪奥设计了立柱和山墙，就像他在罗马废墟中测量的神殿的正立面一样。他希望将这种神殿的正立面以更大的规模应用于教堂的正立面，他和其他文艺复兴时期的建筑师一样，面临着如何将罗马式的神殿正立面应用于一座与罗马神殿不同的建筑上的问题，这样的建筑有一条主要的廊道，即中厅，它几乎比侧廊高出整整一层楼。帕拉迪奥被要求为威尼斯的圣方济各德拉维戈那教堂（San Francesco della Vigna）设计一个正立面。在这座桑索维诺已经开始修建但尚未完成的教堂中,帕拉迪奥设计了一个解决方案,将两个基座一样的神殿正立面结合起来,一个与中厅同高,另一个则与教堂整体同宽,再将两者相接合。他将同样的解决方案最和谐地应用于完全由他自己设计的教堂——威尼斯救主堂（Il Redentore），它是为了履行 1575—1577 年疾病流行期间许下的誓言而建造的。在他死后,这种解决方案继续被应用于圣乔治马焦雷教堂的修建（见彩图 23）。

帕拉迪奥把乡间别墅设计为适合远观的样子,但威尼斯的巷道和运河网络提供不了多少这样的景观,政府也不主张人们为了保证建筑物拥有理想的特有环境,而凌驾于产权之上,清除周遭的空间。不过,大部分城市要通过大规模拆除才能得到威尼斯的海港所提供的建筑空间。威尼斯救主堂面对将朱代卡岛和城市其他部分分开的宽阔运河,从河上升起。要从总督府望见圣乔治马焦雷教堂的话,也不需要拆除什么建筑。帕拉迪奥在设计这座教堂和这座修道院时,教堂前有一些不起眼的建筑妨碍了景观,应总督列奥纳多·多纳和完整会议的要求,它们被拆除,以便观者从总督府将教堂正立面尽收眼底。

如果没有帕拉迪奥设计的圣乔治马焦雷教堂这样的建筑,那么靠近圣马可港的这一侧就会并入低矮凌乱的潟湖地平线。正因为有这些建筑,这一大片水域被城市建筑所围绕。

面靠圣马可港的天际线由安康圣母教堂和海关大楼（la Punta della Dogana）构成。政府在 1630 年向圣母玛利亚发誓要建一座新教堂,以向那年流行病的消弭而致谢,当局拆除了一座老教堂和一家医院,腾出了一个显眼的位置。政府接受了巴尔达萨雷·隆盖纳（Baldassare Longhena）的建筑计划,他的设计风格更像桑索维诺的绘画式风格,而不像相对稳重的帕拉迪奥风格。古典的基调被新的、更令人兴奋的巴洛克风格所取代,而两者通过建造一座由高耸穹顶主导的八角形教堂而达成统一。为完成这样高耸的杰作,穹顶的建造花了几十年的时间。克里特岛战争期间,修建活动一直在继续,它到开工 56 年之后的 1687 年才竣工。

与此同时,安康圣母教堂和圣马可港之间的海关仓库也以稳重朴素的风格重建了。如何以一种与它的背景相称的方式建造海关大楼——安康圣母教堂矗立在它的后方,总督府在它左侧闪耀,圣乔治马焦雷教堂在它前方——是一项严峻的挑战。于是各设计师在评定委员会之前进行了较量,胜出者是朱塞佩·贝洛尼(Giuseppe Benoni)和贝尔纳多·法尔科内(Bernardo Falcone),他们完成了任务,填补了空缺之处。

与周围的文艺复兴式和巴洛克式建筑形成鲜明对比的是,总督府保留了哥特式的外观。在内部庭院里,安东尼奥·里佐展示了文艺复兴早期的精致繁复,后来他设计的典礼用楼梯被重新命名为"巨人阶梯"(Scala dei Giganti),因为桑索维诺在阶梯上端放置了两尊巨大的雕像(见彩图4),分别是墨丘利和尼普顿,用来象征威尼斯财富和权力的来源——贸易和海洋,以此来强调它在庭院中的统治地位。桑索维诺还设计了东翼的"黄金阶梯"(Scala d'Oro),它通向权力的所在地,即完整会议、元老院和十人议会的开会之处。帕拉迪奥还设计了一些房间,这些房间在1574年的一场火灾后得以华丽地重建,重新装潢。

1577年12月20日,另一场火灾烧毁了总督府俯瞰圣马可港和圣马可小广场的两翼的上层,烧毁了大议会的大厅。因为受损严重,所以出现了总督府是否应该按照"最新的"文艺复兴风格重建的争议。政府询问了15位主要建筑师的意见,其中一些人希望拆除旧总督府,采用多利安式、伊奥尼亚式和科林斯式的古典风格立柱互相重叠的设计来建造新总督府。一位当时的编年史家称帕拉迪奥是提议彻底重建的人的领袖——至今仍有人重提这种说法,因为它植根于研究威尼斯的艺术评论家鲁斯金那具有说服力的说法,鲁斯金讨厌文艺复兴。帕拉迪奥的建议全面公布之后,他的支持者便不会再追究他想要破坏总督府那哥特式拱券的亵渎之举,不过按照他的描述,这次火灾确实很严重,需要从头开始进行许多新的建设。他利用这个机会,贬斥依靠木料和铁制部件的建造方法。他利用古代的范例,讨论了石造建筑的优越性,在这种结构中,坚固的下层支撑着较轻的上层。

元老院做出了保守的决定。根据征询委员会的建议,元老院投票通过了重建方案:利用加固地基和重新安排内部结构的方法来重建两座被毁坏的翼楼,将原先位于东南角的监狱搬到另一幢单独的建筑中,但是总督府原有的正立面要予以保留。1578年9月30日以前，大议会都在兵工厂中用来制造和储存船桨的巨大棚子里开会。与此同时，船木匠的工头们在兵工厂的木料场里找到了所需的厚实木材。因为使用了帕拉迪奥不屑一顾的木料和铁制部件，总督府顶层的重建和封顶工作所花的时间比他预估的2—4年短得多。快速建成的功劳属于一位来自兵工厂的工头——安东尼奥·达·蓬特（Antonio da Ponte），他是工程的管理者，是熟练的木匠，也是盐务管理处的工头。他能获得盐务管理处工头的职位并非因为擅长制盐，而是因为盐务管理处为建造工程向元老院拨付了大多数资金。在达·蓬特的监督下，总督府附近的监狱也建成了，警察总部设在监狱中。监狱那粗犷的风格和较低的高度衬托了总督府。著名的叹息桥（Bridge of Sighs）于1614年落成，当局可以安全地经过此桥将囚犯从囚室带到十人议会或国家审问官的房间里接受审讯。

圣马可和里阿尔托自威尼斯建城以来一直是城市的两大主要中心。16世纪，当圣马可广场和圣马可教堂被漂亮的建筑环绕时，里阿尔托则相对地被忽视了。1514年在里阿尔托大范围延烧的大火，并没有让政府趁机为商人和金融家安排一个更大、更高雅的集会场所。安特卫普的证券交易所于16世纪30年代落成，与它比较的话，可以说威尼斯毫无建设。因为政府一直盘算着让它赖以获得大量财政收入的摊位和店铺尽可能早地重新开张，所以重新建设市场的提议从一开始就注定要流产。当时康布雷同盟战争正打得火热，威尼斯能否控制大陆领土还是未知数，这不是制定耗资巨大的长期规划的好时间。不仅如此，附近房产的价格也极为昂贵。马里诺·萨努托在强调里阿尔托周围贸易的繁荣程度时就说，他的家族在那里有一间小酒馆，租出它而获得的租金，比城里最好的府邸的租金还高。许多贵族对里阿尔托桥脚下的小块空地很感兴趣，这些空地靠近政府机构和构成里阿尔托中心的圣贾科莫教堂的门廊。所有重新规划的计划都没有得到实质性的支持。要知道，大运河另一边的德意志商馆在此前不久得到了重建，财务官的府邸（在大火中幸存了下来）也在1525年进行了风格翻新。大约在1554年，政府要求桑索维诺设计另外的一座政府办公大楼，再在大运河沿岸的不远处设计一座能带来高额收入的贸易中心，这些楼在他的作品中算是比较单调乏味的。

不过，因为里阿尔托的木桥正在朽坏，所以需要造一座新桥。1551年，政府批准修建一座更耐用、更优雅的石桥，还邀请了设计师，但是十人议会拒绝拨款。只有在十人议会的权力受到限制后，当局才在1587年成立了一个咨询委员会，认真研究各方案。大家一致认为，这座桥两侧应该要安排能带来收入的商铺，桥面应该高出水面24英尺，以让黄金船从桥下通过。参与咨询的六位建筑工程师就应该设三个拱还是一个拱而展开了漫长而激烈的争论。斯卡莫齐傲慢地坚持必须设三个拱。安东尼奥·达·蓬特说，设一个拱即可，这样的话，桥的结构更能让人印象深刻。委员会的贵族以二比一的投票结果支持达·蓬特，并得到了元老院的批准。委员会里投反对票的这一位，或许受到了斯卡莫齐的煽动，不断地提出批评，甚至在达·蓬特工作了好几年之后，还在质疑桥基的稳固性。新桥在1592年完工，并在当年7月的一次强烈地震中幸存下来，这证明了它的稳固性。

里阿尔托周围那些不上心的城市更新工程与圣马可教堂周围增加的大量华丽建筑形成了鲜明的对比，反映了16—17世纪威尼斯国家对商业贸易的支配。

引领绘画界

总督府的大火使我们失去了许多威尼斯著名画家的作品。詹蒂莱·贝里尼、乔瓦尼·贝里尼、乔尔乔内和卡尔帕乔在总督府里的作品无一幸存，只有提香的那幅画在靠近总督住所的楼梯墙上的《圣克里斯托弗》(*San Christopher*)逃过一劫。万幸，在威尼斯雇他们作画的不只有政府。他们为许多教堂和兄弟会创作的绘画作品都幸运地逃过了火灾，所以我们通过他们为兄弟会所绘的画，知道了詹蒂莱·贝里尼和卡尔帕乔，这在第十五章已讲过了。提香的画作有很多都面向国际市场，他的大量名作中留在威尼斯的作品不多，其中至少有三幅。一是《圣母的神殿奉献》(*Presentation of the Virgin at the Temple*)，由提香于1534—1538年为宗

图 30-3　安康圣母教堂前的节庆，卡纳莱托绘

教性兄弟会的圣母慈爱教堂而作，该教堂属于大兄弟会。这幅画比其他的画更有优势，因为它留在原地，从未移动，圣母慈爱教堂现在被包括在存放艺术品的威尼斯博物馆——威尼斯学院美术馆之中。另外两幅作品在弗拉里教堂，即《佩萨罗祭坛画》[1]（*Pesaro Altarpiece*）和《圣母升天》（*The Assumption of the Virgin*）。它们为在大幅帆布上构思和描绘宗教题材的做法展示了新的可能性。《圣母升天》在 1518 年甫一完成，马上就在作为罗马竞争对手的威尼斯画派之中奠定了提香的领导地位。

16 世纪中叶的几年时间里，威尼斯是欧洲最重要的艺术中心，部分原因在于许多威尼斯的传统工艺很接近艺术，比如雕刻和珠宝工艺，但是主要原因是以提香为首的画家们声名卓著。提香除了创作有大幅的宗教

---

[1] 亦称为《佩萨罗圣母》（*Pesaro Madonna*），佩萨罗是委托人。

画，还创作了许多富有想象力的小幅画作，其中大部分的主题都来自异教，他称这些画为"诗歌"（poesie）。他也是最受欢迎的肖像画家（见彩图 7 和彩图 9）。无数来自外国王公的委托送往他那巨大而又繁忙的工作室。他和侄儿们前往罗马为教皇画像，还前往奥格斯堡，为皇帝查理五世绘制穿着全套盔甲、雄姿赳赳的肖像。他不仅是画技上的领袖，还经营着生意兴隆的工作室。他的工作室很大，里面满是模型、未完工的和已完工的作品，他的儿子们和助手们根据他的想法完成订单。他和他的儿子们在疾病流行期间的 1576 年去世时，他已经快 90 岁了，也许快 100 岁了。在当时普遍的混乱情况下，他的财富不是被人抢走就是流失了。

桑索维诺将他图书馆的屋顶重修完毕后，在 1556—1557 年聘请画家来执行他的室内装饰计划，还承诺，谁的工作得到的评价最好，就把一条金链子奖给谁。评委桑索维诺和提香把这个奖项颁给了一位年轻的艺术家——保罗（Paolo），这位艺术家同提香一样都是从大陆来到首都城市的，因为他来自维罗纳，所以又被称为委罗内塞（Veronese）。总督府顶层的房间得到重建和装饰时，委罗内塞正处于创作的高峰期，他的一些最美丽的作品被重新装饰在大厅的天花板上，此大厅是完整会议开会之处，也是总督接见大使的地方。不过，委罗内塞最有名的作品还是巨型湿壁画，这些壁画的构图和着色，让宽敞房间的整面墙壁都充满了光和色彩，如：《利未家的宴会》（The Feast of the House of Levi），为多明我会的圣若望与保禄教堂绘制，现藏于威尼斯学院美术馆；《迦拿的婚宴》（The Marriage Feast at Cana），本是为帕拉迪奥为圣乔治马焦雷教堂设计的餐厅而绘制，不过因为拿破仑的缘故，它现在藏于卢浮宫。

在大火后的总督府里重绘壁画时，最重要的艺术家是雅各布·罗布斯蒂（Jacopo Robusti），绰号丁托列托[1]（Tintoretto）——因为他个子不高，父亲是个染工。他几乎没有离开过威尼斯，几乎完全为威尼斯人作画，与贵族和文学圈子也素无联系，这让他跟亲近王侯的提香家族很不一样。据说他给提香当过学徒，提香却在刚注意到他的绘画风格之时就把他开除

---

[1] 意为"小染工"。

了。丁托列托的线条确实以一种完全不一样的活力颤动着。1548年，丁托列托的第一幅大作《圣马可的奇迹》(Saint Mark Freeing the Slave)表明，丁托列托的画比提香的画更有震撼力，他在这之后迎来了巅峰期。据说"米开朗琪罗的绘图和提香的着色"是写在丁托列托工作室墙上的格言。他作为一个勤奋的工匠，试图从每一个可以想到的来源学习，并抓住机会购买模型、草图和古董，从中获取灵感。其他画家觉得他很可怕。为了达到抓人眼球的效果，他什么都愿意尝试，而且一般都能成功。他以惊人的速度完成委托，并在兄弟会和政府机构进行的竞标中最为积极。他的行事方法为他带来了敌人。圣罗科兄弟会（Scuola di San Rocco）中有人为装修该会的会客厅而出资，条件是他出的这部分钱不能用于聘请丁托列托。不过丁托列托的支持者同样不落下风，使他在1564年赢得了这份合同。他用一个小伎俩取胜，然后他做的工作比其他艺术家都好，他有不少杰作都在此厅中。在火灾发生之前，他就在总督府里绘制了很多画，而重新装修的工作由他和他的助手们负责，他留下的许多作品都是灵活性的范例，从大议会大厅里的大规模战斗场面，到完整会议前厅里优雅的异教幻想故事。丁托列托最擅长绘制宏大、有震撼力的场景，还擅长画拥有无可置疑的信念与勃勃生气的奇迹故事。

1594年丁托列托去世后，天资相对平庸的画家为了满足被三位大师——提香、委罗内塞和丁托列托——的创作而提高的需求，创作了一幅又一幅画。这三位巨匠在世时，他们也盖过了其他许多有能力的威尼斯画家，如帕里斯·博尔多内（Paris Bordone）和洛伦佐·洛托（Lorenzo Lotto）。与现在相比，当时市场对绘画的需求似乎不见底，无法满足。可以肯定，威尼斯文艺复兴时期教堂的室内装饰风格由科杜齐开创，由帕拉迪奥完善。这种风格在砖制的墙壁和拱顶上排除了任何绘画、镶嵌画或类似的色彩丰富的装饰物，而是在表面刷上灰泥，甚至在立柱和柱顶也是如此，每隔几年就要重新粉刷成白色或奶白色。"帕拉迪奥可以通过这种方式来控制光的颜色、质量和数量"（阿克曼），并在他的教堂中简单地利用光线创造了一种生动的效果。然而，在侧堂（side chapel）里，每座祭坛都需要一幅或几幅与该侧堂的主题相关的画作。另外，大型绘画不仅用于装饰公共建筑的墙壁和兄弟会的俱乐部,还用于装饰贵族的府邸。帕拉迪奥在阿索洛附近的马塞尔(Maser)建造的巴尔巴罗别墅,其内部就装饰着委罗内塞绘制的壁画。

18世纪,画家乔瓦尼·巴蒂斯塔·蒂耶波洛(Giovanni Battista Tiepolo, 1696—1770)从事室内装饰工作,他天资卓著,其才华让威尼斯在数年内再次成为意大利的艺术之都,与16世纪的情况一样。蒂耶波洛的专长是在天花板上绘画,在他的笔下,画面似乎要升入云霄,画中有天使、小天使,还有神圣的人或有象征意义的人,主保圣人的形象也在画中。画面中充满了极为明亮的颜色。他有许多作品藏于威尼斯,比如藏于卡尔梅尼兄弟会(Scuola dei Carmeni)、杰苏阿蒂教堂(Gesuati)和雷佐尼科府邸(Palazzo Rezzonico)的作品。他被召去在威尼斯之外的米兰、维尔茨堡(Würzburg)和马德里完成的画作也同样著名。

他的一个儿子詹多梅尼科·蒂耶波洛(Giandomenico Tiepolo)虽然作为一名装饰画家完全被他的父亲盖过了风头,却在绘画风格上有真正的天赋。然而,彼得罗·隆吉(Pietro Longhi)在这种描绘威尼斯社会和家庭生活的小场景的新风格上是最为令人印象深刻的画家(见图29-2)。

威尼斯在18世纪因其府邸、教堂和会议厅里的艺术珍品而闻名于世,以致十人议会采取了措施,对艺术品进行了登记,并防止它们被富有的外国人买下带走。为了满足富裕游客的需求,一种特殊的绘画作品应运而生,那就是威尼斯风景画。画家乔瓦尼·安东尼奥·卡纳尔(Giovanni Antonio Canal)通常被称为卡纳莱托(Canaletto),他的父亲是一位画戏剧布景的画家。卡纳莱托在18世纪20年代转向绘制威尼斯的风景(见图2-1和图30-3)。他接受了许多在大游历时途经威尼斯的英格兰贵族的委托,因此他认为画作在伦敦可以卖到高价,就去伦敦工作了10年。他的大部分风景画都一丝不苟地追求精确,其受欢迎程度在威尼斯比不上弗朗切斯科·瓜尔迪(Francesco Guardi, 1712—1793)创作的更加浪漫、更有生气的风景画(见彩图4和彩图23)。瓜尔迪使用的色彩带有一种幻想感,使他成为"最富有成果的威尼斯艺术传统"中的"最后一位大师"(哈斯卡尔)。

随着垂死的威尼斯共和国将其"第一个抒情的声音"乌戈·福斯科洛遗赠给新生的意大利民族,从威尼斯也走出了使用新风格的、最杰出的雕刻家——安东尼奥·卡诺瓦(Antonio Canova,1757—1822)。1778年,他在自己设在威尼斯的石雕工坊里创作了《代达罗斯与伊卡洛斯》(*Daedalus and Icarus*),这显示了他的古典主义倾向。后来,他把这种倾向转化成为罗马的教皇和巴黎的拿破仑创作的新古典主义风格作品。

潟　湖

当画家们在画布上保存威尼斯,十人议会时而采取行动从外国富翁手中保护威尼斯的艺术宝藏时,城市生活的物质基础与生物基础——潟湖,一直是元老院和成立已久的水务委员会所关心的问题。

威尼斯有句古老的谚语,说潟湖有三个敌人:土地、海洋和人类。河流从陆地带来泥沙和淡水,随之而来的植物碎枝有堵塞潟湖的危险。威尼斯征服大陆时消除了政治障碍后,修建了更多的运河来分流,在潟湖靠近陆地的一侧修建堤坝以拦截淡水,还修建了水闸和抬升船只的装置,以让驳船进入对威尼斯的商贸至关重要的内河航道。但是这个计划的施行是不完整的,它受到了阻碍,有人从利益或原理上反对它,跟今天保护潟湖的计划一样。有些人认为,河流带来的水流有助于扩大港口。根据这一理论,政府在1437年打开了原本在1391年关闭的布伦塔河口,但在几年后又关闭了它,因为这几年圣马可港附近的泥沙淤积很严重。

20世纪70年代的一场关于是否应该填满部分潟湖以扩大附近工业区的激烈辩论,在16世纪就已经引人注目地进行过了。16世纪,人们主张缩小潟湖不是为了工业目的,而是为了农业目的。阿尔维塞·科纳尔在一场意图使威尼斯摆脱对外国谷物的依赖的运动中,提倡用水坝把一部分潟湖(他称之为"高沼泽")围起来,再把里面的水排干。他自己就用这种方法赚钱,且为此而自豪(见第二十一章)。他声称,这有助于保护潟湖的其他部分,因为暴风雨般的涨潮时常侵袭这些沼泽,把泥沙和植物带回潟湖,填满靠近大海的其他部分。水务委员会的专家反对这种做法,他们主张尽可能扩大海水区域，以使潟湖更健康，港口更深。

海上的危险有两种形式。其中最惊人的一种，是猛烈的风暴刮起时，被风掀起的亚得里亚海海浪会有吞没具有保护功能的沙洲的危险。为保护沙洲，政府在早期就禁止人们焚烧沙洲上的松树林，禁止盲目地从沙滩上装载砂石当压舱物（已在第二章提及）。政府在有些海岸用栅栏或石墙进行了加固。1686年和1691年，在沙洲南部的佩莱斯特里纳（Pellestrina）和索托马里纳（Sottomarina）（两地在基奥贾的前面），没有得到加固的沙洲都被高高的海浪卷走了。经过许多年的拖延，当局在沙洲处用巨大的伊斯特里亚石料建起了唤作"穆拉齐"（Murazzi）的高大海堤。穆拉齐海堤在共和国覆灭前几年的1783年落成，此后一直屹立在海中，直到它于1966年11月被一场风暴打坏。

几个世纪以来，同样危险却更微妙的威胁，是在圣尼科洛、马拉莫科和基奥贾的三个港口或"嘴"形成的水下沙洲。潮水退却的时候，失去动力的泥沙沉积在亚得里亚海之中，暴风雨会从沙洲的沙滩上卷走沙子，推着淹没在水下的沙洲穿过港口的"嘴"。尽管威尼斯作为一个港口的生存依赖于保持潟湖内部以及潟湖和亚得里亚海之间的航道畅通，但凭借专业的领航员和港口将军布置的浮标，它只能部分地应对这一威胁。

直到16世纪，利多在圣尼科洛的入口离圣马可港最近，被认为是威尼斯的港口。但是根据当时的估计，马拉莫科入口的面积是它的5倍，或者说，携带的水是它的5—10倍。一些专家认为，这是海水在潟湖北部和威尼斯周围的流动相对缓慢的原因。大运河，还有从大运河开始通过圣尼科洛港的水道，这两处的淤积状况让人忧心。1558年，负责管理港口的人员报告说，圣尼科洛的航道长而曲折，还不安全，平均潮位时水深只有11.5威尼斯尺。自1525年以来，大型船只一直在马拉莫科进出。

在共和国余下的时间里，以及直到19世纪末，马拉莫科一直是威尼斯唯一一个允许大型船只通过的港口。政府疏浚了从马拉莫科入口到圣马可港和兵工厂的航道，否则大型商船就无法前往这些古老的海商活动的中心。为了让战列舰进出威尼斯兵工厂，人们使用了一种称为"骆驼"的浮筒，以降低吃水深度（见图28-1）。

拿破仑统治威尼斯期间，马拉莫科入口也出现了淤塞的迹象。他下令用防波堤保护它，却没有马上开建，直到1838—1857年人们才开工建造。石制防波堤左右各一，从两端伸向海里，增加了此处潮水的流速，潮汐便能把中间那比较窄的航道给疏浚得更深。

与此同时，一座铁路桥把威尼斯和大陆连接起来。1866年，威尼斯并入意大利。大陆的铁路网建成后，政府开始进行疏浚工作，以让货船在火车车厢旁边卸货。1890年之后，从马拉莫科进入潟湖的船舶前往称为"海滨车站"（Stazione Marittima，见地图30-1）的新港口，只有客船才会前往老港口圣马可港。

1882—1892年之间，圣尼科洛港（现在通常被称为利多的入口）在经过了疏浚工作，修建了和马拉莫科一样有自我疏浚功能的两座防波堤之后，得以重新开放。大型船只，甚至是穿越大西洋的客轮，都经过利

地图 30-1　现代威尼斯

多、圣马可港和朱代卡大运河（Canale Grande della Giudecca）前往海滨车站港，马拉莫科入口的地位变得无足轻重了。随着现代工业在其腹地的发展，威尼斯再次成为一个大港口，在现代意大利的港口中仅次于热那亚。

如今的危险

工业化加剧了潟湖受到的人为威胁。20世纪20年代，一座工业化的"威尼斯"在马尔盖腊港（Porto Marghera）动工，附近的梅斯特雷，正是让铁路通往威尼斯的桥或说堤道开始的地方。20世纪30年代，桥梁被加宽，以通汽车。汽车要停在滨海车站附近的公交终点站或者停车场，滨海车站是汽车能开到的最远的地方（至少在20世纪70年代之前是这样），不过机动船已经改变了潟湖和运河中的生活节奏。20世纪60年代，第二工业区从马尔盖腊向南延伸，新工业区的所在地在1953年还被潮水淹没着。到1970年，马尔盖腊的化工、石油、塑料等行业提供了近4万个就业岗位。过度拥挤的状况和城市扩张把梅斯特雷的大部分地区从"花园郊区"变成了"工人贫民窟"。

出于政治目的，马尔盖腊、梅斯特雷、利多与历史中心区（Historical Center，旧的6个塞斯蒂耶尔区和朱代卡岛）被合并到一个市政府的管辖范围，即"市"（commune）当中。按照新定义，"威尼斯"的大部分人口都居住在大陆。1969年，威尼斯的全部人口为367759人，在历史中心区有115685人，在利多和潟湖诸岛上有50096人，在梅斯特雷和马尔盖腊则有201978人。

1966年11月，当历史悠久的威尼斯被6英尺深的海水淹没时，工业化带来的危险成为全世界的头条新闻。暴雨同时给意大利其他城市造成灾难，从贝卢诺（Belluno）下到佛罗伦萨。在潟湖，刮了很多天的东南风推阻泛滥的河水，让威尼斯达到了历史上最高的"高潮位"。亚得里亚海似乎已经吞没了沙洲，因为它的浪涛径直拍击着总督府和圣马可教堂。联合国教科文组织领导了一场世界性的活动，意图拯救意大利的艺术瑰宝，不仅想尽可能修复1966年洪水造成的破坏，尤其是佛罗伦萨遭受的损害，同时因为洪水已经引起了人们的关注，所以也要预防和修复那些缓慢的、不那么显眼的雕像破碎的情况，以及画作发黑的情况。在意大利和许多其他国家都成立了委员会，收集自发的捐款，以补充政府开支，以促进对选定的艺术珍品的保护工作。在来自许多国家的资金和专家的慷慨帮助下，威尼斯古迹、博物馆和美术部门的负责人有效地培训和组织了修复工作所依赖的熟练工人。

然而，要解决这些问题，意大利政府必须做出决定，还要拨出足够的经费。面对新的洪水，政府很快采取了一些措施。位于佩莱斯特里纳和索托马里纳的穆拉齐海堤得到了重建。海上的水位标记杆和报告系统使得威尼斯人能够在街道、陈列室、商店和住宅下一次被洪水淹没之前的几个小时得到警告。政府咨询专家，起草了从航道的底部建起闸门的计划，以关闭利多、马拉莫科和基奥贾的三处入口。这种通过闸门控制潟湖潮汐流动的可能性令人兴奋。不过，它将对海洋生物、对运河的流动带来什么样的影响呢？还有一项提议，建议挖深航道，使6万吨的油轮能通过马拉莫科的入口径直前往新建的第三工业区，这项提议也引发了上述担忧。起初，艺术爱好者们欢迎此提议，因为他们不用再提心吊胆地看着半空的油轮在圣马可广场和圣乔治马焦雷教堂之间熟练地跟装载高级汽油的运输船玩"超车游戏"。不过细想的话，从马拉莫科到马尔盖腊修建一条如此深的水道，会对潮汐带来影响。而且，潟湖内部的呼声普遍反对发展更多工业，因此这条"油轮运河"未能按照原计划建得那么远、那么深，以待进一步的研究。

反对修建第三工业区的人强调，现有的工业已经严重污染了水和空气。对威尼斯这类城市来说，如果让周围赐予生命的水的质量变差了，其危险显而易见。受污染的空气对艺术品带来的影响更是显而易见。使用发动机的交通工具冲击着城市的地基，含硫气体加上含盐的大气，侵蚀着威尼斯的那些鲁斯金曾细致地、爱惜地描摹过的石头。它们受到侵蚀并不全是，也不主要是工业区的错：盛行风把马尔盖腊排放的污染物都刮向大陆了。历史中心区的大气之所以遭到污染，主要是因为二战之后当地普遍使用燃油取暖。当地通过了一项法令，要求在原则上换用天然气。法律的漏洞是故意留下的，因为骤然换用能源会让市政府和居民花费甚多。不过在1972年，最大、最现代的设施里都改用无污染的天然气取暖。

为了防止威尼斯以越来越快的速度沉入海中，国家的法律和补贴则更有必要。20世纪30年代，马尔盖腊引进了电泵，从地下抽取工业所需的水。下沉的速度很慢，大约在十年里下沉了半英寸。但是抽水的速度相对较快，大约在十年里抽取了两英寸，确切的数字因地而异。虽然还有其他地质变化抬高了威尼斯的海水水位，但抽取地下水是威尼斯下沉的主要原因，当然也是受人类控制最明显的原因。抽取的水并非全都用于工业：一些用于灌溉，一些用于威尼斯的市政供水。政府没有封堵水井，而是讨论在一定压力下将咸水灌回地下。如何灌、在哪儿灌需要经过长期的研究。不过从皮亚韦河和特雷维索上游的锡莱河（Sile，见地图1-1）引水的管道铺设完成之后，还是有望填塞一些水井的。

工业技术的变化可能会有利于威尼斯这座总督之城的生存。大型工业公司虽然不是由威尼斯而是由米兰主导，但它们发现了交通拥堵的经济弊端，并开始讨论不在威尼斯第三工业区建设新工厂，而是在潟湖以北或更靠南、更靠近费拉拉的地方建设。油轮的体积已经变得很大，以致修建一条通过马拉莫科港伸向海上的输油管道，要比挖一条通往港口的航道更有效率。

不过在意大利共和国治下，和威尼斯共和国时期一样，政府也参与了企业做重大决策的过程。可以肯定，如今的威尼斯政府本身并没有足够的司法、决策或财政资源。现在市政府的领导者只是施压群体的一员而已。他们把商人和艺术爱好者的愿望、当地居民想要工作岗位和住房的需求传达给罗马。每天大约有2万名通勤者前往历史中心区，晚上再返回梅斯特雷或更远的地方，因为他们在威尼斯的"内城"找不到足够的住房。当然，意大利工业城市化的问题并不局限于威尼斯。其他许多城市竞相筹集资金，以应对城市扩张、当地人失业、环境污染和艺术瑰宝破坏的问题。在罗马，国家制定了一项法律，为威尼斯应对洪水、环境污染和地基下沉问题提供必要的资金。人们敦促议会通过这项法律，而当地的利益集团和致力于保护国家遗产之美的全国性委员会却就法律的内容而相互抵牾。法律的通过被推迟了，到1972年的议会选举之后才通过，这留下一个尚待回答的问题：意大利共和国是否有能力保护威尼斯共和国所建立的城市呢？

参考书目

此处列举的书目作用如下：(一)作为一份指南，引导读者建立更完整的参考书目；(二)收录1971年为止我已知晓的出版物，尤其是用英语出版的；(三)提供关于某些兴趣点的具体参考资料，它们的来源可能从指南中不容易找到；(四)列出我主要依靠的次要研究，尤其是那些和通常的叙述不同的研究。最后一项也征引了我自己的其他研究成果，它们对我的结论有一定帮助，却不适合被写在书中。

常见的缩写如下：

Arch. ven. — *Archivo veneto*, edited and published by the Deputazione Veneta di Storia Patria, now Deputazione di Storia Patria per le Venezie

Atti Ist. Ven. — *Atti* dell'Istituto Veneto di Scienze, Lettere ed Arti, Classe di Scienze Morali, Lettere, ed Arti

Colloque, Hist. Mar., 1962 — Méditerranée et Océan Indien: Travaux du Sixième Colloque International d'Historie Maritime, ed., M. Cortelazzo, No. 23 of Civiltàveneziana, Studi, of the Fondazione Giorgio Cini, Venice, and part of the Bibliothèque géné rale of Ecole Pratique des Hautes Etudes, 6ᵉ Section (Paris: S.E.V.P.E.N., 1970)

EPHE-6 — Ecole Pratique des Hautes Etudes, 6ᵉ Section

Fonti star. ven. — *Fonti per la storia di Venezia*, edited and published by the Comitato per la Pubblicazione della Fonti relative alla Storia di Venezia

Mon. stor. — *Monumenti storici*, edited and published by the Deputazione Veneta di Storia Patria, now Deputazione di Storia Patria per le Venezie

N. arch. ven. — *Nuovo archivia veneto*

Riv. stor. ital. — *Rivista xtorica italiana*

Studi ven. — *Studi veneziani*

In these notes, as in captions under pictures, I have abbreviated references to depositories in Venice. I wish again to express my appreciation for their courtesies:
在这些注释文字中，和插图下面的图注一样，我使用一些缩写指代它们收藏于威尼斯的哪个场所。我在此向允许我引用的机构致谢：

　　Accademia —— Gallerie dell'Accademia, Soprintendenza ai Monumenti

　　ASV —— Archivio di Stato, Campo dei Frari

　　Correr —— Civico Museo Correr

　　Marciana —— Biblioteca Nazionale Marciana

　　Querini-Stampalia —— Biblioteca della Fondazione Querini-Stampalia

作为整体的威尼斯史

　　有一份指南对年代久远的文献和基础史料很有用，尽管它在很多方面都过时了，即 Heinrich Kretschmayr, *Geschichte von Venedig*, vol. I (Gotha, 1905), vol. II (Gotha, 1920), vol. III (Stuttgart, 1934)。一份价值无可估量的信息来源是 Pompeo Molmenti, *La storia di Venezia nella vita privata*, 3 vols. (Bergamo, 1927, and later editions)。它的英译本是从较早的版本译出的，其信息量就少得多了。基础文献还有 S. Romanin, *Storia documentata di Venezia*, 10 vols. (Venice, 1853-61; reprint 1912), 以及以年代顺序编排的很有用的大卷本史料 G. Cappelletti, *Storia della Repubblica di Venezia*, 13 vols. (Venice, 1850-55)。值得注意的还有晚近的一份概述 Roberto Cessi, *Storia della Repubblica di Venezia*, 2 vols. (Milan and Messena, 1944-46; 2nd ed., 1968), 和同一作者的 *La Repubblica di Venezia e il problema Adriatico* (Naples, 1953), 其中有一份很有用的书目。在威尼斯编年史上，Kretschmayr 的简短指引可以由以下文献所补充：*Antonio Carile, La cronachistica veneziana*...(Olschki, 1968)。我自己则在 *Speculum*, XLVII (1972), 292-98 中探讨过它。

　　我受惠于 Gino Luzzatto, *Studi di storia economica veneziana* (Padua:Cedam, 1954), 和 *Storia economica di Venezia dall xi al xvi secolo* (Venice: Centro Internazionale delle Arti e del Costume, 1961), 亦会征引更多有针对性的文献来说明。

　　最近有意思的法文概述有 Jacques Goimard *et al.*, *Venise au temps des galères* (Paris: Hachette, 1968), 它做出了创造性的阐述；还有 P. Braunstein and R. Delort, *Venise, portrait historique d'une cité* (Paris: Editions du Seuil, 1971)。

　　在英文文献里，最令人满意的综述是 F. Marion Crawford, *Venice, the Place and the People: Salve Venetia: Gleanings from Venetian History*, 2 vols. (New York, 1909), 作者像一位专业的小说家，重述了古老的故事；还有 William Roscoe Thayer, *A Short History of Venice* (Boston and New York, 1908), 它简短，组织得不错。D. S. Chambers, *The Imperial Age of Venice, 1380-1580*, in History of European Civilization Library, ed. Geoffrey Barraclough (New York and London, 1970), 解说得相当棒，对迄今为止的文献做出了有用的综述，还对这个时期做出了精神上的概述。

许多新的解释都能在 9 卷能引起人兴趣的书里找到，它们已经以讲演的形式出版：*Stonria della Civiltà Veneziana* given at the Centro di Cultura e Civiltà della Fondazione Giorgio Cini, Isola di San Giorgio Maggiore at Venice (Sansoni, 1955-65). 重要的期刊有：(1) *Studi veneziani*, the continuation of the *Bollettino dell'Istituto di Storia della Società e della Stato Veneziano* of the same Fondazione Giorgio Cini; (2) the *Archivio veneto*; (3) the *Ateneo veneto*, 它对一些时期或对 Giorgio E. Ferrari 的书目文章特别重要；(4) the *Atti dell'Istituto Veneto*。这些期刊比我下面要引用的书目包含更多新近的重要文章，尤其是 *Studi veneziani*，很明显，任何想要完成一份参考书目的人都会参考这些期刊。

新近意大利出版物的综述见 Congresso Nazionale di Scienze Storiche, *La storiografia italiana negli ultimi vent'anni*, 2 vols. (Milan: Marzorati, 1970), 在书中，Giuseppe Martini 在第 209—239 页讲述了威尼斯历史，此书中的威尼斯历史还引用了 Sestan, Berengo, Quazza, Pertusi, Brezzi, De Rosa 和 Cozzi 的成果。

第一章　开　端

对于早期的一般情况，见 Centro Internazionale delle Arti e del Costume 的 *Storia di Venezia* (Venice, 1957-58) 的第一、二卷（这是最后得以出版的两卷，它本打算出版十六卷），尤其是 Roberto Cessi 的负责的相关长章节，其中有大量的参考文献注释；亦见 Gino Luzzatto 的 *Storia* 的第一章，按计划它将由 Centro Internazionale delle Arti e del Costume 以同一个系列、同样漂亮的装帧出版。

关于地图 1-1 的早期海岸线，见 Van der Meer and Christine Mohrmann, *Atlas of the Early Christian World* (London: Nelson, 1958) 的地图 23；关于细节，见前述的 *Storia di Venezia* 第二卷中第十一章和第十五章的地图。关于最开始的潟湖，见 Bianca、Luigi Lanfranchi、G. G. Zille 等人在 *Storia* 和 Ministero dell'Intemo, Direzione Generale degli Archivi di Stato, *Mostra storica della laguna veneta* (Venice: il Ministereo e Palazzo Grassi del Centro Internazionale delle Arte e del Costume, 1970) 中撰写的章节。

关于早期的盐业，见 Jean Claude Hocque 在 *Mostra storica* 和他的 "Histoire et Cartographie. Les Salines de Venise et Chioggia au Moyen Âge," *Atti Ist. Ven.* CXXVIII (1969-70), 525-74。Cassiodorus 的书信有一个版本中有些内容很有用，此版本为 Ester Pastorello 的 *Andrea Dandolo, Chronica per extensum descripta* in Rerum Italicarum Scriptores, 2nd ed., vol. XII, pt. I (Bologna, 1938-40), pp. 69-70。更详细的译文见 Thayer, pp. 9-10。

关于河上的船舶及其操作者，见 *Deliberazioni del Maggior Consiglio di Venezia*, Roberto Cessi, ed., *Atti delle Assemblee costituzionali italiane dal medio evo al 1831*, published by the R. Accademia dei Lincei, ser. III, sec. I, vol. II (Bologna, 1931), p. 263; vol. III (Bologna, 1934), pp. 15, 89。关于法律状况，见 G. P. Bognetti, "Lanave e la navigazione nel diritto pubblico mediterraneo dell'Alto Medioevo," in *Colloque hirt. mar. 1962*, pp. 41–56。

关于奴隶贸易，见 Johannes Hoffmann, "Die östliche Adriaküste als Hauptnachschubbasis für den venezianischen Sklavenhandel bis zum Ausgang des elften Jahrhunderts," in *Vierteljahrschrtft für Sozial- und Wirtschaftsgeschichte*, vol. 55 (1968), no. 2；和 Charles Verlinden, *L'Eselavage dans l'Europe médiévale* 的第二章，他的研究不久后就会面世，其中有一些引用见下文。

第二章 港口城市和人口

城市从相互独立的岛屿发展起来的状况已经在以下文献中有清晰的叙述：Eugenio Miozzi, *Venezia nei secoli: La Città*, vol. I (Venice, 1957), pp. 111-57。亦见 Cristoforo Tentori, *Della legislazione veneziana sulla preservazione della laguna* (Venice,1792); contributions of R. Cessi and P. Leonardi to *Atti del Convegno per la Conservazione e Difesa della Laguna e della Città di Venezia* (Venice: Istituto Veneto, 1960); R. Cessi and A. Alberti, *Rialto: l'isola, il ponte, il mercato* (Bologna, 1934)。

Lewis Mumford, *The City in History* (New York, 1961), chap. 11, sec. 2, and plate 21. 他对城市规划模式的一般分析非常出色，不过他错误地将其与中世纪时期联系在一起。城市规划在中世纪时开始形成，这种统治风格在很久之后才发展起来。

关于 1300 年左右超大型船舶的销售，见 *Cassiere della Bolla Ducale: Grazie-Novus Liber* (1299–1305), sez. I, Archivi Pubblici in *Fonti stor. ven.*, (1962), nos. 532, 544。关于港口将军，见 ASV, Arsenale, buste 5 and 6; Senato Misti, reg. 47, ff. 152, 154; Paris, Bibl. Nat. Fonds Frangais, no. 5599, f. 136. The *capitolare* of the pilots is in ASV, Cattaver, busta 3, cap. 5。关于运河的深度和困难度的报告见 ASV, Savii alle Acque, busta 120。

一般人口的背景：R. Mols, *Introduction à la démographie historique des villes d'Europe du xiv au xviii siècle*, 3 vols. (Louvain, Gembloux, 1954-56); David Jacoby, "La population de Constantinople 'a l'époque byzantine: un problème de démographic urbaine," in Byzantion XXXI (1961), 81-109; L. Fabian Hirst, *The Conquest of Plague* (Oxford, 1953)。

威尼斯人口：Karl Julius Beloch, *Bevölkerungsgeschichte Italiens*, vol. III (Berlin, 1961), and the earlier studies by Beloch and Contento there cited, which were published in the Nuovo archivio veneto in 1900 and 1902. 关于从乡村到威尼斯的移民的情况和年

龄分布，见 Daniele Beltrami, *Storia della popolaziane di Venezia dalla fine del secolo xvi alla caduta della Repubblica* (Padua, 1954)，不过该文献有错讹。关于特定流行病，见 Mario Brunetti, "Venezia durante la peste del 1348," in *Ateneo veneto* XXXII (1909), 和 E. Rodenwaldt, "Pest in Venedig, 1575-1577," in *Sitzungsberichte der Heidelberger Akad., der Wissenschaften, Mathem.-Naturwissenschaftliche Klasse*, Jahrgang 1952 (Heidelberg, 1953), 2 Abhandlung, pp. 1-263。关于贵族的规模，见 James Cushman Davis, *The Decline of the Venetian Nobility as a Ruling Class*, Johns Hopkins Studies in Historical and Political Science, ser. lxxx, no. 2 (Baltimore, 1962)。

我对1338年数据的解释不同于 Beloch 和 Contento，因为他们忽略了从 Caroldo 的编年史中得出的16万的数据显然是说整个 dogado 的人口的事实 (Correr, Venice, Gradenigo MS 78, f. 519)。因此，它完全符合手稿 Beloch, Bevo'lkerungsgeschichte III, 3，从 Giustiniani chronicle 中提取的较小数据，因为它包括运河两岸的塞斯蒂耶尔区（也就是只包含城市居民的数据）。

我对1575年的流行病暴发前威尼斯人口为"接近19万"的推算，是用1563年人口普查数据的168627人加上14300人，这样做的目的是算上不包括在人口普查范围内的人口（暂住人口等），算上漏算的人口，与 Beloch (*N. arch. ven.*, 1902, pp. 12-23 and 44) 相同，再加上了7000人，目的是算上1563—1574年继续增长的人口，人口增长率则是通过比较1540、1552和1563年的普查数据而推算出来的。

第三章和第四章 海权的征服

基础文献：Camillo Manfroni, *Storia della marina italiana dalle invasioni barbariche al trattato di Ninfeo* (Livorno, 1899)。See "sea harbor," *ibid*., pp. 126-27. 关于都拉佐战役的引文出自 *The Alexiad of the Princess Anna Comnena*, translated by Elizabeth A. S. Dawes (London, 1928; and New York, 1967), book IV, sec. 2。关于希腊火，见同一份文献的 XI, 10。比较 Agostino Pertusi, "Venezia e Bisanzio nel secolo xi," in *La Venezia del Mille* (Sansoni for the Fondazione Giorgio Cini, 1965)。关于亚实基伦战役，见 William, Archbishop of Tyre, *A History of Deeds Done Beyond the Sea*, vol. I, translated by E. A. Babcock and A. C. Krey, Records of Civilization, XXXV (Columbia University Press, 1943), book XII, 22-23; and Foucher de Charter (Fulcherius Carnotensis), *Historia Hierosolymitana, Recueil des historiens des croisades publié par les soins de L'Académie des Inscriptions et Belles-Lettres*, 16 vols. (Paris, 1841-1906), Hist. occid. III, 452-53。在这部文献集中，William 的叙述位于 vol. I, pp. 546-49。

关于十字军，一般而言：*A History of the Crusades*, Kenneth M. Setton, ed.-inchief, 2 vols. (University of Pennsylvania Press, 1958, 1962)，其中萨拉丁对海上的控制见 II,

52-53，巴勒斯坦地区海港的重要性见 I, 98, 375-76, 385-87。

关于第四次十字军东征和威尼斯人在君士坦丁堡的位置：Charles M. Brand, *Byzantium Confronts the West, 1180-1204* (Harvard University Press, 1968), with full bibliography; Donald E. Queller and Susan J. Stratton, "A Century of Controversy on the Fourth Crusade" in *Studies in Medieval and Renaissance History*, ed. W. M. Bowsky (University of Nebraska Press, 1969), VI, 233-78; and Queller's little volume, *The Latin Conquest of Constantinople*, in Major Issues in History series (Wiley, 1971)。关于其他军队的规模，见 F. Lot, *L'art militaire* (Paris, 1946) I, 229; II, 442。

关于海盗活动：P. Charanis, "Piracy in the Aegean during the reign of Michael VIII Paleologus," *Annuaire de l'Institut de Philologie et d'Histaire Orientales et Slaves X* (Brussels, Université Libre, 1950), 127-36; F. Sassi, "La guerra di corsa e il diritto di preda secondo il diritto veneziano," *Rivista di storia del diritta italiano* II (1929), 99-128; Fredric L. Cheyette, "The Sovereign and the Pirates, 1332," *Speculum* XLV, no. 1 (Jan., 1970), pp. 40-68; and Manfroni, pp. 262-64, 271, 278。

第五章　船舶、海员和全体船员

关于船舶：Frederic C. Lane, *Navires et constructeurs à Venise pendant la Renaissance* (EPHE-G, Oeuvres Étrangères, V, Paris, S.E.V.P.E.N., 1965), a revised edition of my *Venetian Ships and Shipbuilders of the Renaissance* (Baltimore: Johns Hop- kins University Press, 1934)；关于这段时期的商人，见我的按语 "Le navi raffigurate nello zibaldone" in *Zibaldone da Canal*, in *Fonti stor. ven.*, sez. V — Fondi Vari (Venice, 1967)，等等其他一般性的信息。亦见：Louise Buenger Robbert, "A Venetian Naval Expedition of 1224," in *Economy, Society, and Government in Medieval Italy: Essays in Memory of Robert L. Reynolds*, ed. David Herlihy et al. (Kent, Ohio: Kent State University Press, 1969), pp. 141-52。关于船舶的型号（吨位），见下文第二十六章的附加说明。

关于这个时期的海事法：Riniero Zeno [Vallo], *Storia del diritto marittimo italiano nel Mediterraneo*, 2nd ed., in Pubblicazione della Fondazione Vittorio Scialoia per gli Studi Giuridici, 3 (Milan: A. Giuffre, 1946); A. Lattes, *Diritto marittimo private nelle carte liguri dei secoli xii e xiii* (Rome, 1939); and Guido Bonolis, *Diritto marittimo medievale dell'Adriatico* (Pisa, 1921) 显著地增加了 W. Ashbumer, *Rhodian Sea Law* (Oxford, 1909) 的年代更久的基础工作。

基础的威尼斯法规由 Riccardo Predelli 和 Adolfo Sacerdoti 汇编于 *N. arch. ven.*, n.s., IV-VI (1902-3)；亦分散地见于 *Gli statuti marittimi veneziani fino al 1255* (Venice, 1903)。亦见我的 "Maritime Law and Administration, 1250-1350," in *Venice and History:*

The Collected Papers of Frederic C. Lane (Baltimore: Johns Hopkins University Press, 1966), reprinted from *Studi in onore di Amintore Fanfani* (Milan: A. Giuffre, 1962), III, 21-50; and G. Cassandro, "La formazione del diritto marittimo veneziano," *Annali di storia del diritto* (Milan: A. Giuffre, 1968-69), XII-XIII, 131-59。

关于行商及其合同：Luzzatto, *Staria*, pp. 20-29, 80-93; *Studi*, pp. 56-116; and Alfred E. Lieber, "Eastern Business Practices and Medieval European Commerce, *Economic History Review*, ser. 2, vol. XXI, no. 2 (August, 1968), pp. 230-43。

关于海员的地位：我的 "Venetian Seamen in the Nautical Revolution of the Middle Ages," presented to the Convegno Intemazionale di Storia della Civiltà Veneziana, on *Venezia e il Levante fino al secolo xv*, June, 1968, at the Fondazione Giorgio Cini, and being published by Casa Editrice Leo S. Olschki, Florence。

第六章 对威尼斯湾的统治

Storia and *Studi* of Gino Luzzatto 中相关的内容已经征引过；W. Lenel, *Entstehung der Vorherrschaft Venedigs an der Adria* (Strasbourg, 1897); A. Battistella, "Il dominio del Golfo," in *N. arch. ven.*, n.s. XXXV (1918); Roberto Cessi, *La Repubblica di Venezia e il problema adriatico* (Naples, 1953); E. Sestan, *Venezia Giulia: Lineamenti di una storia etnica e culturale* (Bari, 1965); L. Bettini, *Le saline dell'antico delta padano*, from *Atti e Mem. della Deputazione Provinciale Ferrarese di Storia Patria*, n.s., XXIV (Ferrara, 1962); B. Krekić, *Dubrovnik (Raguse) et le levant au Moyen Âge* (Paris: Mouton, 1961); 就目前为止以方便的学术视角看待拉古萨，见 Bariša Krekić, *Dubrovnik in the 14th and 15th Centuries* (Norman: University of Oklahoma Press, 1972)。

关于迎娶大海的传说：Gina Fasoli, "Nascita di un mito," *Studi storici in onore di Gioacchino Volpe* (Florence, 1958), pp. 463, 473-77; Lina Padoan Urban, "La festa della Sensa nelle arti e nell' iconografia," in *Studi ven*. X (1968), 291-98, 312。所引用的古代仪式出版于 Pastorello's edition of Dandolo's *Chronica per extensum* in R.I.S. , 2nd ed., t. XII, pt. 1, p. 265n。

关于一般的"贸易中心政策"见 A. B. Hibbert 在 *The Cambridge Economic History of Europe*, vol. III (Cambridge, 1963) 中撰写的章节；和 A. Schaube, *Handelsgeschichte der romanischen Völker des Mittelmeergebiets bis zum Ende der Kreuzzüge* (Munich and Berlin, 1906)。关于食盐政策，见 Clemens Bauer, "Venezianische Salzhandelspolitik bis zum Ende des 14. Jahrhunderts," in *VJS f. Soz.- und Wirtschaftsgeschichte* XXII (1930), 273-323。关于谷物贸易，见 Hans C. Peyer, *Zur Getreide politik oberitalienischer Städte in 13 Jahrhundert* (Vienna, 1950)。

第七章 黎凡特的贸易

基础文献，除了之前引用的 Luzzatto and Schaube 的著作，还有 Wilhelm Heyd, *Histoire du commerce du levant au moyen age*, 2 vols. (Leipzig, 1886)。关于从埃及出发的航线，见 F. C. Lane, "Economic Meaning of the Invention of the Compass," *American Historical Review* LXVIII (1963), 605-17, 又见 *Venice and History*，尤其是 336 页。关于罗马尼亚，见 Freddy Thiriet, *La Romanie vénitienne au moyen âge*, Bibliothèque des Écoles Françaises d'Athènes et de Rome, vol. 193 (Paris, 1959), and Silvano Borsari, *Studi sulle colonie veneziane in Romanie nel xiii secolo* (Naples, 1966); idem., *Il dominio veneziano a Creta nel xiii secolo* (Naples, 1963); idem., "Il commercio veneziano nell'impero bizantino nel xii secolo," *Rivista storica italiana* LXXVI, 4 (1964), 982–1011。

关于与热那亚之间的竞争：R. Caddeo *et al., Storia marittima dell'Italia dall'evo antico ai nostri giorni* (Milan: Garzanti, 1942)；以及 Camillo Manfroni 丛书中难以找到的第二卷，*Storia della marina italiana dal trattato di Ninfeo alla caduta di Costantinopoli*, 其中只有第一部分业已出版 (Livomo, 1902); idem., "Sulla battaglia dei Sette Pozzi e le sue conseguenze," *Rivista marittima*, XXXIII, pt. 1 (1900); G. Caro, *Genua und die Mächte am Mittelmeer 1257-1311*, 2 vols. (Halle, 1895-99); Roberto Lopez, *Storia delle colonie genovesi* (Bologna, 1938); Deno J. Geanakoplos, *Emperor Michael Paleologus and the West, 1258-1282: a Study in Byzantine-Latin Relations* (Cambridge, Mass., 1959); Angeliki Laiou, *Constantinople and the Latins: The Foreign Policy of Andronicus II, 1282-1328* (Harvard University Press, 1972); Hélène Glykatzi-Ahrweiler, *Byzance et la mer* (Paris, 1966)。

关于黑海、蒙古人、马可·波罗：George I. Bratianu, *La Mer Noire, des origines à la conquête ottomane*, Societas Academica Dacoromana, Acta Historica, t. IX (Munich, 1969)，以及同一位作者在之前的参考书目中征引过的发表于早期的文献；Robert S. Lopez, "European Merchants in the Medieval Indies: the Evidence of Commercial Documents," *Journal of Economic History* III (1943), 164-84; Bertold Spuler, *Die Goldene Horde: Die Mongolen in Russland, 1223-1502* (Leipzig, 1943); R. Morozzo della Rocca, "Sulle orme di Polo," *Italia che scrive*, 1954; and "Catay," in *Misc. in onore di Roberto Cessi* (Rome, 1958), I, 299-303; R. Almagia, R. Gallo, *et al., Nel centenario della nascita di Marco Polo* (Venice, Istituto Veneto di Scienze, Lettere ed Arti, 1955); F. Borlandi, "Alle origini del libro di Marco Polo," Studi in onore di Amintore Fanfani, vol. I.

Henry H. Hart 在作品 *Marco Polo, Venetian Adventurer*, rev. ed. (Norman: University of Oklahoma Press, 1967) 中将马可·波罗当作中心人物，讲述了当时的威尼斯。马可

还活灵活现地出现在 Eileen Power, *Medieval People*, 5th ed. (Barnes and Noble, 1950)。插图 7-2 来自 MS Français 2810, Bibliothèque Nationale, Paris。关于地图 7-2 的路线, 见 John Frampton, *The Most Noble and Famous Travels of Marco Polo*, edited by N. M. Penzer (London, 1929), Penzer's introduction。

关于"绝对的"和"相对的"的制海权的概念, 我应该感激 J. M. Kenworthy [Strabolgi] and George Young, *Freedom of the Sea* (London, [1928]), chap. II。

第八章和第九章 公 社

早期的重要成果见 Roberto Cessi 在 *Storia di Venezia* 第二卷中撰写的长章节, 此书出版于 Centro Intemazionale delle Artie del Costume (Venice, 1958); in Giorgio Cracco, *Società e stato nel medioevo veneziano*(Florence, 1967); and in Frederic C. Lane, "The Enlargement of the Great Council of Venice," in *Florilegium Historiale: Essays presented to Wallace K. Ferguson*, eds. J. G.Rowe and W. H. Stockdale (University of Toronto Press, 1971), pp. 236-74。亦见: Giovanni Cassandro, "Concetto caratteri e struttura dello stato veneziano," in *Bergomum* XXXVIII (1964), no. 2, pp. 33-55 and in *Rivista di storia del diritto italiano* (Milan) XXXVI (1963), 23-49; Gina Fasoli, "Governanti e governati nei comuni cittadini italianifra l'xi ed il xiii secolo," *Etudes suisses d'histoire générale* XX (1962-63), pp. 141ff; and Agostino Pertusi, "Quedam Regalia Insignia," *Studi ven*. VII, (1965), pp. 3-124。

关于早期的教堂以及与君士坦丁堡之间的关系: Otto Demus, *The Church of San Marco in Venice: History, Architecture, Sculpture* (Washington, D.C.: The Dumbarton Oaks Research Library and Collection, 1960), book I。

关于担任巡夜官之职位的 *custodes* 的数量, 见 Melchiore Roberti, *Magistrature giudiziare veneziane*, 3 vols; vol. III in *Monumenti storici* XVIII (Venice: Deputazione Veneta di storia patria, 1911) pp. 25, 29。关于公平正义的理想, 见 *ibid*., vol. II (XVII of the *Monumenti*), p. 26, 见 1227 年总督顾问的誓词: "Studium quoque et curam habebo quod dominus dux omnes hominesVenecie maiores et minores equaliter portet in racione et iusticia et in offensionibus." 实践情况见: Stanley Chojnacki, "Crime, Punishment, and the Trecento Venetian State," in Lauro Martines, ed., *Violence and Civil Disorder in Italian Cities*, 1200-1500 (Universityof California Press, 1972)。

关于威尼斯的殖民地: Guido Astuti, "L'organizzazione giuridica del sistema coloniale e della navigazione mercantile delle città italiane nel Medioevo," in *Colloque hist. mar., 1962*, pp. 57-89; Vsevolod Slessarev, "*Ecclesiae Mercatorum* and the Rise of Merchant Colonies," *Business History Review* XLI, no. 2 (Summer, 1967), 177-97;

Wilhelm Heyd, *Le colonie commerciali degli Italiani in Oriente nel Medio evo*, 2 vols. (Venice,1866-68); Robert Lee Wolff, *Politics in the Latin Patriarchate of Constantinople, 1204-1261* (Dumbarton Oaks Papers, no. 8, Harvard University Press, 1954), 以及提到过的 Wolff 的论文; Thiriet and Borsari 的书, 在论及第七章时已提过。

关于 Nicolo Querini 的成为内格罗蓬特监事的"大实践"(gran piatica), 见 Marino Sanudo Torsello, *Istoria del Regno di Romania*, in Karl Hopf, *Chroniques Gréco-Romanes inédites au peu connues* (Berlin, 1873; reprint, 1966), p. 112。

为表彰一位妇女在对付 Bajamonte Tiepolo 的叛乱中的贡献, 而命令她作为圣马可法务官的房东永不涨房租, 此事见于 chronicle in the Marciana, MS Ital. Cl. VII, Cod. 779, f. 160。

我很感谢 Stanley Chojnacki 让我在这篇论文发表之前查阅它: "In Search of the Venetian Patriciate: Families and Factions in the Fourteenth Century," forthcoming in the volume of *Renaissance Venice*, edited by John Hale。

第十章 对中世纪航海革命的回应

关于航海的一般性论述, 见 E. G. R. Taylor, *The Haven-Finding Art* (London, 1956), 以及她专门论述航位推算的文章 "Mathematics and the Navigator," *Journal of the Institute of Navigation* (London, 1960)。关于指南针及其影响, 见我的 "Economic Meaning of the Invention of the Compass" in the *American Historical Review* LXVIII (1963), 605-17 and in *Venice and History*。对于两种船型, 见我的 *Navires et constructeurs à Venise*。与热那亚发展的比较, 见 Jacques Heers, Gênes au xve siècle (EPHE-6, Affaires et gens d'affaires, XXIV, 1961) and "Types de navires et spécialisation des trafics en Méditerranée à la fin du Moyen-Age," in *Le Navire et l'économie maritime du Moyen-Age au XVIIIe siècle principalement en Méditerranée*, Travaux du Colloque International d'Histoire Maritime tenu 1957(EPHE-6, Bibliothèque générale, 1958). pp. 107-18。

关于 Francesco 和 Marco Pizzigani 的"世界地图"和其他海图一样, 都得到过复制, 见 Prince Yusuf Kamal, *Monumenta cartographica Africae et Aegypti*, 16 vols.(Cairo, 1926-51), IV, 1285-86, 1289。有提及 "Marcus Pizzigani patronus juratus navis vocate Cornaria que nuper venit de Tana" in Dec., 1330, in ASV, Avogaria di Commun, Delb. M. C., Brutus, f. 123t。

关于一般性的保护花销, 见我的 "Economic Consequences of Organized Violence," *Journal of Economic History* XVIII (1958), 401-17, 与相关文章一起重印于我的 *Venice and History*; 对于加莱船的早期航行活动, 见我的 "Venetian Merchant Galleys, 1300-1334," *Speculum* XXXVIII (1963), 179-205，亦重印于 *Venice and History*。对于 1336 年佛兰德加莱船舰队中有船舶走散的事情，见 *I libri commemoriali della Repubblica di Venezia, Regesti*, ed. R. Predelli (in *Monumenti storici pubblicati dalla Deputazione Veneta di Storia Patria* [now di Storia Patria per le Venezie], ser. 1,Venice, 1976 ff.), lib. III, no. 465; *Venetiarum historia vulgo Petro Iustiniano Iustiniani filio adiudicata*, eds. Roberto Cessi e Fanny Bennato (in *Mon. stor.* above cited, n.s., XVIII, Venice, 1964), p. 217。在 ASV, Maggior Consiglio, Deliberazioni, Spiritus copia, ff. 193-94, 请注意，许多元老和元老的亲属都因为被抓捕而失去了个人财产，因此，如果禁止可能有利益冲突的人投票的一般规则付诸实行，元老院将无法达到法定的必要人数。

关于奴隶贸易：Charles Verlinden, "Le Recrutement des esclaves à Venise aux XIVe et XVe siècles," *Bulletin de l'Institut Historique Belge de Rome* XXXIX (1968),83-202, 以及前述同一作者的许多早期文章；还有他的 "La Législation vénitienne du bas moyen âge en matière d'esclavage (XIIIe-XVe siècles)," *Ricerche storiche ed economiche in memoria di Corrado Barbagalla* (Naples: E.S.I., 1969), 147-72。关于威尼斯人在黑海地区的渗透：Heyd, *Commerce du levant*; G. I. Bratianu, *La Mer Noire*, 如前引；尤其是 G. I. Bratianu, *Les Vénitiens dans la Mer Noire au XIVe siècle: La politique du Sénat 1332-33 et la notion de latinité*, Académie Roumanie, Etudes et Recherches XI (Bucarest, 1939)。

关于十字军活动转向爱琴海，见前引的 Heyd and Thiriet 的作品；A. Laiou, "Marino Sanudo Torsello, Byzantium and the Turks: The Background of the Anti-Turkish League of 1332-1334," *Speculum* XLV, 3 (July, 1970), 375-92; and A. T. Luttrell, "Venice and the Knights Hospitallers of Rhodes in the Fourteenth Century," *Papers of the British School at Rome* XXVI (1958), 195–212。

关于自由航行，见 Luzzatto 在他的 *Studi* 的文章。

最近研究经过德意志的贸易中，引用了较早基础文献的是 Philippe Braunstein, "Relations d'affaires entre Nurembergeois et Vénitiens à la fin du XIVe siècle," *Mélanges d'archéologie et d'histoire de l'Ecole Française de Rome* LXXVI (1964), pt. 1; idem., "Wirtschaftliche Beziehung zwischen Nümberg und Italien im Spätmittelalter," in *Beiträge zur Wirtschaftsgeschichte Nürnbergs* I (Nuremberg: Stadtarchiv,1967); and Wolfgang von Stromer, "Nürnberg in the International Economics ofthe Middle Ages," *Business History Review* XLIV (1970), 210–25。

关于西方的棉纺业：Maureen Fennell Mazzaoui, "The Cotton Industry of Northern Italy in the Late Middle Ages; 1150-1450," *Journal of Economic History* XXXII (1972), 262-86。

第十一章　坐商的商业革命

基础文献有 Luzzatto 的 *Storia*、他的 *Studi*、他的 *Il Debito pubblico della Repubblica di Venezia* (Milan-Varese, 1963)，这是再版的文献，原本是他的 volume, *I Prestiti*，是 *Documenti finanziari della Repubblica di Venezia* 三卷中的第一卷，出版于 Accademia dei Lincei (Padova, 1929)。

关于财政：亦见于 *Documenti finanziari*, ser.I, vol. I, Robert Cessi's *La Regolazione delle entrata e delle spese* (Padua, 1925) and *idem.*, in ser. IV, vol. I, *Problemi monetari veneziani* (Padua, 1937)。*Documenti finanziari* 的第二辑名为 *Bilanci Generali*, vol. I, pt. 1，第二卷、第三卷出版于 *R. Commissione per la Pubblicazione dei Documenti Finanziari della Repubblica di Venezia* (Venice, 1912 and 1903)。印刷工在我计算的 Monte Vecchio 的规模的图表 2 中造成了讹误，见于 Luzzatto 的 *Il debito pubblico* 的附录，业已在 *Venice and History* 英译本的第 6 条中订正。

我使用的"商业革命"，其命名和良好的定性出自 Raymond de Roover, "The Commercial Revolution of the Thirteenth Century," *Bulletin of the Business Historical Society* XVI (1942), 34-39。他叙述的细节和有关的参考书目，见他为 *The Cambridge Economic History of Europe*, vol. III (Cambridge, 1963) 而撰写的章节。

关于 Loredan 前往印度的旅程，见 Roberto S. Lopez, "Venezia e le grandi line dell'espansione commerciale nel secolo xiii" in *La civiltà veneziana del secolo di Marco Polo* (Venice: Sansoni and Fondazione Cini, 1955)，以及他的 "European Merchants in the Medieval Indies," *Journal of Economic History* III (1943), 174-80。关于 Federico Corner，见 Luzzatto 的研究，我已总结于 "Gino Luzzatto's Contributions to the History of Venice," *Nuova Rivista Storica* XLIX (1965), 72-74。关于 Marino Cappello、1334 年佛兰德加莱船船队的 *capitanio* 与 *armator*，见 Senato Misti, reg. 16 (copia) ff. 90-91, 96, 121-22。关于水泥池和由政府租出的窑：*Le deliberazioni del consiglio del XL della Repubblica di Venezia*, t. II, ed. A. Lombardo, *Mon. stor.* (Dep. ven., n.s., vol. XII (1958), nos. 452-63。

关于商业组织、集市、高利贷，见我的 *Venice and history* 的第 3、4、7、8、9 章，尤其是第 8 章，即英译版本的 "Ritmo e rapidità digiro d'affari nel commercio veneziano del Quattrocento," *Studi in onore di Gino Luzzatto*, 4 vols. (Milan: Giuffre, 1949), I, 254-73; and no. 3, "Family Partnerships and Joint Ventures" from *Journal of Economic History* IV (1944), 178-96; Gino Luzzatto, "Tasso d'interesse e usura a Venezia nei secoli xiii-xv," in *Miscellanea in onore di Roberto Cessi* (Rome, 1958) I, 191-202; J. Kirshner, "The Moral Theology of Public Finance: A study and Edition of Nicholas de Anglia's *Quaestio disputata* on the Public Debt of Venice," *Archivum Fratrum Praedicatorum* XL (1970), 47-72; Giulio Mandich, "Forme associative e misure anticoncorrenziali nel commercio marittimo veneziano del secolo xv," in *Rivista delle società* (Milan: Giuffre), anno VI (1961), 471-508; and Antonio Scialoja, "Le galee grosse della Repubblica Veneta, I, Un precedente dei 'Pools' marittimi," 见于他的 *Saggi di storia del diritto marittimo* (Rome, 1946), 重印于 *Studi in Memoria di Bernardino Scorza*, a cura del Università di Bari (Rome, 1940); Reinhold C. Mueller, "Procurators of San Marco in the Thirteenth and Fourteenth Centuries" 接下来将于 *Studi veneziani* XIII (1971) 出版。

佣金代理在15世纪得到了充分的发展，已由我描述于 *Andrea Barbarigo, Merchant of Venice* (Baltimore, 1944, reprinted in 1967 by Octagon Books, N.Y.); and in *Il libro dei conti di Giacomo Badoer*, eds. Umberto Dorini eTommaso Bertelè, Il Nuovo Ramusio, Raccolta di Viaggi, Testi e Documenti relativi aiRapporti fra l'Europa e l'Oriente a cura dell' Istituto Italiano per il Medio ed Estremo Oriente, III (Rome: Liberia dello State, 1956), 业经 GuidoAstuti 透彻地分析于 "Le forme giuridiche della attività mercantile nel libro dei conti di Giacomo Badoer (1436-40)," *Annali di storia del diritto* XII-XIII (1968-69)。

关于金银价格比的变化，见 A. M. Watson, "Back to Gold — and Silver," *Economic History Review*, ser. 2, XX (1967), 1-34。关于法定货币杜卡特的价格，见 F. C. Lane, "Le vecchie monete di conto veneziane ed il ritomo all'ore," *Atti Ist. Ven.*, CXVII (1958-59), 49-78。关于保险，已经经过详尽的分析，见 Giuseppe Stefani, *Insurance at Venice, from the origins to the end of the Serenissima*, 2 vols. (Venice: Assicurazioni generali di Trieste e Venezia, 1958)。

关于一般论述公民的文献：Molmenti, *Vita privata*, vol. I; and Beltrami, *Storia della popolazione*。关于大兄弟会，见 Brian Pullan, *Rich and Poor in Renaissance Venice* (Oxford: Basil Blackwell, 1971)。关于14世纪贵族家族的数量，见前引 Chojnacki, "In Search of the Venetian Patriciate."

第十二章　工匠和海员

关于一般论述威尼斯工业和行会的文献，见 Luzzatto 的 *Storia* 及其在参考书目中提及的文献，尤其是 *I capitolari*, ed. Monticolo，它为提供了不少原材料供应的内容，如第一卷中关于亚麻和制索的内容。关于造币厂，法规见 Cessi, *Problemi monetari* (*Documenti finanziari*, ser. IV, vol. I)。制造铁钉的合同记录在 ASV, Libri Commemoriali, reg. 1, f. 57, no. 157。关于打破建材的垄断，见 *Delib. del Consiglio del XL*, vol. II, nos. 452-63; 关于皮货商，R. Delort, "Un aspect du commerce vénitien au XVe siècle: Andrea Barbarigo et le commerce des fourrures (1430-1440)," *Le Moyen Age* LXXI (1965), 29-70, 247-73。关于工匠移民的公民身份，见 Molmenti, *Vita privata*, I, 72-78。

关于科技，特别是化工业：Charles Singer *et al.*, *A History of Technology*, 5 vols. (Oxford, 1955-60)。对威尼斯玻璃工人使用的配方的赞扬，出自 vol. III, p. 233。对玻璃制造的最早描述，尤其是威尼斯的玻璃业，出自 book XII of Georgius Agricola, *De Re Metallica*。我引用的译文出自 Herbert C. and Lou H. Hoover (London: The Mining Magazine Salisbury House, 1912), p. 584。

关于水手：前引 Convegno 的贡献，于 1968 年 6 月的威尼斯，尚在印刷当中， "Venetian Seamen in the Nautical Revolution of the Middle Ages"；关于造船业，见我的 *Venetian Ships*。关于爱琴海海盗船上的威尼斯船员，见 Marino Sanuto Torsello, *Istoria del regno di Romania*, in Karl Hopf, *Chroniques Gréco-Romanes*, pp. 146-47; 关于特拉帕尼的 "le menue gent"，见 Martino da Canale, *Cronaca veneta*, eds. Filippo Luigi Polidori and Giovanni Galvani, in *Archivio storico italiano* VIII (1845), pp. 518-21。

第十三章和第十四章　团结的胜利

因为 Manfroni 的海军通史并未包括这个时期，所以按照描述的事件的顺序，将有助于填补空白的文献列出来或许有点用：Albano Sorbelli, "La lotta tra Genova e Venezia per il predominio del Mediterraneo, I, 1350-1355," *Mem. d. R. Accademia d. Sci. d. Bologna*, Cl. Di sci. morali; Sez. di sci. storico-filologiche, ser. I, t. V (1910-11), pp. 87-157, reprinted, 1921; Mario Brunetti, "Contributo alla storia delle relazioni Veneto-Genovesi dal 1348-1350," in *Miscellanea di Storia veneta*, Deputazione veneta di storia patria ser. 3, t. IX (1916); *idem.*, "La battaglia di Castro (1350) ed il regolamento delle prede marittima della Repubblica di Venezia," *Rivista marittima*, Feb., 1910, prima trimestre, pp. 270-282; Camillo Manfroni, "Il piano della campagna navale venete-aragonese del 1351 contro Genova," *Rivista marittima*, Aug.-Sept., 1902, pp. 323 et seq.; Vittorio Lazzarini, "La battaglia di Porto Longo nell'isola di Sapienza," *N. arch. ven.*, VII (1894); *idem.*, "Aneddoti della vita di V. Pisani," *Arch. ven.*, ser. 5, XXXVI -XXXVII (1945); *idem.*, "La battaglia di Pola e il processo di Vettor Pisani," in *N. arch. ven.*, n.s., XXV (1913), 177 et seq.; *idem.*, "La morte, il monumento di Vettor Pisani," *N. arch. ven.*, XI (1896), 395 et seq.; *idem.*, "Due documenti della guerra di Chioggia," *N. arch. ven.*, XII (1896), 137-47; I. Tiozzo, "Una pagina sulla battaglia di Pola," *Arch. ven.*, ser. 5, XXI (1937); Vittorio Lazzarini, "Frammento di registro del tempo della guerra di Chioggia," *Arch.ven.*, ser. 5, XXI (1937); *idem.*, "La presa di Chioggia," *Arch. ven.*, ser. 5, XLVIII-IX(1951); *idem.*, ed., *I dispacci di Pietro Cornaro ambasciatore a Milano durante la guerra di Chioggia, Mon.*

stor., (Dep. Ven.) ser. 1, vol. XX (1939); and *idem.*, ed., *Daniele di Chinazzo, Cronica de la Guerra da veneciani a zenovesi*, in the same *Monumenti*, n.s., vol. XI (1958); Francesco Surdich, *Geneva e Venezia fra Tre e Quattrocento*, in Collana storica di Fonti e Studi editi da G. Pistorino (Genoa: Fratelli Bozzi, 1970); and at least inpart in *Atti della Società Ligure di Storia Patria*, n.s., VII (1967), and C. Manfroni, "Loscontro di Modone," *Rivista marittima*, Oct., 1897, p. 75 et seq., and Nov., 1897, p. 319 et seq。

Michel Balard, "A propos de la bataille du Bosphore: l'expédition génoise de Paganino Doria à Constantinople, 1351-52," in Centre de Recherches d'Histoire et Civilisation Byzantines, *Travaux et Memoire* IV (Paris, 1970), 431-69, 使用了热那亚加莱船的日志。

R. Caddeo *et al.*, *Storia marittima dell'ltalia* (Milan: Garzanti, 1942) 的参考文献只列出了部分上述文献，在书目中 M. Nani-Mocenigo 撰写了 libri IV and V, 为 1261—1453 年的整个时期提供了连贯的叙述。关于他的叙述中和专门研究中相矛盾的地方，我采信后者。

Manfroni 的文章缺乏加莱船的规章制度，已征引于我的 "Venetian Seamen" 即将出版于前引 Atti del Convegno of 1968。

引用 Daniele di Chinazzo 的文章提及 Pisani 的地方位于第 44、57—58、148 页。Daniele 叙述 Zeno 航行的部分，直接取自舰队上抄写员日复一日的记录，于第 154—159、179—185、199—201、212—222 页。

Vittorio Lazzarini, *Marina Faliero* (Florence, 1963), 收集了早前发表在 *Archivio veneto* 上的文章。

Falier 的行为不是想要实行君主制而是实行派系政治的理论，出自 Giovanni Phillinini, "Marino Falier e la crisi economica e politicadella metá dell' 300 a Venezia," *Arch. ven.*, ser. 5, vol. 84 (1968), 强调了此事伴随着经济危机。关于威尼斯的君主制观念，尤其是 Andrea Dandolo 的君主制观念，见 Cracco, *Società e stato*, 399-440。亦见 Mario Brunetti, "Per la riabilitazione di un doge; Lorenzo Celsi," in *Studi di arte e storia a cum della direzione del Museo Civico-Correr* (Milan-Rome: Alfieri, 1920), vol. I, pp. 143-47。关于 Andrea Dandolo 的法律和历史研究，见 Girolamo Amaldi, "Andrea Dandolo, Doge-Cronista," in *La storiografia veneziano fino al secolo xvi: Aspetti e Problemi*, ed. A. Pertusi (Florence: Olschki, 1970)。

关于塞浦路斯，见 George Hill, *A History of Cyprus*, 4 vols. (Cambridge University Press, 1948), vol. II。关于在罗马尼亚的竞争对手，见 Max Silberschmidt, *Das orientalische Problem zur Zeit der Entstehung des türkischen Reiches* (Leipzig and Berlin, 1923); N.jorga, "La politique vénitienne dans les eaux de la Mer Noire," *Bulletin de la*

Section Historiquede l'Academie Roumaine, II, 2-4 (1913-14), 289–370; C. I. Bratianu, "Les Vénitiens dans la Mer Noire . . . après la Deuxiéme Guerre des Détroits," *Echos d'Orient* XXXIII(1934); 关于威尼斯帝国的扩张，见 *Thiriet, Romanie vénitienne*, Part III。

关于公债和财政的恢复，见 Luzzatto, *Il debito pubblico*, cap. III and IV。

第十五章 艺术、科学和文学

一般文献: Giulio Lorenzetti, *Venezia e il suo estuario: guida storico-artistica* (Venezia: Bestetti & Tumminelli, 1928；或之后略有修订的英译本，Rome: Istituto poligrafico dello Stato, Liberia dello Stato, 1961); Terisio Pignatti, Venice (New York, 1971)。关于在威尼斯的拜占庭人，见 Sergio Bettini, *Mosaici antichi di San Marco* (Bergamo, 1944); *idem*., Venezia (Novara, 1953)，以及他在 *Le origini di Venezia* 中撰写的章节，和 Fondazione Giorgio Cini 的 *Civiltà veneziana* 系列的其他卷; M. Brunetti, S. Bettini, F. Forlati, and G. Fiocco, *Torcello* (Venice: Libreria Serenissima, 1940); Otto Demus, *The Church of San Marco in Venice: History, Architecture, Sculpture* (Washington, D.C.: Dumbarton Oaks Studies VI, 1960); *idem*., *Die Mosaihen von San Marco* (Baden, 1935); *idem*., *Byzantine Mosaic Decoration* (Boston Book and Art Shop, 1955); Pietro Toesca and Ferdinando Forlati, *Mosaics of St. Mark's* (Greenwich, Conn.: New York Graphic Society, 1958); 关于黄金祭坛屏，见 Andrè Grabar 的章节，于 M. Muraro, *Treasures of Venice* (Skira for *Horizon Magazine*, distributed by *The World Publishing Company*, Cleveland, 1963), and Klaus Wessel, *Byzantine Enamels from the 5th to the 13th century*) Greenwich, Conn.: NewYork Graphic Society, 1968)，与参考书目。

关于晚些时候的建筑，见 Luigi Angelini, *Le Opere in Venezia di Mauro Codussi* (Milan,1945); Edoardo Arslan, *Venezia gotica* (Electa Editrice, 1970); Michelangelo Muraro, "Scala senza giganti," in *De artibus opuscula XL: Essays in Honor of Erwin Panofsky*, ed. Millard Meiss, 2 vols. (New York University Press, 1961); Teresio Pignatti, *Palazzo ducale Venezia* (Novara, 1964)。

关于画家: Molmenti, *Vita privata*, vols. I and II; Vittorio Michini, ed., *Disegni di jacopo Bellini* (Bergamo, 1943); Giles Robertson, *Giovanni Bellini* (Oxford, 1968); Millard Meiss, *Giovanni Bellini's St. Francis in the Frick Collection* (Princeton University Press, 1964); Michelangelo Muraro, *Carpaccio* (Firenze, 1966); Pietro Zampetti, *Vittore Carpaccio* (Venice: Alfieri, 1966); Terisio Pignatti, *Giorgione* (Milan: Alfieri, 1969)。

关于文学和学术，见两部汇编中的通论和专论: *Umanesimo europeo e umanesimo veneziano*, ed. Vittore Branca, 与 *Veneziae l'Oriente*, ed. Agostino Pertusi。这两部书是

Civiltà europea eciviltà veneziana: aspetti e problerni 丛书的第二卷和第四卷,丛书出版于 the Centro di Cultura e Civilta della Fondazione Giorgio Cini, San Giorgio Maggiore (Venice: Sansoni, 1963 and 1966)。专门关于 James of Venice 的研究,见 L. M. Paluello in *Venezia e l'Oriente*; 关于帕多瓦的组织,见 Pearl Kibre, *Scholarly Privileges in the Middle Ages* (Mediaeval Academy of America, 1962); 关于 Petrarch 和亚里士多德学说,见 Paul Oskar Kristeller, "Il Petrarca, l'Umanesimo, e la scolastica a Venezia," in *La Civiltà Veneziana del Trecento*, 147-78; 介绍和翻译 Petrarch 对四位朋友的回信,见 *The Renaissance Philosophy of Man*, eds. Ernst Cassirer, Paul Oskar Kristeller, and John Herman Randall, Jr. (Phoenix Books, University of Chicago Press, 1948, 1967)。关于同样的主题和特别是圣马可学校的主题,见 Bruno Nardi, "Letteratura e culturaveneziana del Quattrocento," in *La Civiltà veneziana del Quattrocento*, and "La scuola di Rialto e l'Umanesimo veneziano" in *Umanesimo europeo*....引用的 Valentini 的遗言出自后一篇文章的第 94 页。

关于威尼斯的医药和 Master Gualtieri,见 B. Cechetti, "La medicina in Venezia nel 1300," *Arch. ven.*, XXV (1883), 361-81; XXVI (1883), 77-111, 251-70; Ugo Stefanutti, *Documentazioni cronologiche per la storia della medicina, chirugia e farmacia in Venezia dal 1258 al 1332* (Venice: Ongania; and Padua: Antenore, 1961)。

关于公民人文主义,见其主要的鼓吹者 Hans Baron 那令人赞赏的文章,以及他完整的书目,见 Anthony Molho and John A. Tedeschi, eds., *Renaissance: Studies in Honor of Hans Baron* (DeKalb, Ill.: North Illinois University Press,1971); and Wallace K. Ferguson, "The Interpretation of Humanism: The Contribution of Hans Baron," *Joumal of the History of Ideas* XIX (1958), 14–25。关于威尼斯的例子: N. Carotti, "Un politico umanista del Quattrocento," *Riv. stor. ital.* 1937, fasc. II. pp. 18 ff.; Patricia Labalme, *Bernardo Giustiniani: A Venetian of the Quattrocento*, Uomini e dottrine, 13 (Rome, Edizioni di Storia e Letteratura, 1969); Gianni Zippel, "Ludovico Foscarini ambasciatore a Genova nella crisi dell'espansione veneziana sulla terraferma (1449-50)," *B. Ist. Stor. Ital. Medioevo*, no. 71 (1959), pp. 181-255。

关于在威尼斯的希腊人,见 Deno John Geanakoplos, Greek Scholars in Venice (Harvardul University Press, 1962); 关于 Bessarion 的藏书,见 Lotte Labowsky, "Il Cardinale Bessarionee gli inizi della Biblioteca Marciana," in *Venezia e l'Oriente*。

关于 Bembo 的品格,见 G. Meneghetti, *La vita avventurosa di Pietro Bembo. umanista-poeta-cortigiano* (Venice: Tipografia commerciale, 1961)。关于他的史书,见 Gaetano Cozzi, "Cultura politica e religione nella 'pubblica storiografia' veneziana del '500," in *Bolletino... veneziano* V-VI (1963-64), 215–96; 关于论述更普遍的人文

主义者的历史编纂学，见 Agostino Pertusi, "Gli inizi della storiografla umanistica nel Quattrocento," in *La storiografia veneziana*，前文已引。

第十六章和第十七章　权力的争夺

概述及参考书目：Nino Valeri, *L'Italia nell' eta di principati* (Milan: Mondadore, 1949); Luigi Simeoni, *Le Signorie*, 2 vols. (Milan, 1950); Romanin's *Storia Documentata*; 对于更晚的时期，见 Femand Braudel, *La méditerranéen et le monde méditerranéen à l'époque de Philippe II*, 2nd ed., 2 vols. (Paris, 1966)，其英译本译者为 Siân Reynolds, 由 Harper and Row 出版。专门文献：Bortolo Belotti, *La vita di Bartolomeo Colleoni*, 2nd ed. (Bergamo, 1933); Garrett Mattingly, *Renaissance Diplomacy* (Boston, 1955); James C. Davis, ed., *Pursuit of Power: Venetian Ambassadors' Reports...* (Harper Torchbooks, 1970). 关于与土耳其人的战争，见第二十五章的说明。

更专门的文献：Alessio Bombaci, "Venezia c l'impresa turca di Otranto," *Riv. stor. ital.* LXVI (1954), 1590-203; Federico Seneca, *Venezia e Papa Giulio II* (Padua, 1962); Giovanni Soranzo, "Il clima storico della politica veneziana in Romagna e nelle Marche nel 1503," *Studi romagnoli* V (1954), 513-45; idem., "L'ultima campagna del Gattamelata al servizio della Repubblica Veneta," *Arch. ven.* (1957), pp. 79-114; F. Bennato, "La partecipazione militare di Venezia alla lega di Cognac," *Arch. ven.* (1956), pp. 70–87。

关于意大利联盟，见 Giovanni Soranzo, "Studi e discussioni su *La lega italica del 1454-1455*" in *Studi storici in onore di Gioacchino Volpe* (Florence: Sansoni, 1958), pp. 971-95. 近来关于事件的探讨和参考书目见 Vincent Ilardi, "'Quattrocento' Politics in the Treccani *Storia di Milano*," in *Bibliothèque d'humanisme et Renaissance, Travaux et Documents*, XXVI (Geneva, 1964), pp. 162-90; Giovanni Pillinini, "L'umanista veneziano Francesco Barbaro e l'origine della politica di equilibrio," *Arch. ven.* (1963); idem, *Il sistema degli stati italiani, 1454-1494* (Venice: Libreria universitaria,1970)。

关键年份 1502—1503 年的威尼斯政策，已经有了卓越的分析，见 P. Pieri, *Intorno alla politica estera di Venezia al principio del Cinquecento* (Naples: Tipomeccanica,1934)。

引用的对公民人文主义的赞扬，出自 Zippel, "Ludovico Foscarini ambasciatore...," as cited, p. 215。

1500 年左右的预算，综合自许多数据，这些数据出自 *Bilanci Generali*, in *Doc. finan.*, ser. II, vol. I, t. I。雇佣兵首领的闲谈对话描述于 *The Commentaries of Pius II*, translated by Florence Alden Gragg, notes by Leona C. Gabel, *Smith College Studies in History* XLIII (1957), p. 788。"laplus triumphante cité" 的赞扬出自 Philippe de Commynes, *Mémoires*, ed. B. de Mandrot, 2 vols. (Paris, 1901-3), 11, 208-9。所引的

Mocenigo 的"告别演说"由我译自 Kretschmayr, *Geschichte*, II, 618。其他版本更完整的翻译见 W. Carew Hazlitt, *The Venetian Republic*, 2 vols. (London, 1915), 1, 840-47。

参考的 Priuli 的段落出自 *Rerum Italicarum Scriptores*, 2nd ed., tomo XXIV, pt. III, Girolamo Priuli, *I Diarii*, ed. R. Cessi, vol. IV (Bologna, 1938), pp. 15-18，29-55。亦见 *ibid*, vol. II (Bologna, 1933-34), 193, 196, and vol. IV, 112——以查阅 Priuli 那罪愆具有因果上重要性的观点。

关于威尼斯对大陆城市的统治：Angelo Venturi, *Nobilità e popolo mella società veneta del '400 e '500* (Bari, 1964) and Benjamin G. Kohl, "Government and Society in Renaissance Padua," *Journal of Medieval and Renaissance Studies* II, no. 2 (Fall, 1972), 205-21。

第十八章　政治制度的腐坏与完善

Enrico Besta, *Il Senato veneziano* (origini, costituzione, attribuzioni e riti) in *Miscellanea di storia veneta*, ser. 2, t. V (Venice: Deputazione, 1899)，依旧是基础文献，它是 Giovanni Antonio Muazzo, "Del antico govemo della repubblicadi Venezia,"的手抄本，关于此文献见 A. Lombardo, "Storia e ordinamenti delle magistrature veneziane in un manoscritto inedito del secolo xvii," in *Studi in onore di Riccardo Filangieri*, 3 vols. (Naples, 1959), II, 619 ff。Muazzo (Civico Museo Correr, Cod. Cicogna 2000, ff. 90-91) 提供了为法务官投票的人的人数。Giuseppe Maranini, *La costituzione di Venezia dopo la serrata del Maggior Consiglio* (Rome, 1931) 为宪政理论的缝补提供了冗长的说明。专门论述贵族群体的规模和排外态度的文献，见 Davis, *The Decline*。

专门文献：M. Brunetti, "Due Dogi sotto inchiesta: Agostino Barbarigo e Leonardo Loredan," *Arch. veneto-tridentino* VII (1925), 278–329; Roland Mousnier, "Le traffic des offices à Venise," *Revue historique de droit français et étranger*, ser. iv, année 30 (1952), no. 4, pp. 552-66; Donald E. Queller, *Early Venetian Legislation on Ambassadors* (Geneva: Droz, 1966), and *The Office of Ambassador in the Middle Ages* (PrincetonUniversity Press, 1967); and "The Civic Irresponsibility of the Venetian Nobility," in *Economy, Society, and Government in Medieval Italy: Essays in Memory of Robert L. Reynolds* (Kent, Ohio: The Kent State University Press, 1969), pp. 223-36。关于和大陆城市贵族群体的关系，见 Ventura, *Nobilità e popolo*，以及一篇带有参考书目的长评论，作者为 Cecil H. Clough，出自 *Studi veneziani* VIII (1966)。

Philippe de Commynes 对平民的评论见 *Mémoires*, ed. Mandrot, II, 213。Jean Bodin 对威尼斯公平正义的评论引自 *The Six Bookes of a Commonweale*, 1606 年 Richard Knolles, ed. K. D. McRae 的英译本的影印本 (Harvard University Press,1962), p.

785。

关于服饰平等: M. Magaret Newett, "The Sumptuary Laws of Venice," in [*Manchester*] *Historical Essays*, eds. T. F. Tout and james Tait, Publications of the University of Manchester, Historical Series, no. VI (Manchester University Press, 1907), pp. 245-77。

Marino Sanuto, *I Diarii*, eds. Rinaldo Fulin, Federico Stefani, Nicolò Barozzi, Guglielmo Berchet, Marco Allegri, 由 R. Dep. 主持，Veneta di Storia Patria, 58 vols. (Venice, 1879-1903)，在此文献中，重要的文章有：关于提名他的事情，VIII, 143-44；关于他的演说，XXV, 344-47; XXXIX, 24-29; 关于他那难以接受的失败，XII, 92; XXII, 7, 65-66; XXIV, 677; 关于 censori 和选举竞选活动，XXV,170; XXIV, 656-59; 关于 Gritti 对违法竞选活动的怒火 , LI, 610-11; 关于出售选票，LIV, 7—8; 关于总督 Loredan 那有效果的雄辩，IX, 29-30。

关于 Gasparo Contarini: James Bruce Ross, "The Emergence of Gasparo Contarini: A Bibliographical Essay," reprinted from Church History XXXXI, 1 (March, 1972), 作者引用的文章，其作者是她本人和 Felix Gilbert。关于他土地的调查: Sanuto, *Diarii* XXVI, 483; XXVII, 111, 154, 466, 625。关于他购买 2 万 campi 的事情: Marcantonio Michiel, "Diarii," MS in Civico Museo Correr, Cod. Cicogna 2848, f. 300。Contarini 的 *De Magistratibus et Republica* 译本 为 Lewes Lewkenor, *The Commonwealth and Gouvernment of Venice* (London, 1599), 重印于 Amsterdam, 1969。

关于佛罗伦萨人眼中的威尼斯制度: Felix Gilbert, "The Venetian Constitution in Florentine Political Thought," in *Florentine Studies: Politics and Society in Renaissance Florence*, ed. Nicolai Rubenstein (London: Faber and Faber, 1968), pp. 463-500。

关于通过元老院的 scrutinio 程序和执政团的提名，以及在 16 世纪早期加诸其上的限制，Besta 和 Maranini 的论述尚嫌不够。这类提名在 15 世纪晚期的数量已明确地见于 ASV 的对开本，Segretario alle Voci, Proposte, reg. 15 (ex. 9 bis), reg. 16。关于变化，见 Sanuto, *Diarii*, III, 661, 769-70; XVIII, 291, 305, 312。提名情况亦见 Sanuto, XVIII, 418, 422-23, 427, 记载更广泛提名和投票情况（虽然没有记载所有年份）的文献见 Bibl. Marciana, MS, It. Cl. VII, Cod. 813-19。提名、投票，以及威尼斯政治实践的其他方面，已由 Robert Finlay 在芝加哥大学的博士学位论文中用类似的材料做出了比以往更透彻的分析。

关于对教职的控制，见 C. Piana and C. Cenci, eds., *Promozioni agli ordini sacri a Bologna e alle dignità ecclesiastiche nel Veneto nei secoli xiv-xv* (Quaracchi-Florentia: Coll. S. Bonaventura, 1968)。

对于总督的个人、家庭、葬礼和总督选举的细节: Andrea da Mosto, *I Dogi di Venezia nella vita pubblica e privata* (Milano: Aldo Martello Editore, 1960)。

第十九章　航海大发现的参与者

关于 Fra Paolino 和 Fra Mauro：Roberto Almagia, *Planisferi, carte nautiche e affini del secolo xiv al xvii esistenti nella Biblioteca Apostolica Vaticana*, *Monumenta cartographica Vaticana I* (Città del Vaticano, 1944); *Il mappamondo di Fra Mauro*, ed. Tullia Gasparrini Leporace (Libreria del State, 1956); Heinrich Winter, "The Fra Mauro Portolan Chart in the Vatican," *Imago Mundi* XVI (1962)。关于 Alvise da Mosto, 见 *The Voyages of Cadamosto*, trans. and ed. G. R. Crone, Hakluyt Society, ser. 2, no. LXXX (London, 1937)。

关于威尼斯和航海发现的一般性文献：Comune di Venezia, Celebrazioni in onore di Alvise da Mosto, Catalogo, *Mostra dei navigatori veneti del quattrocento e del cinquecento* (Venice: Biblioteca Nazionale Marciana, 1957); Boies Penrose, Travel and Discovery in the Renaissance, 1420-1620 (Harvard, 1952, and Atheneum, 1962); Prince Yusuf Kamal, *Monumenta cartographica*，前文已引。参考书目之于 Zeno、Cabot 和 Samuel E. Morison 的参考书目，见 *The European Discovery of America: The Northern Voyages, A.D.500-1600* (New York: Oxford University Press, 1971)。亦见 A. da Mosto, "I navigator Nicolò e Antonio Zeno," in *Ad Alessandro Luzio, Miscellanea de studi storici* (Gli archivi di stato italiani, Florence, 1933); E. R. R. Taylor, "A Fourteenth-Century Riddle — and Its Solution," *Geographical Review*, LIV (1964), 573-76; David B. Quinn, *Sebastian Cabot and Bristol Exploration* (Bristol Branch of the Historical Association of theUniversity, Bristol, 1968)。

关于 Ramusio，见他的著作 *Delle navigationi e viaggi* (Venice, 1550, 1554) 以及 A. Del Piero, "Della vita e degli studi di Gio. Battistia Ramusio," *N. arch. ven.* IV (1902), pt. 2, pp. 5-109。

第二十章　香料贸易

Heyd 那本经常被人引用的 *Histoire du commerce du levant*, II, 427-552 中的账目，依然很基本，许多后来的研究都立足于它。例如 Ahmah Darrag, *L'Egypte sous le règne de Barsbay, 825-841/1422-1438* (Damascus, 1961) 和 Subhi Y. Labib, *Handelsgeschichte Agyptens im Spätrnittelalter*, Beihefte 46, *Vierteljahrschrzft für Sozial- und Wirtschaftsgeschichte* (Wiesbaden, 1965) 就使用了 Heyd 的威尼斯人从向苏丹购买胡椒的账目。Darrag 还添加了不少巴巴里人在红海的活动情况。Heyd 偶有错误，却瑕不掩瑜。例如，他误将苏丹坐地起价 "plus la moitié"（涨了一半）当成 "翻了一番"（第 448 页）。关于 Piloti, 见新版的 Pierre-Herman Dopp, *Traité d'Emmanuel Piloti sur le passage en Terre Sainte* (1420), Publications de L'Université lovanium de

Léopoldville, IV (Louvain-Paris: Nauwelaerts,1958)。关于价格，见我的说明 "Pepper Prices before Da Gama," in *The Journal of Economic History* XXVIII, 4 (December, 1968), 590-97；以及我早期的文章中关于贸易的一卷，重印于 *Venice and History*。Donato 于 1442 年得到的协议，全文见 John Wansbrough, "Venice and Florence in the Mamluk Commercial Privileges," *Bulletin of the School of Oriental and African Studies* (1965), 487-97。Piero Marcello 那可耻的计划见 Cronaca Zancaruol, Marciana, MS, Ital. Cl. VII, Cod. 1275, C011. 9275, f. 674。

关于对葡萄牙人的立刻反应：Vitorino Magalhaes-Godinho, "Le repli vénitien et égyptien et la route du cap, 1496-1533," in *Eventail de l'histoire vivante: Hommage à Lucien Febvre* (Paris: Colin, 1953), II, 283-300, and Ruggiero Romano, Alberto Teneti, and Ugo Tucci, "Venise et la route du cap: 1499-1517," 以及他在 *Colloque Hist. Mar.* 1962, pp. 109-39 中的讨论。

关于表现威尼斯人在马穆鲁克宫廷的画作：鉴定和归属的问题，已经由 C. Dana Rouillard 在一篇有望在 1973 年的 *Gazette des Beaux Arts* 中发表的一篇文章中透彻地讨论过了。

关于后来 16 世纪的香料贸易：Braudel, *La Méditerranée* I, 493-517; Donald F. Lach, *Asia in the Making of Europe*, vol. I (Chicago, 1965), chap. III; Ugo Tucci, *Lettres d'un marchand venitien, Andrea Berengo* (1553-1556) EPHE-6, Affaires et Gens d'affaires, X, (Paris, 1957)。关于之后的葡萄牙贸易：V. Magalhaes-Godinho, *L'économie de l'empire portugais aux XVe et XVIe siècles* (EPHE-6, Ports — Routes — Trafics, XXVI, 1969)。

关于苏伊士运河，见 F. Charles-Roux, "L'Isthme de Suez et les rivalités européennes au XVIe siècle," *Revue de l'histoire des colonies français* (1924), 174-85。关于 Philip II 在 1584 的提议，见 Braudel 的前引书，和 I. Cervelli, "Intorno alla decadenza di Venezia," *Nuova rivista storica*, L (Sept.-Dec., 1966), 596-642。

第二十一章　其他贸易转变

Fernand Braudel, *La Méditerranée* 这本经典著作，是目前这一代研究的基础。关于亚得里亚海之内的竞争，见 Peter Earle, "The Commercial Development of Ancona, 1479-1551," *Economic History Review*, ser. 2, XXII, 1 (April,1969), pp. 28-44; R. Paci, "La scala di Spalato e la politica veneziana in Adriatico," *Quaderni storici* (continuation of *Quaderni storici delle Marche*), anno V, no. XIII (Ahcona,1970); F. W. Carter, "The Commerce of the Dubrovnik Republic," *Economic History Review*, ser. 2, XXIV, 3(1971), 370-94, 并附有参考文献。将于 1972 年出版的 F. W. Carter, *Dubrovnik (Ragusa): A Classic City-State* (Londonand New York: Seminar Press)。拉古萨习俗的形象出自 J.

Tadic, "Le commerce en Dalmatie et à Raguse et la décadence économique de Venise au XVIIe siècle," in *Aspetti e cause della decadenza economica veneziana nel secolo xvii*, Atti del Convegno, 27 giugno-2 luglio, 1957, Venezia (Istituto per la Collaborazione Culturale, for the Fondazione Giorgio Cini, Venice and Rome, 1961), p. 251。亦见 J. Tadic, "Leporte de Raguse et sa flotte au XVIe siècle," in *Le Navire et l'économie maritime du Moyen Age au XVIIIe siècle, principalement en Méditerranée*, Travaux du Colloque d'Histoire Maritime, 1957, ed. M. Mollat, EPHE-6, Bibl. gen. (1958), and T. Stoianovich, "The Conquering Balkan Orthodox Merchant," *Journal of Economic History* XX (1960), 234-317。引文出自第 240 页。

关于从葡萄牙运往叙利亚的"维尔齐诺",见 Sanuto, *Diarii*, XVIII, 268;关于染料的一般文献,见 William F. Leggett, *Ancient and Medieval Dyes* (Brooklyn,1944)。关于塞浦路斯的食糖和棉花贸易, M. L. de Mas Latrie, *Histoire de l'île de Cypre*, vol. III (Paris, 1855), 和 Sir George Hill, A History of Cyprus, vol. III (Cambridge, 1948);关于糖价的骤降,见 E. O. von Lippmann, *Geschichte des Zuckers*, 2nd ed. (Berlin, 1929), pp. 720-21, Sanuto, *Diarii*, I, 270-71, 和 Herman Vander Wee, *The Growth of the Antwerp Market and the European Economy* (The Hague, 1963), vol. I, pp. 318-24。关于葡萄酒,见 Sanuto II, 477-78;关于葡萄干,见 *Calendar of State Papers, Venetian, passim*。

关于和德意志之间的贸易,见 ellenbenz 在 *Aspetti e cause* 中的研究、Braustein 的"Wirtschaftliche Beziehung"中的参考文件,亦见第十章引用过的 Stromer 的"Nümberg"。

关于犹太人,见 Brian Pullan, *Rich and Poor in Renaissance Venice* (Oxford:Basil Blackwell, 1971) 的第三部分。或可作为他参考文献的补充的,关于在黎凡特的犹太人的文献,还有: J. Starr, "Jewish Life in Crete under the Rule of Venice," *Proceedings of the American Academy for Jewish Research* XII (1942), 59-114; and Ellis Rivkin, "Marrano-Jewish Entrepreneurship and the Ottoman Mercantilist Probe in the Sixteenth Century," in *Proceedings of the Third International Conference of Economic History*, Munich, 1965(仍在印刷中);关于 Daniele Rodriga,见上面引用的 R. Paci 在 *Quaderni storici* no. 13 的文章。我只能阅读意义晦涩的英译本,见 David Jacoby, "On the Status of the Jews in the Venetian Colonies in the Middle Ages," *Zion* (in Hebrew) XXVIII, 1 (1962-63), 59-64。亦见: David Kaufman, "Die Vertreibung der Marranen aus Venedig im Jahre 1550," *The Jewish Quarterly Review*, ser. I, XIII (1901), 520-25; and Constance H. Rose, "New Information on the Life of Joseph Nasi, Duke of Naxos: The Venetian Phase," *Jewish Quarterly Review* LX (April, 1970)。

关于粮食贸易和农业发展: Aldo Stella, "La crisi economica veneziana della seconda metà del secolo xvi," in *Arch. ven.*, LVIII-LIX (1956), 17-69; Maurice Aymard, *Venise, Raguse et le commerce du blé pendant la seconde moitié du XVIe siècle* (EPHE-6, Ports — Routes—Trafics, XX, 1966); and Marino Sanuto, *Cronachetta*, ed. R. Fulin, per Nozze Papadopoli-Hellenbach (Venice, 1880), pp. 124-25, 207-8。他对里阿尔托高租金的评论见 *ibid.*, p. 47。亦见 Giuseppe Fiocco, *Alvise Cornaro, il suo tempo e le sue opere* (Vicenze: Neri Pozza, 1965);由当代从参考文献的著作,见 A. Ventura, "Considerazione sull' agricoltura veneta e sulla accumulazione originaria del capitale nei secoli xvi e xvii," *Studi Storici* IX (Istituto Gramsci, 1968), pp. 674-722;对于一般的背景,见 Studi Storici 的同一主题下 Ruggiero Romano 的文章。

第二十二章 手工业的扩张

关于毛纺业的增长,见 Domenico Sella, "The Rise and Fall of the Venetian Woolen Industry," in Brian Pullan, ed., *Crisis and Change in the Venetian Economy* (Methuen, 1968);关于毛纺业的组织,于 Correr, MS, ser. IV, Mariegole no. 129;关于罢工,见 ff. 213-33。

关于丝绸业在规章集中的地位,于 Correr, MS, IV, nos. 48 and 49 and, at ASV, their Capitolare Nuovo, Sala Margherita, Legature, LXXVII, no. 48 bis。颇具迷惑性的是 R. Broglio d'Ajano, "L'industria della seta a Venezia," republished in Carlo M. Cipolla, *Storia dell'economica italiana*, vol. I (Einaudi, 1959),因为他试图在第 213 页说明,这个产业在当时经历了最好的时期,从而为他没有处理 1500 年之后的情况的做法而辩解。

关于画家,见 Horatio F. Brown, *The Venetian Printing Press* (London, 1891); A. Tenenti, "Luc'antonio Giunti il Giovane, stampatore e mercante," in Studi in onore di A. Sapori II, 1022-1060。关于 Erasmus 的评论,见其人的"Colloquy, Opulentia Sordida," in Mangan, *Life, Character and Influence of Erasmus*, 2 vols. (New York, 1927), I, 245-59, and Epistles, ed. F. M. Nichols (New York, 1962), I, 446–47。关于 Aretino 的角色和书商雇用的文人,见 Paul F. Grendler, *Critics of the Italian World, 1530-1560* (University of Wisconsin Press, 1969)。雕像的制做出自 L. Febvre and H.J. Martin, *L'Apparition du livre* (Paris, 1958)。

关于造币厂的开销,见 Correr, MS, Arch. Donà della Rosa, busta 161, ff. 77, 79, and *parsim*。关于蜡烛工人,见 ASV, Cinque Savii all Mercanzia, Risposte, busta 138。关于 Nicoletus Grimanus 的窑,见 ASV, Grazie, reg. 3, f. 13, no. 162 (Nov. 19, 1329)。关于拉绒机,见 MS, IV, Mariegole, no. 129, f. 209 v。关于用于缩绒的新发明,见 ASV, Cinque Savii, busta 137, f. 187。

关于威尼斯人鼓励发明的专利法，见 G. Mandich, "Le privative industriali veneziane (1450-1550)," *Riuista di diritto commerciale* XXXIV (1936), pt. 1, 511-47。

关于宗教性兄弟会，见 Lia Sbriziolo, "Per la storia delle confraternite veneziane," in *Atti Ixt. Ven.* CXXVI (1967-68), 405-42；关于圣吉罗拉莫兄弟会，见 E. A. Cicogna, *Delle iscrizioni veneziane*, 6 vols. (1824-53), VI, 870-71, 945-55。

关于海军征兵与行会之间的关系，见 Pullan 的 *Richard Poor*h 和 Richard Tilden Rapp 的学位论文 "Industry and Economic Decline in Seventeenth Century Venice," University of Pennsylvania, 1970，作者友好地让我参阅。有意思的法令允许毛纺业的工人组织行会，这样政府就可以向行会征召桨手，法令见 ASV, Consiglio di Dieci, Deliberazioni, Comune, reg. 13, ff. 37, 52。法令是拉丁文的！

第二十三章 财政和来自权力的收入

关于政府财政，更多有价值的信息可以挖掘自 *Bilanci generali*,，关于公债可见我的 "Public Debt and Private Wealth, particularly in Sixteenth-Century Venice," in the *Mélanges en l'honneur de Fernand Braudel* (Toulouse, Editions Edouard Privat, 1973)。许多编年史都对贵族官员的总数做出了估计。例如，MS Riant 12, f. 201 v，藏于哈佛大学，得出的总数是 780 名，海军指挥官也包括在内，这是 1450 年左右的数据。关于威尼斯财政关系和战争及大陆智者，有价值的资料有一份是 Gino Luzzatto 的一篇很晚近的论文，"L'economia veneziana nei secoli '400 e '500," *Bergomum*, anno LVIII (vol. 38), no. 2 (1964), 57-71。

关于银行业，见 Luzzatto 在他的 *Studi* 中的文章，还有我在 *Venice and History* 中的文章。关于银行业和公共财政，我已经利用 Sanuto 的日志直接地表现了当时的状况。例如对银行家的痛骂见 *Diarii*, XXXV, 140, 148。E. Lattes, *La libertà delle banche a Venezia dal secolo xiii al xvii* (Milan, 1869) 依旧是基本资料。关于吉罗银行如何根据每笔交易中收取百分之一又三分之一的手续费，其价值又是库存杜卡特，最清楚的叙述见 Renato Sandrini, "Considerazioni sull'opera 'Banche e problemi monetari a Venezia nei secoli xvi e xvii," in *Giornale economica della Camera di Commercio, Industria, Arte, et Agricultura di Venezia*, no. 3, May-June 1969, pp. 10-12，此处引用的是对 Lucio Balestrieri 的研究的评论。

关于钱币：Nicolò Papadopoli-Aldobrandini, *Le Montete di Venezia*, 4vols. (Venice, 1893-1919)，对之后以账户的形式存在的钱币的阐述，见 Giulion Mandich, "Formule monetarie veneziane del periodo 1619-1650," in *Il Risparmio* V (April, 1957) 和 *Studi in onore di Armando Sapori* (Milan: Cisalpino, 1957), pp.1143-83。关于汇票市场和交易会，见 Giulio Mandich, "Delle fiere genovesi di cambi particolarmente studiate come mercati periodici del credito," *Rivista di storia economica* IV (1939), 257-76; idem, *Le pacte de ricorsa et le marché italien des change au XVIIe siècle* (EPHE-6, Affaires et Gens d'Affairs, VII, 1953); 与完整的参考文献，José-Gentil Da Silva, *Banques et crédit en Italie au XVIIe siècle*, 2 vols. (Paris: Klincksieck, 1969)。

关于贫困和薪水：Brian Pullan, "Wage-Earners and the Venetian Economy, 1550-1630," in *The Economic History Review*, ser. 2, XVI (1964)，以及 Pullan 主编的 *Crisis and Change in the Venetian Economy* (London: Methuen, 1968) 中的一卷。亦见 Brian Pullan, "Poverty, Charity, and the Reason of State: some Venetian examples," in *Bolletino... Veneziano*, II (1960) 与 "The Famine in Venice and the New Poor Law, 1527-29," in *Bollettino... Veneziano*, V-VI (1963-64)，我引用自本书（第 153 页）的语句来自 Luigi da Porto。亦关注贫困情况，不过尤其关注价格的文献，见 Femand Braudel, "La vita economica di Venezia nel secolo xvi," in *La Civiltà veneziana del Rinascimento* (Venice: Centro di Culture e Civiltà della Fondazione Giorgio Cini and Sansoni, 1958)，以及他与 F. Spooner 的普遍调查，见 *The Cambridge Economic History of Europe*, vol. IV, 应该再用 Romano、Spooner 和 Tucci 尚未出版的研究乌迪内和基奥贾的物价的成果作补充。

关于威尼斯在大陆的府邸的外形，出自 Philip Jones 在 *The Cambridge Economic History of Europe*, vol. I, 2nd ed. (Cambridge, 1966), p. 418 中撰写的部分。

第二十四章　商船队的顶峰和消逝

一般文献：Jules Sottas, *Les messagerier maritimes de Venise au XI Ve et XVe siècle* (Paris, 1938); Alberto Sacerdoti, "Note sulle galere da mercato veneziane nel xv secolo," in *Bollettino... veneziano*, IV (1962), pp. 80-105; Lane, *Navires*, chap. I, and "Venetian Shipping during the Commercial Revolution," in *American Historical Review* XXXVIII (1933), 219-39, and in *Venice and History*, pp. 3-24。

关于与之有关的商业组织，见第十一章引用过的商业组织研究，亦见 F. Braudel and A. Tenenti, "Michiel da Lezze, marchand énitien (1497-1514)," in *Wirtschaft, Geschichte, und Wirtschaftsgeschichte: Festschriftzum 65. Geburtstag von Friedrich Lütge*, ed. W. Abel et al. (Stuttgart, 1966)。关于法律与实践之间的冲突，最清晰地体现在一份合同中，Stanley Chojnacki 慷慨地让我注意这份合同，这份合同特别地否定了元老院要求合伙经营货运的要求——ASV, Archivio Notarile, Cancelleria inferiore, B 79, Gasparino Favacio, protocollo, Nov. 10, 1357。Andrea Barbarigo 从船长处收到的布料货运的款项记录于 Journal B, Feb. 7, 1442 (modo veneto) 以及他的 Ledger B, k. 83, 亦参考了 Andrea 给 Bertuzi Contarini 的信件，Aug. 9,1440。

关于十二人委员会：Ugo Tucci, "Le Conseil des Douze sur les navires vénitiens," in

Le Navire, Colloque, 1957, ed. Mollat, pp. 119-26; Bibl. Nat., Paris, Fonds Français MS 5599, f. 148; Lane, *Venice and History*, p. 211; and ASV, Senato Misti, reg.38, ff. 58, 71。

记载了威尼斯航海传统的手写笔记本见 Egerton MS 73 and Cottonian MS Titus A 26，均藏于伦敦的大英博物馆；Ital. MS, Cl. IV, Cod. 170 of Pietro Versi in the Marciana, Venice；关于 Michele di Rodi，其宣传见 Sotheby and Co. for the sale of July 11, 1966, appendix, pp. 116-19。关于船长的餐桌，见 ASV, Senato Misti, reg. 53 doppio, f. 488, Dec. 23, 1421 and Bibl. Nat., Paris, Fonds Français MS 5599, f. 156。

Benedetto Sanuto 对兄弟的留言，出版于 Luigi Fincati, "La nobilità veneziana e il commercio marittimo," in *Rivista marittima*, July-Aug, 1878, from Cod. Cicogna 3101/IV。Admiral Fincati 接受了当时的船长为 Cicogna 的说明，不过 *extratto* 在 Museo Civico 的副本中，作者为 F. Stefani 的说明显示，在当时的 1548 年，当年的船长是 Alessandro Bon，我已从别的史料得到了确认。在 Henry Barnaby, "A Voyage to Cyprus in 1563," *The Mariner's Mirror* LVI (1970), 309-14 中，一位犹太商人兴高采烈地形容了他搭乘的加莱桨帆船。

关于君士坦丁堡围城战之中的威尼斯加莱船上的水手，见 Nicolò Barbaro, *Giornale dell'assedio di Costantinopoli, 1453*, ed. E. Cornet (Vienna, 1856)。引文由我译自第 37—38 页，我译完之后才留意到 J. R. Jones 在他编辑的 Nicolò Barbara, *Diary of the Siege of Constantinople* (New York: ExpositionPress, 1969) 的第 47 页的译文。

关于朝圣航行：其规则见 M. Newett 对 *Canon Pietro Casola's Pilgrimage to Jerusalem in the Year 1494* (University of Manchester Historical Series V, 1907) 的介绍。写有各种各样描述的文件见 R.J. Mitchell, *The Spring Voyage* (London: Murray, or New York: Potter, 1964) 以及 Hilda F. M. Prescott 在 Felix Fabri 中的两卷。

关于海员的交易活动和关税减免，见 ASV, Compilazione leggi, busta 27 and Cinque Savii, n.s., busta 91。

Sanuto 的 *Diarii* 为 1496—1533 年这段时期提供了很多细节，包括几份简要的船长报告。船长的其他 *relazioni* 见 ASV, Senato Relazioni (indice 322), busta 61; Museo Correr, Venice, MS Wcovich-Lazzari, busta 24/4; and Bibl. Nat., Paris, Fonds ital., MS No. 328。在 Correr 中有不少船长的 *commissioni* 的副本，从 15 世纪初开始沿用的惯用话语见 ASV, Senato, Commissioni, Formulari, reg. 4。

非洲奴隶贸易的细节：在埃及，见 Piloti（由 Dopp 编辑，前文已引），pp. 135, 143-44；关于只允许装载黑奴的加莱船，见 ASV, Senato, Deliberazioni, Incanti galere, reg. II, f. 8。关于 1464 年发生在罗得岛的事故，见 Domenico Malipiero, *Annali veneti dell'anno 1457 al 1500* in *Archivio storico italiano*, ser. I, vol.VII (Florence, 1843), pp. 614-18；关于最后一次前往北非的航行，见 Sanuto, *Diarii*, s.v. galee; and Marc Antonio

Michiel, "Diaxii, 1511-21," MS in the Correr, Cod. Cicogna 2848, ff. 291-98, 310, 350。往非洲航行的船货亦见 E. W. Bovill, *The Golden Trade of the Moors*, 2nd ed. (Oxford, 1970)。

第二十五章　海军舰队

Camillo Manfroni, *Storia della marina italiana dalla caduta di Costantinopoli alla battaglia di Lepanto* (1453–1571) (Rome, 1897); 对于更早的战争，见 idem., "La battaglia di Gallipolli e la politica Veneto-Turca (1381-1420)," in *Ateneo veneto*, anno XXV, vol. II (1902), pp. 3-34, 129-69; idem., "La marina veneziana alla difesa di Salonicco, 1423-1430," in *N. arch. ven.*, n.s., XX (1910), pt. 1; Roberto Lopez, "Il principio della guerra veneto-turca nel 1463," *Arch. ven.*, ser. 5, vol. XV (1934); F. C. Lane, "Naval Actions and Fleet Organization, 1499-1502," 见即将出版的 *Renaissance Venice*, ed. j. Hale; *idem., Navires*; 以及一篇即将出版的文章，即 "Wages and recruitment of crews on Venetian ships, 1382-1620," 或许会出版于 *Studi veneziani*; C.Capasso, "Barbarossa e Carlo V," in *Riv. stor. ital.* XLIX (1932), 169-209, 304-48; Alberto Tenenti, *Cristoforo da Canal: La marine vénitienne avant Lépante* (Paris, 1962); *idem, Venezia e i corsari* (Bari, 1961) 或 *Piracy and the Decline of Venice, 1580-1615*, 其引言和术语汇编的作者是 Janet 和 Brian Pullan (Berkeley, 1967); Braudel, La Méditerranée... ; R. C. Anderson, *Naval War: in the Levant, 1559-1853* (Princeton University Press, 1952); Mario Nani-Mocenigo, *Storia della marina veneziana da Lepanto alla caduta della Repubblica* (Rome, 1935)。

关于土耳其人使用加农炮轰击君士坦丁堡的事，见 Franz Babinger, Maometto il Conquistatore (Rome and Turin, 1957); 轰击内格罗蓬特，见 "Due ritmi e una narrazione in prosa di autori contemporanei intorno alla presa di Negroponte fatta dai Turchi... 1470," ed. F. L. Polidori, in *Arch. star. ital.*, app. vol. IX (1953), pp. 399-440。

关于 1571 年基督徒舰队的组成，见 Giovanni Pietro Contarini, *Historia delle cose successe del principio della guerra mossa da Selim....* (Venice, 1572); 关于勒班陀战场上的列阵，见 E. von Nonnann-Friedenfels, *Don Juan de Austria als Admiral der Heiligen Liga und die Schlacht bei Lepanto* (Pola, 1902)。我见到的对1570年的战役最好的描述，见 Sir George Hill, *History of Cyprus*, vol. III (Cambridge, 1948), chap. xiv。

Vincenzo Capello 收到的指示见 ASV, Arch. privati, Correr, no. 225。

不幸的是，以下论文发表得太晚了，我便不能从中获益：由 Convegno 主持，由 Fondazione Giorgio Cini 于 1971 年 10 月在威尼斯组织，由 Felipe Ruiz-Martin 评审，"The Battle of Lepanto and the Mediterranean," *Journal of European Economic History* I

(Rome: Banco di Roma, 1972), 166-69。

第二十六章　船帆鼓胀的商船队

基础工作见于 Braudel（尤其是 1966 年的版本，第一部分的第 271—285 页）、Tadic、Tenenti 的前引书，以及 Tenenti 的 Naufrages, corsaires et assurance: maritime à Venise, 1592-1609 (EPHE-6, Ports—Routes—Trafics, VIII,1959)，以及我的 *Navires*; Gino Luzzatto, "Per la storia della costruzione navali a Venezia nei secoli xv-xvi," 见他的 *Studi*。亦见 Ruggiero Romano, "La marine marchande vénitienne au xvi siècle," 和我的 "La marine marchande et la trafic maritime de Venise atravers les siècles," 两篇论文均收录于 *Les Sources de l'hixtoire maritime en Europe, du moyen âge au XVIIIe siècle*, Actes du Quatrième Colloque International d'Histoire Maritime tenu 1959 (EPHE-6, Bibl. gen. Paris: S.E.V.P.E.N., 1962); Ugo Tucci, "Sur la pratique vénitienne de la navigation au XVIe siècle," *Annales (Economies, sociétés, civilisations)*,jan.-March, 1958, pp. 72-86; Stefani, *Insurance*。

关于一般的葡萄酒贸易和按照航线的航行：Alwyn A. Ruddock, *Italian Merchants and Shipping in Southampton, 1270-1600*, Southampton Records Series (Oxford,1951)，不过关于在 1473 年对葡萄酒征收 5 杜卡特的税款，Ruddock 却未提及，因为他忽视了 *Calendar of State Papers, Venetian* 中的信息，见 ASV, Senato Mar, reg. 9, ff. 162, 172, 186。关于从克里特岛传来的有关运费费率的抱怨，见 *ibid.*, reg. 12, ff. 156-57; Senato Secreta, reg. 40, f. 133; Sanuto, *Diarii*, II, 477-78, 483。

我对棉花和碱粉运费率的概括，基于对数年之间运费率的比较，原数据见 Senato Misti, 1417-33 和 1502 年的法律，Senato Mar., reg. 15, ff. 145-46。保险费率则取自 Priuli, *Diarii*, IV, 77 和 Tenenti, Naufragex, pp. 59 -60。

关于和热那亚竞争之时明矾的重要性，见 Heers, *Gênes*, chap. 3; 关于 16 世纪的比较，见 Edoardo Grendi, "Traffico portuale, naviglio mercantile, e consolati genovesi nel Cinquecento," *Riv. star. ital.* LXXX (1968), 593-638。关于马西利亚那船，见 Domenico Sella, *Commerci e industria di Venezia nel secolo xvii* (Venezia, Fondazione Giorgio Cini, Civiltà veneziana, Studi, no. 11, 1961), p. 106 的注释；以及其他贸易委员会官员的话，如 Sella 所引用的话。关于乌斯科克人，作为对 Tenenti 的 *Corsari* 的补充，见 Gunther E. Rothenberg, "Venice and the Uskoks of Senj, 1537-1618," *Journal of Modern History* XXXIII, no. 2, June 1961, pp. 148-56。

Alessandro Magno 的旅行日记藏于 Folger Shakespeare Library, Washington, D.C., MS V.a. 259 (former shelf number 1317.1)。

补充说明：船舶的吨位和大小

我所说的威尼斯船舶的大小都是用它们能运载的吨数来表示的，实际上这相当于载重吨位。在吨位的各种含义中，似乎这一种在用于一般比较时是最方便的，正如我在 "Tonnages, Medieval and Modern," *The Economic History Review*, ser. 2, vol. XVII, no. 2 (1964), pp. 213-33 中所指出的一样。威尼斯人用来估算船只吨位的单位"波特"，据我估算，1 波特约等于 0.6 吨。见 ibid., pp. 222-23; *Venetian Ships*, p. 249; 额外证据见 *Navires et leur constructeurs*, pp. 241-42。最近 Ugo Tucci 在 "Un problema di metrologia navale: la botte veneziane," *Studi ven*. IX (1967), 201-46 中，也将吨位数换算成公制单位（tonnelata metriche），他使用了多得多的证据，得出结论：在 1771 年之前，1 波特等于 0.8 吨。1771 年的一项法律改变了波特这个单位，让它在此之后等于 1 英吨。

然而，Tucci 教授和我之间并没有多少分歧。我们都同意"波特"一词指的是克里特桶（cask）或酒桶（barrel）所能装的量（根据 Boerio 的 *Dizionario*，在威尼斯则被称为"bota"），用它作单位，可以用来研究威尼斯船舶的大小等级（比较"Un problema"第 215—217 页和 *Navires* 第 241 页）。我们的发现都认为，1 波特等于 10 威尼斯蒲式耳（stara），我认为 1 威尼斯蒲式耳等于 132 威尼斯磅，而他用更好的证据推断为 128 威尼斯磅。我们结论之所以不同，是因为判断决定一艘船的吨位数（或波特数）的方式有所不同。一种计算方式是，先测量船宽和龙骨的长度，再按照常规方法将船分为几部分，进行乘法计算。他在我的结论之上添加了很多规则，尤其是在后来的研究中。我和他都一致同意，这类计算方法既允许出现较大的误差，也为船东和运货人留下了较大的徇私空间。估算一艘船吨位的方法，还要计算它装载了多少单位。根据 1681 年的一个"Tarrifa"，他阐述了在此基础上有多大范围的单位可以被用来计算，部分原因是因为种类不同的货物，其密度也不相同；部分是因为出于实际管理的考虑，使用的等价计算方法十分粗略。另一方面，我在 *Venetian Ships* 中使用的证据和 Sanuto 日志中的数百处可资参考的记录都显示，当时官方评定的吨位和民间普遍接受的估算载货量大致相当。Tucci 相信官方评定的量少于真实的吨位和实际载货量，或者用我在 "Tonnages"（第 226 页）中的描述来说，"官方评定并登记的吨位数不同于实际中被承认的载货量。"实际上，必须承认威尼斯人没这么做才更奇怪，因为在 1500—1800 年之间许多其他地方也进行着类似的官方评级。比如说，"portata"和"carico"之间的对比可见 Edoardo Grendi, "I Nordici e il traffico del porto di Genova, 1590-1666," *Riv. star. ital.* LXXXIII, 1 (1971), 38-39, 51-53。我也承认，根据威尼斯官方用波特作单位评定的值，肯定在 17 世纪比实际的载货量更小，所以在当时将单位转化成吨的话，应该是 1 波特等于 0.8 吨，不过对我而言，等于 0.6 吨更符合中世纪的情况。

关于西地中海使用的波特，0.5 吨（Lane, "Tonnages," p. 222）的估计值已经基本上通过 Datini 档案确认了，见 Federigo Melis, "Werner Sombart e i problemi della navigazione nel medio evo," in *L'opera di Werner Sombart nel centenario della nascita*, Biblioteca della rivista, *Economia e storia* VIII (Milan: Giuffre, 1964), 95n-98n。

我把 16 世纪当成是否会有人就数据做出以下提问的分界线：由谁估算？估算者的目的是什么？例如，Ruggiero Romano 发现了一份文件（见之前引用的 "La Marine" 的第 34 页），这份文件描述 1567 年时威尼斯的商船队时，没有描述每一艘商用加莱船，而是说有 42 艘 400 波特以上的船，共有 53400 波特，其中有 35 艘有 1000 波特以上。用 Tucci 的结果换算的话，也就是有 35 艘船在 800 吨以上。按照 1 波特约等于 0.8 吨计算，即 320 吨以上的船的总吨数有 42720 吨。这个数据也太大了。就算按等于 0.6 吨计算，威尼斯也会比当时的热那亚拥有更多大型卡拉克帆船，见 Edoardo Grendi, "Traffico portuale, naviglio mercantile e consolati genovesi del Cinquecento," *Riv. star. ital.* LXXX, 3 (1968), 612-13。比起 Romano 和我得出的 1560 年的数据，也就是只有 12 艘船在 1000 波特以上，400 波特级的船舶总吨位在 29000 波特以上，1567 年的数据简直高得让人起疑。不过，无论是 1560 年的数据还是 1567 年的，都不是直接取自官方记录。1567 年的数据出自一份船东们在 1590 年递交的请愿书，他们想提高运费率，恢复往日的景气，见我的 *Navires* 第 102 页的注释。我怀疑船东们在描述繁荣景象之时，使用的数据低于 1567 年船队的实际规模。比较 Manlio Calegari, "Navi e barche a Genova tra il xv e il xvisecolo," in Consiglio Nazionale delle Ricerche, Centro per la Storia della Tecnica in Italia, *Guerra e commercio nell'evoluzione della marina genovese tra xv e xvii secolo*, in Miscellanea storica ligure, n.s., II (Genoa, 1970), pp. 28n–29n。类似的怀疑反映在我经常使用的模糊表述中，如"至少 40""一般在 600—700 吨"。

第二十七章　主权与体制

关于与教皇的斗争以及知识分子参与政治的普遍风气：William J. Bouwsma, *Venice and the Defense of Republican Liberty* (Berkeley: University of California Press, 1968)，我从此书第 529 页引用了一个短语；Gaetano Cozzi 的基础书籍 *Il Doge Nicolò Contarini: richerche sul patriziato veneziano agli inizi del seicento*, Fondazione Giorgio Cini, Centro di Cultura e Civiltà, Civiltà veneziana, Studi 4 (Venezia, Rome, 1958) 已由我的文章作补充。超过文章标题所显示的，Cozzi 的 "Una vicenda della Venezia barocca: Marco Trevisan e la sua eroica amicizia," *Bollettino... veneziano*, II (1960) 分析了威尼斯政治衰退的情况。Bouwsma 的参考文献引用了许多其他文章，Gaetano e Luisa Cozzi

编辑的 Paolo Sarpi, *Opere*, La Letteratura italiana, Storia e Testi, vol. 35, t. 1 (Milan, Napoli: Riccardo Riccardi, 1969) 在注释中也引用了不少。Ludwig von Pastor 在他的著作中以教皇一方的视角进行叙述，见 *History of the Popes*, vol. 12 of *Geschichte der Papste* (Freiburg in Breisgau, 1928)，教皇一方的视角亦见 Aldo Stella, *Chiesa e stato nelle relazioni dei nunzi pontificia Venezia* (Citta del Vaticano, 1964)。关于 Leonardo Donà，见 Federico Seneca, *Il Doge Leonardo Donà: la sua vita e la sua preparazione politica prima del dogado* (Padova: Antenore, 1959) 和 James C. Davis 即将出版的 Family and Fortune 将由 The American Philosophical Society, Philadelphia 出版。

关于学院，见 Paul Lawrence Rose, "The Accademia Venetiana, science and culture in Renaissance Venice," in *Studi ven.* XI (1969), 191-242。

关于一般的国际政治：R. Quazza, *Preponderanza spagnuola* (1599-1700), in *Storia politica d'Italia*, VIII (Milan, 1938); Federico Seneca, *La politica veneziana dopo l'Interdetto* (Padova, 1957); Kretschmayr, *Geschichte*, III。专门有关西班牙阴谋的文献，见 Leopold von Ranke, *Zur venezianischen Geschichte*, in *Sämmtliche Werke*, 2nd ed., 48 vols. (Leipzig, 1873-81), Bd. 42; G. B. Rubin de Cervin, "Galleons and 'Q' Ships in the Spanish Conspiracy against Venice in 1618," *Mariner's Mirror* XXXVIII (1952), 163-83; Giorgio Spini, "La congiura degli Spagnoli contro Venezia del 1618," *Arch. stor. ital.* CVII (1949), 17-53 and CVIII (1950), 159-64。Ranke 对意大利雇佣兵的评论见他的 *Sammtliche Werke*, Bd. 42, p. 189。

关于和奥苏纳之间的海上战争：A. Battistella, "Una campagna navale veneto-spagnuola in Adriatico poco conosciuta," *Arch. Veneto-tridentino*, 1922-23, and *idem.*, "Un diario navale veneziana sulla campagna navale veneto-spagnola del 1617-18," *Arch. ven.*, ser. 5, vol. IV (1928), 以及 Anderson 的 *Naval Wars*。

关于威尼斯的共和政体在17世纪的声望：William Bouwsma, in *Renaissance Venice*, John Hale, ed.; Franco Gaeta, "Alcune considerazione sul mito di Venezia," *Bibliothèque d'Humanisme et Renaissance* XXIII (1961), 58-75；它在英格兰的影响，见 Christopher Hill, *Intellectual Origins of the English Revolution* (Oxford, 1965), pp. 276-78。

关于1602年左右的经济下行和17世纪的经济衰退：Domenico Sella 的 *Commerci e industrie*，加上他在前文已提及的英语文章。很多方面的更多细节见 *Aspetti e cause della decadenza*。关于与英国之间的竞争，见 Ralph Davis, "England and the Mediterranean, 1570-1670," in *Essays in the Economic and Social History of Tudor and Stuart England in Honour of R. H. Tawney*, ed. F.J. Fisher (Cambridge, 1961)。关于当时的贵族阶层，见 *Brian Pullan, Service to the Venetian State: Aspects of Myth and Reality in the Early Seventeenth Century*, estratto da *Studi Secenteschi, Rivista annuale* a cura di

Carmine Jannaco e Uberto Limentani, V, 1964 (Florence: Olschki, 1965), pp. 95-148。

第二十八章 海权的新时代

关于海上行动及其状况：Nani-Mocenigo, *Storia della marina veneziana*; Anderson, *Naval Wars*；关于 Angelo Emo，见 Anderson 的 "The Unfortunage Voyage of the San Carlo, " *Mariner's Mirror* XXXII, 1 (Jan. 1946), 50-54; Vincenzo Marchesi, "La marina veneziana dal secolo xv all rivoluzione del 1848," *Atti e Memoria dell'Accademia di Agricoltura, Scienze e Lettere di Verona*, ser. 4, XX (1919), 145-75; F. Sassi, "La politica navale veneziana dopo Lepanto," *Arch. ven.*, ser. 5, XXXVIII-XLI (1946-47), 99-200。亦见 Giacomo Nani 的五卷手抄本 "Memorie sopra le imprese militari e marittimi di veneziani" at the Biblioteca Universitaria di Padova, MS, no. 161，其中包括了从公文急件等史料中摘录的资料。关于土耳其一方，见 J. de Hammer [-Purgstall]，*Historie de l'empire ottoman depuis son origine jusqu'à nos jours*, 18 vols. (Paris, 1936-44)；我引用的文字出自 X, 392 和 XI, 330。关于 Francesco Morosini: Gino Damerini, *Morosini* (Milan: Alpes, 1928); R. Bratti, "I nemici di Francesco Morosini," *Arch. Veneto-Tridentino*, VII (1925)；关于对他的概述，见 Andrea da Mosto, *I Dogi*。战列舰的制造过程逐条列于 C. A. Levi, *Navi da guerra costruite nell'Arsenale di Venezia* (Venice, 1896)。1718 年的船舶数据和伤亡人数来自 Anderson, *Naval Wars*, pp. 266-69, 358（不算大口径短炮的话，法国炮的总数为 1084 门，英国一方则为 1138 门）。

Richard Tilden Rapp 的学位论文 "Industry and Economic Decline in Seventeenth Century Venice" 为行会的师傅在舰队中的服务提供了细节内容。

关于商业航运，见 Ugo Tucci, "La marina mercantile veneziana nel Settecento," in *Bollettino... veneziano*, II (1960); R. Romano, *Le Commerce du Royaume de Naples avec la France et les pays de l'Adriatique au XVIIIe siècle* (EPHE-6, Ports—Routes—et Trafics, III, 1951); Alberto Caracciolo, *Le port franc d'Ancône* (EPHE-6, Ports—Routes—et Trafics, XIX, 1965)，关于的里雅斯特，见 A. Tamaro, *Storia di Trieste*, 2vols. (Rome, 1924)，最近的成果已经过征引和简化于 Ph. Braunstein, "A Propos de l'Adriatique entre le XVIe et le XVIIIe siècle," *Annales* XXVI, 6 (1971), 1271-78。关于巴巴里诸国家，见 A. Sacerdoti, "Venise et les Régences d'Alger, Tunis et Tripoli (1699-1760)," *Revue africaine* CI (1957)；关于奥斯曼帝国的一般状况，见 Robert Mantran, "La navigation vénitienne et ses concurrentes en Méditerranée orientale aux XVIIe et XVIIIe siècles," *Colloque hirt. mar.* 1962, pp. 375-91。

见之前引用过的 Luzzatto 对吉罗银行的研究和 Stefanion 对保险的研究（也论及了商人的组织和 1786 年海事法的准备工作）。关于债务的规模，见 *Bilanci Generali*;

the MS in the Correr, Cod. Morosini, 531/vi；以及 Ventura 业已引用于 *Studi storici* (1968), pp. 713-19。

Codice per la veneta mercantile marina 在 1786 年出版时，出版方是 Antonio Pinelli 的儿子们，Stampadori ducali, Venice。威尼斯作为一座港口的命运，由 Gino Luzzatto 在他的"Le vicende del porto"中精辟地总结过了，见他的 *Studi*。

第二十九章　共和国之死

关于财政，见 *Bilanci Generali*, Luzzatto 的"Les Banques," Papadopoli 的 *Le Monete*; Luigi Einaudi, "L'economia pubblica veneziana dal 1736 al 1755," *La Riforma sociale* XIV (1904), 177-96, 261-82, 429-50, 509-37; and [Lorenzo Antonio da Ponte], *Osservazione sopra li depositi nella Veneta Zecca* (Verona,1801)。关于一般的工业发展，见 Gino Luzzatto, *Storia economica dell' età moderna e contemporanea,* vol. II, (1960), especially pp. 180-87，以及之前引用过的 R. T. Rapp 的学位论文。关于 Nicolò Tron: Bruno Caizzi, *Industria e commercio della Repubblica Veneta nel xviii secolo* (Milan: Banca Commerciale Italiana, 1965), pp. 62-65。关于 Andrea Tron: Giovanni Tabacco, *Andrea Tron (1712-1785) e la crisi dell'aristocrazia senatoria a Venezia* (Istituto di Storia Medievale e Moderna, no. 2, Università degli Studi di Trieste, 1957)。参考的 Carlo Antonio Marin 的段落，出自他的 *Storia civile e politica del commercio de' Veneziani*, 8 vols. (Venice, 1798-1808), VIII, 313, 336-43。关于将 18 世纪和拿破仑统治下的"威尼斯经济的至暗时期"相比较，见 Gino Luzzatto, "L'economia veneziana dal 1797 al 1866," in *La civiltà veneziana nell'età romantica* (Sansoni, 1961)。

关于威尼斯和它大陆领土之间的关系: S. J. Woolf, "Venice and Terraferma: Problems of the Change from Commercial to Landed Activities," in the *Bollettino... veneziano*, IV (1962)。此书出版于 *Crisis and Change in the Venetian Economy*, ed. Brian Pullan。Woolf 以更宽泛的角度谈论了政治问题，见"The Problem of Representation in the Post-Renaissance Venetian State," in *Liber Memorialis Antonio Era, Studies presented to the International Commission for the History of Representative and Parliamentary Institutions* XXVI (UNESCO, Cagliari and Brussels, 1961 and 1963)。

关于贵族群体的收缩和新家族的加入，见 Davis, *The Decline*。从更广阔的角度看贵族的衰败，见通史部分，以及 Pullan 在 *Bollettino... veneziano*, V—VI, 406-25 中对 Davis 的述评。Frances Haskell, *Patrons and Painters* (New York, 1963), part III, 刻画了威尼斯在 18 世纪时绘画繁荣情况背后的社会特征。亦见 Maurice Rowdon, *The Silver Age of Venice* (New York, 1970)。

关于最后的日子，见 G. B. McClellan, *Venice and Bonaparte* (Princeton, [1931]) 与

Guy Dumas, *La fin de la République de Venise: aspects et reflets littéraires* (Thèse, Paris-Rennes, 1964-65)。引用 De Sanctis 的提及 Ugo Foscolo 文段，出自他的 *Storia della Letteratura italiana* 的一个 1936 年在那不勒斯出版的版本，第 906 页。

J. Georgelin 的慷慨让我获益匪浅，他把他对启蒙时代的威尼斯的研究成果（不久后即将出版），将大部分都以打印稿的形式交给了我。我借鉴了他的成果，不仅有法国领事报告中的特定事实，还有他广泛地利用了威尼斯档案，纵观了 18 世纪的威尼斯经济。关于 Carlo Rossetti 的公司，亦见他的 "Compagnies de commerce vénitiennes au Levant au XVIIIe siècle," in *Sociétés et compagnies de commerce en Orient et dans l'Océan Indien*, Actes du Huitième Colloque International d'Histoire Maritime, Beyrouth, 5-10 Septembre, 1966, ed. Michel Mollat (EPHE-6, Bibi. gén., 1970)。

补充：长期公债

将总债务以票面价值列成表格的做法会产生误导，因为无论是在 15 世纪还是 18 世纪，无论是在市场上还是在赎回时，都只需支付公债票面价值的 1% 或 2%，这只是票面价值的一小部分。比较几个世纪以来的总收入的话，也可能产生误导，因为"杜卡特"的价值一直在发生变化。因此，第二十九章中的表格显示的是偿付债务所支付的钱款占总收入的比例的变化。不过，计算支出和收入的比例之时出错的可能性依然很高，就算 *Bilanci generali* 等前文引用的数据是真实的时候也是如此。

区分长期债务和短期债务方面也不容易，这些借款的形式多种多样，譬如从银行贷的款、预先折扣税款、推迟盐务管理处等部门的款项支付。给出短期债务的总额时，它的面值不及长期债务的十分之一，但是支付的利息相对较高。我认为，定期支付利息的贷款是有保障的，因为这类贷款的偿还日期不是未定就是五年。

有一些收入的总额高于其他的收入。在大多数情况下，不可能确定申报的利润中有多少当地花销，或征收税收时产生的花销已经被扣除了。1736 年的账目整合，让当年及当年之后几年的数据比之前更少，还能解释一些明显的收入增长。例如，1736 年通过销售小麦或面粉赚得 240730 杜卡特，几乎与购买小麦所用的 220416 杜卡特（Bilanci, III, 284-85）持平。在 1621—1624 年的账目中没有类似的条目。

想要把多年以来偿还的本金和利息区分开来是不切实际的。1570 年之后，一种重要的借款形式是出售终身年金。每年分期偿还的这些终身年金和其他限期年金以"利息"（pro）的名义记录下来。另一方面，在某些年份，还款额是单独记录的，但低于新借款的数额，在这些时候，例如，我在 1736 年的"支出"一栏中只算了"利息"，而没有算总共的"资金减免额"（affrancazione di capitali）。对于 1755 年，我假定"非常支出"（provvedimenti extraordinarii）指的是新借的款项，应当从"资金减免额"中扣除相应的款项，即 293513 杜卡特；再加上资产负债表中以"利息"形式出现的值，即 1867834 杜卡特。由于缺乏数据，多年来一直无法做出类似的更正。

第三十章　城邦的覆亡和城市的遗存

关于建筑：Leonardo Benevolo, S*toria dell architettura del Rinascimento*, 2 vols. (Bari, 1968); idem., *La città italiana nel Rinascimento* (Milan, 1969); James S. Ackerman, *Palladio* (Penguin Books, 1966); G. Mariacher, *Il Sansovino* (Milan, 1962)。亦见 Lorenzetti 撰写的手册，以及在第一、二、十五章引用过的文献；R. Wittkower, *Architectural Principles in the Age of Humanism* (London, 1949); 还有 Wittkower 等人在 *Barocco europeo e barocco veneziano*, ed. V. Branca (Venice: Sansoni for Fondazione Giorgio Cini, 1962) 中的文章。

关于 Palladio 和总督府，见 Giangiorgio Zorzi, *Le opere pubbliche e i palazzi privati di Andrea Palladio* (Venice: Nero Pozza Editore, 1965), p. 157；其引文出自莫林编年史，*idem*, "Il contributo di Andrea Palladio e di Francesco Zamberlan al restauro del palazzo ducale di Venezia dopo l'incendio del 20 decembre 1577," in *Atti Ist. Ven.* CXV (1956-57), 11-68。Ruskin 的评论见 *Stones of Venice*, par. xxviii 中他撰写的有关总督府的章节。

关于清理从总督府观看圣乔治马焦雷教堂的视野一事，见 Gino Damerini, *L'isola e il cenobio di San Giorgio Maggiore* (Venezia, 1956), p. 84。关于钟楼及其倒塌：Comune di Venezia, I*l Campanile di San Marco riedificato*, 2nd ed. (Venice, 1912); Laura M. Ragg, *Crises in Venetian History* (London: Methuen, 1928), chap. xxi，书中有绝佳的照片；Rosolino Gattinoni, *Storia del Campanile di San Marco* (Venezia, 1912)。关于里阿尔托：Roberto Cessi and Annibale Alberti, *Rialto: L'isola, il Ponte, il mercato* (Bologna, 1934)。关于那里房地产的高价格，见 Marino Sanuto, *Cronachetta*, ed. Fulin per Nozze Papadopoli-Hellenbach (Venice, 1880), p. 47。

关于绘画，见 Haskell 的 *Patrons and Painters*，前文已征引；Erwin Panofsky, *Problems in Titian* (New York University Press, 1969); Pietro Zampetti, *A Dictionary of Venetian Painters*, 4 vols. (Leigh-on-Sea: F. Lewes, 1969-71)。亦见 Alice Binion, "The 'Collegio dei Pittori' in Venice," 和 David Rosand, "The Crisis of the Venetian Renaissance Tradition," 两篇文章均见于 *Arte* (December 1970)。

Oliver Logan, *Culture and Society in Venice, 1470-1790: The Renaissance and its Heritage* (New York, 1972) 一书，我收到的时候已经太晚了，无法从书中的讨论受益，此书涵盖了文学、社会和艺术。

Alvise Comaro 关于潟湖的论文已出版于前面征引的 Fiocco 的书，和其他同一主题的论文一起，收录于 *Antichi scrittori d'idraulica veneta,* published by R. Magistrato alle Acque, Ufficio idrografico, Venice, vols. I-IV (Venice: Ferrari, 1919-52)，其中在第三

卷阐述了编辑计划。关于工业发展和如今面临的危机：UNESCO, *Rapporto su Venezia* (Milan: Mondadori, 1969); *Difesa di Venezia*, edited by Giorgio Bellavitis for Italia Nostra (Venice: Alfieri, 1970); Eugenio Miozzi, "La verità sugli sprofondamenti di Venezia," *Ateneo veneto*, n.s., VIII (1970), 109-20; *Mostra storica della laguna veneta*, 已在第一章引用过; Rudolfo Pallucchini, "Il problema della salvaguardia del patrimonio artistico veneziano. Prospettive e speranze," *Atti Ist. Ven.*, anno CXXXIII, t. CXXIX (1970-71), 153-82; Tullio Bagiotti, *Venezia da modello a problema* (Cassa di Risparmio di Venezia, 1972); Judith and Walter Munk, "Venice Hologram," *Proceedings of the American Philosophical Society*, vol. 116, no. 5 (Oct., 1972), pp. 432-42。

出版后记

威尼斯是一座怎样的城市？它承载了许多人对于"水城"的想象，成为浪漫的代名词。它是莎士比亚和西蒙娜·薇依笔下戏剧人物的舞台，又是华兹华斯等诗人吟咏的对象。不仅如此，这座亚得里亚海波涛上的城市，不仅以独特的外表吸引了大批游客，更是在历史中以实实在在的政治影响力、覆盖面广的贸易活动与卓越的艺术成就影响了世界。

威尼斯共和国前后约千年时光，其盛衰与世界格局和地缘政治息息相关，又与贸易、航海、金融等专业领域有紧密的联系，以上都是书写威尼斯史时需要面对的难点。本书作者弗雷德里克·C.莱恩是研究威尼斯史的专业学者，尤其精于航海与贸易。他精心安排各个章节，以专题的形式，将威尼斯史之中涉及各领域的事情向读者娓娓道来。希望读者在读完本书后，能更加全面地了解这座城市，了解那个曾经辉煌却又消逝已久的共和国。

本书涵盖众多领域，编者水平有限，如有讹误，敬请读者指出，在此谨表谢忱。

服务热线：133-6631-2326　188-1142-1266
服务信箱：reader@hinabook.com

后浪出版公司
2021 年 4 月

© 民主与建设出版社，2022

图书在版编目（CIP）数据

威尼斯：海洋共和国 /（美）弗雷德里克·C.莱恩著；谢汉卿，何爱民，苏才隽译. —北京：民主与建设出版社，2022.5

书名原文：Venice: A Maritime Republic
ISBN 978-7-5139-2453-5

Ⅰ.①威… Ⅱ.①弗…②谢…③何…④苏… Ⅲ.①威尼斯共和国—历史 Ⅳ.①K546.3

中国版本图书馆CIP数据核字(2022)第025251号

Venice: A Maritime Republic by Frederic C. Lane
© 1973 The Johns Hopkins University Press
All rights reserved. Published by arrangement with Johns Hopkins University Press, Baltimore, Maryland
Simplified Chinese translation copyright © 2022 Ginkgo (Shanghai) Book Co., Ltd.

本书简体中文版权归属于银杏树下（上海）图书有限责任公司。

版权登记号：01-2022-1184
地图审图号：GS（2021）5427号

威尼斯：海洋共和国
WEINISI HAIYANG GONGHEGUO

著　　者	［美］弗雷德里克·C.莱恩
译　　者	谢汉卿　何爱民　苏才隽
出版统筹	吴兴元
责任编辑	王　颂
特约编辑	苏才隽
营销推广	ONEBOOK
封面设计	许晋维　hsujinwei.design@gmail.com
出版发行	民主与建设出版社有限责任公司
电　　话	（010）59417747　59419778
社　　址	北京市海淀区西三环中路10号望海楼E座7层
邮　　编	100142
印　　刷	文畅阁印刷有限公司
版　　次	2022年5月第1版
印　　次	2022年5月第1次印刷
开　　本	655毫米×1000毫米　1/16
印　　张	37
字　　数	549千字
书　　号	ISBN 978-7-5139-2453-5
定　　价	120.00元

注：如有印、装质量问题，请与出版社联系。